編集復刻版

雑誌『國教』と九州真宗

第3巻

中西直樹 編・解題

不二出版

〈復刻にあたって〉

一、復刻にあたっては、中西直樹氏、東京大学大学院法学政治学研究科附属近代日本法政史料センター明治新聞雑誌文庫の所蔵原本を使用しました。記して深く感謝申し上げます。

一、復刻版では、表紙、原本で色紙の頁も、すべて本文と同じ紙を使用しました。

一、原本を適宜縮小しました。また、A５判の『國教』第一号から『第二國教』第二号までは、二面付け方式で収録しました。

一、原本の破損や汚れ、印刷不良により、判読できない箇所があります。

一、資料の中には、人権の視点からみて不適切な語句・表現等がありますが、歴史的資料の復刻という性質上、そのまま収録しました。

不二出版

〈第3巻　収録内容〉

巻号	発行年月日
『國教』	
第二四号（通号三二号）	一八九三（明治二六）年八月五日
第二五号（通号三三号）	一八九三（明治二六）年八月三〇日
第二六号（通号三四号）	一八九三（明治二六）年九月三〇日
第二七号（通号三五号）	一八九三（明治二六）年一〇月三〇日
第二八号（通号三六号）	一八九三（明治二六）年一二月七日
第二九号（通号三七号）	一八九三（明治二六）年一二月三〇日
第三〇号（通号三八号）	一八九四（明治二七）年二月二八日
第三一号（通号三九号）	一八九四（明治二七）年六月一一日
『九州仏教軍』	
第一号	一八九一（明治二四）年七月一五日

『雑誌『國教』と九州真宗』収録一覧

復刻版巻数	復刻版通号数	原本号数		発行年月日
第１巻	1	國教	第１号	1890（明治23）年９月25日
	2	國教	第２号	1890（明治23）年10月25日
	3	國教	第３号	1890（明治23）年11月25日
	4	國教	第４号	1890（明治23）年12月25日
	5	國教	第５号	1891（明治24）年１月25日
	6	國教	第６号	1891（明治24）年２月25日
	7	國教	第７号	1891（明治24）年４月25日
	8	國教	第８号	1891（明治24）年６月25日
	9	第二國教	第１号	1891（明治24）年10月10日
	10	第二國教	第２号	1891（明治24）年11月20日
	11	第二國教	第３号	1891（明治24）年12月17日
	12	第二國教	第４号	1891（明治24）年12月30日
	＊『第二國教』第５号は未見			
	14	第二國教	第６号	1892（明治25）年２月５日
	15	國教	第７号	1892（明治25）年２月29日
	16	國教	第８号	1892（明治25）年３月25日
	＊『國教』第９号～第12号は未見			
第２巻	21	國教	第13号	1892（明治25）年８月15日
	22	國教	第14号	1892（明治25）年８月30日
	23	國教	第15号	1892（明治25）年９月20日
	24	國教	第16号	1892（明治25）年10月27日
	25	國教	第17号	1892（明治25）年11月20日
	26	國教	第18号	1892（明治25）年12月20日
	27	國教	第19号	1893（明治26）年１月25日
	28	國教	第20号	1893（明治26）年３月30日
	29	國教	第21号	1893（明治26）年４月30日
	30	國教	第22号	1893（明治26）年５月30日
	31	國教	第23号	1893（明治26）年６月30日
第３巻	32	國教	第24号	1893（明治26）年８月５日
	33	國教	第25号	1893（明治26）年８月30日
	34	國教	第26号	1893（明治26）年９月30日
	35	國教	第27号	1893（明治26）年10月30日
	36	國教	第28号	1893（明治26）年12月７日
	37	國教	第29号	1893（明治26）年12月30日
	38	國教	第30号	1894（明治27）年２月28日
	39	國教	第31号	1894（明治27）年６月11日
		九州仏教軍	第１号	1891（明治24）年７月15日

國教

第貳拾四號

明治二十六年八月五日發行

（毎月二回）

國教第貳拾四號目次

◉社説

◉九州佛教徒の夏期講習會　森直樹

◉論説

◉東洋佛教の歴史的觀察…（完結）…在大坂…中西牛郎

◉特別寄書

◉理想的新天地の開拓　甲斐方策

◉寄書

◉日本に於ける宗教思想　在米國……平井龍華

◉宗教大會に就て所感……………………中西牛郎

◉來れ新佛教青年（九州夏期講習會の開設）…甲斐方策

◉海内の同胞に訴ふ　日本國家と佛教の關係を論じて（接續）…玉名……吉弘新太郎

◉小説

◉花の露…（中の上中）……東京……旭松山人

◉詞叢

◉詩◎送八淵蟠龍師臨萬國宗教大會雨堂痩士◎同井手素行◎同平野竹溪

◉歌◎八淵師の亞米利加に赴かるゝを送る二首山本李園生

◉雜報

◉萬國宗教大會臨席者●打合會と大送別會●宗教大會に對する英文佛書の配附●大乘佛教大意飜譯の摸樣●九州夏期講習會●九州夏期講習會出席の案內狀●稻村英隆僧正歸朝す●加藤惠證師の西比利亞行●西京共樂舘に於ける加藤八淵兩師の送別會●教育宗教衝突斷案●忠孝活論

◉普通廣告　數件

國教第貳拾四號

社説

九州佛教徒の夏期講習會

森直樹

日本佛教の中心たる西京の閑天地に於て。將來眞個に舊佛教改革の先鋒となり。將來眞個に新佛教理想の烈火となり。將來眞個に全國佛教運動の盟主たる可き。最大命運を占むるの一團体あり。是れ他にあらず。九州佛教倶樂部則ち是也。今や火雲大空を掩ひ。猛炎身を焚くの時に方り。星の如く全國に輝ける我黨新佛教の青年は。三方鼎立の勢に據り。各々青年親和的の機關を運轉しつゝあれり。看よ東部夏期講習會は。既に關東の舊蹟たる相摸の鎌倉に開かれ。西部夏期講習會も亦た已に關西の勝地たる伊勢の二見浦に催されあるにあらずや。而して今復た九州佛教倶樂部員諸氏の發起に掛る。九州佛教夏期講習會は。鎮西熊城の下。託麻原頭成趣園（水前寺の別名）内。緑樹翠色の涼味を滴らし。清流潺々爽氣を湛はすの邊に開會せられんとす。嗚呼熱感熱慨の九州佛教徒たる者。誰か大聲歡呼して雲合霧集し來らざらんや。況んや平素腕を扼して九州耶蘇教徒の跋扈に憤慨し。涙に咽んで九州佛教徒の分離乖裂を慷慨し。維新前後我九州男兒が。所謂三尺の劍を閃かして海南を壓倒し。七寸の鞋を蹈んで天下を蹂躙せしが如き革命的の大運動を。再び我が日本の宗教上に試みんとの確信を有せる。我九州全土の新佛教的青年に於てをや。

頭を回らせば歳月匆々早や既に三年前の昔となれり。吾人は洛陽の舊都に漂泊せる際。我九州の佛耶両教青年が。最も永遠に記憶す可き紀念に遭逢したり。その紀念とは九州宗教界の天王山たる。我肥後人の懇親會則ち熊本出身の耶佛両教青年の會合にてありき。吁時は維れ明治二十三年十二月二十九日の夜。北風颯々比叡の絶頂より吹き來り。洛内洛外寒凛々たるの時。西京の中央佐野新樓上。肥後流朴素の宴會は開かれたり。會する者組合教會の中心たる同志社學院。及び佛界思想新潮流の泉源たる西本願寺文學寮に在學せる。熊本縣人五十有八名。小崎弘道。故花畠健起。福島綱雄。伊藤肇。中島裁之（支那大陸跋渉の冒險家）。護城綱雄等両教の人物亦た此中にあり。席上始に嚴肅熱硬なる同志社青年の演説數番あり。何れも婉曲迂廻の辨鋒にて。或は當時最も光明赫々たりし新島偶像崇拜論を唱ふるものあれば。或は精神的文明の元氣は基督教に據らざるを得ざるが如く論ずる者もありたりき。是に於て吾人は一片宗教的敵愾の感情烈として胸間に燃へ來り。奮然起つて絶叫せり。其叫聲に曰く。

滿場の諸君予は實に諸君と同じく蘇岳の噴烟を望んで慷慨の氣慾を生じ。紫海の波瀾に浴して宏大の精神を養ひし者なり。予は實に諸君と同じく東肥山川の秀靈を禀けて生れたる者なり。予は實に熊本城の西北小代山碧嵐の麓に呱々の聲を發せし者なり。予は今此演壇に立てりと雖も。予の口は訥予の辨は拙以て諸君の心裡に反響を呈せしむる能はざる可し。然れども予が一片の精神は興奮劑的朗亮の聲を發して止まず。遂に予をして此演壇に立たしめ。儼然諸君に向つて不調子亂雜の演說となすの止むを得ざるに至らしめたり。希くは暫く賢明なる諸君の淸聽を煩さん。

將來東洋の歷史に永く其輝光を印象す可き我邦立憲政体創立の歲なる。明治二十三年將さに去らんとするの時に方り。此洛陽の舊都に於ける我熊本縣人の懇親會を開かるゝに至りしは。予は其縣人として深く欣喜に堪へざる所なり。予は信仰の如何に係らず此西京に於ける我縣人の親和懇合は。一層濃厚の點に傾向せんことを轉だ熱望に堪へず。

諸君予は佛敎徒なり聊か改革的思想を有する佛敎徒なり。予は畢生の中に若しも信仰の爲に一身を犧牲として戰はざる可からざるの苦艱予の頭上に墜ち來らば。及ばず乍ら鮮血を流して佛敎眞理の信證的活力を證明せんと欲する者なり。此點よりして予が無情の風に誘はれ黃泉と接吻する迄には其雙方信仰の大衝突よりして。或は諸君と馬蹄劍影の間に相見ゆることなきものとも謂ふ可らず。然れども予は斯の如き不祥の慘劇は諸君が上帝の全能吾輩が佛陀の仁慈が喜び給はざる所にして。吾輩も亦た互に飽く迄其慘禍を未萌に防遏する所なかる可らざることゝ信ず。

諸君予は從來の佛耶兩敎の論戰を一顧すれば。實に皓歎に堪へざるものなり。耳を聳つれば一は曰く佛敎は偶像敎なり厭世敎なり。野蠻未開の宗敎なり。文明の進步を害するものなりと。他は曰く耶蘇敎は非眞理なり。上帝は眞理の虛影空響なり。基督の敎旨は日本の國躰を破壞するものなりと。嗚呼是等は果して自由平等正義博愛を以て旨義とする宗敎論戰の正鵠を得たる者なる乎。予は斯の如き偏僻なる論戰は兩敎精金美玉の爲に一日も早く其跡を絶たんことを望む。然れども守舊固陋の頑氷年來兩敎の間に結んで。未だ容易に眞正進步の温熱に溶解せらるゝ能はざるは。吾輩の大に遺憾に堪へざる所。諸君も亦た定めて同感ならんか。諸君今世紀の中葉より歐米の學者社會に於て比較宗敎學なるもの起りて。前途無限の光を放たんとしつゝある光景は如何。此學の眼光を以て觀る時は。彼の天國極樂陰府地獄の存在の如き。彼の佛陀上帝其他の顯示に對する人類の觀念の如き。彼の神識繼續。靈魂不滅の議論の如き。其淺深の差其完全不完全の別ありと雖も。其本体に至りては各宗敎の共有する眞理にして。一宗敎にて絶對的に專有横領する能はざるにあらずや。固より宏壯偉觀なる宗敎の一大殿堂は唯一の信仰に由りて屹立するものなり。而して此信仰は或宗敎を相對的に完全圓滿なりと認る人間の思想感情より湧き出るものなることは。予も信じて疑はざる所なりと雖も。雙方の論戰は益々公平正義の規矩を蹈み外づさゞらんことを希ふて止まず。是決して信仰の薄弱冷淡より來るものにあらずして。却て信仰の堅確熱切なるより來るものなり。

嗚呼滿場の諸君。阿蘇の煙を仰ぎ筑紫の水を掬せる滿場の諸君。想ふに諸君の中には或は耶蘇基督の垂訓に感泣するの人もあらん。或は大聖世尊の眞言を遵奉する者もあらん。或は彼の空拳を揮つて威權赫々歐洲を威壓せし羅馬法王に抗敵し。ウオムス會場凛たる鐵言歐洲幾萬の人心を聳動し。遂に舊敎の腐敗を一掃し。最純最潔の新敎を建設したる。マルチン、ルーテル氏熱性の下に感激するの人もあらん。或は彼れ聖道門の各宗停滯虚儀の時代に起り。『末代道俗。近世宗師。沉自性唯心。貶淨土眞證。迷定散自心。昏金剛眞信』と喝破し淨土眞宗の新光を掲げて海內億兆の人心に一大革命を與へたる。東洋佛敎のマルヂン、ルーテル親鸞聖人の改革的精神を欽慕する者もあらん。或は宇宙主義西洋主義の同盟者もあらん。或は國家王義國粹主義の熱心家もあらん。或は急激家もあらん。或は漸進家もあらん。或は改進黨もあらん。自由黨もあらん。國權黨もあるならん歟。それ斯の如く其宗敎上の信仰を異にし。其學問上の思想と異にし。其政治上の主義を異にし。其社會上の觀察と異にすと雖も。齊しく是れ剛直勇敢なる我熊本縣人にあらずや。同じく是れ豪宕猛健なる我九州男兒にあらずや。共に是れ改革的の精神を懷抱する者にあらずや。

嗚呼同志社の諸君よ。諸君は現時日本の基督敎に對し。必ず一片の改革的精神は其心裡を焦がすなる可し。諸君は必ず現時我邦基督敎內に沈痼の病毒を呈せる。歐米的外國的の惡弊害惡分子を掃蕩殄滅し。其敎旨儀式をして日本國家の特性特風に適合せしめ。其風俗慣行をして日本國民の思想感情に一致せしめ。而して日本的新耶蘇敎會を建設せんと欲する改革的精神は有せらるゝならん。別言すれば諸君は必ず外國耶蘇敎會の保護を離れて日本獨立の耶蘇敎會を組織し。以て忠君愛國の感情に富める我邦有爲の人士に向つて。諸君が信ずる上帝の榮光を仰がしめんと欲するなる可し。嗚呼同志社の諸君。吾輩佛敎青年も亦た三百年間德川幕府の政略的優待中に停滯腐敗して。既に其眞正なる眞理の輝光を闇まし。純潔なる道德の生命を塞がれ。氣息奄々轉だ諸君をして髀肉の歎あらしむる。現時の日本佛敎に滿足する者にあらず。必ずや新理想の光明に導かれ。整々肅々として佛敎改革の征途に上り。將來社會の形勢將來人心の趨勢將來世界の大勢に順適す可き。新佛敎の基礎を建立せんと欲する改革的精神は懷抱する者なり。果して然らば佛耶兩敎其信仰は水火啻ならずと雖も。此一堂に集れる諸君及び吾輩が改革約精神に至りては共に符節を合するが如きものあるにあらずや。

嗚呼滿場の諸君。予は試に歷史的回顧の感懷を我肥後の山川に注がん乎。近く彼の幕末尊皇攘夷論者中の最も純正熱心を以て目せられし宮部鼎藏の愛國心今何の邊にかある。彼の民友氏の所謂識力五洲の外に逸し。眼光百載の後に徹するの人豪。横井小楠の卓識活眼今果して焉にあるや。彼等の形骸が北邙一片の烟と消へし以來。眞正なる其精神の繼續者は容易に見る可らざるにあらずや。予は猶は進んで一個の佛敎徒として我熊本の歷史的探求を試み來れば。實に悲憤に堪へざるものあり。嗟呼彼れ夙に勇猛堅信熱淚を揮ふて天下の人心を感動し。我邦基督敎界のポールを以て目せらるゝ横井時雄何人ぞ。一部の新著（日本現今の基督敎幷に將來の基督敎）は。痛快激烈霹靂の大空と劈ひで墜ち來るが如く。自由基督教の新主義を發表して守舊的基督教派を論破し。日本耶蘇教革命の議論を唱道して從來該教徒の腐敗卑屈虛儀僞善偏僻頑固迷信等の惡分子を掃蕩せんと試みたる彼れ金森通倫何者ぞ。信仰篤厚學識豐富品行純正以て新島襄の後を繼ぎ同志社學院總長の大任を帶びたる彼れ小崎弘道何人ぞ。同志社學院重要の位置に居り拮据奮勵幾多の青年を薰陶して間接的耶蘇教傳道の任に當る彼れ下村孝太郎浮田和民何者ぞ。滿腹の赤心を皷して舌鋒常に萬丈の光燄を吐き以て神の福音を萬衆に傳ふる彼れ宮川經輝海老名彈正何人ぞ。輕快流麗の筆を揮ひ日本のマコーレーを以て自任し。華美燦爛一時天下の耳目を炫燿し海內青年の精神を醉薰せしめたる國民之友記者德富猪一郎何者ぞ基督教新聞。國民新聞。六合雜誌。家庭雜誌の基礎を固めし者彼れ何人ぞ。曰く政教新論。曰く宗教要論。曰く神の顯現。曰く基督教新論。曰く自由新學。曰く信仰の理由。曰く宗教上の革新。曰く基督教と國家。曰く基督教と忠君愛國等の著作者彼れ何人ぞ。藏原惟郭（熊本英學校長）。市原盛宏。森田久萬人。原田助等彼れ何者ぞ。嗚呼皆な是れ熊本人にあらずや明治四年十月より明治九年十月に至る迄官立熊本洋學校に在りて。米國非職陸軍大尉我邦基督教傳道の大動家たるヂエンスの教育を受け誘導を受け感化を受けたる者にあらずや。ヂエンスが日本を去る時の熱涙一滴に感じて。相國寺門前螢火の如き微光を發しつゝありし。茅屋破窓の同志社に苦學勵行せし者等にあらずや。社會保守的の迫害に憤激決心したる。熊本洋學校の基督教的同盟青年三十有五名が。明治九年一月三十日を以て熊本花岡山に登り。山腹老松の影鬱葱たるの下に跪ぎ。絕大無限の感慨を發洩して彼等が信仰の主宰者たる上帝に祈禱を捧ぐるや彼れ九州文學（熊本耶蘇教青年の機關）記者の所謂『花岡山上の獻身』なるものを現出し。遂に該記者の所謂謹嚴壯烈なる左の如き血誓文は。彼等が將來天下を動かすの激聲に叫ばれ朗々然亮々乎として。淸白雪の如く紅顏花の如き十五六年乃至二十二三歲なる耶蘇獻身的同盟青年の皷膜に響き。廣大雄偉譬ふるに物なき一種の感覺を衝き込みたるにあらずや。

余輩嘗テ西教ヲ學ブニ頗ル悟ル所アリ。爾後之ヲ讀ムニ益々感發シ欣戴措カズ。遂ニ此教ヲ皇國ニ布キ大ニ人民ノ蒙昧ヲ開カント欲ス。然リト雖モ西教ノ妙旨ヲ知ラズシテ。頑乎舊說ニ浸潤スルノ徒未ダ尠カラズ。豈ニ慨嘆ニ堪ユベケンヤ。此時ニ當リ。苟モ報國ノ志ヲ抱ク者ハ宜シク感發興起シ。生命ヲ塵芥ニ比シ。以テ西教ノ公明正大ナルヲ解明スベシ。是レ吾曹ノ最モ力ヲ竭スベキ所ナリ。故ニ同志ヲ花岡山ニ會シ。同心協力シテ此ノ道ニ從事センヿヲ要ス。

一凡ソ此ノ道ニ入ル者ハ互ニ兄弟ノ好ヲ結ビ百事相戒メ相規シ惡ヲ去リ善ニ移リ以テ實行ヲ奏ス可シ

一一度此ノ道ニ入リテ實行ヲ奏スル能ハザル者ハ是レ上帝ヲ欺クナリ是レ心ヲ欺クナリ如此者ハ必ズ上帝ノ譴罰ヲ蒙ル

一方今皇國ノ人民多ク西教ヲ拒ム故ニ我徒一人此ノ道ニ背クトキハ衆ノ謗ヲ招グノミナラズ終ニ吾徒ノ志願ヲシテ遂ゲザラシムルニ至ル勤メザル可ケンヤ欽マザル可ケンヤ

千八百七十六年第一月卅日日曜日誌ストナン

而して姓名を署し各々其姓名の下に書印を爲せる者は實に現今該敎徒中の錚々家にして。左の如き者共なりき。

宮川經輝。古莊三郎。岡田松生。林治定。不破唯次郎。由布武三郎。大嶋德四郎。藤原惟郭。金森通倫。吉田萬熊。辻豐吉。龜山昇。海老名喜三郎。浦本武雄。大屋武雄。兩角政之。野田武雄。下村幸太郎。北野要一郎。加藤勇次郎。原井淳太。紫藤章。松尾敬吾。金子富吉。古閑義明。上原方立。德富猪一郎。森田久萬人。伊勢時雄。浮田和民。阪井禎甫。市原盛宏。川上虎雄。鈴木萬。今村愼始。

嗚呼彼等は斯の如く勇往猛决深く死生を誓ひ。一身を捧げて耶蘇敎傳道に殉せんと欲せし者等にあらずや。今日我熊本が日本耶蘇敎人物の巢窟と目せられ。天下の耶蘇敎に向つて電きを爲す。亦た决して偶然にあらず。其據つて來る所深且つ遠なれば也。予は演じ去り說き來りて此所に至れば。痛憤痛慨覺へず佛天を仰ぎて一掬多恨の淚を揮はざらんと欲するも斷じて得可らざるなり。

（右腦中の記憶に基き三年前の西京に於ける演說を筆せしもの蓋し時勢の進步は當時實際の演說よりも幾分增補削減をなさしめしと雖も其大体に至りては決して予の真心を欺かず）

吾人が九州佛敎徒の夏期講習會に對して。其意見を開陳せんと欲するに方り。端なくも乾燥無味にして而かも冗長なる吾人過去の演說を叙述し來りしもの豈に故なしとせんや。嗚呼吾人は昨年一月熊城の下に歸り。其軟腕を皷して四面楚歌の中に立ち。衣は漸く寒暑を防ぎ。食は漸く飢餓を凌ぎ。一片壯激不屈の氣象を鞭韃すると實に一年半餘。眸を放つて九州の佛界を望めば。茫々漠々として平沙萬里人烟を絕ち。幾度か鬼將軍經營の城頭に立ち。遙かに天涯萬里の邊に日本佛敎の中心を望み。我鎭西新青年諸君の出陣喇叭を聽かんと欲したりき。然るに今や吾人と其信仰を同ふし其希望を一にし嘗て吾人と共に日本佛敎の中心に橫行濶步したる。親愛なる我九州全土の同志諸君は。旌旗堂々九州の中心魔軍の本據に進擊し。以て大に爲す所あらんとす。吾人籠城苦戰の一兵卒たりと雖も。豈に簞食壺漿して諸君の出陣を歡迎せざらんや。而して此歡迎の感情と共に一層敵軍の銳鋒に對する敵愾的感情淋漓として溢れ來り。滾々滔々過去演說の一川に奔注し。聊か諸君の頭上に其一滴を注ぐに至らしめたり。

抑も九州夏期講習會は何の爲めに起れるや。試に該會開設の羽檄に對すれば。

我九州の地は我國の西陲に位し。路程遼遠地形自ら一區を爲す。此に於て乎我輩は地利を考へ會合の便を計り。頃りに九州夏期講習會開設の必要を感じ。更に相謀て全國を三分して鼎足の勢に擬し。三方に於て同志を會合すると定め。先づ九州の中原熊本水泉寺を相し。八月一日より二週日を期し講習會を開設し。九州各縣同志の士と一堂の下に會合し。互に手を握て交誼と締し舊交を温め。或は高德の感化を蒙り先輩の卓說を聽き。或は將來の方針を議し。前途の運動を約し。同志の氣脈を通ずるを得ば。其効益果して如何ぞや。蓋し水泉寺の地たる。其幽趣雅致に至ては。鎌倉二見の両地に譲らざるを得ず。然も肥州の野平野廣濶。不知火の海碧波汪洋。阿蘇の峰温泉の嶽相望んで九霄を凌ぎ自ら一大壯觀を呈せり。是の間に俯仰し遠くは加藤肥州の威武と菊池累代の勤王とを想慕し。近くは明治十年の戰亂を追懷し。九州男兒の元氣を振興せば。彼の両地の會合とは。固より其精神を同ふするも。其感想に至りては。大に趣を異にするもの有らんか

と謂へり。是れ實に九州の佛界に於ける。近年稀なる美擧なり。將來九州佛界の史上に大書せらる可き盛擧なり。九州の佛教徒たる者は飽く迄宗派的の偏僻根性を打破し。智者は其智を盡くし。勇者は其勇を顯はし。雄辨の人は懸河の辨を奮ひ。文章の士は雷霆の筆を鼓し。經濟の人は資力の泉を灑ぎ。以て大に周旋補翼する所なかる可らず。其高德の感化を蒙り。先輩の卓説を聽き。將來の方針を議し。前途の運動を約し。同志の氣脈を通ずと云へる。所謂「天高任鳥飛。海濶從魚躍」の旨義精神に至りては。吾人の雙手を捧げて。同感を表し同情を彰はす所なり。

今少しく講師たる諸氏の人物に就て觀察を下せば。學理的人物と時勢的人物の配合調和最も其度に適し。大に九州人士の氣風性情に適する所あるを見る。是にて死灰冷燼的偽羅漢主義の弊濁にも陷らず。狂奔熱走的偽壯士者流の悪弊にも染まず。所謂非有非空亦有亦空中道の本心を得るならん歟。試に見よ其講師中には。眞宗の吉田松陰たる清狂門下の傑物。前西本願寺の總理大臣。豪膽勇骨の武人的眞宗僧鐵然大洲師の如きあり。九州の佛界に於て倶舍唯識の深理に達せる達行大友師の如き。眞宗の蘊奥に通ぜる圓成東陽師の如き。禪學の妙味を會得せる龍道堀田師の如き。佛教天文の學に邃き安慧禿師の如きあり。オルコツト英文佛教問答の翻譯者。大谷派出身の普通教育家今立吐醉氏の如きあり。西本願寺の名僧中にて最も幽奥玄妙の理想に富める篤初武田師の如きあり。天台の學理に深き大圓姫宮師の如きあり。舊佛教家敵對の人物新佛教の唱道者牛郎中西氏の如きあり。海外宣教運動の率先者松太郎松山氏の如きあり。西本願寺宗制改革の鼓吹者。新佛教的の一對雄辨家唯見弘中盡演一二三兩師の如きあり。而して彼の教育宗教衝突問題の爆發者哲次郎井上氏。及び博識能辨多能多藝なる叡才的眞宗僧連城赤松師には。目下懇に其出席を照會中なりと云ふ。左れば以上の講師諸氏が左提右携悉く九州の中心に來會し。或は佛典の妙理を說き。或は眞理の精氣を鼕かし。或は甘露の法雨を降らし。或は反對宗教の本據を衝き。或は佛界時事の問題を論じ。或は諸宗教各哲學の比較討究を試みるあらば。近くは熊本の脚下に。廣くは九州

の全面に其感化の光澤を及ぼさんとは。至重至大彰々として疑ふ可らず。

想ふに南櫻島の烟を眺めて來る百二都城の人士も。北玄洋の怒濤に對し筑水の大流に嗽ぎ來る豊筑の人士も。西榮城の下より鐵車に鞭ち來る西肥の人士も。温泉岳の麓より有明の蒼波に棹して來る崎陽の人士も悉く九州の中心に集り。共に齊く　の旗下に隊を組んで大聖世尊の榮光を謳歌し。時には竹林蒼々たる淨覺寺堂內。眞如の玄奥を耳にして佛陀の靈光に照さるゝ有樣果して如何。時には綠蔭盖ひ。淸泉逆り。薰風吹き。以て暑熱を一掃する水泉寺境內に歩を停めて。近く平蕪青靄の間に九州耶蘇教軍の本營（熊本英學校及び熊本女學校なる組合教會の機關同志社の九州支校は水泉寺を距る僅か數丁の西にあり）を睥睨し。忽ち感を教育宗教衝突問題の淵源に馳せば。其心海に湧起する波瀾果して如何。時には渺茫たる銀田畫湖水上小舟を浮べて漁村破屋の邊に新佛教唱道者の修練場を顧み。思を佛界近時の形勢に放たば。其腦裡に映ずる現象果して如何。吾人は實に來會者諸君が。此際に於て親話懇談九州佛教青年一大新團体の地盤を築き。發起者たる九州佛教倶樂部が創立趣意書の所謂『九州佛教倶樂部は單に九州佛教徒の團結を計る而已に止らず九州佛教徒の團結鞏固なれば。進んで山陽山陰の佛教徒と聯合し。四國五幾より東海東山北陸に進入して北海道を合同し。滿天下八道の佛教徒を以て一大團体を組織せんと欲する者にして。我九州佛教倶樂部は則ち天下佛教徒の大團結を計畫する其第一着手なりと云はざる可らず』との大抱負を實行上に顯揚せんとを希望に堪へざるなり。然り而して來會者諸君が曉風面を拂ふて意氣爽なるの時。蘇岳を白雲縹緲の中に望み。雙方の胸間に懷抱せる新理想の感合交接となさしめ。陽光の火氣炎々地上を襲ひ。綠樹惱み靑草凋みて晝睡の魔氣濛々全身を蕩かすの際。砂取旅舘の階上三々五々席を整へ座を作り。舌烽千丈の火燄を吐ひて炎帝の暴威を壓し。辨音喧囂四筵を驚かして舊佛教の改革論を縱論横議し。以て雙方に矛盾せる思想感情を調和せしめ。深夜萬籟死して乾坤沈々たるの時。一心正念直に心內の佛陀を現じ。淸淨歡喜の羽翼翩々として。圓滿玲瓏の聖界に飛舞するに至らば。是れ獨り來會者諸君の淸福和樂なる而已ならず。亦た九州夏期講習會の大幸至慶とする所ならん歟。

（右二十二日脫稿看者諒焉）

論説

東洋佛教の歴史的觀察（接續）

在大阪　中西牛郎

第四　佛教の前途如何

佛教の東洋亞細亞に傳播する。既に數千年の久長を閲し。其種族國情の異るに從つて。種々の應化。種々の發達をなし。其之を信奉するものは三億以上に達し。印度の泰西人種も。東洋各邦の蒙古人種も。皆に之を信奉し。其道德。社會。哲學。信仰に於て。偉大なる感化を流したるは。之を既往の歴史に徵して。彰々として疑ふ可からざるの事實なり。然れども現時の大勢によりて之れを觀るに。往時の如く其信仰の力能く活動を喚起し。一の種族より他の種族に達し。一の邦國より他の邦國に達し。以て駸々長進するの勢を見ざるのみならず。却つて萎靡振はず。漸く將さに衰滅の域に沈淪せんとするが如し。嗟呼佛陀の榮光は既に天に歸したるか。愛の泉源既に渇したるか。彼の世尊の衣を攣ぢて俯仰號泣したる阿難は今ま何人かある。彼の世界主義を唱道し。萬民を以て同胞とし。俯して名譽私欲の奴隷たる。他の帝王を憫視したる阿育帝今ま何人かある。彼の單身飄然手に眞理の燈火を掲げ來りて。支那四百餘州を照らしたる達磨今ま何人かある。彼の帝王の暴威に抗じ。鮮血を流して佛教の眞理を印證したる師子今ま何人かある。佛教の振はざる實に今日に至りて極れり。顧ふに佛教の將さに世に興らんとするや。其進路を遮るもの一にてし足らず。印度に於ては婆羅門の妄想習慣之を遮り。九十五種の異端邪説之を遮り。北方に於ては其種族の頑愚暴力之を遮り。支那に於ては歷代の帝王等九回の迫害を起して之を遮り。我邦に於ては守屋尾輿等の保守主義之を遮り。雪嶺の峻高之を遮り。流沙の險難之を遮り。洋海の濤波之を遮り。各國民言語習慣の同異之を遮ると雖も。眞理博愛正義の向ふ所は天下に敵なし。乃ち其過る所は靡き。戰ふ所は勝ち。之に從ふものは榮へ。之に逆ふものは亡び。遂に東洋各國民を擧げて。其教に歸せしむるに至りたり。嗟呼佛教の勢力亦た豈に大ならずや。而して此勢力は果して那處より來る。其眞理より來る。佛教の眞理即其勢力なり。故に佛教にして此眞理を失はずんば。千載の後復た必ず世界を照らすに至らん。而して此眞理は千載の後を待たず。即ち今日に於て既に世界に顯れたり。東洋各邦に傳播するの佛教は。彼が如く其進歩。活動。

生命。勢力を失ふたるにも係らず。却つて泰西各國の間に勃興したる新佛敎は。東洋の舊佛敎に其反動の大勢を與て。彼れ呼び此れ應じ。今や佛敎の前途は日に吾人に其大に望あるを報じ。佛陀の榮光は再び此世界に於て赫々たらんとす。此に於て吾人は益々佛敎の眞理に於て信ずる所あり。今佛敎の前途に就ひて。其新氣運の最も顯著なるものを左に列擧せん。

第一　東西兩洋の文明　歷史上よりして之を觀れば。現時文明の大勢はアリヤンの種族より發したる文明の大勢なり。而して佛敎はアリヤン種族より開發したる宗敎思想の最も完全なるものなり。然れどもアリヤン種族即ち歐米各國民は。宗敎に於ては獨りセミツト種族即ち猶太國民の宗敎を信奉したり。是れ蓋し佛敎の聲敎夙に萬里を距てし彼等に達せざりしに由るならん。然れども彼等と淵源を同ふしたる佛敎は東洋に存し。久しく以て彼等を待てり。彼等豈に欣然基督敎を棄てゝ。佛敎を取らざるなきを保せんや。況んや現時歐米の科學哲學と佛敎の說く所とは。其眞理最も吻合するに於てをや。宜なり歐米各國の基督敎宣敎師等が其全力を盡し。巨額の傳道費を抛ち。數十年間東洋國民に福音を傳へて。未だ其功を奏せざるに。今や佛敎は僅かに一詩人の手を假りて。歐米各國に既に數萬の信徒を生じたり。是其由りて來る所豈偶然ならんや。

第二　神智學會の勃興　人種信仰の同異を問はず。徧く人類の同胞主義を主張し。アリヤン及び。其他東方の文學。宗敎。科學を講究し。萬有人性の秘奥なる理法を講究するを以て。目的として創立したるものは神智學會なり。而して神智學會目的の中心なるものは佛敎にあるとは。其會員自ら明言する所なり。然るに此會創立以來未だ十餘年の久を出でざるに。英國に於ては倫敦。ダブリン。リバープル。ケンブリツヂ。エヂンバー。グラスゴウ。大陸に於ては巴里。維納。コルフ。ナデスサ。ハーゲ。其他米國に濠洲に東洋各地に。既に數百餘の支會を設立し。同感の士相率ひて同盟し。隱然として既に一大運動となれり。蓋し神智學會は至大なる目的を有したり。現時世界の寃罪を蒙り譏謗を蒙りたるもの。誰か此會の如きものあらんや。其進歩の快速にして勢力を得る。誰か此會の如きものあらんや。縱令此會にして正經なる佛敎の信仰を代表するに至らざるも。其佛敎遠征の先驅たるに至りては何人と雖も信じて疑はざる所ならん。

第三　歐米哲學の傾向　歐米各國は實に佛敎進入の一大準備をなせり。其準備とは他なし哲學の進歩是なり。試に近世哲學の歷史に據りて之を觀るに。彼のデガルト。スピノザ以來今日に至る迄。其卓然傑出の士が闡明する所。之を約言すれば。盡く佛敎の範圍に在りて佛敎の眞理を解釋するものなり。故に泰西哲學が闡明したる眞理を蒐集して。一大宗敎を組織せば。佛敎の最小模範を現出するに過ぎざらんとす。顧ふに英國のスペンサー氏が。哲學は不可思議を以て智識の極とするを以て。佛敎の理に反對し。獨逸のロッチェ氏。米國のフヒスク氏が。哲學は上帝の有意を立つるを以て基督敎徒に左袒して。是又佛敎の理に反對すと臆測するものならんかなれども。スペンサー氏の相對卽絶對は。佛敎の萬法卽眞如と何故に反對するか。ロッチェ氏の萬物は絶對の變化なりと云へるは。何故に佛敎と反對するか。フヒスク氏が世界の創造を說くに方りて。時計の比喩を以て花卉の比喩に易へたるは。又た何故に佛敎と反對する歟。故に哲學なるものは。那點よりして觀るも畢竟佛敎の一大準備たるに過ぎざるなり。

第四　大小二乘將さに一致せんとす　佛敎は宗敎上一大眞理なり。而して此眞理を分拆すれば。大小二乘を以て成る。故に大小二乘は一大眞理の二大部分なり。蓋し大乘は理想なり。小乘は現實なり。大乘は哲學なり。小乘は道德なり。大乘は演繹法なり。小乘は歸納法なり。大乘は理論主義なり。小乘は歷史主義なり。故に眞正なる佛敎は此二大部分を調和して以て一大眞理とせざる可らず。而して佛敎卽ち生命あり進歩あり。信仰あり勢力あり。佛敎の駸々然盛運に赴く所以のものは。此二大主義併行併進するに職由せざるはなし。其後此二大主義全く相分離して。佛敎復た其進歩を見るとなし。是れ方今歐洲碩學具眼の士擧つて慨嘆する所なり。今や彼の歐米に起らんとするの佛敎は。此二大主義を調和せんとするもの、如し。此二大主義にして果して調和することを得ば。佛敎亦た何ぞ既往の盛運に百倍し。其生命元氣を恢復して。大に世界に振はざるを得んや。之を要するに。佛敎の盛なるは必ず其盛なる所以の源因あり。佛敎の衰ふるは必ず其衰ふる所以の源因あり。今や其衰ふる所以を去りて。其盛なる所以に就かんとす。嗟呼佛敎の前途豈に賀せざる可けんや。

第五　錫蘭佛敎の復興　印度は東洋佛敎の中心なり。佛敎は實に斯邦に起りて先づ斯邦に衰へたり。印度一たび英國の版圖に歸してより。基督敎は泰西政治の大權と伴ふて進入するとは。恰も無人の地を蹈むが如く。是迄東洋宗敎の聖士と誇りたる邦に於て。到る所に十字架の儼然として樹立するを見ざるはなく。印度過半の國民は其表面に於ては。殆んど基督敎の信徒となれり。然るに彼の歐米に起りたる佛敎の大勢は。先づ其反動と錫蘭の島民に起し。彼の神智學會が此地に設立してより。未だ十餘年の久しきを經ざるに。既に二百萬の佛敎信徒を喚起したり。今や剛毅正大佛陀無限の愛に感ぜられ。全身全力を擧げて之を佛陀の犧牲に供し。泰西物質的の文明と惘視して。精神的文明の新氣運を開かんとする。東洋佛敎の老將スマンガラ氏は。猶は矍鑠としてオルコットの輩を薫陶驅使し。歐洲に向つて博愛正義の十字軍を起さんとす。斯に於て錫蘭の佛敎漸く復興し。其勢將さに延ひて印度全土に入らんとす。

第六　日本佛敎の復興　我邦の佛敎も亦た復興の休徵を示したり。抑も我邦の佛敎は實に習慣に安んじ。政府に依賴し。數百年間封建世界の殘夢に心醉したるにも係らず。今や之を內にしては基督敎の刺擊に遭ひ。之を外にしては新佛敎振興の大勢に反動せられ。彌に全く永眠して起たざる可しと。世人をして想像せしめたるに反對して。遂に難なく復興したり。然るに此復興は恰も睡眼俄に覺めて。視線朦朧行路の方向を辨せず。乍ちにして動き。乍ちにして止り。屢々其進行の線を失して他の岐徑に迷ひ。未だ一定の方針を執り。一定の運動に就かずと雖も。其復興の現象に至りては疑ふ可らざるものあり。佛敎の前途亦た多望なる哉。　（完結）

理想的新天地の開拓

甲斐方策

新佛敎徒の第一運動は。明治廿二年二月「新佛敎」なる新名詞の誕生（中西牛郎氏の「宗敎革命論」中に宣言せらる）と共に始まる。則ち彼の世界宗敎革命氣運の必迫せると。及び佛敎が世界の統一宗敎たる資格を有するとの識認より。オルコット氏の來朝。海外宣敎會の設立。印度佛蹟興復會の創立。幷に今回の萬國宗敎大會參列等にして。專ら總合的概括的の運動なりき。是れ全く時勢の然らしむるところにして。彼の明治の初年に當り。德川三百年間太平の夢の下に汚習惡弊山積雲集したる佛敎僧侶が。偶ま世界各國と交際を開き。新奇の事物簇々輸入するに從つて。從來外人を蛇蝎視したる反動として。外人とし云へば悉く神聖視し。舊物とし云へば凡て之を無用視し。利己私慾の風大に跋扈し。宗門無用論。廢佛毀釋論盛んに俗間に流行するの時に際し。曉天の星も啻ならざる少數の活眼者が。恒河の沙數よりも夥しき。世間の愚僧。愚士を警醒するには。斯の如き雷聲的疾呼を爲し。根本的覺醒を促したるは。亦巳むを得ざるの順序なりしなり。然れども今日に至りては。思想の潮流。佛敎の勢力既に識者の腦裏に承認せられ。卓見なる先輩諸士は既に夫々世界的運動に着手したり。茲に至りて吾人は大に眼前脚下の事情に注意し。愈々內地に於ける新佛教的新天地を開拓せざるべからず。社會感化の方法。制度儀式の上に就て。當に一新機軸を出し一新生面を開かざるべからず。此故に吾人は明治初年より昨廿五年迄を舊佛敎破壞準備時代‖新佛敎建設唱道時代とし。今日以後を以て舊佛敎破壞成功時代‖新佛敎實地施行時代なりと思惟す。勿論前概括的時代に於ても。釋雲照師の僧園設立の如き。七里恒順師の感化的運動の如き。其他多少嚴正敏活なる內治的運動なきに非ずと雖も是。實に是れ砂漠中の叢林。滔々たる平凡。皆是れ虛式僞善の空運動をなすのみにして。亦云ふに足るものなし。是れ吾人が進んで新佛敎的第二運動を主張する所以なり。吾人今古來傑僧敎化の事蹟及び新天地開拓の順序。方法より。開拓者の資格。決心に論及せん。

夫れ宗敎のものたる。先づ個人をして安心立命せしめ。漸く進んで家庭。村落。乃至府縣邦國をして慈悲。寬大。平和の甘露に潤はしめざるべからず。而して宗敎功動の顯彰點は。先づ家庭を以て第一とせざるべからず。何となれば。家庭は人間の始めて愛を悟る處。人間の始めて禮を知る所。人間の始めて義を覺る所なればなり。熟々昔時の高僧。大德が敎を布き。道を傳へられたるの歷史を探究するに。國神。宗廟に對しては。垂跡。示現の二釋を用ゐ。國家に對しては。常に愛國護法と云ひ。護國扶宗と稱へ。彼の道西禪師の興禪護國論と云ひ。日蓮上人の立正安國論と云ひ。亦眞宗にては。眞俗二諦の法門中。俗諦門は王法爲本。仁義爲先と說くが如き。近頃に至りては。彼の尊皇奉佛論の如き。何れも先づ遙遠なる國民的道德を敎訓せられたるも。未だ信德顯現の親近。剴切なる家庭。及び社會の感化に。着鞭する人の尠なかりしは。固より當時の政体。人情。時勢。習慣の如何に據りたるとならんとはいへ。宗敎感化の最大根底は。個人自治。家庭快樂に在るの原理よりして。實に千秋遺憾の情に堪へざるなり。されば吾人は今進んで。此最大根底を培養せざるべからず。想ふに所謂「尊皇」所謂「愛國」勿論國民の最大德義なりと雖。宗敎の目指すべきは。各個人を拯救するにあり。故に其感化は。國家的よりも寧ろ社會的にあり。表面的よりも寧ろ裏面的にあり。儀式的よりも寧ろ精神的にあり。其功動は粗暴的に非ずし温和的なり。分離的に非ずして調和的なり。憤怒的に非ずして憐憫的なり。生滅變遷に非ずして常住不斷なり。斯の如く各自胸中の信仰的活火は。常に家庭の仁義的冷淡を暖め。腦裏の信仰的活水は。常に社會の道德的枯渇を潤し。體內の信仰的電光は。常に世界の博愛的暗黒と照さば。嫉妬。怨恨。闘爭等の罪惡消失せざらんとを欲するも。豈に得可けんや。抑も人は二人の主に仕ふる能はずとの言。豈に獨り。君臣主從の關係に就てのみ云はんや。無形の理想に於ても亦又然るなり。然るに國制未だ發達せず。無限なる宗敎的希望と。有限なる世俗的希望と。衲鑿相納れざる。缺陥的社會に在ては。宗敎者たる者自己理想の万一をも實行する能はず。其會得したる所を。徒らに筆舌に托して唱導するの外なし。是れ實に古來の高僧智識が。主觀的の理想を有して。客觀界に顯現せしむるを能はざりし所以ならん。且つ夫れ從來政府の保護を甘受し。管理者の命令に屈從したるの結果は。政府委頼の陋心堅く腦中に固着し。發して僧侶被選權運動となり。迷ふて王法爲本濫用的選擧干渉となり。激して管長騷動となり。怒りて分離喧嘩となり。自己が濟度すべき。俗士俗人の爲に嘲笑せらるゝに至れり。是れ豈に宗敎感化の根本的順序を顚倒したる所以に非ずや。

然らば則新天地の開拓。常に如何なる順序に據り。如何なる方法を採るべきや。曰く敎理の説明解釋に於て敏活透徹を要すると及び布敎傳道の制度儀式を革進するは勿論。佛敎眞理を以て。一般社會風俗習慣の審判石たらしめざるべからず。社會及道義の燈明臺たらしめざるべからず。各個人をして皆其職分を守り。其希望を達せしめ。就中婦人の位置を上進せしめんが爲に。彼等をして自治自活の藝術を習得せしめ。虛飾假裝の弊風を一掃し。質を男子と異にすと雖。亦社會の文明を裨補すべき獨特の能力あるとを識認せしめざるべからず。其他時間。衞生。社交等。土地の狀況。習俗の如何に鑒み。漸々其改新發達を促すべし。特に近來流行の迷妄的宗敎に對しては。詳細其敎理を批評解剖して是非曲直を說明し。士民をして適從する所を知らしむべし。是れ啻に自力門に於てのみ必要なるに非ず。他力信徒に在りては。亦報恩行として社會の改善を圖らば。一面に於ては見る者をして。行者の殊勝を感覺せしめ。亦一面に於ては自己の心海を澄清し。煩惱を制止するの功德あれば。是れ又大に勸奬すべきのとなりとす。乞ふ佛門の活眼者よ。乞ふ汝の家庭及び汝の社會をして。望みあり。勇みあり。喜びあり。光りあらしめよ。

次に吾人は前陳の任務を果す可き。青年諸君に向て希望する所あり。他なし。其敎理の玄奧を研究するは勿論。益々其革命的勇氣を皷舞し。道德的實行を修練し。且つ國豐民安兵戈無用的大理想を涵養せられんと是れなり。記臆せよ。最後に達すべき目的は正に最初に起るべき希望なるとを。又記臆せよ。進歩とは理想に向て進むの謂ひなることを。進歩とは停滯すべき者に非ることを。

今や我國民には。尚祖先追拜の感念と。古風舊慣の勢力の在るあり。以て舊佛教一脈の生命を維持せり。而も人情は日夜に變轉しつゝあり。若し荏苒十年を經過し民心亦激流奔　の如く通下し去らんか。新佛教嫩芽の萌出に就て。叉妨ぐる處なからんや。然れども今の時に乘じ。各家各人が某寺院の檀家たり門徒たる歷史的回顧の感慨より。說き起し。進んで宗教心の神聖を說き。宗教選擇の必要と論じ。遂に舊佛教の停滯。腐敗。因循。姑息を痛論し。高朗純潔なる新佛教的新天地の開拓すべきを論ぜば。人誰か隨喜渴仰せざるものあらんや。人誰か欣慕賛成せざるものあらんや。依之觀之。新佛教運動は實に至難なるに相違なしと雖も。亦至大至强の自由と便利を所有するものなり。

嗚呼彼れ基督教徒は。卅年來異風殊俗の中央に立つて。一個の小天地を開拓し。今や漸々猖獗を逞ふせんとす。此時に當りて吾人新佛教徒たるもの。豈に徒に放言空論を爲して可ならんや。試に思へ。彼基督教徒は新佛教徒の大聲疾呼を聽て。驚惶避易したると實に幾何ぞ。今若し此理想にして現實上に發現せば。彼等は將に是れ降門の敵たらんのみ。請う佛門血誠多感の士よ。須らく汝の馬に秣ひ。汝の劍を磨け。想ひ至る九州夏期講習會列席の青年諸士。嗟夫兄等の責任も亦重大なる哉。

特別寄書

左ノ一編ハ米國ボストン府アリナ雜誌社ヨリ余ニ惠投セシ本年二月同雜誌ノ卷頭第一ニ現ハレシ名文ニシテ寄稿者ハ目下同國滯在ノ平井龍華師ナリ該雜誌ハ讀者モ知ラルヽ如ク歐米文學界中ノ美術舘トシテ尊愛セラレ月々發行ノ部數ハ十七萬ヲ下ラズ頁數ハ毎號三百ニ充タントスルノ大雜誌ニシテ一タビ寄稿者ガ千百萬ノ寄稿中一編ノ採用ヲ得バ登龍門ハ愚カ歐米文學界ノ祖宗トマデ仰カルヽニ至ルナリ然ルニ平井師飄然渡米シ飄然此ノ文ヲ草シ飄然此ノ稿ヲ此ノ社ニ寄セ素ヨリ名利ヲ鉤ルニアラサレド師カ一編ノ文謝金米貨五十弗ヲ以テ酬カ文ノ歐米ニ價スルヲ知ルベキナリ獨リ歐米ニ價スルノミナラズ又以テ我國ノ光輝ヲ外國ニ放ツハ左ノ一編ヲ讀ミテ知リ給ヘ原文ハ平井師ノ彼ノ巧妙ナル英文ナレド余ノ拙譯ハ生ケル鯉ヲ死セル鯉ニ改ムルガ如シ

明治廿六年六月　野口復堂識ス

日本ニ於ケル宗教思想

平井龍華

今ヨリ殆ンド半世期ノ昔マデハ歐米人士ニ對シ唯不思議ノ陸トシテ僅ニ知ラレシ日本國モ今ハ世界ニ次第々々ニ知ラルヽ

コトハナレリ。之レカ議士論客一旦口ヲ開キテ此ノ東洋帝國ヲ論スレハ集ツテ雜誌トナリ積ンテ書冊トナリ之等機關ヲ借テ我帝國ハ泰西文明ノ域ニ日ヲ追フテ進入スルコトハナレリ兩國民ノ間ニ立ツテ紹介ノ勞ヲ辭セサル著者若クハ辨者ニ向ツテ深ク之カ厚意ヲ謝スルハ我輩日本人タルモノヽ喜ンテ諾スル處ナリ。然ルニ余ヲシテ此間浩嘆措ク能ハザラシムルモノハ不幸ニモ之等著者若クハ辨者カ我國民ノ風俗思想特ニ宗教思想ヲ演説ニ書籍ニ之ヲ誤解スル等ノ甚シキ一事之レナリ我國民ノ一般英語ニ未熟ナルコト。旅行外國人ノ日本風俗及ヒ思想ニ對シ輕卒ナル臆測及ヒ判決ヲ下スコト。宗教的及ヒ無宗教的ノ偏見。和英通譯人個々ノ僻習。獨リ通譯人ノミナラズ旅行者モ亦多少ノ偏僻ヲ免レス。從テ日本ニ對シ得ル知識ハ箇々分裂ノ僅ニ限リアル經驗ニ過ギザルコト等ハ。之レ上來誤謬ノ起ル原因ニシテ多クハ外觀ノ上ニ屬セリ。此等ノ外特ニ宗教問題上誤見ノ一大原由アリ。之レ他ナラス內密ヲ窺フ透視力ナク唯外面ニ眩惑スルヨリノ落度ニシテ卽表面皮淺層ノ下ニ隱レタル心裡ノ秘密ヲ發キ能ハサルコト之ナリ。日本ニ於ケル宗教思想ノ發表ハ飄然歐米ヨリ漫遊セル尋常旅行者及ヒ記者等ノ外見上觀察ノ及フヘカラサル一種特色ノモノト承認セサルヘカラス。恐ラクハ故意ニ出ルニアラサレトモ之等旅行者ハ我國人生活ノ外部ヲ見。國人カ神佛ヲ禮拜スルヲ認メ。蠻人カ偶像ヲ拜スルノ塲合ト同樣ノ看ヲナシ。國人ヲ以テ無知無識而モ迷執多キ偶像崇拜者ト爲ス。如此觀察ハ日本人及ヒ之カ宗教ノ實際ヲ過ツ太タシキモノト謂ツヘシ。余カ今日人ニ一種特色ト言ヒシハ就中一箇ノ日本人カ佛徒トモ見ヘ神徒トモ見ヘ孔子ノ弟子カト考ヘラレ又耶蘇ノ賞讃者カトモ思ハルヽ一事實ナリ。此ク奇妙ニ複雜セル日本人心ヲ誤解スルコトハ卽チ日本ニ於ケル宗教思想ヲ誤解スルト一般ナリ。日本宗教ノ外面此ノ如シ。之レ泰西人士ヲシテ吾人ヲ目スルニ偶像崇拜者若クハ異教信者ノ名ヲ以テセシムル所以ナリ。又今ヨリ殆ント四十年前歐洲諸邦ト我國ノ間ニ提契セル條約ノ如キ。彼ニ利アリテ我ニ利ナキノ不對當極ル無條理ノ約束ナレハ。之レカ改正ヲ企ツル日一日ニアラズト雖モ尙今日依然トシテ舊來ノ不平等條約ヲ存セルヲ得サルハ蓋シ上來ノ理由之レカ因タラサルハナシ。余カ本論ヲ草スル主眼ハ日本人民カ一般ニ理會スル宗教思想ヲ說明シ廣ク全世界ニ日本人ハ偶像崇拜者ニアラザルコトヲ知ラシメント欲スルニアリ。

日本人多クハ神祠佛堂及ヒ偶像等ノ前ニ至レハ悉ク羅拜スルカ故ニ皮想的傍觀者ハ認メテ以テ偶像崇拜者トナス。旣ニ靈前ニ羅拜ス喃々語ヲ發ス之耶蘇宗ニ唱フル如キ祈禱ニアラサルナリ。全智全能ニ對シ慈悲愛愍ヲ懇願スルニアラサルナリ。之等誦呪ノ意義ニ至テハ凡俗無識ノ輩ト雖モ尚能ク解スルヲ得ヘシ。

第一神道ノ唱フル所ハ「ハラヒタマヘヨキメタマヘ」ニシテ即チ眞理ニ應合センカ爲ニ心中ノ不淨ヲ掃除シ盡クサンノ意ナリ。之レ能ク上來ノ事實ニ相當ス。次ニ神祠中ニ何ヲ安スルカト尋ヌレハ。木像ニアラス畫像ニアラス之レ唯一本ノ「ゴヘイ」或ハ「ヌサ」タルニ過キズ。此ノ「ゴヘイ」或ハ「ヌサ」タルモノハ一本ノ棒ニ正シク切リタル白紙ヲ挿ミシモノナリ。下ノ圖ノ如シ（譯者云日本人ハ誰シモ知ル所ナレハ此圖ハ畧ス）唯之ヲ社殿ニ安置シテ眞理ノ代表トナス、清潔ナル一色若クハ無色ノ紙ヲ正シク切ルハ宇宙ノ道理即チ眞理ノ萬代不易ニシテ而モ純粹無雜ナルヿヲ示ス。中央主体ヨリ左右ヘ階段ヲナシテ小片ノ垂レ下ルハ宇宙間諸現象ノ不斷變轉改革スルノ狀ヲ表ス。故ニ神祠ノ前ニ腰ヲ屈ムルモノハ眞理ノ標準タル此代表物ニ對シ自己心中ノ邪性ヲ驅除スト信スルナリ。又祠前ニ圓鏡ヲ揭ケタルハ吾人鏡ニ對シテ衣ヲ整フルカ如ク心モ之レト共ニ整ヒ其清キ其明ナル鏡ノ如クナルヘシトノ意ヲ示スモノナリ。

日本語ノ「カミ」ハ現今日本滯在ノ耶蘇宣敎師ハ英語ノ「ゴッド」ト同樣ノ意義ニ用ユレトモ決シテ之ノ「カミ」ナル字ノ內ニハ偶像的ノ觀念ハ含ミ居ラサルナリ。元來此語ハ「カンガミ」即チ「鑑ミ」ノ省畧ニシテ又「カヽミ」即チ鏡モ之レヨリ來レリ。我國神祇誌上ニ「ミ」ト云フ語ヲ前ニ置キ「コト」ナル語ヲ後ニ据ヘ「ミコト」トナシテ「カミ」ノ字ノ代リニ最尊物ヲ代表スルコト、ナレリ。「ミ」ハ敬尊ノ意ニシテ之レカ根原ハ太守管轄者ナリ。余嘗テウェブスタア氏ノ語學上ノ關係ヨリ英語ノ「ゴッド」ナル字ヲ推セシニ我カ「コト」ナル字モ之レト等シク亞利安語ノ根元ヲ有スルヿヲ發見セリ。之レヨリ推テ純粹日本語ハ素ト亞利安語ヨリ出テシニ相違ナキヿハ後日ヲ約シテ論スル所アルヘシ。（譯者云此間詳細ニウェブスタア氏ノ「ゴッド」ノ字ニ關スル變遷ノ表アルモ餘リ繁雜ナレハ之ヲ省ク）神祇誌上神トシテ用ユヘキ「コト」ノ字カ遂ニ轉用サレテ哲學的ノ「カミ」ナル字ト異体同義ノ如クナリシハ。之レ近代ニ起リシニアラス最モ古代ニ起リシモノト思ハル。前ニ說明セシ事實ニヨリ神道ノ起原ハ祖先敎タリシニモセヨ。其敎風ハ何時カ廢シ之レニ代フルニ倫理哲學ノ理會ヲ以テセシコト明カナリ。我輩日本人ハ多クノ神祠殿堂ヲ有セリ。之等多ク日本ノ爲メニ大業ヲ企テ若クハ修身ノ龜鑑トナルヘキ男女ヲ神トシテ崇メ之レカ紀念ノ爲メニ建築セシモノニシテ。常ニ此所ニ於テ普通人民ニ倫理ヲ說クナリ。中ニ尊崇スル所ノモノハ眞理ノ代表物タル「ヌサ」或ハ「ゴヘイ」ニ外ナラサルナリ。

吾人同類ヲ神トシ又倫理道德ノ道場トシテ神祠殿堂ヲ建築スルハ多クハ功績アル人ヲ紀念センカ爲メニシテ。故ニ神祠殿堂ニ名クル皆其人ノ名ヲ以テス。之レ歐米ノ人民ガ大學校公堂寺院ニ名クルニ偉人豪傑ノ名ヲ以テシ。此等建築物ヲ彼等功績ノ紀念ニ供スルト一般ナリ。

余ハ尚神道宗ニ就テ陳ブル處アラント欲スト雖。徒ラニ讀者ヲ倦マシメンヿヲ恐レテ之ヨリハ我國人カ佛敎ニ對シ懷ケル見込ニ就テ余カ意見ヲ語ラント欲ス。

此宗敎ハ印度ヨリ支那朝鮮ヲ通シテ我國ヘ傳來セシモノナレハ。我國民ノ本宗ニ對スル考ハ傳來諸國ノ考ト一般ナルベキニ。其實然ラザル所以ノモノハ設ヘバ一題アラン。之ヲ解スルモノ種々ナルカ如ク詮索者ハ各自有スル心ノ標準ニ應シテ之ヲ取ルナリ。日本人ハ日本風ニ之ヲ解釋スレハナリ。日本ニ於テ現今佛敎ハ十二ノ派ヲ有セリ。唯異ナル處ハ外部ニ關スル諸說ト形態ノ禮式ニシテ。其內實ニ至ツテハ十二宗トモ共通ノ脉管ヲ有セリ。

或ル佛堂ニハ佛像ヲ安置シ又安置セザルアリ。何レモ耶蘇宗徒カ神ニ對スル如ク神聖トシテ之レヲ有ツニアラス。佛像ヲ使用スル塲合ニ於テハ之ニ對スル崇拜者ノ態狀ヲ審ニスルヲ要ス。今一例ヲ「アミダブツ」ニ借ラン此語ハ元來原語タル梵語ヨリ日本風ニ讀ミ振リヲ付セシモノナリ。此語ノ意味ハ無量壽ノ佛即チ眞理ニシテ瞿曇ヲ名ケシニアラザルナリ。歐米人ハ稍モスルト佛ト言ハバ瞿曇其人ノ固有名詞ノ如ク解スルモノアレ𪜈其實決シテ然ラズ。佛ニハ三箇ノ義ヲ有セリ第一眞理若クハ道理若クハ因果。第二眞理ニ付テ人間的ノ自覺第三可能的自覺性ヲ有スル者ナリ。

佛ノ唱ヲ以テ瞿曇ヲ呼ヘリ然レ𪜈何人ト雖𪜈一旦豁然宇宙ノ大道理ヲ悟得セバ忽チ佛ト稱セラルヽヲ得ヘシ。獨リ大悟ノ人ヲ以テ佛ト唱フルニ止ラス世界上ノ人類ハ皆佛ナリ。其故何ントナレハ吾人各人ハ大悟ニ未ダ達セザルニモセヨ。吾人各自ノ最高ノ可能勢力ヲ有シ。之ニヨツテ支配サルヽヲ得ルカ故ナリ。唯差違トスル處ハ一ハ能ク悟リ一ハ能ク悟ラサルノ一点ニアリ。前者ハ毎事毎物ヲ以テ大悟ニ入ルノ階段ニ利用シ後者ハ之ヲ以テ眼ヲ蔽フノ障害物トナシ以テ眞理ヲ見ルニ苦ム。獨人類ガ佛トナルニ止ラス下等ノ動物ト雖𪜈亦佛トナルヲ得ヘシ。何トナレハ動物亦最高理ニ就テ同シ可能的自覺ヲ有シ。一擧手一投足同シ眞理ニ從ヘハナリ。然レ𪜈動物ノ悟リノ區域ハ甚タ狹隘ニシテ而モ不明ナリ。獨リ動物ガ佛タルノミナラズ植物モ亦佛タルヲ得ヘシ。如何ントナレハ吾人ノ如キ高尚ノ自覺ハ有セザルモ榮枯死生ハ吾人ト同樣ニ同自然法ニ從ヘバナリ。且ツ眞理自覺法ヲ幾分カ有スレバナリ。獨リ植物ガ佛トナルニ止ラズ一切ノ無機物亦佛タルナリ。何ントナレバ有機物ノ如ク高尚ナル自覺性ハ有セザルモ。之レ等シク吾人ヲ支配スル宇宙ノ大自然法ニヨッテ支配サルレバナリ。下等動物ヨリ上等動物ニ至ルマデ悉ク無機物ヨリ組織サレザルハナシ。故ニ余ハ斷言セン無機物モ吾人ト同樣ノ自覺性ヲ有スト。何ントナレバ若シ無機物ガ微細ダモ自覺性ヲ有セザレバ。吾人ハ無覺物質ノ集合体タルニ過ギズシテ到底自覺的動物タル能ハザルナリ。數學式ニ之ヲ表セハ〇×〇＝〇ニシテ幾百回零ヲ乘スルモ零ハ何時マデモ零タルナリ。此ク吾人ハ宇宙萬有ハ悉皆佛タルヿヲ了解シ得タリ。佛ハ實際的可能的ニ無始無終ノ大道理ヲ悟得スルナリ。故ニ無量壽ト云フ「アミダブツ」ノ像モ唯此ノ無量壽ノ大眞理ヲ代表スルノ符号タルニ過キサルナリ。

符号ヲ借ラス眞理ヲ悟リ得ル識量ヲ有スル人ノ爲メニハ此符号モ笑フヘキ物ノ如クニ見ユレドモ。此人暫ク考フルトキハ凡ツ人間ノ智識ハ代表物ヲ借ラスニ迚モ複雜ナル思想ヲ整理スルヿ能ハサルヲ發見スヘシ。例ヘハ數學家カ計算上數字ヲ使用セサレハ其目的ヲ達セサルカ如シ。今此數學者カ太陽ト海王星ノ距離ヲ計算スト假定セヨ。此人始ヨリ終マテ數學的符号ニ據ラサルヘカラス。此塲合ニ當テ最終ノ目的如何ト尋ヌレハ唯兩天体ノ眞實ノ距離ヲ求ムルニアリテ符号ヲ求ムルニアラサルナリ。然ルニ得タル結果ハ2,745,998,000.トシテ符号ヲ借ラサルヲ得ス。又若シ問題カ地球ノ重量ヲ求ムルトナラハ其頓數6,000,000,000,000,000,000,000.タラサルヘカラス。又太陽ノ重量ニ比スレハ1―300,000.ト言ハサルヘカラス。凡ツ人間ノ理會力ハ今數學者カ此ク數學的ニ符号ヲ許多陳列スルニアラズンハ到底此ノ如キ大數ヲ會得シ能ハサルカ如ク。必ス符号ニ據ラサルヘカラス。化學者ニ於テモ又然リ水酸兩素ノ和合ハ水ヲ生ス即チ$2H_2+O_2=2OH_2$ナリト書シ。尚ホ複雜ナル化合ニハ尚ホ複雜ナル符ヲ使用ス其他凡テ化學上ニモ符号使用ハ避クヘカラサルノ必要ヲ有セリ。

以上ノ符号ハ學術上ニ使用スル簡短ナルモノニシテ而モ之ヲ扱ヒ之ヲ解スル者ハ皆多少論理ノ思想ニ富ムモノナレハ實ニ此間一ノ困難ヲ見サレドモ。學術上尚ホ及ハサル至難至解ノ複雜問題ヲ愚痴文盲ノ輩ニ會得セシメント欲スルニ如何ニ符号ヲ借ラスシテ能フヘケンヤ。之レ讀者ノ特ニ了知セラルヽ所

ナラン。（未完）

寄書

宗教大會に就て所感

中西牛郎

予が法友八淵蟠龍師は。今回北米市俄古府に渡航して其宗教大會に臨席せんが爲めに。其郷里熊本より來れり。予之と京阪の間に邂逅し。本會に提出すべき考案數條を相與に討究し。又師が西京に於て本願寺派文學寮。大學林及び九州倶樂部員の招聘に應じて。共樂舘の餞別宴に臨むや。予も亦師に從つて席末を玷し。一塲の演説を以て師の行色を壯にしたり。其詞に曰く。

今回市俄古府に開く世界大博覽會は。第十九世紀の末幕に於ける前代未曾有の一大盛事にして北米人士の最も進步的宗教思想を懷抱する者。之を機として宗教大會を開く。是亦前代未曾有の一大盛事なりと謂はざるを得ず。

蓋し我邦の守舊的鎖國的の迷夢未だ醒めやらざる各宗僧侶は。種々の妄評の爲めに誤られ。或は此宗教大會を以て耶蘇敎徒の籠絡に出でたる一種の手段なりとし。或は此宗教大會を以て臨席するに足る價値なき者の如く思推すと雖も。余輩の所見は全く然らず。此宗教大會は全く世界各宗教の眞理を比較せんが爲めに開きたる者也。世界各宗敎の平和と生せんが爲めに開きたる者也。全く世界宗教が共同の公敵たる唯物論者。無宗教論者を壓倒せんが爲めに開きたる者也。而して此大會に臨席せんと承諾を與へたる有名なる人士の名を二三屈指すれば。

先づ各國第一流の政事家としては。グラッドストン氏の如きあり。宗敎的思想を表彰する絶代の詩人としてはアーノルド氏の如きあり。哲學的批評家としては。獨國大學教授スッケンベルヒ氏の如きあり。ヘンノー、ドラモンド氏の如きあり。基督敎の歷史的學者としては。シャーフの如きフヒッシャルの如きあり。東洋孔孟の敎儒教的文學の代表者としては。支那文官翰林編修某氏の如きものあり。錫蘭佛敎の代表者としてはダンマパラ氏の如きものあり。此他各宗敎の代表者。各學科の代表者。一代の名士偉人今代の最も高尚深遠なる思想を以て一堂の上に相會し。眞理の光を比較せんと欲す。是れ豈に前代未曾有の一大美事にあらずや。是れ豈に思想界潮流の一大波瀾にあらずや。而して我邦佛教各宗の高僧達は大に時勢の進步に後れ。決然飛錫此大會に臨み。法幢を建て。法幟を飜へし。法劔を揮ひ。法皷を鳴らすの勇氣なきに。獨り九州の一隅に八淵蟠龍なる者あり自費を抛ちて此大會に臨みて。以て大乘佛敎の眞理を表彰せんと欲す。何んぞ其志の壯にして其氣の鋭なるや。余輩は師に切望す。願くは佛敎眞理の一滴を以て此思想の大海に注げよ。此思想の大海に游泳して。第二十世紀宗敎の潮流那の方向にあるかを視察せよ。師が往て此大會に與ふる所固より大なれば此大會に得て歸る所亦決して尠からざるべし。

八淵師は予の演説に對して頗る感ずる所あるが如く。今や既に京阪の間を去りて東京に赴けり。師が横濱解纜は晩くとも來月の上旬に在るべし。嗚呼數千年間東西两洋の歷史を閲し來れは。人類の一大禍害たる戰爭の起因は。宗敎の軋轢蓋し之が重要なる一因たらずんばあらず。蓋し是迄各宗教の爭は眞理の爭にあらずして。劍戟血火の爭なりし也。而して今や世界各宗教の代表者一堂の上に集り。相與に眞理を討究せんと欲す。時勢の進步も亦觀るべき也。且つ夫れ今回北米に開く市俄古大博覽會は世界の美を鍾め。世界の粹を集め。世界の善を會め。世界の利を蒐めて以て第十九世紀物質的の進步を表彰するもの也。之と共に世界宗教の代表者を會合して。以て精神的の進步を表彰せんと欲す。是れ亦至當の事にあらずや。我邦十萬の僧侶諸氏は頸を延ばし足を翹でゝ此宗教大會の結果を觀んことを可也。

來れ新佛教青年

（九州夏期講習會の開設）

甲斐方策

嗚呼宗教の人類精神活動の標準たると。及び宗教心の神聖尊嚴なること。既に有志識者の腦中に感銘せられ。佛教眞理の圓滿完全にして至純至潔世界の統一宗教たるべき資格あること。既に學士論客の眼線に照映し。是と同時に停滯腐敗せる舊佛教は。到底今後の人心を誘導驅馭する能はず。必ずや大に新佛教的新運動を企圖せざる可らざること。亦既に活眼卓識の士によりて看破せられ。吾人が敬愛する先輩諸士は既に對外的佛教運動に着手したり。此時に當り吾人內地の責任者たる者。亦た宜しく玲瓏透明なる新佛教的新天地の開拓に從事せずして可ならんや。然り而して今や吾人が理想的運動の彩雲は靉靆として城東託麻の蒼天に顯現せり。是れ何の兆ぞ曰く。九州佛教夏期講習會の開設即ち是なり。

語を寄す九州全土の新佛教青年諸君。吾人は想定す日本佛教將來の經營は必ず吾人九州佛教徒の手腕を俟つべきを。吾人は確信す日本佛教將來の運命は必ず吾人九州佛教徒の掌裡に歸すべきことを。且つ思ふ從來の佛教徒が日夜營々として千運萬動を爲して些少の勢力を增加せざりし所以のものは何ぞや他なし彼等は不信者及び他教者に對して。退嬰的防禦的の位置にありたるが故なり。されば今後の佛教徒は宜しく不信者又は他教者に對して。常に進取的光被的の地位に立たざるべからず。新佛教の實際的感化を個人家庭の小より。漸々府縣邦國の大に波及せざる可らず。希くは九州佛教青年諸君が。奮然蹶起來つて本會に列し。日夕講學の餘暇或は杖を託麻原頭翠黛綠蒼蓊鬱たる所に曳き。或は舟を潔流清水汪洋たる畫圖湖畔に繫ぎ。或は蘇岳の噴烟を眺め。或は金峰の翠巒を望み。身心共に爽快を覺ゆるの時。靜に佛教今後の布教興學上に就て討論し。握手交膝互に意思を交通せば。是れ豈に絕大の快事に非ずや。是れ豈に新佛教理想實行の紀元を開くものに非ずや。而して此地や彼れ反對教徒原動者の養成地。亦た聊か吾人の顧酬を要するものなくんばあらず。吁九州をして新佛教士たらしむるは。日本をして新佛教士たらしむる所以。日本をして新佛教士たらしむるは。亞細亞をして新佛教士たらしむる所以。亞細亞をして新佛教士たらしむるは。即ち世界人類をして悉く佛陀の慈雲悲雨に浴せしむる所以にあらずや。來れ九州佛教徒。來れ九州全土の新佛教青年諸君。

日本國家と佛教の關係を論じて海内の同胞に訴ふ（接續）

玉名　吉弘新太郎

今や海内有識の人士は切りに耶蘇教徒の刺激に遭遇して心を佛教に傾け。漸く其眞理を説くもの少しとせずと雖も。其多數は未だ能く佛教の何物たるを解せず。唯單に耶蘇教の傳播を防禦するの一大方便とするものにして。知らず〳〵の間佛教の眞理なる事をして國民の腦髓に注入するに至りては可は則ち可なりと雖も。然れども自身深く其理を知らず之れを他人に知らしめ。自身之を信ぜずして之れを他人に信ぜしめんとす。豈成し得可きの理あらんや。此の如きは稱して之れを佛教輔贊者流と云はざる可らず。然るに元來輔贊なるものは。其裏面には一種反對的の分子を含蓄するものにして。其趨勢と境遇とに依り。或は其擧動を現はす無きを保せず。故に一時は能く他人をして佛教幾分の眞理を知覺せしむるを得ると雖も。一たび其反對の擧動を現はすや。其信仰者に向つて其信仰の毀損を計るは。之れに隨伴したる因縁にして輔贊者流の頼むに足らざる夫れ斯の如し。然れども佛教徒は之れを目して常に願慶視するに至りては。亦決して爲す可き事に非ざるなり。之れに反して耶蘇教徒は海内漸く此刺激の起るにも係らず。猛進勇往臨機應變鬼幻出沒の策を弄して其難に當り。貧兒を養育し。貧民に施與し。教育を盛んにし。只管其民心を籠絡せん事にのみ汲々として上は奥羽より下我が九州に至るまで全國の市街には必ず其教會を設け。會堂を建設し。如何なる防害と攻擊に遭遇するも。彼等は常に蛙面に水を注ぐが如く。深く其將來を慮ばかりて却て力を其處に用ひ遂に海内の人心を擧げて彼れ歐米人の後に拜跪せしめんとするの決心。此一事に徵して明白なるに非ずや。而して今や彼等か其熱心の凝る所。海内左の教會及宣教師の配置を見るに至れり。

東京	宗派		十六
一	合衆國長老教會	宣教師	二十七人
二	米國リホームト教會	仝	六人
三	蘇國長老教會	仝	四人
四	米國新監督教會	仝	十八人
五	英國監督教會	仝	十九人
六	米國浸禮教會	仝	十三人
七	米國基督教會	仝	三人
八	組合教會	仝	二人
九	米國美以美監督教會	仝	二十四人
十	加奈多美以美教會	仝	十二人
十一	北米福音教會	仝	十人
十二	普及福音教會	仝	四人
十三	普連土教會	仝	五人
十四	ユニテリアン	仝	三人
十五	宇宙神教	仝	五人
十六	基督教會	仝	七人
大坂	宗派		七
一	合衆國長老教會	宣教師	七人
二	カンバルランド長老教會	仝	十二人
三	米國新監督教會	仝	六人
四	英國監督教會	仝	十三人
五	英國浸禮教會	仝	五人
六	組合教會	仝	十一人

七 米國南美以美監督教會……仝……五人

京都　宗派　三

一 合衆國長老教會……宣教師……二人
二 英國監督教會……仝……二人
三 組合教會……仝……二十五人

横濱　宗派　八

一 合衆國長老教會……宣教師……三人
二 米國リホームド教會……仝……七人
三 米國女子一致傳道會社……仝……三人
四 英國監督教會……仝……二人
五 米國浸禮教會……仝……十二人
六 米國監督美以美教會……仝……二人
七 新美以美教會……仝……二人
八 萬國聯合傳道會社……仝……三人

長崎　宗派　三

一 リホームド教會……宣教師……九人
二 英國監督教會……仝……四人
三 米國美以美監督教會……仝……十五人

神戸　宗派　五

一 合衆國長老教會……宣教師……二人
二 合衆國南長老教會……仝……二人
三 組合教會……仝……十四人
四 萬國聯合傳道教會……仝……一人
五 米國美以美監督教會……仝……十四人

金澤　宗派　二

一 合衆國長老教會……宣教師……十五人
二 加奈太美以美教會……仝……四人

函館　宗派　二

一 英國監督教會……宣教師……二人
二 米國美以美監督教會……仝……四人

新潟　宗派　一

一 組合教會……宣教師……七人

名古屋　宗派　四

一 合衆國南長老教會……宣教師……五人
二 英國監督教會……仝……二人
三 米國美以美監督教會……仝……四人
四 新美以美教會……仝……八人

熊本　宗派　二

一 英國監督教會……宣教師……五人
二 組合教會……仝……十人

廣島　宗派　四

一 合衆國長老教會……宣教師……五人
二 英國監督教會……仝……一人
三 米國美以美監督教會……仝……四人
四 米國南美以美監督教會……仝……五人

靜岡　宗派　一

一 加奈太美以美監督教會……宣教師……四人

札幌　宗派　二

一 合衆國長老教會……宣教師……一人
二 英國監督教會……仝……二人

山口　宗派　二

一 合衆國長老教會……宣教師……五人
二 米國南美以美監督教會……仝……三人

長府(山口縣)　宗派　一

一　米國浸禮敎會……宣敎師……五人

德島　宗派　三
一　合衆國南長老敎會……宣敎師……五人
二　米國監督敎會……仝……一人
三　英國監督敎會……仝……五人

松江(島根縣)　宗派　一
一　英國監督敎會……宣敎師……四人

岐阜　宗派　一
一　英國監督敎會……宣敎師……二人

釧路　宗派　一
一　英國監督敎會……宣敎師……一人

備後福山　宗派　一
一　英國監督敎會……宣敎師……一人

福島　宗派　二
一　英國監督敎會……宣敎師……一人
二　米國美以美監督敎會……仝……二人

三重郡上野　宗派　二
一　カンバルラント長老敎會……宣敎師……一人
二　英國監督敎會……仝……一人

和歌山　宗派　一
一　カンバルランド長老敎會……宣敎師……一人

四日市　宗派　一
一　カンバルランド長老敎會……宣敎師……一人

奈良　宗派　一
一　英國監督敎會……宣敎師……二人

靜岡縣三島　宗派　一
一　獨立傳道者……宣敎師……一人

甲府　宗派　一
一　加奈太美以美敎會……宣敎師……三人

長野　宗派　一
一　加奈太美以美敎會……宣敎師……一人

福井　宗派　二
一　合衆國長老敎會……宣敎師……二人
二　加奈太美以美敎會……仝……一人

米澤　宗派　一
一　米國美以美監督敎會……宣敎師……二人

弘前　宗派　一
一　米國美以美監督敎會……宣敎師……一人

鹿兒島　宗派　一
一　米國美以美監督敎會……宣敎師……二人

福岡　宗派　一
一　米國美以美監督敎會……宣敎師……二人

松山　宗派　二
一　組合敎會……宣敎師……二人
二　米國美以美敎會……仝……二人

密山　宗派　一
一　合衆國長老敎會……宣敎師……一人

千葉　宗派　一
一　合衆國長老敎會……宣敎師……七人

高知　宗派　一
一　合衆國長老敎會……宣敎師……七人

岡崎　宗派　一
一　合衆國南長老敎會……宣敎師……二人

盛岡　宗派　一

一　米國リホームド教會……宣教師……三人

岡山　　宗派　一

一　組合教會……宣教師……七人

仙臺　　宗派　三

一　合衆國リホームド教會……宣教師……八人
二　米國浸禮教會……仝……五人
三　組合教會……仝……五人

伊勢津　　宗派　一

一　組合教會……宣教師……五人

鳥取　　宗派　一

一　組合教會……宣教師……四人

前橋　　宗派　二

一　米國新監督教會……宣教師……二人
二　組合教會……仝……三人

根室　　宗派　一

一　米國浸禮教會……宣教師……四人

下之關　　宗派　一

一　米國浸禮教會……宣教師……三人

小倉　　宗派　一

一　米國南浸禮教會……宣教師……四人

莊内　　宗派　一

一　獨立傳道者……宣教師……一人

以上の統計は昨年七月五日ユニテリアン弘道會發行の雜誌宗教第九號の所載にして。吾人之れを以て一點の差違なしと云ふを得ずと雖も。決して其大差を生ぜしものに非らずと信ずるなり。然り而して本表たるや全國有名の市街にして其一宗一派の耶蘇教徒が本據とする場所のみに止まり。其各地に於ける分教會に至りては實に枚擧するに遑あらず。嗚呼耶蘇教徒が隱然我日本國裡に蔓延したる豈一驚を喫せざる可けんや而して此教會と此教會所とに出入する多數の我が同胞は。既に委く彼れ耶蘇教の下に拜跪すると同時に。彼等は外人に服從して其號令の下に進退を決するものなり。而して從來我日本の國体を擁護して。國民の精神。元氣。智慧。德義を發作し。温良篤實なる慈悲慈愛的の佛教に反對し。而して吾人の所謂國民の統一を計り。國家の平和と其獨立を企圖し。國權の擴張を熱望する上に於て一大防害を試みるものなり。以上の事實に徴して我日本國家の將來を豫想すれば。苟も生を日本に享け。粟と日本の土に食ふもの豈に默々に附し。輕々に看過するを得んや。

然るに近く眼を轉じて我熊本の將來を豫想すれば。今や宏壯なる熊城裡には第六師團を置き。市内官私立の諸學校には數千の學生を養成し。實業漸く發達して商業此に活潑の端を開く。加之九州鉄道は既に熊本より延長して鹿兒島に通じ。大分鉄道亦熊本に來らんとす。旅人の來往。貨物の輻湊日に多きを加へ。其地位は九州の中央にして其人は進取の氣に富み。九州將來の有望地は我熊本を措ひて決して他に求む可らざるの兆候。既に今日に顯然たり。彼れ耶蘇教徒の慧眼なる。今や既に九州全土の勢力を擧げて熊本に侵入し。山鹿に高瀬に八代に宇土に隈府に町山口に其他少しく人民の集合する場所には。必ず其教會を設け。遂に我熊本縣を以て九州の本據と爲さん事を企圖せり。然らば則ち我熊本縣下の同胞も亦決して之れを默々に附し輕々に看過するを得ざると同時に。奮つて我佛教を振興し。國体と組織し。教會を設け勉めて完全の布教を爲し圓滿の信仰心を惹起して。縣下同胞の精神と一轍ならしめ。彼等をして遂に其手足を出す所なからしむるは。取りも直さず本縣下の同胞が日本國家に對する一大義務にして亦國民の本分なりと云はざる可らず。然れども縣下亦た耶蘇教徒に非らずして依然政教分離と呼ひ。信教自由と唱導して佛教の如何に及ばざるものあらば。吾輩之れに向つて進んで一撃を試みざるを得ず。之れ我輩の譾劣なる自ら顧みず。本論を草して海內の同胞に訴へ。併せて本縣下の同胞に訴ふるに至りたる所以なり。

(完結)

(編者白す右の統計は新教のみ希臘天主両教を脱す看者諒焉)

小説

花の露

東京 旭松山人

中の上……失策

秋去れば仙遊軒の廣庭の木葉も一日は近頃の情なき木枯に吹き散され、潺潺と細きそして哀れなる糸の如き聲をもて浮世の形なきを歎ちつゝ小川を流るゝ水の音も、今はそゞろに淋しく淋し。かゝる閑若なる隱家は痛く浮世の墓なきを感せし人にこそ便れ、未た浮世の悲風に吹かれざる乙女の住家としては、ちと淋しかるべし。僅か痩せたる山、裸の樹、高き天、友に捨てられて悲しさうに飛ぶ一雁を見るについてさへも。

それはある晩秋の朝のことなりき、念佛三昧に日を送りて、哀なる猿の友呼ぶ聲や、妻戀しとて落葉の中に鳴く淋しき鹿の音を、一念希求の友とする阿羅漢氣取の老僧さへ、今日は何となく淋しく感ずる日、その淋しき秋日にあはれその人戀しとて口にこそ出さゞれ、愛らしき両眼の涙に濕む樣は意中の人を待ちはびて、門によるらし美人一個、これは何人、無腸男子の夢の種、時候柄十分淸けきれ露にぞありける。

れ孃さま何う遊ばしましたのと傍に近よる待女れ菊、れ露はそを怨めしげに見やり、心な痛玉ひぞと、又淋しげに涙さしぐめば、でもまあ、今日のそのれ顏色、何部ぞ痛せ玉ふにや、左なくば又……オヽツレ〳〵、あのまあ、垣根の萩の花、可愛きことを御覽じませ。とまぎらせど菊が言葉も聞えぬ樣子、れ主大事と菊侍女は、又音調をやさしくして、れ孃さま今日は必ず花丸さまの御入來あれば、三人であの奥庭の熟した柿、れ樂ではござりませぬか。れ露は初めて振向きつ、今日花丸ぬしのいらせ玉ふとや、と俄に愁眉を開くもゆかし、こはまた定めし仔細ありてのことなるべし。

◎ ◎ ◎ ◎ ◎

玉なす露は嬉しげに花丸の袂に滴りつゝ、善くこそ今日は來ましたれ、家嚴にも御身が近頃は絶えてこの里へ來まさぬより、痛く心を配ちにき。家愛も御身に恙やあらんなど、常にお案じ申しゝぞや。今日は生憎父母は早朝よりの紅葉狩、今に歸り來まさんには、御身の恙なきを見て、さこそ悅び玉ひけめ。宅に殘るは菊とわが身、先づ打解けて嚴父の歸ると俟ち玉へ。と語る折りしも表口、賴むとよぶは正敷川合武八郎の聲、こは折惡しとお菊は突立ち、目をもてそれと知らすれば、此方はこれと理解し、飛石傳に影消ゑぬ。

お菊は息をつく〴〵と、思案を定めて平氣顏、これは〳〵は武八郎さま、善くこそいらし玉ひたれ、殿さま邸に在さんには、さこそ悅び玉はんが、今日は生憎御不在にて何の風情もなきことよと、云はせも果さずハタト睨つけ、花丸の草履を指しながら、先生御不在となれば詮術なし、さりながらお露どのは居らるゝなるべし。お菊はハッと思ひしが、あのお孃さまも平生もなら御同行の筈なれど、四五日前より御風邪のおん氣味、御面會は妾よりお斷り申すでござりますと、さりげなくいひ放てば、武八郎は怒りの顏色、云はせてをけば人を愚弄す大胆き女かな、この草履の主はいかゞ致した、踏込んで探さうか、又武八郎をも案內致すか、早く返答致すがよしと。口を極めて罵じれば、お菊は暫時萎れしが時刻を計りてほゝと笑み、武八郎さまとしたことが何でさのみ苦め玉ふぞ、假令笑談にもしろ此處は何處でござります、貴郞の爲には師匠の宅、踏込んで探さんとは奇怪のお言葉、努無禮なし玉ひぞ、と言葉優しく說論せば武八郎は益々たけり、云せて聞けば程こそあれ、賤女からさきにと立寄る折しも賴みませうと聲高し、武八郎は訝りつゝ振向くさまに偶然顏見合す人一個、こは什麼何人、活潑なる怜悧なるそして美しき淺田花丸にぞありけり。

中の中……緣　談

さびしさに宿を立出でながむれば、何地も同じ秋の暮、くれゆく秋を慕ひつゝ、吹く夕風もいとゞしく、哀を傳へ淋じきに、無常を告ぐる遠寺の鐘、憂き身に響き何となる、ちり際跪き村肝の、心も足も定めなき、身の行末は白雲の、はかなく飛ぶとはかなげに、打眺めつゝ池邊左門、我家の門に來かゝる折しも、一個の下婢飛で出で、まうしお殿さま、もう先刻より江戶表の川合さまの御入來と、左門は聞くより眉を顰め、何川合氏が來られしとな、それにこそ仔細あらめ、と獨語ちつゝ奥間に憂き思して入りにけり。

これは〳〵川合氏、この寒村へまゝ遙々、善くこそ尋ね來したれ。淸九郎は打笑みつゝ、其後は絕ゑて無音のみ失禮の段眞平、と一禮すれば左門は打消し、いやまう、無沙汰は互のこと、御存んじの今の体、訪はるゝにも亦訪ふにも、心に違ふが浮世の常、いざ悠々と語らひ玉へと、昔に變らぬ信實さ淸九郎も滿足し久方振の對面とて話頭四表八表に分るゝ程に日も全く暮れければ、淸九郎は左門に向ひ今夜はこゝに一泊し、仙遊軒の秋月の淸けき馳走にあづかりたし、と云へば主人は横手を拍ち、我儕もさこそ思ひつれ、和殿閑暇にたはさんには今夜はをろか後四五日も滯在あらんことこそ望ましけれ繁華なる江戸の月とは異なりて、田舍の月は又一風、ゆかしき光彩を放つものなりなど、語る時しも折りこそ便れ、仮令晩秋とはいへ未十分嬋娟き光を放つ九月の月は皎々と、仙遊軒の廣庭の木間を漏て打淸めば、更に酒肴を呼んで友となし、虫を聞て琴にかゑ、壯年時代のことゞもを互に語りて打興じぬ。久しく相見ゑざるの友、遠方より來りて互に遠慮會釋なく經過にしことゞもを斯く相語らふも亦樂しかるべし。

斯くてこの夜も樂しく過し、翌朝露けき秋の日の大分少さく見ゆるころ、二人の老漢は寢床を離れ互に朝の勤を終りぬ。老人には何よりの好物なる少女の運びし茶を飮みながら、淸九郎は先づ口を開き、世にめでたき昨夜よりのたん饗應誠に心を洗ひし如く、心地晴々致したり。かゝる仙境に身を置くからは和殿の壽命は万々年、池の汀の鶴龜にもよも劣り玉はじなどの前置詞を列べし後、淸九郎は左門の顏を打守りしが、何か意味ありげに膝を前め、さて談判に取りかゝりぬ。これ拙者が一世の願にて候へば、無禮は恕し玉はれたし、他の儀にも候はぬが和殿の息女た露どのも最早その年頃にもなり玉へば、提燈に釣鐘との世評もあらん又和殿もいみ玉ふところならんが、あはれ今までの交誼に依り露どのを身が伜、武八郎の妻に給はりなば我身にとりては何よりの幸福、過分の仕合に候ふと。左門は聞くよりハット思ひしが、さはらぬ顏にていとも優しく、そは此方に取りてこそ何よりの所望なれ。左れど此義に就ては諸方よりの先約もあることなれば、拙者より今確答は出來ねざるも、彼女が意見も聞しうへにて兎にも角にも返答まうさん。これは早速の御返答有難し、さればめでたき返事俟申さんと、淸九郎は再會を約しつゝ、仙遊軒をぞ立出でける。この申込果して何うなることにや、た露の心は違ふらし。

詞叢

送八淵蟠龍師之米國

雨堂痩士

十九世紀中大觀。瞶々閣龍博覧會。坤輿瑰麗集一州。市俄高名震内外。別會世界宗教家。議使眞理光寰宇。物質哲學豈何妙。靈魂不滅確萬古。恰是一遇優曇華。須傳我大乘妙理。何物井蛙漫杞憂。輙道耶徒奸策耳。虎穴之譬解者誰。姑息僻見識不免。堂々一山耆宿輩。管中窺天無巨眼。忽聽聖家勇猛心。奮計渡航不惜死。鎌倉碩學宗演師。眞言俊傑法龍子。又有天台實全氏。豪邁凌人新英物。滿肚感慨陳情書。熱血灑來亦心澀。借門眞宗快男兒。詎無一人試豪骨。七万僧侶齊緘默。暗涙向空書咄々。紫海有人字蟠龍。意氣吐虹膽如斗。生平慨世事護法。一朝挺身企遠渡。秋風吹髮天地涼。孤憤感懷不可說。笑睨碧空彗星飛。利器一振試錯節。道匪弘人々弘道。大法西播機一髪。吁爲眞宗足壯氣。太白滿引呼快絶。聞說震旦兩三藏。法顯玄奘之偉業。蹈破河嶽行萬里。遠入竺天求大法。佛教興隆四百州。風靡國土仰妙諦。難奈氣運有通塞。逝水茫々空千歲。冷眼一轉大八洲。僧侶勢力無活氣。頑夢未醒政權下。高枕暖食醍醐醉。萬里泰西欠弘宣。空使大法屈東海。佛教豈蹰彈丸地。傳道應是死不悔。天運循環機可乘。妙理大乘之佛說。利用萬國宗教會。誰也獅吼揚偉烈。君資英邁膓鉄石。已占助言委員席。縱令奸策陷佛子。天眞燦爛自潔白。豈有卑屈如此哉。堂々文明北米國。卓厲滿腔吐血誠。秦鏡照處邪避匿。大乘佛有大慈悲。生死苦海懇濟度。米洲正是方便時。弘誓强緣億劫遇。小乘方拓能信地。法電法雨播佛種。大旱豈啻十三洲。可望蜀分已得隴。佛教眞理發曙光。照出歐米洲全土。雄動偉蹟誰領略。眼前萬里渾壯觀。大音宣布大乘說。響流十方衆生界。信仰万川蕩々來。齊入彌陀本願海。此行身命輕毫毛。豈嫌魚腹豪骨。佛恩大海孰深淺。萬里碧波氣蓊勃。夢飛神往何縹渺。胸腔洞開天地濶。微笑落機山下花。圓滿美紫巖湖畔月。

原田東洲云、送九州新佛教之俊傑、以堂々廿三解之偉篇、其行也大膽豪壯。其詩也雄健蓊勃。能叙蟠龍君氣慨、横飆當路者時弊、筆鋒痛快、俯仰感愴。顧八淵氏負天下之耳目、試此萬里之盛擧、可爲　皇威佛力所加被顯著、抑又非識見高於時流者不能也。易云知機夫神乎。君應是効畢生膽畧、快辨論駁神出鬼沒、縱横變化破邪顯正、成我皇我佛之大名也。蘇岳表敬意。紫海揚歡聲。冀君自愛勤履萬福。

送八淵師臨萬國宗教大會　　平野竹溪

蛟龍潛伏在深淵。萬苦千辛幾百年。仰見騰身如有翼。起雲降雨飛西天。

送八淵鎭西教舘主之米洲　　井手素行

帶來法劍駕長風。米水日山望不窮。教海優柔何足語。蟠龍得意獨振雄

八淵師の市俄高に赴かるゝを送る　　李園生

外國へ聞き始めもせぬ御佛の敎を開くこれや此のたび
行けや行け法の燈火異國へ照すや君がこれや此のたび

雜報

◉萬國宗教大會臨席者　臨濟の釋宗演師。天台の蘆津實全師眞言の土宜法龍師。眞宗の八淵蟠龍師。居士の野口善四郎氏は。海內對外派の重望を擔ひ。愈々八月四日同船にて。橫濱と解纜せらるゝ由。是れ實に日本佛界の全体に於て。跼內的舊蠢動と對外的新運動の衝激せし大結果也。

◉大會臨席者の打合會と大送別會　去る二十五日より五日間東京芝愛宕下青松寺に於て。別項宗教大會出席者諸氏の打合會を開きしに。府下佛教諸雜誌記者及ひ一般有志も亦た數十名出席して。大會に對する萬般の方針を協議したりと。又各雜誌記者の發起にて。今三十日渡米諸氏の大送別會を催さるゝ豫定なりし。委細は次號に讓る。

◉宗教大會に對する英文佛書の配附　西京海外宣教會の主幹松山緣陰氏は。去る十七日東上し。赤松連城師著英文眞宗大意略說。加藤正廓氏著英文眞宗問答。宣教會委員編輯英文眞宗綱要の三種。合計壹萬部を東京橫濱兩所にて出版中なるが。出版の上は三千部を八淵師に托し。殘り七千部を運送會社に委托し。該大會に配付せらるゝ由。東京淺草吉野町の佛教學會も亦た黑田眞洞師原著。和久正辰外數氏の英譯にかゝる。大乘佛教大意二萬部を施本せんとして既に成功し。天台宗々務廳にては蘆津實全師著大原嘉吉氏譯の天台宗大意數千部を齎らし。日蓮宗々務院にても亦た辰巳小二郎氏英譯の日蓮宗大意數千部を贈らんとし。德永滿之氏は自著の宗教哲學骸骨の野口善四郎氏英譯にかゝるもの三百部を施さんとし。目下各々非常の盡力中にて。大概別項出發の諸氏が各々其委托を受け持參せらるゝ由。縱令右施本にして悉く飜譯の完全なりとは信じ難しと雖も。是に依りて多少歐人聞法の機緣を熟せしむるものなしとせんや。吾人は間接的對外運動の新現象として喜ぶ。

◉大乘佛教大意飜譯の摸樣　佛教學會の機關「佛教」七拾壹號(六月發行)の彙報欄に記する。其飜譯の摸樣は左の如く謹嚴なりしと。

本會より英譯出版して海外に施本するなる大乘佛教大意は本年一月以來黑田眞洞師が熱心起草に從事せられ。去五月上旬に至りて全く脫稿し。其後ち釋雲照和上。櫻木谷慈薰僧正。釋宗演禪師。村上大學講師。高田道見師等の校閱を經。同月下旬以來は淨土宗學本校教頭和久正辰氏。教授成田正雄氏。仝加納與四郎氏等の諸學士が委員となりて飜譯に從事せられ。黑田師及び大庶愍成師は時々委員會に出席して原本の趣意を說明せらる。其飜譯に鄭重なるは昔時の梵經飜譯にも劣らざる有樣なり。而て右飜譯は本日(六月廿日)頃稍く整頓すれども。此上尚は南條博士其他の學士に譯本の校閲を乞ふ筈なれば。全く譯本の成るは六月々末なりと云ふ。

◎九州夏期講習會　九州佛教倶樂部は京都に於ける九州佛教青年の結合体なり。重もに東西両派の學校に入學せる青年の團体なり。此倶樂部員中の錚々者。井手三郎。吉津知天。木山定生。菅原苔巖。大久保格。佐々木雲嶺。江田蕃。志賀哲太郎等諸氏之が發起となり。當地に於ては伊津野法雨。森山知榮。護城綱雄等の諸氏東肥教校に縁故ある人々。主となりて専ら斡旋の勞を採りたる同會は。愈々八月一日を以て其發會式を當市河原町順正寺に於て擧行し。爾後引き續ひて八月十四日迄(二週間)託麻郡九品寺村淨覺寺に於て毎朝開會せらるゝ由(詳細は本號社説御參考)。

◎九州夏期講習會出席の案内狀　本社が旨義精神上より該會に賛成の誠意を表し。九州各縣の本誌愛讀者五拾餘名に向つて發したる端書の案内狀は左の如し。

猛炎難凌の候各位益々御清健奉欣賀候偖て今回京都九州佛教倶樂部の發起にて八月一日より託麻郡九品寺村淨覺寺に於て二週間の時日中九州佛教徒の夏期講習會開設せられ候是が講師としては赤松連城大洲鐵然中西牛郎松山松太郎等の諸名師諸居士都合十四名にて各々其長所を以て熊本城の下魔軍の本據に近年稀なる甘露の法雨を灑がるゝ由にて御座候是に就て九州各縣より各宗青壯の諸氏は二百名以上も來會し親話懇談九州佛徒の一大新團体を組織するの筈にて當地にては彼の東肥教校關係の諸有志専ら周旋の勞を採り京都滯在の九州青年は既に各々其生國に向つて誘説の途に上り非常の運動を試み居り候依て愈々開會の曉には亦た非常の影響を我東肥の教界に呈す可きは必然の結果にて明白疑ふ可からざるの事實と存候左れば何卒諸君子も飽く迄通佛教的の大感情を發揮し偏僻なる宗派教會的の根性を抑制して萬障御繰合御出席の上久しく養成し來られし諸君の精神氣魄を講習會場に御顯彰あらんことを千萬御案内申上候也

可成初日より御出席ある方都合宜しく御座候若し止むを得ざる事故有之候はゞ二週間の内一日でも二日でも是非御出席の程偏に九州佛教の爲めに祈り上げ候

熊本市安巳橋通町五番地

明治二十六年七月二十四日　國教雜誌社

◎稻村英隆僧正歸朝す　『一朝決死向西天』の凛たる詩を詠じて日本を去りたる眞言宗の同僧正は。五月一日西倫コロンボ港に着し。村山清作氏の通辨にてスマンガラ僧正に面會し。釋雲照師よりの傳言及び南北佛教上に關する自己の意見を陳べ比留間宥誠師に伴はれて釋興然師と其旅行先きなるマリガー本山に訪ひ。シーラナンダ尊者の許に一泊して西倫全嶋に價ひすべき佛舍利塔を禮し。五月十日宥誠。大舟両師と共に西倫を發してカルコツタ府に向ひ。十七日同府に着し。十八日よりマハボダイ、ソサイチイ(印度大菩提會本部)に二週間計り滯留して。西藏の學匠チヤ、ドラー、ダス氏並に川上貞信氏等に就き。西藏及び其他の國に行はるゝ大小二乘の有樣を探知し。佛陀伽耶に到りて佛蹟を拜禮し。再びカルコツタに出て上船し新嘉坡香港を經。六月二十九日無事神戸に安着せられし由。嚮きに北澤正誠氏が同僧正に依賴したる眞如親王遺跡探索の件は。當時暹羅と佛國と境界交渉の談判ありて道路梗塞し。且つ西藏も亦た英國と交渉の事件ありて支那兵之が境界を護る等の紛擾を極め居りしに付き。餘程該地方の事情に詳なる人と雖も。緬甸へ征くは困難なるに。殊に僧正は未だ外國語に通せられず。左れば如何に苦勞するも。到底彼地に到るを得ずとの川上氏等の忠告を容れ。川上氏等に他日探撿の事を托し置き止むを得ず歸朝されしと。實に遺憾の事と謂ふべし。

◎加藤惠證師の西比利亞行　十八高僧中の雄辨家として世に聞へたる同師は。今春以來世界一週の決心ありし由なるが。今回其決心を一變して蒙昧未開の西比利亞に向つて發せりと大同新報第五號に揭げし滑脫的巧飾なる師が決心一變の辨明書によれば。『扨本月より米國世界宗敎會へ出席の積りにて六月下旬西京へ參り我本山へ出願仕候處本山より拙僧へは魯西亞領西比利亞へ出張を特命せられ候に付驚駭仕候拙僧は諸君へ吹聽後のとなれば今更米國行を見合するも殘念さりとて佛敎の福嶋中佐となりて西比利亞より朝鮮國を巡廻するも亦た此機失ふべからず心は二つ身は一つ如何はせんと躊躇罷在候處先輩又は知友より米國の宗敎會には出席するも演說せらるゝや否やも計り難く幸に演說するの榮を得るも長くて三十分間短かきときは五分か十分の時間なるべし十分間の演說をする爲め何百日を費すよりも同じ外國なれば西比利亞に獨行し例の三時間以上の長演說を每日每夜勝手次第に致候方佛敎の曉鐘なり特に一万何千ヶ寺の末寺中に特命を蒙るは實に一身上の榮譽なれば東方に向はず北西へ向へとの勸告頻りなる上に我眞宗本派僧にて予が知友なる八淵蟠龍君が米國へ渡航せらるゝに付き一派より兩人行くにも不及とと存じ候依て本山の命を奉じ西比利亞行に決心し本月中旬長崎より郵船に乘り込み出發仕候』と謂へり。流石は商機の雄才に富める加藤師の巧辨なる哉。

◎西京共樂館に於ける加藤八淵兩師の送別會　在京都九州佛敎青年諸氏の發起にて。本月二日京都河原町四條上る共樂館に於て。兩氏海外渡航の送別會を開かれたり。席定まりて精進料理（此日本願寺先住廣如上人忌日）の配膳終るや。長崎の町田照順氏開會の趣旨を述べ。次に本縣の吉津知天氏は眞宗大學林總代として演說。次に急行列車にて名古屋より臨席したる中西牛郎氏の演說（本誌寄書御參看）あり。それより海外宣敎會幹事松山松太郎氏。九州佛敎倶樂部總代井手三郎氏。文學寮舍監江田蕃氏の演說あり。八淵師は一時間餘大會臨席の希望目的方法等を論辨し。加藤師は西比利亞行の精神を演説して答辨と陳述したりしが。該地方にては近來稀なる活氣あるの會合にて。京都鎖國的の佛徒に非常の刺戟を與へし由。

◉教育宗教衝突斷案『中世以降異端邪説誣民惑世』との詭激論を唱へて排佛毀釋の傭を作りし者は。是れ德永齊昭。藤田東湖等の水戸學派なり。『夫人臣行弑逆。開闢以還所無。可謂天地之大變矣。而誘之過去之報。幾乎三綱淪而九法斁矣』と怒り。或は『不知其顛倒是非。混淆善惡。烈於洪水猛獸之害』と憤り。以て偏見暴論の獨斷的歷史論を作り。國民の感情上に千秋萬古動かす可らざる。佛敎に對する迷妄の觀念を鏤刻したる者は。賴山陽等の儒學的史論者なり。吾人實に日本の國民としては藤田の正氣歌に對して愛國の感を發し。山陽の楠公論に接して覺へず報國の情を生ずる其熱度に至りては。敢て自稱愛國者流に讓らず。然れども眞正なる宇內眞理の忠僕としては。飽く迄彼等が偏見を破り。彼等が暴論を碎き。以て其眞理の光を妖雲の中より救ひ出さゞるを得ず。中西牛郎氏の新著。教育宗教衝突斷案は封建時代に於ける排佛論者の變形たる。明治年間排耶論者の僻見頑論と警醒すると同時に。日本耶蘇敎徒が宗敎革命の氣運に際會し乍ら。外國敎會なる一大病原の下に頭を俯し尾を垂て。沈痼腐敗の域に沈淪せる。其卑屈を論難し。其無氣力を鞭韃し。以て彼等をして宗敎革命の健兒たらしめ。彼等をして精神的日本的新耶蘇敎會建設の先驅たらしめんとの。公明正大。慷慨激切なる一大勸告的の議論を唱道せしものなり。世の論者此書を以て調停的醜怪の極となすは。敵對の感情に遮られて此書の眞意を看破する能はざる者。左れば此書議論の大精神とする所は。著者の所謂『予が國家を愛するの精神に基き耶蘇敎をして我日本の國家に同化せしむるの計畫』にあり。故を以て最も讀まざる可からざる者は佛敎徒よりも寧ろ耶蘇敎徒にあり。妄に勅語の神聖を借り國體の尊嚴を用ひ。消極的に耶蘇敎の進路を阻絶せんと欲するは。果して眞正佛敎永遠の得策なるや否やに疑を抱くものは。充分此書に就て沈思精考する所なかる可らず。

◉忠孝活論　是れ敎育宗敎衝突問題の刺戟によりて生ぜし井上圓了氏の新著なり。氏は嚮きに教育宗敎關係論を草して馬を衝突問題の激波中に躍らし。今亦た慨然日本忠孝の基本を純正哲學の大原理に照らし。日本の國體忠孝は天地靈氣の煥發する所たるを論ず。篇と緒論。開闢論。開發論。神體論。物心論。精神論。人類論。万物論。國體論。忠孝論。結論の十二講及び附講佛門忠孝論の諸篇に分ち。紙數殆んど百頁餘。條理整然。引證精確。眞個に一讀の價値あり。定價一冊十五錢。發行所例の如く哲學書院。

明治二十四年九月七日 内務省許可

明治二十五年五月四日 遞信省認可

明治二十三年九月二十五日第壹號發行

夏期講習會の廣告

我九州の空氣は腐敗したり腐敗したるものは以て之を一新せざるべからず知らず果して誰れの任ぞや方さに今佛教者は九州同感の士と共に將に夏期講習の大會を開かんとす載ち地を東肥の出水に卜したり載ち期を八月の一日と定めたり宗は異同となく高德星の如くに聚り達識雲の如くに臻り大聲耳を貫くの高論を轟し玄味胸を洗ふの卓說を湧し以て九州腐敗の空氣を一新するにあり我九州同感の士は勃然として躍り猛乎として起ち噫此の大會行かさるべからずと忽ち狂呼し忽ち疾喚し此の光輝ある壯烈なる無前の大會に賁臨せられよ謹て我が九州同感の士に廣告す

講師（いろは順）

井上哲次郎氏　赤松連城氏　照會中

今立吐醉氏　堀田龍道氏　東陽圓成氏　大洲鐵然氏

大友達行氏　禿安慧氏　武田篤初氏　中西牛郎氏

松山松太郎氏　姬宮大圓氏　弘中唯見氏　一二三盡演氏

（其他數名照會中）

●會場　熊本縣託摩郡砂取町尋常小學校

●旅館　同縣同郡砂取町各所

●來會者申込所　熊本市北新坪井町堀端明專寺

●會期　八月一日開會（一週間）

●入會　旅宿費用一日拾貳錢

●申込期限　八月十四日迄

明治廿六年七月　發起者　九州佛教俱樂部

尾上南鎧儀久々肺患に罹り居候處今般當教場に於て死去仕候間乍略儀此段誌上を以て同人生前の辱知諸君に告ぐ

六月十六日　鹿兒島縣高城郡高城村麓說教所　實父　尾上智城

●國教雜誌規則摘要

一本誌は佛教の運動機關として每月二回（國教）を發刊す

一本誌は宗派に偏せす教會に黨せす普く佛教界に獨立して佛徒の積弊を洗滌し佛教の新運動を企圖すへし

一本誌は諸宗教の批評及ひ教法界に現出する時事の問題を討論し每號諸大家の有爲なる論說寄書講義演說等を登錄し其教法關係の點に至りては何人を撰はす投書の自由を許し本社の主旨に妨けなき限りは總て之を掲載すへし

但し原稿は楷書二十七字詰に認め必す住所姓名を詳記すへし

一本誌代金及ひ廣告料は必す前金たるへし若し前金を投せすして御注文あるも本社は之に應せさるものとす

但本縣在住の人にして適當の紹介人あるときは此限りにあらす

一本誌見本を請求する者は郵劵五厘切手十枚を送付せは郵送すへし

一本誌代金は可成爲換によりて送金あるへし尤も僻陬の地にして爲換取組不便利なれは五厘郵劵切手を代用し一割增の計算にして送付あるへし

一本誌代金及ひ廣告料は左の定價表に依るへし

但本誌　讀者に限り特別を以て廣告料を減することあるへし

雜誌代金

冊數	一冊 一回分	十二冊 半ヶ年分	廿四冊 一ヶ年分
定價	五錢	五十四錢	壹圓
郵稅共	五錢五厘	六十錢	壹圓十貳錢

廣告料

廣告料は行數の多少に拘はらす五號活字二十七字詰一行一回三錢とす但廣告に用ゆる木版等本社に依賴せらるゝときは廣告料の外に相當の代金を請求すべし

明治廿六年八月四日　印刷
明治廿六年八月五日　發行

發行者　熊本市安巳橋通町五番地　武田哲道

編輯者　熊本縣玉名郡石貫村千百八十一番地　森直樹

印刷者　熊本縣阿蘇郡坂梨村八百六十三番地　甲斐方策

發行所　熊本市安巳橋通町五番地　國教雜誌社

印刷所　熊本市新壹丁目百二番地　汲古堂

國教

第貳拾五號

明治二十六年八月三十日發行

(每月二回)

國教第貳拾五號目次

◎社説
◎對外的新運動と蹈內的舊蠢動
◎論説
◎印度哲學中の感懷(下)……釋宗演
◎特別寄書
◎難易二道及聖淨二門畧要……在京都…阿滿得聞
◎日本に於ける宗教思想…(完結)…在米國…平井龍華
◎小説
◎花の露…(中の下)……東京……旭松山人
◎寄書
◎北海道に於ける人心開拓……在北海道…嶋紫陽
◎萬國宗教大會の結果を夢む……在比叡山…林豐水隱士
◎演説
◎高野山大學林學生に告ぐ……三浦梧樓
◎渡米佛教家を送る……文學士…澤柳政太郎
◎將さに日本を發せんとして……土宜法龍
◎雜報
◎東京に於ける萬國宗教大會臨席者の送別會●世界的佛教の運動者愈々日本を發す●二週間の九州佛教夏期講習會●第一其發會式●第二其來會者●第三其講習會●第四其質問會●第五其懇親會●第六其演説會●第七其閉會式●鎌倉二見に於ける夏期講習會●神道家も亦た萬國宗教大會に臨む●耶蘇教徒も亦た宗教大會に向はんとす●九州文學記者の歎聲●土宜法龍師の光榮●嶋地默雷師の遺憾狀
◎普通廣告數件

國教第貳拾五號

社説

對外的新運動と蹈內的舊蠢動

背を決して現時日本の佛界を望めば。絶大異樣の二大潮流は浩蕩として其全面に漲れり。今や將さに此二大潮流は各々赤白の二幟を飜して。全國佛徒の嚮背を縱劃横斷せんとするの徵候を顯せり。其深く理想上に沈んでは。新舊兩理想の衝突となり。其劇しく感情上に激しては。黒白兩感情の反撥となり。而して其愈々現實上に發しては。對外的新運動と蹈內的舊蠢動の二大異色を呈するに至れり。

抑も今日に方りて佛界普通教育の功能何の邊に存する乎を疑ふ者あるは是れ何種の人物なるや。唯識三年倶舍八年の舊講究方針を墨守し。四圍環象の變遷に伴ふて其方針を改革する能はず。只管齷齪たる註釋末書の間に吃々終生を徒了する者あるは是れ何種の人物たるや。茫漠荒唐たる空理空想の一邊に馳せ。其眞理の信證。其精神の感化に至りては。毫も意に介せざるが如き者あるは是れ何種の人物なるや。佛教正義の靈能を曲げて國家權威の下に叩頭し。教權の神聖を濫用して政權の器械となし。徒らに教語。國体。皇室等の尊嚴に依賴し。以て依立的大翼の中に安眠せんと欲するが如き者あるは是れ何種の人物なるや。妄りに封建時代に於ける排佛論者の變形とも稱す可き。明治年間排耶論者の守舊。頑迷。局量。偏見。暴慢。固陋の僻論怪議に雷同し謳歌し。却つて宗教全体の本能を傷け。宗教全体の信仰を害ひ。宗教全体の前途をして自から暗憺の域に陷らしめんとするが如き者あるは。是れ果して何種の人物なるや。吾人は問はずして既に其舊佛教的理想の懷抱者たるを知る矣。是に反して居常佛門の普通教育は何故に社會感化の勢力に乏しき乎を慨し。自ら奮つて其教育の眞元氣陶鑄者となり。進んで社會の脉管に勇猛精進の活氣を與へんと欲し。或は自由討究の精神に基ひて。系統法の新講究を試み。以て從來佛教の講究方法を一變せんと欲し。或は虚靈の空想に神を澄ますと同時に實体の現想を重んじ。高談雄辨佛教の學理を探討すると同時に。謹嚴眞摯なる佛陀靈光の信證心は始終其心裡に沸騰するが如き。或は佛教正義の勢力を伸張して國家の頭上に及ぼし。蠢然國家權威の下に俯服せんより。寧ろ國家をして佛教聖体の下に跪かしめ。儒然教權の尊嚴か政權の咆哮に蹂躙せられんより。寧ろ教權の潛勢力を養ひ。變に臨み機に投じて其力を鼓舞せんとする。獨立自立の信仰的氣概を發揮せんと欲するが如き。或は歷史的に排耶論者の眞相を看破し。其排議駁論の消極的なるは到底永遠に佛敎の友とす可らざるを認定し。眞正宗敎の信仰上よりして反對宗敎に對する論戰競爭の。實に公平。眞實。同情。寬裕の點に傾向せんとを望むが如き。是れ果して何等人物の抱ける理想なる乎。是れ實に新佛敎的理想の渴望者が景仰する前途に輝く光也。それ然り現時我佛界に於ける新舊両理想にして。若し斯の如き有樣なりとせば。豈に衝突なからんと欲するもそれ得可けんや。

徒らに死せる哲學論に熱狂し。徒らに佛敎眞理の廣大無邊を誇揚し。徒らに微妙深遠の玄談に沈溺し。以て人間の活ける感情を滿足せしむる能はざる者は。是れ果して何等の人物なるや。徒らに死せる哲學論に熱狂せんよりも。寧ろ活ける信證論に熱中し。徒らに佛敎の眞理を誇らんよりも。寧ろ正直に佛敎の眞理を窮めんとを欲し。徒らに高遠の玄談に溺れんよりも。寧ろ卑近なる實行に着手せんとを欲し。徒らに智力的の冷血なる偏人奇物となりて世を憤らんより。寧ろ感情的の熱血なる常人凡士となりて世を益せんと欲する者は。是れ果して何等の人物なるや。是れ豈に方今我佛界に於ける黑白両感情の反撥にあらずや。嗚呼彼れ理想の衝突と此感情の反撥は。主となり客となり。因となり緣となり。互に相合して鬪亂紛戰猛然たる烈火を發せんとす。吾人は佛敎改革の爲め。一日も早く此烈火の燄々天を衝かんとを望む。

新理想の光明を遙々萬里の天に望み。純潔なる白感情を其心裡に懷抱し。嚴然整然として現佛界に立てる者は。多く是れ現實上に於ては。對外的新運動の麾下に渴仰の情を濺ぐ者なり。舊理想の暗霧を雲烟漠々たる過去の跡に眺め。汚濁なる黑感情を其精神に薰染し。紛然雜然として今佛門に蟠れる者は。多く是れ現實上に於ては。閫內的舊蠢動の下に隨喜の淚を揮ふ者なり。

對外的新運動は佛敎改革の烽火臺なり。閫內的舊蠢動は佛敎非改革の哨兵線なり。嗚呼誰れか今日に方りて佛敎非改革の迷夢に犯さるゝ者ぞ。其精神的改革たると其器械的改革たるとを問はず。佛敎改革の時機が已に脚下に迫れるは斷乎として疑ふ可らず。一步を進むも一步を退くも。早晚我日本の佛界は改革の風雲慘憺として破壞の雷電天地を動蕩し。而して後ち乾坤晴明日月再び新なるが如き氣運に到達す可きは。吾人が既往の歷史に鑑み。現在の事情に察し。將來の大勢を推して深く信ずる所なり。

天下一日も改革なかる可らず。人間一日も改革的精神を抛棄す可らず。若し天下にして一日改革なからん乎。停滯腐敗忽に至る。若し人間にして一日改革的精神を棄ん乎。人間の人間たる眞價値を全ふする能はず。而して此改革的精神なるものは果して何の處より來る。玲瓏透徹なる人生の理想より來る。此理想なるものは始めなきの始より終なきの終に至る迄。宇宙に遍滿せる無限精神と一致合体したる。最も純善。最も純眞。最も純美なる靈活勢力の影像也。萬古一碧汪洋たる理想の大海は現實の疾風狂颶に激せらるれば。千萬の大浪小波となり。忽にして日月を呑吐し。鯨鯢を翻蕩するの一大奇觀となるが如く。改革的時勢の大風吹き來るや否や。幾多の義人烈士。幾多の英雄豪傑は。前後踵を接して躍り出でずんばあらず。吾人は一日も早く佛教改革的時勢の風が蓬々然として我佛界の全面を靡しめ。以て舊慣積習の惡弊を一掃せんとを祈る。

退縮因循なる外交政略は一國の國權を傷害するが如く。苟且偸安なる佛教の運動は眞正佛教の活力を消耗する者なり。嗚呼外部に於ては世界的佛教の輝光赫々として我帝洲を射るにも係らず。內部に於ては守舊鎖國の頑眠未だ醒めやらず。情實の暗雲は深く鎖して對外思想の大光を闇まし。俗論の毒霧は密に遮りて世界新運動の生氣を殺がんとす。蹈內的舊蠢動者の跛扈跳梁實に今日に至りて極れり。吾人が一片皓々の微衷を絞ぼり。海內に率先して對外的新運動の曉鐘を撞き。蹈內的舊蠢動者の迷夢を醒破せんと欲する亦た豈に止むと得んや。吁豈に止むと得んや。

論説

印度哲學中の感懷（下）

釋宗演

予曩に錫崙に遊びて留ると僅々三年なりしが。其間亦益友に乏しからず。梵僧あり歐客あり。官吏あり平民あり。皆以て世出世の智識を琢磨すべし。漁は漁夫に諮ひ。農は農叟に質す。必しも常師を要せざるなり。然るに談偶々英國の屬地政略に及ぶ時は。交友動もすれば云ふ。英國の施政は苛酷なり陰險なり。今女皇ヴイクトリヤ立治以來僅々五十餘年間にして。英領印度住民の餓死する者五百有餘萬人なり。是れ英政收斂の結果なりと。若し三人茲に頭を聚れば。衆口一舌英政府の非政と批難する者の如し。然れども其愁訴する所は。業既に世の義士仁人が飽まで英國の屬地政略を讜議痛論したる糟粕のみにして。新に耳朶を驚かすべき者にあらざるを以て予は常に是等の人々に對しては唯果して然る乎の一言を以て輕々に聽了せり。或時一老翁あり。問に乘じて來て余が客寓を叩く。談復た政敎の時事に及ぶ。予試に翁に問て曰く。聞く翁頗る本島古今の事情に通曉せりと。若し今の英政を以て古のシンハリーズ王の治化に對較せば。其休戚果して如何ぞや。翁乃ち眉を顰めて云く。難哉子が問題や。凡そ天下の事一物一件として利害相伴ひ禍福相半せざる者はあらず。況や一國の爲政に於てをや。又況や本嶋の如き。多種族雜居の人民を支配して。各々其處を得せしめんとする。英政の困難なるに於てをや。苟も惡んで其善を知り。好んで其惡しきとを知るの眼なくんば。輙すく天下古今の事を論量す可らず。老翁今年歯八十氣耄し智消す。亦喙を國事に容るゝに懶し。然れども老翁身春秋に富むを以て聊か世の經驗に慣ふ。子若し厭はずんば玆に些かの老婆心說を打せん。予夫れ本嶋の往時を知るや知らずや。若し嶋王の允可を經ざれば。一般人民は大廈廣屋を建るとを得ず。屋に窓牖を穿ち。壁に白堊を塗るとを得ず。寢るに床なく食するに卓なし。唯だ露地に蹲踞し疏上に眠臥す。而して今皆之に反す。往時は嶋中金銀貨幣太だ稀なり。是故に貿易は只物を以て物に換ふ。卽ち米麥を以て薪槱に易ゆるの類なり。人家未だ倉庫あらず。地を堀て財貨を藏す。人民の食膳甚だ疎惡良辰佳節鹽魚僅に箸に上る。今皆な之に反す。往時の道路は荊棘蓁莽今は乃ち然らず。坦々たる修道三千英里に延長し。蜿轉たる鐵車三百英里を馳奔す。凡そ人力を省き冗費を減じ。交通を便にし運輸を利する所の電信。郵便。舟車。橋梁等。古と今と有無相反し。快遊共に同じからざると。世を隔て劫を異にするが如し。往時は嶋王の「ラージヤ、カーラ」と稱するとあり。賦役時を以てせず酷待借すことなし。今は乃ち然らず。「イングリシユ、ラージヤ」(英王の義)と雖も。直を題して雇を使ふ。往時の刑罰は慘憺なり。中に就く其極刑と云ふものは。先づ鐵板を以て緊しく罪人の五體を挾し。黑繩を以て倒に懸け。數輩の壯丁は焰々たる利鋒を揮て。力を極めて四方より之を亂衝し。死躰寸段となりて地に墜つれば。餓狗走り就て淋漓たる流血を䑛る。又或は狂象をして罪囚を蹂殺するの酸刑あり。陷々肢節を折裂して死に至らしむ。是の如きの慘狀等閑に談話するも。尚ほ且つ膚砭し心戰くを覺ゆ。而して今の英政に是の如きの悲愴なき也。夫れ鎭靜昇平は人民の幸福。國家の慶兆。然るに本嶋の往時を回顧すれば。革命騷亂相接で殆ど寧歲なく。其間シンハリーズ王にして位を廢せられし者十一人。自盡せし者四人。戰沒せし者十三人。弑逆に罹りし者二十八人。上王家の傾運已に此に至る。下も庶民の寃に坐し。屈に陷り難に殉し飢に仆るゝ者。其幾千萬人なるを知らず。且つ往時嶋中ワンチヤと稱する地方の如き。豐饒第一にして天然の富庫なりしと云と雖も。中世久しくシンハリーズとタミルズとの競戰場となりてより。田園荒廢して艸木暴露し。山は皆な赭山。土は是れ焦土。黍稷根を拂て盡き。骸骨地に随て堆し。風晨月夕林壑之が爲に怒り。泉石之が爲に咽ぶ。天陰夜雨坐ろに感古の情に堪へざらしむ。今は乃ち然らず。英國政を肇めてより茲に殆んど一百年。慧星上に現せず。狼烟四もに絶ゆ。野に擊壤の音を聞かずと雖も。年に大なる凶歉なし。然るに吾黨の言を好む者動もすれば便ち道ふ。今の政府は外國の政府なり。是れ吾輩が默從することを屑とせざる所なりと。或は其の事あらん。然れども且く眼を英領以前に注で見よ。葡萄牙人は外人にあらざる乎。荷蘭人は又外人にあらざるか。更に前朝に溯りて之を考ふるも。幾箇の外來人たるタミルズ統の諸王を見出すべし。豈に獨り英政府に於て之を怪まんや。議者又云ふ。今の錫崙人に參政の權利なくして。只納稅の義務のみありと。殊に知らず現にコロムボ政廳の立法會議には。シンハリーズ幷にタミルズの代議士之に參與して、輿論を暢述し法制を公議するの椅子を占有しつゝあるにあらずや。若し之を他の專制政府が妄に人民の口を箝して。抑壓唯治むるものに比すれば。其休戚相距ると天壤も啻ならず。其他シンハリーズ種族にして英政府の任用する所となり。顯官要職にある者亦太だ尠からず。今の政府は能を見て職を授く。往時の門閥主義に倣はざるなり。又假令人民の代議士となり。政府の官吏たることを得ざる者も。苟も治安を障害せざる以上は政府之に借すに言論の洞開を以てし。出版の自由を以てす。若し夫れ正義に協ひ公道に順する者あらんには。政府豈に妄に之を屛けんや。又看よ往時本嶋の文學藝術は獨り佛敎僧徒の專有に屬し。一般人民は實に無學不識の甚しき者なりし。今は乃ち然らず。コロンボ政廳の直轄に係り。或は其保護の下に立つ所の大小の學校は。其數幾十百なるを知らず。「ローヤル、コーレージ」と云ひ。「トーマス、コーレージ」と云ひ。「ガール、セントラル、コーレージ」と云ひ。「ウエスリー、コーレージ」と云ひ。「ジヤフナ、コーレージ」と云ひ。「トリニチー、コーレージ」と云ふが如きは。最も其著名なる者なり。其他佛敎專門學校。靈智協會附屬學校等政府保護の外に獨立する者亦少からず。且つ子が奉ずる所の佛敎の如き。往時に於ては嶋王の優祐なる外護ありて頗る隆盛を極めたると同時に。

又暴君暗主の動もすれば之を破滅するありて。慧命縷の如く掛り佛日將さに光を隱さんとせしと屢々なりとす。是れ他なし往時の佛法は依賴主義にして。苟も三界大導師の遺法と以て。一國君主の私する所に放任せしめたればなり。今の英政廳が嶋中の各宗教を待すると。公平無私一に各宗教の運動自在に任せり。若し志を抱て大に爲すとあらん者は。夫れ唯今日か今日は實に千載一遇の好時節なり。子須らく努力すべし。老爺今是の如く匆々に論じ去ると雖も。聊かも己が爲にする所ありて。媚を英政府に献じ名を當世に射る者にあらず。老爺は固よりシンハリーズ種姓祖先世々本嶋先王の恩德に食むと尙し。古を鑑み今を顧み私かに亡國の艱難を慨し。亦回天の卓策を念ふと蓋し一日にあらざるなり。奈何せん印度諸國民の氣象次第に腐敗して。自卑外崇の風俗日々に長じ。自國の國美。自國の體性。自國の宗教。みな躬ら棄てゝ猥りに外來の事物に心醉し。唯摸傚を賢なりとし擬制を才なりとする者。雷同唱和殆んど其底止する所を知らざるなり。

抑も印度の獨立を挽回するの術は。一頓智一奇計の能く及ぶ所にあらずして。廣く之が籌策を講究し。希望遠大を期せずんばある可らず。而して印度國美中の重要なる佛教を振作して。以て人民の元氣を涵養し。族姓の糾合を謀るは挽回策の尤も先務なるが如し。然るに現今佛教の文献を中印度に求めんとするに。中印度は最早や杞宗の以て之を徵とするに足る者なし。佛陀伽耶の墳墓(釋尊成道處)は長く千載の雨露に晒され。正覺山前の菩提樹は轉々荒凉の悲風を動す。然らば之を何處に求めて其源に逢はん乎。本嶋か暹羅か將た緬甸柬蒲塞か。而して此等南方の佛教は所謂小乘なるが故に。今尙ほ佛音を誦し。佛服を着け。佛戒を行し。儀相見るべく殊勝愛すべしと雖も。其說く所は釋尊在鹿野苑十二年間の阿含部に止りて。彼の華嚴に於ける法界無礙の妙理。方等に於ける彈呵斬新の說法。般若に於ける諸相非相の眞諦。法華に於ける唯有一乘の極致。涅槃に於ける扶律譚常の優旨などは。未だ嘗て夢にだも知らず。則ち知らざるが故に。南方佛教徒は動もすれば。北方大乘の佛教を評して非佛說なり。婆羅門教の一種なり。印度哲學の餘派なりとまで。揣摩の臆評を吐くに至る。老爺嘗て聞く。法華經信解品に曰く。『即遣旁人急追將還窮子驚愕稱怨大喚』と是れ小乘小根の輩が。自家直に是れ覺皇の嫡子なると忘れて遠く出でゝ江湖に漂零し。歸り來りて其父の富貴尊嚴なるに驚き。立てゝ嗣とせられんとするに當て。却て其父を怨み叫ふの好譬喩なりと。釋尊在世の時に於てすら小乘者の大乘者に於ける。其疑訝驚愕實に是の如し。

況んや佛滅後二千四百三十三年の今日。小乘者が大乘者を嫌疑するは敢て深く咎むるに足らず。又況んや大乘敎なる者は。現今印度諸邦に於て地を拂て亡滅し了りたるに於てをや。思ふに小乘の佛敎徒は自利に厚くして利他に薄く。守衛に長じて進略に短なり。未だ以て印度獨立の先鋒と頼む可らず。未だ以て開明國民の希望を滿足せしむるに足らず。是故に老爺が常に將來遠大の望を屬して已まざる者は。現今貴國幷に支那。朝鮮。蒙古。滿州。韃靼。西藏等の諸邦に行はるゝ所の大乘佛敎なりとす。然るに孤り怪しむ上求菩提下化衆生を以て念々不離心とする。大乘佛敎者其人にして守株改めず待兎舊に依り。各々一方の小天地に跼蹐して。進みて新福田を海外に開拓することを勉めず。看よ西藏の佛敎はヒマラヤ山に阻隔せられて。雪に凍ゆる未開の梅花の如く。芳信未だ四方に傳はらず。支那の佛敎は敗頽せる萬里の長城に圍まれて。糧食を失ひたる孤軍の如く。進退是れ谷まり。朝鮮の佛敎は其國の運命と共に寥々として曉天の星の如く。殘光明滅の間にあり。唯貴國即ち日本の佛敎のみありて。尚ほ空谷に蛩音を聞くの思あり。然れども聞く貴國の佛敎は宗派數十に分かれ。各々藩籬を立し經界を限りて。恰も封建の舊制度の如く。佛綱其統一する所なきが如しと果して然るや否や。

今や本嶋は愚か印度及歐洲の學者識者にして。大乘佛敎の獅子吼を聽かんことを樂ふ者。日一日より其數を加へ。彼等が渴望は大旱の雲霓に於けるも啻ならず。其實際は貴國に刋行する。海外佛敎事情の小冊子に就て見るも其一班を窺ひ知るべき也。殊に印度人の佛敎に對する感覺は。彼の歐洲人よりも層一層の熱を加へ。貴國の佛敎者を慕ふとは。萬里の異鄕にある孤客が其妻子の面を見んとするが如し。是れ他なし印度は久しく回敎及び耶蘇敎國民族の併呑する所となり。不可思議不可商量の壓制束縛を被り。髓に透り骨に徹するの艱難と喫し。氣を吐き聲を呑むの悲境に達したればなり。佛敎は二千四五百年前の印度に於ける文明を懷胎し。亦之を産出したる慈母にして。印度「カスト」の牢獄より民權を救ひ出したる嚴父なれば也。

老爺は徒に杞人の憂に傚ふ者にあらず。然れども印度將來獨立策の第一着手は斷じて佛敎を利用せんと思ふ者なり。佛敎を利用するには大小二乘を圓融し。南北佛敎を聯合して唯一佛敎の運動をなさしむるに在りと思ふ者なり。一佛敎の運動を試みんとするには。先づ南北佛敎徒が交通往來の路を開き通信に視察に。留學に巡敎に。頻々彼我の事情を疏通し。甲乙の知識を交換するにありと思ふ者なり。老爺曾て支那春秋戰國の末路の形勢を聞て大に感發せしとあり。時の説客蘇秦張儀なる者は何等の快人ぞや。纔かに三寸の舌頭を翻へして一は合從を説き一は連衡を唱へ。秦と六國との形勢を指點すること。恰かも一局の碁面に黒白の石を排置して。成敗を吸煙二三服の間に決するが如し。蓋し是れ機に投じて動く者の活伎倆元より是の如くならずんばあらず。今や時なり南北の佛教を糾合して一團體となし。整々堂々の法陣を張りて以て。驕勝の敵國否な外來の邪教を挫折し盡すべきの時なり。子他日國に歸らば。左の言を以て廣く子が同胞兄弟に寄せよ。曰く佛教に攝取折伏の二門あり。乞ふ兄弟先づ折伏より始めよと勉旃。

（完結）

（想ふ此感慨と識見を有せる釋師が宗教大會の堂上英風颯々徐ろに滿場を脱するの光景如何を）

八月二十二日　編者識

特別寄書

左ノ篇ハ眞宗學界ノ泰斗阿滿師ガ本年二月英人ふおんです氏ニ與ヘラレシ書ニシテ其要トスル所ハ普ク歐米人ニ向ツテ佛教ノ大關鍵タル難行易行ノ二道及ビ聖道淨道二門ノ分際ヲ容易ク知ラシメン爲ニ畧述セラレシモノナリ

編輯者謹識

難易二道及ビ聖淨二門ノ畧要

京都　阿滿得聞

難易二道略要

釋尊涅槃ノ後六百年ニシテ。南天竺國ニ出世セル大德ノ比丘アリ。號ヲ龍樹トス。能ク外道有無ノ邪宗ヲ破シテ。無上大乘ノ法ヲ顯ハス。歡喜地ヲ得テ。安樂國ニ往生スト。入楞伽經ニ説ケリ。此經ハ釋尊ノ親説ナリ然ルニ六百年前ニ在リテ大慧菩薩等ノ爲メニ楞伽山ニ於テ懸記セル未來記ノ説ナリ。華嚴經中ニ菩薩十地ノ階位ヲ説ノ一品アリ。十地品ト云。龍樹之ヲ解釋スルノ論ヲ名テ十住毘婆沙論ト云。（龍樹多ノ論釋ヲ造ル世ニ千部ノ大論師ト稱ス）。十住トハ即チ菩薩ノ十地ナリ。地ハ所住ノ義。故ニ十地ヲ十住ト名ク。其第一住ヲ歡喜地ト名ク。梵ニ阿惟越致ト名ク。此ニ不退ト云。第一住是ナリ。

此不退ヲ得ント欲スルニ二種ノ道アリ。一ニ難行道。二ニ易行道。諸ノ難行道ヲ修メ不退ニ至ルハ速ナル能ハズ久シテ乃チ得ベシ三大無數刧ノ中。初ノ一大無數刧ヲ經テ。此不退地ニ至ルヲ得ナリ。（梵ニ阿僧祇ト云。無數ハ一ノ數量ノ名ノミ）此不退ハ容易ニ得ガタシ。其中ニ於テ。或ハ聲聞緣覺ノ二乘地ニ墮スルアリ。若菩薩大菩提心ヲ失ヘバ。二乘ニナルナリ。コノ二乘ハ利他ノ大悲ナク。一切衆生ヲ愍念シテ佛果ヲ得セシムルコトナキノミナラズ。自身モ亦長時ノ難行ヲ恐テ。早ク无餘涅槃ニ入ント期ス。故ニ龍樹曰ク若シ聲聞緣覺ノ二乘ニ墮スレバ。菩薩ノ死ト名ク。喩ヘハ人ノ死シタルガ如シ。則チ一切ノ利ヲ失フト。其利トハ自他ノ二利ナリ。又重テ比校ノ說ヲナシテ示ス云何カ比校スルヅナレバ。地獄ニ墮スルト二乘ニ墮スルト。コノ二ヲ並ヘアゲテ重說ス。ソノ言ニ曰ク地獄ニ墮スルハ左程ニ怖畏セズ。二乘ニ墮スルハ大怖畏ヲナス。之ヨリ恐ルベキモノナシトノ意ナリ。其所以云何ントナレバ。

若地獄ニ墮スル者ハ。无量刧ヲ經ル中ニハ。又更ニ善趣ニ生シテ。大菩提（羅什ハ菩提ヲ道ト譯ス佛果ノコトナリ）行ヲ修シテ。竟ニハ佛ニナルコトアルヘシ。若二乘ニ墮スレバ。盡未來際畢竟シテイツマデモ佛ニナルコトヲ得ズ。畢竟シテ佛道ヲ遮スルモノ（佛道トハ佛果ノコトナリ）。ソノ所以云何トナレバ。（龍樹ハ二乘實滅ノ宗ニシテ。無餘涅槃ニ入レバ灰身滅智シテ。一有情都滅ス。此義世親ノ宗ト異ナルコトナシ）。二乘地ニ墮シテ涅槃ニ入レバ。二度ビ心ヲ生ズルコトナシ。故ニ生死ニ還ルコトナキガ故ニ。佛道ヲ修スルコトヲ得ベカラズ。十住毘婆沙論ノ序品ニモ見ヘタリ。又龍樹佛經ヲ引テ證ス。人。壽ヲ貪ルモノハ首ヲ斬ラントスレバ。則チ大ニ畏ルヽ。菩薩亦カクノ如シ。若二乘（有云、二乘ハ實ノ涅槃ニ非ズ、生心回心ス、ソノ二乘ヲ怖ルヽハ、久シキヲ經ザレバ生心スルコト能ハズ、故ニ之ヲ怖ルヽト）「評云、法華ハ一念回心ヲ云ニ非ズヤ、地獄ハ無間ノ如キハ一刧ノ壽ナリ、一切間ハ佛道ヲ修スルコト能ハザルベシ、若一念ニ回心シテ佛道ヲ修スルヲ得バ、二乘ハ地獄ニ勝ルヽコト遠シ、何ノ怖ルヽコトカ之アランヤ、況ンヤ有說龍樹ノ宗議ヲ知ラズ、信用スベカラズ、云々」地ニ墮スルコト大怖畏ヲ生ズトイヘリ。

輭弱ノ菩薩。行諸難行久乃可得ノ說ヲ聞テ。容易ニ菩提ハ成シガタシ。ソノ不退ヲ得スラ猶難キヲ思惟シ之ヲ憂テ。若諸佛ノ所說ニ易行道ニシテ疾ク速ニ不退ニ至ラルヽ方便アラバ哀レ願クバ我ガ爲ニ之ヲ說タマヘト云。龍樹荅ニ先呵責シテ曰ク。汝ガ言ハ儜弱怯劣ニシテ大心アルコトナシ。是丈夫志幹ノ言ニ非ズ。（誤テ大心ヲステヽ小乘心ニ陷ンコトヲ恐テ呵責セリ）若發願シテ無上菩提ヲ求メント欲セバ。イマダ不退ヲ得ザル。ソノ中間ニハ身命ヲ惜マズ。晝夜精進ニシテ。頭燃ヲ救フガ如クスベシ。二乘ハ唯自利ヲ成スル爲メ。猶且常ニ精進ス。況ヤ菩薩自利々他圓滿スルニ於テハ。二乘ノ人ヨリモ億倍精進ナラズバアルベカラズ。

又曰ク大乘ヲ行スルモノ。發願シテ佛果ヲ求ムルハ手ヲ以テ三千大千世界ヲ擧ルヨリモ重シ。汝ハ不退地ハ久シテ乃チ可得。若易行道ニシテ速疾ニ不退地ニ至ルノ方ヲ求ルハ。上ニ陳スル如ク怯弱下劣ノ言ニシテ。大人勇猛精進ノ詞ニ非ズト。菩提ヲ求ルモノ不退ニ至ルハ須臾モ怠慢スベカラズ。又ソノ行ノ容易ナラザル旨ヲ懇懃ニ顯示セリ。已上ハ難行道ノ相タナリ。

然ト雖。汝若必ス速ニ不退ヲ得ルノ方便ヲ聞ント欲セハ。今マサニ説テ聽シムヘシ。先ニハ呵スレドモ根本所期ノ菩提ニ至ルノ不退ヲバ速疾ニ得べキ易行ノ一道ヲ與ルナリ。先ニ呵スルハ根本所期ヲ失ハザラシメント欲スルガ爲メナリ。又曰佛法ニ无量ノ門アリ。喩ヘバ世間ノ道ニ行ガタキト。行ヤスキトノ二道アルガ如シ、ソノ行ガタキ陸路ハ。歩行スルニ辛苦ナリ。又ソノ行ヤスキ水道ハ。船ニ乘シテ安樂ナリ。菩薩ノ道モ亦カクノ如シ。難アリ易アリ。或ハ勤行精進ニツトメテ久シテ不退ニ至ルアリ。陸路ヲ歩行スルガ如シ。或ハ信方便ノ易行即チ彌陀本願ノ他力ニ依テ不退ニ至ルアリ。水道ノ乘船ノ如シ。一ハ難ナリ久ナリ苦ナリ。一ハ易ナリ疾ナリ樂ナリト示ス。

彌陀本願ノ一道ハ无上菩提ヲ究ムルノ妙法。下劣ノ機ニ應ズル易行ニシテ。カノ難行ニ堪ザルモノヲ救ハントシテ。ソノ因位法藏菩薩タリシ時。五刧ニ思惟シ。永劫ニ修行シテ。自身住持ノ樂ヲ求メズ。一切衆生ノ苦ヲ抜ント欲シテ。无量ノ願行ヲ修起シテ。遂ニ成佛シテ阿彌陀如來トナリタマヒ。因位ノ万行果地ノ萬德。一句ノ名號即チ南無阿彌陀佛ノ中ニ攝在シテ。十方衆生ニ與ヘマシマスナリ。コノ易行道ハ四十八願ノ中。第十八願ハ衆生得脱ノ要法。信シテ稱ルノ外他ナシ。是ヲ撰擇本願ト名ク。即チ一念往生治定ノウヘノ佛恩報盡ノ多念ノ稱名ナリ。是ヲ龍樹ハ信方便易行ト判ス。曇鸞法師。此易行道ヲ釋顯シテ。信佛因緣トイフ。龍樹難易二道ノ判ヲ創説シテ。現生ニ不退ニ住シ。當來ニハ無上涅槃ノ極果ニ至ルハ。彌陀本願ノ大悲ナル旨ヲ顯揚セリ。見眞大師此旨ヲ相承シテ曰ク不退ノクライスミヤカニ。エントオモハンヒトハミナ。恭敬ノ心ニ執持シテ。彌陀ノ名號稱スベシ。ト云。論旨ヲ盡セリ。

聖淨二門略要

唐ノ道綽禪師。二門ヲモテ釋尊一代ノ敎ヲ判ス。至レリ盡セリ。支那古今諸宗判敎ヲナスモノ少カラズト雖。此ニ及ブモノナシ。諸宗ニ超過スルノ名判ト謂ヘシ。

二門トハ。一ニ聖道。二ニ往生淨土。ソノ聖道ノ一種ハ。末世ノ今時證シカタシ。何ントナレバ。一ニハ大聖ヲ去コト遙遠ナルニ由ルナリ。二ニハ理深ク解微ナルニ由ルナリ。是故ニ大集月藏經ニ云ク。我末法時中億々ノ衆生ハ。行ヲ起シ道ヲ修ストモ。イマダ一人トシテ得ル者アラズト當今ハ末法ニシテ。現ニ是五濁惡世ナリ。唯淨土ノ一門ノミアリテ。通入スヘキ路ナリト明セリ。

見眞大師之ヲ解釋シテ云ク。凡ソ一代ニ就テ。此界ノ中ニ於テ。入聖得果スルヲ聖道門ト名ク。難行道ト云。又安養淨刹ニ於テ。入聖證果スルヲ淨土門ト名ク。易行道ト云ト。

此意難易ヲモテ取捨ス此難易ノ釋ハ龍樹大士ニ根據ス。道綽二門ノ判。初ニ聖道ノ難ヲ擧。次に相乘シテ淨土ノ易ヲ示ス。聖道ヲ難トスルニ二由アリ。一ニ大聖ヲ去ヿ遙遠トハ。世間ノ聖王賢主之ヲ去コト遠ケレバ。遺德流風沒シテ存セス况ヤ佛ノ正道ヲヤ。佛ヲ去コト遠ケレバ。人法共ニ壞シ。白法隱滯シ、戒定慧ノ三學ナシ。是聖道ノ證シガタキ所以ナリ。二ニ理深ク解微ナリトハ。理トハ人法二空ノ理ナリ。解トハ之ヲ證スルノ智ナリ。ソノ理智深遠幽微ニシテ。凡夫下劣ノ機ノ堪ルトコロニアラズ。故ニ聖道ハ難シ如是二ノ由ヲモテ示セリ。

聖道門ニ頓漸二教アリテ。ソノ頓教ハ卽心是佛。卽身成佛ヲ談ズ。ソノ漸教ハ歷刧迂廻ニシテ三祇百刧ノ長時ヲ經テ。功德ヲ積累スルニ非レバ成佛スルコトヲ得ズ。頓漸共ニ五濁ノ世ニ於テ証ヲ得ルコト甚難シトス。經ニ未有一人得者ト說モノ聖道難行ヲ云。コノ說淨土門ニハ關カラズト知ベシ。聖道モ起行修道スレバ佛果ヲ得スベキナレドモ。末法濁世ニハ一人ノナキヲ示シ。悲愍シタマヘリ。故ニ淨土ノ一教興ラザルヲ得ズ。

次ニ相乘シテ淨土ノ易ヲ示ストハ。上ニアグル當今ハ末法ニシテ五濁惡世ナリ。唯淨土ノ一門ノミ通入スベキ路ナリト云是ナリ。大無量壽經ヲ按スルニ。淨土ノ一門ハ遠ク經道滅盡ノ時ニ及ンデ。猶ソノ利益アルヲ說ク。若然ラバ未有一人ノ說ハ。但聖道ニ在テ。獨リ淨土ノ一門ノミ得者甚タ多シ。次ニ大無量壽經ヲ引テ云ク。若衆生アリテ。縱令ヒ一生惡ヲ造レドモ。命終ノ時ニ臨ンデ。十念相續シテ我名字ヲ稱レハ。若生レズバ正覺ヲ取ズト。是大無量壽經十八願文ニシテ。觀經下々品ヲモテ楷定セリ。一生造惡ヲ下々品ノ機トス。此ノ者十念相續シテ。本願ノ名號卽チ南無阿彌陀佛ヲ稱レバ。往生シテ佛果ヲ証スルナリ。所謂ル一念往生治定ノウヘノ。佛恩報盡ノ稱名是ナリ。

難行道ハ。智斷行業。自力トシテ。起ストコロ。一生造惡ノモノヽ堪ザルトコロナリ。易行道ハ唯是他力ナリ。所謂ル他力ハ彼淨土ニ往生スルノ果ト。及ソノ因ノ菩提心ト。皆阿彌陀如來ノ清淨願心ノ回向成就スルトコロナリ。大略カクノ如シ。委シキ法門ハ口授ヲ待テ盡スベシ。」

日本ニ於ケル宗教思想（接續）

在米國　平井龍華

論者アリ言ハン改革耶蘇宗ハ一偶像ニ依賴セスト。余疾クヨリ之ヲ知ル彼等偶像ヲ用ヒストナスハ其實物質的ノ即チ木石ノ偶像ヲ用ヒスト云フニ過キサルナリ。余一日宣教師ノ法談ヲ聞ケリ。彼曰ク「汝祈禱ノ間ニハ神ハ隣リノ市街迄來リ給フト信セサルヘカラス」ト之レ神ノ遍在說ニ反スルモノナリ。何トナレハ神若シ隣街ニ來リシナラハ之レ迄神ノ居留セシ所ハ主人不在中トナラサルヘカラサレハナリ。又此說タルヤ偶像ニ依賴セスト云フト雖モ之レ一箇ノ偶像崇拜說ナリ。何トナレハ今宣敎師ノ言フカ如ク隣街ナル一有限所ニ神カ現ハルヽト言ハヽ。神モ亦一有限ノ形態即チ木像畫像ノ如キヲ有セサルヘカラス。是ニ於テカ崇拜者ノ心中神ノ有像ヲ造ラサルヲ得ス。之ヲ木石ニスルト之ヲ心中ニスルトノ一小差異ニシテ偶像崇拜ノ点ニ至ッテハ同一タラサルヲ得サルナリ。以上陳フルカ如ク一般人民ニ此至難ノ題ヲ解セシメント欲スルニハ是非偶像的符号ヲ用ヒサルヘカラス。然レトモ符号ナシニ解シ得ル有力者ハ無論偶像ヲ借ルノ必要ナシ。

故ニ日本人民ガ「ナムアミダブツ」ヲ念ジテ永久不易ノ眞理ニ我身ヲ一任スルハ「ミダ」ノ像ニ對シテ「ナムアミダブツ」ヲ口誦スルノ義ニ當ス。

堂塔中佛像ヲ有セヌ所ハ正面ニ「天下泰平皇帝萬歲」ノ文字ヲ以テセリ。之レ多クハ禪宗ニシテ佛典モ自己勤學ノ用ノ外ハ敢テ一卷ヲ備ヘス。

日蓮宗ニ於テハ「ナムミヤウホウレンゲキヤウ」即チ梵語ノ「ナモサツダーマー、パンダリキヤ、サツラー」即チ蓮華ノ經典ト言ヘル旗幟ヲ飜ヘス。此宗ノ經ハ瞿曇入涅槃前ニ說カレタル一切經典中ノ最上乘經典ナリ。

日本ニハ神道及ヒ佛敎ノ二宗アレモ互ニ相近接シ相包容シ。二宗ノ中一宗ノミヲ信スル者ハ至テ稀ニシテ。日本人一般ハ孔子敎ヲ奉ズルト同時ニ神佛二宗トモ尊信スルコトナレリ。右ノ事實ヨリ推セ、日本人ハ偶像崇拜者ニアラサルノミナラス。宗敎ノ如何ニ關セス唯眞理ノ探究者タルノミ。余謂ヘラク今ヨリ數百年前我國ヘ布敎ノ爲メ渡來セシ耶蘇宗宣敎師等モ。徒ラニ乱民ニ黨シ當時ノ政府ニ反スルノ擧動ナカリセバ。以來永ク日本人ニ此宗ヲ恐ルヽヿ蛇蝎ノ如クセシムルノ癖習ヲ懷カシムルヿナク。尙今日ノ如クニ各宗敎ト共ニ我國ヘ流布シ居リシニ相違ナカルヘシ。

之ヨリ余ハ瞿曇ガ說キシ合法ノ敎義ニ就キ簡短ニ余カ見込ヲ陳ブヘシ。瞿曇ノ說ハ凡テ哲學ニシテ佛滅後始テ宗敎ノ形態ヲ付セシモノナリ。今之ヲ大別シテ大乘小乘ノ二トナス。大乘ハ抽象哲理ニシテ心ノ稍開發シタル者ノ外適セズ。然ルニ小乘ハ大多數ノ下等人民ニ適シ說ク處ハ倫理的具体ノ方法タルニ過キズ。而シテ二者共ニ其目的トスル處ハ全ク涅槃ヲ成セントスルナリ。西人涅槃ヲ解シテ人間諸慾諸情ノ滅盡ナリトスルハ頗ル非ナリ。

抑モ涅槃トハ宇宙ノ大道理ト云フヿナリ。世間往々之ヲ誤解スル者多キハ之唯附屬關係ノ事實ニ對シ。外面的ノ觀察ニ迷執スレバナリ。今一例ヲ以テ之ヲ說カンニ石アリ地ニ墜ツトハ石ガ地ノ方ニ動キシヿナリ。其動クヤ石ニ在テ法ニアラザルナリ。法トハ引力ニシテ無變永久ナルモノナリ。又一例ヲ心ノ現象ニ取ランニ怒ト云ハヽ之レ心ノ興奮的運動ニシテ其起ル所ハ情モ運動モ無キ永久不變ノ一定理ナリ。

涅槃ハ即チ此一定理ニシテ涅槃自ラハ寂靜無情ノモノト雖𪜈慾ト言ヒ情ト言ヒ其他心ノ諸現象ハ一モ此涅槃的道理ナクシテ成リ立ツ能ハザルナリ。語ヲ更ヘテ言ハヽ情ハ涅槃ナリ靜寂ハ非情ナリ。卽チ情ナル現象ハ起發的ナレ𪜈此情ヲ支配スル處ノモノハ情ニアラザルナリ。是ニ於テカ諸慾諸感情ノ禁壓ハ必要ノ如ク思ハルレ𪜈其實決シテ然ラズ。何トナレハ此禁壓ハ人道ニ少モ便益ナケレバナリ。若シ果シテ吾人諸感情ヲ禁壓シ得バ如何。其結果ハ必ズ吾人感情機能ヲ失ヒ心識ノ働キヲ停止セシムルニ至ルベシ。果シテ然ラバ吾人ハ無感無識無意ノ人間ニシテ昆蟲ニモ劣リタル一石像タルニ過ギザルナリ。人間ヲシテ如此ナラシムルハ瞿曇其他諸哲學者ノ目的トスル處ニアラズシテ。果シテ其目的トスル所ハ是ノ不生不滅ノ主義ヲ吾人日々生活上ニ利用演繹セシメントナリ。高尙ナル抽象的眞理ヲ解シ得ル心ハ常ニ平安ナルモノニシテ而モ活潑自由ナルモノナリ。是等ノ爲メニハ特ニ制法規則等ヲ與フルノ必要ナシ。何トナレバ是等ハ時ト場合ニ應シ自ラ制規ヲ立ツルヿヲ得レバナリ。然レ𪜈未ダ之ニ達セザル輩ハ特ニ之等ノ爲ニ設ケラレタル一時ノ規定ニ遵ハザルベカラズ。

修身法及ビ人爲ノ諸法ハ擧テ小乘涅槃ニ屬ス。之等諸法ハ終始一定ノ体ヲ持スル能ハズ。常ニ人民其他周圍ノ外物ニ從テ變更ヲ蒙ラザルベカラズ。人民若シ放蕩ナラバ之ニ對スルノ法ハ諸慾ノ禁制ヲ以テセザルベカラズ。然ルニ之ニ反シテ人民萎靡姑息ニシテ振ハザレバ之ニ對スルノ法ハ諸慾ヲ勵マサヽルベカラズ。玆ニ讀者ニ記臆ヲ乞ハント欲スルハ是等諸法ノ變更極リナキハ徒ラニ據リ所ナクシテ來ルニアラズ。毎ニ彼ノ無始無終不變不滅ノ大乘涅槃ヨリ來ルヿヲ。瞿曇ガ發見セシ永久不變ノ大道理ヲ認メス。唯瞿曇當時ノ倫理的諸法ヲ以テ佛教ノ奧蘊ヲ窮メント欲スルハ愚モ亦甚シ。今日十九世紀ト佛在世ノ時トハ其趣大ニ異レリ。故ニ余ハ假令ヒ佛ノ言ト雖ドモ素ヨリ時ト塲合ニヨリ變更極リナキ倫理的諸法ハ悉ク擧テ之ヲ奉スル能ハサルナリ。我ガ腦中ヨリ瞿曇ヲ驅除シ而後單ニ宇宙大道理ヲ解セント勉ムルハ之レ反テ瞿曇ノ希望スル所ナリ。瞿曇ハ己カ所説ニ限リテ眞實トナスニアラズ。己レニ反スルノ説モ又以テ佛教トナス。何ントナレハ人異ナレバ又從テ異ナル心ヲ有ス。之レ自然ニメ箇々有スル意見ハ箇々悟得セシ眞理タレバナリ。佛教ナル語ノ意義ハ理會ノ二字ナルガ故ニ依テ以テ眞理ヲ解スルヿヲ得ルハ或ル宗教モ佛教ト稱スルヲ得ベシ。又或ル哲學モ佛教ト稱スルヲ得ベシ。耶蘇ハ常ニ理會ニ訴ヘシガ故ニ耶蘇教ナル語ハ信者ニ眞理ヲ傳フル或ル信仰ノ名ト見做シテ可ナリ。

上來神道及ビ佛教ニ就テ余ガ陳ベシ所果シテ其當ヲ失ハズンバ兩教ハ無神論的ノ宗教ニシテ神アリト説ク耶蘇宗トハ到底一致スル能ハサルナリ。抑モ無神ナル語ハ神ヲ解スルニ無ヲ以テシテ之ニ反スル有意ヲモ含有セリ。余ガ前ニ陳ベシ如ク果シテ神ガ偶像ノ如ク人類ノ如ク一種ノ形態ヲ具有スルモノトセハ。余ハ斷シテ言ハン佛教モ神道モカヽル曖昧物ノ存在ヲ拒絶スルナリト。然レドモ神ナルモノハ有限物ニアラズシテ因果ヲ結ブ連鎖。即宇宙大道理若クハ靈妙ノ至理ヲ稱スルヿトナラハ。余ハ喜ンデ神ノ存在ヲ是認ス。何トナレバ神ハ眞理ト云フニ外ナラザレバナリ。如此クハ無神ナル語ハ全ク無用ニ屬スヘシ。從テ無神論者モ眞實ノ有神論者ト轉ズベシ。爰ニ必定起ルヘキ難題ハ神ハ眞理以前ヨリ存在シテ眞理ハ神ノ作物ナリト之レ矛循太タシキ説ト謂フヘシ。乞フ先ツ考ヘヨ抑モ「作ル」トハ如何ナル義ソ之レ或物ヲ創造スルノ意ナリ然ラハ如何ニシテ或物カ創造サルヽカ。之レ既ニ存在セル道理即チ眞理ニヨリテナリ。即チ「作ル」ト云フヿ之レ道理ナリ。然ラハ今新タニ道理ガ古キ道理ニヨリテ作ラルヽ義トナルナリ。然ラハ即チ神ニヨツテ作ラレタル新道理ハ之レ過分ノモノタルヲ免レス。過分ノモノヲ作ル神ハ之レ等ク過分ノモノニシテ言ハヽ神ハ無用ノ贅物タリ。神ヲ嘲ツテ無用ノ贅物トナス余亦神聖ヲ冒瀆ス。其罪輕カラサルモノト謂ツヘシ。然レトモ神ハ余カ上來陳ヘシ如ク一眞理ノ別名タルニ過キストナラハ佛耶両教ノ間ニ一点ノ差違アルヲ認メサルヲ得ス、此例ノミナラス其他多クノ証據ヲ論スレハ凡ソ世界ノ宗教ト稱スルモノ皆一ニ總合シ得ラレサルハナシ、如此キハ獨リ宗教ニノミ止ラス百般ノ學術哲學モ亦然ラサルハナシ。現今宗教界ニ爭鬪ノ絶ヘサルハ必竟外部ノ問題ニ關ズルノミニシテ眞ニ宗教ノ定義一定スルノ時ヲ得ハ今迄存セシ堡墻モ徹去スルコヲ得ヘシ。想像的ノ神若クハ神ト崇メル偶像ニ信ヲ措クモノアレハ又唯自然ノ道理ヲノミ信スルモノアリ。此両者何レモ其眞性ヲ尋ヌレハ擧ケテ不可知的ニ歸セサルヲ得ス。爰ニ至ツテ論理三段法モ其功ヲ見サルナリ。何ソトナレハ三段論法ノ前提即チ因明ノ宗トナス所ハ。之レ悉ク吾人其理ノ如何ヲ知ラスシテ唯不可知的ノ現有物ニ對セル先代信仰ヲ継續スルニ過キス。之ヲ名ケテ「エンチチイズム」Entitism.ト云フ、（譯者曰「エンチチイズム」ト云フ字ハ全ク平井師ノ作字ナレハ之ヲ譯スルニ苦ム然レトモ「エンチチイ」ハ現有物ノ意ナレハ今姑ク現實論トデモ譯シ置カン）現實論ハ如何ナル學術カ來ルトモ如何ナル哲學カ來ルトモ之ヲ亡スコ能ハサルナリ。何ソトナレハ學術モ宗教モ皆之ヲ基トシテ起キタレバナリ。此現實論ヲ名ケテ余ハ總合宗教トナス此中ニ凡テ宗教學術哲學ヲ細大洩サズ網羅シ盡セリ。

此總合的觀念ハ歷史ガ証スル如ク數世紀以來日本人ノ腦裏ヲ占有シ來レリ。耶蘇紀元後五百五十二年ニ始テ佛教我國ニ入リシ際。聖德太子ハ直ニ之ヲ奉シ。大ニ佛教弘通ノ上ニ力ヲ致サレタリ。然レトモ太子ハ心狹キ佛教信者ニアラスシテ又同時ニ神道ヲモ興サレタリ。神祇史ノ編纂太子ニ依テ功ヲ了レリ。

九世紀ノ高僧即チ眞言宗ノ祖弘法大師ハ神佛ノ和合ヲ計リ。尋テ日蓮上人ハ佛堂ノ側ニ三十番神ヲ勸請セリ。今ヨリ二十五年前迄ハ神祠ハ概子佛僧ノ管スル所タリシナリ。

今ヨリ百五十年前俗人ニシテ石田海岸ナル者アリ。心學派ヲ立ツ其基トスル所ハ神儒佛其他道教何レモ日本ニ流行ノ宗旨ナリ。此人三教ノ區別ヲ平易平等ニ人民ニ說キ大ニ世人ノ心ヲ得且ツ胸宇廣キ人ナリトノ好評ヲ得タリ。當時天下ハ泰平ニシテ幕府盛大ノ時期ニテ諸侯ハ戈ヲ動スノ憂ナケレハ。此際學ニ志スヘシトテ頻ニ石田ヲ聘メ心學ノ道話ヲ聞ケリ。石田沒後モ門弟等遺教ヲ奉シ廣ク國內ニ之カ流布ヲ計レリ。

今日ノ日本人亦多少總合的觀念ヲ有シ。世界無數ノ教義ヲ見ルニ同眞理ヲ見場所ヲ變ヘテ種々ニ見ルカ如キモノナリトノ考ヘヲ有セリ。左ノ歌ハ日本人ノ常ニ唱フル所ナリ。

わけのぼるふもとのみちはおほけれど
おなじたかねのつきをみるかな。
あめあられゆきやこほりとへだつれど
おつればおなじたにがはのみづ。

自己ヲ以テ眞トナシ他ヲ以テ非眞トナシ互ニ相爭フ宗敎上ノ討論ハ。例ヘハ各位置ヲ異ニシテ円盤ヲ見一ハ其形正圓ナリト言ヒ一ハ楕圓ナリト言ヒ。一ハ直線ナリト云フカ如シ。何モ皆眞ニシテ非眞ニアラス此等ヲ非眞ニアラスシテ皆眞ナリト認ムルハ之レ總合ナリ。之レ完全解脫ナリ之レ涅槃ヲ成セシナリ。吾人之ヲ日本語ニテ「サトリ」或ハ「ホトケ」ト云フ。晩近人心ノ進歩スルニ從テ學派ノ爭追々ニ減シ共通ノ点ヲ求メテ和合スルヿヲ企テリ。宗敎亦今日以前ハ頻リニ鬪爭ヲ好シカ今日トナッテハ學術ト同シク一致ノ点ヲ求メテ彼此甲乙和睦センヿヲ願フニ至レリ。之レカ最モ適切ナル證據ニハ本年市俄高府ニ開カルヘキ閣龍世界大博覽會附屬万國宗敎大會議之レナリ。同會議席上ニテ世界各部ヨリ宗敎代議士。袖ヲ列ヲ語ヲ交ヘ東西近古ノ區別ナク一致和合ノ實ヲ擧ケ。日本主義卽チ總合論ヲ實際ニ行フハ將ニ近キニアラントス。吾人ハ新時代ノ東天紅ヲ既ニ認メリ。赫々タル眞理ノ太陽ハ蒼々タル天心ニ中シテ吾人ニ慈悲ノ温暖ヲ與ヘ。吾人ヲシテ生氣活氣ヲ得セシムルハ遠キニアラサルヘシ。（完結）

小說

花の露

東京　旭松山人

中の下……病氣

冬の日とつぷりと暮渡り、霜氣を含む淋しき月の庭を隈なく照すとゝもに、霜に苦しむ蟋蟀は哀なる聲にて切々と、其處の叢此處の樹蔭に鳴き初めぬ。その音の耳に達しやしけん、お露は偶然と目をさませば、あはれ花丸と今まで打語ひしは夢にして影だに見えぬうらめしさ。お露はすゞろ悲しげに頭を擡げ悄々と、障子引開け月見れば千々にものこそ悲しけれ、吾身一つの浮世ならねど、寒むさを怨む虫音さへ憂氣もつ人の心には次の様にぞ聞えける。

露の哀れはとやあらん。
こゝろ一つにおし量る。
しのばれぬ身ぞ形なき。
焦れて物と思はんより。
かくやあらんと村肝の。
かなはぬ戀のまがきには。
かゝる悲しき浮世にて。
なぞて來世に急がざる。

哀れ、お露はえたへずして涙に袖を濕す折しも、家愛は靜に入來りぬ。これも亦涙さしぐみながら、娘の顏を熟々と見れば見るほど、をゝ哀、花の臉もおちくぼみ紅色さへうつるふびんさよ。慈母の心にふりかゝる、涙の露の玉の緒も賴少なき風情なり。孃よ氣分は如何にぞとしめり聲にて問ひかくれば、何うした因果で母上にかく憂目をかけることかと思ひ出せば亦た涙の種、有難う存じますと口中にて云ふも亦涙聲、頭重さうに顏を上る時前髮鼻の先に落ちかゝりてこれをとめし少さき花櫛無心にパタリと落ちるを見ても亦一雫血涙し、母さま今度の病はとても回復ぬことゝ思ひます、これまでの命數と思しめし、あはれ先立不孝の罪、おゆるしなされてくださりませ。と母は聞くより撲地と伏し、よゝと嘆くもいとあはれ。しばらくありて母親はお露の髮をかきあげつゝ、さも本意なげに涙をぬぐひ、喃孃やあまりと云へばつれなき言葉、十七年のその間みにせにかえし母が苦勞、今こそ漸く昔語の種となし樂しむまでに恙もなく、見增す緻致は月や花、好き婿がねと思ふもあだ、おん身は母を後す氣か、いつも念ずる八幡の加護、觀世音の利益もなく世なり。と湧出る涙を又そつとをさえ、これと云ふのも起因はかの武八郎、憎し怨めし彼が所爲。加之ず淸九郎殿までが武士の身としてあられたことか、無理非道の緣談、かゝることゝし知りつらば、去年の春の花見月淺田殿より親切にことかけられしあの時に、斷然嫁りさしにきものを、可愛さあまりて今はそれソレが却てたん身の障害、さて困つたことになりましたと、又あはれに鼻かみしが、今度は何か善き思案出來たと見え、額の風波も大分なぎぬ、これ嬢や氣をシッカリと賴みます、假令先方より何程無理なる緣談ありしにせよ、まだ父上は確荅し給はぬ樣子。されば母より父上にもお願ひまうし、先方へは好都合に斷り母が力の及ばんだけは信と怜悧き花丸ぬしへ嫁らせませう。さりながら喃孃や、如意にならぬが浮世の常、されば父上左門殿を見や、學問といひ、劍道といひ、和漢洋の兵法まで天晴れ千人の頭に立ちうべき見事の器量もちながら、時勢にあはねば鬱々とこのあばなる山里へ世を忍び玉ふほゐなさ。過世に定まる業報は寔に脱れることかたし、此理を熟々とおん身の心に悟り玉はゞ閻浮にて花丸ぬしにそはれずとも、これが來世の緣となり樂しく歸ぐ時もあるべし。おん身何程忌み玉ふとも武八郎に歸ぐべき宿緣あらば、そを外にせんことといとむつかし、悉皆前生の宿緣と悟れば果敢き事侍らじ。今おん身此世を去り玉はゞ父母は何の樂、たゞおん身の手よりして香花を受けんことのみ樂しみ居るものを。あはれ病氣の保養こそ返す〲も願はしけれ。

◎◎◎◎◎◎◎

去ぬる年の冬までこそ花丸を慕ふ心の切なるより、あはれ病とまでなりし露。何した都合か今年の春の、まあ、壯康さ艶さ。去年の冬の窶瘦しかりけるには引かへて、春の柳はづかしき眉ゆかしく、肌色一入妙に、玉顔は梅香を匂はせて。花かと見れば紅且艶、月かと見れば淸且光、色香爭ふ千紅の中にも一入目立つ美容の心にくさ。

天に一点の結陰なく海のやうなる春日に、平日の如く三人は庭に裾を帚はせつゝ、かの花瓣は色艶し、この花は今日が滿開、その蕾は明日が好からんなどゝ、花を評して樂しむ時、お菊は庭に飛出て、只今淺田の若殿さまおんこしにござります、と聞くより夫婦は悅びつゝ嬢や嬢よと打招ど此方はそれを知らぬ振り、何う遊ばしましたのと母の顔を打守れば、母は見るよりホヽと笑み、花丸ぬしの來玉ひしと又しめやかに繰返せば、今度は娘の正体をあらはして、いともめでたき玉顔紅し。

四人で圓く輪作る時嬉しさうなお露が顔色、眼は絶れず何處へやら。さて眼は中々に口より餘程能辨なり。

豪氣勃々と胸に躍る若武者とはいふものゝさすがは少年、何事か云はんとして幾度か口籠る樣子、今日參堂仕りしは他ならで實は。と又控ゆれば左門夫婦は膝を前め、何の御用と眈目をゝされて、花丸は又口籠りぬ。左門はそれに氣もつかで何うした故と問ひ返せば、花丸は顔をそむけながら、先日拙父正信より拙者に世に有難き緣談の話、身に取つて過分の幸福に候へども、この緣談はしばしの間御斷り致し度候。と聞くより夫婦は言葉せはしく、そは又不承知とのことにてか。いや、然る理由には候はねど、日々に傾く幕府の勢力、このまゝ治まるべうも見へ申さず、是非とも刃に血塗るは必定。されば我々幕臣の命にかへて君恩に報じ、又二ッには名を成し功を遂ぐるの時なり。あはれ花丸が微志の存する所を推し玉ひて、我志を遂げん日まで、只名義上の式をあげ、お露との をその時までお預り置き玉ひなば、拙者が身の進退自由に候へば、誠に有う難候ふ。と聞くより左門は容儀を正し、天晴目出度擧動、若き身にしありながら、時を憂ひ君を思ふて妻子の情に繫れざるは萬人の難しとする所、三百年來無事太平の風に吹き洒されし柔弱なる參河武士中、貴殿が如きは幾人かある。その儀は決して心おかれな、左門正敷預り申した、斯くありてこそ眞個の武士たれ、さても芽出度心かな。時しも吹來る一陣の春風清香を送りて百囀嬌れば、左門は急に酒肴をよび、聟殿と座を對し益々語勢高めて談話を續けぬ。

寄書

北海道に於ける人心開拓

在北海道　島紫陽

試に地圖を繙け日本の北方に土地あり。其形ち大鵬の碧翼を張展して北溟に怒翮憤飛するが如く。一搏高く叫んで森林に猛鷲を抓殺せんとするが如き狀勢をなすあり。面積六千八百餘方里。滔々たる大河。巍々たる雄嶽。沃野廣漠良港好灣其に具備し。天然の形勢をなす。之を命名して北海道と云ふ。今やこの有望なる土地は北門の鎖鑰として北方の鉄城として。世論じ人之れに和し。喋々以て其拓植の緊にして且つ要なるを説く。而て有志の探見旅客の漫遊陸續日一日と繁く。或は土地の貸下を出願して以て之か開墾に從事するあり。或は團結して移住を企策し。又は良港好街を豫想して以て商店を開設するありて。其の進歩の活潑なる。其の將來の有望なる。苟も一度歩を轉じて內地へ探入したる者の均しく確信明知する處なり。此の廣濶なる原野は尙ほ宛乎として無人の境。見よ現今既墾の土地なる者は僅々二十八方里に過ざるにあらずや然れば拓地開墾の必要なるや更に言を待ざるなり。予輩は之れと同時に最緊最要其の拓地の大基礎となり。其の移住の確柱となる處の人心開拓の目下當道の現況に徽し勢狀に鑑み必要欿ぐ可らざる事を。大聲疾呼世の所謂有志者に唱道せんと欲するなり。予輩は更に再叫三唱して以て宗敎家就中佛敎家其人に唱道せんと欲する所也。

現今に於ける當道の戸數は九万參千餘にして人口は四拾五万貳千三百四十二人。之を我熊本縣に比較せんか戸口共に其半數以下に位いする者なり。而して函館。札幌。小樽の三市街は其戸數凡貳万四千八百餘。人口拾壹万四千餘を含有するが故に。殆んど全道四分之一を占有するを見る。されば此の三市街に至る時は余輩又北海道に在るを知らざるに至り。只だ東京近隣に在るの心地するなれども。若し夫れ歩を轉じて市外里餘の處に至らんか。冷かなる風は蓊鬱たる森林より吹き來り。凄まじき吼聲は繁茂せし熊笹の裡より來る。行くに道なく止るに家なし。時に乱髪蓬鬚アッシを着背に材薪を負ふて山路をたどり來るアイヌ人に遇ふあるのみ。

屯田兵制は設置せられ幾多の移住民は雜居す。見渡せば田と云ひ畑とも云はるべきは實に其土地僅少なり。室蘭の港灣良好ならざるに非ず。江差の街頭眺めなきに非ず。されど其土地の寂靜なる何ぞ甚しきや。寺院なく遊園なく只だ彼等移民は酒と色とを樂むを以て其樂みとなすより外なし。風儀乱衰せざらんとするも得んや。害惡蔓延せざらんとするも得んや。邪神揚々善神哀む。宗敎の必要は抑も如何なる時に生ずる者ぞ。

北海道は水產國なり。否な將來は充分農業工業の健見輩を生むの見込ありと雖も。目下の處は水產を以て惣領息子と爲さゞるを得ざる也。原野廣濶土地膏肥之に加ふるに水利の便あり。之を耕作し開墾し種蒔灌漑せば農業の發達期して待つべし。見よ既に彼は其兆を顯はし居るにあらずや。

粳米	一七、四五一石	一三〇、九五二円	大麥	一六、九二七石	六八、三一七円
小麥	一〇、三〇六	五六、三四三	裸麥	一〇、七三四	四八、九七七
大豆	三三、七七〇	一七一、一一三	小豆	三三、二〇六	一九七、五七六
粟	二五、七二六	六二、一八〇	ポテト	一三八七一六貫	三三四、六九三

夫れ重要なる農產價格のみにて尚は百〇七万餘圓に上る。況んや其外の農產を加へなば殆んど百五拾万圓を生產するに於てとや。將來の希望期して待つべし。されば農業目的に移住する者は年々其數を增加し。其範圍を廣めつゝある也。而て彼等は抑も如何なる種類の人民なる乎。山あり凡て之れ鑛。丘あり凡て之れ石炭。郁春別や幌內や年々の產額は實に莫大なる者なり。北海道は尤も工業に適切なる土地なり。乞ふ產炭產鑛の額量を記せん。

炭山

郁春別　四万三千三百七十九噸
幌內　拾四万二千八百九十五噸
空知　六万千〇三十九噸
茅之澗　壹万千六百六十噸
此代價凡七拾万圓餘

鑛山

硫黃　八百七十四万八百八十貫
價格凡五拾万圓
銅　二万六千四百七十二貫
銀　四万〇二百八十五貫
金　五万〇〇六十二貫
價格凡百拾万圓

工業に尤も必要なる者は石炭なりとす。其消費額の最大なる者は石炭なりとす。故に工業は石炭所在近隣に有るを尤も利益ある者となすなり。然り而して北海道は裏國なり（內地に比すれば）。故に火事工業には實に適切なる土地柄なりとす。殊に予輩は當道の進步上一日も早く工業の發達を希望す。製鉄所の設置船渠の設置。其他重要なる工業的事業は。凡ての關係よりして其利益あるは明白なる事實なり。故に此の點に就て當道が工業上の將來は希望廣大恰も春の海の如しと云ふべきか。工業目的の移住民は年々其數と增加し。其の範圍を擴めつゝあるなり。而して彼等は抑も如何なる種類の人民なるか。

四面環海波浪或は高く或は低く。或は怒吼し或は平穩に。或は瓏々たる眞如の月影を浮べ。或は波上黃金の砂を散布せしむ。チコック海は鯨魚の巢窟海獸出沒し鰮鯡群を爲し。步して波面を行くべし。盖し水產物は東洋第一の好產物と云ふべし。而して北海道は實に其冠たる者の一に位す。今又左に其重要なる者を記すべし。

鰊	一、〇七六、一五八石	六、〇七四、二三〇円	鱈	三、五一六石	七八、三九一
鮭	八三、六四二	六七八、〇四〇	鱒	三、三一〇	四四、九八〇
鰮	五八、六四九	三〇九、七〇八	鰯	三、三三二	七六、四四一

以上六種の產物にて其價格七百貳十六万千七百九十圓を生產す。若しそれ之に加ふるに乾鮑の如き。煎海鼠の如き。昆布の如き。海藻の如き。甲介蟲の如きを以てせんか。其價格殆んど壹千万圓に至るべし。豈に日本帝國の一大產物にあらずや。漁夫の怠慢。其器具の粗麤。船体の不完全にして尚は且

つ以上の如き漁得を爲す。器具を精練し。漁夫を敏活にし。輕便なる船体は恰も海上を飛ぶが如くにせば。漁獲物の増加其價格の増加豈に今日迄の比例ならんや。今日彼等社會の狀況を見るに。一日にして數百金を賭得するを以て。若し之を蓄積し資本となし。器具船舶等を購入せば。數年ならずして富貴となることを得。然しながら彼等の遊惰なるや。彼等の貯蓄心に乏しきや。決して斯る事を爲さず。聞く鰊漁の多額なるに於ては。其夜遊廓の盛賑光輝實に目を驚す計りなりと。之れ彼等は其日の所得を酒に散じ色に沈むるを以てなり。故に余が當道に來つてより第一に驚縮至極なりしは。遊廓の盛大と酒店の多きと藝妓の勢力あるとを知りし時なり。容易く得たる金は手に附かず。實に經驗上より割出したる格言なりと云ふべし。然りと雖も川の低に流るゝと人の利に走るとは同一の理。當道に於ける水産物の豐饒多量なるを見て。月に來り年に住する者踵を接して生ずべし。されば彼等も早晩覺醒せざれば遂には劣敗者となるに至るべし。漁業目的の移住民は年々其數を增加し。其範圍を擴めつゝあるなり。而して彼等は抑も如何なる種類の人民なるか。

商業に於ても亦然り。一度函館小樽に至らば其如何に商業の活潑盛大なるかを知るべし。而して其如何に將來貿易の發達するかは理の尤も見やすき處。西比利亞の大鐵道全通せば當道は忽然一轉して世界の大市塲となるに至るべし。露國東洋の冥港ウラジホストックは小樽港より二十時にて渡航し。函館よりは二十四時にて渡航することを得べし。而して北米合衆國よりは直接に津輕海峽を經て露國に至らん。而して若し北米の南端ニカラグワーの運河開通せんか。歐洲の商船は大西洋を横ぎりて太平洋に出で以て露國と交通するに至るべし。

此時に於て北海道の位置品格は抑も如何なる者ぞ。將來政治上にあれ。經濟上にあれ。宗教上にあれ當道の勢力は豈に注目せずして可ならんや。佛教者豈に注目せずして可ならん哉。

商業目的の移住民は年々其數を增加し其範圍を擴めつゝあるなり而て彼等は抑も如何なる種類の人民なるか。

北海道は以上の所說の如く。土地に比して人口の割合は一方里に僅に六拾四人に過ぎず。工業に適し。農業に適し。水産業に適し。商業に適す。金は容易く得られ。政治上の煩累なし。現今困難の位置なりと雖も將來の希望豐かなり。故に當道に移住する者は概ね以上四個の目的を欲して來る處の者なり。さらば其來る處の者は內地に如何なる種類の人民なるやと云ふに。先づ概して左の各項の一か二かの者なるべし（大資本を所有して移住する者は例外とす）。

(1) 內地に在つて事業を失敗し信用を欠乏せしに依り北海道に至つて回復すべしとて來る者

(2) 事業を爲すに金員はなし須らく北海道に行て大利を得て歸らんとなす者

(3) 親屬朋友より見外なされ燒腹掏て來る者

(4) 貪婪無飽にして利慾のために身命を顧ざる者

(5) 空論に迷はされ北海道に行かば濡手に粟を抓むやうに思ひ無資無力にて來る者

移民悉く斯かるべしとは云はず。單に其過半以上は右の六項中の迷路者なりと云ふのみ。即ち彼等の多くは德義の何たるを知らず。宗教心に欠乏し只だ目前の利慾に汲々たる者となすこと決して誤見に非ざるべし。現に今日迄の形跡に就ても明白なる事實なり。彼の商人を見よ果して信用すべき人物なる乎。彼れ漁業者の親玉を見よ果して信用すべき人物なる乎。

彼等は一時も早く金員を絞取して歸國せんと欲する者なるが故に。後日の信用花主等の懸念は顧みざるなり。況んや公利公益をや。又況んや其業の盛衰をや。眼中只一己の私利のみ。失敗すれば元の木阿彌。成功すれば自己の德用。かく無責任なる彼等社會豈に風儀の頽破德義の衰亡せざるを得んや。將來に於ても亦然り其移住せんと欲する者は其行爲豈に前車の轍を蹈まざらんや。開明社會の德義の腐敗は上より發し。未開社會の腐敗は下より發す。此等中以下の移民にして北海道に多數を占有せん乎。其弊害や惡毒や忽にして蔓の如くに茂生し林の如くに繁茂すべし。此の時に當て如何に法涙と流すとも。如何に教味を與ゆればとて。豈に莫大の影響を生ぜんや。現今我佛教者の正に奮進努力すべき處は此の暗黑なる土地(無形の)の大開拓を爲すにあり。現今の北海道を開拓するは他に其人の有る有り。宗教家は宗教上より觀察を下さゞるべからず。人心の開拓は實に宗教家の義務なり。天職なり。責任なり。苟も將來其影響を表はざゞれば卽ち止む。若し否らずして其影響の及ぶ處至大至剛なりとせば。豈に一日も安閑たるべけんや。睡眠僧の人々よ千島に於ける里見師の擧動は如何。

嗚呼美なる哉北海の山川。羊蹄山頂は千古の白雪を以て飾られ。石狩川は滔々として万古の巖苔を洗ふ。之れ佛陀が特に佛教家の新運動を試みんため與へられたる好國土にあらずや。嗚呼美なる哉北海の山川巴港灣頭帆檣林立滊船白波を蹴て出入し。白雪風のまに〳〵霏々として散乱す。手宮山上遙かに北方を眺望すれば日本海の碧波淼渺として天に連る。之れ豈に新佛教徒が新運動と試みるべき好戰場にあらずや。假令全道悉く田となり畑となるとも人心の開拓なきに於ては之れ豈に完全なる北門の鎖鑰と云ふべけんや。假令全道人煙盛んに昇り。鷄鳴相和し。村犬群集するとも。人心の一致なきに於ては之れ豈に嚴乎たる北方の鉄城ならんや。

嗚呼美なる哉北海の形勢。其形ち大鵬の碧翼を張展して北溟に怒翔し以て北方の奸鷲を搏殺せんとするか如し。然れども佛教家が人心開拓を終結し美麗なる花は心の園中に匂ひ出で淸き流れは心の山より滂々たるに至らずんば。豈に彼の鬱蒼たる森林に於て奸鷲を抓殺することを得んや。責任や大。功績や偉なりと云ふべし。

萬國宗教大會の結果を夢む

在比叡山　林　豐水隱士

夜に入りしより糸のごとき雨は降りつゝき。山の庵はいと寂しくをちこちにある寺の夕勤の鐘の音はかすかに聞へ。轉た哀れを催さしむる時。獨り机によりかゝり世にすたりて學ぶ人なき奇古の書物など。くさ〳〵集め倦み疲れながらにも讀みけるに。予が學びの庵の柴戸を叩くものあり。怪み立ちて迎ふれば學びの友なる井上ぬしなれば。悅び書齋へ導き入るれば。我が友俄に言ふにおのれこれより米國に至らんとす。君ゆき給はずやと誘ふに予いたく悅び直に旅裝を整へ横濱より出帆せる滊船にうち乘りあまたの日を經て合衆國桑港につきこれより亦滊車にしてチカゴ府に着し侍りぬ。

閣龍が亞米利加發見の紀念會の萬國大博覽會も三日四日己前に終へたれば。彼の國の人々はあなたこなたに集りて過ぎにし博覽會の出來事。就中それにつきて催されし萬國宗教大會の事情と操り返しつゝありし。我等某町を步行しつゝありしに。三五の紳士いと活潑に物語りし居るを聞くに。一の紳士側の人に君はこたび開會に相なりし宗敎大會議を聞き給ひしやと問ふに。かの紳士私は傍聽いたしぬと答へ。直に語をつゞけて云ふに。その會議中にいと私を感ぜしめしは。日本より出席せられし佛敎僧にて八淵師等の四高僧より佛敎の主義を聞きしに誠に愉快に覺へけり。その主義とは大かたの世の人が社會にありて交際するに。五戒十善または四恩の敎ありて國家を泰平にし。また靈魂の歸する處を定むるには涅槃てふ樂しき國土にいたるとかこの敎を信ずれば道德の進むことは米國にありつる基督敎なとはとても及ぶこと能はぬとか聞けりと。佛敎を戀ひ慕ふ有りさまいと熱心に見ゑたりき。亦我等行くこと二三町にして商人風の人多く集會するがごときに遇ひつれば。立ちよりそれを聞くに前の如くに佛敎をほめそやせり。その人々の語るには佛敎は我が米國人に適せり。我等商業家には尤もよしそは佛敎數派のその中にも眞宗の高僧八淵師の敎誨によれば。眞宗の敎儀は眞俗二諦とて眞諦のかたには阿彌陀佛けの他力によりて靈魂の歸着を定め。また俗諦には商ひをもせよ奉公をもせよ。ただ阿彌陀佛陀を信ずる一つにありとか。しかなれは後の日この敎こそ世界一統の宗敎となりつらんと眞宗僧侶を勵ませり。その時予思ひらくかくなん米國の人々が我が佛敎を慕ふに。日本佛徒は何によりてか布敎傳道に從がわざるかと。その不熱心を悲しみし。また行くこと數町にしていみしき艶なる會塲ありければ。我等それを一見せばやと案內を乞ひ。一の室に入りつれば各國の學者が集りて今を盛りと各國の宗敎を批評しつゝあるにあいぬ。我等かの國の學者社會は我が佛敎を如何に批評せるやと聞くに。皆の學者曰佛敎は智力情感を全ふし缺る處なき宗敎なるに。何によりてかく尊き敎を日本佛敎徒はこの國に傳ふることをなさぬかと疑ふ人多ければ。その時我等かの學者達に物語りて云ふに。いま語り給ひしことを聞につけ。我等我が國の佛敎徒のありさまを思ひ出せば悲しきこといと多しそは我が國は今を去る三十餘年の昔には僧侶あまたありぬ。時の國王將軍より優待をうけて。太平に甘し勇氣も智識もみな腐りて將に死せんとするのありさまにて。如何に他より攻擊の藥を用ふるともその効さら〳〵なく。すべて僧侶は遊藝を喜び姑息に安じ。日に月に外敎のために法田を奪はるゝも知らず。春眠曉を覺へずして深く睡り居るの僧侶なればこの圓滿の大乘法を海の內外に弘めんとするの氣力に乏しく。多く睡れる中に起て有爲の僧侶はその眠を覺さんとすれば。反りて故意に睡らんとす。その一例としてはこたび貴國にて催し給ひし宗敎大會議に出席せんとする僧侶あるに。或る派の頑固卑屈の僧侶はこの壯行を妨げんとするのありさまにてありき。そが中を出席せられし四高僧は。我が國にては學德あり人望あり佛敎千歲の後を看破し。このたびその腐敗せる佛敎徒の中より出でし人々にしてあるなり。思ひまわして斯處にいたりつれば。我佛敎の振はぬを悲しみ涙の露にて袖をぬらしぬ。

此より我が故鄕に歸らんと三千餘里の長途を滊車に乘り蒼波茫々たる大海を打ちすぎて橫濱港につき侍れば。なとか計らん八淵師等の歸り給ひしその日より日本佛敎はその面目を新にし舊佛敎はその相たを隱してあとかたもなく。新佛敎の淸らかなる六金色の旗はいたる處に飜り。海外宣敎會は大に勢ひを得。外國の文字を以て佛書を日々に出版し。それに屬する傳道學校を設け。この校を卒業せし青年の傳道師は道を遠國に傳へんと勵みければ。我等之を見聞して悦ぶこと限りなく。これ四高僧のいと關りて力ありと感ずることも深かりしが。忽ち一聲予を呼ぶものあり驚き起はこは如何に。ランプの光りほの闇く夜色沈々として學ぶの友なくたゞ山寺の鐘聲は夜半を報じぬ。あはれ今まで佛教の盛なりと思ひしは夢か。はた將來の佛教を夢みしかいかにある。

演說

明治年間の熊谷蓮正坊三浦陸軍中將隨行員二三を伴ひ五月二十三日高野山に詣して弘法大師の偉德を回想し俯仰感慨禁ずる能はず同山僧侶諸師の請に懇應じ該大學林の第一講堂に立ち熱誠淋漓滿山を動かす此篇實に當時の筆記にて高野山大學林の機關「同學」第三拾五號に掲げしものとす今ま謹んで本誌に轉載し我鎭西の同志諸君をして中將が彼の野狐禪的佛教者にあらざるを知らしめ併せて其熱誠の流露沐にせしむ

八月二十三日夕　國教編輯者謹識

高野山大學林學生に告ぐ

三浦梧樓

私は年來の心掛にて大師へ參拜の爲め此度登山致したるに付何か話しを致し臭れよと度々請求ありたれども。元來私は武官にして生來學問の素もなく。況んや甚深なる法門抔は敢て知る處にあらず。之れは大衆方の日夜に研究せらるゝことなれば。余輩の喙を容るべき所にあらず。所謂釋尊に向て說法と云ふものなり。故に別段に談話を致す考へも工夫もない。けれども遁請默止がたければ。聊か話すべし。

凡そ因物皆緣を待て起るものなれば。余が今日登山するに到りたるも亦た種々の因緣があることであるが。此因緣に付き昨今の感情を語て以て大衆方の參考に供せんと思ふ。

余が此度思ひ起したる旅行も。其因緣あり。抑も王政維新の前後天下騷擾の秋に當り余が鄕里なる長州は。天下に率先して勤王の義を唱へ。從て封境の中爭亂尤も劇しく。其間に於て余が知友は或は順緣に。或は逆緣に遇ふて死するもの。實に其數を知らず。敵となり味方となりて。互に相抗擊反目するも必竟して。其中心は皆御國の爲と思はざるはなし。左れば嘗て賊徒と稱するも其至誠を云へば決して賊徒にあらず。中心は却て忠節の深く切なるより出たるものなり。然るを今猶執着して賊徒の思を爲して怨讐を[illegible]ぶが如きは。生前の友誼を忘るゝものにして深く正理に背くものと云ふべし。君子は怨を報ふるに猶ほ德を以てすべし。然るを今舊友の親友なりしを忘れて相敵視するが如きは愚と謂ふ可し。依て今彼等が非命を遂げし舊戰場に於て一基の大五輪塔を建て。戰死者怨親諸靈魂の爲めに追吊回向を致さんが爲めに舊里に歸省したる所。案外にも諸人の感情を惹起し好結果を得たり。かゝる因緣により鄕里の人は知ると知らざると。吾が滯在中は來訪のもの常に絕へず。從て談話する處あれば悉く佛法に涉らざることなし。箇樣に人々の感情を起せし所以は。吾身武官にして三十年來。殺伐鬪爭の中に在つて殊に大なる殺生を爲せし其手を以て。今は珠數をつまぐり。現に宿昔の怨讐を追悼回向するを見て。人奇異の思ひを爲し。余が今日の境遇に到りたる由來を尋ぬるに依りて。其都度余が佛法に歸依せし因緣と正法の遇ひ難き所以と繰り返し〳〵。人每に說いたる故に人皆な感動して言ふには今日迄佛法と云ふものは。畢竟下等無智のものゝ妄信するものとのみ思ひしに。今貴君のことに就き言に依つて。初めて佛教の國家人心に大切なる事を知るを得たり。

然るに今佛法の教に隨はんと欲するも。悲しむ可し。田舍は歸依する僧侶なし。願くは愚輩を教導する知識を下向せしめられんことを。余應じて曰く爾り然れども。此防長には防長相應の知識あるべければ各自其人に就て法を求められよと云ふに。人々協議して云ふには某寺の住持は學識有る故可ならんと。一人云く彼れ學者なれども女犯のことあり。心穢なければ信心起らずと。甲之を揚ぐれば乙之を斥け。遂に其人を得ず。要するに僧侶にして少しく名を知られ。稍々學識あるものは。大概女犯か肉食の二事を以て人々歸服せず。故に都會に清淨の德者あらば一人差し越されたしと依賴を受けたれども。余之れに應じて。今日は概して都鄙共に僧侶の飢饉年ゆゑ都會も尤も不足と感ずる由を以て謝絕せり。嗚呼今日正法はあり乍ら之を弘むる僧侶か無いと云ふは。實に慨嘆の至りに堪へず。眼前に人の信を起すを見つゝ。どうする事も出來ず。就て不得已電報にて東京より解し易き佛書を二三百部程取寄せ不足ながら配布し。互に輪續考究し之に依て道を求むべしと云ふて去りし樣の仕合でありき。

夫より西京に上り。靈山に到て故人の墓を吊ひ。東福寺に參りて戊辰の役に余と戰場を同ふし。忠死せし亡靈を吊ひ所々の名利を巡覽せしに。多くば錢取開帳の最中で中〳〵繁昌の樣なれども昔の寺とも思はれず。悲しいやら可笑やら其の中の御住持も思ひやられたり云々。

夫より一昨日當山に登らんと腕車を馳せ行くに。あれぞ御山でありますと（和州犬飼村にて）車夫の指し示すを仰で見れば。成程と衆峯翠巒と視て忽ち一層の感慨を起せり。實に千有餘年の昔。人間足未だ到らざる深山幽谷に大師は如何して行き玉ひしや。吾々萬一にも今之を爲さんとせば。先づ第一に命を捨てざると得ず。縱令命を捨つると覺悟すと雖も。其中途に至らざるに早既に豺狼の口腹に葬らるべし。生身の佛とは云ひ乍ら誠に不可思議の感情を惹起せり。かくて同夜は「學文路」に一泊し。昨朝駕籠に乘り女人堂を經て此淨境に入る迄は。光明眞言と大師御名を誦して絕へず。時々輿丁の嶮峻を越すの辛苦を見て氣の毒に堪へず。又余が籠に前後して登る者は。夫々皆相應に荷物を負擔せざるなし。其時或一人の云ふには御山に費す所の米麥鹽糟及び一切日常の具は皆人力の負擔によらざるはなし。山上は只豆腐を製すれども。是れも元質の豆類は又山下より登したるなりと。余依て謂らく此山上の人坐して此人力の負擔に食むは、其れ何の功德を以て之を消せらるゝやらんと云々。

着后直ちに奧院に參詣し御廟を拜し。今朝は金堂より御影堂を拜し種々の寶物を拜見し（此の間寶劍の名作なると特に大般若經六百卷を僅か數寸の紙幅に認め常の小卷物の程に全部を畢りてあるは肉眼もて其文字を閲讀する能はさるに驚けり）（編者曰く千年已前未だ通常の眼鏡あらさりしに況んや顯微鏡あらんや）終りに至つて彼藕糸を以て製したる。高祖大師の御袈裟を拜し（此時感極つて語を發する能はず面を掩ふて暫らく默然たり）意窃に謂らく。彼の薄弱なる藕糸すら千有余年の今日に傳ると云ふ（此時又眼を閉て默然たり滿場闃として聲なし暫らくあつて語を繼て曰く）唯寶物が遺て居る計りが佛法の難有ひ譯ではない。唯書物を能く讀む計りでは正法は傳らぬ（中將遂に手巾を以て面を掩ふ舉座落涙せさるものなし）高祖大師後學の爲めに遺し置れた此密教相應の靈場と云ひ。學路の指南車とも謂ふ可き充分なる書籍什寶あり。又況んや此の輭弱の物すら保存すれば保存の出來るもので。千有餘年の今日依然として現存するは感服の至りなり。自ら思ふに今物足りて人足らずと云ふは。誠に遺憾至極である。今日と雖も隨分に倶舍唯識を諳じたと云僧侶も少なからず。叉碧巖維摩と解し。悟りを開ひたと云ふ俗人も世上に隨分多し。辨者もある才子もある。悟つて喧嘩口論する者もある。悟らずして忍辱柔和なる者もある。唯悲しむべきは其行が皆反對にて佛教を實地に修行するものが無い。行が正しくなくては迚も人々をして信仰さすことが出來ぬ。どうして人を感動せしめ人を教化することが出來ましよう乎。戒律堅固の人は其室に入れば氣が凛として自ら心が清淨になる。行と云ふものは畏ろしいものである。學問は身を修むる爲めの學問なれば。法を聽けば直ちに之を身に行ふが肝心である。何事も言行一致せざれば。人をして信仰の念を起さしむることは出來ぬ。今日は天下の人心漸く過去の非なるを知り。佛法の教に從はんと欲する氣運に向ふと雖も。僧寶たる其人多くは言行相違し。人法乖角して實踐躬行する其人甚だ乏しきのみならず。世間の譏嫌に注目せず唯口頭の學問に走る。是れは的を背にし矢を射て偶中を期するものゝ如し。愚も亦甚しきにあらずや。

學問は行を離れぬでこそ有難し。行を離れたる學問は何の用も爲さゞるのみならず。誤て害を成す事もある譬へば高閣に安坐して美食を喰らい。身体を動作せざれば。忽ち食物が停滯して胃病となり遂に死するが如し。昔より兵法の奥義を究めたりと云ふ人にして。戰場に臨み一向に其甲斐なき人もある。殊に維新以來の數々の戰場にも兵學者と云はれし人が。往々衆人の笑を受けしもの少からず。此事余輩が目擊して知る處なり。かく人間鬪戰の末技すら實行と相應せざる學問は斯の如く用なし。況んや廣大無比の法門を求むるに於てをや。余世間の人。僧侶の女犯肉食の此二事丈にても。犯さぬを見れば。皆是れを尊敬す。況んや學行一致せし人は天下擧て重寶し恭敬供養することゝ敢て疑を容れざるなり。即今出家學道の人。此の捷路を捨てゝ、却て迂路に走ること。誠に吾々遺憾に堪へざるなり。左ればにや今朝御影堂を出て、大門に至る途中。不圖一鳥の異しき聲をして鳴くを聽きたれば。あれは何の聲なりやと云ふに。一人云鳩なりと。一人は否と云ふ中に。一僧の云く是れは三寶鳥なりと。其音聲のことを語り。種々古說異聞を談ずるを聞けり。終りに曰へることあり。此鳥昔は高らかに佛法僧と三寶の名を。具に啼きし由なれども今は左る事なく。唯だ佛法〳〵とのみ啼きて。僧の字を除きて鳴かぬと云はれしを聞き。深く感慨せり嗚吁鳥類すら三寶の全からざるを嘆きて。かやうに啼聲を變ぜしかと思へば……(此時中將語極て飲泣し須らく言ふ能はず涙痕を手巾にて拭ひつゝ默然たるには皆々感泣せり)どうぞ此鳥の啼聲をして。昔しに復したきとである。全體余輩より僧侶方と見るに。實に羨ましきと限なし。吾等は必竟宿因拙なく。薄福にして既に人間五十年の齡の中に。今三年を遺さゞる今日。やう〳〵少しく佛法の廣大なる事を知ることを得たりと雖も。如何せん俗人にして既に妻子眷屬ありて。之を羽含くみ。俗累の纏縛一身に餘れば。今日俄然出世間人とならんとするも能はず。之に反して。貴僧方は概して弱年より。薙髮染衣し。形相既に吾々より先き。如來の法に入り居らるると。宿善の致す所なると羨やむ

然れども是と同時に又遺憾に堪へざるものあり。既に斯の如き結搆の因縁を結びながら。其志と眞正にし。其行と實踐する人の少なきは。實に憤慨の至りに堪へざるなり。既に如來の法に依りながら如法の行事と爲さぬと云ふは。誠に大なる罰當なりと云ふ可し。彼の鳥類すら僧寶なきを知り居ると云ふ

は。慚愧の至ならずや

然れども正しき佛法は決して滅したでは無い。唯僧寶がないのである。兎角一生と生半着で過してはならぬ。屹度人を教化する丈の。德行を修めねばならぬ。總べて事は實地に行ふが肝心である。武官でも其通り。維新以來。洋式の戰術に關する書籍などば。軒を埋める位ある。又讀だ者も澤山ある。然れども實地に試みたとでなければ役に立たぬ。隨分兵學に長じて孫子や吳子を。中六天に心得居るものでも。いざ戰爭となると。眼が眩む者が多い。是れも實地の修行がないからである。又戰場に當ては。部下の兵士を一人をも殺さぬ樣にするのが。慈悲行である。貴僧方は素より身に如法の法衣を纏うからは。菩薩の慈悲行が第一である。何事も渾べて此通りである。私は決して寸を以て尺を計る如きことは申さぬ。又方今僧侶にして普通學の必要を主張するものあれども予が考には貴僧方に普通學の必要は感せない。普通學があつたとて。別に世人は尊敬はせぬ。又之れが無いとて卑しみはせぬ。之れに反して佛敎の眞理は世が文明に進むに從ひ。佛の金言がピタリ〳〵實地に合つて來る。仍て佛法さへ實地に修行すれば。世は自から治まる。然れども敢て學問は不必要とは申さぬ。固より必要である。唯實地を離れたる學問は不必要と申すのである。私はいらぬ事は申さぬ。此學校が盛大である。結構であるなど〻は。通常の人の云ふ事で。私は左樣なとは申さぬ。佛法を信ずるから。斯樣な事を申すのである。皆さんの氣に入る事を申す爲ならば御話する必要もない。又頭を出しはせぬ。畢竟吾々の痛哭する心中は。此の大衆に向て。何卒眞實御修業あつて。早く人天の歸依處と成られかしと念じ。此の方より實は嘆願致す譯である。亦是れ居士の任務かと存する故なり。最早時間も迫り。尙は今日は實物を拜見する約束もあれば。是れにて請求せられた責を塞ぐのみ。

渡米佛教家諸君を送る

文學士　澤柳政太郎

エ、。私の記臆致して居りまする處では。萬國會議と云ふものは前々開かれたので。其中で宗敎會議と云ふものは。先づ今度が始めてゞ有ります。ソコで今度のは。有志者が發起して遣るので有ます。是迄の萬國會議と云ふものは。皆政府が夫々遣たので有ます。先年米國に子午線會議と云ふものが有ました。此時米國政府が大に盡力周旋して。卽ち政府之を爲したので。是が萬國會議の確か始めかと覺へます。此時にも我國へ委員の招待が有て。理科大學の菊地大麓氏が行かれました。其後ち郵便の會議と云ふものが有ました。此時も招待が有て。ヰ務局長が派遣せられたと云ふことで御坐います。其他四五年前には。東洋學會と云ふが有ました。此も政府で遣たので。吾國へも委員の派遣を望まれたに付いて。吾文部省に於ては。當時歐洲に居られたる。井上文學博士に委員を命じ。出席を屬托されて。博士が出會せられました。ツイ昨年は人類學會と云ふが開かれて。其折には。彼の理學博士坪井正五郎氏と。法學博士の寺尾亨氏の二人を委員とされました。此種類の萬國會議と云ふものは色々有りますが。此迄の會議に於て。我が國委員が氣焔を大に吐かれた者は。至て少ないので御坐います。私の記臆する處では。井上博士が東洋學會に於て。確か性善惡論を講せられて。大に喝采を博せられました。又坪井正五郎氏が。佛蘭西の人類學會で。演說して金牌を得られたると云ふことを耳にして居ります。けれども此他に。本邦人が吾國の名譽を輝やかしたと云ふことを承知して居りません。此は私の淺識の致す所か。寡聞の致す所かは知りませんが。實に我國の名譽を輝かした者は實に稀なことゝいはねば成ません。所で今回は萬國宗敎會議と云ふ。宗敎の會議を聞くので。此は政府からするものでは無くして有志者が米國シカゴの博覽會を機として。開會するもので。其會に我國へも委員の派遣を乞はれ。四高僧が遂に其會議に出席する事となり。四高僧は豫め打合會と云ふ樣な者を開かれ。互の意見を述べ。開會の曉は萬國の人に向て。大に佛日を輝かすと云ふ御所存だそうで。實に喜ばしい事で。此萬國會議と云ふものを世間の者は格別に申しませんが。我が佛敎上より見る時は。實に大切なことで。充分に注意をせねば成らぬとで。私は此四高僧に重大の責任を望むとで御座います。今迄の出席者は。皆な不意に命ぜられたりなどした者故に。其用意と充分にした者は少ない。然るに今回は。前に既に其打合等をして充分に用意され。其目的を貫かふと云ふ見込を立てゝ行くと云ふことは。曾て無いことで。斯の如く勇壯なる。愈快なることゝ云ふものは無いと考へます。而して四高僧が一層我國の名譽を輝かし。又宗敎家としては。大乘佛敎の名譽を揭ぐるといふは。殊に愉快を感ずることであります 私は實は。此の萬國會議に餘り重きを置かんので御坐います。此の事は私が嘗て。四高僧中の一人に。私の意見を陳述しました處が。其御方も矢張同感で。己れもそう考へて居ると申されました。所で私が望むのは。高僧方が御出でになりましたら。彼等は宗敎に於て如何なる考へを有して居るかを視察せられん事で有ます。萬國會議が濟でから。四高僧には。歐洲より印度地方迄も。廻ると云ふ御考もあるそうで御座いますれば。今回の御發途は。會議一方の爲で無い。其內には宗敎視察と云ふ事も這入て居ると云ふことは確で御座います。けれども斯う云ふことは。萬國會議の如きものは。其の眼中に置かんと云ふの大度量あるもので無ければ出來ない。到底俗人に望むべき事では無い。故に今此四僧は。充分其餘裕のある者と見なければならんと考へます。此大希望を佛敎の僧徒に望むは至當なことゝ考へます。聊か考へを述べまして。送別の辭に代ることで………（終）

將さに日本を發せんとして

土宜法龍

私は眞言宗の土宜法龍と申しまして。四人の中の一人で御座います。唯今は段々と。御懇切なる御敎示等を承りまして。實に有難く。又發起諸君には。我々の爲めにかく盛大なる莚を開いて被下ましたは。實に有難いことで御座います。扨今日は。四人が等しく出まして御禮を申しあげる筈で御座りましたが。蘆津僧正には巳と得ません所の用事で。日光へ參りて。今晩か明日で無ければ歸られません。夫故四人揃て御禮を申しあげることの。出來ませなんだのは。遺憾なことで有ます。然し斯の如く盛大に爲し被下た事と。歸てから。吾々より申しましたなら。さぞ喜ぶことで御座りましよう。又此四人の者が出ましてからに。銘々意見を申上げる筈で御座いましたが。釋宗演氏の申されるには。御前が出て皆なの代りをしてくれと云ふことで。私は唯皆なさんに御禮を申せば。夫でよいのて御座います。が此四人が。さほど天下に名ある學者でも。名僧でも御座いません。我々は自分がさほどの名僧でも。智識でも。大學者でも無いと云ふことをよく知て居ります。然し乍ら今度の大會に。我々四人がゆくことに成りました。渡米する筈のものも。始めはもそつと。多人數のつもりで有たのですが。外の名僧智識といはれる御方々は。御出ましが無い様になりまして。引のこつたる者は四人で御座います。夫なれば止めるがよいと云はるゝで有ましようが。此度の宗教會議には。南方佛教の學者達も招待と請けて居る。彼等の內には行く者が澤山あるに相違ない。彼外人等は。小乘が佛教と思ふて居る處へ。是等の小乘のもの斗り往て。小乘を說たなれば。彼等は佛教と云ふものは。天下に小乘よりほか無いものゝ樣に思ふで有ふ。之が如何にも殘念で有と云ふ處から。吾々四人は。北方佛教の大乘の妙理を彼等にどうがなして知らしめたいと云ふ情心より。自己の不學短才をも顧みず。奮て出掛けるので。自ら其力を圖らずして。不惜身命で。吾々は吾々の出來得る丈の運動を致しまして。夫からして。大乘の妙理を彼等に知らしめ樣といふ考へで。唯心所變とか。眞如實相の妙理と云ふ樣な事は。力の有んかぎり。充分其の精神を運ぶ考へで御座います。然し夫を知らしめることは。中々困難で有ると云ふ。御注意で御座いました。總ての事は。只注意に注意を加へて。致しまするつもりで。且つ今日御忠告被下た方法を取て致すことで御座いましよう。又日本と云ふ考に付きましては。吾々は隨分薄からんつもりで。吾々は日本佛教徒であると云ふ觀念に到つては。充分に具有してたりますれば。一分申上て置きます。其他米洲や歐洲を巡廻するに就て。風土衣食の變る所から。色々の困難なる事情が起るに相違ないと云ふ考へも以て居ります。又和合して行けと云ふ御忠告も御座いましたが。僧伽は和合と飜ずる。ソコデ吾々は此事業を爲すに付ては。和合一致を以て第一とするつもりで。若し一人でも此和合が出來なかつたら。既に此事業は破れで有ます。如何なる困難をも切り破り。一致して事に當る考へで御座います。是までにも既に種々な事が起りましたが。彼是辛防して一致して居ることで御座います。四人ヨッ斗りが僧伽ではない。互に協同和合して事と爲すと云ふ觀念で御座いますれば。此も申上てをきます。又次に大內居士の御注意の件で。如何にも外貌より見る時は。眞言の不動やなにかゞ。婆羅門に似て居ると云ふ御話も御座いましたが。尤も必要なことで御座いますから。此等も御注意に從ひまして。充分注意を致すことで。夫々機緣に順じて說ますることで。事相にもせよ。教相にもせよ。密教の有樣を話すことも有ましようし。又不立文字にもせよ。唯心所變にもせよ。大乘の教理よりして。彼のゴッドなどゝ云ふ樣な者を論破し。ヨシ彼等の習慣上からにもせよ。充分論難降伏する覺悟で御座いますから。是も申しあげて置きます。又佛像などの事と調べて行くがよいと云ふ御說も御座いました。此事に就きましては。唐朝以後。即ち達磨大師以後の事は大概調べて置ましたが。其以前即ち三論や唯識などの事は。何分にも調べられんもの故に。充分に調べつきません。けれども是迄の樣に失敗は取らんつもりで御座います。兎にも角にも我輩の一行と云ふものは。左程な名僧でもなければ。さほどな智識でもない。釋宗演師は。一宗の管長であられますから。即ち一宗を代表する樣なもので有ますが。其他我々の如きに至ては。殆んど名も知られん者で有ますこと故。高僧方に及ばん所も有ましようなれども。唯だ其精心に至ては。此度の如き機會に際し。北方佛教の妙理を。彼等に知らしむる事もなく止むと云ふ樣なことは。吾々本心の釋迦が許しません。其本覺の内心からして。吾々が成佛する積りで云ひもし。働きもするので御座りまするからして。諸君も亦吾が大乘佛教の妙理を。弄ぶとかなぶりものにすると云ふことなく。信仰の上より御研究あられんことを願ひます。

雜報

◎**東京に於ける萬國宗教大會臨席者の送別會**　東京佛教各雜誌社發起となり。去る一日芝青松寺に於て開きし同會は。蘆津。釋。土宜。八淵の四師。及び野口善四郎氏の爲に開けるものにて。會する者無慮百三十有餘名。午後三時三十分同寺本堂に於て。般若心經を誦して臨席者諸氏の淸康健全を祈り。了つて會場に入り來會者一同着席せり。發起人總代堀内靜宇氏は起つて慇懃なる開會の旨趣を述べ。次に明教新誌記者加藤熊一郎氏。寸言壯快『渡米佛家の出陣を餞し』て曰く。

四師將さに發せんとす。前途嶮峻山岳横はる。吾人は如何なる辭を作て師等を餞し。如何なる語を餞して師等の行色を壯にせん。

旗幟整々。陣鼓鼕々。歐洲の天地を震動し。進んで亞細亞の地方に侵入し。サラセン人を驅逐し。「ゼルサレム」の聖地を回復せるものは基督教徒の十字軍なり。雷霆を叱咤し。山岳を動し。中央亞細亞より將さに地中海沿岸を風靡せんとしたるものは。回々教徒の遠征なり。吾人は師等の遠征として斯の如く苛酷ならしめ。斯の如く無慘ならしめんとは欲せず。然れども師等に希望は斯の如く大に。斯の如く壯ならんことを欲するなり。

師等の勇膽義烈は吾人之を知る。師等の三軍糧食乏しからざるは吾人之を知る。師等の兵は鋭なり。師等の馬は駿なり。師等一たび進まば。諸佛如來の聖境を蹂躪し。阿耨菩提の道路を遏塞する邪教を撲滅する易々たるのみ。吾人は深く之を師等に望まざるを得ず。征け。速に。師等の兵器は不仁にあらず。師等の戰爭は君子の爭なり。機熟せり。征け。速に一刻を移せば則ち不可なり。明治二十六年八月初旬佛軍の輜重卒咄堂謹んで餞す。

了つて文學士澤柳政太郎氏(本誌演説欄御參看)。大内青巒居士。文學博士井上哲次郎氏。岩佐大道氏。和久正辰氏。寺田福壽師等の臨席者に對する忠告的演説あり。次に高津柏樹氏は獅子一吼(四師一行)『あめりかにあめかせもふけ、日の本の火にあぶれ世界を』との一首を豪吟して滿場の大喝采を博し。明教社の平松理英師は簡短なる送別の辭を陳し。次に臨席者土宜法龍師は熱切なる答辭(本誌演説欄にあり)を演じ。同野口氏は悲壯なる句調を鼓して大會臨場後の決心を告白し。それより來會者一同に茶菓及び晩餐の饗應を爲し。各自退散せしは赫日西海に沒し。晩涼洽ねく芝山を罩めし頃なりと云ふ。

◎**世界的佛教の運動者愈々日本を發す**　『五氏の遠征を祝す

日本新佛教萬歲』。嗚呼是れ八月四日午前九時。九州佛教同盟會本部が。遥かに鎮西熊城の下より。同日横濱解纜の世界的運動者に發せし歡電なり。宗教大會の臨席者。世界的運動の率先者。鎖國的弊害の革新者たる四高僧一居士は。實に去る四日午後三時英船エムプレス、チフ、ジャパン號に投じ。煙波茫々三千里西の方バンクーバーへ向け出發せられたり。態々東京より見送に發せし者。井上圓了。棚橋一郎。堀内靜宇。小栗栖香平。東海玄虎。松山松太郎。寺田福壽。眞中直道。藤院大了。山科俊海(東京新高野山副住職)。鈴木英艮(武藏妻沼歡喜院住職)。益田廣岱の僧俗有志者數十名。釋雲照師は使僧二名を遣はし。音羽の眞言新義派よりは志賀照林。岩堀智道。闍大溪の諸師出發し。横濱佛教會員の重立たるもの數十名。其他京濱間の有志者都合一百有餘名。見送人休憩所たる横濱稅關樓上に集り。それより別仕立の小蒸滊に乘り込み本船迄見送り。鯨波三聲世界的運動萬歲を謳歌し。歡聲洋々横濱灣頭に響きしと。當日見送者の一人眞言宗の『傳燈』記者其袂別の狀況を記して曰く。『思ふに此度は小松宮殿下(依仁親王)も乘客の御一人なれば日本人の待遇は蓋し少々常に勝る者あらん。午後三時十分前に至り小蒸滊來れりと言へば。余等見送の人々は土宜師。蘆津師及び八淵師等に別を告げたるに。諸氏は少しも屈する所なく。顏色泰然として別后互に健康ならんことを望むといへり。嗚呼一別是れより太平洋海路三千水淼々。着する所は國外の國。見ゆる所は異族の風。一たび之を思はゞ人情あるもの色少しく動かずんばあらず。然るに諸師は皆顏色容與として更に一點懸念の態あるを見ず。其剛强不屈實に是れ佛教のチャンピヲン(勇將)たるに耻ぢざるなり。余輩此壯行を送りて特に其人の壯なるを喜ぶ』と。嗚呼誰れか同感の意を表せざらんや。

◉二週間の九州佛教夏期講習會

◉第一　其發會式　八月一日午前九時其發會式を市内順正寺に於て擧ぐ。會する者二百五十有餘名。俗人的佛教青年其過半を占む。六金色の佛旗と旭日の國旗は門頭に交叉せられて。愛國的佛教の特相を表し。嚴護法城。擲裂邪網の二大長幟は。其勇ましき八大青字翩々空に躍りて。悪魔降服的佛教の光澤を放てり。式場佛殿の左傍には巖谷修氏謹書の石版摺教育敕語といと鄭重に掲げ。一種神聖の威嚴は赫として會員の頭上を射れり。場内二三の愛國宗の僧侶及び信徒は隨喜の涙に咽べり。既にして場内鎮靜剤の音樂は堂内に轟けり。四人の淸僧は佛前に跪ひて讚佛の讀經を爲せり。襟邊紅白薔薇の花簪を縫ひ附けし羽織袴の諸氏が専ら場内を奔走せしは。大に會場の艶麗と添へたり。劈頭第一發起人の一人井手三郎氏は「蓋し九州佛教大聯合の氣運を開き大運動の端緒を開く方に今日に在り矣」との發會趣旨を朗讀し。隱然會長の資格を有せらるゝ。西本願寺派議會の熊本勅選議員（特選會衆）たる藤岡法眞師は。彼れ九州日々（熊本國權黨の機關）記者の所謂熱誠痛切なる演説。彼れ九州自由（熊本自由黨の機關）記者の所謂自己の演説に向つて自ら批評を加へたる演説をなし。耶蘇教の不敬事件を赫怒慷慨して「亂臣賊子の製造所」と叫び。講習會に對する僧侶の冷淡派を攻擊して「盲坊主聾上人」と罵りたり。第三姬宮大圓師は今回は弘法大師著作の十住心論を講ず可しとて其大要を諄々譬喩的に解釋し。第四佐賀青年の辨論家菅原岩巖氏は九州佛教俱樂部正員として祝詞を朗讀し。且八代青年の嶋宗平氏より發せし「開會を祝す目出度く〳〵」の祝電を報告し。次に鶴髮童顏の青年的老人たる大分の江田蕃氏は蓬々たる斑髯を捻りて壇上に立ち。「佛教の運動は天時地利人和の三を得るにあり」とて。佛教改革上九州の爲に氣燄を吐き。次に本社の甲斐方策は一個人として。自立的佛教論を唱へて政黨的佛教を排し。大に講習會に向つて希望を訴ふ。第七佐賀青年の慷慨家木山定生氏は。暹佛事件より說き起して東方問題の危急に論及し。日本忠孝道德の壞滅せんとするを泣きて國家的佛教運動の卓論と絕叫し。以て壇を下れり。それより來賓には立食の饗應あり。會員には饅頭の御馳走あり。餘興として宮之春氏の薩摩琵琶「盛者必衰。生者必滅」。及び川中嶋甲越戰爭の壯觀「鞭聲肅々夜過川」等の數曲ありて。非常の興味と感せしめたり。

◉**第二其來會者**　九州各縣よりの來會者は佐賀縣最も其大多數を占め。殆んど五拾名以上に達したり。其他の各縣よりは二三名乃至十有餘名。何れも砂取淸流の濱に寓したり。熊都の青年は早朝稻田の碧風に吹かれ。一里計の路を通ふて會場に臨めり。會員の學校別は京都文學寮。同大學林。佐賀振風教校。熊本尋常師範學校。第五高等中學校。九州學院。東肥教校等にして。學校以外の會員は九州日々新聞社員。縣下各地の小學校教員。同地方の佛教有志者。酬恩法住兩社員にて。最初よりの申込者は五百名以上に達せし由なれども。實際每日會場に出席して。眞理の討究に從事せし者は。百名乃至百五六十名内外なりき。

◉**第三其講習會**　會場は初二日間は豫告の如く託麻郡九品寺村の淨覺寺なりしも。三日目よりは同郡砂取尋常小學校の教場に移轉せり。講師は豫告には總計十四名揭げ出しありしも。事故或は病氣等にて錚々たる大人物十一名の缺席となりしは會員の甚だ遺憾に思ふ所なりき。然れども越後眞宗學界の老將姫宮大圓師は熱心に十住心の大体を辨明し。熊本餘乘學界の明星大友達行師は多年蓄積の法相决判論を講釋し。豫告講師以外の織田得能師は。其疑難徵集の巨腕を揮ひ。八面玲瓏の卓識を放ち。竪說横說大聖一代の眞言を自由に運轉し。其獨特の嶄新なる痛快なる。鋭利なる警敏なる。多年修得の系統的學力に基き。大小兩乘の區別。聖淨二門の關係。眞如の体象。佛陀の本性。涅槃の眞義等を直截に明白に論破し。福岡修猷舘長今立吐醉氏は科學的因果論を講じて人間智識の本源を探り。農學士關豐太郎氏は地球搆成史を說ひて第一始原界より第五近古界に至る迄の岩石の變化。生物の變遷。地面の變動如何を詳にし。法學士高槻純之助氏は經濟學一斑を論じて富の性質より消費。生産。分配等の諸定義を明にせらるゝや。日々炎を冐し熱を衝き出席せる百有餘名の會員に向つて。尠少ならざる感化効力を與へしは。掩ふ可らざるの事實なり。

◉第四其質問會　『佛教の眞理は須らく自由討究の方法に依らざる可らず』との織田講師の發議にて。日々閉會後其質問會を開ひて。會員は各自の疑難を提出し。講師は一々詳細に明白に其說明を試みられたり。中西氏佛教大難論中の教理證明の問題を大に討論し。組織佛教論の系統的佛教論を深く硏磨しつゝありし。縣下の新佛教的青年は。利刀亂絲を斫るの趣ある織田師の歴史的批評的統一的の辨說論明に依りて。大に從來胸中懷疑の雲霧を拂散し。髣髴の際に深く圓滿純全なる眞理の輝光を認識するに至りたり。

◉第五其懇親會　十日正午より水光透徹の成趣園内臨流亭に於て催さる。江田蒼。木山定正。甲斐方策。菊池適。岩尾督藏。護城綱雄の諸氏順次登壇して。或は九州佛教徒聯合の必要を說き。或は忠孝的佛教を喋々し。或は依立的佛教者を排擊し。或は和合一致の急務を鳴らし。或は九州人の藩閥的悪根情を痛論し。大膽にして猛烈。壯激にして屈撓せざる。九州佛教青年の自由討論は端なくも會場に顯はれ。其大聲疾呼。其痛憤痛罵。覺へず心あるの人をして手に汗を握らしめたり。既にして八艘の小船は舳艫相啣んで江津湖に進み。勇壯活潑なる水戰を試み。銀沫霏々空に漲り。兩軍暗啞叱咤の聲水上に轟き。勝敗一決凱歌洋々兩岸に響けり。猶は熊本青年游泳家の勇將。桃井幻象氏兄弟が其妙技を演ずるや。拍手喝采提上通行の人として覺へず佇立傍觀せしめたり。

◉第六其演說會　十二日の夜は會場近傍の寺院に於て演說を開き。會員の雄辨家數名の演說あり。十三日の夜は市内坪井西應寺に於て大演說會を催ふし。京都文學寮高等生たる九州巡回の夏期傳道生。山岸覺了。鷲山鼎二氏。及び會員の木山定生。護城綱雄。講師の姫宮大圓三氏の演説ありて。非常の感覺を聽衆に與へたり。

◉第七其閉會式　十四日閉會式を執行す。始に江田蕃氏は閉會の詞を朗讀し。次に本願寺論の著者菊池謙讓氏は毅然壇に上り。歐州宗教革命の歴史を引き來りて我邦佛教改革の氣運と對照し。慨然聲を擧げ『今日我邦基督教の如きハ。理論上に於ては。既に已に佛教眞理の軍門に降服せり。然れども實際上に於ては我佛教は到底一大改革を斷行するにあらざれば。決して其生命ある運動をなす能はず。吾人は實に千死萬死斷々乎として。舊來佛教の停滯迷妄せる組織を根本より破壞せざる可らず。顚覆せざる可らず。革命せざる可らず』と絶叫せり。次に本社の森直樹は國教雜誌の合本二冊を手にして壇に進み其講習會に贊成したる理由より此二週間に於ける自己の感慨に說き及ばし。熱辨激辭國教雜誌の主義精神經歴を論陳して滿場の會員に訴へ。『我輩が從事する雜誌は今日天下の舊佛教徒及び本願寺の吏黨輩よりは蛇蝎の如く忌み嫌はる』との冒頭を以て說き起し。『我輩の眼中實に各宗本山なし何となれば我輩は各宗本山に依りて衣食する者に非ればなり』との結句にて國教廣告の演説を終れり。次は東肥教校の盛唯信氏にして。氏は其鎖國的教育の然らしむる所か。熱心に頑固狂妄なる鎌田淵海流儀の腐敗佛教辨護論を喋々して壇を下り。次に木山定生氏は例の慷慨淋漓にも似ず。前辨士等龍闘虎嘯の新舊論戰に心配するが如く二三言の愛嬌を殘して仲裁を試みんと欲したり。第六同佐賀の古河醇氏は流石に護國愛理宗開山の門下生たりし結果にて辨論堂々『國民が佛教に對する念慮の冷淡なるは佛教將來の大患なり。佛教者が國家に對する先導的精神の薄弱なるは。是れ佛教將來の最大憂患なり』なりとの堅陣を張り。隱に菊池森二氏改革論の弱點を衝けり。次に熊本眞宗僧侶青年の感動的雄辨家を以て目せるヽ伊津野法雨氏は。其恰好なる風采を以て肅然壇に上り。解行二門の理論實行並進論を簡短に演じ。『如何に議論は深遠なるも思想は高尙なるも。實行之に伴はずんば是れ書生論なり。方今佛教の眞理を論ずる者愈々多くして。佛教の眞理を實行する者愈々尠し。是れ豈に解の一方に走りて。行の一面を缺ぎたる所以にあらずや』とて。是れ亦た前二氏改革論の刺戟に向つて反刺戟を加へたり。第八同熊本眞宗青年の豪邁的武健家護城綱雄氏は。其飄忽神變なる諧謔的の奇辨にて。改革論者の空想を冷笑し。本誌が前號雜報に氏を東肥教校關係者中に記入せし件に付き。痛く辨難反詰を加へたり。それより會員は奇体の感想にて茶菓の饗を亨け。是にて先づ第一回九州夏期講習會の閉會式は。後年佛界大衝突の俑を作りて無事閉會せられたり。嗚呼衝突なる哉衝突なる哉。衝突何ぞ恐るゝに足らんや。衝突なくんば何に依りてか新舊理想の正邪を決せん。衝突なくんば何に據りてか眞正眞理の光を望まん。衝突なくんば何に基ひてか僞善。調停。固陋。頑迷の惡弊害を打破せん。世の論者慈悲和合の佛勅と口にし。温厚着實を粧ふて。調和調和と呼ぶ。調和とは畢竟何事ぞ。雙方の特性を滅却して死物的に抱合するの謂ひなる乎。衝突の激渦猛瀾に膽を冷やして。衝突を恐るゝの謂ひなる乎。斯の如き調和豈に喚んで眞の調和となすに足らんや。世尊甞て告げ給はく。『沙門の道を學ぶ應さに當さに其心を堅持し精進勇鋭して前境を畏れず衆魔を破滅して道果を得可し』と。是れ豈に獨り佛道修行者に向つて精進の度を示し給ふたるもの丶みならんや。吾人は今回の夏期講習會に臨んで。冥々裡に衝突の波瀾に浸されぬ。愈々十年後の日本佛界は必ず大衝突の颶風天を捲くならんとを豫想したり。認識したり。決心したり。

◎鎌倉及二見の夏期講習會　豫定の如く鎌倉及び二見に開きし。東西兩部の夏期講習會は。帝國大學。第一第二第三高等中學。專門學校。大學林。文學寮。大學寮。哲學館。水産傳習所。農科大學。慶應義塾。京都尋常中學校。國民英學會。陸軍幼年學校。法學院。貫練教校。二松學舍。專修學校。算術學校。開道學校。大谷派普通學校。及び其他四五の佛教會幷に各宗學林よりの出席聽講者。雙方共百數十名。間には遠く廣嶋山口地方より來會せし有志者や。名古屋の第四園より來會したる軍人もありて。豫告通りに來會せられし三十四名の講師。更る〳〵毎日平均三人の講話あり。以て佛陀の聖音深く會員の精神を感化せり。其他公開演説の氣燄萬丈。茶話會の團欒和樂。運動會の清雅爽快等皆な昨年須磨の該會に比すれば。一層の隆盛を極めしと云ふ。

◎神道家も亦た萬國宗教大會に臨む　神道扶桑教管長柴田禮一氏は。昨年より大會臨席の計畫を試み居られしが。天地神明の感應空しからず。遂に去る十八日横濱解纜のチャイナ號に乘り込み。左の二首を詠じて日本を發す。

日の本の高きをしへをてらし見よ
　名もゆかりあるあめりかの人

すめらぎの道たゞひとつ守る身は
　八十のちまたも迷はざりけり

◎耶蘇教徒も亦た宗教大會に向はんとす　組合教會の驍將横井時雄。小崎弘道兩氏は。國家主義攻撃の刺戟を受け。最後の大決心を以て其本國たる米國に渡航し。旁々宗教大會に臨むの筈にて。小崎氏は去る九日京都を發し東京に向ひし由。

◉九州文學記者の歎聲　横井小崎等の歐米漫遊に就き。熊本の九州文學は歎聲を洩らして。『吾人は諸士の遠遊を喜ぶと雖も。吾が國傳道の大機を失する勿らんか。之を思ふ吾人未だ其の所謂遠遊を賛する所以を知らず。之を内に徵すれば國民指導の大任を負ふべき大人物なく。而して却て外に對しては其空拳を揮つて自家の偉大なる所以を吹聽せんとす。其氣愛すべし。されど其目的を達せずして自ら疲れて斃るゝの期なきを圖るべからず』と謂へり。是れ恰も十六七年頃板垣退助氏の歐州漫遊を馬場辰猪の血性男兒が慨歎せしと相似たり。吾人も聊か記者の心事を憐まずんばあらず。

◉土宜法龍師の光榮　師は眞言宗の僧正にして慶應義塾の卒業生なり。同宗の新思想家よりは管長の候補者に指名せらるゝ人なり。師が今回別項の如く萬國宗教大會に臨まんとするや。傳燈（古義派機關）及び密嚴教報（新義派機關）は共に奮つて義捐金を募集せり。師が鄕里讃岐高松の有志者は優渥の送別會を開ひて師の壯行を送れり。京都眞言宗中央本山の有志者も亦た懇切の離莚を張りて師の遠征を餞せり。東京及び神奈川。埼玉。群馬等の僧俗有志者幷に知友等百二十餘名も亦た東京日本橋倶樂部に於て。盛大なる送別會を催ふし。以て師が大會臨席の雄擧を祝せり。嗚呼此光榮を荷ふてフロント湖畔に法雷を震はんとするの師が責や實に大なり。師豈に勇進猛斷此光榮に向つて大に感激せざる可けんや。

◉嶋地默雷師の遺憾狀　四高僧一居士愈々日本を發するの前三日。派内鎖國的陋習の爲に千秋遺恨の涙を飮める。西本願寺の執行長默雷上人は。臨席者の一人蘆津僧正に左の如き遺憾狀を發したり。咄眞宗門内の蹻内的舊蠢動者。何の面目ありてか天台。眞言。臨濟の宗徒に對する耶。

拜啓愈々御多祥奉南山候野衲無異消光御放念可被下候然るに客年來の御希望全く成遂愈近日米國へ御發航之由壯快之至奉遙賀候野衲最初より申上候樣佛國行希望にて一旦集會も可決候得共本山に於て許容不致剰へ執行之任務に束縛せられ候樣の有樣にて御同伴不能遺憾之至に御座候尤も右等の故障無之も春來の眼病引續き當節の腦病にて少しも油斷不相成由醫案之趣にては到底今回之航遊は六ケ敷事に御座候御同遊釋土宜八淵諸兄へ宜敷御致聲被下度猶は宗教大會委員長より數回書信に預り候得者御面會の上は厚く御傳謝奉希候先は萬里の壯遊無魔事回航にて一日も早く御歸朝奉待候御旅中爲道千萬御保養是祈

八月一日　默雷拜

蘆津僧正侍史下

松山縁陰編著●中西牛郎評論

萬國宗教大會議

全一冊 豫約定價三拾貳錢 郵送費 金四錢
郵券代用一割增シ 紙數三百頁以上 印刷部數三千部限

（注意） 本書は精確明細完備にして片々たる報道通信により成れるもの丶比にあらず

北米大都チカゴ府にて本年九月を以て**世界萬國諸種の宗教家**をして**其一堂に集會**せしめ各自其教育の優劣精粗を比較論討せんとするもの是れ即ち萬國宗教大會議なりとす世上の名士之に赴くこと雲の如く海陸萬里の路を遠しとせず宇內の大家競ひ起つて陸續踵を接す而して其大會に於ける論說は悉く是れ**一大思想の代表**にあらざるはなし是故に該宗教大會議は地球上精神的潮流の向背を示し萬國民心の歸趣を審かにし以て第十九世紀末葉に於て宗教的思想界を警醒して最大革新を喚起せんとす是に於て世の精神的思想靈性的感情亦世外に超然たること能はず其の勝劣精粗悉く之を宇內的輿論に訴へ以て**諸般宗教各々其盛衰存亡**を決するに至らんとす、天下の志士擧て該大會に注目する其故なきにあらざるなり世の佛教家たるもの又基督教徒たるもの何ぞ其れ之を輕々看過して可ならんや苟も宗教に志あるものは宜く此最大事件に向て其目を張り其耳を傾けざるべからず請ふ蹶然起て萬國宗教大會議に於ける**世界大家の高見卓論**を觀察し以て自家將來の警戒に備へんことを、若し夫宗教に衣食するの徒は勿論苟も心に信仰の活火ある者此會議と視て謾然意に介せざるが如きあらば實に是れ自家の存亡を顧みざるものにして迂濶千萬なりと云はざるべからず是今回

本堂に於て萬國宗教大會議なる最新著書を發行し該大會議の演說議論は勿論內外の批評及ひ之に關する細大の事件を網羅編集し以て世の宗教家及ひ經世家をして近世文明の激變に促がされたる**社交的道義的精神的に關ずる萬國人心の大勢**を知らしめんと欲する所以なり而して本書の著者は久しく海外宣教の事業に從事せられ歐米各國の道德宗教上の事情に通ずる松山縁陰君にして之に加ふるに中西牛郎君の精嚴雄活なる論評を以てせるものなれば江湖の君子願くば此書を視て尋常一般陳腐の出版物と混同ずることなく速に一報を飛はして之を購讀せよ幾庶世に後るゝの議を免かれん

購讀者注意の箇條

●第一條 本書は大會議の議事錄、名士の著書、海外諸新聞雜誌特別通信員の報道等精確なる材料に依り大會場裡佛耶兩教及各教討論の摸樣、名家の演說論文、內外有力家の評論理學哲學宗教の關係、歐米人の我佛教に對する感想、各教向後の運動及び細大の事情、を悉く集錄編輯して一讀了然たらしむ●第二條 本書は來る十一月初旬に出版送本す●第三條 豫約者は來る**十月十日迄**に郵便端書を以て記名調印の上本堂へ申込あるべし●第四條 製本出來のとき弊堂よりの通知に依て**代金送付**の事但し前後二樣の手數を省かんが爲め豫約申込のとき豫め送金あるも妨けなき事●第五條 本書に許多の材料採集の爲め格別の費用を要するも勉て豫約價を低減したる事●第六條 豫約者印刷部數に滿る時は期限內と雖も豫約を謝絕す

發行所 京都下京寺町通五條上ル **興文堂**
各種書林

大取次所
京都東洞院三條 村上勘兵衛
同 西六條 興教書院
同 東六條 法藏館
大坂心齋橋通 松村書店
東京牛込 教報社書籍店

明治二十四年九月七日 内務省許可

明治二十五年五月四日 遞信省認可

●國教雜誌規則摘要

一本誌は佛教の運動機關として毎月二回(國教)を發刊す

一本誌は宗派に偏せす教會に黨せす普く佛教界に獨立して佛徒の積弊を洗滌し佛教の新運動を企圖すへし

一本誌は諸宗教の批評及ひ教法界に現出する時事の問題を討論し毎號諸大家の有爲なる論説寄書講義演説等を登錄し其教法關係の點に至りては何人を撰はす投書の自由を許し本社の主旨に妨けなき限りは総て之を掲載すへし

但し原稿は楷書二十七字詰に認め必す住所姓名を詳記すへし

一本誌代金及ひ廣告料は必す前金たるへし若し前金を投せすして御注文あるも本社は之に應せさるものとす

一本誌見本を請求する者は郵券五厘切手十枚を送付せは郵送すへし

但本縣在住の人にして適當の紹介人あるときは此限りにあらす

一本誌代金は可成爲換によりて送金あるへし尤も僻陬の地にして爲換取組不便利なれは五厘郵券切手を代用し一割增の計算にして送付あるへし

一本誌代金及ひ廣告料は左の定價表に依るへし

但本誌購讀者に限り特別を以て廣告料を減することあるへし

雜誌代金

冊數	一冊 一回分	十二冊 半ヶ年分	廿四冊 一ヶ年分
定價	五錢	五十四錢	壹圓
郵税共	五錢五厘	六十錢	壹圓十貳錢

廣告料

廣告料は行數の多小に拘はらす五號活字二十七字詰一行一回三錢とす但廣告に用ゆる木版等本社に依頼せらるゝときは廣告料の外に相當の代金を請求すへし

明治廿六年八月廿九日印刷
明治廿六年八月三十日發行

發行者 熊本市安巳橋通町五番地 武田哲道

編輯者 熊本縣玉名郡石貫村千百八十一番地 森直樹

印刷者 熊本縣阿蘇郡坂梨村八百六十三番地 甲斐方策

發行所 熊本市安巳橋通町五番地 國教雜誌社

印刷所 熊本市新壹丁目百二番地 汲古堂

國教

第貳拾六號

明治二十六年九月三十日發行

(毎月二回)

國教第貳拾六號目次

◉社説

中西牛郎氏の二大論と一斷案

◉論説

大乘佛教論……在米宗教大會 蘆津實全

◉佛教徒夏期講習會を論ず……在帝國大學 古河老川

◉詞叢

◉亡友清水吉太郎君を哭す……森直樹

◉小説

◉花の露(下の上)……東京 旭松山人

◉萬國宗教大會

◉遥に英領瓦港より九州の同志青年に寄す 在米宗教大會 八淵蟠龍

◉萬國宗教大會臨席道中記……八淵蟠龍

◉ジャパン號日本を發す◉ジャパン號は堅牢なり◉船客船室支那ボーイ◉日本人の諸人物◉支那人琴を彈ず◉十三晝夜の航路格別憂鬱を感せず◉一藝を修めて語學文章に熟達せざる可らず◉上等室の船客女尊男卑の陋習◉船內食堂の景狀郷に入りては郷に從ふ◉食物の種類船中の文明人便所に入りて手を洗はず◉太平洋上雲耶山耶の活詩を望む◉日本の盛暑八月白雪皚々の中を行く◉愈々移民敎導の必要を感ず◉洪嶽石蓮雲外三師の雄吟麗賦◉熊本縣人渡邊隆其禍難を救はる◉下等室の支那人恰かも穢多乞食の如し◉錫蘭人色黑く体大なり◉雜事四件◉航海中重複の日世界要所時間の比較◉八月廿一日午後十時市俄高に着す◉衣食を抵當にして青年を育つ可し◉萬國宗教大會顚末報告書◉大會開場後釋蘆津土宜三師の方針◉小衲歸朝の期

◉普通廣告數件

九州佛教同盟會より其代表者として北米合衆國市俄高府なる閣龍世界大博覽會附屬萬國宗教大會議に派遣されたる社主八淵蟠龍の第壹回報道は載せて本號誌上に躍然たり是より宗教大會の記事は每號必ず龍鬪虎嘯の面目を以て揭げらる可し謹んで告く

明治廿六年九月三十日　國教雜誌社

國教第貳拾六號

社説

中西牛郎氏の二大論と一斷案

今や我邦教育宗教の衝突問題。將さに其服裝を變へて。再び社會に顯はれんとするの時に當り。國家と宗教の關係問題。將さに隱微の間に益々錯雜糾紛を極めんとするの時に際し。消極的耶蘇教排擊論。將さに其旗色を一新せんとするの時に方り。佛界の一部に於て自尊傲慢なる居士佛教攻擊の聲。頻に囂々の波動を擧げんとするの時に會し。吾人が徐ろに起つて。牛郎中西氏の二大論と一斷案を論評批判せんと欲する。豈に深意なしとせんや。

中西氏の二大論一斷案とは何ぞや。曰く佛教大難論。曰く世界三聖論。曰く教育宗教衝突斷案。則ち是也。此三著出版の前後に至つては。大難論最も前（昨年十一月十六日出版）に出で。斷案其中（本年七月九日發行）に出で。三聖論最も後（同七月二十三日發行）に出づ。然れども此三著は均しく氏が形体的に佛界と離緣せし後に公にせられたり。左れば其三著立論の体裁同じからずと雖も。三著を一貫せる其大精神に至りては。皆な其揆を一にせずんばあらず。故に此三著を評論せんと欲せば。亦た三著と一貫して其脈絡の關係を窮めざる可らず。

第壹　佛教大難論

顧みれば昨年七月西本願寺文學寮紛亂の大波は。端なくも佛界に於ける中西氏の榮光を捲き去りて。浪華の濱に打ち寄せたり。一篇の新佛教論は忽ち佛教學海の大波瀾を起し。狂激暴烈なる舊佛教者攻擊の怒濤は。遂に氏を驅りて佛界以外に漂はし去れり。於是乎。三四年前宗教革命論。組織佛教論を著はして。大世界上に於ける佛教前途の多望を謳歌し。海內幾萬の佛教青年をして踊躍禁ずる能はざらしめたる中西氏は。其觀察の立脚點を一變し。其立論の結構を一變し。其佛教辨護の精神を一變し。馴れたるの羊は猛り狂ふの獅子となり。悲憤又悲憤。感慨又感慨。

嗚呼佛教の盛衰興亡は豈に今日吾人が忽緒に附し去る可きの問題ならんや。佛教は東洋の一大宗教なり。佛教は哲學的の基礎によりて築かれたる一大宗教なり。佛教は世界人類の歷史に於て最も深奧なる哲學者。最も神聖なる博愛者智德圓滿なる一大偉人。釋迦牟尼の腦裡より湧き出でたる一大宗教なり。佛教は千有餘載の間。我日本の世道人心を感化したるの一大宗教なり。故に吾人の如きも此一大宗教の謙卑なる信徒にして。釋迦牟尼の足下に拜跪接吻する者なるを免れず。而して此一大宗教が歩脚を托して。其生存活動の中心となしたる我日本は。今や世界文化の大勢に促されて。建國の制度。社會の組織。人心の趨嚮。轉瞬の際に忽ち一變して。此に新天地を描き出し。佛教も亦た此風動潮流の中に立ちて。外は外教の攻撃に當り。内は社會の變化に應じ。其盛乎衰乎。興乎亡乎の問題は。既に吾人の眼前に聳ちて突兀。將さに吾人の解答を求めんとす。吾人事物を判斷するの心と思想と吐露するの舌とを具するもの。豈に之が解答を試みずして可ならんや。

との冒頭（全篇論題の伏線）に

蓋し吾人嚮きに一夜寒燈の下瞑目靜思し。万感一時に集り明治二十二年の春。始めて宗教革命論を著はしたるの時を追懷し。爾來僅に三年の短日月と經過せざるに。宗教上の大勢早く既に一變したるを感想し。忽ち數日間推積したる坐右の各新聞紙を電閲一過して。佛教前途の事を思へば。覺へず毛骨悚然として滿身戰栗するものあり。遂に其感想を集めて秩序を立つれば。自ら護法愛國の一小文字をなす。

との追懷的感情を以てし。而して日本佛界の悲哀的豫言者となり。佛教の三大難たる。政教關係の大難。教理證明の大難内地雜居の大難。將さに至らんとするを豫報せり。是れ實に佛教大難論なり。

佛教大難論は滔々數千萬言。實に十四行三十二字詰の頁數。二百拾六頁に達するの大冊子なりと雖も。其目次は緒言。政教關係の問題（上中下）。教理證明の問題（上中下）。内地雜居の問題（上下）の四段九章に過ぎず。而して其議論の要點を約評すれば。

第壹政教關係の問題　宗教の眞理と宗教の組織。換言すれば宗教と教會とは全く別物なり。我邦舊組織的の佛教を一變して新組織的の佛教たらしめんと欲せば。政（國家）教（教會）の關係を確定せざる可らず。之を確定せんと欲せば。教會組織の主義を詳にせざる可らす。其主義とは第一管長組織。第二宗會組織。第三獨立組織の三種に外ならず。而して第一は國家組織の君主政躰に比す可く。第二は貴族政躰に比す可く。第三は共和政躰に比す可し。方今世界の佛教は悉く管長組織の主義を取るものなり。抑も亦た政教關係の二大主義あり。國家を主として宗教を客とする。政治的の眼光よりしては。教會を分ちて國立教。非國立教の二種となし。宗教を主として國家を客とする。宗教的の眼光よりしては。自立教。依立教の二種となす。我日本國家は其五大點より。佛教を國立教となさゞる可らず。佛教は復た其管長組織を永遠に維持せざる可らず。飽く迄依立主義を採らざる可らず。

第貳教理證明の問題　我邦既往數百年來。眞正なる佛教の眞理は。其多數の僧侶に證明せられず。亦た其多數の信徒に信仰せられずして。今日に至りては殆んど一種變形の佛教となれり。而して其惡結果たるや。僧侶の信ずる貴族的佛教（佛教の純粹なるもの）。信徒の信ずる平民的佛教（佛教の純粹ならざるもの）の二大異色を顯はすに至る。故を以て今日の佛教は我國民の品性を鑄り。我國民の元氣を奮ひ。我國家の進歩を導くの勢力なし。依て佛教は遂に國民的宗教の地位を失ふに至れり。是れ佛教僧侶が多數國民に對して其教を説く所のものは。人類宗教心の發動を知りて之に應じ。天性の自然なる所。人情の切實なる所より。佛教の眞理を注入せざるを以て。此の如く感化に乏しきものあり。是れ方今佛教の振はざる一大源因なり。而して此源因の源因は佛教最終の目的卽ち涅槃の境界。及之に達するの衆生卽ち神識の繼續。此二點の充分に證明せられざるに由る。故に有形的の革新たる。教會制度の新組織に對して。無形的の革新を試みんと欲せば。神識繼續説。眞如涅槃説の二大教理を最も精確に明瞭に證明せざる可らず。是れ蓋し佛教各宗の通路。佛教全躰の根本的教理なればなり。

第三內地雜居の問題　夫れ佛教の大敵は基督教なり。而して內地雜居が佛教の大敵に强大の勢援を與へて佛教を妨害するの影響は。第一現時我邦の基督教會をして鞏固不抜の基礎を得せしむる事。第二基督教が間接布教の手段を擴張して多數の國民を其教に誘入する事。第四外人をして我邦佛教の勢力感化と看破せしむる事。第五再び宗教上の風潮を一變して基督教に向はしむる事。第六佛教に反對する無宗教者若くは激烈なる佛教の反對者を生ずる事にあり。左ればば佛教が內地雜居に對する準備は如何。唯だ佛教の勢力を擴張し。維持するに過ぎざるのみ。之を擴張するものは教理の問題に屬し。維持するものは教會の問題に屬す。一の問題は佛教々理の二大眼目。卽ち各宗教理の一致する所のものを證明するより急且つ大なるはなし。二の問題は管長組織を維持して。宗會組織若くは獨立組織に一變せしめず。以て土崩瓦解の大變を防ぐより急且大なるはなし。而して其結極する所は教會の大本を立て。各宗の一致を圖り。信仰の感化と盛にするあるのみ。猶は之を實行するの方法に至りては。各宗共同的の精神によりて設立せられたる私立大學を以て。佛教擴張の實行問題に答へ。日本國家をして國教制度を建設せしめ。其所謂依立主義を確定せんとを以て。教會維持の實行問題に答へたり。

中西氏は其緒論の結末に於て『夫れ舊佛教とは舊組織的の佛教にして。新佛教とは新組織的の佛教是なり(中略)。而して今や新組織的の佛教將さに起らずして。舊組織的の佛教先づ破れんとす。是れ吾人が蒼皇狼狽して。急に本論の稿を起したる所以也』と謂へり。是れ最も該論の讀者が注意す可きの點なりとす。何となれば該論は我佛教新舊過度の危急を看破して三大難を掲げ來り。舊佛教が新佛教となる迄の土崩瓦解を制せんと欲したればなり。

氏は政教關係問題の上章に於て。我佛教々會が土崩瓦解の大變限前に逼り來れるを説き。教會と宗教の差別を明にし。教會の三大組織より。露國英國の教會制度に説き入り。現實的に東洋各國の佛教々會を枚擧し來り。佛教今日の管長組織變ず可らざるを痛論し。日本佛教は依立主義なりと斷じ。中章に於ては。劈頭第一左の如く歴史的に新佛教徒が基督教の猛勢を挫きし燦爛たる既往の勳績を稱揚し來りて。雄麗明快居士佛教排擊家をして顔色なからしめたり。

維新の大革命は日本國家の裡にある百般の事物を驅りて其立脚の地歩を失し潮流の中に漂はしめたり。佛教各宗何ぞ獨り此社會革新の大勢を避くるを得んや。此に於て乎依立主義既に敗れて自立主義未だ立たず。管長組織將さに廢せんとして宗會組織未だ興らず。之を約言すれば。舊組織的の佛教方さに去らんとして新組織的の佛教未だ起らず。是れ豈に佛教千古未曾有の危局にあらずや。而して此時に乘じて。基督教は泰西文化の精神と共に猛然として我邦に侵入し。滔々たる一瀉千里の勢は。瑞穗全州を轉瞬の間に一掃して。天國の田となし。福音の種子を播き。謳謡の凱歌を奏し。耶和華の榮光を揚げんとす。時に明治十四五年以後は。基督教が漸く得意の佳境に入りたるの時代にして。此時基督教の錚々たる名士或は揚言して曰く。自今三年の後は我基督教をして日本國內に縱橫傳播せしむると恰も無人の地を蹈むが如くならしめんと。其意蓋し眼中に佛教なきなり。然れども當時の勢にありては。是れ決して大言壯語にあらざりしなり。然るに佛教は此外教侵入の秋に方りて。俄に衰運を挽回し。各宗鋒を聯ねて基督教に當り恰も唇氣樓の忽然として海中より湧き出づるが如く。數百の團体。數百の雜誌。數百の學校。甚に至りては三百年間。佛教界內に絕へて前例なき女子學校すら。陸續勃興して以て基督教の猛勢を挫き。其滔々たる一瀉千里の勢を遮り。外教をして佛教猶は未だ侮り易らざるを知らしむるに至れり。抑も知らず佛教の此勢力は果して焉くよりして現れ來りたるぞ。此れ全く我邦佛教の內部に存するの勢力にあらずして。佛教の眞理漸く世界に耀かんとするの氣運。早く既に影響して此に至りたるなり。而して其東方の白を報ずるの鷄鳴となり。長夜の眠を驚かすの鐘響となり。山川を衣被するの曉光となり。援軍を傳ふるの急使となり。以て此氣運を報道し。內は佛教の衰運を救ひ。外は基督教の猛勢を遮りたるものは何ぞや。是れ一隊の援兵なり。吾人は此一隊の援兵を稱して新佛教徒なりと言はんとす。何となれば將來我邦に於て新組織的の佛教を開くものは。此一隊の目的とする所なればなり。憶ひ起す彼れ宗教改革の一大偉人摩天路錫が一たび其改革軍の烽火を揚るや。其火光は燄々として歐洲の天地を焦がし。其勢の猛烈なるや。恰も燎原の火の如く。嚮ひ近く可らざるものあり。左なきだに當時既に腐敗の頂點に達したる羅馬舊教は。漸く一般人心の厭忌する所となり。流石法王の權威を以てするも。此改革軍の鋒に敵する能はず。此時に當りて反動の大勢端なくも一大波瀾を捲き起し。嚴肅なる訓錬。猛烈なる精神。活潑なる運動。熱心なる信仰。鞏固なる組織によりて。義旗を揮ひ。義劍を抜ぎ。羅馬法王の忠臣となり義僕となり。新教と遮りて全勝せしめず。舊教を援けて全敗せしめざりしものは。抑も誰なるぞ。吾人歐史を讀んで其「ゼスユイト」一派の勢力なるを知る也。今や新佛教徒の精神と信仰とは「ゼスユイト」に及ばざると甚だ遠しと雖も。其一時佛教を援けたるの勳績に至りては。敢て「ゼスユイト」に讓らざるものあるを信ず。然れども新佛教徒は社會を動かすの勢力ありて感化を布くの勢力を有せず。之に反して舊佛教徒は感化を布くの勢力ありて社會を動かすの勢力を有せず。故に此兩派にして相提携するときは。佛教の勢力亦た容易に動かす可らずと雖も。今や舊佛教徒は新佛教徒が舊組織的の佛教を一變して。新組織的の佛教を起さんとするの甚だ急激なるに恐れ。恰も羅馬法王が宗教改革の亂既に鎮定したるの後。「ゼスユイト」派の首領を捕へて之を獄に下し。以て其派を禁絶したるが如く。力を極め智を盡くして新佛教徒を驅逐したれば。佛教界内寂然として今日復た新佛教徒の隻影をだに見さるに至れり。然らば將來佛教の組織に就ては新佛教徒は勢力なきものと斷言せざる可らず。

と。而して今日佛教をして自然の勢に放任せしむるの結果は如何。將た各種の組織と主義を取りて之を實施するの結果は如何との疑問を掲げ來り。各宗々會の開設。本願寺派の教會條例を說き。本願寺派を嘲りて「平素世間の風潮に趨り嶄新を好むを以て有名なる」と云ひ。各宗本山の分離。異安信者の勃興は。自然の勢に放任せしむるの結果なりと論明し。其般鑑として。其例證として。彼の我邦佛教信仰騷亂史上の一大伏魔殿たる。本願寺派宗意惑亂の變を敍述して曰く。

德川三百年間異安心者東西眞宗に勃興せんとしたるもの前後幾回なるを知らず。而して其最も激烈なるものは。享和文化の間。本願寺派に起りたる宗意惑亂の變是なり。今や此變の由來する所を討究するに。寶曆年間。越前福井に龍養なるものあり。始めて十劫秘事を唱へて新義を立つ。本願寺派學林の能化功存。之を駁して願生歸命辨を著はす。宗意惑亂の源蓋し此に胚胎す。然るに功存の門人智洞。其師に續ひで。能化の職に撰ばるゝに及んで。益々其師の說を主張し。彼れその學問の該博。言論の雄辨。感化の勢力を以て。靡然として一宗を動かし。遂に激烈なる反對論を喚起し。其爭の一たび信徒に達するや。其影響は二十四國の信徒をして。忽ち騷然として激昂せしめ。將さに干戈に訴へ。平和の天地を破るに至らんとす。此に於て乎。本山幕府に訴へ。政權を以て之を抑壓せんとを哀乞し。幕府は寺社奉行脇坂中務大輔をして。政治的の權威を以て宗教的の法官たらしめ。智洞等を捕へて獄に下し。之を流罪に處し。其徒數百人を嚴罰し。水火劍戟の武斷を以て。僅に之を抑壓するとを得たり。

と。而して氏は煽動を試みるが如く。警誡を促すが如くにして。其末尾に『嗚呼若し此變として今日に起らしめば。本願寺派將た之を奈何せん。信教自由の明文は掲げて憲法にあり。教會の分離は習慣と宗制との能く制する所に非れば。是れ亦た一宗の分裂より他に望む可らざるなり』と斷ぜり。嗚呼今日功存智洞の學流に浴して。眞實正義の確信を有し。學閥の壓抑に縛せられ。教會の俗權に蹂まれ。其眞正眞理の活力を晦まして。海內の各所に蟠踞せる眞宗徒たる者。果して如何の感慨かある。豈に斷々乎として信教自由の明文を頭上に戴き。學閥の壓抑を排し。教會の俗權を破り。以て眞理の大旆を海隅に飜々たらしむるの勇氣なきや否や。

次に氏は民間有志教會の本色は獨立組織にして。各宗現今の制度を破壞するの勢力あるを論じ。佛教各宗をして自然の勢に放任せしむるの結果は。宗會組織。獨立組織等交々起りて。

佛教終に土崩瓦解に歸せざると得ざる也と斷じ。獨立組織を實施するの結果は。其信仰亂れ。其宗規破れ。其儀式頽れ。感化なく。聯絡なく。品格なく。唯だ亂雜薄弱なる組織あるのみにて。即ち是れ亦た土崩瓦解の秋なりと斷じ。宗會組織を實施するの結果も。其命運を獨立組織と同ふするを斷じ。進んで自立主義を取らん乎。依立主義を取らん乎の問題に入り。若し佛教が管長組織を維持せんが爲めに自立主義と取らば。彼れ羅馬舊教を學ばざる可らず。との比較論を提げ來り。到底自立主義の實行す可らざるを斷言し。一歩を進めて。佛教が今日依立主義を取るは自然の方針なりと論じ。今日に在りて佛教が我邦の國立教たらんと欲せば。彼れ米國にある諸教會の如く。務めて其國躰を輔け。其道德を進め。其思想を導ひて。全國民の精神と感化するの勢力を有して。一國多數の民意に適する國民的宗教たらざる可らず。然るに今や佛教が國民的宗教たるの實果して焉くにある乎とて。佛教が近來往々黨派的宗教の悪弊に浸潤しつゝある形跡を擧げ。痛く本願寺派の王本爲本濫用主義を責め。大に該派昨年二月の佐賀撰擧干渉の罪を鳴らして曰く。

聞く所によれば。本願寺派が佐賀の撰擧に干渉したるが如きは。其最も奇々怪々なるものにして。僧侶寺院に數千の聽衆を集め。初めに誦經。次に說教。彌陀の大慈大悲を說き聽衆をして隨喜の涙に咽ばしめ。中途に至り俄に一轉して。王法爲本の主義に說き入り。吏黨を稱賛して民黨を攻擊し。佩劍鏘々たる警吏。慓悍狂暴なる壯士。袈裟燦爛たる僧侶。三方鼎立して恰も菩薩威神相向ふが如く。以て撰擧人民を勸誘し恐嚇せり。其結果たる全縣修羅場と現出して。人殺となり。放火となり。爭鬪となり。血雨を雨らし腥風を吹かし。一大慘劇を演出したりと。而して撰擧既に終り。縣民懷怨の歸する所は本願寺派に集りて。之が爲めに離檀するものあり。他宗に轉ずるものあり。基督教に改宗するものあり。僧侶を放逐するものあり。今や全縣を擧げて本願寺派に反抗するの色を現はし。鹿兒嶋の如きも亦た本派を脱するもの八千餘人の多きに及べりと。嗚呼此の如く一黨派に偏私するの宗教にして。豈に能く國民的宗教たるとを得んや。

嗚呼頑迷なる政教混亂の作俑者。豈に深く將來を戒めざる可けんや。

中西氏が政教關係の問題を以て。佛教大難の一とするは實に適當の觀察なり。然れども舊佛教の士崩瓦解を防がんが爲め國家の保護を仰ひで依立せんとするの斷案に至りては。吾人の感服する能はざる所なり。若し佛教が一朝日本國家の國立教となり。年々國庫より其經費と支辨せられ。以て氏が所謂依立主義の管長組織を維持するの曉に至らば。眞個に佛教の全躰は國家治道の器械となり。再び德川時代の佛教の如く非常の停滯腐敗を生じ。自活自動の宗教的精氣は消へ去りて。

又た見る可らざるに至るは彰々疑ふ可らず。既に此に至れば眞正なる佛教の生命精神は果して何の處に求む可き乎。若し佛教にして國家の保護を仰がずんば。到底存立する能はずとすれば是こそ氏が宗教革命論の所謂一種變相的の佛教ならん果して斯の如きの佛教なれば。縱令國家の保護を蒙りたりとて豈に何をかなさんや。眞正なる佛教々會の宏大雄麗なる殿堂は。獨立自立の信仰に依りて築かるゝものなり。決して國家の制度と云ふが如き外部壓束の力に依りて建てらるゝものにあらず。又氏が其身を政治家の地位に置き。日本國家の正義上より。其生存上より。其職分上より。其皇室の尊榮上より。其信教の自由上より觀察して。我佛教僧侶は我國家に對して。佛教を以て國教とするの權理を有するものなりと斷定し。英國々民が國教制度を維持するの理由を揭げ來りて。氏が依立主義の模範とせしは。其議論周到精密ならざるにあらず。其識見短見淺慮の政治家をして愧殺せしむるものなきにあらず。然れども是れ方今我國家の現勢に照らし。現時我佛教徒の有樣に徵し。到底行はる可きものにあらず。氏も此點を悟了せしと見へ。其最後に於ては

然れども奈何せん。國家の點よりして觀察を下すときは。國教制度は此の如く權理を有すと雖も。佛教各宗は自ら奮つて國民の輿論を喚起して。以て一大盛業を開くの精神なきとを(中略)。進んで其教をして國教たらしむるの精神もなく。勇氣もなく。徒に愚民の歡心を買ひ。眼前の小局に迷ひ。社會の一隅に屛息して。自ら愧ることを知らず。是れ盖し進んで國家に益する能はず。退ひて眞理と顯はす能はざるものなり。夫れ進んで國家と益する能はず。退ひて眞理を顯はす能はざるものは。世界の一大害物なり。佛教僧侶若し佛教をして國教たらしむると能はずんば。是れ固より自立すると能はざるもの也。既に依立する能はず。又た自立する能はずんば。佛教立脚の地は果して焉くにある乎。

と。憤慨を洩らして我佛教徒を攻擊せり。嗚呼四年前に於ては『今日舊佛教を一變して新佛教となさんと欲せば。實に人心上社會上に猛激なる一大革命を生ぜざる可らず』との驚天動地の革命論を唱道したる氏にして。今や舊佛教の殘喘を維持せんとする彌縫策に汲々たるは。是れ豈に嘆ず可く惜む可く怪む可きの至ならずや。

(未完)

論說

大乘佛教論

在米宗教大會 蘆津實全

稽首す本師釋迦牟尼佛。我が本師の此世に出るや(降誕周昭王廿六年甲寅西曆一千零廿七年涅槃周穆王五十三年壬申西曆

紀元前九百四十九年）（年代の事は異説紛々三十餘説の多きも且く本邦最普通なる一説による）衆生をして佛知見を開知し悟入せしめんが爲なり。而して衆生の根機利鈍區々なるが故に。大小權實等の敎を設けて之に投ず。然れども佛の本意は。初めより衆生の佛知見を主眼として。一乘圓頓の妙旨を説示するより。外には佛陀の本懷なきが故に。成道三七日の初め華嚴經を説く。是れ根本法輪にして。一代藏經の共に歸止する所なり。經に曰く奇なる哉一切衆生。如來の智慧德相を具有すと。又曰く一佛成道して法界を觀見すれば。草木國土悉皆成佛すと。佛陀は此衆生が具する所の如來の智慧德相を得せしめ玉はんと。華嚴頓大の法門を以て擬議し玉ふに。唯上根の菩薩ありて通達すれども。二乘（聲聞、緣覺）の機類は座に在つて。聾の如く啞の如くにして。領解すること能はざるが故に。是を以て佛陀は鹿野園に於て。四諦（苦、集、滅、道、）の法輪を轉じ。次に十二因緣（無明、行、識、名色、六入、觸、受、愛、取、有、生、老死、）。六度（布施、淨戒、安忍、精進、靜慮、智慧、）の法を説く。是を三乘と云ふ。只法門偏固にして。志行下劣なるが爲めに。又方等彈呵の敎を説き。此窠窟を破て。二乘の類を以て。疥癬野干に比す。意は三藏の（經、律、論）の學者が。回心向大して。根本乘に歸せんことを要す。是故に別敎の大乘あり。二乘は聞て其志を失し。菩薩は進んで其旨を究む。維摩經に一切の聲聞は是の不可思議解脱の法門を聞て。皆應に號泣して聲三千大千世界に震ふべし。一切の菩薩は應に大に欣慶して。此法を頂受すべしとは。卽ち是なり。後來重ねて般若の法門を説く。二乘三藏凡聖混雜して。機根を淘汰す。所謂小空を引て大空に歸し。偏空を呵して圓空に入り。假空を破して眞空に達す。是の如くすること多年。時到り功熟して。忽ち圓頓實相の法門を示す。三乘五性（佛、菩薩、聲聞、緣覺、不定闡提、）齊しく法華の一佛乘に歸入し畢る。要するに佛陀の意は。前權後實の循誘を以て。法華經の開佛知見の妙旨を得せしめ。大涅槃の妙處に到らしむるに在り。而して佛陀內證の法門は文字言語を以て傳ふべからず。心を以て心を傳ふるの妙法あり。是を佛心印と名づく。此心印を會得するときは。活潑潑地の機用を得て横拈倒用し。自由自在の境界に臻ることを得べし。我が佛敎は此不傳の傳ありて。佛心印を師々相承するが故に。佛法日に盛にして。今日に至つて世界萬國に普及せんとする勢力を有する也。

佛陀滅後に三藏（經、律、論）を結集す。是に大乘小乘の別あり。而して其小乘の中にも。又上座。大衆の異あり。大乘の結果は義林章に二説を擧ぐ。一は西域相傳によりて。小乘と同時に結集すと云ひ。一は大智度論によりて文殊菩薩及び彌勒菩薩が。阿難を率ひて鐵圍山の間に於て大乘の三藏を集むと云ふ。

現今の佛教大別して三部に分つ。曰く南部佛教即ち錫崙。暹羅等なり。曰く北部佛教即ち西藏。伊犁。蒙古。滿州等なり。曰く東部佛教即ち我日本なり而して南部佛教は小乘。北部佛教は喇嘛宗にして（密部の一部呪禁祈禱を專とす）共に佛陀が最勝無上なる大乘法門に非ず。獨り東部佛教に專ら大乘教を傳承して小乘の行人なし。實に佛陀が圓滿完全なる佛教は。今や獨り日本に在り。

本邦の佛教は初め印度より之を支邦後漢の明帝永平年（西暦紀元六十四年）に傳へたりしより。漸く東流して本邦欽明天皇の十三年（佛陀滅後一千五百零六年西暦五百五十二年）に。百濟國の聖明王より佛像經卷を日本に送りしを嚆矢とす。邇りて印度佛教の盛衰を察するに。佛陀滅後二百年に丁つて。阿輸迦王は大に佛法を光揚して。全印度に其隆盛を極めたり。佛陀滅後六百年に丁りて。馬鳴菩薩起信論を造り。尋で龍樹。提婆。無着。世親の諸大士起るに及んで大乘教は大に盛なり。其后數百年を經て婆羅門教徒の爲に壞亂せられ。又回教徒が印度に侵入せしより。佛教は甚だ枉屈を受けて。終に振はざりき。西洋十六世紀後は北方には不丹（ブウタン）。迦濕彌爾（カシミル）。尼爾泊（ニーポル）。南方には錫崙に僅に大小の遺教あるのみ。支那の佛教も後漢より漸次に傳播して。唐宋に至つて其極盛に達し。元明清に降るに及んで式微に趣けり。是の如く印度支那の佛法は皆衰へて佛陀の正法は。獨り日本に隆盛を極めたり。故に此篇日本佛教の大意を陳述して。而して現に行はるゝ大乘教の神髓なる者を示さんとす。而して諸宗（天台、眞言、淨土、禪、眞宗、日蓮等）の聖淨二門の教義の如きは。各々宗乘ありて傳ふる所なれば且く其專門に讓りて。今は單に佛教大乘の教意を陳述せんとす。

蓋し佛陀の教法。印度より支那に傳播するに逮んで。支那の三藏法師は皆才學該博にして。梵漢二語に通じ能く佛教の深意を飜譯す。而して時の皇帝も亦た力を竭して。飜譯事業を奬勵せり。姚秦の羅什が法華經を譯する。李唐の玄奘が大般若經を譯する。皆勅を奉じて。而して當時の文學博士も亦た其助筆となり。嚴儀丁重に聖教を敬崇するを以ての故に。其譯文佛意に契ひて後世に光明を輝耀せり。然れども法華經の深旨を發揮せるは。陳隨の世に天台の智者大師出るに及んで妙法蓮華經の玄義及び文句を出して。先聖未發の妙旨を世に顯はされ。五時八教の判釋を以て一代の聖教を攝收せられしが如きは。光前絶後の大業と謂ふべきなり。釋迦牟尼佛出世の本懐も。天台に至つて始めて盡したりと謂ふも敢て不可なき也。聖教日本に東漸するに及んで。我叡山の開祖傳教大師は天台の意を繼述して（延暦二十四年西暦八百零五年）法華經を弘通し玉ふ。之を天台法華宗と稱す。茲に至つて日本の佛教は始めて完備して大乘圓頓の教理復た餘蘊なし。加ふるに密（眞言）禪（達磨禪）戒（大乘戒）の三法を該攝して以て益々台宗を擴張す。故に佛教を論ずる者は天台を舍て復た取るべき者なし。今や全亞の佛法は東部即ち其全盛を極めて。而して本邦の佛法は天台を以て其中心と爲すときは。即ち釋迦牟尼の大法を總攝する世界の大首府は。日本佛法の根本たる比叡山を以てして。而して教義の解釋。觀門の樞要も亦た之を以て諸宗の標準となさゞるを得ず。故に此篇佛教の大意を述する天台に據りて。而して其粹を抜ひで。聊か論陳するに愚意を附する也。

凡そ佛教の大意を述べんとするに。經と緯の二を以て之を貫穿錯綜して。其綿繡を織成せざるべからず。此篇は釋迦牟尼佛を經とし天台を緯とし。一切聖教の文章を織成し。以て衆生具有の佛知見を指示せんと欲する也。而して其入道の初門及び進趣の次第階級は。天台の章疏及び密禪戒の諸書に既に盡したれば。且く之を畧して今は直下に佛法の心要とする概旨を提唱して。讀者に便せんとす。

夫れ佛陀の教法は宗旨にして學問に非ず。宗旨の主とする所は吾心の未だ安ぜざる者をして安ぜしめ。吾が本來の面目を認めざる者をして。明かに主人公を見せしむるは。即ち能く宗旨を證語する者に非れば。此地位に到るヿ能はず。故に佛教の大意を知らんと欲せば。經論祖錄に就て智解分別を逞ふするは學佛の階梯と雖も。其端的は他の寶を數へて自己に益なからんより。寧ろ行住坐臥の上に於て。仔細に精究し。吾が六根（眼、耳、鼻、舌、身、意、）門頭に起す所の見聞知覺の日用事に氣を付て。何物か斯くの如く見聞覺知するかを知るは。即ち佛道修行の肝要にして。道は遠きに求めず。目前今日の事を曉らしめ去れば。大道は我手に歸するヿを得る也。今日の事を深く心得れば。即ち安心の何物たる。釋迦の本意何くに在るヿを得べし。故に學道の要は六根門頭の目前事を識知するを最先と爲すべし。而して自心が悟りたる所を經文と照して見るときは。則ち明かに其眞僞を判定するを得べし。故に經文は心を照すの明鏡なりと知るべし。心若し正しければ鏡影も正しく。心若し邪なれば鏡像も亦邪に映ずる也。（未完）

佛教徒夏期講習會を論ず

在帝國大學　古河老川

昨年始めて須磨に開かれ。本年再び鎌倉二タ見の二個所に開かれたる。佛敎徒夏期講習會のヿは人の既に知る所なり。然るに尾張大野。飛彈高山。九州熊本の三ヶ所に於ても亦た本年盛んに夏期講習會を開かれしと聞く。かく天下の氣運が一時に此會に向へるは。吾人の深く喜ぶ所にして。殊に何れも魔事なく閉會せしは。賀せざらんと欲するも得べからざるなり。此に於て乎。吾人は此諸會の經過を一瞥し。聊か之に對する評論を試みんと欲するも。未だ正確なる報道に接せざれば。こは暫く廢し。今全體の上より佛敎徒夏期講習會なるものを論下して。來年已後此會を開設せんとする人々の參考に供すべし。

佛敎徒夏期講習會の利益は。時と處との都合により。決して同樣に云ふべからずと雖も。左の如き利益は先づ概して有りと云ひ得べし。第一會員に與ふる利益は。他の學校が與ふる利益と同じく德育。智育。體育の三種なり。第二開會地に與ふる利益は。講習會員相集りて法雨を其地方に注ぐにあり。第三佛敎界全體に與ふる利益は。宗派の別なく情實の弊なき。佛敎の新健兒を多く得せしむるにあり。第一益の中德育の如きは云ふ迄もなし。佛陀靈光の中に沐浴する會合なればなり。智育の講師の講話を聞く外。土地によりては大に實地の觀察をなし得る便あり。地理學上。歷史學上如何に多くの利益を鎌倉二タ見が與へしかを思ふべし。體育に至りても同じ。平素校門に在るや。唯一室に蟄居苦學するのみ。今や則ち然らず。朝に霧を侵して山に登るの壯。夕に月を踏んで濱を歩むの快。皆な講習會の賜ならずや。身健意固なれはまた何を憂へてか藥石を要せん。第二益も亦云ふまでもなし。一村法村となり一鄕法鄕となる。啻に會員言行の感化を及ぼすのみならず。又橫濱に山田に演說を開きしが如きも大利を與へたり。第三益は之こそ本會の大目的とも云ふべけれ。佛敎徒今日の患は永年の積習未だ失せずして。宗は宗と派は派と。寺々僧々兎角相協和せざるにあり。之を革新して向後同心一體ならしむるの策は。訓令を以て示すもあるべく。儀式的の親話會によりて導くもあるべしと雖も。未來の佛敎徒を形造る無邪氣無情實の佛敎青年が。諸宗諸派相混じ。一切の俗緣を絕したる山村水郭に集りて。見聞皆な佛敎。覺知悉く眞理と云ふ境に遊ぶ此會ばかり。協同の良媒果して何くかあらん。吾人が此會の起るを見て日本佛敎協同の光明を認むるもの故なきに非るなり。

夏期講習會の利益此の如くなる上は。之が講師と依賴し。之が場所を撰び。之が時を定むるに於ても。成るべく多く又成るべく完全に。是等の諸利益を得るに便利なるやう方針を採らざるべからず。之を取るに當りて吾人は先づ講習會の夏期會なることを心得ざるべからず。夏ハ元來炎熱修學に宜しからざる時なり。左れば學校も此際業を休み。平素苦學したるものも。此時を一年の安樂時期とす。是れ能く勉め能く遊べとの意にもかなへる者なり。然るに折角夏休みと供給せられ乍ら。又もや迂遠難解なる文句釋風の講釋のみを聞かざるゝ如くにては。到底永く堪へ得べき者に非ず。講師も苦み會員も苦む一擧兩損なり。故に夏期講習會に於ては。何れの講義も簡潔ならんことを要し。明晰ならんことを要し。嶄新ならんことを要す。且つ講義の題目は犬牙相雜るを要す。甘味の次に苦味と云ふが如きは。料理家の注意すべき點也。

人の或は夏期講習會を評して。講義と聽くに勉むる者少なくして。山川に逍遥する者多きを咎むるは非なり。學問は講釋よりのみ得るに非ずして。又天地風月の間より得べく。夏期講習會の眞目的は。僅か二週間ばかり集りて。佛學を修めんと云ふにあらずして。別に一年の安樂時期を淸白なる佛教の空氣中に送らんとするにあればなり。

吾人は返す〳〵も云ふ。佛教徒夏期講習會の眞目的は。實に宗派の異同を認めず。情實の弊習に染まざる。佛教の新靑年をして。仰ひて佛德の巍々乎たるに感じ。俯して佛界の洗滌すべき者多きに慷慨し。他日相率ひて共に佛祖の鴻恩に酬はしむるにありと。此に於て吾人は夏期講習會の向後妄りに諸處に起るを欲せず。若し萬一尾張大野。九州熊本の二ヶ所に本年夏期講習會開けしが爲に。伊勢二ヶ見の夏期講習會に出席する者。豫定より少なかりしが如き結果ありとせば。吾人は深く悲まざるべからず。昨年須磨に講習會の起るや。之に會する者九州より來れるあり。東京より來れるあり。京都より來れるあり。諸國諸校諸派相混じ。種々の談話を往復し。種々の思想を交換し。結果甚だ面白き者ありしと。若し之に反して僅々一地方の徒相會し。大抵一樣の談話に日を暮らす如くんば。其利益の小なること豫想外ならん。故に各地方に講習會の起る氣運も祝すべく。又夫々應分の利益あるも賀すべしと雖も。吾人は成るべくは天下の人と一堂に會し。各宗各派の談を一席に聽き得る夏期講習會を望む。故に來年已後各地方に夏期講習會を起さんとせらるゝ人は。妄りに起さゞる樣注意せざるべからず。

佛教徒夏期講習會の本體は常に移動せり。須磨。鎌倉。二タ見と開き來りて。來年は又東西兩部合併して三河に開くよしに聞く。此の如くにして日本國中を巡回する筈なるべし。地方の人何ぞ自ら進んで此本體を我地方に迎ふると三河の如くならざるや。是を之れなさずして地方自ら孤立の會を設くるは。折角催ふし來りたる大日本帝國佛教徒協同の大氣運に障害を與ふる虞れあり。愼まざるべけんや。

然れども上の如き評は來年已後夏期講習會の妄りに各地に起らんことを恐れて注意まで云ひたるも。決して本年起りし九州尾張飛彈等の夏期講習書をなかれがしと云へるに非ず。地方々々之を起すべき要ある者多し。吾人は寧ろ其起るべき者の起るを賀す。唯之を起すは地方々々思ひ々々にて如何なる事情あるべきも。起す上は凡て本部と氣脈を通じ。首尾相應じ緩急相援け。飽くまで佛教徒聯合の好果を結ばんと心掛けんことを望む。

吁佛教徒宗派相軋り兄弟墻に鬩ぐこと久し。之を治するの法この夏期講習會ばかり宜きはなし。夏期講習會の事豈に必要ならずや。況んや之を期として以て甘露の法味を愛樂すべく。以て名所古跡に古を懐ふべく。以て山川風月に腸を洗ふべきに於てをや。日本佛教徒は面目を改めて現出せる。夏安居を歡迎せざるべからざるなり。

詞叢

亡友清水吉太郎君を哭す

森直樹

嗚呼茫々たる宇宙人間の悲む可きこと實に多しと雖も。未だ才華爛熳の青年が。其實を結ばずして。夭折するより悲むべきものはあらず。嗟呼廣大なる天下。人生の涙を灑ぐ可きこと眞に多しと雖も。未だ前途有爲の青年が。一朝病魔の攫む所となり。萬斛の希望を空ふして。無常の悽風に吹き倒さるゝより泣くべきものはあらざる也。予が友美濃佛教青年の卓抜家。吉太郎清水君夭死の如きは。此範圍中の最高等に位するものにして新理想の麾下に屬する。我黨海内同感の青年は幾分悽愴悲哀の弔意を表せざる可からず。

回顧すれば既に二星霜前。西京西本願寺の文學寮内。松影婆娑たるの邊。君と共に手を握りて純潔なる青年的の交情を温め。君と共に思想を吐ひて深奥なる宗教的の理性を發揮し。君と共に無量壽佛の不可思議光を拜して。春風和氣なる信證的の活力を彰はし。君と共に見眞大師の影前に跪ひて雪摩石枕なる歴史的の感慨を生じ。而して雙方胸間の秘密を叩ひて慨然精神的の血誓を試み。將來日本の佛界に立つて龍となり。雲となり。虎となり。風となり。共に相携へて眞理の電光を放ち。慈悲の活泉を注ぎ。新世の警聲を叫び。以て新佛教理想の烈火となり。遂に人心上。社會上の一大革命を實行せんと。

或は論じ或は語り。或は問ひ或は答へ。或は悲み或は喜びつゝありし現象は。今猶ほ予が眉間に徘徊し。予が心内に湧起し。殆んど昨日かと思へば。早や已に君は生老病死の四大命運に動かされ。六道輪廻の纒縛に制せられ。諸行無常の鐘聲に送られ。沈々悠々たる寂靜涅槃の聖界に向て脱し去れり。嗚呼吾人如何に因縁因果の大經大法を信じ。如何に厭離穢土。忻求淨土の教勅を奉じ。如何に『朝には紅顏ありて夕には白骨なれる身なり』との宏大深遠なる眞理を理會する者と雖も。地。水。火。風の四大。色。受。想。行。識の五蘊。未だ吾人と分離せざる間は。色欲。食欲。財寶欲。名聞欲。睡眠欲の五欲が縱横跋扈するの中に生活する間は。貪欲。瞋恚。愚癡等煩惱の悪風が習々として。吾人人間佛性の湛寂を動かす間は。哀別離苦の紅涙は潸々として宇宙の全面に漲るものなり。教祖大聖釋尊の大悟徹底にして。而かも其父王の死に方りてや。一掬神聖の涙を灑ぎ給へり。況んや無始以來根本無明の雲に深く其理性の輝光を掩はれたる。吾人凡夫の憐む可く。悲む可く。泣く可き。慘憺たる苦世痛界に於てをや。

嗚呼予が慈母の胎内を出てゝ足跡を宇宙に印せしより。予此二十二年。十三にして嚴父と死別し。始めて悲哀の何物たると知りしより。慟哭悲歎の聲。九地の下に徹し。九天の上に達するが如きこと少なからざりしと雖も。未だ今回清水君の悲報に接したるが如き。痛哭。痛歎。痛悼の情に咽びしはあらず。嗟呼予が右腕と頼み。學兄と仰ぎし。朴山清水君既に亡せり。予と感情の歸趣を一にし。精神の氣脈を同ふせし吉太郎兄已に逝けり。予亦た誰と共にか心中の鬱勃たる秘密を語らんや。唯だ筑紫のはての不知火海より。遠く君が肉躰の埋れる濃洲の秀山麗水に向つて。追悼の暗涙を濺ぐあるのみ。

然れども君が人と爲りに至つては。方今我佛界青年の警醒す可き點少なからず。吾人は玆に君が生前の親友として。君が理想的行路の同伴者として。佛界操觚者の德義として。君の光ある特色を空しく闇雲の中に埋沒するに忍びず。聊か君が性情。行徑。經歷の一班を叙して弔哭の詞に代へ。君を知らざる海内の同志青年諸君に。君の何人たりし乎を知らしめんと欲す。

君は明治五年を以て美濃安八郡西の保村の敬虔なる眞宗信者の農家に生れ。七年前笈を負ふて西京に來り。當時最も海内の宗教社會に其名を鳴したる。西本願寺の普通教校に入れり。是を君が其身を佛界に投じたる第一原因と爲す。爾後君は温厚誠實の資性に加ふるに。勤勉奮勵いと整肅に普通學海の航路を渡り。遂に昨年七月を以て最良の成績に依り最も完全に文學寮（普通教校の後身）高等科を卒業し。佛界の新現象に於て。最も名譽ある冠冕を戴き。遂に斷然剃髮法衣の身となり。進んで眞宗大學林に入れり。嗚呼今や世上滔々の青年は。少しく普通の學術を窮むれば。忽ち意氣揚々社會に躍り出でゝ。塵寰浮世の虚榮を求むるに汲々たるの時に方り。佛教僧侶と云へる名詞は。我社會多數の輕蔑唾棄的形容詞に變じつゝあるの時に際し。眞宗僧侶青年其人にして。成る可く其頭を俗にし。其衣を俗にし。其風を俗にし。甚だしきに至つては。精神的俗化の最後を遂げんとするの今日に會し。君が奮つて眞宗僧侶の籍に加はりしは。確然奪ふ可からざる胸中一片の信仰。君の勇氣を鼓動したるに因らずんばあらず。顧ふ昨年の今月今日（二十五年九月十一日）君予に短書を與へて曰く。

桑門人多し今や亦一木漢を加ふ地下泣くものは誰ぞ地上喜ぶものは誰ぞ生の自ら進んで此境に入る紫衣鮮袍の人たる

を希ふにあらず又敢て學百世を空ふし識千古に徹するの智人を望むにもあらす啻眞心恍として彼我亡し遂に祖師靈前三拜三歸し涕涙悲泣三衣を着するに至る抑も之れ嫌ふて云ふにあらず好むで云ふにもあらず其何の故たるを知らざる所即ち生が滿心を捧げて一條の行路をたどらんとする所のみ

と。此片言實に君が當時の感情を直寫して予に報せしもの。然るに今や桑門の一木漢。其人既に亡して又た見る可らず。嗚呼哀哉。嗟呼悲哉。

一昨年の夏輕快なる羅甸民族の風習に染める藤嶋了穩師。新に文學寮長の椅子に附き。怜悧なる帝國大學生の氣風を禀けたる藤井宣正氏の手腕を借りて。該寮の改革を企て。殆んど佛教學校の特性を消耗し。官立學校の楷碣然たる組織に變せんとするや。予は夙に其秘密を知了せしより。轉た慣懣に堪へず。當時美濃の郷里に避暑歸省中なりし君に向け。一篇の改革非難的長文を投せり。於是乎。君も亦た同年七月卅日滔々數千言の議論的信書と復せり。今君が感慨の如何を察せん爲め書中より其一二節を抄出せんに。始めに

只吾人は我文學寮をして佛陀の旗下に生息せしめ働作せしめ其下に死せしめ生かしめ我至誠至淸なる佛陀の愛を十方に光被するに適し我至剛至大の大慈悲をして八方に赫曜せしむるに足るの能力と智力と手腕とを養成するに足るの校たらしめば今度の改革は其方向と右に取れ左に取れ謹んで從はんのみ

との。概括的慷慨の前提を築き。結末に於て一層激切の斷案を下して曰く。

新築の文學寮松下村義塾の如く其茅茨剪らず土階三等なる予の問ふ所にあらざるなり只だ文學寮の責任は豎過現未に對し横十方に通じて山の如く海の如く大なるを覺知せんとなり夫れ佛陀の福音を我至愛の青年男女に授るものは誰なるや我無智盲昧にして世利に營々奔走し居る幾万の生靈に光明の一條をしも附與せんものは誰ぞや赤髪緑眼歐の水米の山南洋北洋共に我佛陀の活泉を嘗味せしめんとするの責任を有し居るものは誰ぞや嗚呼我文學寮は活天活地此責任を負ふて起たざるべからず我文學寮生は文學寮の感化（有りとせば）を蒙りしものは愈々五年十年の後には縱令辛酸續々來るも飢餓凍餒の艱苦に沈むも是等の責任を盡すの覺悟なかるべからず文學寮生徒にして然らば文學寮の上に於て改革の先手たるもの亦遠大の眼光を有して猥りに他學校の楷段然たる位置に此至剛至大至眞至妙至絶なる佛陀法を弘布するの學校を止らしめて可ならんや

と。噫何ぞそれ氣慨の熱烈たるや。方今篤初武田師凋達豪快の下に働作せる。數百の新文學寮生たる者。地下淸水君の此言に接し果して如何の感かある。赧然たらざる者必ず少なかるべし。而して今や彼が如き青年感慨家其人は已に死して。又た其慨聲を耳にする能はず。嗚呼哀哉。嗟呼悲哉。

本年一月五日君は其故山より。新年奉祝の長文を寄せ。中西氏の佛教大難論に就て所感を洩らせり。而して其新年を祝するや。典雅醇厚。宗教的感情の愛國心を歌ふて曰く。

新年の旭光を拜する既に久し思ふに四海の平寧なる君が筆端に映ずる所は華麗英發洋々として春潮に棹す如きものありて貴紙爲に聲價を倍するとあらん我皇基の悠遠なる德澤の潤被せる庶民袂に涙するも尙は足らざるものあり嗟呼誰か感戴せざるものあらん曾て業を文學寮に受け政治學に染

指するや宇宙一統帝國世界の表面に現出するを説く中西先生語辭逆發それ此覇柄を握るもの歴史の邈遠なる帝統の尊嚴なる我皇室の如きものありて此に儕ることを得んと一場の話談に過ぎずと雖も誰か此心を推して忠誠を致すを想はざるものあらんや

と。而して末段中西氏の著書を引き來り。左の如く大學林學生の痛所病點を打擊して。紙上爲に聲あるを覺へたり。

曾て中西先生の組織佛敎論を讀んで覺へず涙の斑々たるものあり曩に大難論を繙き大學設立云々の下に至り又覺へず淚袖に落つ予豈に先生が大學設立論に全然賛成するものならんや然れども讀んで彼處の一段に至り現時の佛學生を擧げて鞭韃を加へらるゝとの一段に至りては覺へず喫咻机を打つの事ありき誠に現時の佛學生を熟察して此論を讀むもの皆な予と同感ならんとと信ず彼の宏壯なる校舎に學ぶの青年僧侶彼の武人號令の下に銃を執り劍を弄するの淸敎徒一は則ち高妙の哲理を玩ぶと雖も滿頭滿眼滿腹極めて古代の思想を充溢し徒らに徒食徒言し酒と色とに腦漿を攪亂して現代社會の風勢運爲に毫も心を措くものなし抑も以て翕媼を友にすると得とも彼の新奇の學を服して世界の大勢に棹さす基督敎的の敎徒と左提右携佛陀の妙味を宣揚することを得んや況んや一歩を進めて身を異域に投じ異習異敎の下に育するの衆生を皷して我佛平等の大慈悲に捿息せしむるをや

と。何ぞそれ生氣勃々たるや。其身は俗人にして滿身佛陀の慈悲に感泣し。以て眞個に犠牲献身的の僧侶たらんと欲せし淸水君が。習慣的。儀式的青年僧侶の翺翔せる『僧心なくして僧に居る』てう空氣の全校に滿てる大學林に入りて。絶望的不平の呼號となすに至りしもの。亦た決して怪むに足らず。而して今や腐敗の空氣中に居りて腐敗の空氣に染まず。痛言淋漓死に至る迄其腐敗を攻擊せし。我黨の眞血性漢淸水君は。旣に無常の嵐に散れり。嗚呼悲哉。嗟呼哀哉。

昨年六月二十二日君は「余の一瞥せる我國現今の佛敎」なる。新舊兩佛敎徒思想の異點を論せし雄篇を投ず。載て國敎拾三號にあり。其後昨年の十月十六日秋氣正に盛んなるの時。君又た『哲學と宗敎』の關係を論じて寄す。是れ亦た揭げて國敎十六號にあり。其時君論文の端書に『唯悲む可きは予の如き頑魯過ふ所なく日々無聊不平に堪へざるのみ君よ僧侶の狀態は僕は今迄知らざりき知れりと思ひ居りしは誤なりき思へ思へ此の如き人と共に斯事に從事せんとは噫』と謂へり。予は一讀愴然として深く君の志を憐み。君をして斯く懊惱的の歎聲を發せしむるに至りしは。必ず絶大至緊の原因を有するならんと察したり。然るに本年四月六日嵐峽の櫻花眉を披ひて春風に笑ふの時。信仰の活氣全面に躍り。慷慨の火燄紙上に燃ゆる『佛敎盛衰の本源』(國敎貳拾壹號揭載)に添ゆるに。滔々數千言殆んど激流奔湍の巖角に咽ぶが如き一大長文を以てす。是れ君が眞宗大學林青年僧侶の汚風穢習を痛論し痛說し。痛哭し痛罵せしものにて。亦た君が無聊不平に堪へざる原因なりしなる可し。嗚呼是れ君が純信の熱淚なり。吾人が今玆に君の熱淚を揭げんとするは。君が生前の託言たる『一讀の後は火爐に投せよ』『必ず他見せしめらるゝなからんとを』との情誼に背き。聊か地下の君が精神を苦しむるの嫌なきにあらずと雖も。又た佛界內部の醜体と社會に暴露するは。吾人佛徒として實に冷汗の背を濕すと雖も。吾人が改革的正義の雷鳴は大に心內の堂奥に轟き。天下の我同志者に對しては破壞的舊佛教改革の大材料として之を與へ。眞宗大學林に對しては猛劇性の防腐劑。激烈性の刺戟藥として之を投じ。地下の清水君に對しては生前親友の大義務として。君の特性を我佛界の全面に印するを告げ。遂に斷乎として左の如き君が熱々沸々たる眞情の活涙を揭ぐるに至れり。

我敬事する森君足下回顧すれば君と袂を分ちしより早く已に一年有餘を經たり陽氣の來復する所東山亦媚を呈し西丘花將に開かんとす筇を曳て此間に散策を試み君が多血多涙の神筆を懷にし低吟緩歩舒に思を我佛教將來の氣運に旋らせば悲喜交も來りて狂せんとするものあり惜む此衷を語り此微志と明して共に天眞の情を傾くるの友なきを兄熊城の下感慨起ることありや否や京洛の山水既に背くこと一年能く亦思を當地に馳することありや將た又文學寮異日の狀況を想起するありや幸に兄が近日意想の去來する所を語れ

僕の學林に入りてより既往一年僧侶の氣風情態意氣志想及彼等が理想とする所略知ることを得たり記して以て少しく兄が意を得ん乎勿論二百有餘の學生盡く駑馬のみにあらざるなり盡く近眼者のみにあらざるなり中に於て半夜蹶起して涙を學生當時の狀況に濺ぐものもあるなる可し然れども概して之を言へば僧侶なるもの亦恐るゝに足らざるなり亦恃むに足らざるなり悲むべきは變則的の教育を受け不完全極まる卑風滔々たる地方各小教校の薰陶を經來りたるもの半に居れば一種忌むべき嫌ふべき唾棄すべき弊風汚習は業に膏肓に入りて又治すべきの術なきを彼等の學ぶ所は能く華天の微を探り奧を盡すとするも彼等が千曲万曲せる意志の發達や小學教員にも適せず當代の宣教的人士にも適せざるは勿論普通の教育を經たるものと一言を交ゆ可らざるものあらん唯其枯朽伽藍の中に妻挐を有して門徒の歡を購ひ固陋極まりたる田舍人士に一贊を求むべきに過ぎざると惜む悲む（森君僕の學林に有りて斯の如き言を弄するを咎むる勿れ僕は涙と以て此書と草しつゝあるなり若し他人ならば乃ち余は此の如きの語を發して筆にするの勇なかる可し唯兄なるを以て然る耳乞ふ幸に生が微衷を察し深く言の体を失へると過眼せよ）

學生の華奢遊柔婦女子の哀みと買はんとするの弊風あゝは悲むべきことなれども其思想の視るべきものなく意志の薄弱にして感情の劣々たる精神の眠りて毫も遠と云ひ大と云ふ可き分子を包有するなきは寧ろ長大息して尙は足らざる所なり彼等は少しく新聞と讀むなり其新聞の多くは朝日每日の如き艷話多き新聞なるにもせよ多數の讀まざるものに比すれば少數の讀むものは世間の奇事を知れるなり其雜誌は幼年雜誌少文林（一錢五厘）等の購讀者多きも尙は雜誌を讀む人士の部類に攝するを得べし此く小新聞小雜誌を讀むが故に少しく世間的の刺激と被らざるにもあらざるなり故に紀海の遭難者には義捐金を出せり其の出來事には某の盡力をなしたることあり然れども之れ唯だ世間の風潮に打流されて然りしもの噫寧ろもう少し大なる事に眼目を注ぎ度きものなるに一般の學生紋付の黑羽織と着し高帽子を戴くものあり然れども其氣力は●●●●に接して誇るに堪へたるの度に止まるのみ悲む々々

學生の理想の卑劣なるに大息す七八間四面の堂院を飾りて縮緬の法衣を着し丹色の扇子を揮て幾年月の間天下の大學林に於て習ひ得たる所を復演し以て地方の僧侶と老婆に誇揚して門徒の囊財を得んとするの卑劣なる思想理想の滔々

二百の學生が腦漿を支配する間は現時佛教の回復は到底望みなきなり寧ろ居士連の振ふあらば知らざるが此輩此小僧侶の天下に跡を絶たざる間は佛教の狀態は愈墮落の淵に近づくあるのみ現今外國に佛教の傳播せるとを宣揚して我日本人士に紹介せしものは僧侶なるか俗土なるか乞ふ君思へ誰か僧侶にして骨を外邦土に暴さんと期するものあるぞ想ふて此に至れば誰か此可憐可恨の狀況を一滴の涙に流し去るものぞある僕は學林にありて身を削るが如き可悲可傷の筆を弄するを悲む然れども言はんと欲する所を言ふなきは僕の堪へざる所乞ふ君且く眼を借せよ學生毎夜毎夕の談話問題となるものは●●談なり某席の●●某座の●●某方の●●噫之れ彼等の精神を惑亂し顚倒するの好個題目なり嬉褻聞くに堪へざるの語懶惰見るに忍びざるの狀土曜の晩は天魔を賃し來りて眞正なる學生の學室を裝ふの觀あるなり君眼に聖語を拜し口に金言を誦するもの此態ありて可なる乎

『何故に捨にし身ぞと折り〳〵は心に恥ぢよ墨染の袖』慈鎮和尚が高祖大師に賜りし歌讀むに眼暮れ唱するに口吃せんとす偖て以上の種類の學生は六部も（七八部も）あるなり少しく上等なるものは役所に對する不平を排列して口角沫を飛ばすもの世間の無邪氣なる話柄を語り合ふて樂むもの本山執行役僧等の勢力を羨稱するもの政治家實業家の名あるものゝうわさをなすもの此種の人物三部五厘斗りあり若し夫れ佛教の大勢を語り各本山施政の得失を談じ古昔高僧の遺事を談じ胸臆を吐露して共に樂むものに至りては十人に一個百人に半個十部中餘す所の五厘のみ既に足を寺坊の羈に縛されたる身の自由を失へる人にして此等の談ある豈に無人嶋中天使の跫音を聞くの感なからんや云何にしても學生の氣風は腐敗せるなり僕は酒を飮むものあるを以て然か云ふにあらず登樓するものあるに依て然か云ふにあらず夫れ朽ちたる精神敗れたるの思想の裸々物が隊をなして日々佛典を汚すものあるを悲むのみ。

其教師和上の事に及ぶは僕の忍びて謂ふ能はざる所唯左の數言あるのみ佛祖の冥加に感拜するの志は充滿せりと雖も學生の氣風と鼓舞作興するに堪へたる熱烈たる敬虔を有するものなしと此れ一は眞宗の眞俗二諦の教義に於て俗諦門に於ける風儀の退守的にして進取的ならず自身の罪惡を懺悔するに止まりて他人を感化し保導するの責任的佛教の既往我國に振起せられざりしによる乎頗る考思と要するものなれども兎も角和上等の教育和上等の內行和上等の氣風にては將來我國が需要に應ずる人物を養成すべきの望なきは昭々として日を見るよりも明かなり

森君學林の景勢此の如き耳如此所に猶は蟄龍ありと思惟する乎尙ほ他日倒天の大事に着手するの人物ありとする乎少なくとも我日本國內の風教を維持滌洗するに堪ゆるの人物ありとする乎我國今後春草の如く出生して毫も宗教的（殊に佛教的）感化を受けざる少年を陶冶鑄錬して完美なる日本民族を養成するに堪ゆるの人物出ると考ふる乎君が常に唱道する我國佛教的歷史を編纂するに足るの人物出で來るとする乎君が常に語りし精神的人物敬虔的人物純信順理天地に俯仰して耻ぢざる人物の出生すべき見込ありとする乎凡そ此等の問題に接すれば余が如き卑微矮少なるもの涙に沈むで語る所を知らざるのみ

耶蘇教にては同志社あり東華學校あり明治學院あり熊本英

學校あり其女流に對しては當地の同志社女學校東京神戸の數個女學校の學生共今や火の兒となりて我佛教國の版圖を捲き去らんとするにあらずや爆烈彈上に安臥する佛教徒の悠々徒然たる誰か之を傍觀するに忍びんや願くば君僕が微衷と察せよ●●●●●●●●●●●●●●●●嗟呼僧侶は三寶の随一たり金經金言聖語聖典と誦するものを取てしかく誹謗しかく罵詈す余は其罪惡の深重にして滅するに由なきを顧ふ然れども尚ほ敢て默する能はざるもの此熱涙の存すればなり此純信の在るあればなり余の如きは夫れ眞に佛陀の愛子ならざる乎兄よ君が胸奥の琴線を鳴らして余にも其喜を分て乃ち敢て數語と陳する爾り語辭蕪雜一讀推過して直に之を火爐に投せられんとを必ず他見せしめらるゝなからんとを請ふ草々拜白

是れ實に君が予に與へし最後の長文なり。其血を注ぎ涙を揮ふて。大學林生の腐敗と慷慨するや。咄々眞に迫まり。其肉欲虚飾。柔惰淫靡。停滯迷妄の光景轉た人をして嘔吐せしむ。若し現今の眞宗大學林にして。生前君が悲憤したる前文の如き痕跡を有するものとせば。我黨新理想の同盟者は。飽く迄彼れ本山の當路者と刺戟し。彼れ學林の關係者を彈劾し。以て矯正革新の激濤を漲らさゞる可からず。然るに今や此僧弊革新の熱心者たる。熱腸的人物其人は。最早や黄泉の下に逝ひて。唯だ音容髣髴として予が腦裡に殘れるあるのみ。嗚呼悲哉。嗟呼哀哉。

鳴呼實に昨年の五月新樹花の如く熊城に滿てるの時。予は君と血誓的連鎖を試みたる一大長文を君に送れり。既にして君も亦た六月十日情味濃厚なる一篇の復音を予に報ひたり。音中云へるあり。

顧ふ六星霜の昔天下最愛の父母を辭し笈を負ひて涙々西都に着す月を閲する今に幾十日を經る今に幾万人に接する無慮數千而かも會心の友を得る幾許ぞ或は中途にして行路の人となり或は一朝不歸の客となり天地予をして永く不遇の人たるに泣かしむ一朝約あり二三有爲の士を賜ふ今や即ち一は逝き一は病み一は嚴律の下に束縛せられて烈日酷暑の下銃を肩にし劍を腰にし野夫の叱する所となり凡俗の驅逐する所となり列に小人に伍するあり今此志を語るに人なく前途を談ずるの士を失ふ僕の失意果して云何ぞや噫吾君と俱にするの歳月永きにあらず君と語る僅に數次加之僕が不辨なる語々吃々意を致す能はず而かも君僕と遇するに眞の友を以てす僕君に對して他言あらんや愼んで君の謂ふ所に從はんのみ

と。嗟呼何ぞそれ友情の靄然たるや。何ぞそれ感慨の深切なるや。『或は中途にして行路の人となり。或は一朝不歸の客となり。天地予をして永く不遇の人たるに泣かしむ』とて其友を歎きし清水君は。今や却つて此悽語と自身の魂魄に享け。予等君の友よりして慘然其死を哭せらるゝに至れり。吁人生の境遇眞個に夢幻泡影の如し。嗚呼哀哉。嗟呼哀哉。

君又た同書の結末に於て。左の如き哀言を放ち。今や予をして一層追懷の涙を絞ばらしむるに至れり。

嗟呼一月三日寒風肌に透り春色猶淺く東山西水異様の景を呈し旭旗の飜々たる門松の青翠たるもの尚ほ袖引ひて氷りし水を溶く能はざりし時瀛笛一聲玉貌永く西海の域に隱れ熱辨亦聞く可らず今に至りて往日を回顧し沈吟多次手を膝にし謹んで君が永く交誼の榮を賜はらんとを希望す

と。何ぞそれ慕ふが如く。歎くが如く。餘韻の嫋々たるや。

『玉貌永く西海の域に隱れ。熱辨亦聞く可らず』と深く予を回想せし君は。今や温顔地中に埋むれ肉躰將さに壞裂せんとす。嗚呼悲哉。嗟呼哀哉。

去る七月三日の夜。君が西京大學林の玻瓈窓下。洋燈燗々の邊に認めし。病氣報知現世告別の短信書は。予が温泉岳翠黛の對岸なる肥後飽田の船津灣頭。有明海中萬丈の碧波に躍りし留守中に來れり。予は歸熊後蒼皇一讀して

今や余身体頗る衰へ氣力昔日に類せず加ふるに輕微なる肺病に罹り殆んど日々の業に堪へず爲に頗る君に負くものあり遺憾骨に徹すと雖も奈何せん噫

と謂ふに至り。非常に驚けり。非常に憂へり。非常に痛めり。然れども決して君が生命には變動なかる可しとの皮相的安心をなし居りたり。其後縣人の在學林生吉津知天君に九州夏期講習會場に見へ。始めて君が病氣の九死一生の厄運に陷り居れることを知り。悄然として一層憂愁の域に沈淪せり。噫今に至りて彼の辭に對すれば。『殆んど日々の業に堪へず』と云ひ『遺憾骨に徹す』と云ふが如き。君は早くも自ら其顏色憔悴。形容枯槁。到底起つ能はざるを覺悟せし者に似たり。嗚呼是れ實に人生悲む可きの極ならずや。

去月四日君は濃洲安八の故山より。予に對する現世告別最後の端書を添へて。君が生前豐肉麗容の眞影一葉を贈らる。而して其最後告別辭の結末は

相變らず當代佛教青年僧侶（無神經无氣力の代名詞）及佛教各本山の教學二途に付て不平を洩らし貴意を叩き度く候へ共今は御免を蒙り候

との。慷慨激烈なる痛言にてありき。嗚呼君は死に垂んとして。猶ほ佛界の時事を慨して止まざるそれ斯の如し。君が一點凛然犯す可ざるの英風義氣亦以て想見するに足る。嗟呼此青年義烈漢たる清水君にして。一朝肺患に罹り。本月二日午前一時無限の希望を携へて地下に入る。吾人は潸々たる紅涙を遙かに君が墓前に灑ひで。悽愴悲哀の香花を捧ぐるある而已。

嗚呼西京文學寮内。一穗の寒燈眼を照らして明なるの處。君と共に雙方感情の琴線を鳴らして。精神的血誓の連鎖を結びつゝありしは。猶ほ昨日の如し。然るに今や幽明境を隔て。生死域を異にし。君が靄然たる其温容。肅然たる其風采。凛然たる其精神は。唯だ髣々然髴々乎予の腦裡に映ずるあるのみ。嗟呼人生の變遷何ぞそれかく倏忽なるや。渺たる蒼海の一粟。吾生の須臾なるを悲み。長江の窮なきを歎ずる。豈に獨り支那詩人のみならんや。玆に君が佛門に入りし滿一週年紀念日（九月十一日）の夜。君を哭し來り悲み終りて蒼天を望めば。四邊蟲聲喞々秋風に咽んで。又予が悲を助くるもの丶如し。實に予が亡友を哭するもの丶如し矣。嗚呼哀哉。嗟呼悲哉。九原の下なる親愛なる清水君。希くば予の哭詞を饗けよ。嗚呼希くば予の哀文に涙せよ。

小說

花の露

東京　旭松山人

下の上……殺害

今日は又江戸表より聟殿が、仙遊軒の若葉を見物かたぐ久方振に入來あるとて、仙遊軒は朝まだきよりの多忙、今かい

まかと思ふ中雨さへ強く降り荒べば、この天候ではトテモ訪ふてもくれまいと、主夫婦は本意なき顔色、折しも頼むと奥までひゞく人の音なふ聲、それ花丸がと口にてこそ出さゞれ、主夫婦は先を爭ふて玄關まで飛び出ぬ。

案内されて一室に通りしは、花丸ならで川合清九郎、先づ無沙汰の挨拶紛紛、さて清九郎は何の所要ありて來りしにや、無益の談話に時刻を移すものから、茶となり菓子となり終に後は又酒となりける。最早杯の交換も飽までなせし後にて、眼球の運動も餘程鋭敏なる頃。清九郎は膝を前めて左門に向ひ、先づ最初はた露の花丸に嫁せしを賀し、暫して後は何故た露は武八郎には嫁せずして花丸に嫁せしやと詰り、次には又左門の前約に背きて何せた露を花丸に嫁せしめしやとせめ、漸く聲の調子を高めて、俸給離されて以來は、武士の魂も打捨て義理人情も打忘れ百性風に化せられて、腰の骨は腐りしやなどゝ、口を極めて罵れど、國事を以て憂となし身を閉されし池邊左門、かゝる女々敷小人の言葉を心に懸け、四苦八苦するものかは。左門は聞よりホヽと笑み、云れる所理なれど淺田殿よりは既に一昨年の春頃より婚姻の申込ありしかど、未だ年齢もゆかず候ひければ、兎角言葉を左右に托し斷りしも、今度はタッテの催促、ざれどせめては今一年もと思ひしが先方も聞ず、此方にも亦親心は何地も同じ春の花、一日も早く開かせたきが山山なれば、何うせ一度は賣物ゆゑ、少しも瑾の無いうちと、思ひ切て歸せたり。單先約と云ふのみにて、他意あるには非ざるなり。悪しくな邪推ひ玉ひぞと、言葉短く義理深く論すも耳かで清九郎は、小人の性として今度は又花丸の失行を罵りて、日も全く暮れ亘り晩春の餘滴いみじう降り荒ぶもいとひなく、仙遊軒をぞ出にける。

◎　◎　◎　◎　◎　◎　◎　◎　◎　◎　◎　◎　◎　◎

村の鎮守の森の彼方にて仙遊軒より出來る提燈の光を一心に眺め居たる悪漢ありしが、光の風に取られしを見て、時こそ便けれと忍び寄り、後方より一刀に切るよと見えしが間もなく仕止め、「戀の恨思ひ知れ」と、首取上げて四面を見廻し、又鎮守の森を心して立去りしが暫時して今度は一挺の鳥銃を携へ、闇にまぎれて急ぎつゝ仙遊軒の奥庭にぞ忍びける。

憫むべし池邊左門、斯る悪漢の忍ぶとも知らず、濃に降り荒ぶ晩春の餘滴を肴とし、妻子を呼んで酌とらせ、夢ばかりなる春の夜の徒然を慰めつゝ、今日は朝より花丸を俟ちに俟つたなかひもなう相見ざりしことの本意なさなど、打語う時しもあれ、今夜初めて時候知らせ顔に鳴き渡りし五六の蛙、不思議や一齋にその音を止めぬ。流石は將軍に師と仰がれし池邊左門なり、今迄こそ高音に鳴き荒びし池の蛙一齋にその音を止めしは、正敷この奥庭に怪事あるなれ、と提燈を右手にさげ隈なく滿庭を見渡せど、今夜はぬば玉の闇夜にしありければ、如何にして忍ぶ悪漢の見ゆべきかは。されば左門は醉に乘じて椽端の柱に身を倚せ、一息吐く時、あはれ假山の木蔭より閃焉と光る火花とゝもに、耳を破ぶる一發の彈丸は狙ひ外れず、悲むべし痛むべし遁れの武人池邊左門の胸を貫けば、如何にして堪へうべきかは、そのまゝ苦と縡きれぬ。

萬國宗教大會

我九州佛教對外運動の同盟者諸氏が。合して一体となり。凝て金鐵の如く。今春四月。世界的佛教運動の新色旗を。熊城の上に高く飜へせし以來。或は暴風激浪の難を凌ひで西肥の各地を風靡し。或は守舊頑迷の迫害と戰ふて東肥の半洲を震盪し。或は竹杖草鞋雨を衝き風を冐して同盟者と誘説し。或は說教壇上爛舌焦口以て宗教大會の現象を老爺老媼に吹き込み。或は一家の纏縛一身の情實を斷ちて靖獻的報恩の血誠を表したる結果は。遂に佛教中原の鎖國的舊佛教徒をして後に瞠若たらしめ。難なく代表者をして六月十八日熊本を起たしめ。恙なく代表者をして八月四日三高僧一居士と共に。京濱間新佛教徒歡呼の中に横濱を解纜せしむるに至れり。嗚呼我九州佛教同盟者諸氏。實に諸氏が櫛風沐雨の功動は。今や全く米洲フロント湖畔の萬國宗教大會場裡に轟き渡れり。諸氏が辛苦經營の精神は。千四百年來大瀛孤嶋の中に埋沒したる。大乘佛教眞理の寶玉たる彌陀本願勅命の光輝をして。今や全く燦然爛然北米シカゴの大會堂上よりして。世界人類の思想海に照らし被らせり。吾人は玆に本號より『萬國宗教大會』の一欄を新設し。諸氏が派遣したる代表者八淵師の通信に基ひて。大會に關したる一切の報道を天下の讀者に告げんとするに臨み。今春以來我同盟者臥薪嘗膽的運動の凄景は大に吾人の心を刺し。吾人をして俯仰感慨。近く脚下を望んで諸君の功動諸君の精神を謳歌せしめ。遠く北米の天を眺めて代表者歸朝後第二の運動如何を想像せしめ。遂に此一言を筆するの止むを得ざるに至らしめたり。愛讀者諸君希くは之を諒せよ。

明治二十六年九月二十三日夜　國教編輯者謹識

編者再び白す八淵氏が横濱を解纜したるは八月四日なり今や漸く四拾壹日を經て去る十三日第壹回の報道及び書信等來れり是れ師が八月十六日英領ヴヮンクヴワー港オリエンタルホテル（東洋旅館）より發せしものとす是亦た讀者の諒察を請ふ

遙に英領瓦港より九州の同志青年に寄す

八淵蟠龍

英領晩香塲港より一書を拜啓す。春來諸君の厚意を辱ふし。小衲不學無識にして身分不相應の偉業を企圖し。遂に旅裝を整理し。八月四日を以て横濱を解纜し。洋々萬里の波濤を蹴て。北米の天地を覩るの幸福を得たる事。偏に諸子の愛顧と佛祖の恩惠に在りと感銘斜ならず。實に謝するに言なし。然るに今回の雄圖たる近代無比の旅行にして。釋洪嶽禪師を始とし。天台眞言の碩德と共に提携し。空前未聞の宗教公會に臨み。美名と洋の東西に輝し。宗教歷史の上に千載不朽の事績を遺し。而して釋尊出世以來佛緣疎く。佛教に就ては不見不聞とも云つべき彼の泰西人。今や機緣純熟。科學哲學の進歩と共に我佛教を迎へんとするの時運に臨み。先德高僧艱酸恩惠の遺物たる。縮刷の大藏經典を携へ。且つ又日本大乘佛教大意。眞宗綱要。眞宗問答。眞宗略說。宗教哲學骸骨。四十二章經等の英譯書數萬冊を携へ。北米市俄高の紳士學者及び世界より集り來る有志者に頒ち。佛緣を結び佛種を種播き。然して印度以來支那を經て我日本に來り。數千載の年月を積み。大乘佛教の極點究竟に達したる。天台。眞言。禪。眞宗の遺弟倶に手を携へ。密教には眞言之を掌り。顯教には天台之を握り。自力中の自力を以て唱導するには禪之を施し。他力中の他力を以て平民的に實際に之を施すには眞宗之に應じ彼の歐米基督教家の兄弟に佛陀の慈教を施すは豈に夫れ愉快ならずや。吾人斯の如き言を紙上に訴ふるは。一時の放言。一場の慢語。傲慢的。誇張的の空言に過ぎずと言はんも知る可らずと雖も。諸君が熱心勃々たる擴張の志望と社會の時運が既に已に斯に迫り。吾人の此行を誘ひ。此雄圖を起さしめ。此言を發せしむるに至りたり。否な一子憐念の佛意。宗祖海岳救濟の宿志。吾儕の先輩祖先が鐵窓の下に血涙を絞りたる熱信の宗教心は。發して此行を遂げしむるの結果に至れり。此を思ひ彼を想へば吾儕の責任も亦た重し豈に放言に歸す可けんや。

吾儕は唯だ佛陀の冥慮に任かせ。宗祖先輩の鴻恩と顧み。諸君の厚意に酬ふには。献身的の志望を以て一身を犧牲にするより外なし。就ては諸君に望む所は將來の繼續之なり。假令吾人等時機と僥倖とを以て此行を完ふすと雖も。諸君に於て此偉業を繼ぎ。志望を運ぶ無くんば。一時の假名投機の虛名を買ふの山師的事業に過ぎざるべし。吾人が此行は吾人の歷史を造り人物を裝はんと欲すべき志に非ず。一度實撿探知の上は。必ずや諸君をして歐米の山川を跋涉せしむるの存意なれば。第一諸君に需るは宗教の熱心力と。先輩祖先に對するの義務心と。百折不撓の志望とを堅くする事。學術に練習し。英書を讀み。英文を綴り。英語を活用する事。尙ほ此外に一の技術を修むる事。譬へば醫術を修め。又は繪畫を書き。其他料理細工物等。何か普通の業を蓄ふる事之也。今回同行の船客を探るに。或は英米。伊太利。魯。支那。印土。日本各種の客あるも。力役勞働者の外總て一技を修得せる者多く。或は醫術又は電氣治療。畫圖。料理。其他彫刻。鑄物。砲術等の技藝を備へたり。又米國大學の如きは。半年學事に勉め。半年は學資の爲に各個種々の業を營む。吾邦の如き父兄の膏血を絞りて學業を脩め。卒業の後如何か生活せんと。禿筆を握りて文章を賣るが如き比に非ず。鍋の鑄懸も提灯張るも工業學士の勉むる所となり。鑄物を爲すも根付を刻むも美術學の一部なり。豈に何ぞ卑むべきの理あらんや。

斯の如きは僧侶として傳道には不似合の如く思はるるも。歐米の天地を蹈破し。百科の學理を究めて。勇猛卓拔佛教の傳道を企圖せんと欲する者は。必ずや以上一技一藝の蓄へ勿りせば。傳道の方略上尠なからざる不便を感ずるは。瞭々火を睹るが如し。今や我邦は新世界を組織し。新思想を開發せんとす。外人雜居は遠きに非らずして實行せらる可し。此機に乘じて彼れ基督教は從來歐米人をして基督教國の一大觀念を懷かしめたるも未だ滿足とせず。馬可傳の十六章十五節の基督の最後の命令『徧く世界を廻て凡の人に福音を宣傳よ』と云ふ言を奉じ。孔孟の國佛教の國。其學其教遙に歐米學士が腦を傾け眞理を探らんとするにも拘らず。日本基督の徒は糧を儒佛に需めて。却て東洋諸國を顚覆せんとしつゝあれり。請ふ一鞭千里を望んで奮起せよ。舊佛教の殘夢輩何をか爲さん。嗚呼諸君識らずや。「ミシガン」大學は諸君の來るを待てり。ヴワンクヴワー。ビクトリヤの移民は日本佛教の來らんことを望み。フレザー河。スキーナ河の漁民は諸君の福音を傳ふるの日を期し居れり。ホートランドの住民は佛教來て何ぞ日本の美風を輝さんと怒り居れり。諸君知らずや。安養本化の慈教は止む時なく諸君を勸告しあれり。先輩祖宗の血涙は諸君の精心を滌ぎつゝあれり。乞ふ一鄕一地に跼蹐する。寸歩毫釐の諍を止め。來る者は倶に手を携へ速に責任を盡せ。誠恐誠惶謹んで諸君の座下に呈す。

萬國宗教大會臨席道中記

八淵蟠龍

◉ジヤパン號日本を發す　八月四日カナダ鐵道會社郵船インプレス、オフ、ジヤパン號（日本女帝）に搭載し。同行五人橫濱を解纜す。洪嶽釋師は上等に。石蓮蘆津。雲外土宜二師及び小衲は中等に。復堂野口氏は下等にて。悠々太平洋の大濤を航し。洋中四千百七十哩。十三晝夜にして恙なく英領ヴワンクヴワー港に着船せり（四日より十六日に至るは十三日なるも航海中一日重複の日あるを以て十三日夜とせり）

◎ジヤパン號は堅牢なり　偖て本船はカナダ鐵道郵船中三艘の一にして。而かも新艦なれば尤も堅牢なり。長さ八十間五尺。幅二十五間にして。六千噸を積み。壹万馬力なりと云ふ。

◎船客船室支那ボーイ　船客は日本人にしては。小松の若宮依仁親王殿下を始とし。上等五名。中等九名。下等八十三名。其他下等には支那人八十餘名。錫蘭人五名あり。中等には英國。伊太利。魯西亞。亞米利加の四名あり。其他の英米人は總て上等に在り。下等室は米人と日本人と室を支配し。ボーイを働き居れり。中等室は總て支那人をして室を支配せしむ。依て此室のボーイも亦た悉く支那人なり。是等のボーイ清英二語は通ずるも。日本語は一切通ぜず。僅に片言雜りに數言を通ずるのみ。ボーイ中の一人郭道と云ふ者文字を能くす。無聊の餘土宜蘆津二師筆談を試む。或は數言を應答するも。高尚の理に至つては固より通じ難かりき。

◎同船日本人の諸人物　小松宮殿下は軍事視察の爲め。歐米各國を巡回せらるゝの御目的。長崎省吾氏は殿下の家令。高木某。渡邊某の二氏は殿下の從者。共に殿下の隨行者。獨逸旨義の敎育者。少年園雜誌の社主山縣悌三郎氏。楠公銅像の鑄造を以て名ある美術家岡村雪聲氏の二名は。倶にシカゴの博覽會を經て紐育。ボストンに取調べ物を爲す爲め。其他東京の銃商關根水三郎氏。岐阜の油繪畫工長尾某氏。東京の人奥三郎兵衛氏。同氏の隨行某氏も亦た各々其目的の爲め渡航するもの。是等日本人の十餘名と。吾等の同行三四名は。時々甲板上の一部に小集し。椅子に掛け寢臺に凴り。氷水を喫し梨子を喰ひつゝ種々の快話を爲せり。吾等の同行中。復堂雲外二氏最も流滑變轉の交際的談話に巧にして。余は九州邊鄙の朴訥漢。少しく都人士的交際に熟せず。故に默聽して水天の淼々たるを望むのみなりき。然るに後には船中より此一小部分を日本倶樂部と綽名するに至れり。妙なる哉。

◎支那人琴を彈ず　大唐の詩人王維が作なる『獨座幽篁裏」彈琴復長嘯。深林人不知。明月來相照』高雅の趣味を彼れ辨髪漢は感ずるにや否や。毎夜男女相會し。月琴を彈じ能く歌ふ。其調子我肥後海岸の松橋松合浦邊に在りて。天草の賤女が襁褓の孩兒を脊負ふて。歌ふ所の調子に左も似たり。釋師悵然として曰く『此琴聲余が暹羅留學中磐谷府に在つて屢々耳にせし所にして余は轉た磐谷滯在頃の懷古の情に堪へず』と。彼れ基督敎徒僞博愛主義の結果は。遂に文明を以て自稱する佛國をして。野蠻暴戾の手段を以て我同敎共信の暹羅に臨ましめ。今や暹羅の國家は虎口狼嘴の厄に近づけり。是れ釋師が一層感慨に沈みし理由ならん歟。偖て余行ひて其彈琴の摸様を見れば。卽ち彼の月琴を合奏して歌ふ所の算明曲等の本歌なり。然るに支那人はかく風雅の音を玩ぶにも拘らず。彼等が理財に忍耐して孜々勉勵するは實に感ぜり。彼等は如何なる賤業をも厭はず。如何なる輕蔑を蒙るも敢て意とせず。辨髪濶袖自國の特色を誇揚して。大世界上至る處に横行し。彼れ歐米人と對等に競爭するの力あるのみならず。米國の如きは既に其勢力に避易して。數年前支那人放逐案を國會に於て議決せし位にあらずや。是れ蓋し彼等が儒教を墨守し。黑鐵習慣を養成し。頑然世界の潮流に動かされざると。一は蒼蠅の臭物に聚まるが如き其財欲の深酷なるとに原因するなるべし。嗚呼漂々浪々脚痕地に着かず。一國全体の特風特習を擧げて。西洋文明の邪權惡威に溶化せられんとする。我日本國民たる者。幾分支那人の特性に反省して可なり。

◉十三晝夜の航路格別憂鬱を感ぜず　船内三々五々各國各種の人々朋を需め黨を爲し。談話討論或は音樂に或は技藝に且つ笑ひ且つ歌ひ。十三晝夜の航路格別憂鬱を感ずるとなし。殊に此中には畫工あり音樂家あり學士あり。教育家あり商業家あり實業家あり。耶蘇教師あり佛教僧侶あり。政治家あり軍人あり。醫業あり勞働者あり。各々其專門の道に就て探るに誠に得る所多し。彼の泰西人が旅行俱樂部を組織して萬里の行旅を樂む亦た故なきに非るなり。

◉一藝を修めて語學文章に熟達せざる可らず　依此觀之人は何か一の專業たる技術なき者は。唯金力を憑むより外社會を横行すべき道なし。假令文學を修むるも。英文を綴り佛文を綴り。縱横自在に新聞雜誌に投ずるの長技特藝なくんば。到底其用を爲さず。殊に佛教家として歐米に進擊せんと欲する者は。英。佛。獨の三語には充分通ぜざれば。將來歐天米地に大聖世尊の榮光を赫耀たらしむるとは。夢にだも見ざる所なり。又西比利亞。浦鹽斯德。支那。朝鮮等に向つて佛陀の法音を轟かさんと欲する者は。飽く迄魯。淸。朝鮮の三語に達し。充分漢文を綴り能はざれば。是れ亦た到底靈活なる傳道的運動を望む能はず。若し我日本佛界の新青年にして然る能はずんば。依然内國に在つて後進の青壯年。或は國民の多數に輕蔑侮慢せられ。頑愚に佛教の衰運を求めて窮苦するより外なし。若し又た前件を完全に修るなき者は。別に醫學の如き畫工の如き何か特色の一技を蓄へざれば。到底社會に雄飛し。以て布教傳道の大責任を盡くすと能はざるなり。

◉上等室の船客女尊男卑の陋習　上等室の如きは多く貴族紳

士或は金満家の寄合にて。或は球突。花合。射的。舞踏會等を以て。航海の憂苦を忘れんとするものゝ如し。中にも英米の婦人等が意氣揚々射的を試み。或は男女纏綿手を携へて舞ひ戯るゝが如きは。吾人の眼よりは特に見苦しかりし。彼歐米人は常に我東洋男女關係の皮相を望んで。男尊女卑の野蠻的陋習と罵詈し。肉欲虚飾なる物質的文明國の風俗とは云へ。殊に復た生活の困難。智力の淺薄。新奇の迷醉。感情の下劣なる種々の境遇より。卑屈無氣力にも外國敎會の保護を仰ぎ。外國宣敎師に媚を送り歡を呈するに汲々として。柔惰淫逸の『此所泣く可し的』黄聲落語の生活に營々し。我は是れ世の光なり。地の鹽なり。國家の良心なり。道德の生命なりなどゝ奇怪の魔醉的言辭を放ち。日本の各社會中に於て最も獨立不拔の眞理證信的氣概と失亡し。却つて耶蘇基督の眞品性大感慨を冐瀆するが如き傾向ある。現時我邦耶蘇敎の生意氣なる青年男女輩が。一知半解妄に日本の特風を嘲弄し蹂躙し破壞せんとし。甚しきに至りては堂々たる耶蘇敎傳道師にして日本國民を侮辱し。日本の國辱を公然英文に筆して北米の地に隰らせし日本の花嫁の著者田村直臣の如き毒物。國賊。奸人。劣漢を輩出したりと雖も。吾人の眼より觀察を下せば。彼等歐米人は男女同權と云ふと雖も。女尊男卑の陋習實に嘔吐するに堪へたり。誠に男子の女子に對して伏從し屈服し尊敬する其文明風なるものは。吾人東洋眼より見れば左も男子氣なきものゝ如し。醜陋卑猥の状之を目するに忍びず。上等室の一部小松宮殿下隨從の人々は威嚴正しく書を讀み詩を賦し。優麗閑雅眞個に日本貴族の光輝は。燦として吾人國民の欽仰を促さしめたり。

◉船内食堂の景状郷に入りては郷に從ふ　偖て之より食堂の景状を陳べんに。上等中等共食堂あり。中等は喫烟の制禁あるも隨分自由に喫烟するを得るなり。然れども上等に至りては喫烟室に入らざれば喫する能はず。又た下等は甲板に出でざれば一切喫することを許さず。船客の食堂に出るや。頭髪を削り。香水を滌ぎ。衣裳を改めざれば。或は襟の穢なきとか。襯衣の垢づき居るとか。紐子（ぼたん）の外れあるとか。種々の苦情を流され。女尊男卑の弊風とて最も婦人が苦情を訴ふ。中に歐米の青壯年。又は日本の歐化青年輩が外人に媚を送らんとして訴ふ。實に虚僞の極と云ふべし。然ども如何せん。郷に入りては郷に從ふ道理にて。可なりに衣服を改め香水でも用ひざれば支那人同樣に輕侮せられ。日本人の威嚴を墜す故。止むを得ず其幾分を勉めざるを得ず。然ども吾人等は幸に宗敎家にして洋服を用ひざれば此患を逃れ。余は羽織袴にして濟し切れり。外三師は白衣に衣めかしきものを新調して恒に服せり。尤も土葦二氏と僕三名は中等にあれば大に都合宜しきも。釋師は虚儀僞禮の上に於ても最高等たる上等室にあれば。之が爲め食堂に出でず常に吾室内にて食せり。嗚呼虚禮虚飾僞善僞禮。是れ果して文明と云ふ文明なるや。

◉食物の種類船中の文明人便所に入りて手を洗はず　次に食物の種類を一言して愛讀者諸君の一笑を博せん。偖て食物は朝飯には。始めに麥を粥の如くにせしものを出し。次には豚肉を羮り付けたるものと鶏卵製のもの。又は牛乳を以て麥の粉を燒きたる如きものを出し。其外は麵麭にバタ茶若くは珈琲等なり。晝飯は燒牛肉に馬鈴薯魚の天麩羅麵麭等なり。晩食は午後六時頃にして羮汁。ビープ。ステーキ。羊の切身。燒牛肉。或は燒鳥の類にして。馬鈴薯麵麭其他野菜類を用ひ。其外に甘きもの及び珈琲を出すなり。午飯には茶も珈琲なし故に水を呑むなり。誠に熱湯熱茶に慣れ來り。百七十八年前ゼスユイト教會の僧侶佛人シアン、クラセが。其著日本西教史の總論に於て驚訝せし如き。熱湯を飲み來りたる吾々には適せず。殊に羊豚肉の如きは米穀野菜等に比して消化遲ければ。吾輩日本人には大に不適當なるが如し。然るに此に一つ笑ふべきは。襟の垢や。紐子の外れや。ハンケチ香水の香はざる迄苦情を流す彼れ洋人が。便所に到つて手も洗はず其儘食するは。彼の印土人が左の手に尻を洗ひ右の手に食と摘まみ喰ふと同じく。文明とは云ふもの丶野蠻の遺風なる哉。頗る可笑とどもなり。併し之は船中の時ばかりか知らざれば。他日其通邑大都の風習を目撃して報ずる所あるべし。

◉太平洋上雲耶山耶の活詩を望む　横濱解纜後船中炎氣蒸すが如く。例の臭氣紛々鼻を撲つて少しく腦を煩はし氣味惡しかりしも。次第に海風習々凉を送りて船内の邪熱を一掃し。爽快名狀す可らず。進んで甲板上に至り雙眸を放てば。左の方東洋の樂園たる我帝洲は烟波深き處に隱れ。船漸く進んで帝洲漸く遠く。白扇倒懸芙蓉は遂に白雲の中に沒せり。八月五日船は粛々大濤を破りて日本海を走れり。冷氣次第に加はれり。六日同じく日本海を駛れり。左の方遥に北海道を見る。實に雲耶山耶吳耶越耶の活詩なり。七日寒冷愈々増し。四方茫々一の山も見ず一の嶋も觀ず。赫々たる太陽。皎々たる月光。海より上りて海に沈む。水天渺茫として萬里際涯なく。眞に水天髣髴の詩句其實況を寫し得て妙なり。之れ吾が千島の沖なりと云ふ。此時雄大宏壯の景光。轉だ僕をして意氣豁然天外に飛揚せしめたり。

◉日本の盛暑八月白雪皚々中を行く　八日雲霧深く寒氣膚を

刺し。薄雪霏々として甲板に降り。實に暑中の思なし。寒暖計華氏六十三度に下れり。是れ我舊十月頃の氣候なり。吁思ひ起す西京四條河原の夜涼。浪華天滿橋下の舟興。墨田両極の納涼。鎌倉。大磯。二見の避暑等にて。貴君等は暑に苦み熱に惱んで。緣樹翠蔭の邊に涼風を貪り。紅塵萬丈の處に氷と呼び雪と招ぐの際。冬服を着け。毛布を蒙り。此六花皚々中を經歷すとは。地球位置の變動とは云へ。豈に奇ならずや。是れ則ち魯西亞の沖太平洋なり。之より一も觀るべきものなし。大鯨の波間に躍ると海鼠の群り泳ぐを見たるのみ。偶々鳥の一二羽飛び行くあり。是れ果して陸地近きにあらんかと思の外。船中より種々の物を流すを拾ひ食せんが爲め。船に宿して來るものなり。夜に入りて潮の光閃くを見る。之れ太平洋の特色なりと云ふ。是より日々雲霧或は晴れ或は覆ひ。更に記すべきの景狀なし。

◉愈々移民教導の必要を感ず　耶蘇教師キャンデーなる者。日曜の日に當り上等の喫烟室を借り。移民渡航者等の下等客を集めて說教を爲し。下等室の苦々として。着港の遲を待つものをして懇篤に慰問したるは。實に注意到れりと云ふべし。日本人中吾々佛者に向つて苦情を訴ふるものもあれば。更に吾輩室を借りて布教を試みんとするも。如何せん日曜ならねば室を借さず。之れ吾輩日本佛敎の教師が航海等に實驗なきよりする缺點と云ふべし。之に就ても愈々移民教導の必要を感じたり。今や我邦は人口の增殖年一年に膨張し來り。彈丸黑子の一孤嶋内にては。到底過剩の人口を養ふ能はざるは。活眼先見の人士が既に看破せる所。然らば我が佛敎者たらん者は。數百年間深く民心に浸潤ずる佛敎の信仰をして。殖民的。遠征的の新現象に傾向せしめ。日本國家殖民運動の先導者となり。雄圖遠畧大に爲す所あらざる可らず。

◉洪嶽石蓮雲外三師の雄吟麗賦　三師太平洋上各々雄吟あり麗賦あり。或は豪爽。或は警拔。或は大雅。或は瀟洒。皆な以て臨席道中の錦雲芳靄とするに足る。

滿船深霧冷生膚。咫尺空濛天欲無。忽訝奇光射眼上。大鯨蔵海吐珊瑚。（八月八日船中作）　釋　洪　嶽

從出横濱將一周。葛衣脫去忽加裘。舷頭時閱海圖立。白鳥群邊是鄂洲。（八月九日船中作）　土　宜　雲　外

腥風摸面氣豪揚。決眥西東望渺茫。激浪吹煙天若墨。巨象吼渡太平洋。（八月十日船中作）　土　宜　雲　外

（陰霧連日　船鳴瀛笛　時々警戒　其聲如象吼　結句故及）

八月十二日船中作　蘆　津　石　蓮

身在水天間。一葦我安宅。夜數星晨行。晝看烟浪積。炎暑

自辭鄕。冷氣驚旅客。不冬寒風生。雪花撲窓白。

八月十二日蘆津氏之次韻　　土宜雲外

一船両球人。眞是衆生宅。炎熱隨時消。寒威追日積。爲列宗教會。暫作風流客。舷上時回顧。鄕天暮雲白。

八月十五日英領冗港作　　土宜雲外

朝看東客顚狂舞。夕聽西人合奏歌。海路五千風雨穩。平安着得晩香坡。

◉熊本縣人渡邊隆其禍難を救はる　下等室內船の切符を所持せずして乘り込みたる日本人六名あり。中には惡漢らしき者あり。密航者らしき者あり。口實は種々なるも其實は分らず。何れも狡猾極まる詐僞者と見へたり。然れども此中に於て眞に横濱なる猾奴の爲に詐僞取財の禍難に罹りし者あり。是れ實に熊本縣上益城郡早川村の渡邊隆なる者なり。余其同縣人なるを憐み。余等の室に呼んで之を糺すに。彼れ曰く。『出帆前横濱問屋大阪屋に泊し。番頭辻俊夫なる者に依賴し。乘船切符を購求せんとせしに。番頭は自ら船迄見送り。切符は船中にて買ひ遣はすとて。小生より四十七圓五拾錢（卽ち通常船賃より二圓五十錢減額の割）と受け取り。一枚の切符を渡したり。小生は之を懷にし乘船切符改の際差出だせしに。豈に圖らんや。切符にあらずとて憐にも無錢乘船者の中に繰込まれたり』と謂ひ終りて茫然又愁然。其切符を余等の前に出したり。土宜師一瞥して曰く『是は横濱某ホテル西洋料理の獻立書にして。英字を以て雁。鴨。牛。豚等の名を連らねて。料理の順序を造りしものなり』と。是に於て余等一行覺へず抱腹失笑せり。然れども彼は横文を讀み能はざると。注意の周到ならざりしとに依りて此禍難に遭遇せり。實に憫然の至りなり。而して若し無切符乘船者にして切符を買ふべき金なき時は。船中の獄に幽閉し。着港の上領事に屆け處分すと云ふの嚴律もあれば。乘込慈善者の之を救はずんば。彼は益々其禍難の底に陷るは必然なりき。然るに幸ひ此者十九圓所持しければ。同行者磯野某（熊本玉名郡人）幾分を助け三十圓に造りたり。之に依て余は同縣人にして紛れなきことを證明したれば。同行の野口善四郞氏大に周旋の勞を採り。余等同行數名救濟の原働者となり。漸く二拾五圓四拾錢の義捐を造り。再び切符を買ひ渡せしかば。幸にして彼は幾多同行日本人中の慈善に救はれたり。然るに船中にて買へば一割增し五十五圓取るの規則なれば。再三談ずるも船長決して聞かず。止むを得ず五拾五圓を渡せり。而して又た追掛に義捐を賴み六七圓貰ひ出し。上陸の湊を爲し與へたり。是れ實に出稼渡航者の注意なれば。吾熊本縣下の如き渡航者の多き土地は。最も注意を加ふべきと也。嗚呼彼れ渡邊某の愚も沙汰の限と雖も。彼れ横濱大坂屋とやらの番頭辻倹夫なる猛惡なる魔物は。土宜師が云ひし如く。眞に之を膾にするも足らざる程の鬼なり。海内の海外渡航者は飽く迄横濱に於ける此鬼征伐を試みざる可らず。

◎支那人の下等客恰かも穢多乞食の如し　外船にて支那人の乘る下等室は。荷物を乘する所にして。人を乘する所にあらず。依て其室内に臨めば。一種の臭氣鼻を打つて。是が爲め惡疫を生ずると屢々ありと云ふ。其食物の如きも言語同斷の種類多くして。醜風汚習筆舌の盡す所にあらず。彼等が食する時の實況は。恰も吾邦の穢多乞食の景状に似たり。而して彼等は恒に賭博を事とせり。吁支那人の勢力あるも厭忌せらるゝも。幾分此に原因するならん乎。

◎錫蘭人色黒く体大なり　錫蘭人は日本人と共に下等の上等にあり。朝夕はパーリ語にて小乘の佛經を讀む。其業は指環の金銀物寶玉入を商ふ。其他種々の商を爲す。英語を能くし。色黒く体大く眞に黛色にして見るべき形なし。吾等僧侶に遇へば敬禮し。印土の風にて卷煙草など施さんとせり。嗚呼悲む可き哉亡國の遺民。吁憎む可き哉英人の殘忍酷烈。

◎雜事四件　下等は中上等と違ひ。支那人窃かに酒菓子などを賣る事あり。上等中等は下等に往來することを禁ぜり。是は傳染病の患あるに由ると云ふ。船中は一切湯遣なし。上等には毎日あるも中等は二十五錢を出さざれば入ると能はず。ヴワンクヴワーには所謂ヴワンクヴワー、ホテルの有名なるものあれども。一夜五弗乃至七八弗なれば。厘々錢々悉く佛恩とも云ふべき吾々淨財渡航者は。經濟的にオリエンタル、ホテルに泊するに決せり。

◎航海中重複の日世界要所時間の比較　更に珍らしきとには非るも。航海中重複の日あるとなり。此事は航海日誌中誰も誌す所。今回も同じ十日を二日重ねたり。之れ少しく測筭を得れば怪むに足らず。左に世界要衝の地の時間の比較を掲げて。讀者の參考に供せん。

◎横濱	（日本）	月曜日	正午十二時
◎上海	（支那）	仝	午前十時四十七分
◎香港	（同）	仝	仝十時十八分
◎シンカポール	（馬來半島）	仝	仝九時三十三分
◎コロンボ	（錫蘭島）	仝	仝八時
◎カルカッタ	（印度）	仝	仝八時
◎ボンベイ	（同）	仝	仝七時三十分
◎スエス	（埃及）	仝	仝四時四十八分
◎ウインナ	（澳太利）	仝	仝三時四十四分
◎ハリス	（佛蘭西）	仝	仝二時四十八分
◎ロンドン	（英吉利）	日曜日	仝二時四十八分
◎ニユーヨーク	（北米）	仝	午後九時四十分
◎モントリール	（同）	仝	仝九時
◎シカゴ	（同）	仝	仝八時四十分
◎サンフランシスコ	（同）	仝	仝六時四十分
◎ヴワンクヴワー	（英領加奈太）	仝	仝六時四十分

◉八月二十一日午後十時市俄高に着す　八月廿二日北米合衆國市俄高ゴナルド、ホテルより八淵師が發せしはがき。去る十四日同盟會本部に達す。是れ海陸無事着市の報知なり。其報に曰く

去る十七日晩香塲を發し。滊車に倚り直に市加具に向ひ。道路二千八百哩。無恙五日にして。昨廿一日午后十時着市ゴオルドホテルに投宿せり。御安意下さるべし。明日迄宿所を探り。滯市の用意を整理する覺悟也。兎角噂の通猥りにホテルに宿せば。十五弗（日本の二十五圓餘）より三十弗（同五十圓餘）の高に至る。依之下宿を探ねて會議間の寓所を定むべし。○○○○○○○○○○○○○

◉衣食を抵當にして青年を育つ可し　其次に曰く

兎角敎務勉勵青年の敎育一層策進あれ。敎海の前途認めて多望なり。油斷せば社會の大勢に蹂躪せらるべし。一歩も青年を導き敎線を張るに如かず。戰を試むも此時に在り。衣食を抵當にして青年を育つ可し。○○○○○○

◉萬國宗敎大會顛末報告書　豫約壹部代價十弗（日本の十七圓計）なり。亦た以て宗敎大會の盛況如何を察するに足る矣。

◉大會閉塲後釋蘆士三師の方針　釋師はボストンよりニユーヨークに趣き。以て米國思想の潮流如何を窺ひ。暫く此両都間に滯在し。十二月又は來年一月歸朝せらると云ふ。土蘆二師は歐州大陸の各都府を漫遊し。印度に入りて寒烟茫々の中に佛陀伽耶の靈跡を拜し。支那に進んで長安の舊都天台の幽峯弘法傳敎入唐頃の歷史を探り。來る一二月歸朝の筈なり。而して釋師は既に一派の管長となり別に派内に望はなきも。彼れ『西南之佛敎』『錫蘭嶋誌』の議論の如く。將來改革的思想を以て佛敎全体に向つて大に爲す所あるものゝ如し。土蘆二師は深く其派内の頽勢を慷慨し。先づ立脚の地盤を自己の派内に築き。進んで天下の改革的同盟者と合体し。以て全佛敎界を動かさんとする決心言外に溢る。筆し終り眥を決して日本の佛界を望めば。黑雲天に漲り。烈風將さに吹かんとす。嗚呼是れ將來改革の凄勢を豫報するものなる哉

◉小栖歸朝の期　小栖は閉塲後。再度加奈太地方に來り。ヴワンクヴワー港。ビクトリヤ府近傍。鋸木塲三十ヶ所。或は農事塲フレザー河。アラスカ近傍。スキーナ河の漁塲。シヤートル。タコマ邊の移民地。ポートランド。サンフランシスコ。オークランド。サクラメント。ウードランド。ウインタース。バカビル。サンタローサ邊移民地の景狀を探撿し。それよりハワイに轉じ。來る一二月に歸國の存意なり。此段豫め讀者諸君に報ず。

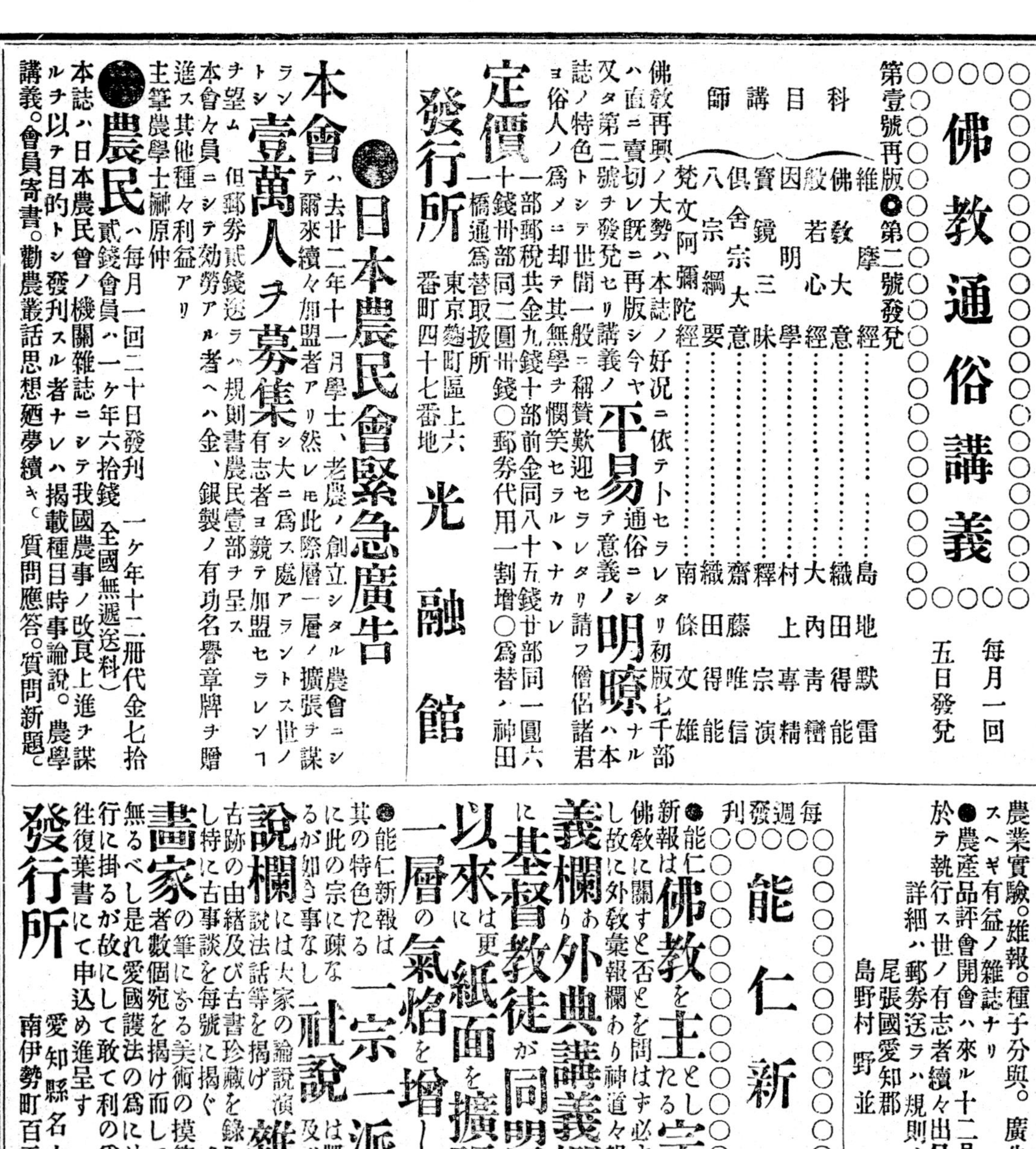
佛教通俗講義
毎月一回
五日發兌
第壹號再版●第二號發兌
科目 講師
維摩經 島地默雷
佛教大意 織田得能
般若心經 大內青巒
因明學 村上專精
寶鏡三昧 釋宗演
倶舍宗大意 齋藤唯信
八宗綱要 織田得能
梵文阿彌陀經 南條文雄
佛教再興ノ大勢ハ本誌ノ好況ニ依テトセラレタリ初版七千部ハ直ニ賣切レ既ニ再版シ今ヤ又タ第二號ヲ發兌セリ講義ノ平易通俗ニシテ意義ノ明暸ナルハ本誌ノ特色トシテ世間一般ニ稱贊歡迎セラレタリ請フ僧侶諸君ヨ俗人ノ爲メニ却テ其無學ヲ憫笑セラル丶ナカレ
定價 一部郵税共金九錢十部前金同八十五錢廿部同一圓六十錢卅部同二圓卅錢○郵券代用一割增○爲替ハ神田一橋通爲替取扱所
發行所 東京麴町區上六番町四十七番地 光融館
●日本農民會緊急廣告
本會ハ去廿二年十一月學士、老農ノ創立シタル農會ニシテ爾來續々加盟者アリ然レ𪜈此際層一層ノ擴張ヲ謀ラントシ壹萬人ヲ募集シ大ニ爲ス處アラントス世ノ有志者ヨ競テ加盟セラレンコトヲ望ム 但郵券貳錢送ラハ規則書農民壹部ヲ呈ス
本會々員ニシテ効勞アル者ヘハ金、銀製ノ有功名譽章牌ヲ贈進ス其他種々利益アリ
主筆農學士[illegible]原仲
●農民ハ毎月一回二十日發刊 一ヶ年十二冊代金七拾貳錢會員ハ一ヶ年六拾錢（全國無遞送料）
本誌ハ日本農民會ノ機關雜誌ニシテ我國農事ノ改良上進ヲ謀ルヲ以テ目的トシ發刊スル者ナレハ掲載種目時事論說。農學講義。會員寄書。勸農叢話思想廼夢續キ○質問應答。質問新題○農業實驗。雄報。種子分與。廣告等ノ數欄トス世ノ有志者一讀スヘキ有益ノ雜誌ナリ
●農產品評會開會ハ來ル十二月一日ヨリ五日間本會事務所ニ於テ執行ス世ノ有志者續々出品アランコトヲ望ム
詳細ハ郵券送ラハ規則ヲ呈ス
尾張國愛知郡島野村野並
日本農民會
毎週發刊
能仁新報
壹部代價郵稅共金壹錢五厘郵券代用は五厘券に限る必ず前金に限る
●能仁新報は佛教を主とし宗教維一の新聞なれば宗教上の出來事は佛教に關すと否とを問はず必ず精細に報導すべし故に外教彙報欄あり神道々報欄あり其の他內典講義欄あり外典講義欄ありて佛教以外の宗教即ち神儒耶の教義をも掲げり殊に基督教徒が同盟會を名古屋市に於て開きしより以來は更に紙面を擴張し大改良を加へ一層の氣焔を增したり
●能仁新報は其の特色たる一宗一派の機關に非ざるが故に此の宗に疎く彼の宗に詳なるが如き事なし社說は凱切痛快に宗教及び時事を論議し論說、演說欄には大家の論說演說法話等を掲げ雜錄欄には古今史上人物の傳記社寺の記錄名勝古跡の由緒及び古書珍藏を錄し特に古事談を每號に掲ぐ其揷畫は每號異りたる專門畫家の筆になる美術の摸範たる者數個宛を掲け而して其の代價の廉なる事全國に其比無るべし是れ愛國護法の爲にせる有志が發行に掛るが故にして敢て利の爲にせざる所見本を要せば往復葉書にて申込め進呈す
發行所 愛知縣名古屋市南伊勢町百五番戸 能仁社

國教第貳拾六號附錄

萬國宗教大會代表者派遣義捐金報告

北米合衆國シカゴ府閣龍世界大博覽會附屬萬國宗教大會議へ九州佛教有志總代として八淵蟠龍師を派遣せしめたるに付き各地同盟員及び贊成者より義捐金を寄送せられたる芳名幷に金額は實に左の如し此段謹んで滿天下の同志諸君に報告す

明治二十六年九月十八日

熊本市安巳橋通町國教雜誌社內

九州佛教同盟會本部

一金百〇五圓　熊本縣山鹿郡三玉村萬行寺　大道憲信
一金百拾五圓　仝縣玉名郡伊倉村來光寺　相良了圓
一金百拾五圓　仝縣玉名郡山下村安養寺　隈部湛澄
一金七拾六圓　仝縣菊池郡城北村明嚴寺　新道義海
一金九拾圓　仝縣山鹿郡廣村明蓮寺　隈部日圓
一金五拾壹圓　仝縣玉名郡高瀨町光蓮寺　多田深諦
一金百〇五圓　仝縣仝郡八幡村元正寺　磨墨體量

一金百〇五圓　熊本縣玉名郡木葉村正念寺　隈部志實
一金貳拾五圓五拾錢　仝縣仝郡高道村專光寺　蓮澤徹道
一金六拾三圓　仝縣仝郡緑村正念寺　武田哲道
一金貳拾五圓五拾錢　仝縣仝郡萩原村明泰寺　隈部証雲
一金百〇五圓　仝縣山鹿郡分田村善教寺　緒方大圓
一金百〇五圓　仝縣合志郡西合志村淨蓮寺　三牧湛然
一金七拾六圓　仝縣仝郡竹迫村嚴照寺　山隈覺音

一金拾圓　熊本縣合志郡田嶋村　井上仁誠
一金拾圓　仝縣仝郡西合志村　三牧觀量
一金三拾八圓　仝縣仝郡幾久富村佛教寺　大塚了誓
一金七拾六圓　仝縣仝郡大津町大願寺　星子玄密
一金九拾圓　仝縣仝郡田嶋村光德寺　平野摑綱
一金六拾三圓　仝縣仝郡原水村淨念寺　城道元
一金三圓　仝縣仝郡大津町　古莊正壽

熊本縣合志郡大津町
一金壹圓五拾錢　古荘覺成
仝縣飽田郡川尻町泰養寺
一金百拾五圓　木尾眞純
仝縣仝郡五丁村金剛寺
一金七拾六圓　菊池眞龍
仝縣仝郡藤富村專行寺
一金九拾圓　橘逸夫
仝縣仝郡清水村光照寺
一金七拾六圓　龜光誓成
仝縣仝郡正保村正福寺
一金三拾八圓　廣海集
仝縣仝郡高橋町正福寺
一金七拾六圓　大關等
仝縣仝郡六合村大榮寺
一金六拾五圓　石浦僧禪
仝縣菊池郡菰入村勝明寺
一金六拾三圓　本山知英
仝縣仝郡城北村
一金貳圓　桑机智宏
仝
一金五拾錢　同　猛
仝縣山本郡吉松村專德寺
一金百〇五圓　藤院大了
仝
一金七圓五拾錢　寺本徹映
仝
一金拾貳圓五拾錢　法　尋道
仝縣合志郡上生村法性寺
一金貳拾五圓五拾錢　岩下謙讓
仝縣上益城郡早川村西福寺
一金五拾壹圓　渡邊遊林
仝縣山鹿郡上永野村光嚴寺
一金六拾五圓　隈部了海
仝縣仝郡分田村光福寺
一金貳拾五圓五拾錢　仲嶋大信
仝縣仝郡中富村光傳寺
一金拾貳圓五拾錢　楠本法道
仝縣宇土郡網田村西宗寺
一金百拾五圓　本田實證

熊本縣宇土郡松合村光曉寺
一金百拾五圓　直江道信
仝縣玉名郡江田村西福寺
一金百拾五圓　受樂院圓
仝縣仝郡平井村光德寺
一金九拾圓　福山宏
仝縣仝郡月瀨村光明寺
一金六拾圓　佐々木忍鎧
仝縣仝郡坂下村專福寺
一金五拾圓　大法諦雲
仝縣仝郡八幡村
一金五圓　山來多宜讓
仝縣仝郡梅林村福藏寺
一金貳拾五圓五拾錢　內田達行
仝縣仝郡睦合村平等寺
一金貳拾五圓五拾錢　岩倉惠然
仝縣仝郡折崎村阿彌陀寺
一金貳拾九圓五拾錢　隈部至誠
仝縣仝郡立花村來照寺
一金六拾五圓　笠貫成
仝縣仝郡八幡村
一金貳圓　山來多豐次
仝
一金壹圓　同　法梁
仝縣仝郡伊倉村
一金貳圓　本田淨信
仝縣山鹿郡中富村
一金壹圓　楠本昇道
仝縣玉名郡萩原村
一金三圓　隈部愍念
仝縣上益城郡高木村
一金貳圓　藤生泰赴

鹿兒嶋縣甑嶋郡下甑手打村手打
一金拾六圓八拾錢　信徒中
仝縣仝郡仝村田ノ尻座
一金壹圓五拾錢　信徒中
仝縣仝郡仝村新屋敷座
一金三圓七拾九錢　信徒中

鹿兒島縣甑島郡手打村上ノ山座
一金四圓三拾錢五厘　信徒中
長崎縣北高來郡小野嶋村
一金五拾圓　信徒中
仝縣仝郡黑崎村
一金三圓五拾六錢　信徒中
仝縣仝郡小野嶋村
一金八圓　嵩善性
仝
一金壹圓　善性妻カチ
仝
一金八圓　東野慈雲
仝
一金壹圓　緒方深勇妻サミ
仝縣仝郡守山村
一金壹圓　前田喚榮
仝縣仝郡江ノ浦村
一金貳圓　原榮現
仝興正寺派說敎場主務
一金貳圓　田宮苔嵒
仝
一金壹圓　同人妻
仝
一金壹圓　山新田伊八
仝
一金壹圓　眞野權右衛門
仝縣五島城下淨土宗宗念寺
一金壹圓　福島唯能
仝縣南高來郡西鄉村
一金五圓　吉田與作
仝縣仝郡江ノ浦村
一金貳拾五錢　木下左文
一金貳拾五錢　萩野甚八
一金貳拾九錢　宮崎敬明
一金貳拾五錢　吉田多吉
一金拾錢　堤平四郎
一金拾錢　岡榮吉
一金拾錢　舟津平左衛門
一金拾錢　山々田慶十
一金拾錢　舟津久治

長崎縣南高來郡江ノ浦村
一金拾錢　舟津　喜太郎
一金拾錢　美　惠氏
一金拾錢　山新田　福松
一金貳拾錢　上原　津久
一金貳拾錢　山新田伊八内　ノキ
一金貳拾錢　山々田　ユク
一金三拾錢　山新田　作五郎
一金五拾錢　同　ツヨ
一金五拾錢　中島　新太
一金貳拾錢　池下大久保　チカ
福岡縣企救郡大里驛佛願寺
一金貳圓　谷　大俊
仝縣夜須郡甘木佛敎大道會長
一金五圓　松村　簫軒
長崎縣南高來郡土黑村
一金四錢　平野　幸太郎
一金拾五錢　平野　森作
一金八錢　同　千代作
一金拾錢　酒井　久治
一金貳拾錢　同　九市
一金拾錢　同　利惣治
一金拾錢　同　清吉
一金六錢　中島　末太郎
一金拾八錢　酒井　幸七
一金七錢　同　フデ
一金六錢　同　善六
一金拾五錢　中村　藤作
一金拾錢　同　吉太郎
一金拾錢　林　市助
一金五錢　同　忠衛
一金五錢　吉田　政八
一金五錢　細川　常七
一金四錢　林　小太郎
一金五拾錢　堀内　善平
仝縣仝郡仝村下原名
一金拾五錢　林田　長衛
一金四錢　織田　福太郎
一金拾五錢　小田　兼藏
一金三拾錢　小田　銀太郎

長崎縣南高來郡土黑村下原名
一金拾壹錢　柴田　虎九郎
一金拾錢　久保　增藏
一金拾五錢　小田　富十
一金拾五錢　同　岩吉
一金八錢　齋藤　八郎
一金拾錢　林田　關藏
一金五錢　同　長吉
一金貳拾錢　德永　サダ
一金五錢　同　玉治郎母
仝縣仝郡仝村鹽屋名
一金四錢　鹽屋　岩藏
一金拾錢　田口　新助
一金四錢　山嶋　勘七
一金四錢　鹽田　行次郎
一金八錢　酒井　留太郎
一金四錢　同　豐作
一金拾錢　同　榮藏
一金五錢　松本　森太郎
一金五錢　森田　佐平
一金五錢　德永　藤吉
一金五錢　同　兼松
一金拾錢　同　仙太郎
一金拾錢　黑田　榮十
一金五錢　植本　傳吉
一金三錢　松本　妙吉
一金四錢　小田　トラ
一金四錢　德永　健次郎
一金拾錢　同　金藏
一金貳拾五錢　森　卯吉内
仝縣仝郡仝村篠原名
一金六錢　中村　森作
一金拾錢　寺田　定七
一金五錢　荒木　三吉
仝縣仝郡仝村今出名
一金八錢　大手本　惣五郎
一金三錢　高森　永三郎
一金八錢　項　善作
一金四錢　前田　榮治
一金拾錢　同　清藏

長崎縣南高來郡土黑村今出名
一金四錢　前田　忠藏
一金四錢　柴田　重衛
一金三錢　酒井　市太夫
一金五錢　中尾　岩太郎
一金三錢五厘　稻本　市作
一金拾錢　出田　兼作
一金四錢　中尾　又藏
一金三錢　深堀　友治郎
一金四錢　吉田　イロ
一金拾錢　深堀　兼太郎
一金四錢　同　喜六
仝縣仝郡仝村川原田
一金拾錢　本田　久衛
一金五錢　宮本　政治
一金五錢　北村　兼太郎
一金五錢　渡邊　卯平太
一金五錢　中川　村吉
一金七錢五厘　内田　要七
一金五錢　吉田　寅松
一金五錢　中川　甚九郎
一金拾圓　淨願院　月　泰舒
一金五拾錢　林田　見敬
一金貳拾錢　柴田　和敬
一金拾圓〇五拾錢　光專寺信徒中
一金貳圓五拾錢　月　泰鳳
仝縣仝郡西郷村
一金五拾錢　園田　實太郎
一金九拾錢　葦塚　庄之十
一金五拾錢　園田　利惣治
一金五拾錢　吉弘　儀惣治
一金壹圓　寺田　市三郎
一金六拾錢　宮崎　俊治
一金壹圓　酒井　久次郎
一金壹圓　同　治平
一金五拾錢　室田　庄三郎
一金五拾錢　中嶋　德太郎
一金壹圓　酒井　金吾
一金壹圓　酒井　末次郎
一金壹圓　同　稻藏

長崎縣南高來郡西鄕村
一金五拾錢　松本伊勢松
一金壹圓　酒井久太郎
一金五拾錢　宮崎政太郎
一金五拾錢　奥村キサ
一金五拾錢　小田壽郎
一金五拾錢　久保田利久治
一金拾四圓七拾六錢五厘　圓福寺信徒中
一金壹圓　瑞穗諦然
一金壹圓　同　諦淨
一金八拾錢　吉弘説誠
一金五拾錢　三戸部唯稱
一金五拾錢　力田惠然
一金三拾五圓　圓福寺　瑞穗慈雲
長崎縣北高來郡小野村説教所
一金貳拾圓　緒方深勇
仝縣仝郡森山赤崎井牟田
一金六拾圓　眞宗信徒中
仝縣仝郡小栗村
一金五拾錢　杉野慈嶼
一金五拾錢　馬場説道
一金五拾錢　毛利智昇
一金五拾錢　土肥離界
一金五拾錢　米倉眞成
仝縣北高來郡土黒村
一金拾錢　中村米藏
仝縣仝郡江ノ浦村
一金五錢　上原乙藏
一金六錢　宇首藤吉
一金五錢　山新田太作
一金六錢　舟津音平
一金四錢　上原林太夫內
福岡縣三池郡大牟田町
一金五拾錢　玉田芳平
鹿兒島縣日置郡永吉村
一金三圓　弓削新兵衛
宮崎縣下西臼杵郡上ノ村
一金壹圓　松川孫三郎
一金壹圓　鹽山平次郎

宮崎縣下臼杵郡岩戸村
一金壹圓　佐藤年松
一金五拾錢　同人妻モカ
一金五拾錢　同人長男實市
一金五拾錢　佐藤元藏
一金五拾錢　同人母ニセ
一金壹圓　佐藤初藏
一金貳拾錢　同人妻タミ
一金貳拾錢　同人長男初彦
一金貳拾錢　同人妻トチ
一金壹圓　佐藤十三郎
一金五拾錢　同人妻トク
一金五拾錢　同人母トヲ
一金拾錢　佐藏辰平
一金壹圓　小笠原岩藏
一金拾錢　同人長男森三郎
一金拾錢　同人妻カツ
一金五拾戔　佐藤榮八
一金拾錢　同人妻ツ子
一金拾錢　同人長男爲三郎
一金拾錢　同人弟熊彦
一金拾錢　佐藤十次郎
一金五錢　同人妻サヨ
一金八拾錢　小笠原德三郎
一金貳拾錢　佐藤猪之吉
福岡縣三池郡江浦町光滿寺
一金壹圓　木下德集
仝縣仝郡銀水村宮部
一金壹圓　板井眞澄
仝縣仝郡閑村金剛寺
一金五拾錢　金子惠敎
仝縣仝郡上內村惠日寺
一金壹圓　龍岡英巖
仝縣仝郡大牟田町
一金壹圓　山本四五六
一金貳圓　福山正登
一金貳拾錢　若松彌三郎
一金拾錢　七浦　可部大雲
一金五拾四錢　蓑田組
一金壹圓　上村組

福岡縣三池郡大牟田町
一金五拾錢　森時平
一金壹圓　陳內龍一
一金壹圓　熊內宇輔
一金壹圓　森竹次郎
一金壹圓　知恩社幹事　鎌田淵海
一金貳拾錢　監獄敎誨師　河野通雄
一金五拾錢　篠方簣
一上等兩眼鏡壹個　福山正登
福岡縣山門郡清水村勝滿寺
一金參圓　渡邊則榮
仝縣極圓寺
一金五拾錢　木下圓靈
仝縣正福寺
一金五拾錢　中山惠龍
仝縣廣濟寺
一金五拾錢　高村義祐
仝縣覺成寺
一金五拾錢　川崎石計
仝縣上妻郡春嶋村專勝寺
一金壹圓　月足圓融
仝縣仝郡光友村
一金五拾錢　平田精一
一金三拾錢　牛嶋正規
一金貳拾錢　平田喜三郎
長崎縣南高來郡西鄕村
一金五拾錢　宮崎治市
一金五拾錢　園田兵七
一金貳拾錢　力野惠曾吉
一金貳拾錢　本田時太郎
一金拾五錢　宮崎種藏
一金拾錢　仝　金治
佐賀縣神崎郡三田川村
一金貳圓　大念寺法中

熊本市北新坪井町堀端
一金壹圓五拾錢　古庄眞吾
仝市出町
一金五拾錢　平川政平

一金三拾錢 熊本市出町 琴浦左八
一金拾錢 菊池某
一金五拾錢 中野勝平

熊本縣飽田郡池田村光永寺信徒

一金五拾錢 坂本幸太郎
一金三拾錢 同 善四郎
一金拾五錢 同 善次郎
一金貳拾錢 同 久次郎
一金五錢 同 元七
一金貳拾五錢 中野伊三次
一金五錢 同 清七
一金七錢 緒方德平
一金三錢 同 喜三次
一金拾錢 田中壽加
一金五拾錢 吉本ヨ子
一金五拾錢 山本ミツ
一金貳拾錢 廣崎タカ
一金拾五錢 池田トヨ
一金五拾錢 稻本ミキ
一金五拾錢 清原壽喜
一金貳拾錢 武藏ミカ
一金三拾錢 田尻カメ
一金三拾錢 松本キヨ
一金拾五錢 笹涙ミカ
一金拾錢 有尾壽喜
一金拾五錢 平川タツ
一金貳拾錢 田中キク
一金拾五錢 石原トモ
一金拾五錢 高野スガ
一金三拾錢 西浦ヒデ
一金三拾錢 伊東タク
一金拾五錢 吉本ヨシ
一金拾五錢 稻本タツ
一金四錢 小堀田サモ
一金拾五錢 古閑タミ
一金貳拾錢 笹涙セキ
一金五錢 本田タキ
一金五錢 藤崎コキ
一金五錢 中嶋スマ

熊本縣飽田郡池田村光永寺信徒

一金壹圓 堀田三良
一金貳拾錢 北村宇七
一金貳拾錢 高野瀧次
一金壹圓 岡村廉八
一金三拾錢 松田仙三郎
一金貳拾錢 河本善吉
一金拾錢 村上治郎
一金五錢 木庭熊三郎
一金五錢 清田某
一金拾錢 赤尾熊藏
一金貳拾錢 甲斐彌七
一金貳拾錢 廣崎マサ
一金貳拾錢 岡村マス
一金拾錢 高野榮八
一金拾錢 緒方榮藏
一金拾五錢 久保新
一金五錢 中村トミ
一金拾錢 廣崎テイ
一金七錢五厘 川本丈次郎
一金貳拾錢 上田サヨ
一金五錢 何 トミ
一金貳拾五錢 高本慶八
一金貳錢 何 フサ
一金貳拾五錢 大河原勝太
一金五錢 同 德藏
一金拾錢 米村ジホ
一金貳圓五拾錢 栗田伊作
一金五錢 山本ヌイ
一金拾錢 小森惠助
一金五錢 同 惠七
一金五錢 仝 惠作
一金貳錢 福島貞平
一金三錢 榮菊大五郎
一金三錢 小森久平
一金三錢 同 松平
一金貳錢 同 龜八
一金五錢 西角平
一金三錢 小森平太郎
一金五錢 中村義勝

熊本縣飽田郡池田村光永寺信徒

一金貳錢五厘 喜悦常八
一金貳錢五厘 田尻龜喜
一金五錢 福嶋平七
一金貳錢五厘 同 彌三郎
一金五錢 同 平九郎
一金貳錢五厘 同 ミサ
一金三錢 同 半藏
一金壹錢五厘 西 龜八
一金貳錢五厘 同 仙太郎
一金貳錢五厘 同 敬七
一金五錢 田代善次
一金三錢 田尻直吉
一金五錢 同 次七
一金貳錢五厘 西 八百八
一金貳錢五厘 田中萬作
一金貳錢五厘 田代太平
一金五錢 牧 德次郎
一金壹錢 田上源太
一金五錢 同 伊七
一金貳錢五厘 田中敬八
一金貳錢五厘 田尻儀作
一金三錢 田上忠平
一金五錢 田尻平作
一金五錢 同 用作
一金五錢 田上安平
一金五錢 同 武平
一金五錢 同 巳之吉
一金三錢 田尻貞平
一金五錢 吉村藤平
一金壹圓 牧野喜三次
一金八拾錢 德村十平
一金三拾錢 牧野カメ
一金拾五錢 平川茂三郎
一金三拾錢 松本藤次
一金貳拾錢 石原仙藏
一金拾錢 山本小四郎
一金貳拾五錢 林 忠七
一金貳拾五錢 吉永利平
一金拾五錢 同 文四郎

熊本縣飽田村池田村光永寺信徒

一金拾五錢　末永藤七
一金拾五錢　緒方彦八
一金貳拾錢　吉永貞八
一金貳拾五錢　河口八太郎
一金拾五錢　林宇七
一金拾錢　村上作次
一金拾錢　梅原仙太郎
一金拾錢　林久平
一金貳錢五厘　村上源藏
一金貳錢五厘　吉永熊八
一金貳錢五厘　緒方ミカ

仝縣熊本市迎町

一金五圓　玉城直太郎

仝縣飽田郡池田村光永寺信徒

一金拾錢　林田助八
一金拾錢　竹永清五郎
一金壹圓貳拾錢　池田文記
一金拾錢　内田子之吉
一金壹圓　粟田伊三郎
一金七拾錢　岡本次作
一金六拾錢　小田榮藏
一金五拾錢　池松伊三次
一金五拾錢　松本多治郎
一金五拾錢　中村孫平
一金五拾錢　宮崎熊八
一金五拾錢　德永久平
一金四拾錢　松永彌作
一金三拾錢　宮崎啓八
一金三拾錢　中村忠平
一金貳拾五錢　中嶋又八
一金貳拾錢　緒方榮藏
一金貳拾錢　中嶋三太郎
一金貳拾錢　山本作平
一金三拾錢　淺木文九郎
一金貳拾錢　田村平太郎
一金拾五錢　野田啓次郎
一金拾五錢　緒方榮作
一金拾錢　坂本熊八
一金拾錢　東德次郎

熊本縣飽田郡池田村光永寺信徒

一金拾錢　西辰次郎
一金拾錢　齋藤安治郎
一金拾錢　德永仁吉
一金拾錢　遠山勝太郎
一金拾錢　成瀨市五郎
一金拾錢　神山貞喜
一金拾錢　池永太平
一金五錢　岡田喜熊
一金拾錢　松本平次郎
一金拾錢　松永德市
一金五拾錢　奥村利三

仝縣仝郡池ノ上村平組

一金拾五錢　藪田武一郎
一金拾五錢　村上甚四郎
一金拾五錢　同　武三次
一金拾五錢　津田巳吉
一金拾貳錢　松尾紋喜
一金拾貳錢五厘　平川彌市
一金拾貳錢　谷川敬八
一金拾錢　松尾光平
一金七錢五厘　平川勇平
一金六錢　瀨戸崎勘七
一金五錢　平塚藤平
一金五錢　中村甚藏
一金五錢　田尻惣次郎
一金五錢　坂本澤次郎
一金五錢　平川政太郎

仝縣合志郡原水村

一金拾錢　矢野甚平
一金拾錢　布田伊吉
一金貳拾錢　眞弓繁三郎
一金三拾錢　鳥栖健藏
一金三拾錢　同　虎次郎
一金五拾錢　林寅吉
一金五拾錢　太田黑儀久
一金三拾錢　大久保善十郎
一金五錢　鳥栖淺次郎
一金拾錢　渡邊八十八
一金拾錢　赤塚嘉次郎

熊本縣合志郡原水村

一金貳拾錢　五野源吾
一金拾五錢　太田多十郎
一金貳拾錢　大久保三十郎
一金拾錢　安永米藏
一金三拾錢　島田信太郎
一金六拾錢　松岡傳次
一金貳拾錢　鳥栖次太郎
一金拾五錢　富田慶太郎
一金五錢　新谷伯行
一金拾錢　田尻八藏
一金貳拾錢　福嶋直
一金拾五錢　村田熊喜
一金拾五錢　福島万太郎
一金五錢　同　重喜
一金拾錢　大矢ミチ
一金五錢　田尻光雄
一金拾錢　福島長太郎
一金貳錢　田原エミ
一金拾錢　松江基般
一金拾錢　水野伯勞
一金貳拾五錢　井上廣棟
一金拾五錢　川又直充
一金拾五錢　高森重次郎
一金三拾錢　宮原春隆
一金八錢　池田喜一郎
一金拾五錢　南忠太郎
一金貳拾錢　服部知春
一金拾貳錢五厘　林綱好
一金拾五錢　宇藤常愼
一金五拾錢　生山忠賀
一金五拾錢　川又正則
一金拾錢　池田宗親
一金拾錢　村田宜辰
一金六錢五厘　池田豐次
一金拾錢　狹間正次
一金拾錢　河俣賢臣
一金拾錢　渡邊安藏
一金五錢　渡邊カメ
一金拾五錢　河俣宗重

熊本縣合志郡原水村

一金五錢　河俣重安
一金五錢　岩吉カホ
一金拾錢　磯部仁藏
一金貳拾錢　狹間正行
一金三拾三錢　生山豐秀
一金五拾錢　井上種行
一金拾錢　生山正周
一金五錢　同　惠壽
一金四錢　松本重好
一金拾錢　廣吉運久
一金拾錢　松本利綱
一金貳拾錢　同　邦重
一金拾錢　源田明春
一金拾錢　舟津正寛
一金拾錢　佐藤幸保
一金拾錢　同　源内
一金拾五錢　那須宗艮
一金拾錢　後藤寅喜
一金五錢　川野要
一金五錢　矢野重勝
一金五錢　緒方ツデ
一金五錢　同　牛雄
一金拾錢　本田忠久
一金貳拾錢　同　實一郎
一金五錢　高橋綱寛
一金拾錢　大山兼次
一金貳拾錢　高橋忠隣
一金貳拾錢　大山眞清
一金拾錢　秋山延邑

仝縣飽田郡清水村山室

一金壹圓五拾錢　籔田作太
一金五拾錢　同　伊三治
一金五拾錢　同　嘉平
一金五拾錢　同　長次郎
一金貳拾五錢　同　德次郎
一金五拾錢　同　格平
一金貳拾錢　同　林次
一金六拾錢　同　儀三郎
一金拾錢　井坂彌八

熊本縣飽田郡清水村山室

一金拾錢　宮本貞平
一金拾五錢　同　金十郎
一金拾錢　同　敬次郎
一金貳拾五錢　近藤大內
一金五錢　宮本文藏
一金五錢　清水勝馬
一金貳拾錢　山住又次郎
一金拾錢　宮本半三郎
一金五拾錢　伊藤半平
一金五拾錢　同　敬太
一金貳拾錢　同　利平治
一金拾錢　同　利八
一金拾五錢　同　源平
一金拾錢　同　幸吉
一金拾錢　同　庄作
一金拾錢　近藤文太
一金壹圓　同　武英
一金五拾錢　釘本保次郎
一金五拾錢　清水友一
一金五拾錢　磯谷團二
一金拾錢　清水森平
一金拾五錢　眞島文太郎
一金拾錢　近藤信英
一金拾錢　屋成健藏

仝縣仝郡五町村

一金貳拾錢　幸山則久
一金七拾五錢　平井嘉次郎
一金五拾錢　酒井丈七
一金貳拾錢　山野十平
一金七錢五厘　幸山德太郎
一金三拾錢　西本友次
一金三拾錢　酒井豐吉
一金貳拾錢　緒方仙太郎
一金貳拾錢　岩下末元
一金五拾錢　酒井久米八
一金貳拾錢　西本改七
一金拾錢　緒方辰次郎
一金貳拾五錢　酒井藤吉
一金貳拾錢　西本角平

熊本縣飽田郡五町村

一金貳拾錢　西本惣次郎
一金五拾錢　酒井源作
一金貳拾五錢　同　善作
一金拾五錢　西本敬七
一金貳拾錢　酒井長藏
一金貳拾錢　同　安平
一金拾錢　同　倉八
一金拾錢　同　榮藏
一金拾錢　同　作太郎
一金貳錢五厘　同　善五郎
一金貳拾錢　同　仙次
一金七錢五厘　緒方岩七
一金七錢五厘　同　龜太郎
一金拾錢　同　惣七
一金五錢　木村岩五郎
一金拾錢　中西角次郎
一金拾五錢　酒井芳太郎
一金拾錢　西本金次郎
一金拾五錢　酒井寅吉
一金拾錢　西浦尚次郎

仝縣下益城郡豐川村松崎

一金三圓五拾錢　松田喜七
一金五拾錢　松永利八
一金貳拾錢　同　幸十

仝縣仝郡御船町

一金五拾錢　前田武八
一金壹圓　久原敬藏

仝縣仝郡松橋町

一金壹圓　橋本麒一
一金壹圓　同　嘉一郎

仝縣仝郡豐川村淺川

一金貳拾錢　何喜八

仝縣仝郡浦河內村大鳥

一金五拾錢　西田喜八
一金五拾錢　岩田武八
一金貳拾錢　吉田惣三郎
一金貳拾錢　西田圓八
一金貳拾錢　永田末八
一金拾錢　西田儀三郎

熊本縣下益城郡浦河內村大鳥
一金拾五錢　吉田ミト
一金貳拾錢　西田新三郎
仝縣仝郡松橋町
一金壹圓　本江廣太　中山憲吉　永目甚三郎　山田德十郎
仝縣飽田郡河內村
一金三圓　大森太吉外二名
仝縣合志郡竹迫村
一金貳圓　山隈マサ
仝縣菊池郡城北村
一金壹圓　新田義海妻
仝縣玉名郡元上津原
一金五錢　福永藤三郎
仝縣山鹿郡來民町
一金壹圓　福田陸次
仝縣玉名郡太田黑村
一金貳圓　有志中
仝縣熊本市出町
一金貳拾錢　池田屋チト
仝縣飽田郡今新開
一金壹圓　淺山テル　同チト
仝縣玉名郡大谷派
一金壹圓五拾錢　高瀬延久寺外十ケ寺
仝縣阿蘇郡野尻村
一金拾五錢　瀬井直次郎
一金五錢　同福爾
一金貳拾錢　犬飼覺稟
一金壹圓　橋本猪十郎
仝縣宇土郡松合村
一金壹圓　河瀬總吾
仝縣仝郡宇土町
一金五拾錢　光覺寺　寺尾靈妙
一金壹圓　西念寺　村上全性
一金三拾錢　富永常行
一金三拾錢　伊藤宗十
一金五拾錢　榎島厚
一金貳拾錢　松岡惠明
仝縣飽田郡河內村
一金五拾錢　河內幼年敎會

熊本縣飽田郡藤富村
一金壹圓　專行寺內
一金貳圓　橘猛
仝縣熊本市北新坪井町明專寺
一金貳圓　森山一乘
仝縣仝市迎町
一金三圓　大久保礷作
一金壹圓　四宮砂糖店
一金貳拾錢　緒方四郎
一金貳拾錢　福山荒次郎
一金壹圓五拾錢　同行中
仝縣仝市紺屋壹丁目
一金貳拾錢　野村與惣彌
仝縣仝市新堀町
一金五拾錢　下田幸次郎
仝縣仝市新町活版所
一金三圓　汲古堂
仝縣上益城郡大川村總
一金壹圓　光恩寺
仝縣仝郡上島村
一金五拾錢　山地淸記
仝縣仝郡小坂村
一金貳拾錢　赤見マサヨ
一金貳拾錢　金田ミツ
一金拾錢　赤井タ子
一金拾錢　木戶內彥七
一金拾錢　赤井末彥
一金拾錢　光永善十郎
一金拾錢　中村俊藏
一金拾錢　光永林十郎
仝縣仝郡福田村皆乘寺（大派）
一金七拾錢　粟津大寂
仝縣託麻郡本庄村
一金五拾錢　赤星政吉
仝縣飽田郡六合村池畑
一金四拾錢　石浦桃嵓
仝縣菊池郡城北村
一金五拾錢　平井新三郎
一金壹圓貳拾五錢　同彥十
一金七拾錢　同安平

熊本縣菊池郡城北村
一金拾錢　同仁平
一金八拾錢　同善八
一金五拾錢　平井佐平
一金七拾五錢　同惣平
一金貳拾五錢　同嘉七
一金貳拾錢　同彥一
一金五拾錢　同指平
一金拾錢　同作七
一金三拾錢　中原爲藏
一金六拾錢　同喜平
一金拾五錢　同万次郎
一金貳拾錢　同勝藏
一金五錢　同熊平
一金五拾錢　同長平
一金七拾錢　同勝平
一金貳拾五錢　丸山利平
一金貳拾錢　同久平
一金八拾錢　同子之吉
一金拾五錢　同文三郎
一金三拾錢　丸十三郎
一金拾錢　平井美登
一金拾錢　同常尾
一金拾五錢　中原鶴江
一金拾錢　平井茂壽
一金拾錢　同ナツ
一金拾五錢　同タモ
一金拾錢　同ハル
一金拾五錢　同子カ
一金拾錢　同ヤエ
一金拾錢　同ミツ
一金拾錢　同波壽
一金五拾錢　渡邊甚三郎
一金壹圓　同忠平
一金貳拾錢　同藤四郎
一金七拾五錢　同才七
一金貳拾錢　山下宇平
一金三拾錢　同直平
一金拾錢　木場光平
一金拾五錢　同唯七

熊本縣菊池郡城北村

一金拾錢　木場彥八
一金拾錢　同　一平
一金拾錢　同　又五郎
一金拾錢　同　作太郎
一金五錢　同　平三郎

仝縣山鹿郡永野村

一金參拾錢　原田熊一
一金五錢　同　幸平
一金五錢
一金壹圓　平井權八
一金拾錢　同　九一
一金六拾錢　同　祐七
一金八拾錢　同　重平
一金五拾錢　同　要
一金拾錢　同　代一
一金拾五錢　同　直平
一金拾五錢　坂本藤八
一金拾錢　同　藤三郎
一金拾錢　同　藤作
一金拾錢　同　源四郎
一金五拾錢　同　又平
一金貳錢五厘　同　常藏
一金五錢　同　彥八
一金貳錢五厘　同　利平
一金貳錢五厘　同　重平
一金六拾錢　同　九平
一金拾錢　同　次平
一金六拾錢　同　德平
一金貳錢五厘　同　彥七
一金五錢　同　德次
一金五錢　同　榮吉
一金三錢　同　安平
一金貳錢五厘　同　市三
一金壹圓　東　男
一金貳錢五厘　同　藤八
一金五拾錢　山口嘉七
一金貳拾錢　同　平吉
一金七拾錢　同　文平
一金貳拾錢　同　寅吉

熊本縣山鹿郡永野村

一金五錢　山口三作
一金拾五錢　佐藤惣八
一金貳拾錢　山口藤四郎
一金五錢　同　市平
一金五錢　岩村文平
一金三錢　平野文喜
一金貳錢五厘　川邊仙三郎
一金拾五錢　富田平門
一金拾五錢　同　藤內
一金五錢　同　文九郎
一金三錢　同　熊平
一金四錢　同　辰平
一金三拾錢　同　貞八
一金壹圓貳拾錢　同　均
一金壹圓　藤本清三郎
一金五拾錢　松本多平
一金八拾五錢　佐藤熊次
一金貳拾五錢　藤本彥七
一金貳拾錢　松本伍平
一金拾錢　同　甚吉
一金七錢　永田金次
一金七錢　城野又平
一金七錢五厘　同　源四郎
一金貳拾錢　同　喜平
一金拾錢　藤本彥平
一金壹圓　同　善吉
一金六錢　井上勘三郎
一金拾錢　同　官平
一金貳錢　同　直平
一金貳錢五厘　同　俊平
一金壹錢　同　仙吉
一金壹錢　同　又平
一金壹錢　同　長平
一金壹錢　同　武平
一金貳拾錢　元田杢平
一金貳拾錢　同　作平
一金貳拾錢　同　辰平
一金五錢　同　十三郎
一金五拾錢　同　吉三郎

熊本縣山鹿郡永野村

一金四拾錢　田中勘三郎
一金拾錢　同　重平
一金拾錢　富田安平
一金拾錢　田中庄平
一金拾錢　川中彥二郎
一金拾錢　元田松男
一金三拾錢　松本安平
一金六拾錢　同　瀨平
一金拾五錢　同　嘉平
一金拾錢　同　伍平
一金貳拾錢　同　龜太郎
一金五錢　同　熊八
一金拾五錢　同　庄平
一金五錢　同　九平
一金八拾錢　川上平七
一金五拾錢　同　九平
一金拾錢　同　福平
一金拾錢　同　仙九郎
一金三圓　同　仁平
一金三拾錢　同　熊四郎
一金拾五錢　西岡逸記
一金拾錢　永田　遜
一金貳拾錢　中原彥次郎
一金拾五錢　片山代一
一金八拾錢　川邊又十
一金五拾錢　園田伊平
一金五拾錢　同　新三郎
一金五錢　同　子ノ八
一金四錢　工藤德平
一金貳圓　同　敬二郎
一金七錢五厘　宮本九郎治
一金六錢　同　基雄
一金貳拾錢　藤嶋小一郎
一金七錢五厘　丸山丑太郎
一金六錢　同　文九郎
一金拾五錢　宮本則重
一金壹圓　木村義賢
一金貳拾錢　小野重則
一金拾五錢　東　子ノ太

熊本縣山鹿郡永野村

一金拾五錢　丸山和平
一金拾錢　上野伊作
一金拾五錢　村上源平
一金七錢五厘　東勝平
一金拾貳錢　木村八郎
一金三拾錢　村上順平
一金五拾錢　片瀬彦三郎
一金拾五錢　永野八十八
一金拾錢　山口庄三郎
一金貳拾錢　田中己ノ作
一金五錢　酒井三次郎
一金五錢　川上又平
一金拾錢　同福十
一金七錢五厘　同徳十
一金壹圓　山口作太
一金拾錢　同九平
一金五錢　片山金太郎
一金拾錢　同重平
一金五錢　山口逸枝
一金拾錢　同茂一
一金六拾錢　片山仙七
一金五拾錢　同又次郎
一金貳拾錢　同熊一
一金四拾錢　山口長八
一金拾五錢　同三八
一金壹圓　同彌七
一金拾五錢　同和作
一金壹錢　横山亥之作
一金貳錢　片山惣四郎
一金壹圓　永田作二郎
一金壹圓五拾錢　同光次郎
一金貳拾錢　菊川新太郎
一金拾五錢　同鶴平
一金拾錢　恩地秀吉
一金五錢　菊川六二
一金拾錢　同杢平
一金五錢　同已之作
一金拾錢　同勝平
一金拾錢　同三郎

熊本縣山鹿郡永野村

一金壹圓　菊川作平
一金貳拾錢　同惣三郎
一金七錢五厘　鈴木長三郎
一金六拾錢　永田俊藏
一金貳拾錢　同伍八
一金六拾錢　菊川喜太郎
一金拾五錢　永田泰吉
一金三錢　同改藏
一金貳拾錢　同勘三郎
一金貳拾五錢　同長平
一金壹圓　同庄藏
一金三拾錢　同勝重
一金拾錢　同壽加
一金六拾錢　同八太郎
一金五拾錢　同卯平
一金貳拾錢　池尻芳平
一金貳拾錢　菊川勝五郎
一金拾錢　同光平
一金貳拾五錢　木野四平
一金拾五錢　片山伊平
一金拾貳錢五厘　古庄又平
一金拾五錢　同庄太郎
一金拾七錢五厘　古川庄八
一金五錢　山口長藏
一金五錢　同文三郎
一金貳錢　同庄太郎
一金五錢　下田武七
一金四錢　同鉄藏
一金拾錢　同新三郎
一金四錢　原口幸三郎
一金三錢　同半三郎
一金五錢　高木雀藏
一金七錢五厘　本田義一
一金五錢　高木仁太郎
一金五錢　同兼藏
一金五錢　同次三
一金五錢　同百藏
一金三錢　仲原仙七
一金拾錢　下田大作

熊本縣山鹿郡永野村

一金五錢　下田實平
一金三錢　同吉郎次
一金拾錢　迫本俊八
一金貳錢五厘　村上勘作
一金貳錢五厘　迫本伊平
一金拾錢　同利平
一金五錢　下田又平
一金貳錢　米岡古平
一金五錢　同卯吉
一金五錢　同作十
一金貳錢五厘　同九平
一金壹錢　同作平
一金壹錢五厘　同伍平
一金四錢　泉彌藤吉
一金拾錢　沖本文喜
一金五錢　坂本直三郎
一金五錢　同久次郎
一金五拾錢　松岡盤喜
一金拾錢　同斜
一金拾五錢　同太平
一金拾七錢　同彌八
一金三拾錢　同壽平
一金七拾錢　下田甚吉
一金貳拾錢　松岡惟政
一金五錢　同勝平
一金五錢　平井彌平
一金貳拾錢　下田利平
一金五拾錢　同九一
一金貳拾五錢　下田彌七
一金貳拾錢　同安相
一金拾錢　松本新藏
一金三拾錢　吉田作平
一金拾錢　村上久三郎
一金拾錢　同彌平
一金拾五錢　同文三郎
一金三錢四厘　松岡長太郎
一金四拾五錢　岡田ヨキ
一金壹圓　德永辰彦
一金壹圓　城北佛教團

熊本縣合志郡竹迫村
一金壹圓　工藤左一　平田一十
一金拾錢　衛藤久八
一金拾錢　同　市作
一金七錢　緒方雲次
一金六錢　衛藤善三郎
一金五錢　同　權八
一金六錢　同　直次郎
一金五錢　上野源平
一金五錢　衛藤直四郎
一金五錢　野崎長作
一金五錢　衛藤芳太郎
一金五錢　渡邊善藏
一金四錢　上野惣次郎
仝縣仝郡
一金三錢　渡邊孫九郎
一金三錢　藤本惣九郎
一金貳錢五厘　上野源次郎
一金貳錢五厘　松本榮藏
一金貳錢五厘　上野文太郎
一金貳錢　衛藤源次郎
一金五錢　同　清九郎
一金壹圓　松本利久
仝縣仝郡佛教寺分
一金貳拾錢　渡邊直平
一金三錢　緒方末次郎
一金貳錢五厘　鍋嶋二藏
一金貳錢五厘　渡邊善四郎
一金五錢　青木長七
一金五錢　高木文次
仝縣玉名郡伊倉村
一金六拾錢　關嘉太郎
仝縣飽田郡池畑村
一金五拾錢　大榮寺家內
一金七拾五錢　藤井貞七
一金八拾錢　富田圓七
一金四拾錢　同　壽作
一金三拾錢　富士太郎　石原壽八
一金三拾錢　高濱壽八

熊本縣飽田郡池畑村
一金貳拾五錢　中村喜平次
一金三拾錢　藤井萬吉
一金貳拾錢　橋本熊八
一金壹圓　吉見巳吉
仝縣山本郡古閑村
一金五拾錢　服部幸平
一金五拾錢　同　式內
一金貳拾錢　田中三平
一金拾五錢　高群角平
一金拾錢　松下嘉三次
一金拾錢　宮本安太郎
一金五拾錢　大森愛吉
一金三拾錢　堀　惣平
一金貳拾錢　同　俊平
一金拾五錢　松岡平德
一金拾錢　同　利三郎
一金七錢五厘　同　平三郎
一金七錢五厘　堀　亥之八
一金五錢　同　丸次
一金拾錢　安武夫一郎
一金拾錢　同　銀平
一金拾錢　同　俊藏
一金拾錢　同　伊三郎
一金拾錢　同　勘二郎
一金五錢　同　夫一
一金五錢　同　源平
一金貳錢　同　喜一郎
一金拾五錢　菊川光平
一金四錢　德永藤平
一金三錢　同　藤九郎
一金貳錢　田中又七
一金拾錢　平山安次郎
一金五錢　安武常雄
仝縣飽田郡龜井村
一金八拾錢　寺本貞平
一金三拾錢　同　熊八
一金三拾五錢　同　宇一
一金七拾五錢　宮本宮吉
一金七拾五錢　同　壽太郎

熊本縣飽田郡龜井村
一金七拾五錢　宮本太次平
一金七拾錢　鬼塚平四郎
一金六拾五錢　宮本和平
一金六拾錢　同　德太
一金四拾錢　同　卯八
一金三拾錢　同　鶴平
一金拾五錢　同　辰次
一金拾五錢　同　久吉
一金拾五錢　同　傳七
一金貳拾錢　同　文次
一金拾貳錢五厘　同　子ノ吉
仝縣合志郡田嶋村
一金四圓　岩下平太
一金四圓　村川覺太
一金貳圓五拾錢　坂田壽平
一金貳圓　同　幸平
一金貳圓貳拾五錢　磯田熊藏
一金貳圓　角田德四郎
一金貳圓　坂本馬彦
一金七拾錢　坂田傳三
一金拾五錢　角田喜四郎
一金壹圓　岩下平次
一金壹圓　角田久平
一金壹圓　同　定
一金七拾錢　坂本竹次
一金六拾五錢　石井木六
一金六拾五錢　同　岩次郎
一金拾錢　坂本又一
一金拾錢　同　エト
一金壹圓　岩下平馬
一金四圓　坂本彌兵
一金三圓　岩下勘三
一金三圓　磯田權太
一金四圓　角田源平
一金拾錢　岩下孫三
一金壹圓五拾錢　同　嘉太郎
一金三拾錢　坂本清次
一金三拾錢　岩下一兵
一金壹圓　同　德三

熊本縣合志郡田嶋村

一金貳拾錢　岩下和平
一金三拾五錢　坂本新藏
一金貳拾錢　角田壽三郎
一金三拾錢　磯田清八
一金拾錢　坂本利吉
一金拾錢　右田甚作
一金八錢　岩下知幾
一金拾七圓五拾錢　同　吉平
一金五圓　古市專太郎
一金四圓　岩下甚八
一金三圓　同　平三
一金貳圓五拾錢　東　伊三
一金貳圓五拾錢　岩下善太
一金貳圓　同　平八
一金貳圓　同　新平
一金壹圓八拾錢　岩本德三
一金壹圓貳拾錢　東　惣七
一金壹圓　岩下作平
一金拾錢　小川三五郎
一金五錢　岩下常八
一金拾錢　同　吉三
一金五錢　同　運平
一金六拾錢　東　惣三
一金四拾錢　同　又平
一金貳拾錢　泉田勝太
一金拾錢　明永倉八
一金拾錢　泉田謙太
一金拾錢　田村格太
一金五錢　同　勘太郎
一金壹圓　泉田辰藏
一金三圓　秋吉勸
一金貳圓五拾錢　坂口敬八
一金貳圓貳拾錢　綱岡源平
一金貳圓　木村平太
一金壹圓五拾錢　秋吉常三郎
一金壹圓五拾錢　林田巳之八
一金壹圓　秋吉寅八
一金七拾五錢　同　與作
一金五拾錢　同　敬太

熊本縣合志郡田嶋村

一金四拾錢　同　常助
一金三拾五錢　同　仁藏
一金貳拾五錢　同　杢平
一金貳拾五錢　同　辰彥
一金拾五錢　同　壽太郎
一金拾錢　木村九平
一金拾錢　秋吉謙四郎
一金五錢　坂本杢三郎
一金五拾錢　同　久太郎
一金七拾五錢　古市庄作
一金貳圓　大林壽七
一金五拾錢　深山甚藏
一金拾錢　古市恂記
一金拾錢　吉谷敬太郎
一金拾五錢　古市愼悟
一金貳拾錢　同　梅太郎
一金拾五錢　本田德次
一金壹錢六厘　荒木兵七
一金四拾錢　古市駒七
一金五錢　深山文平
一金拾錢　竹原謙太
一金三拾錢　大林德平
一金拾五錢　林　傳藏
一金拾五錢　同　百次
一金壹圓　武田常記
一金拾錢　林　末八
一金五拾錢　大林民次
一金壹圓　古市德太
一金五錢　村上吉三
一金五錢　同　シン
一金拾錢　古市作平
一金拾錢　大塚鶴彥
一金壹圓　同　谷五郎
一金五錢　大林亦次
一金拾五錢　野村榮丸
一金貳拾錢　大林辰彥
一金六拾錢　坂崎甚平
一金五拾錢　小森田作平
一金五拾錢　古市萬

熊本縣合志郡田嶋村

一金壹圓　小森田力三
一金貳圓貳拾五錢　古市傳八
一金貳拾五錢　同　元
一金五錢　大林巳三郎
一金壹圓五拾錢　古市幸平
一金壹圓五拾錢　坂口新七
一金五拾錢　春木伊太郎
一金五錢　古市喜八
一金壹圓拾錢　大塚藤七
一金拾五錢　大林熊次
一金五圓　古市喜三
一金壹圓　竹森藤平
一金壹圓　峯邊幸太
一金三拾錢　井上利三郎
一金貳拾錢　宮部末廣
一金三拾錢　吉貝鎌三郎
一金拾五錢　吉谷源四郎
一金貳拾錢　同　彥藏
一金五拾錢　秋藁千壽
一金五圓　澤田ハル
一金壹圓　高木四藏
一金拾錢　古市儀三
一金拾錢　同　茂三郎
一金五拾錢　坂口卯三郎
一金五拾錢　古市常太
一金壹圓　上田九一
一金貳拾錢　高木小平
一金五拾錢　坂木吟三郎
一金三拾五錢　同　俊三郎
一金九錢　同　鶴吉
一金貳拾五錢　林田敬四郎
一金壹圓七拾五錢　岡本常記
一金貳圓貳拾五錢　西岡壽三郎
一金六拾錢　林田駒勝
一金壹圓　田中万吉
一金壹圓　松岡俊藏
一金貳圓五拾錢五厘　吉岡市太郎
一金貳圓五拾錢　小森田勝太郎
一金貳圓五拾錢　同　長太郎

熊本縣合志郡田嶋村

一金壹圓七拾五錢　小森田清記
一金壹圓貳拾五錢　同　新平
一金貳拾五錢　同　惠太郎
一金拾錢　同　損德
一金拾錢　三北次三
一金壹圓　村上壽吉
一金三拾五錢　小森田両平
一金四拾五錢　同　喜一
一金五錢　同　藤平
一金七錢五厘　林　三郎
一金貳圓五拾錢　松岡直七
一金壹圓　上村松平
一金五拾錢　熊坂甚太郎
一金七拾五錢　松田才七
一金貳拾五錢　同　新太郎
一金七拾五錢　中原俊三郎
一金拾錢　熊坂甚八
一金拾錢　松永藤平
一金五錢　古市清男
一金六拾錢　殖田庄八
一金三拾錢　大住惣平
一金拾錢　宮部儀平
一金拾錢　大森須賀

仝縣山本郡吉松村平井專德寺信徒

一金五拾錢　角田和七
一金貳拾錢　橋本健太
一金貳拾五錢　中山卯七母
一金貳拾五錢　佐方清人母
一金八錢　貴田チカ
一金拾錢　上田フデ
一金五拾錢　泉　作太
一金三拾錢　中村彦七
一金三拾錢　同　龜太郎
一金拾錢　前田俊平
一金拾五錢　角田五太郎
一金貳拾五錢　君惠太平
一金五拾錢　同　芳平
一金拾錢　高本土平
一金拾五錢　藤川初平

熊本縣山本郡吉松村平井專德寺信徒

一金三拾錢　坂田篤
一金貳拾錢　同　一喜
一金拾錢　同　武三
一金拾五錢　合志金三郎
一金拾錢　坂本作次
一金五錢　同　手壽
一金拾錢　大橋俊平
一金六拾錢　平安太郎
一金三拾錢　內藤作平
一金三拾錢　泉　安平
一金貳拾五錢　內藤又三郎
一金貳拾錢　泉　十平
一金貳拾五錢　前田甚平
一金五拾錢　內藤杢七
一金三拾錢　同　佐平
一金貳拾錢　津野田時政
一金拾五錢　內藤友平
一金拾五錢　泉　健太
一金拾五錢　平芳官太
一金拾五錢　山內直次郎
一金四拾錢　白榊彈藏
一金拾錢　山內勝太郎
一金七錢五厘　坂本藤三郎
一金五錢　內藤忠次郎
一金五錢　白髭庄太郎
一金五錢　角田九平
一金五錢　津野田順次
一金五錢　同　順平
一金五錢　永田ヒロ
一金拾錢　吉丸鶴彦
一金拾錢　內藤勝藏
一金貳拾五錢　本田太七
一金貳拾五錢　宮田平次郎
一金貳拾五錢　新原源三郎
一金貳拾錢　石永仙七
一金貳拾錢　松本俊平
一金拾五錢　角田善九郎
一金拾五錢　本田仙太郎
一金拾貳錢五厘　池田善三郎

熊本縣山本郡吉松村吉井專德寺信徒

一金七錢五厘　竹內九郎次
一金七錢五厘　本田六造
一金七錢五厘　本田惠四郎
一金拾貳錢五厘　藤本仁造
一金五錢　千代永新三郎
一金壹圓　高島門徒中
一金壹圓　前田初五郎
一金壹圓　廣田順平
一金壹圓　角田七三
一金壹圓　同　大平
一金貳拾錢　同　繁藏
一金拾錢　永田淺八
一金五錢　八重田芳太郎
一金五錢　角田德平
一金貳拾錢　守田彦七
一金貳拾錢　井上両七
一金拾錢　福田勝平
一金五拾錢　新守清三郎
一金貳拾錢　坂本榮八
一金貳拾錢　大橋愼次郎
一金五拾錢　杉本幸作
一金拾五錢　福田龜松
一金拾錢　內藤長藏
一金五錢　角田權太郎
一金拾五錢　井上二三太
一金三拾錢　稻田榮八
一金五錢　富田角八
一金拾錢　角田岩熊
一金貳拾錢　平野作太
一金貳拾錢　畑中藤平
一金五拾錢　大橋平太
一金五拾錢　上村作平
一金五拾錢　大橋俊藏
一金壹圓　福田熊三郎
一金壹圓五拾錢　平野新吉
一金拾錢　角田友吉
一金拾五錢　富永利平
一金貳拾錢　井上清次
一金貳拾五錢　大橋愼吾

熊本縣山本郡吉松村平井專德寺信徒

一金拾錢　角田作平
一金貳拾五錢　守田謙三郎
一金拾錢　富永民男
一金七錢五厘　今坂鐵藏
一金三拾錢　福田岩藏
一金八錢　久本手壽
一金拾錢　角田三五郎
一金壹圓　坂井太三
一金四拾錢　富田庄平
一金貳錢五厘　福田又次郎
一金貳拾五錢　松本茂平
一金拾錢　同榮藏
一金三拾五錢　高森龜太
一金五拾錢　原口勝次郎
一金四拾錢　上村傳重
一金三拾五錢　有田龜太郎
一金貳拾五錢　續宇吉
一金拾五錢　西守幸平
一金貳拾五錢　同末松
一金四拾錢　上野末八
一金五拾錢　西守格平
一金拾五錢　同九平
一金拾五錢　竹村改作
一金貳拾錢　村上利三
一金六錢　前田才七
一金拾五錢　西本又作
一金貳拾錢　法鶴起
一金五拾錢　井上善吉
一金貳拾錢　上田久八
一金五錢　同清八
一金貳拾錢　畠山秀
一金拾錢　上野嘉平
一金五錢　畠山又平
一金拾五錢　井村萬太郎
一金五錢　原口治三郎
一金五錢　同佐三郎
一金五錢　木村長平
一金貳錢五厘　沼田卯太郎
一金五錢　同林平

熊本縣山本郡吉松村平井專德寺信徒

一金五錢　上田八百平
一金五錢　松永佐平
一金貳錢五厘　清田長太郎
一金貳錢五厘　堀川彦四郎
一金五錢　同福藏
一金三拾五錢　嶋田喜七、同平吉、同謚次、同作太郎
一金拾錢　德永長藏
一金拾錢　同亥之吉
一金拾錢　同又藏
一金拾錢　同幸三郎
一金拾錢　同幸次郎
一金拾錢　同申次
一金拾錢　高森千代藏
一金拾錢　德永萬七
一金貳拾圓　佃幸作
一金壹圓五拾錢　角田信時
一金壹圓五拾錢　中山宇七
一金七拾五錢　高木惣九郎
一金七拾五錢　金子伊平
一金五拾錢　高木茂平次
一金五拾錢　金子林
一金三拾錢　藤本平三郎
一金三拾錢　内山次郎平
一金拾五錢　松岡一男
一金拾錢　橋本五市
一金五錢　同龜藏
一金貳錢五厘　住野林太郎
一金貳錢五厘　福島久三郎
一金壹圓　吉田甚平
一金壹圓五拾錢　三好喜學
一金三拾錢　北田大平
一金三拾錢　園田龜人
一金三拾錢　同數馬
一金三拾錢　春日伊太郎
一金三拾錢　林田榮
一金五拾錢　松岡加平
一金五拾錢　同甚平
一金五拾錢　橋本改平

熊本縣山本郡吉松村平井專德寺信徒

一金五拾錢　橋本三市
一金五拾錢　坂本恆作
一金四拾錢　松田卯三郎
一金貳拾五錢　住野卯太郎
一金貳拾錢　橋本恆三郎
一金貳拾錢　同安太
一金貳拾錢　坂本金平
一金貳拾錢　林田鶴太郎
一金貳拾錢　松田小市
一金貳拾錢　林田孫三
一金貳拾錢　春日改平
一金七拾五錢　泉田孫平
一金五拾錢　竹岡十三
一金五拾錢　松岡常太
一金五拾錢　泉田仙七
一金五拾錢　同七藏
一金五拾錢　松岡子之吉
一金五拾錢　泉田勝三
一金五拾錢　同又作
一金五拾錢　内田土作
一金三拾錢　同網吉
一金貳拾五錢　内田祐一郎
一金貳拾錢　同和七郎
一金貳拾錢　同傳四郎
一金拾五錢　同勝平
一金拾貳錢五厘　中嶋幾平
一金拾貳錢五厘　内田半平
一金拾貳錢五厘　同卯八
一金拾錢　中嶋紋平
一金拾錢　福嶋孫八
一金拾錢　中嶋平作
一金拾錢　本田甚平
一金貳錢　森永初治
一金拾錢　藤川儀平
一金七錢　前田キノ
一金七錢　角田チカヘ
一金七錢　廣田カシ
一金七錢　新守ケイ
一金七錢　守田知壽

熊本縣山本郡吉松村平井專德寺信徒

一金五錢　角田トミ
一金五錢　永田知壽
一金三錢　福田スミ
一金三錢　八重田壽喜
一金貳錢　角田多壽
一金七拾五錢　村川勝三郎
一金七拾五錢　緒方喜八
一金五拾錢　上村友喜
一金三拾錢　緒方忠平
一金三拾錢　村川傳七
一金貳拾五錢　高木万三郎
一金貳拾五錢　園木想平
一金貳拾錢　緒方嘉平
一金三拾錢　村川熊八
一金貳拾錢　藤川嘉三郎
一金拾五錢　緒方榮三
一金拾錢　同　軍平
一金貳錢　森永初治
一金拾錢　藤川儀平
一金七錢　前田キノ
一金七錢　角田チヘカ
一金七錢　廣田カシ
一金七錢　新守ケイ
一金七錢　守田チミ
一金五錢　角田トミ
一金五錢　永田千壽
一金三錢　福島スミ
一金三錢　八重田壽喜
一金貳錢　角田多壽
一金五錢　坂本タズ
一金五錢　井上千壽
一金四錢　大橋ヤチ
一金五錢　角田リナ
一金拾錢　坂本タカ
一金五拾錢　橋積エキ
一金貳拾五錢　同　壽平
一金貳拾錢　同　辰平
一金貳拾錢　同　元平
一金貳拾錢　角田榮七

熊本縣山本郡吉松村平井專德寺信徒

一金拾錢　福井ミサ
一金拾錢　大杉傳三郎
一金拾錢　角田平四郎
一金拾錢　同　只平
一金拾錢　同　佐平
一金七錢五厘　上田平九郎
一金六錢　新原敏三郎
一金五錢　松嶋仁加次
一金五錢　福井安平
一金五錢　森山都一
一金貳拾錢　清久壽平
一金貳拾錢　吉田儀七
一金貳拾錢　同　直平
一金拾錢　同　伊三郎
一金拾錢　林田喜七
一金五錢　田中富平
一金拾錢　橋本壽太郎
一金拾錢　春田俊藏
一金貳拾五錢　田中桂太
一金貳拾錢　本田常八
一金五錢　角田辰平
一金拾錢　宮本清四郎
一金貳錢五厘　林田仁七
一金四錢　林田久平
一金拾錢　川上卯平
一金五錢　林田仙三郎
一金五錢　同　福次
一金五錢　內堀安平
一金貳拾錢　池田權太郎
一金拾五錢　林田牧平
一金貳拾錢　橋本次三郎
一金貳拾五錢　上田嘉平
一金貳拾錢　泉田古太郎
一金拾五錢　津野田愼藏
一金七拾五錢　同　末熊
一金五拾錢　同　ミサナ
一金八錢　惠　格平
一金拾錢　同　傳平
一金拾錢　松葉文平

熊本縣山本郡吉松村平井專德寺信徒

一金拾錢　松葉寅松
一金拾錢　村上勝平
一金七錢　添田作平
一金三錢三厘　宮本幸九郎
一金五錢　荒尾彥三郎
一金拾錢　福田源三郎
一金拾錢　平田嘉平
一金八錢　添田巳之平
一金七錢　平山光平
一金七錢　宮本德三郎
一金五錢　塚本敬四郎
一金三錢貳厘五毛　平山大藏
一金拾八錢　山下運平
一金拾八錢　山下一二
一金拾八錢　平山甚三郎
一金拾四錢　同　禎吾
一金拾四錢　同　想平
一金拾貳錢　同　平次
一金拾錢　同　利三次
一金八錢五厘　同　芳平
一金八錢五厘　同　寅次
一金七錢　同　伊三次
一金七錢　酒井勝平
一金壹圓三拾貳錢五厘　出目門徒中
一金五拾錢　米ケ田藤九郎
一金五拾錢　同　運平
一金五拾錢　同　俊喜
一金五拾錢　同　千代太郎
一金貳拾錢　同　勝次郎
一金拾錢　同　才喜
一金拾錢　田上敬七
一金拾錢　米ケ田俊平
一金五錢　田上攺平
一金五錢　同　フサ
一金五錢　村上幸三郎
一金五錢　村上益平
一金四錢　浦野李三郎
一金貳拾五錢　栗原武七
一金拾錢　同　三平

熊本縣山本郡吉松村平井專德寺信徒

一金七錢五厘　栗原又作
一金貳拾五錢　福田武造
一金五錢　同又八
一金五錢　同スミ
一金拾五錢　堤常七
一金拾錢　坂本敬作
一金貳拾錢　吉岡彌八
一金壹錢　福田シケ
一金貳拾錢　久塚清作
一金拾錢　泉田熊太郎
一金拾錢　久塚謙八
一金拾錢　吉田三平
一金五拾錢　高岡圓七
一金五拾錢　有田敬藏
一金貳拾五錢　林田祐三郎
一金五拾錢　田中實平
一金三拾錢　高木惣平
一金五拾錢　角田千代吉
一金五拾錢　氏家惣三郎
一金三拾錢　田中仙藏
一金三拾錢　同忠雄
一金貳拾五錢　角田金三郎
一金貳拾五錢　中島淸三郎
一金拾錢　角田源藏
一金貳拾錢　田中甚七
一金拾五錢　三宅手次
一金五錢　田中金藏
一金五拾錢　橋本光平
一金五拾錢　田中龜喜
一金五拾錢　上田嘉七
一金四拾錢　井上長太郎
一金四拾錢　橋本牧平
一金三拾錢　平野両平
一金貳拾五錢　平田仙三郎
一金三拾五錢　松本榮七
一金貳拾五錢　坂田次三郎
一金貳拾錢　前田大三郎
一金貳拾錢　田中鶴次
一金貳拾錢　木村杢平

熊本縣山本郡吉松村平井專德寺信徒

一金貳拾錢　前田芳平
一金拾五錢　平川利三郎
一金貳拾五錢　上村彦三郎
一金拾貳錢五厘　平川順平
一金拾貳錢五厘　上村半七
一金拾錢　田中九十
一金拾錢　前田利七
一金七錢五厘　泉田傳三郎
一金五錢　平貞記
一金七錢五厘　中川久平
一金拾錢　塚本彦藏
一金五錢　同太平
一金拾六錢　西田傳吉
一金拾四錢　同和三郎
一金拾四錢　同太平次
一金拾錢　平山俊藏
一金拾錢　同宝作
一金拾錢　栗原俊造
一金拾五錢　同榮作
一金拾錢　同次兵
一金拾五錢　同嘉平
一金拾錢　同利平
一金貳拾錢　同大平
一金五錢　福田半之十
一金貳拾錢　西岡万造

仝縣山鹿郡三玉村万行寺信徒

一金六拾錢　池田新平
一金四拾錢　池田幸太郎
一金三拾錢　同忠平
一金五拾錢　同甚吉
一金五拾錢　河上友七
一金三拾錢　池田勘九郎
一金貳拾錢　同万次
一金貳拾五錢　同作太郎
一金拾錢　寺田茂平
一金壹圓八拾錢　同藤作
一金壹圓五拾錢　池田文太郎
一金壹圓貳拾錢　寺田半七
一金六拾錢　池田鉄太

熊本縣山鹿郡三玉村万行寺信徒

一金五拾錢　池田勝藏
一金三拾錢　同甚九郎
一金七拾錢　同喜三郎
一金壹圓　池田儀太郎
一金壹圓　同万太郎
一金拾五錢　同勇平
一金五拾錢　同圓三郎
一金拾五錢　同壽作
一金三拾錢　同榮八
一金三拾錢　同惣平
一金貳拾五錢　同幸三郎
一金六拾錢　同仁四郎
一金拾五錢　同喜太郎
一金五拾錢　同新太郎
一金拾五錢　同宇太郎
一金拾錢　寺田爲次
一金壹圓　宮本幸次郎
一金壹圓　北井安平
一金壹圓　同利三郎
一金七拾錢　松本淸次郎
一金七拾錢　大津山半三郎
一金貳拾錢　宮崎藤藏
一金五錢　宮本新藏
一金五錢　同惣次
一金四拾錢　大津山後家
一金四拾錢　中原門平
一金拾錢　北井淸九郎
一金拾錢　竹下利七
一金壹圓　前田春藏
一金拾錢　坂本政平
一金七拾錢　岡山友平
一金七拾錢　水政民平
一金貳拾錢　同光平
一金五錢　松田嘉平
一金七錢五厘　井上龜次
一金七錢五厘　水政幸三郎
一金四拾錢　同和太郎
一金七拾錢　吉井八藏
一金六拾錢　平井熊太

熊本縣山鹿郡三玉村万行寺信徒

一金五拾錢　平井長三郎
一金七拾錢　同　專藏
一金貳拾錢　同　初太郎
一金貳拾錢　上野虎藏
一金貳拾錢　富田甚藏
一金拾錢　平尾甚吉
一金壹圓拾錢　同　爲平
一金貳拾錢　同　嘉平
一金拾錢　同　政太郎
一金三錢　同　權平
一金貳錢　同　虎吉
一金三拾錢　同　卯太郎
一金五拾錢　小松繁
一金五拾錢　鹿子木仁藏
一金貳拾錢　小松龍平
一金拾五錢　鹿子木三平
一金拾錢　同　兼三郎
一金拾錢　同　仁平
一金拾五錢　小松喜三郎
一金拾五錢　鹿子木又平
一金三拾錢　同　甚平
一金七錢五厘　緒方角平
一金五拾錢　鹿子木惣平
一金拾五錢　同　軍平
一金拾五錢　同　尉吉
一金拾五錢　同　夫平
一金五拾錢　同　勝藏
一金三拾錢　同　作平
一金三拾錢　同　榮藏
一金拾五錢　同　又四郎
一金五錢　緒方芳平
一金貳拾錢　鹿子木甚三郎
一金五錢　同　文三郎
一金拾錢　同　傳四郎
一金拾五錢　山口傳次
一金三拾錢　鹿子木久賀次
一金五拾錢　同　光平
一金五拾錢　同　熊藏
一金拾五錢　同　助蛇

熊本縣山鹿郡三玉村万行寺信徒

一金三拾錢　鹿子木彥四郎
一金拾五錢　同　羊
一金貳拾五錢　田上桑樹
一金五錢　高橋勝平
一金五錢　同　三平
一金拾錢　同　卯三郎
一金拾錢　同　長五郎
一金五錢　同　富記
一金拾五錢　坂田善九郎
一金貳拾五錢　高橋市三郎
一金拾錢　同　俊平
一金貳拾五錢　同　佐平
一金三拾五錢　淵上松平
一金拾錢　同　龜七
一金拾錢　同　彌一
一金拾錢　同　源七
一金七錢五厘　同　彥藏
一金五錢　同　龜藏
一金五錢　同　增平
一金五錢　同　富平
一金五錢　同　仁三郎
一金貳錢五厘　同　茂八
一金貳錢　同　勇馬
一金壹錢五厘　同　惣八
一金壹錢五厘　同　榮次郎
一金七拾錢　池田太平
一金壹圓貳拾錢　同　傳九郎
一金拾錢　同　常平
一金三拾錢　小田又七
一金貳拾五錢　同　勝平
一金三拾錢　池松長久
一金拾錢　池田マセ
一金七拾錢　山田伊平

仝縣仝郡上吉田村

一金貳圓三拾五錢　中原增藏
一金五拾錢　池田清四郎
一金拾五錢　社方勘太郎
一金拾錢　河原文太郎
一金四圓五拾錢　中原長藏

熊本縣山鹿郡上吉田村

一金貳圓貳拾五錢　池田源三郎
一金七拾五錢　川上勇平
一金壹圓五拾錢　池田繪三郎
一金壹圓　同　円七
一金壹圓五拾錢　同　和平
一金六拾錢　同　順平
一金貳拾錢　同　長平
一金貳拾錢　同　清九郎
一金貳拾錢　藤崎芳平
一金壹圓　松本善九郎
一金三拾錢　吉田新九郎
一金貳拾五錢　吉川芳平
一金貳拾錢　吉里改藏
一金貳拾錢　本山勘作
一金貳圓五拾錢　木庭武一郎
一金貳圓　同　市作
一金貳圓　同　惠三郎
一金壹圓八拾錢　同　辰彥
一金壹圓五拾錢　坂本常平
一金三拾錢　木庭幸九郎
一金拾五錢　同　彥次
一金三拾五錢　同　藤四郎
一金拾錢　同　五平
一金五拾錢　島田又五郎
一金拾錢　木庭德平
一金拾錢　森改平
一金拾錢　坂本甚作
一金五拾錢　木庭卯七
一金七拾五錢　同　惠七
一金七拾五錢　同　金太郎
一金壹圓五拾錢　同　辰次
一金貳拾錢　同　吉三郎
一金拾五錢　同　文作
一金拾錢　島田仙太郎
一金三拾錢　木庭仁意地
一金貳拾錢　坂本又三郎
一金貳拾五錢　同　清平
一金拾錢　同　角平
一金四拾錢　木庭順平

熊本縣山鹿郡上內田村

一金貳拾錢　森　勘三郎
一金拾五錢　同　作平
一金壹圓　同　清九郎
一金貳拾五錢　同　平藏
一金貳拾五錢　坂本　參次郎
一金七拾五錢　坂本　龜藏
一金拾五錢　木庭　伊吉
一金貳拾錢　同　長吉
一金貳拾錢　同　長太郎
一金貳拾五錢　森　茂吉
一金貳拾五錢　坂本　峯松
一金拾錢　同　太四郎
一金三拾錢　河原田　勝太
一金拾錢　同　安平
一金四拾錢　社方　常七
一金三拾錢　松尾　健吉
一金貳拾五錢　社方　格太
一金貳拾五錢　同　永藏
一金貳拾五錢　松尾　勝平

全縣合志郡田島村

一金拾五圓　安武　喜八
一金五圓　同　藤平
一金三圓　同　艮七
一金壹圓　同　幸平
一金壹圓　同　大藏
一金壹圓　福　甚平
一金七拾五錢　安武　艮八
一金七拾五錢　福嶋　喜平
一金六拾錢　森下　長作
一金五拾錢　同　末廣
一金五拾錢　福嶋　源十
一金五拾錢　同　庄藏
一金貳拾五錢　安武　市太郎
一金拾錢　福嶋　利七
一金拾錢　同　喜三郎

全縣全郡野々嶋村

一金壹圓　福岡　幾太
一金五拾錢　谷　金之十
一金五拾錢　松岡　傳四郎

熊本縣合志郡野々嶋村

一金貳拾錢　上田　兩七
一金拾錢　松崎　仙八
一金拾錢　宮崎　駒七
一金拾錢　上田　兵七
一金七錢五厘　谷　半七
一金拾貳錢五厘　上村　新藏
一金五錢　藤岡　俊藏
一金拾貳錢五厘　上村　角治
一金拾錢　同　杢太
一金拾錢　嶋松　豐吉
一金壹圓　高群　貞彥
一金壹圓　同　藤平
一金壹圓　早川　藤三郎
一金壹圓　高群　甚太郎
一金七拾錢　池上　健三郎
一金六拾錢　九十九　新哉
一金六拾錢　菊川　源作
一金四拾錢　高群　官平
一金三拾錢　同　市三郎
一金三拾錢　同　杢平
一金貳拾錢　早川　新三郎
一金三拾錢　萩田　嘉平
一金貳拾五錢　前田　德太
一金貳拾五錢　本田　大三郎
一金貳拾五錢　內田　辰平
一金貳拾錢　上田　平作
一金拾五錢　中田　榮八
一金拾五錢　內田　運太郎
一金拾五錢　野添　彌平
一金拾五錢　荒木　仁吉
一金拾五錢　野添　英太
一金拾錢　井手　平治郎
一金貳拾錢　安達　吉三郎
一金拾錢　角田　敬七
一金拾錢　野添　素平
一金拾五錢　安達　恆太
一金七錢五厘　同　甚造
一金拾五錢　同　太七
一金五錢　同　儀三郎

熊本縣合志郡野々嶋村

一金五錢　片山　又平
一金拾五錢　內嶋　清三郎
一金三拾錢　安達　儀平
一金貳拾五錢　同　吉平
一金貳拾五錢　上村　政吉
一金貳拾五錢　角田　龜太郎
一金貳拾五錢　森　仙三郎
一金貳拾五錢　宮村　文太
一金貳拾五錢　內田　嘉平
一金貳拾五錢　高野　市太郎
一金拾五錢　角田　九平
一金拾錢　宮川　謙三郎
一金三拾錢　高野　傳三郎
一金貳拾錢　角田　傳四郎
一金拾五錢　同　治七
一金七錢五厘　中村　金三郎
一金三拾錢　田中　彌平
一金三拾錢　前田　惣九郎
一金貳拾五錢　門池　半三郎
一金貳拾錢　高野　健四郎
一金貳拾錢　門田　藤平
一金拾五錢　原田　幸三郎
一金拾五錢　門田　治平
一金拾五錢　上內　勝平
一金貳拾錢　竹重　安平
一金拾錢　高松　金三郎
一金拾錢　竹重　幸七
一金拾錢　上田　惠七
一金三拾錢　麻生　佃
一金四拾錢　本武　平三郎
一金四拾錢　園井　瀨平
一金四拾錢　園木　新八
一金四拾錢　園田　善四郎
一金四拾錢　堀　榮三郎
一金三拾錢　福原　勝三郎
一金三拾錢　米村　平四郎
一金三拾錢　園田　吟八
一金貳拾五錢　麻生　多都喜
一金貳拾五錢　原田　重郎

熊本縣合志郡野々嶋村

一金拾五錢　本武百藏
一金拾五錢　同　甚藏
一金拾五錢　原田龜喜
一金拾七錢五厘　小野藤四郎
一金拾七錢五厘　本武森平
一金拾錢　早川新作
一金拾錢　福原喜平
一金拾錢　同　已之吉
一金拾錢　森　嘉平
一金貳拾錢　本武敬太
一金三拾錢　園木德三郎
一金拾錢　同　勘三郎
一金拾五錢　福原健三郎
一金五錢　同　藤八
一金五錢　園田傳八
一金五錢　小出庄平
一金五錢　高群常三
一金七錢五厘　伊藤角平
一金五錢　森　儀平
一金貳錢五厘　本武幸八
一金貳拾五錢　園木謙三郎
一金拾貳錢五厘　同　勘平
一金五錢　早河庄作
一金七錢五厘　本武富平
一金五錢　園田光平
一金五拾錢　牛嶋又平
一金五拾錢　村上仁七
一金貳拾五錢　同　李平
一金貳拾五錢　同　善藏
一金貳拾五錢　同　夫平
一金貳拾五錢　牛島吉作
一金貳拾五錢　同　熊治郎
一金拾五錢　同　喜七

仝縣飽田郡川尻町字外城

一金貳拾錢　岩村壽作
一金拾錢　富永傳太
一金五錢　栗崎ツモ
一金七錢　同　豊藏
一金五錢五厘　中崎丈作

熊本縣飽田郡川尻町字外城

一金七錢五厘　中崎豊喜
一金七錢五厘　藤本善八
一金拾錢　松本末
一金三拾錢　齋藤長太郎
一金五錢　松永嘉八
一金五錢　松野常七
一金拾錢　野村龜八
一金五拾錢　高木嘉次平
一金五錢　野口惣八
一金拾五錢　本田永八
一金五錢　松川新八
一金五錢　栗崎幸平
一金五錢　石坂藤三郎
一金四拾錢　西島圓次
一金貳拾錢　淺井廣
一金貳錢五厘　志垣彦八
一金五錢　石坂傳八

仝縣菊池郡城北村明嚴寺信徒

一金拾錢　丸山唯
一金拾錢　平井津奈
一金拾錢　山口常平
一金貳拾錢　園田慈茂
一金五錢　城本武一
一金拾五錢　鈴木甚四郎
一金五拾錢　富田多喜
一金壹圓　富田朝則
一金五拾錢　鈴木佐市
一金拾三錢　同　惣平
一金七拾錢　富田庄三郎
一金五拾五錢　同　宇太郎
一金六拾錢　同　源八
一金拾貳錢　同　龜八
一金拾五錢　鈴木半三郎
一金六拾錢　富田俊三郎
一金六拾錢　同　忠行
一金壹圓　同　忠一
一金拾五錢　同　惣八
一金壹圓　富田則廣
一金六拾錢　同　常七

熊本縣菊池郡城北村明嚴寺信徒

一金七錢五厘　富田尉平
一金貳拾錢　緒方正一
一金拾錢　富田乃加
一金貳拾錢　同　子之平
一金五錢　同　彦七
一金七錢五厘　鈴木甚三郎
一金五拾錢　緒方正忠
一金貳拾錢　藤本武平

仝縣合志郡原水村淨念寺信徒

一金壹圓　大地傳平
一金拾五錢　松村仙太郎
一金壹圓　井芹格次
一金五拾錢　同　幸八
一金拾錢　山口伊吉
一金六拾錢　赤塚元七
一金拾錢　竹田德次
一金五錢　富田武平
一金七錢五厘　可村伊八
一金貳拾五錢　同　幸平
一金拾錢　大山才八
一金拾錢　松本重平
一金五錢　竹田源十
一金四拾錢　赤塚佐七
一金三拾錢　井芹文次郎
一金三拾五錢　三島易
一金拾五錢　赤塚作平
一金五錢　硯川辰藏
一金拾錢　津汲伊平
一金拾錢　本山孫三
一金五拾錢　村本値八
一金五錢　平野ミシ
一金四拾錢　高木虎雄
一金貳拾五錢　同　大平
一金拾錢　山口善平
一金貳拾五錢　甲斐休吉
一金拾貳錢五厘　竹田清人

仝縣飽田郡清水村光照寺信徒

一金三拾五錢　坂口嘉次郎
一金七拾錢　加來勝次

熊本縣飽田郡清水村光照寺信徒

一金五拾錢　加來澤門
一金貳拾五錢　同　貞七
一金拾錢　同　八百八
一金拾錢　同　茂八
一金五錢　同　勝次郎
一金四拾錢　木村喜平
一金三拾五錢　村上用七
一金三拾錢　同　惠七
一金三拾錢　同　安平
一金貳拾五錢　同　文八
一金貳拾錢　同　善七
一金貳拾錢　同　甚平
一金拾貳錢五厘　平井万作
一金拾錢　木村辰次
一金拾錢　村上和門
一金貳拾錢　同　善次
一金拾五錢　門岡久七
一金壹圓　古相平治
一金壹圓五拾錢　同　善二
一金拾錢　坂崎榮次郎
一金拾錢　同　甚三郎
一金拾錢　小佐井辰平
一金五錢　須坂順喜
一金四拾錢　坂崎安次郎
一金四拾錢　同　格平
一金四拾錢　森川仙次郎
一金貳拾錢　同　貞七
一金四拾錢　同　群平
一金四拾錢　同　茂七
一金四拾錢　村上孫三郎
一金壹圓五拾錢　緒方鯛三
一金四拾錢　近藤一熊
一金五拾錢　緒方伊平
一金三拾錢　村上傳八
一金五拾錢　緒方騏作
一金五拾錢　近藤侃
一金五拾錢　緒方壽吉
一金貳拾五錢　同　甚藏
一金貳拾五錢　藪田太平

熊本縣飽田郡清水村光照寺信徒

一金拾五錢　緒方順三
一金五錢　同　佐一
一金五錢　同　シカ
一金壹圓五拾錢　村上文喜
一金五拾錢　同　傳七
一金三拾錢　同　龜太郎
一金拾五錢　同　林平
一金四拾錢　同　騏內
一金拾五錢　同　幸三郎
一金拾錢　同　傳九郎
一金貳拾五錢　眞嶋茂七
一金三拾錢　同　熊次郎
一金貳拾五錢　同　善次郎
一金貳拾錢　同　吾作
一金拾錢　井坂澤喜
一金七錢五厘　眞島熊喜
一金五錢　栗崎永則
一金貳拾錢　眞嶋仙次郎

全縣菊池郡加茂川村

一金壹圓　保利逸輝
一金壹圓　杤原廣吉
一金壹圓　同　重記
一金壹圓　同　數眞
一金壹圓　石原豐藏
一金壹圓　赤星一內
一金五拾錢　菊永松太
一金五拾錢　栗原瀨平
一金五拾錢　杤原和吉
一金五拾錢　栗原德平
一金五拾錢　荒木壽平
一金五拾錢　石井源八
一金三拾五錢　杤原惠七
一金三拾五錢　山下連喜次
一金三拾五錢　杤原重藏
一金三拾五錢　同　武平
一金三拾錢　赤星三郎三
一金貳拾五錢　米田清次
一金拾五錢　栗原菊平
一金拾五錢　石井武七

熊本縣菊池郡加茂川村

一金拾錢　山下亥之八
一金拾錢　東休平
一金拾錢　石井謙藏
一金五錢　東嘉平
一金壹圓　古田典護
一金五拾錢　同　忠太
一金三拾錢　池田俊平
一金三拾錢　同　重平
一金貳拾五錢　園木傳作
一金貳拾錢　村上喜平
一金貳拾錢　池田小八
一金拾五錢　同　小三郎
一金拾錢　村上林平
一金拾錢　同　長藏
一金拾錢　竹森德三郎
一金拾錢　加藤仁市
一金拾錢　出口佐平
一金拾錢　村上作平
一金九錢　同　勝平
一金七錢五厘　加惠幸三郎
一金七錢五厘　同　鉄太
一金七錢五厘　竹森直太郎
一金七錢五厘　出口藤平
一金七錢　村上又平
一金七錢　田代俊藏
一金六錢五厘　出口德四郎
一金五錢　古閑常藏
一金五錢　村上勘四郎
一金五錢　同　彌平
一金五錢　同　駒藏
一金五錢　竹森清四郎
一金五錢　同　鶴八
一金五錢　出口順八
一金五錢　竹森文平
一金五錢　村上市平
一金五錢　宇佐美時太郎
一金五錢　竹森喜三郎

全縣合志郡清水村

一金六拾錢　工藤子之作

一金五拾錢　熊本縣合志郡清水村　坂本藤平
一金三拾五錢　久川鎌太
一金三拾錢　中山寅吉
一金貳拾五錢　久川勝平
一金貳拾五錢　伊津野作一
一金貳拾五錢　久川勝太郎
一金貳拾五錢　伊田利平
一金貳拾錢　久川金平
一金貳拾錢　吉岡彌七
一金貳拾錢　同　右平
一金貳拾錢　渡邊助作
一金貳拾錢　菊川長藏
一金貳拾錢　久川改平
一金五錢　牧　直八
一金五錢　同　傳吉
一金拾貳錢　吉岡滿次郎
一金拾錢　久川文平
一金拾錢　牧　善平
一金拾錢　同　伊平
一金拾錢　同　勘太郎
一金拾錢　北川儀平
一金拾錢　加茂田甚平
一金拾錢　高藤安平
一金拾錢　竹田ツギ
一金五錢　吉岡泰平
一金五錢　高藤三太郎
一金五錢　同　仁太郎
一金五錢　前田恒七
一金貳錢五厘　吉岡三平
一金三錢　同　市平
一金壹錢　松崎又七

仝縣山鹿郡大道村專立寺信徒
一金壹圓貳拾錢　吉岡恒八
一金六拾錢　浦上鉄太
一金五拾錢　吉岡大平
一金五拾錢　本田大藏
一金貳拾錢　浦上甚平
一金貳拾錢　吉岡俊次郎
一金七錢五厘　浦上益平

熊本縣山鹿郡大道村專立寺信徒
一金拾錢　山田平三郎
一金拾五錢　吉岡俊太郎
一金貳錢五厘　浦上庄次郎
一金三拾錢　福山榮七
一金拾五錢　若杉順太郎
一金貳錢　福山謙吉
一金拾錢　同　兼八
一金五錢　同　順三郎
一金五錢　同　安平
一金七錢五厘　同　德一
一金貳拾錢　同　次三
一金拾五錢　若杉儀三
一金貳錢　同　末松
一金五錢　安田辰平
一金五拾錢　飯田吾平
一金五拾錢　若杉次平
一金拾五錢　同　彥平
一金三拾錢　同　壽平
一金三錢　同　角太郎
一金拾五錢　飯田長四郎
一金壹圓　同　恒八
一金壹圓　同　直八
一金貳拾錢　福山市平
一金三拾錢　前田勝藏
一金貳錢五厘　森木榮藏

仝縣飽田郡川尻町西樂寺
一金七圓五拾錢　檀家中
一金貳拾錢　齋藤八十八

仝縣合志郡原水村聞光寺信徒
一金拾錢　大山末松
一金拾錢　中村安平
一金拾錢　渡邊久四郎
一金五錢　中嶋善藏
一金五錢　上村チカ
一金五錢　赤塚親藏
一金五拾錢　三島團次郎
一金七拾錢　渡邊實藏
一金五拾錢　矢野亨甫
一金五錢　松本ノモ

熊本縣合志郡原水村聞光寺信徒
一金拾五錢　三島寅藏
一金拾錢　和田又藏
一金三拾錢　須藤甚三郎
一金五拾錢　三島善次郎
一金三拾錢　相馬壽三郎
一金拾五錢　同　壽一郎
一金五拾錢　松本新吉
一金三拾錢　三島幸作
一金拾五錢　松本長三郎
一金貳拾五錢　相馬壽平
一金貳拾錢　三島源七
一金三拾錢　古閑作二郎
一金五拾錢　五野彌三郎
一金貳拾錢　同　和吉
一金拾五錢　千原庄七
一金貳圓　三島五雲
一金貳圓　赤塚守雄
一金貳圓　三島角次
一金五拾錢　同　三次郎
一金貳拾錢　渡邊松太郎
一金五拾錢　赤塚賢雄
一金拾五錢　西塔次三郎
一金五錢　松原源藏
一金五錢　坂本幸吉
一金貳拾錢　矢島源次郎
一金五拾錢　油屋隱宅

仝縣玉名郡玉名村光德寺信徒
一金九拾錢　栗　次七
一金九拾錢　永野幸平
一金九拾錢　田代順内
一金九拾錢　柿添夫三郎
一金九拾錢　永野健太郎
一金七拾貳錢　白野政七
一金七拾貳錢　柿添甚太
一金七拾貳錢　柿本伊平
一金七拾貳錢　柿添伊太郎
一金七拾貳錢　峯田源吾
一金七拾貳錢　永野尉七
一金六拾七錢五厘　白野吉三郎

熊本縣玉名郡玉名村光德寺信徒

一金六拾七錢五厘　永野卯八郎
一金六拾三錢　中根勝藏
一金五拾四錢　同　和作
一金五拾四錢　宮本又四郎
一金四拾五錢　動音彌四郎
一金四拾五錢　西依卯七郎
一金三拾六錢　島津又七
一金三拾六錢　荒木藤平
一金三拾六錢　古澤三津馬
一金三拾六錢　伊本彥作
一金三拾壹錢五厘　佐々木生松
一金三拾壹錢五厘　永野松平
一金三拾壹錢五厘　橋本寅喜
一金貳拾七錢　大森末太郎
一金四拾五錢　柿添善三郎
一金貳拾貳錢五厘　柿本藤藏
一金貳拾貳錢五厘　中根峯吉
一金拾八錢　荒木卯一郎
一金拾八錢　前田初平
一金拾八錢　永野春藏
一金拾八錢　荒木甚伍
一金拾八錢　同　左壽
一金拾八錢　馬場甚七
一金拾八錢　永野亭七
一金拾五錢三厘　一瀨甲安
一金拾三錢五厘　德永甚平
一金拾三錢五厘　永野才作
一金九錢四厘五毛　柿添次平
一金九錢　荒木新藏
一金九錢　荒牧富太郎
一金九錢　坂本金平
一金四錢五厘　宮川茂平
一金四錢五厘　飛松イス
一金四錢五厘　水谷三代作
一金四錢五厘　西島源七
一金四錢五厘　福山又八
一金四錢五厘　西原辰次
一金貳錢五厘　福山金七
一金三錢五厘　谷口源吉

熊本縣玉名郡玉名村光德寺信徒

一金六錢　佐伯惠壽
一金貳錢五厘　馬場勤藏
一金貳錢五厘　同　太七
一金壹錢　永野藤作
一金九錢　柿添清三郎
一金五錢　何　壽乃
一金貳錢五厘　何　ヨキ
一金貳錢五厘　何　スミ

全縣全郡石貫村

一金貳拾五錢　何　又四郎
一金貳拾五錢　何　文四郎
一金三拾五錢　何　含藏
一金貳拾五錢　何　壽賀
一金貳拾五錢　何　信平
一金貳拾五錢　何　利七
一金五拾五錢　何　順藏
一金拾錢　何　孫七
一金貳拾五錢　何　順平
一金四拾錢　森　源助
一金四拾錢　同　善作
一金四拾錢　高浦尉吉
一金三拾錢　宮本龜八
一金貳拾七錢五厘　石田太三
一金貳拾七錢五厘　一二三實治
一金貳拾七錢五厘　下田幸次郎
一金貳拾貳錢五厘　森　諸平
一金拾三錢　畠山卯八
一金拾錢　荒漬亦八
一金四拾錢　堀尾常喜
一金四拾錢　井上文平
一金貳拾五錢　星村万平
一金五錢　嶋田慶壽

全縣全郡玉名村嶋

一金五錢　嶋　榮七
一金五錢　嶋津常作
一金五錢　後藤角平
一金五錢　同　卯平
一金拾錢　星村平治郎
一金四拾八錢　米田才平

熊本縣玉名郡玉名村嶋

一金四拾八錢　平瀨藤吉
一金四拾八錢　宮川清平
一金三拾貳錢　同　八平
一金三拾貳錢　同　伊八
一金四拾錢　同　安平
一金三拾壹錢　同　猪平
一金拾四錢　西島角四郎
一金拾六錢　同　清作
一金拾壹錢　同　榮八
一金五拾錢　平瀨逸二
一金六拾四錢　同　信藏
一金拾錢　猪石茂七
一金四拾八錢　福嶋藤七
一金四拾錢　同　幸次郎
一金拾貳錢五厘　猪石才八
一金拾錢　酒井作一郎
一金貳拾錢　島津直平
一金貳拾錢　堀尾慶作
一金五錢　大塚彥次郎
一金貳拾五錢　福田幸平
一金貳拾錢　宮川權作
一金拾貳錢五厘　西島幸三郎
一金八拾錢　同　利七

全縣全郡伊倉村來光寺信徒

一金壹圓　本田知壽
一金貳拾錢　池部本宅內
一金五拾錢　岡松敬甫
一金貳拾錢　內田藤作
一金五拾錢　米村兩七
一金貳拾錢　同　登志
一金拾錢　菅本作平
一金拾錢　板井庄平內
一金貳拾五錢　横島山ノ根青年中
一金拾錢　前田壽喜
一金拾錢　上口惠野
一金拾錢　中根勢以
一金拾錢　中尾多賀
一金壹圓〇七錢　本堂參詣同行中
一金壹圓　福嶋十平

熊本縣玉名郡伊倉村來光寺信徒

一金壹圓　算為七
一金六拾錢　大石彌作
一金五拾錢　西村大平
一金三拾五錢　嶋村久作
一金三拾五錢　同　藤作
一金四拾錢　大石壽作
一金三拾錢　西村太三次
一金三拾錢　中嶋甚平
一金三拾錢　西村清吉
一金貳拾五錢　島田彌平
一金貳拾錢　島村永作
一金拾五錢　島為次郎
一金拾五錢　岡崎清四郎
一金五拾錢　龜村源作
一金五拾錢　龜丸甚作
一金八厘　同　ユイ
一金壹圓　角田幸作
一金拾五錢　龜丸惠作
一金五拾錢　同　三藏
一金壹圓　同　源三郎
一金五拾錢　東口次七
一金五拾錢　角田勘次
一金壹圓　龜丸久馬
一金三拾錢　同　金平
一金五拾錢　同　七平
一金壹圓　德永熊次
一金壹圓　早高善七
一金拾壹錢五厘　同　新七
一金貳拾錢　竹尾限藏
一金拾五錢　西崎次三郎
一金五錢　龜丸十平
一金拾錢　早高孫次郎
一金貳拾五錢　上田永八
一金貳拾錢　福嶋權平
一金拾錢　龜丸惣三郎
一金七拾五錢　同　龜次郎
一金四拾錢　中川幸平
一金貳錢　角田傳作
一金拾五錢　德永榮次郎

熊本縣玉名郡伊倉村來光寺信徒

一金三拾錢　岡本勝平
一金三拾錢　同　理作
一金貳拾錢　同　德松
一金貳拾五錢　德山平作
一金貳拾錢　前田為七
一金拾五錢　德山寅平
一金拾五錢　岡本德太
一金拾錢　德山光平
一金三拾五錢　鹽塚式平

仝縣仝郡横嶋村

一金五圓　宮川健太郎
一金三圓　田代保之

仝縣仝郡玉名村光德寺信徒

一金貳拾錢　大門金三郎
一金五錢　廣崎善作
一金貳錢五厘　山本孝七
一金五錢　御代田七三郎
一金五錢　吉井前次郎
一金貳錢五厘　同　加太郎
一金貳錢　米野惣吉
一金貳錢五厘　水本清作
一金貳錢　本田又一
一金貳錢　米田為七
一金貳錢　吉本榮太郎
一金貳錢五厘　同　彌三
一金貳錢五厘　同　伊太郎
一金貳錢五厘　同　喜平
一金貳錢五厘　平島加平
一金貳錢五厘　吉本丑松

仝縣仝郡月瀨村光明寺信徒

一金壹圓　木原政之
一金貳拾五錢　沖藤次郎
一金貳拾錢　辛島吉平
一金拾錢　前田峯次
一金七錢五厘　坂本半三郎
一金拾七錢五厘　前田善三郎
一金拾錢　島田嘉七
一金七錢五厘　同　忠平
一金七錢　古山左平

熊本縣玉名郡月瀨村光明寺信徒

一金五錢　島田源次
一金五錢　同　市平
一金五錢　同　熊平
一金貳錢五厘　古山甚四郎
一金貳錢　同　サノ
一金七錢五厘　田尻丈平
一金五錢　大倉彥作
一金六錢　島田榮次郎

仝縣玉名郡梅林村津留

一金壹圓　田原門平
一金貳拾五錢　同　清作
一金貳拾錢　星野禎吉
一金拾錢　田原德平
一金拾錢　武岡敬七
一金拾錢　嶋田壽八
一金五錢　前田大作
一金五錢　武岡新平
一金五錢　小川甚平
一金五錢　木下次作
一金四錢　前田久七
一金三錢　島本長八
一金貳錢五厘　廣瀨貞平
一金貳錢五厘　吉田清七
一金五錢　廣瀨貞八

仝縣飽田郡正保村正福寺信徒

一金拾錢　白木壽七
一金拾五錢　松永武八
一金拾五錢　柏木茂七
一金貳拾五錢　吉永千代八
一金拾錢　坂本儀太郎
一金拾錢　野田藤作
一金六錢　柏木熊七
一金拾錢　槌田武八
一金拾五錢　坂本勝平
一金拾五錢　吉村直八
一金拾錢　出口直治
一金拾錢　藤本杢八
一金五錢　吉村半次郎
一金五錢　林伊平次

熊本縣飽田郡正保村正福寺信徒

一金五錢　林　長吉
一金五錢　北島　惣七
一金拾錢　中村　茂太郎
一金拾錢　磯田　幾平
一金五錢　林田　サチ
一金七錢五厘　植田　佐八
一金七錢五厘　黑田　萬次郎
一金八錢　永田　初次郎
一金五錢　同　甚五郎
一金七錢　松永　和藏
一金貳錢　西島　卯八
一金拾錢　槌田　仙八
一金五錢　田中　慶次郎
一金五錢　出口　卯平次
一金七錢五厘　槌田　竹次郎
一金五錢　永田　佐平
一金五錢　松村　タツ
一金貳拾錢　岡崎　萬次郎
一金拾錢　川添　久七
一金五錢　工藤　助十郎
一金七錢五厘　槌田　忠兵
一金貳錢　西村　シス
一金貳錢　上田　丈吉
一金拾貳錢五厘　磯田　儀平次
一金九錢五厘　田邊　貞八
一金拾三錢　中村　兵右工門
一金貳錢　上村　藤七

仝縣玉名郡梅林村石原

一金壹圓五拾錢　染村　甚平
一金壹圓　一尾　万五郎
一金壹圓　井上　清七
一金壹圓　吉永　芳平
一金壹圓　井上　彥作
一金壹圓　中尾　幸七
一金壹圓　井上　才次郎
一金七拾錢　沼田　壽作
一金七拾錢　中尾　豐作
一金六拾錢　同　傳次
一金五拾錢　井上　圓平

熊本縣玉名郡梅林村石原

一金五拾錢　田上　岩五郎
一金五拾錢　沼田　久平
一金六拾錢　井上　仙作
一金五拾錢　吉永　熊太
一金四拾錢　田上　三太郎
一金四拾錢　中尾　慶吉
一金三拾錢　一尾　利三
一金貳拾五錢　小山　又平
一金貳拾五錢　東　勇八
一金貳拾錢　高山　嘉平
一金貳拾錢　石原　十平
一金貳拾錢　平野　忠七
一金拾五錢　石原　慶八
一金拾五錢　東　市太郎
一金拾錢　沼田　長平
一金拾錢　中尾　牧太
一金拾錢　田上　孫四郎
一金拾錢　沼田　マチ
一金五錢　高山　彥順

仝縣仝郡仝村染山

一金壹圓五拾錢　西藤　基次
一金壹圓五拾錢　染村　平次郎
一金壹圓貳拾錢　坂本　常七
一金壹圓五拾錢　高杉　金次郎
一金壹圓貳拾五錢　福嶋　久三郎
一金壹圓五拾錢　西東　宗平
一金壹圓　同　彌平
一金壹圓　明進　儀平
一金壹圓　染森　藤八
一金壹圓　坂登　林八
一金壹圓　平野　忠平
一金壹圓　西東　善八
一金壹圓　坂本　清八
一金壹圓　同　新平
一金壹圓　染森　新平
一金壹圓　坂登　卯一
一金七拾錢　染森　新三郎
一金四拾錢　德丸　喜太郎
一金貳拾五錢　平野　芳平

熊本縣玉名郡梅林村染山

一金貳拾錢　染森　德十
一金貳拾錢　松田　彥七
一金貳拾錢　北川　善九郎
一金貳拾錢　坂本　作次郎
一金貳拾錢　森田　勝太郎
一金拾錢　木村　林吉
一金拾錢　松田　芳次郎

玉名郡山下村安養寺信徒

一金貳拾五錢　中島　儀平
一金貳拾五錢　田上　平治
一金貳拾錢　同　常次郎
一金貳拾錢　同　甚平
一金貳拾錢　稻田　孫七
一金貳拾錢　西村　尉八
一金貳拾錢　坂上　茂四郎
一金拾五錢　高井　四平
一金拾五錢　田上　幸平
一金拾五錢　磯邊　里藏
一金拾貳錢五厘　東田　伊平
一金拾貳錢　田上　新七
一金拾錢　宮本　茂八
一金拾錢　吉見　常作
一金拾錢　坂上　茂十郎
一金拾錢　高野　澤平
一金拾錢　西川　文次郎
一金拾錢　中島　長平
一金拾錢　田上　善次郎
一金拾錢　同　新平
一金拾錢　同　惣作
一金拾錢　高野　政八
一金拾錢　磯野　繁太
一金拾錢　東　源平
一金拾錢　浦田　惣之助
一金拾錢　竹原　次三治
一金拾錢　島内　儀七
一金拾錢　今田　慶三郎
一金拾錢　高木　清次郎
一金拾錢　高嶋　平次郎
一金拾錢　林野　兵作

熊本縣玉名郡山下村安養寺信徒

一金拾錢　濱邊清三郎
一金拾錢　嶋田爲八
一金拾錢　同　幸三郎
一金五錢　西村藤三郎
一金拾錢　泉　德平
一金拾錢　坂田幸吉
一金拾錢　上野和三郎
一金八錢　竹嶋永次郎
一金八錢　島村茂平次
一金七錢五厘　吉見常三郎
一金七錢五厘　肥土庄四郎
一金七錢五厘　田上久平
一金七錢五厘　東　甚四郎
一金七錢五厘　高嶋清次
一金七錢五厘　高本セチ
一金七錢五厘　上野太三郎
一金七錢　同　利三郎
一金七錢　永田米太郎
一金七錢　川西伊三郎
一金七錢　吉見清八
一金五錢　城戸宗雄
一金五錢　池上仙次郎
一金五錢　今村金三郎
一金五錢　西村喜平次
一金拾五錢　林野敬次郎
一金五錢　浦田傳吉
一金五錢　竹島永三郎
一金五錢　東　藤平
一金五錢　田上貞平
一金五錢　島田ナカ
一金五錢　田上壽七郎
一金五錢　今村榮助
一金五錢　松島茂八郎
一金五錢　村田清七
一金四錢　田上伊作
一金四錢　入江久幸
一金四錢　增田久次郎
一金四錢　濱邊安三郎
一金四錢　西川幸平

熊本縣玉名郡山下村安養寺信徒

一金四錢　西村爲七
一金四錢　同　茂三次
一金四錢　今村利七
一金四錢　上野直八
一金三錢　川野善九郎
一金三錢　浦島喜三治
一金五錢　喜多村宗貞
一金三錢　田上高八
一金三錢　高木善八
一金四錢　出口新四郎
一金貳錢五厘　池端庄五郎
一金貳錢五厘　上野末七
一金貳錢五厘　肥土源次
一金貳錢　上野德平
一金貳錢　一嶋彌平次
一金貳錢　目方久五郎
一金貳錢　浦田形平
一金壹錢六厘　百田季彦
一金壹錢六厘　田上形作
一金五錢　今村駒藏
一金五錢　池上銀次郎
一金五錢　嶋田平作
一金壹錢五厘　松永兩作
一金五錢　米村兵作
一金貳錢　同　カナ
一金貳錢　島田平四郎
一金壹錢　池上銀作
一金貳錢　松永常平
一金貳錢　福本源藏
一金五錢　福永金作
一金貳錢　前田敬五郎
一金五錢　米村善四郎
一金五錢　森田金次郎
一金五錢　籾田善作
一金貳錢五厘　吉田第八
一金四錢　森田嘉作
一金三錢貳厘　本田甚平
一金貳錢　上田勘次郎
一金五錢　大野文四郎

熊本縣玉名郡山下村安養寺信徒

一金五錢　本田平吉
一金三錢　同　半藏

仝縣仝郡梅林村

一金五拾錢　小川幸次郎
一金五拾錢　酒井源吾
一金五拾錢　德山利三郎
一金五拾錢　寺本榮記
一金五拾錢　安富伊三太
一金五拾錢　同　友記
一金貳拾五錢　松本政記
一金貳拾五錢　寺本源三郎
一金貳拾五錢　同　金作
一金貳拾五錢　西川慶五郎
一金貳拾錢　松村壽喜
一金貳拾錢　同　爲
一金拾錢　安川安之
一金拾錢　島田伊久馬
一金五錢　田原彦十郎
一金五錢　永島秀成
一金五錢　春野三平
一金五錢　大村大次郎
一金五錢　島山松次
一金五錢　中林安太
一金五錢　高崎小太郎
一金五錢　清田國藏
一金拾錢　大麻幸三郎
一金七錢五厘　小山喜久馬
一金五錢　大麻和平次
一金五錢　坂田慶四郎
一金五錢　西村常治
一金貳拾錢　河野道人
一金五拾錢　大麻仁一

仝縣玉名郡玉名村光德寺信徒

一金拾五錢　多久儀三
一金拾五錢　同　源平
一金拾貳錢　仁田尾佐八
一金拾錢　多久源八
一金拾錢　同　清三郎
一金八錢　前木德藏

熊本縣玉名郡玉名村光德寺信徒

一金八錢　高岡又四郎
一金八錢　開卯平
一金五錢　松永順次郎
一金三錢五厘　山下太平次
一金三錢　谷內幸平
一金貳錢五厘　山上彥八

仝縣仝郡江田村西福寺信徒

一金三拾錢　津田清八
一金八錢　同德七
一金四錢　同爲助
一金拾六錢　同安平
一金八錢　同乙平
一金拾五錢　同甚三郎
一金貳拾錢　同才助
一金八錢　同熊藏
一金五錢　同末松
一金拾三錢　同源助
一金拾五錢　同又平
一金五拾錢　滿永尉八
一金五拾錢　同傳九郎
一金五錢　同傳作
一金五錢　東善三郎
一金拾錢　同新平
一金五錢　同藤吉
一金拾貳錢五厘　滿原善作
一金五錢　塚本常作
一金拾錢　小林金三郎
一金拾錢　藤本源作
一金五錢　開和平次
一金五錢　佐々木安二郎
一金五錢　塚本幸三郎
一金五錢　同善八
一金五拾錢　滿永藤平
一金五拾錢　同常七
一金五錢　西本藤作
一金拾錢　滿永一造
一金五錢　西本角次郎
一金拾錢　同勘三郎
一金拾貳錢五厘　滿原兵吉

熊本縣玉名郡江田村西福寺信徒

一金拾錢　荒木達次

仝縣仝郡下迫間村

一金壹圓貳拾七錢　女人同行中
一金壹圓　吉田安熊
一金壹圓　本田彥七
一金五拾錢　本村彥十
一金五拾錢　前田信造
一金四拾錢　米田兵七
一金四拾錢　森川忠七
一金三拾五錢　本田彥次郎
一金四拾錢　吉田彥三郎
一金三拾錢　同梶雄
一金貳拾錢　本田才七
一金拾貳錢五厘　水上實次郎
一金拾貳錢五厘　同爲次郎
一金拾錢　本田勝平
一金拾錢　同喜平
一金拾錢　古川金三郎
一金拾貳錢五厘　後藤末造
一金五拾錢　同幸七
一金七錢　同吉次郎
一金七錢五厘　同喜平太
一金七錢五厘　後藤惣平
一金七錢五厘　同彥八
一金五錢　同宇七
一金五錢　同榮作
一金五拾三錢　西島次郎八
一金貳拾五錢　光永一次
一金四拾錢　吉川林平
一金三拾五錢　西本權四郎
一金六拾錢　西嶋新平
一金四拾錢　宮本太作
一金四拾錢　古庄爲作
一金三拾五錢　西島安平
一金貳拾錢　同太郎作
一金貳拾五錢　北山平作
一金拾五錢　木本市平
一金三拾五錢　西嶋金次郎
一金貳拾五錢　光永平次郎

熊本縣玉名郡下迫間村

一金四拾錢　西島熊四郎
一金貳拾錢　吉本甚七
一金拾貳錢　古川辰平
一金貳拾五錢　北山清八
一金拾錢　宮本幸作
一金拾七錢五厘　北山兵七
一金拾五錢　盛川甚作
一金貳拾錢　西島清四郎
一金四拾錢　堤才藏
一金拾錢　森川甚三郎
一金拾貳錢　安富源三郎
一金拾壹錢　森本武三
一金七錢五厘　木本才平
一金貳錢五厘　森野平七
一金拾五錢　西嶋清五郎
一金五錢　安富彥七
一金貳錢五厘　木本茂七
一金五錢　稻野榮次郎
一金拾五錢　田邊直平
一金拾七錢五厘　同幸平
一金拾三錢　西嶋彥助
一金拾五錢　宮本仙作
一金七錢五厘　東松次
一金七錢五錢　森川庄平
一金拾錢　黑田直作
一金拾錢　同茂作
一金七錢五厘　同龜次郎
一金拾錢　同友七
一金拾五錢　東角次郎
一金拾錢　同格平
一金七錢五厘　同仁三
一金貳錢　木下七平
一金貳拾五錢　木川杢次
一金三錢　大川才八
一金拾貳錢五厘　田邊尉右衛門
一金拾錢　光永勝太
一金五錢　大川改平
一金五錢　吉本禎七
一金拾貳錢　松村卯作

熊本縣玉名郡下迫間村

一金拾七錢　黒田彦作
一金五錢　吉田太郎七
一金五錢　光永榮七
一金五錢　安富彦七
一金五錢　何惠七
一金七拾五錢　前田新三郎
一金貳拾五錢　高間新七
一金貳拾錢　高峯辰次
一金拾五錢　前田金藏
一金拾錢　永田米三郎
一金拾錢　同榮三郎
一金拾貳錢五厘　針澤關三郎
一金拾錢　坂本淸四郎
一金拾錢　前淵格七
一金五錢　花田藤平
一金七拾五錢　前淵善七
一金七拾五錢　同榮三郎
一金五拾錢　同峰吉
一金貳拾五錢　同甚七
一金貳拾五錢　同善作
一金貳拾五錢　同藤七
一金貳拾錢　同平九郎
一金七錢五厘　同茂三
一金拾五錢　同勝三郎
一金拾錢　同傳作
一金拾錢　同作平
一金拾貳錢　同甚內
一金拾錢　同改平
一金貳錢五厘　同鶴次
一金拾錢　井上藤吉
一金拾貳錢　古城貞七
一金拾五錢　川本新吉
一金拾五錢　賓取忠平
一金七錢五厘　三浦德平
一金五錢　井上十平
一金貳錢五厘　同文七
一金五錢　井上寅三
一金五拾錢　益永卯三郎
一金五拾錢　大山平次

熊本縣玉名郡下迫間村

一金拾錢　石原貞次
一金拾五錢　本村悅次
一金拾錢　川口次郎八
一金七錢五厘　坂本惣次郎
一金三錢　本田庄平
一金五錢　大倉房義
一金拾錢　益永喜一郎
一金貳拾錢　武澤榮四郎
一金拾錢　同久作
一金拾錢　朝岡太平次
一金拾錢　大谷末馬
一金拾錢　尾山善作
一金拾錢　同寅彦
一金拾錢　大谷德七
一金拾錢　武澤紋三郎
一金五錢　尾山庄造
一金五錢　大倉九十郎
一金四錢　同順平
一金五錢　今田善平
一金五錢　德丸源三郎
一金九錢　澤田五次郎
一金五圓　吉富彦太郎
一金貳圓　同リノ
一金拾錢　米田用吉
一金貳拾錢　吉川藤作
一金三錢　宮本鉄次

仝縣山本郡植木町

一金壹圓五拾錢　堤嘉悅
一金五拾錢　上崎甚平
一金拾五錢　友枝尉平

一金貳圓　佛敎青年會代表者　緒方熊次郎　矢野平藏

仝縣玉名郡八幡村元正寺信徒

一金三圓　今田和平
一金貳圓　丸尾幸作
一金壹圓五拾錢　堀澤忠太
一金壹圓五拾錢　上田利作
一金壹圓　堀田傳四郎
一金壹圓　前田定八

熊本縣玉名郡八幡村元正寺信徒

一金壹圓　中川彦市
一金壹圓　掀田丹藏
一金壹圓　今田嘉助
一金壹圓　村上重次郎
一金壹圓　同茂吉
一金壹圓　上田要七
一金壹圓　松岡德太郎
一金壹圓五拾錢　川上與市
一金壹圓五拾錢　同定助
一金八拾錢　中川淸三郎
一金五拾錢　森川貞右衛門
一金八拾錢　岸森辰次
一金五拾錢　同芳平
一金三拾錢　森川源左衛門
一金貳拾錢　西川文吉
一金貳拾五錢　本川淸作
一金壹圓　川上圓藏
一金壹圓　西田佐八
一金五拾錢　村上四郎輔
一金三拾錢　川上金助
一金五拾錢　村上勝平
一金貳拾錢　川上彌三次
一金貳拾五錢　寺島慶七
一金五錢　同人母妻
一金拾五錢　寺鳥及助
一金拾五錢　寺本カヨ
一金拾錢　本川百太郎
一金貳拾錢　上田忠七
一金拾錢　同市次
一金貳拾錢　同榮八
一金貳拾錢　前川直作
一金貳拾五錢　中島慶次
一金拾五錢　橋本十平
一金拾錢　梶原久七
一金貳拾錢　同市平
一金拾五錢　川上和平次
一金拾錢　村上孫平
一金拾錢　西川彌平
一金拾錢　同重助

熊本縣玉名郡八幡村元正寺信徒

一金五拾錢　今川慶造
一金拾錢　村上定平
一金四拾錢　木村慶作
一金四拾錢　森川林平
一金三拾錢　岸森市三
一金六拾錢　堀澤武一郎
一金三拾錢　上田善吉
一金四拾錢　梶原利八
一金貳拾五錢　堀澤儀平
一金拾五錢　森澤平七
一金壹圓　川上茂平
一金貳拾錢　森川儀作
一金貳拾錢　浦田宅平
一金貳拾錢　岸森九五郎
一金貳拾錢　同源七
一金拾七錢五厘　上田仁作
一金五拾錢　菰田五治郎
一金壹圓五拾錢　西川甚平
一金拾五錢　同勢喜
一金三拾錢　同勝藏
一金拾錢　村上慶次郎
一金拾錢　西川嘉平次
一金拾錢　同美記
一金貳拾五錢　河上德次
一金拾五錢　村上禎作
一金拾錢　同庄八
一金壹圓　荒木軍次郎
一金貳拾錢　森川定讀
一金五拾錢　同ルサ
一金八錢　同定吉
一金拾八錢　岸森忠左衞門
一金拾錢　中川孫右衞門
一金拾錢　浦川庄平
一金拾錢　高塚五平次
一金五錢　同小三郎
一金五錢　中川源三郎
一金拾錢　山本柳左衞門
一金五錢　中川梶衞門
一金五錢　同忠衞門

熊本縣玉名郡八幡村元正寺信徒

一金五錢　中川ワカ
一金拾錢　同光衞門
一金五錢　同作平
一金拾錢　岸森常衞門
一金七錢五厘　中川源三郎
一金五錢　同松平
一金拾錢　村上孫次郎
一金壹圓五拾錢　門田傳三郎
一金壹圓　同權平
一金八拾五錢　同政彥
一金五拾錢　同千代彥
一金四拾錢　同荒彥
一金貳拾錢　同傳太
一金拾五錢　同庄三郎
一金拾錢　同又三郎
一金拾錢　門田庄八
一金拾錢　同和平
一金拾錢　木原健太郎
一金七錢　同甚七
一金七錢　門田平作
一金七錢　同春藏
一金五錢　門田セキ
一金壹圓五拾錢　平川千滿
一金壹圓　島田喜一郎
一金壹圓　伊藤善造
一金壹圓　片山末八
一金四拾錢　久田庄吉
一金四拾錢　宮本淺吉
一金四拾錢　前川光次郎
一金拾五錢　金山庄作
一金貳拾錢　前川甚四郎
一金拾錢　前田利一郎
一金七錢五厘　同淸次郎
一金拾錢　田中榮八
一金五錢　大門敬次郎
一金五錢　永田金次郎
一金八拾錢　横山伴吉
一金拾錢　高木佐太郎
一金拾錢　移本伊三郎

熊本縣玉名郡八幡村元正寺信徒

一金貳拾五錢　前川敬八
一金五錢　竹山亦平
一金貳拾五錢　猿渡林造
一金貳拾五錢　藤本林作
一金七錢五厘　大久保圓吉
一金七錢五厘　藤井慶八
一金五錢　前川林四郎
一金拾錢　寺前又造
一金三拾錢　杉浦用作
一金貳拾錢　同甚吉
一金拾錢　西村甚七
一金貳拾五錢　平川重吉
一金拾五錢　荒木金作
一金七錢五厘　藤井定吉
一金七錢五厘　外屋敷源造
一金五錢　島田伍太郎
一金貳錢五厘　岡本ノブ
一金貳錢五厘　飯田庄八
一金七拾錢　黑田庄七
一金五拾錢　同安造
一金四拾錢　同吉次郎
一金貳拾錢　同両藏
一金五拾錢　同庄平
一金四拾錢　同格二郎
一金五拾錢　同淺二郎
一金三拾錢　同貞平
一金四拾錢　同源讀
一金五錢　同又次郎
一金四拾錢　同善二郎
一金四拾錢　同嘉七
一金五拾五錢　同喜三郎
一金貳拾錢　同彌藤太
一金貳拾五錢　坂田善平
一金貳拾錢　同彌三二
一金四拾錢　松喜勝三郎
一金貳拾錢　松尾陸右衞門
一金五錢　中尾長吉
一金五錢　同彥一
一金五錢　大園文太郎

熊本縣玉名郡八幡村元正寺信徒

一 金五錢　大園清吉
一 金六錢　同　和平
一 金拾錢　同　甚吉
一 金貳錢五厘　同　利助
一 金六錢　同　柳作
一 金八錢　同　彌三右衛門
一 金五錢　松尾林右衛門
一 金貳錢五厘　松尾大平
一 金五錢　同　用作
一 金五錢　安田惣平
一 金五錢　同　仁三
一 金五錢　同　久次郎
一 金五錢　同　利三
一 金五錢　同　利作
一 金五錢　同　須平

仝縣飽田郡五町村金剛寺

一 金拾壹圓九拾七錢六厘　信徒中

仝縣玉名郡緑村法立寺信徒

一 金貳錢　浦部武四郎
一 金貳錢　行武善七
一 金貳錢　同　惣平
一 金貳錢　牛島權太郎
一 金五錢　浦部義一郎
一 金貳錢　牛嶋久四郎
一 金三錢　黒田常二
一 金貳錢五厘　同　常作
一 金貳錢四厘　牛嶋甚藏
一 金貳錢五厘　樺島玉三
一 金貳錢　牛島作平
一 金壹錢五厘　同　用次郎
一 金貳錢五厘　同　熊七
一 金壹錢　武田義作
一 金貳錢　牛嶋長太郎
一 金貳錢　同　慶藏
一 金壹錢　武田順作
一 金五錢　牛嶋吉次郎

仝縣仝郡仝村正念寺信徒

一 金拾錢　山本友八
一 金五錢　中嶋新次郎

熊本縣玉名郡緑村正念寺信徒

一 金五錢　中嶋俊太
一 金五錢　同　常藏
一 金五錢　同　恒太郎
一 金拾錢　同　次平
一 金拾錢　坂本正藏
一 金三錢五厘　山下龜八
一 金貳錢　渡邊德次
一 金貳錢　池田龜八
一 金貳錢　山下彦一
一 金貳錢　同　助三郎
一 金貳錢　池田德平
一 金貳錢　石口清四郎
一 金三錢　坂本辰次
一 金貳錢　山下孫七
一 金貳錢　飯田伊之吉
一 金貳錢五厘　山下金次
一 金貳錢　牛島惣一
一 金五錢　山下甚作
一 金貳錢　本田辰次
一 金貳錢五厘　渡邊金藏
一 金三錢　飯田安平
一 金三錢　山下儀三
一 金貳錢　同　初五郎
一 金貳錢　同　末太
一 金貳錢五厘　竹下源太郎
一 金貳錢　本田善吉
一 金貳錢　池田彌太郎
一 金三錢　松尾清助
一 金壹錢　池田喜八
一 金拾貳錢　池上常作
一 金五錢　同　伊三郎
一 金八錢　同　又八
一 金七錢　同　半四郎
一 金三錢　同　一平
一 金貳錢五厘　同　善作
一 金拾錢　同　利八
一 金貳錢五厘　同　德左衛門
一 金拾貳錢　同　傳三郎
一 金貳錢五厘　同　七郎

熊本縣玉名郡緑村正念寺信徒

一 金八錢　池上平作
一 金三錢　同　嘉三郎
一 金三錢　同　政助
一 金三錢　同　利作
一 金三錢　同　光右衛門
一 金三拾錢　北原正七
一 金貳拾錢　池上榮八
一 金拾錢　同　龜記
一 金拾錢　同　角太郎
一 金拾錢　同　桂四郎
一 金拾錢　同　盛太郎
一 金拾錢　同　友三郎
一 金拾錢　同　覺平
一 金拾錢　同　安記
一 金拾錢　同　末吉
一 金拾錢　同　又四郎
一 金拾錢　同　次七
一 金八錢　同　友八
一 金五錢　同　喜作
一 金五錢　同　嘉七
一 金貳拾錢　坂本順作
一 金貳拾錢　同　清次郎
一 金貳拾錢　陶山常藏
一 金貳拾錢　荒尾源太
一 金拾錢　同　藤作
一 金五錢　同　爲八
一 金五錢　坂本常七
一 金五錢　陶山直藏
一 金三錢五厘　同　源吉
一 金貳錢五厘　同　源太郎
一 金三錢　同　俊太郎
一 金貳錢　牛嶋傳作
一 金五錢　平與曾太郎
一 金五錢　大塚義一
一 金三錢　坂本キクヱ
一 金拾錢　大塚次郎吉
一 金貳拾錢　國本延秋
一 金拾五錢　豆塚儀三郎
一 金拾三錢　國本俊次

熊本縣玉名郡緑村正念寺信徒

一金拾三錢　國本源造
一金拾錢　同　左貫
一金拾錢　塚豆勘次
一金拾錢　豆塚兼吉
一金拾錢　芋生則人
一金七錢　池上新三郎
一金五錢　岡本次平
一金五錢　渡邊直八
一金九錢　豆塚角次
一金五錢　松尾長四郎
一金三錢　同　勝藏
一金貳錢五厘　渡邊勝三郎
一金五錢　豆塚庄藏
一金三錢　同　徳藏
一金貳錢　同　徳平
一金拾錢　松島伊三郎
一金貳錢　橋本常次
一金貳錢　鶴田次作
一金壹錢　佐藤龜八
一金貳錢　鶴田善次
一金貳錢　佐藤卯八
一金拾錢　橋本作次郎
一金五錢　同　喜作
一金貳錢　竹下二次郎
一金貳錢　同　伊七
一金壹錢　同　喜八
一金貳錢　平　只次
一金壹錢六厘　平岡藤太
一金三錢　平　龜次郎
一金五錢　平川十斗記
一金五錢　平　角平
一金貳錢　同　吉平
一金三錢　同　光廣
一金壹錢五厘　同　角一
一金壹錢五厘　同　幸作
一金壹錢　同　作平
一金貳錢　同　常三郎
一金貳拾錢　岡　安吉
一金拾錢　小川半平

熊本縣玉名郡緑村正念寺信徒

一金拾錢　蒲地熊七
一金拾錢　中山次七
一金拾錢　松尾庄九郎
一金拾錢　同　万一
一金五錢　同　常太郎
一金九錢　同　榮八
一金五錢　岩崎熊三
一金三錢五厘　松尾茂平
一金三錢　同　直八
一金壹錢　小川才太
一金三錢　松尾安平
一金貳錢　同　彦四郎
一金三錢五厘　同　市三郎
一金三錢　同　和吉
一金拾錢　山崎次八
一金貳拾錢　松尾秋次
一金拾錢　同　幸四郎
一金拾五錢　同　徳太郎
一金五錢　石井市太郎
一金四錢　同　久太郎
一金四錢　鶴田伴七
一金貳拾錢　同　次八
一金五拾錢　何　伊吉
一金四錢　同　伊八
一金四錢　同　傳四郎
一金五錢　同　常八
一金拾錢　同　車
一金貳拾錢　同　半作
一金拾錢　同　作右工門
一金拾錢　同　ヲモ
一金五錢　同　嘉八
一金拾五錢　同　熊三郎
一金拾五錢　同　清七
一金四錢　同　長三郎
一金三拾錢　井島平太
一金七錢五厘　同　清藏
一金五錢　高山新太郎
一金貳錢　井島熊八
一金四錢　鶴　友平

熊本縣玉名郡緑村正念寺信徒

一金四錢　井嶋茂七
一金三錢五厘　同　新次郎
一金五錢　同　利七
一金五錢　同　源藏
一金五錢　同　兵三郎
一金貳錢　有働徳藏
一金四錢五厘　井島藤八
一金五錢　同　榮太
一金拾五錢　同　兵四郎
一金三拾錢　堤　仁三郎
一金貳拾五錢　同　長四郎
一金拾錢　堤　惣四郎
一金拾錢　同　利平
一金五錢　同　貞七
一金五錢　同　芳五郎
一金貳錢五厘　同　熊作
一金貳拾錢　北原小三郎
一金貳拾錢　同　長次
一金貳拾錢　竹下庄太郎
一金貳拾錢　小林鐵次郎
一金貳拾錢　北原新平
一金拾錢　同　儀作次
一金拾錢　同　卯一郎
一金拾錢　同　梅太
一金拾錢　竹下熊藏
一金拾錢　同　九平
一金拾錢　藤原八百吉
一金拾錢　竹原幸八
一金七錢　同　宇源太
一金七錢　同　作太
一金七錢　松本益太
一金五錢　北原助作
一金五錢　八嶋富士太郎
一金五錢　田尻和一
一金五錢　北原喜藏
一金五錢　同　角太郎
一金四錢　同　彦三郎
一金三錢　藤原杢太
一金三錢　庄島久平

熊本縣玉名郡綠村正念寺信徒

一金三錢　中原　熊次郎
一金貳錢　北原　鶴次
一金貳錢　同　小一郎
一金壹錢　同　喜一

全縣全郡六榮村信定寺信徒

一金壹圓　船津　甚作
一金五拾錢　田中　幸七
一金五拾錢　出目　林平
一金五拾錢　坂井　用作
一金三拾錢　土田　甚七
一金四拾錢　中山　壽一郎
一金四拾錢　坂井　力平
一金四拾錢　中山　新平
一金壹圓　西村　常樂
一金五拾錢　堀内伊右衛門
一金貳拾錢　上野　藤吉
一金貳拾錢　坂井　貞次郎
一金拾錢　信定寺下女　キツ
一金貳拾錢　山﨑　角太郎
一金五拾錢　上田　改藏
一金五拾錢　村尾　平作
一金貳拾錢　杉本　榮次郎
一金貳拾錢　同　貞八
一金貳拾錢　同　次郎作
一金貳拾錢　同　爲作
一金貳拾錢　上田　久平
一金拾五錢　杉本　甚作
一金拾錢　同　庄吉
一金拾貳錢　福嶋　市平
一金八錢　坂本　龜彦
一金貳拾錢　杉本　卯平

全縣合志郡平眞城村

一金壹圓　宇野　壽三郎
一金五拾錢　古荘　權八
一金三拾錢　同　格次
一金拾五錢　荒木　桂四郎
一金拾錢　同　勝次
一金五錢　同　庄藏
一金五拾錢　宇野　文七

熊本縣合志郡平眞城村

一金三拾錢　宇野　賢藏
一金三拾錢　同　直次郎
一金三拾錢　同　戸三郎
一金拾錢　同　庄平
一金五錢　荒木　彦平
一金三錢　同　政平
一金壹圓　宇野　軍太郎
一金貳拾錢　同　熊次郎
一金五拾錢　古荘　虎八
一金五拾錢　松本　友平
一金五拾錢　府内　半次郎
一金五拾錢　古庄　章三郎
一金五拾錢　宇野　祐平
一金四拾錢　古庄　勝吉
一金三拾錢　宇野　角平
一金三拾錢　同　熊三郎
一金拾錢　古荘　辰平
一金六錢　宇野　吉十
一金四拾錢　三池　平藏
一金五拾錢　大野　德行
一金拾五錢　古庄　銀太郎
一金七錢五厘　宇野　茂三郎
一金七錢五厘　荒木　新次郎
一金五錢　同　林藏
一金五拾錢　古荘　喜太郎
一金貳拾錢　同　佐代一
一金拾五錢　同　伍三郎
一金三拾錢　同　次郎
一金拾錢　同　平四郎
一金三拾錢　同　作平
一金拾五錢　同　藤吉
一金拾九錢　同　惣次郎
一金貳拾錢　同　章太郎
一金拾五錢　同　鶴松
一金三拾錢　同　勝三郎
一金拾五錢　同　幸三郎
一金七錢　同　丈三郎
一金貳拾錢　同　藤九郎
一金拾錢　同　壽一郎

熊本縣合志郡平眞城村

一金七錢五厘　松本　丈吉
一金七錢五厘　同　大八
一金拾貳錢五厘　府内　勝平
一金三拾錢　三池　源十
一金五錢　同　吉藏
一金九錢　府内　俊平
一金七錢五厘　三池　直平
一金三拾錢　同　常八
一金貳拾錢　同　子之八
一金貳拾錢　古庄　形平
一金拾錢　三池　宇太郎
一金五錢　古市　安次郎
一金三錢　古荘　善三郎
一金貳拾錢　三池　甚三郎
一金貳拾錢　古庄　幸平
一金貳拾錢　只野　順三郎
一金拾錢　古荘　孫次郎
一金七錢　同　銀三郎
一金九錢　同　太郎吉
一金七錢五厘　同　半四郎
一金七錢五厘　同　佐次郎
一金拾錢　同　永吉
一金九錢　同　藤五郎
一金拾錢　古市　辰藏
一金拾錢　竹田　貞平
一金三拾錢　大田黑　藤作
一金七錢五厘　三池　直次郎
一金七錢五厘　府内　勝平
一金五錢　三池　重次郎
一金五錢　同　熊太郎
一金七錢五厘　松本　熊平
一金五錢　同　金四郎
一金三錢　同　幸八
一金貳錢　大田黑　松太郎
一金拾錢　同　又四郎
一金拾錢　松本　半次郎
一金七錢五厘　杢本　榮作
一金三錢　同　市熊
一金三錢　松本　銀次郎

熊本縣合志郡平眞城村

一金壹錢五厘　杢本善作
一金六錢　古庄勝平
一金拾錢　同才次郎
一金五錢　同ツモ
一金五錢　矢野傳三郎
一金六錢　同大三
一金六錢　中野藤作
一金五錢　矢野半四郎
一金五錢　水野悰壽
一金四錢　矢野彈藏
一金五錢　同武一
一金五錢　中牟田和吉
一金壹錢五厘　矢野太次平
一金壹錢五厘　中野末登
一金四錢　同恒藏
一金四錢　矢野敬八
一金四錢　大村澤次
一金三錢　荒木安平
一金貳錢　島田八十松
一金貳錢　荒木太平
一金壹錢　內田鶴次
一金四錢　宇野九平
一金三錢　矢野宇三郎
一金壹錢　同榮太
一金五錢　中牟田小一郎
一金四錢　中野喜平
一金貳錢　同文吉
一金貳錢　荒木藤七
一金三錢　同平四郎
一金三錢　同彥七
一金貳錢　矢野信八
一金壹錢　同尉太郎
一金壹錢　荒木次三郎
一金四錢　中野熊平
一金五錢　同宇一
一金五錢　宮本敬之十
一金三錢　西村峯吉
一金貳錢　矢野市平
一金壹錢五厘　同丈平

熊本縣合志郡平眞城村

一金壹錢　古莊藤太
一金壹錢　中牟田武八
一金六錢　宇野貞平
一金六錢　矢野儀平
一金六錢　同格平
一金六拾錢　中野長次
一金七錢五厘　宇野甚十
一金五錢　魚野酉八
一金拾錢　宇野米藏
一金三拾錢　芹川平三郎
一金六錢　同宇三郎
一金五錢　村山太七
一金六錢　魚野幸三郎
一金五錢　宇野太平
一金六錢　同甚平
一金五錢　同惣次郎
一金五錢　同甚九郎
一金三拾錢　芹川彌平
一金三拾錢　同傳平
一金拾錢　松岡儀平
一金九錢　芹川熊七
一金五錢　松岡杢平
一金貳錢　芹川市平
一金壹錢五厘　松岡幾平
一金貳錢　同善平
一金拾五錢　有田幸平
一金拾錢　同佐一郎
一金壹錢　穴月常八
一金拾錢　芹川龜八
一金五錢　同嘉次郎
一金五錢　芹川權七
一金拾五錢　同丈平
一金貳錢　野田タノ
一金五錢　松岡仁作
一金七錢五厘　芹川惣平
一金貳錢　有田龜十
一金貳錢　同勝平
一金五錢　芹川安太郎
一金五錢　同彌三郎

熊本縣合志郡平眞城村

一金拾錢　岩永彥四郎

仝縣玉名郡二俣村

一金貳圓　兒玉喜平
一金貳拾五錢　同淸四郎
一金貳拾四錢　同貞平
一金貳拾錢　同吉平
一金拾五錢　同幾平
一金拾五錢　同幸部
一金拾錢　同茂七
一金五錢　同俊三
一金三錢　同某
一金貳錢　同新吉
一金壹錢　同利七

仝縣玉名郡木葉村正念寺信徒

一金拾錢　今村美子
一金五錢　同登壽
一金五錢　今坂初惠
一金拾錢　田畑賀次
一金五錢　今村也以
一金六錢　田畑登次
一金三錢壹厘　愛甲キヨ
一金五錢　今村スエ
一金七錢　同サノ
一金貳拾五錢　田邊登也
一金五錢　同加壽
一金三拾錢　高田加茂
一金貳拾錢　同卯加
一金七錢　同テノ
一金壹圓五拾錢　高田文藏
一金五錢　境サカ
一金五錢　宮尾ミシ
一金五錢　上村多壽
一金五錢　中村カヨ
一金五錢　境マツ
一金五錢　開田レイ
一金五錢　小俵トシ
一金五錢　宮尾リモ
一金五錢　松本ジノ
一金五錢　宮本ソノ

熊本縣玉名郡木葉村正念寺信徒

一金五錢　宮田喜壽
一金三錢　淺井龜
一金三錢　宮本梅
一金三錢　大城戸杉
一金貳錢　宮尾チモ
一金壹錢五厘　森長エモ
一金三錢　淺井エキ
一金貳拾六錢　邊田見婦人教會
一金壹圓　清田作藏
一金壹圓　同　松平
一金壹圓　同　禎作
一金八拾錢　何　平作
一金六拾錢　同　久平
一金五拾錢　同　幸平
一金五拾錢　同　仁平
一金五拾錢　同　作平
一金五拾錢　同　竹次郎
一金貳拾五錢　同　敬七
一金拾五錢　平川智壽
一金六錢五厘　田尻茂平
一金五錢　同　儀作
一金五錢　藤山甚藏
一金貳錢　同　平太郎
一金壹錢　同　松平
一金壹錢　同　角七
一金五錢　兒玉安平
一金三錢　田尻恒喜
一金四錢　高井才八
一金貳拾五錢　村上卯平
一金貳拾五錢　同　市三郎
一金貳拾錢　同　藤三郎
一金拾五錢　同　安平
一金貳錢　同　半三郎
一金三錢　同　作太郎
一金貳拾錢　同　新作
一金七錢五厘　同　甚吉
一金貳錢　同　源次郎
一金三錢　同　文太郎
一金拾錢　同　敬七

熊本縣玉名郡木葉村正念寺信徒

一金七錢五厘　村上角平
一金貳錢五厘　同　千七
一金五錢　塚本文之十
一金貳錢　村上杢平
一金拾錢　塚本孫平
一金三錢　同　慶作
一金貳錢五厘　同　權三郎
一金貳錢　村田清四郎
一金貳錢　有岡善八
一金五錢　村田作次
一金貳拾錢　三嶋定太郎
一金七錢五厘　三島虎八
一金拾五錢　同　源八
一金八錢　同　彌平
一金七錢五厘　同　壽三郎
一金拾錢　同　長次郎
一金拾五錢　同　平八
一金五錢　同　儀三郎
一金八錢　同　芳平
一金七錢五厘　同　全才
一金拾錢　同　艮人
一金五錢　同　又三
一金貳拾錢　同　敬八
一金壹圓　同　永八
一金五錢　西浦藤平
一金貳錢五厘　同　元七
一金七錢五厘　同　一角
一金拾五錢　同　源藏
一金五錢　同　鶴太
一金六錢　同　藤作
一金七錢五厘　同　末彥
一金五錢　同　禎作
一金拾錢　同　久四郎
一金拾錢　同　林八
一金拾錢　同　新八
一金貳拾錢　同　惣四郎
一金七錢五厘　同　儀平
一金拾錢　小山壽平
一金拾錢　西村林平

熊本縣玉名郡木葉村正念寺信徒

一金五錢　境儀一郎
一金貳拾五錢　西浦金三郎
一金拾貳錢五厘　下村茂七
一金五錢　坂本吉平
一金八錢　松本伊三郎
一金拾貳錢五厘　春日慶四郎
一金五錢　西住喜次郎
一金五錢　春日瀨平
一金七錢五厘　今田善吉
一金七錢五厘　田畑清六
一金七錢五厘　同　喜八
一金七錢五厘　今村惣次郎
一金七錢五厘　今坂角次
一金拾錢　田邊甚吉
一金五錢　今村惣八
一金拾五錢　清田忠三郎
一金拾錢　同　伊三郎
一金七錢五厘　同　儀作
一金拾五錢　吉川藤吉
一金五錢　吉村甚吉
一金五拾錢　清瀧儀一郎
一金四拾錢　多山儀平
一金三拾錢　中嶋東三郎
一金貳拾五錢　同　大記
一金貳拾五錢　同　鶴治
一金貳拾五錢　同　新作
一金貳拾五錢　同　源作
一金拾五錢　同　大七
一金貳拾錢　同　定平
一金拾錢　同　可悅
一金拾錢　同　榮太郎
一金壹圓五拾錢　水野光治
一金壹圓　島田惣平
一金三拾錢　田尻惣四郎
一金貳拾錢　友田治平
一金三拾錢　吉川多次郎
一金三拾錢　田中丈七
一金拾五錢　同　幸七
一金貳拾錢　田尻武三治

熊本縣玉名郡木葉村正念寺信徒

一金三拾錢　中山圓平
一金貳拾錢　吉田佐吉
一金拾錢　田中萬平
一金拾錢　三村庄七
一金五錢　高木安平
一金拾錢　星子謙刃
一金貳拾錢　多山德平
一金五錢　貞木久太郎
一金貳拾五錢　多山清四郎
一金貳拾五錢　松本尉平
一金拾五錢　大岩次平
一金九錢　大島スガ
一金壹圓　竹下直平
一金五拾錢　同　三平
一金五拾錢　谷山俊平
一金六拾錢　平木慶七
一金五拾錢　小山利七
一金五拾錢　同　作平
一金五拾錢　平田藤四郎
一金五拾錢　藤岡儀平
一金四拾錢　中村卯作
一金三拾錢　坂本孫平
一金貳拾錢　平野甚作
一金貳拾錢　平木卯作
一金拾五錢　高木喜平
一金拾五錢　津崎辰次郎
一金拾錢　平野半三郎
一金拾錢　平田儀作
一金拾錢　竹下政平
一金拾錢　藤本孫平
一金拾錢　坂口利作
一金五錢　川上新八
一金貳錢　竹下辰平
一金四錢　川上角七
一金四錢　平木三太郎
一金貳錢五厘　藤田又八
一金五錢　明石嘉吉
一金七錢　前川彌平次
一金五錢　酒井忠吉

熊本縣玉名郡木葉村正念寺信徒

一金貳錢　荒木政人
一金四錢　前田末八
一金五錢　平野松平
一金三錢　前川松平
一金三錢　東　夫平
一金貳錢五厘　舟越謙七
一金拾錢　前川モキ
一金貳錢　竹尾政喜
一金六拾錢　牛嶋金四郎　同　小右衛門
一金三錢壹厘　愛甲コノ
一金五錢　今村イシ

仝縣宇土郡網田村

一金六拾圓　濱田格
一金五拾圓　中川貢
一金三拾圓　水口榮記
一金貳拾圓　濱田喜登
一金拾圓　同　一郎
一金拾圓　同　雪
一金四圓　寺本喜三次
一金四圓　中川重三郎
一金四圓　鈴木儀三次
一金四圓　前田甚平
一金四圓　東　文四郎
一金四圓　嶽道熊次
一金四圓　林田平八
一金四圓　中田孫七
一金四圓　福田安平
一金四圓　本田直平
一金貳圓五拾錢　河口傳助
一金六拾錢　石本榮八
一金九拾錢　村田藤市
一金五拾錢　本田金三郎
一金三拾錢　中川政喜
一金貳拾五錢　鈴木市平
一金貳拾五錢　井上喜七
一金貳拾錢　尾崎喜平
一金貳拾錢　大塚定治
一金拾錢　中村久助

熊本縣宇土郡網田村

一金拾錢　藪内太郎吉
一金拾錢　寺本佐治郎
一金拾錢　中野三次郎
一金拾錢　中川ノト
一金五錢　宮本キヤ
一金五錢　中川サノ
一金五錢　井上ミト
一金五錢　鈴木ヨト
一金五錢　村田サガ
一金五錢　本田ヤ井
一金五拾錢　水口新八
一金九拾錢　中島甚作
一金五拾錢　中松市郎
一金四拾錢　磯塚茂治郎
一金貳拾錢　河野太八
一金拾錢　伊藤權七
一金五錢　磯塚永助
一金拾錢　同　新市
一金五錢　同　チヤ
一金五錢　中嶋マサ
一金貳拾錢　陣内助次郎
一金九錢　松下群次
一金拾錢　何　久四郎
一金拾錢　尾崎清八
一金四錢　何　ワサ
一金貳錢　澤部勇七
一金拾錢　何　喜三次
一金拾錢　同　善左工門
一金貳拾五錢　寺本忠七
一金貳拾九錢　川嶋利作
一金貳拾五錢　福田惣平
一金五錢　何　甚太郎
一金五錢　同　ナチ
一金貳拾五錢　鍬守吉平
一金拾錢　林田彌三郎
一金貳拾五錢　小田兵次郎
一金五錢　上村政次
一金三錢　前田源吉
一金四錢　鍬守平衛門

熊本縣宇土郡網田村

一金拾錢　武藤直助
一金拾五錢　中村新三郎
一金五錢　鍬守重平
一金拾錢　林田新助
一金七錢五厘　浦田八次
一金五錢　村田久八
一金拾錢　東文平
一金拾錢　平石文七
一金五錢　陣内兵次郎
一金五錢　福田重作
一金五錢　同安之十
一金五拾錢　平川直平
一金貳拾五錢　本田善四郎
一金五錢　村田善平
一金五錢　本田チギ
一金三拾錢　村田又三郎
一金貳拾五錢　木村又七
一金貳拾五錢　西岡利助
一金貳拾錢　森田直記
一金五錢　同茂平
一金拾五錢　加悦利久平
一金拾五錢　同藤次郎
一金壹錢　何津喜
一金貳錢五厘　同安平
一金拾錢　加悦杢平
一金三錢　中村直平
一金拾錢　同新平
一金三錢　加悦庄三郎
一金貳圓〇五錢　陣内亭藏
一金六拾五錢　上田九平
一金六拾錢　中嶋彥七
一金六拾錢　福嶋太八
一金壹圓　中村シモ
一金四拾錢　坂松次八
一金三拾錢　倉床彌平
一金貳拾錢　水口虎喜
一金貳拾錢　平井藤右衛門
一金拾五錢　平川甚平
一金拾錢　石坂次三郎

熊本縣宇土郡網田郡

一金三拾錢　大嶋甚次郎
一金拾錢　中田甚平
一金拾錢　堤直三郎
一金壹圓　宮田彥七
一金貳拾錢　杉村茂八
一金五錢　寺本ツル
一金拾錢　藤本儀平
一金拾錢　戸波藤次郎
一金拾錢　今村忠七
一金拾錢　前田勝助
一金五錢　川上伊三郎
一金拾錢　山口政彥
一金拾錢　宮田茂三郎
一金拾錢　坂本重三郎
一金壹圓　山口重一郎
一金拾錢　金澤政七
一金拾錢　唯又吉
一金貳拾五錢　鈴木米太郎
一金三拾錢　園田勝兵衛
一金貳拾錢　杉本伍市
一金拾錢　同ミツ
一金壹圓　加悦益記
一金拾錢　西岡傳助
一金壹錢五厘　同シチ
一金貳拾五錢　同利平
一金三錢　同ツマ
一金四拾錢　同利兵衛
一金壹圓　坂本喜三八
一金貳拾錢　同久平
一金四拾錢　山本喜三次
一金壹圓　河口茂平
一金三拾錢　藤本彥三郎
一金拾錢　坂本惣平
一金五圓　田代理七郎
一金壹圓　成松常八
一金壹圓　堀幸八
一金五拾錢　河嶋嘉七
一金貳拾五錢　梨木孫七
一金五拾錢　近藤亥之吉

熊本縣宇土郡網田村

一金貳拾錢　藤本平馬
一金貳拾錢　福田甚四郎
一金五錢　上田常七
一金拾錢　青谷文次
一金貳拾錢　八田子之吉
一金拾錢　松永角平
一金拾五錢　柳井爲八
一金五錢　猿渡善作
一金拾五錢　中川百次
一金拾錢　釘山健藏
一金拾錢　西明三郎
一金拾五錢　磯濱甚八
一金四錢　佐藤光平
一金貳拾錢　柏木藤七
一金五錢　後藤清四郎
一金貳拾五錢　山本用平
一金五拾錢　坂本丈衛門
一金五拾錢　森内次作
一金三拾錢　堀田忠兵衛
一金拾五錢　高木忠作
一金拾錢　石田幸作
一金五錢　同ナセ
一金拾錢　田嶋利平
一金拾錢　追田喜三郎
一金拾五錢　北岡爲八
一金拾五錢　米滿茂三郎
一金拾貳錢五厘　林田才八
一金拾錢　那須爲彥
一金拾錢　米原伊三郎
一金拾五錢　松崎藤八
一金拾五錢　松下孫七
一金拾貳錢五厘　福田藤七
一金拾錢　田代仁八
一金六錢　川端喜三次
一金六錢　浦本慶太郎
一金五錢　松永喜七
一金五錢　林田甚平
一金拾五錢　山口彌三郎
一金拾五錢　平野次三郎

熊本縣宇土郡網田村

一金拾五錢　宮下瀬八
一金拾錢　宮本源作
一金拾錢　中村彌平
一金七錢五錢　高木忠八
一金五錢　今村文作
一金拾錢　白石藤次郎
一金拾錢　村田喜平
一金五錢　鹽田元平
一金五錢　蓑田用八
一金拾錢　宮田次助
一金拾貳錢五厘　廣田惣次郎
一金五錢　上田忠次郎
一金九錢　去方
一金三拾錢　梅田惣兵衛
一金三拾錢　寺野彥平
一金三拾錢　池苗甚次郎
一金拾錢　杉本政衛門
一金拾錢　國廣榮次郎
一金拾錢　中川甚次郎
一金拾錢　仙田太七
一金五錢　杉本卯平

仝縣玉名郡月瀬村光明寺信徒

一金三拾錢　江藤嘉次郎
一金貳拾錢　坂本金作
一金貳拾五錢　同榮三郎
一金貳拾五錢　江藤藤三郎
一金貳拾五錢　原田勝太郎
一金三拾錢　坂本金藏
一金貳拾五錢　三池喜三郎
一金三拾錢　坂口藤次郎

熊本縣玉名郡月瀬村光明寺信徒

一金貳拾錢　辛嶋藤七
一金拾貳錢五厘　江藤新八
一金拾錢　村上角平
一金七拾五錢　沖孝平
一金拾五錢　池苗吟作
一金拾五錢　寺尾皃平
一金壹圓　江藤兵作
一金壹圓　早瀬才作
一金壹圓　立野卯平次
一金七拾五錢　田尻次郎八
一金七拾五錢　江藤角次郎
一金六拾錢　田尻專十
一金五拾錢　江藤源平
一金五拾錢　荒木十平
一金七拾五錢　沖嘉久平
一金七拾錢　立野彥四郎
一金五拾錢　同金七
一金五拾錢　沖權次郎
一金五拾錢　宮川藤四郎
一金五錢　辛嶋茂八
一金七拾五錢　同德藏
一金五拾錢　坂本ミシ
一金五錢　沖初次
一金拾錢　辛嶋才七
一金貳拾錢　前田伊太郎
一金五錢　辛嶋常次郎
一金貳拾五錢　宮本平四郎
一金貳拾五錢　安富久藏
一金貳拾錢　谷川卯平次
一金拾五錢　田中卯藏

熊本縣玉名郡月瀬村光明寺信徒

一金拾五錢　川本源吉
一金拾錢　中野尾五三郎
一金拾錢　福田作平
一金拾錢　谷川彥七
一金拾五錢　宮本金次
一金七錢五厘　福田四郎
一金五錢　同人內
一金五錢　高本貞平
一金貳拾錢　田上長造
一金貳拾錢　迫丸源作
一金貳拾五錢　同直七
一金拾五錢　同德平
一金五錢　柴田增平
一金五錢　迫丸清吉
一金五錢　早川重太郎
一金五錢　永田常七
一金四錢　杉本林三郎
一金四錢　梶山藤吉
一金三錢　藤岡平太
一金三錢　杉玉角平
一金五拾錢　平木長三郎
一金四拾錢　繁田両吉
一金四拾錢　坂崎米藏
一金三拾五錢　繁田亭八
一金三拾五錢　田上利吉
一金貳拾五錢　福田幸三郎

富山縣富山市泉町七十二番地

一金五拾錢　村田吉次郎

（終）

總計金四千八百貳拾五圓四拾六錢四厘五毛（以下次號に廣告す）

內　既納金三千百貳拾壹圓九拾壹錢九厘五毛

未納金千七百三圓五拾四錢五厘

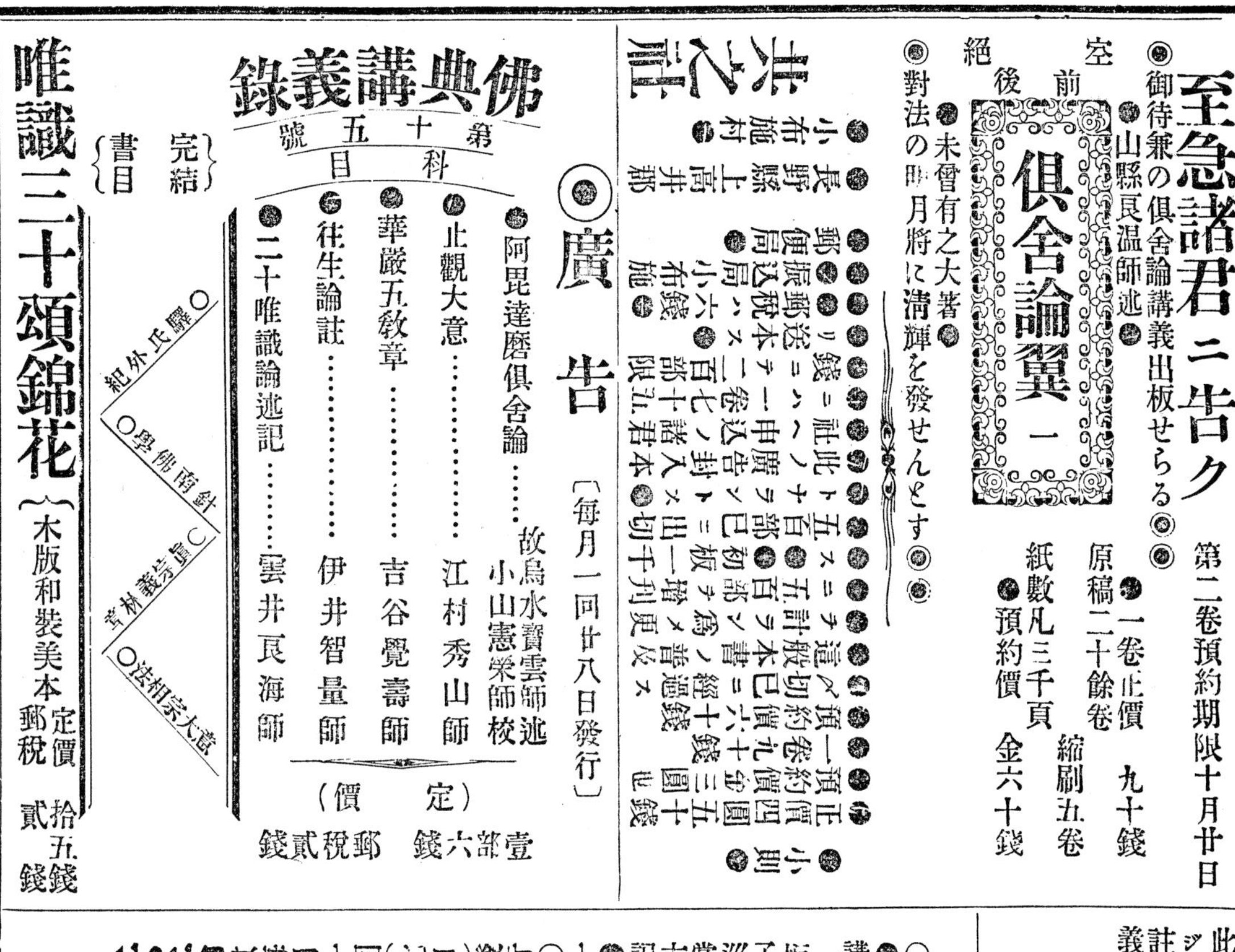

第六十壹號目次（八月七日發兌）

○夏の御文 ●法話○興の御書法話故香月院厲大講師●說敎○謝しても謝せよの法話○一等學師補小栗栖香頂演說●雜報○榎本坂東報恩寺奉納相撲○大幻術○南條子爵夫人○渡米佛敎家○南條學師の巡錫○投票の摸樣○山形通信○破壞黨の卑劣手段○長澤常應氏○地方有志の來信●蒐錄○淨淸法師感應往生記●餘興和歌其他

此書元錄五年南都一乘院々主眞敬親王ガ太上天皇ノ勅命ヲ奉ジテ撰ビ玉ヒタル者ナリ。簡易裁直通篇副詮法ヲ用ヒタレバ註譯ノ爲メニ本文ノ意ヲ忘ル丶ガ如キ弊ナク。唯識甚深ノ要義ヲ容易ニ合點スルコトヲ得ル良書ナリ

爲替取組ハ京都市六條郵便局ニ限ル
佛典講義錄ハ第壹號ヨリ取揃ヘ需ニ應ズベシ

發行所 京都西洞院御前通下ル 鶴龍協會

法話 無代 のりのはなし

來る九月發兌ノ法話六十二號ニハ投票ヲ以テ左ノ大附錄ヲ添フ○法話半年分以上拂込ノ諸君ヘハ無代價ニテ進呈

至急申込アレ

●內佛年中勤行式●南條小栗栖兩師肖像石版摺●家康公眞筆南字名折句ノ和歌●眞宗信徒心得十ケ條講話等

發行所 東京淺草區北清島町百五番地 法話發行所

明治二十四年九月七日
內務省許可

明治二十五年五月四日
遞信省認可

●國教雜誌規則摘要

一本誌は佛教の運動機關として每月二回(國教)を發刊す

一本誌は宗派に偏せす教會に黨せす普く佛教界に獨立して佛徒の積弊を洗滌し佛教の新運動を企圖すへし

一本誌は諸宗教の批評及ひ教法界に現出する時事の問題を討論し每號諸大家の有爲なる論說寄書講義演說等を登錄し其教法關係の點に至りては何人を撰はす投書の自由を許し本社の主旨に妨けなき限りは總て之を掲載すへし

但し原稿は楷書二十七字詰に認め必す住所姓名を詳記すへし

一本誌代金及ひ廣告料は必す前金たるへし若し前金を投せすして御注文あるも本社は之に應せさるものとす

但本縣在住の人にして適當の紹介人あるときは此限りにあらす

一本誌見本を請求する者は郵券五厘切手十枚を送付せは郵送すへし

一本誌代金は可成爲換によりて送金あるへし尤も僻陬の地にして爲換取組不便なれは五厘郵券切手を代用し一割増の計算にして送付あるへし

一本誌代金及ひ廣告料は左の定價表に依るへし

但本誌購讀者に限り特別を以て廣告料を減することあるへし

雜誌代金

冊數	一冊 一回分	十二冊 半ヶ年分	廿四冊 一ヶ年分
定價	五錢	五十四錢	壹圓
郵稅共	五錢五厘	六十錢	壹圓十貳錢

廣告料

廣告料は行數の多小に拘はらす五號活字二十七字詰一行一回三錢とす但廣告に用ゆる木版等本社に依賴せらるゝときは廣告料の外に相當の代金を請求すべし

明治廿六年九月廿九日印刷
明治廿六年九月三十日發行

發行者　熊本市安巳橋通町五番地　武田哲道
編輯者　熊本縣玉名郡石貫村千百八十一番地　森直樹
印刷者　熊本縣阿蘇郡坂梨村八百六十三番地　甲斐方策
印刷所　熊本市新壹丁目百二番地　汲古堂

發行所　熊本市安巳橋通町五番地　國教雜誌社

國教

第貳拾七號

明治二十六年十月三十日發行

（每月二回）

國教第貳拾七號目次

◉社説
◉西本願寺の總代議會
◉論説
◉中西牛郎氏の二大論と一斷案…（接續）
◉佛教青年會及び婦人會に就て……甲斐方策
◉大乘佛教論…（接續）在米宗教大會…蘆津實全
◉小説
◉花の露…（下の中）……在東京……旭松山人
◉萬國宗教大會
◉萬國宗教大會開會式の光景
◉『閣龍館裏萬邦會。自是無軍旗戰皷』●開會日猶ほ淺き亞米利加の新自由國に向つて來會せり●流石に廣き閣龍館内も全く人を以て充たされたり●劉喨たる唱歌を以て開會の式を開かる●時は愈々十時となれり●會長ボンチー氏歡迎の演説●委員長バルロー氏萬國宗教大會の必要を論ず●錫蘭佛教の代表者ダンマパーラ氏佛教の慈悲寛容を演ず●日本神道の代表者柴田氏祝辭を朗讀す●日本佛教代表者の挨拶
◉大會第二日の演説者●大會第三日の演説者●大會第四日●宗教大會に對する各教者の動靜●原心猛師宗教大會に寄するの書●蘆津實全師歸朝の途に上る●日蓮宗大石寺沙門の狂亂狀●右狂亂狀に對する土宜法龍師の駁擊書●右狂亂狀に對する八淵蟠龍師の書簡●日本耶蘇教の代表者小崎弘道氏の論文●米國耶蘇教徒宗教談に畏縮す●博覽會内日本喫茶店の説教●シカゴ府内耶蘇教寺院數●土宜法龍師『朝日輝く瑞穗國』の英詩を受く●八淵蟠龍師歸朝す●ダンマパーラ氏來朝せんとす
◉雜報
◉京都新報巧言令色の邀會衆諸師文◉熊本に於ける宗教の奇現象◉新佛教青年の夭落◉廣海枳堂氏の遠征行◉長洲町暴風遭難漁夫の慘狀悲況
◉普通廣告　數件

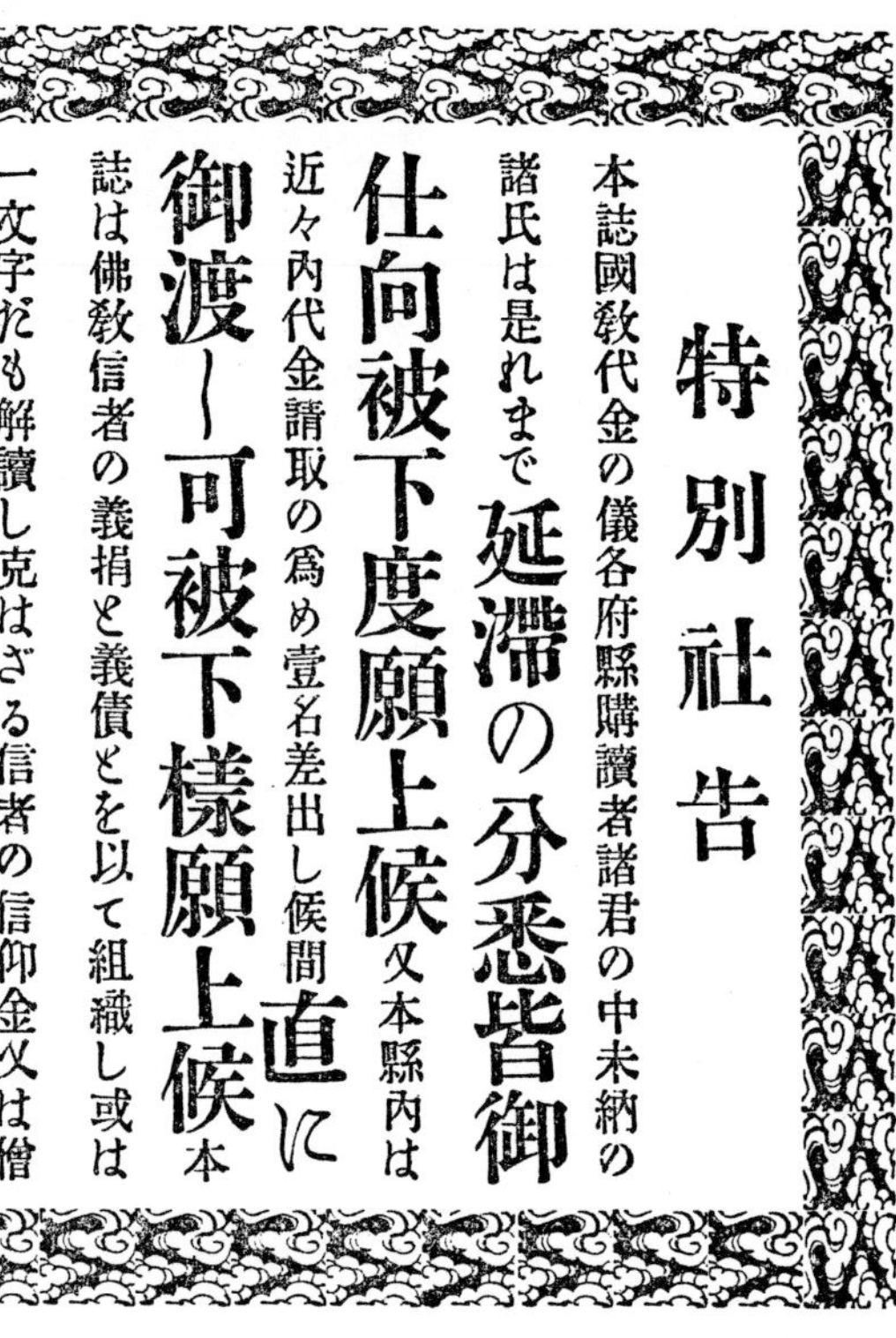

特別社告

本誌國教代金の儀各府縣購讀者諸君の中未納の諸氏は是れまで**延滯の分悉皆御仕向被下度願上候**又本縣內は近々內代金請取の爲め壹名差出し候間**直に御渡し可被下樣願上候**本誌は佛教信者の義捐と義債とを以て組織し或は一文字だも解讀し克はざる信者の信仰金又は僧侶の說敎法話に報ひたる淨財等を以て資料と補けたる實に信仰の血漿佛陀の福田に依りて**九州佛教界唯一の機關雜誌**として熱心誠意勉强致し居候に付愛讀諸彥尙は**倍舊の高愛**を添へ益々本誌の隆盛なる樣御援助成し下され度願上候也

追て本縣內代金取立には社員小幡廣及び他に一名を差出し申すべく候に付添て申入置候

國教雜誌社會計係

國教第貳拾六號目次

◎社說

◎中西牛郎氏の二大論と一斷案

◎論說

◎大乘佛教論……在米宗教大會　蘆津實全

◎佛教徒夏期講習會を論ず……在帝國大學　古河老川

◎詞叢

◎亡友淸水吉太郞君を哭す……森直樹

◎小說

◎花の露（下の上）……東京　旭松山人

◎萬國宗教大會

◎遙に英領瓦港より九州の同志靑年に寄す　在米宗教大會……八淵蟠龍

◎萬國宗教大會臨席道中記……八淵蟠龍

◎ジヤパン號日本を發す●ジヤパン號は堅牢なり●船客船室支那ボーイ●日本人の諸人物●支那人琴を彈ず●十三晝夜の航路格別憂鬱を感ぜず●一藝を修めて語學文章に熟達せざる可らず●上等室の船客女尊男卑の陋習●船內食堂の景狀郷に入りては鄕に從ふ●食物の種類船中の文明人便所に入りて手を洗はず●太平洋上雲耶山耶の活詩を望む●日本の盛暑八月白雪皚々の中を行く●愈々移民教導の必要を感ず●洪嶽石蓮雲外三師の雄吟麗賦●熊本縣人渡邊隆其禍難を救はる●下等室の支那人恰かも穢多乞食の如し●錫蘭人色黑く体大なり●雜事四件●航海中重複の日世界要所時間の比較●八月廿一日午後十時市俄高に着す●衣食を抵當にして靑年を育つ可し●萬國宗教大會顚末報告書●大會開場後釋蘆津土宜三師の方針●小栁歸朝の期

◎附錄●萬國宗教大會代表者派遣義捐金報告

國教第貳拾七號

社説

西本願寺の総代議會

方今我邦佛教勢力の最大中心は眞宗にあり。眞宗勢力の二大中心は東西両本願寺にあり。而して此二大中心が佛教全体に於けるの關係は。恰も精神機關の四肢五官に對する關係の如し。人間の精神一たび外界の現象に接觸し。其作用を生ずるや。靈々活々。忽にして其神經を鼓動し。其五官を發作し。其四肢を運動す。故に人間たる佛教全体を率ひて。革新的運動の大途を踏ましめんと欲せは。其精神機關たる東西両本願寺に向つて。革新の大氣を注ぎ。革新の熱火を燃やし。革新の激濤を漲らさゞる可らず。若し一朝東西兩派をして。革新的大烽火の中に捲き込むを得ば。其餘燄は烈々として佛界の滿天を焦がすの壯觀偉景を呈するに至る可きは。彰々として疑ふ可らざるの事實なり。而して今や其革新的の大鐵槌を加ふべき急且つ大なるものは。西本願寺総代議會の頭上にあり。嗚呼汝西本願寺の総代議會よ。汝は宗制寺法上の空文に属せんと欲する乎。將た汝は吾人革新的大烽火の中に立たんと欲する乎。甲者を擇ばゞ汝は本願寺派一派に向つて。停滯の毒氣を流す而已ならず。亦た佛教全体に對して非革新的骨張の大罪を負ふものと謂はざる可らず。若し又乙者を擇ばゞ汝は實權實力を有するの議會たらざる可らず。汝は宗制寺法の大憲を全ふするの議會たらざる可らず。汝は眞宗の信仰と眞宗の政治を判然劃別したるの議會たらざる可らず。

第一　西本願寺の総代議會は實權實力を有するの議會たらざる可らず。吾人仰ひで眞宗西本願寺派の憲法たる宗制寺法を望めば。其第四章集會の項に曰く『集會ハ一派ノ盛衰利害ニ就テ意見ヲ陳述シ施行ヲ求ムルコトヲ得。但執行ノ處置ヲ沮格スルヲ得ズ』（第四章第十六條）と。嗚呼議會の開設より今年に至る迄既に十四回。議會は果して赫々たる此明文を全ふせるや否や。果して一派の盛衰利害に就て意見を陳述し。施行を求めたるとありや否や。固より既往十餘年の歳月中には。本山の役員等が一夜作の議案に對しては。喧囂熱喋を極めたるとあるべし。固より教示（法主の命令）法度（議會の決議）の區域權限を爭ひたるが爲には。解散の不幸に遇ひしとあるべし。固より本山役員を惡んでは。人質的の反目疾視を試みたるとあるべし。然れども議會は議會の自身よりして。一派興學（則教育）の大計上に何等の意見を發表せし乎。一派布教（則傳道）の方針上に何等の計畫を實行せし乎。吾人は過去の成績に徵して其事實を發見するに苦しむ。啻に苦しむのみならず。宗門百年の大計たる敎育上に向つて。經驗薄く智識乏しき。彼等多數の議員（會衆）が輕議淺論の結果は。宗門新敎育の發達を害し。進路を遮りたるは掩ふ可らざるものあり。

今其例を擧ぐれば。彼の普通敎校廢止後。該校の後身文學寮新築案議決の實行を。而三年間有耶無耶の中に彷徨せしめしが如き。或は普通敎育の特性を滅却し。佛敎學校の範圍を狹縮し。因循姑息過去の舊天地に退歩せる。昨年文學寮の改正案に對して何等の意見を陳述せざりしが如き。是れ其彰明較著なる例證なりと謂ふべし。夫れ斯の如く。議會が年々歲々放言空論無責任の議決をなしたるのみにて止むは。畢竟議會が其實權を保ち其實力を有せざるに由る。而して其實權實力を有せざるは。眞正なる一派輿論公議の地磐上に立ちたる議會にあらざるを以てなり。

第二　西本願寺の總代議會は宗制寺法の大憲を全ふするの議會たらざる可らず。又た宗制寺法集會の條に曰く『集會ハ執行ノ處置若シ成規ニ違フト認ムルコトアレバ其處分ヲ法主ニ請フヿヲ得』（第四章第十七條）と。吾人が最も注目すべきは其成規の範圍なり。議會が眼光を尖らして看破せざる可らざるは。此成規てふ厖々然たる一大怪物なり。嗚呼成規なる哉。成規なる哉。成規範圍の廣狹は議會彈劾權の消長に重大の影響を與ふるものなり。三十名の總代會衆中。豈に二三の硬議硬論の俊髦英物なからんや。豈に二三の彈劾上奏案提出の希望者なからんや。嗟呼三十名の會衆悉く忠臣の諂淚を揮ふて。本山の宿老執行輩に使役せらるゝ阿諛的議員にあらざるべきは吾人の深く信じて疑はざる所。東北の硬骨議員諸氏が西南二三の軟骨會衆輩と。每年議場に於て對壘快戰の光彩を呈せるは。吾人の覺へず歡迎の微笑を洩らす所。既往已に然り。現在亦た豈に然らざらんや。

嗚呼昨年の議會に於ける嶋地默雷師佛蘭西開敎の議決。勝友會員提出の萬國宗敎大會臨席者派遣。及び英譯眞宗大意配附の議決は。滿場議員が總起立を以て可決したるものにあらずや。此議決の反響は倐忽の間に海內有識の耳目を聳動したるにあらずや。佛界の新青年は新佛敎の時代既に來れりと大呼したり。吾人も亦た實に眞宗萬歲と歡呼したり。然るに此結果は遂に如何なる奇怪の有樣となりしや。論じて此に至れば。吾人は實に感極り情迫まりて亦た謂ふ能はず。嗚呼本年春以來眞宗殊に本願寺派が。如何に不面目不体裁の大恥辱を社會に曝らせしぞ。天台。眞言。臨濟の有志は。威風堂々相携へて萬里遠征の途に上るの時に方り。彼れ博學高德の默雷上人をして。遺憾狀を草せしめたるの罪。果して焉にあるや。吾人は其罪を以て宗制寺法の大憲に基ける議會の大責任を議會が盡さゞるに歸せんとす。固より優柔不斷の中に世界的運動の議決を埋沒したるの罪は。本山の當路者にありと雖も。當路者をして其罪に陷れたるものは。宗制寺法の大憲を全ふせざる議會の罪にありと謂はざるを得ず。議會にして飽く迄其責任を重んじ。宗制寺法第四章第十七條の精神を以て。其一擧手一投足の羅針盤となし。最も嚴密に。最も精刻に。最も機敏に。彼れ本山當路者の優柔政畧を矯正する所あらば。當路者如何に遷延握殺の慣用手段に富みたればとて。豈に彼が如く議決の全躰を埋沒するを得んや。然るに彼の三議案を議決したる三十餘名の特選總代兩會衆中。一人の起つて當路者の處置を非難する者なく。一人の奮つて彼が如き不体裁不面目なる當路者の處置を慣りて『成規ニ違フト認ムル』者なかりしは。吾人の大に議會の爲に遺憾に堪へざる所なりき。

今や秋風吹いて金聲鳴り。洛陽秀麗の山河も亦た蕭殺の色を帶ぶるの時。全國の總代會衆は各々緇衣翩々として飛雲閣上に集れり。想ふに一種の奇觀は例年の如く湧き出るならん。其奇觀の笑ふべきや。喜ぶべきや。罵るべきや。怒るべきやの論評は後日に讓らん。吾人は今本年の議會に向つて。議會が其當路者成規違背看過の罪を淸洗し。正議讜論其實權實力を伸張し。既往に於ける其無勢力無氣慨の恥辱を恢復せんことを希望す。

第三　西本願寺の總代議會は眞宗の信仰と眞宗の政治を判然劃別したるの議會たらざる可からず。議會は純粹なる眞宗の政治を論ずる所にして。眞宗信仰の議論を鬪はす所にあらざるは。宗制寺法を一見したるもの丶夙に瞭察する所なり。然れども派內の愚昧者流は未だ全く此差別を明にせざるもの丶如し。是れ議會の振はざる一大原因なり。故に議會の勢力を增進せんと欲せば。勉めて彼れ愚昧者流の迷想を破ると同時に。議會は益々此差別を明確にせざる可らず。海內の廣き有志の多き。英靈潑々たる議員の資格を完全せる者にして。此迷想の束縛する所となり。其雄才大畧を顯はす能はず。空しく巖穴の中。草莽の邊に隱忍する者。實に鮮少なりとせず。嗚呼議會勢力の有無は議員人物の良否に關ず。而して善良なる議員を得んと欲せば。議員撰擧に對する派內の舊慣的抑壓を排除すると同時に。總代會衆選擧法區劃の束縛的法律を改革するも。亦た固より大必要なり。何となれば二事の排除改革は共に議員撰擧の範圍を廣大ならしむれば也。

要するに議會の實權實力なきは宗制寺法の大憲を全ふせざるに由る。而して議會が其大憲を全ふせずして其責任を盡さゞるものは。派内僧侶の全体が未だ眞に議會の必要を感ぜざるに依る。僧侶則ち撰擧人にして其必要を感ずるに至らば。眞正の輿論始めて此に生じ。議會の監督運動者初めて此に起る。已に此に至れば。議員の陶汰も始めて行はれ。議員の決心も始めて鞏固に進み。議會の勢力も始めて旭日瞳々の景を呈するに至るべし。果して然らば議會實力振興の最大遠因は派内僧侶の全体をして。議會必要の感覺を發生せしむるにありと謂はざるを得ず。

然り而して一派輿論公議の根原たる撰擧人（派内全体の僧侶）をして。眞正に其根原を全ふせしめんと欲せば。純粹眞宗政治上の本願寺派革新黨を組織し。革新的の輿論を勃發し。革新的の元氣を皷舞し。革新的の大運動を試みざる可らず。既往に於ても現在に於ても。上集會内の議員より下門末僧侶信徒に至る迄。革新的の麾下に屬して。大に爲す所あらんとする者は。恰も天上の星を數ふるが如く。海濱の砂を拾ふが如し。然るに其一派を動かすの勢力なきものは何ぞや。有機的の大團結なかりしが故也。物寡なりと雖も合すれば强く。衆なりと雖も分れば弱し。今や全佛教界新舊思想の衝突。黒白兩感情の反撥。對外踢内兩派の激戰等。紛々擾々として起れり。是れ豈に本願寺派革新黨組織の好機順運にあらずして何ぞや。

嗚呼本願寺派革新黨の組織なる哉。嗟呼西本願寺派革新黨の組織なる哉。西本願寺派革新黨の組織は。實に四肢五官と發作する精神作用の如く。佛教各宗を率ひて革新的大烽火の中に投ずる。第一着手なりと謂はざる可らず。愈々此に至りて吾黨新佛教理想の同盟軍は。其理想の幾分を現實上に發表したるものと謂ふ可し矣。

中西牛郎氏の二大論と一斷案（接續）

中西氏は其世界三聖論に自序して曰く。『予は元來數年の間心を潜め念を凝らし。極めて虛心平氣にして耶蘇教の經典を學びたるの一人なり。故に其教祖耶蘇が品性の欽慕すべく訓誨の敬愛すべきは夙に之を熟知せり。夙に之を熟知せるのみならず。今日と雖も仰ひで耶蘇の像に對し。俯して耶蘇の書を讀む毎に未だ嘗て悚然として敬意を起さずんばあらず。然れども耶蘇教根本的の教理に至りては。遂に予をして首肯せしむる能はず。予は耶蘇教の偏隘的なる教理よりも。寧ろ佛教の宏大的なる教理を以て滿足するものなり。是れ予が嚮きに宗教革命論を著はしたる所以なり。又耶蘇教今日の教理と習慣とは我大日本寰宇無比的の國體と衝突して相容るゝものに非ると確信す。是れ予が近日目下の一大問題たる教育宗教衝突の問題に關じて一篇の愚見（教育宗教衝突斷案）を世に公にせんと欲する所以なり』と。此數言表面に於ては宗教を觀察するの點一ならざるを告白せしものと雖も。裏面に於ては如何に中西氏が耶蘇品性の感化を受け。如何に個躰神戀想の臭味を嘗めつゝあるかは。氏が著書の全躰を達觀せる讀者が。恰も朝霞曉霧の際に旭光の紅彩を遠望するが如く。髣髴として其雙眸に映寫し。以て一種奇妙の感覺を惹起する所ならん歟。

『吾人は敢て佛教の盛ならんことを欲せざるものにあらず。然れども眞正なる佛教の盛ならんことを欲するものなるが故に。今日の佛教を以て全盛なりと稱贊する能はず。寧ろ衰頽の極に近けりと云はんとす。吾人は敢て佛教信徒の多からんことを望まざるものにあらず。然れども眞正なる佛教信徒の多からんことを望むものなるが故に。今日の如き佛教信徒は海内に充滿すと雖も。佛教信徒に愧ぢざるものは多く見ざるなり』是れ中西氏が教理證明問題の劈頭に喝破せし二大前提なり。氏は是を以て其議論の基礎とし。氏が特色の耶蘇神學的の感情を其哲學的の論鋒に注ぎ。佛教が國家の上に感化の勢力なきものは。即ち個人の上に感化の勢力なきを證明なるものなり。而して其個人の上に感化の勢力なきものは。

第一佛教果して眞理にあらざるを以ての故なる乎

第二將た佛教は眞理なりと雖も之を信ずるものなきの故を以てなる乎

第三抑も僧侶の佛教を說くや之と證明すると懇切明快ならず其教を聽くものを感化して信仰を起さしむる能はざるにある乎

との三大疑問を揭げ來れり。氏が此提出の疑問は先づ教理證明と云へる大問題に關せし議論の順序を得たるものと謂ふ可し。それより氏は進んで佛教は數百年來我邦に於て精神を消亡したりとの例證として。古代埃及宗教の顯教密教の奇觀を敍し來り。我邦今日佛教の二大異色あるを稱して曰く。

蓋古代埃及の宗教の如きは。是れ同一の宗教なるも。其僧侶の信ずる所のものと。一般人民の信ずる所のものとの間には大に懸隔あり。彼れ星辰を拜し。禽獸を拜し。蟲魚を拜し。徒に是等の物に對して敬虔を凝らし。犧牲を供して以て現世未來の禍福を祈念するものは。一般人民の宗教にして其卑近なる實に憐まざるべからず。然るに僧侶は說を立てゝ曰く。此れ皆な深奥なる眞理の標號たるに過ぎざるのみ。然れども其眞實の義に至りては。普通人民に語りたりとても。容易く解せしむ可き所にあらずと。竊に自ら悠遠高妙の哲理を玩味して以て樂となすと云ふ。而して普通人民の信ずる宗教は之を顯教と稱し。僧侶の自ら講ずる宗教は之を密教と稱して以て眞理の光を掩ふたり。嗚呼正さに是れ數千年前。ナイル河の濱。金字塔の邊に於て。埃及宗教の光景を叙し來りたるに過ぎずして。吾人は敢て之を以て我邦今日の佛教各派と比較を試みんと欲するにあらざるも。我邦今日佛教僧侶の自ら信ずる所のものと一般信徒の信ずる所のものと視れば。亦た自ら其異なるものあるを見る也。故に吾人は僧侶の信ずる所のものを貴族的佛教と稱し。一般信徒の信ずる所のものを平民的佛教と稱せんと欲する也。

と。是れ壯麗なる殿堂の中。古雅なる佛學討究室内。數十の僧侶が緇衣を飜へし。嚴肅なる体裁を以て。辨論堂々或は「成唯識論」の賴耶緣起を硏磨し。或は阿毘達磨倶舍論の三科七十五法を論究しけるに。他方にありては。其寺院境内の各所にある。毘沙門天の堂前香花堆く。不動觀音の鎭座香煙靉き。閻魔大王。地藏菩薩の威光は。寺門に信者の足跡を絶たしめざる現象を。深遠なる學理的に看破したるものと評せざるを得ず。吾人は今日我邦の佛教と以て古代埃及宗教の如く甚しき二異色の相違を認めずと雖も。其貴族的佛教。平民的佛教の異點に至りては。深く著者と其感を同ふせずんばあらず。

次に氏は海内多數の信徒が佛教に對するの感情をば精細に分析し來りて。我邦多數の國民が佛教を崇奉するものは。其淵源する所。寧ろ日本支那祖先教の元素にありて。佛教の本旨には非るなり。然れども祖先教は平民的佛教の一大原素なりと論じ。天台宗は觀法を以て。眞言宗は加持を以て。各々涅槃を得達するの修行とす。而して此二宗の多數信徒に至りては。奈何ぞ一心三觀の何ものたるを知らん。奈何ぞ三密四曼の何ものたるを知らん。彼等は唯だ佛陀を以て不可思議の能力を具する濟度者なりと確信し。禮拜祈禱の功德によりて佛陀の慈悲を仰ぎ。多くは現世の幸福を求めんと欲するに過ぎざるのみと論じ。禪宗見性悟道の版圖は國民の最小數に局すると說き。日蓮宗は法華題目を以て一般信徒を誘進すと雖も。信徒の其法を信じて求むる所のものは。專ら現世の幸福に止りて絶へて成佛の理想を懷くものなしと論じ。淨土眞宗の獨り盛なる所以を論斷して曰く。

獨り淨土眞宗に至りては。僧侶の信ずる所と信徒の信ずる所と。甚だ異なる所なくして。復た貴族的佛教平民的佛教と。其間に於て界線を劃すべき必要なきが如し。是れ淨土眞宗の勢力。獨り赫々として各派を壓倒し。日本佛教の盛衰興敗を以て自ら任ずる所以なり。而して其然る所以のものは。僧侶能く其教を證明し。信徒能く其教を解得し。佛教の眞理僧侶の間に横る隔塞を打破して。信徒の心を感化すること。宛も猶は光線の水晶に透映するが如くなるに職由せずんばあらざるなり。

と。少く誇大に失すと雖も。亦た以て學問的理論一邊の佛教者を警覺するに足る。

次に氏は我邦佛教の現狀は恰も両面を備へたる怪物の如く。一面に就て之を觀るときは。姿貌艶麗慕ふべく愛すべきも。轉じて他の一面を觀るときは。醜陋詭怪得て近くべからずとて。佛教感化の薄弱なるを歎じて曰く。

抑も宗教に貴ぶ所のものは。一切人類を導きて平等利益を主とし。此紛々擾々たる塵寰より超脱して。無限福祉の理想に近かしめ。智慧の光明は賢愚を分たずして均く之を照らし。慈悲の雨澤は遍く貴賤を擇ばずして均く之に注ぎ。人間靈性的の進歩を鼓舞して。國家全躰の道德と振興するにあり。而して今や斯の如し。佛教の感化薄弱なる亦た怪むに足らざるなり。

と。眞個に是れ悲哀的豫言者の口吻。然れども此口吻は我佛徒の一概に蔑視し去るべきものにあらず。

次に氏は教理證明の大難論辨に對する障礙物排除として。最も注目すべき問題に入れり。其問題とは宗教革命論著作以來。誇張衒耀頻りに國粹主義を利用し。哲學主義を利用したるの中西氏が。斷然佛教が國粹主義と哲學主義の恃むに足らざるを論破せしこと是れなり。此れ吾人の醒眼警心一層詳細に論評せざる可らざるの問題なり。

嗚呼我多數の佛教徒をして。此四五年來懶眠盲夢徒らに國粹的佛教なる。佛陀を死物視し。佛教の眞理を死物視する。保守的の鴆毒に病ましめ。哲學的佛教なる。釋尊と哲學者視し。信仰を度外視する。學理的の魔醉に罹らしめたるの罪は誰に歸すべきや。吾人は其罪の半以上は彼れ横濱のジャパンメールをして佛教界の金森通倫と評せしめたる。中西牛郎氏が天下公衆の審判庭に立つて。謹んで其新佛教唱道の大功と共に。其鴆毒痲醉劑撒布の深罪を其頭上に戴かざる可らざるを信認す。吾人は進んで其罪の何處にあるやを探らん。中西氏が宗教革命論の「哲學と宗教」なる章に於て。凡神教建設的の裡面を示さんが爲め。歐州近世哲學の思想は盡く凡神教に傾向することを證明せんとして。伊太利のブルノー。和蘭のスピノザ。佛のデカルト。クーザン。獨のライブニッツ。フヰヒテ。セーリング。カント。ヘーゲル。ショッペンハワー。ハルトマン。英のハミルトン。マンセル。スペンサー諸氏哲學の一斑を叙し。或は強ひて凡神教の範圍に入れ。以て氏が所謂宗教革命の現象を論ずる材料に供せしが如き。又た該論の「我邦と佛教の關係」なる章に於て「世界の大勢に於ては衰ふる可きもの（耶蘇教を指す）も日本に於ては却つて盛んに。世界の大勢に於ては盛んなる可きもの（佛教を指す）も日本に於ては却つて衰ふるが如きは。此れ一時の現象にして永遠の現象にあらざるなり」と論せしが如き。或は「若し果して第二十世紀に於て。愈々世界の一統宗教たる可き命運を有するの佛教を以て。我邦の宗教とし。我邦の前途を以て之に委托することを得ば。我國民は實に非常の天幸を得たるの國民なりと謂はざるを得ず」と論せしが如き。或は「蓋し佛教なる者は世界よりして之を言へば。文明の潮流なり。進歩の光華なり。博愛の旌旗なり。我邦よりして之と言へば。獨立の生命なり。國粹の愛兒なり。愛國の元氣なり。然らば則ち今日に於て内外両主義（當時の國粹泰西の両旨義）の牒交となり。牽引反撥の反對作用を調和せしめ。其權衡を執りて以て我邦の獨立を保ち。文明を進ましめんと欲するものは。佛教を措ひて又た何者に依頼せんとするか。嗟呼佛教を措ひて又た何者に依頼せんとするか」と論せしが如き。或は「凡そ文明なるものは各國々粹の集合したるものに外ならず。更に之を詳説すれば。世界文明の氣運をして現時の地位に進ましめたるものは。各國人民が精神。氣力。智慧。道德。實利。眞理と發達したるの結果に外ならず（中略）。故に吾輩は現時文明の恩惠に對しては。此等（世界各國を云ふ）の國民に深く感謝せざる可らず。而して我邦は將さに如何にして此恩惠に報酬せんとする乎」と論じて。隱に佛教を文明恩惠の報酬物と指名せしが如き。或は組織佛教論の「物質法と精神法」なる章に於て。「佛教業感の説は所謂勢力保存の説を以て之と精神界に應用したるに外ならず而して其理確實毫も疑を容れざるものあり」とて。佛教と科學の調和を圖らんと欲せしが如き。又た該論「歴史上より佛教を論ず」の章中。佛教の前途如何の段中に於て。歐米哲學の傾嚮を擧げて。「泰西哲學は之を約言すれば盡く佛教の範圍に在りて佛教の眞理を解釋するものなり。故に泰西哲學が闡明したる眞理を蒐集して一大宗教を組織せば。佛教の最小模範を現出するに過ぎざらんとす（中畧）。故に哲學なるものは那點よりして觀るも畢意佛教の一大準備たるに過ぎざるなり」との獨斷的疎論を試みしが如き。或は該論「哲學上より佛教を論ず」の章中。佛教の諸哲理を論じて。「哲學として佛教と觀察するに佛教眞理の博大にして精緻なるは。殆んど泰西古今の哲學を網羅すと云ふて可なり（中略）。若し眞理を以て泰西古今の哲學家が講明するの裡にありとせば。此れ徒に佛教の眞理たるを證明するに過ぎざるなり」と論せしが如き。或は其新佛教論の結論に於て。「新佛教の中心は即ち我日本にして我日本の佛教は新佛教と共に輝き。我日本の福祉は新佛教と共に墜なるを記憶して忘る丶勿れ」と言ひ。又た該論新佛敎の運動線内に於て「吾儕が歐洲の文化に負ふたる莫大の債に對して。彼に報酬す可きものは獨り宗敎上道義上の一大眞理ある而已」と斷ぜしが如き。悉く是れ哲學的佛敎の痲醉劑にあらずんば。國粹的佛敎の鴆毒藥にあらざるはなし。左れば中西氏が其議論の罪を淸め。其感化の弊を矯めんとして。両主義の恃むに足らざるを辨明し。以て海內佛徒の迷想を破らんと欲せしは。亦敢て怪むに足らざるなり。而して氏が國粹主義の恃むに足らざる理由なるものは實に左の如し。

抑も國粹とは言語文學宗敎の如き人種若くば國民と發達を共にし其特質を表するに足れるものにして。外國に對して自國の人心を統一し其結合を固ふせんが爲に。此等の特質を尊重して之を保存するは固より緊要なることにして。近時獨逸帝國が聯邦を組織し。伊太利王國が獨立の基礎を扶植し。露國が「パン、スラビズム」を唱へて西歐各國に抵抗したるが如き。皆な深く國粹の勢力に着眼して之を尊重せずんばあらず。況んや彼れ歐化主義の氣運磅礴として。怒濤激波我日本國家を震盪し。立脚の地より捲き去らんとするの時に方りて。反動の大勢端なくも吾黨愛國の人士を喚起して。國粹主義を喝破唱道せしめたるは。敢て怪むに足らざる也。日本國民が一朝世界の大勢に乘り出して。東西に彷徨し。其往く所に迷ふの時に方り。國家の獨立を精神とする國粹主義が。國家多數の爲に歡迎せられて。一時凱歌を奏したるは。敢て怪むに足らざる也。而して千有餘年間我邦文化の啓行者。若くは同伴者たりし佛敎が。此國粹主義の車馬に駕して。得色揚々縱橫馳騁したるは。亦た敢て怪むに足らざる也。

然れども奈何せん國粹なるものは。歷史上國家の發達と關係を有して。國家の特質を表すると同時に。亦た國家の活動を組織するの要素なるを以て。猶ほ纖維血液の人身に於けるが如く。陳新變化の中に在るものなり。蓋し國家は活動せる機躰なり。而して此活動を組織するの國粹にして進步の力を失するときは。恰も朽骨腐血の人躰に在りて健康を害するが如く。國家の生存及び發達を害すると固より言を俟たず。而して國家を利するものは國家の爲に用ひられ。國家を害するものは國家の爲に棄てらる丶は。此れ亦自然の理なり。譬へば英國の立憲政躰は英國の國粹なり。然れども其憲法は國家の進步と共に。社會の進步と共に。屢次革新を經たるを以て。方今列國を雄視する大英帝國を支配するの制度たることを得るにあらずや。佛國の言語文字は佛國の國粹なり。然れども其言語は人文の進步と共に。思想の進步と共に。間斷なく完備したるを以て今日佛國の實用に適して不足なきにあらずや。然らば我佛敎の如きも日本國家の活動と共に進步してこそ。始めて其前途の千秋萬歲を祝す可けれ。而して今や佛敎僧侶が佛敎は日本の國粹なり。故に日本國家にして生存せん限りは。佛敎も亦た亡滅せざるべしと安着して一時の風潮を恃み。近日に至りて頗る布敎の熱心を冷却したるが如きは。無識無力誠に憐まざる可らず。故に今日に方りて佛敎の改良は之を度外に措き。獨り國粹主義の聲援を恃んで。以て佛敎を維持せんと欲するもの丶如きは。吾人其與に語るに足らざるを知るなり。

次に氏は佛教果して哲學の聲援を假りて盛ならば。亦た其反對を受けて衰へざる可らずとて。哲學恃むに足らざるの問題に入り。第一輪廻說と進化說の相違。第二學術の因果說と佛教の因果說の相違を擧げ。滔々積極的の論鋒を皷し。大に哲學的依立佛者の妄想を破り。深く自己既往議論の罪を清洗せり。而して氏が第一の相違論に就き。其進化說を擧ぐる點に曰く。

凡そ哲學の所謂進化なるものは曰く。人類は四圍の境遇によりて變化せらる丶ものにして。唯だ其種族のみ連綿として繼續し。祖先の經驗と機能とは形質遺傳の大法によりて。之を子孫に傳へ。一個人は間斷なく死亡するも。苟も子孫生殖の道にして止まずんば。種族全躰は依然として存し。其經驗は代を追ふて愈々複雜となり。其機能は代を追ふて愈々精微となり。劣等より漸次高等に進化すと。

抑又哲學の進化主義は。人類の經驗と機能とは。一切外境によりて變化せらる丶ものとし。而して形質遺傳は腦髓の如き神經の如き。其他各部の物質機關によりて。之を祖父より子孫に遺傳するものなりと云ふを以て之を觀れば。物質的源因を以て一切進化の現象を解釋するものなり。

然らば佛教の輪廻說は如何。氏亦た答へて曰く。

佛教の所謂輪廻若くば轉生なるものは。一個人の精神卽ち意業を以て進化の本とし。吾人が現世に於て有する境遇と機能とは。皆な過去世界に於て積集したる業感の結果なりとし。此世界に於て人類相集りて種族をなすが如きは。同性相感じ。同類相招ぐの理法に出るものとするに外ならず而して又た佛教の所謂轉生は精神の業感を以て苦樂の源とし。過去の業報によりて現世の身體を感招し。現在の世界を感招すと云ふを以て之を觀れば。精神的源因を以て一切轉生の現象を解釋するものなり。

然らば其相違の判斷は如何。曰く。

哲學の所謂進化は種族を以て之が經とし。遺傳を以て之が緯とし。佛教の所謂轉生は精神を以て之が經とし。業感を以て之が緯とするにあるを以て其所說大に異なれり。故に曰く哲學の所謂進化は種族的の進化にして。佛教の所謂輪廻は個人的の輪廻なり。哲學の所謂進化は物質的の進化にして。佛教の所謂轉生は精神的の轉生なり。然らば焉んぞ哲學の進化を以て佛教の轉生を證明することを得んや。

第二の相違論に就き。學術の因果法を陳べて曰く。

學術に於て稱する因果の法とは。宇宙間の萬物變態窮りなしと雖も。一として偶然に生ずる者あらず。亦た一として偶然に滅するものあらず。必ず一定不變の法によりて變じ。必ず一定不變の法によりて動き。如是の源因は如是の結果を生じ。如此結果は如是の源因によりて生ずと云へることにして。今や諸科の學術進歩するに從つて。愈々將さに其眞理を證明し。吾人は宇宙の各現象に就きて。殆ど其將來を豫測するを得るに至らんとす。是れ其源因を推して結果を知ることを得べければなり。而して源因と結果との間には。自然大法の連鎖ありて。其相互の關係を變せざればなり。然れども此因果の法なるものは。唯だ物質を支配するの法にして。吾人の精神に至りては。自由意志と云ふ一種特別の現象なるを以て。直ちに此因果の法を應用する能はずとは。是れ蓋し學術多數の說ならん。

而して佛敎の因果法を擧げ。其相違の點を判して曰く。佛敎の所謂因果なるものは。吾人現在の精神及び行爲は皆な過去生活の源因。之をして然らしむるものなり。夫れ其之をして然らしむるものあれば。焉んぞ自由意志なることを得ん。而して此源因と結果とは業感の作用にして。業感の作用は心識の繼續に存するものなりと。斯の如くなれば。佛敎の所謂因果とは宇宙一般の因果法を指すにあらずして特殊の場合に應用したるものなり。而して因果法を以て此の如く心理的現象に應用するものは。殆ど自由意志の說に反對するものにして。泰西普通の學理とは。決して一致するものにあらず。

以上二個の相違說は氏が哲學聲援の恃むに足らざる。最も彰著なる適例を擧げたるものなり。其相違說果して氏の論の如く適當するや否やは。學術宗敎關係上の大問題にして。決して短文片評の判斷し得る所にあらず。然れども學術の眞理が佛敎の眞理と反對したればとて。學術的依立の佛者はいざ知らず。苟も敎理上に於ても自立的の佛敎徒たらん者は。豈に何ぞ大に恐るゝに足らんや。否な奮起して其反對の衝面に立ちて反對の邪說を論伏し。佛敎自己の眞理を顯彰するの決心なかる可らず。著者の意亦た此決心を促すもの歟。

それより氏は佛敎は佛敎自家の眞理によりて自立せざる可らざるの時勢既に到達したりと謂つ可しとの警語を放つて。純粹なる佛敎にあらざる平民的佛敎が行はるゝや。彼が如く極めて廣くして國民の多數に信せらるゝものは。是れ實に一大問題なりと絕叫し。平民的佛敎の信仰を生ずる宗敎心の發動に至りては。眞正なる佛敎の基礎として。大に此に着眼せざるべからざるを解釋し。

現時の佛敎僧侶は其敎の深旨を看破するの活識なく。此宗敎心の發動を察して佛敎を說くと能はず。遂に眞正なる佛敎を說ひて多數國民を感化するは。容易ならざる事業なりとして之を抛棄し。信徒をして傍徑邪路に迷徨せしめ。佛敎眞理の源底に透徹せしむる能はす。而して佛敎の眞理愈々天下に晦く。其感化蕩然として地を掃ふに至る。此れ豈に佛敎信仰の日に消亡する所以にあらずや。

と慷慨し。涅槃の境界及び神識の繼續を證明するは。宗敎心の發動に應ずる最大要點なるを略辨し『蓋し人間が死して復た生じ。生々死々漸く進んで圓滿福樂の境界に達せんとするの念と。無限の智慧と慈悲とを具備する濟度者に依賴せんとするの念とは。是れ天性の最も自然なる者なり。人情の最も切實なる者なり』とて宗敎的感情の聲を轟かし。顯示。濟度。生命。信仰なる宗敎の四大元素は。吾人道理の上にありて。宗敎の宗敎たる所以は或は却て不可思議の境に存すと雖も。眞正なる宗教は吾人人類悠久普遍の最大希望と滿足せしめざる可らず。然らざれば是れ人間以外の宗教にして。人間以内の宗教にあらざる也と歎息し。漸くにして教理證明問題の中心に入れり。此中心こそ佛教大難論中の最大中心とする神識繼續說。涅槃存在說の大議論なり。吾人請ふ進んで鄭寧反覆其議論の如何を精査する所あらん。（未完）

論說

佛教青年會及び婦人會に就て

甲斐方策

全帝國裡。佛教革新の氣運が。依て以て其思想の噴火口となし。經綸の演舞臺と爲す所のものは。實に佛教青年會及び婦人會に外ならず。

大世界上。佛教蔓延の潮流が。依て以て其付托の實行所となし。計畫の顧問院と爲す所のものは。亦實に佛教青年會及び婦人會に外ならざるなり。

斯る內外至大の任務を擔へる。佛教青年會及び婦人會の現況果して如何。

吾人は屢聞けり。各村各寺の青年會及び婦人會は。其開設當時の盛大に似ず。每會出席者の數を減じ。遂に何時となく閉會するか。少なくとも。有名無實の悲境に沈淪するもの。比々皆然りと。嗟呼是れ果して何等の源因に依るか。

蓋し。從來僧俗諸氏の該會を組織するや。概ね一時の流行。世間の風潮に伴ひ。首唱し誘導したる者にして。其應募者賛成者も亦徒らに雷同附和し。所謂一夜にして製造されたるものなり。之に加ふるに。彼の開會期日に際してや。寺院內には數百の老幼男女喧囂雜鬧を極め。開會時刻は豫告より數時を後れ。然る後興味なき讀經始まり。終て虛聲假調的の說教あり。漸くにして地方青年の二三子演說す。而して其平素注意の誤れるに依るか。會員多數の識見及び資格に不適當なる議論を爲し。或は其論旨は平易なるも。强て難解なる語句を用ゆるが爲に。漸く會員の怠屈を來し。特別招請者最後の演說に依りて。聽者は始めて多少の歡喜信受と爲すもの丶如し。且つ又其會員の居常たるや。約束せる規律もなく。服膺する敎訓もなく。會合の功績殆んど顯れず。偶々齊一なる運動を爲すが如きも。徒らに提灯を張り。會旗を造る等の事にして。遂に會員の嫌厭を買ふに過ぎず。創立の當時既に大根本の動搖するあり。開會後の小枝末亦此の如く枯朽す。衰微せざらんと欲するも豈に得べけんや。

吾人は固より。此新舊思想衝突の時代に當り。老幼智愚打混じたる現時の佛教社會に於て。斡旋奔走の勞を執らるゝ。僧侶諸氏の境遇。眞に至難なるものあるを知る。夫れ是を知るが故に。吾人は青年會及び婦人會をして。純中の純。潔中の潔たらしめんヿを希望するものなり。語を換へて之を云へば。青年會若しくば婦人會をして。舊佛教の陋習弊慣に浸潤せしめざらんヿを熱望するものなり。更に之を切言すれば。此等の會は。毫も宗制寺法の拘束する所無ければ。從來諸種の法會などゝ。全く其組織を異にし。集會者の了解し難き誦經等を廢止し。土地民情に恰好なる演説と爲し。毎會僧侶一齊に教祖及び宗祖の傳記を唱歌し。獨個的なる舊佛教の積弊を破り。社會的なる新佛教の美風を養ひ。將來に於ける教會制度の小模範を作らざるべからず。而して開閉時間の如き。嚴正に之を遵守し。亦會員平素の言論に就ては。深く注意を加へ。苟くも缺點弊害と認むる事は。懇々會員と結約して。矯正の策を講じ。是迄……寺青年會などゝ稱して。一寺の所有品然たる怪狀を打破し。會員各自をして『我々が設けたる此會。我が爲を謀る所の此會。我を教訓する所の此會なる觀念』と惹起せしむべし。決して虚飾假裝等を爲して衆意を損ふべからず。

若し夫れ士民の宗教心甚だ稀薄。加ふるに中以上の人士にして。寺門を潜り。佛前に禮拜するを以て。何となく耻辱の如く思惟し。從て未だ青年會及び婦人會の開設無き地方に在ては。到底急速に積弊を排除するヿ難し。宜しく有力なる三四の人士に向つて。詳かに宗教必要。宗教撰擇の急務を說き。首尾能く其同意を得ば。敢て寺院に會合せず。會員の邸宅に開き。漸々教理を說話すべし。教理既に知られ。歡喜從て起らば。彼等豈に永く寺院を嫌忌せんや。若し亦積弊の致す所。人民にして頑固狂暴。宗教を撥無し。道義を排斥するの地方に在つては。初めより佛教的會合を開くは却て不可なり。暫らく青壯年に向つて。日常緊要なる讀書。作文。美術等の學科を教授し。豫め彼等胸中の荒蕪を耕耨し。徐ろに佛種を播種すべし。之を要するに。這般の會合をして盛大ならしむるの道は。決して之を遠きに求むるを要せず。只斡旋者が最も通俗に。最も剴切に。最も實功ある企圖を爲すを以て足れりとす。

天下の事物悉く一利あれば。亦一害有るが如く。佛教の我國に於ける千數百年間の積勢力も。吾人佛者畫策の如何に依つて。或は滿潮的に助勢者を增加し。或は干潮的に輔贊者を減少せん。古より俊傑能く時機に乘ず。而して亦能く時機を作る。吾人改革的思想と有するもの。亦正に社會人心を鼓舞して。速かに革命的氣運を製出せざるべからず。青年會婦人會の活動。豈に其所謂時機を製出する所以に非ずや。

嗚呼舊佛教の天下に擯斥さるゝ。實に其虚飾的。儀式的。習慣的なるが故に非ずや。苟くも此頽風を一變して。光明なる新世界と現世せしめんと欲するもの。今にして警醒一番愈進んで。破壞革命の狂瀾中に游泳するの覺悟を爲さゞるべけんや。吾人頃日佛教青年前途の問題。頻りに胸間に往來し。半夜孤燈の下。沈思熟考して得る處上述の如し。記して世の深憂遠慮の人に諮ふ。（第廿四號「理想的新天地の開拓」參照）

大乘佛教論（接續）

在米宗教大會　蘆津實全

世界の衆生等。眼を開て見よ。吾人が此世に住して。上に天を戴き下に地を蹈み。山河大地日月星辰人畜草木の萬像の吾人の目に遮る者は何ぞや。是れ卽心光の影にして。一物として心の影像ならざる者はなし。故に神が世界人物を造るに非ずして。卽ち吾人の心が世界萬物を造る也。六根と六境（色、聲、香、味、觸、法）と相對して識中に生ず。眼根が色に對して。眼識が生ず。元來眼根自なく他なし。元來色境取るべき物なく。捨べき物なし。元來眼識生もなく亦滅もなしと知るべし。世界の衆生等。耳を穿破して聽け。吾人が此世に住して種々の音聲。所謂人聲。畜聲。絲竹。管絃。洋琴。歌詠。及び溪聲。鳥語。松風。竹音等の耳を穿てる者は。則吾人心光の影にして。一音として心の聞くに非ざる者はなし。我れ實に之れを聞く。何ぞ神の之れを聽かしむる者ならんや。耳が聲に對するとき。耳識が生ず。元來耳根言說の相もなく。心念の相もなし。元來聲境迷もなく悟もなし。元來耳識凡でもなく。聖でもなしと知るべし。

世界の衆生等。鼻を抉開して嗅げ。一臭一香。悉く心の作用に非るはなし。神が之を嗅がしむるに非ずして。卽ち吾人の心光の鼻に在るを嗅ぐと云ふ也。鼻が香に對して。鼻識が其內に生ず。元來鼻根が淨もなく。穢もなし。元來香境一に非ず。異に非ず。元來鼻識生死でもなく。涅槃でもなきを知るべし。世界の衆生等。舌を見よ。談論し及び食を甞むるものは何ぞや。卽ち是れ心の舌に在ては。甞むると云ふ者にして。神の之を爲すに非ずして。乃ち心の光明舌に在つては談論すと云ふ也。舌が味に對して。舌識が其中に生ず。元來舌識善もなく。惡もなし。元來味境に知もなく不知もなし。元來舌識有でもなく。無でもなしと知るべし。

世界の衆生等。身を見よ。頭より脚に至るまで。物に觸れて感覺を生じ。手に在て執捉し。脚に在ては運奔する者は。是れ即ち心の作用にして。神の所作に非ず。乃ち心光の身に在るを觸と云ふ也。身が觸に對するとき。身識が生ず。元來身根過でなく。現在でなし。元來觸境現在でなく。未來でなし。

元來衆生と佛陀の假名もなしと知るべし。

世界の衆生等。意を見よ。種々分別思惟する者は。乃ち心の作用にして。神の所作に非ず。乃ち心光の意に在るは之を攀緣分別と名るなり。意が法に對して。意識が生ず。元來意根動もなく。靜もなし。元來法境可もなく。不可もなし。元來意識が邪もなく正もなしと知るべし。

目前に山河大地と現して有るが。心內と云ふべからず。心外と云ふべからず。目前に衆生が有るが。男女高下智愚賢不肖。本來平等にして憎愛不可得なり。自他不可得なり。此六根を和合して。一の靈覺心なることを證するは成佛の直路也。

如是六根門頭に顯はれたる者は。一々心の光明にして。所對の境は則ち其影像ならざるはなし。此心の外境に疑滯せず。神や佛に束縛せられずして。常に洒々落々として圓融無碍なるを之を佛知見を開くと名く。之を見性成佛と稱す。此心に体達する者を稱して佛陀と名く。此心に迷ふ者を名けて衆生と云ふ。佛法廣大なりと雖も。轉迷開悟より外なき也。如實に自心を知るときは。則ち宇宙萬法を了知するを得べし。然るに心迷ふが故に。目前の萬物皆他の物と爲りて。此物に碍へられて通達すること能はず。此迷を轉じて悟りを開くと云ふも。別に外の物を悟るに非ずして。自心を自心の通りに能く了知するを悟と云ふ也。法華經は則ち此心を心の通りにするを敎へたる者也。一切經論も亦此心を心の通り。悟らしむる道筋を敎へたる者也。中に就て權あり實あり。大小半滿同じからず。法華經以前に說かれたる經は。總じて皆方便にして眞實の妙法に非ず。故に無量義經には四十餘年未見眞實と說き玉へり。須らく知るべし。法華以前は。權法にして縱令ひ眞理を說破するあるも。猶權を帶びて純圓に非ず。法華に臨むれば皆不眞實なり。而して法華經も亦黃卷赤軸の色相に泥みて。其經意を了知せざれば。則ち眞實の法華行者に非ず。夫れ經文は心の影を寫したる者なるが故に。影に迷ふて實体と認むるときは。則ち活潑なる經文も死物にして。却て自心を束縛するの枷鎖と成る。古人曰く心悟れば法華を轉じ。心迷へば法華に轉ぜらる。夫れ心は實体にして一切經は皆其影像也。眞に釋迦牟尼の神髓を得る者は。手に經卷を執らずして。

常に法華經を持し。口に經文を唱へずして。常に法華經を讀み。意に經文を念ぜずして。常に法華經と相應す。是を眞實の持經者と名く。

（未完）

小説

花の露

東京　旭松山人

下の中・……戰爭

草木は人の善悪をいはねば、浮世と忍ぶには山の奥こそ便けれ、とはいふものゝ、久敷都會に住馴れたる人の假りに世を忍ぶには、斯る山里に住んより、「行けば繁華の都へ一里」と云ふ位の處こそ住むには却つて便利なるべし。さて武藏の豊島村といふ處は、花のお江戸を去ること一里弱にして、後には墨田の川流を帶び捲き、前には万項の稻田を控へて、遥に飛鳥王子の高丘を眺めつる、實に閑寂なる村なりけり。

この村の鎮守の森の近傍に、去年の秋の八月ごろ、風雅なる一軒の別莊清き流水に沿ひて位置づけられぬ。この主人は何地の人にて如何なる人物かは知るに由なし、松の扉、茅の檐、筧の清水は庭の彼方に自然の糸竹を奏し、木間漏る如法の月影は人に無常を知して淋びし。建築後何人の住む様子も見へざりしが、今年の二月二十日あまりの頃より、二人の女性は此村に移住ぬ。

この二人の女子は近邊の人に親くことなかりしゆゑ、誰もこれを知るに由なかりしが、この村正の德兵衛殿が、一日その近邊の百性供を呼集めての物語に、彼二人のお方さまはね、今度番町のお邸より奥さまの御病氣御保養のためにこの豊嶋村に移轉なされた次第だから、手前達は孑へ、無禮なことの無い様によく氣を付けさッしやれ、一人のお方は奥さまで一人は女中さんとの樣子と、聞て久作長平初め、皆一同に口を揃へ、さう云ふはけでござッすれば、村民一同に、ハア、氣を注け申しやッすると、板東訛りで答へし後は、何人一人の横着ものとてもなく、此別莊の近邊を通る時は、噴嚔も鼻を摘んでせぬ樣に、いとも深切に敬ひぬ。

今年は慶應四年辰の年、鳥羽伏見の合戰後は、四海に怒濤うちて、世はかりこもと乱たり。ことに將軍の駿府に閉居せし後は、參河武士中にて、いたく德川の流を慕ふ輩は、同志相謀りて東台山に屯し、彰義隊と稱へつゝ、その勢い猖獗なりしかば、諸國の官軍も亦相集合りて、これを進擊との用意に急ぎければ、三百年來太平無事の和風に眠りし八百八街の花も、今はあはれ果敢く散り盡きて、今にも血の雨降んずる、修羅の道とぞ變じける。』

◎　◎　◎　◎　◎　◎　◎　◎　◎　◎

このごろより小やすみなき五月雨、今日はとりわけ甚じう降り荒みて、折々おもげに吹く風さへ、そゞろ殺氣を含みて凄し。

この村に移りしより、只一度姿を見しは、宮前に住む久兵衛と喜平のみなりしが、誰云ふとなく鎮守の森の彼方にゆかしく世を忍ぶ婦人の容色の世評は、村の會合ひ若連の畦路話にもてはやされぬ。それだけ美而艶奥さまならば、セメテは一目冥道の土產にしたきものよと、老男老女さへも戀ひ焦るゝと云へども、何日も只庭内を步行き玉ふばかりにて、門外に出で玉ふことの絕へてあらねば、影だに見ることのかなはざる怨らめしさ。

これは又如何なるわけにや、今日は朝から早三度、門外に出で玉ひて、さも痛しげに柳眉を顰め、上野の方のみ眺め玉ふいぶかしさ。暫時して二三發の砲聲轟くとゝもに、無數の小銃間斷なく黑烟を吐き、又時々聞ゆる鬨聞、エイヤ〱、丁々發矢丁發矢、烏合の殘党遁すなと勵す聲を力に攻れば、敵を寄じと此方も必死、年來の鴻恩忘れなと叫んで防ぐ參河武士の末流、入り亂れ、又切り亂れ、エイヤ、ウンヌ、と鎬を削る太刀の音、勇氣を鼓舞す必死の懸聲、引ッ組んでは差違へて苦と伏し、打合せては堂と仆れるその風光、物凄くも又勇しゝ。

北豐嶋村より上野までは里程近し、さればこれらの物音手に取る如く聞えければ、假令武士の種とはいへ流石は女性、銃聲太刀音の聞ゆるごとに、立つ坐りつ又門外に飛出つ、平日に變る今日の擧動。

「今日開戰とし知りたらば、話したきこと、又聞きたきこと、海山なりしに」。後は只淚に咽ぶ哀聲、時の五月雨に和して細し、さて何地の如何なるれんかたにや。

正午より五月雨は又一入强く降りすさびぬ。少焉して彰義隊は打敗られ、根岸の方より三々五々と、血潮に染りつゝ血刀を引ッ下げながら、陸奥の忍ぶの里を志して落行きぬ。門前を通る人しげく戰爭の風評種々、「九平どの何んとたつかなエことでは無いかよ、上野の彰義隊は打敗られて、擧軍殺戮られたとサ」と、仁助が語れば長平も亦あはれな戰爭話し、門內にたゝずみて村人の語るを殘す聞し美人の心は狂乱、周章しく表に出で、物問はん村人戰爭は最早終りしにや、勝負は如何にぞ。「只今も申します通り、彰義隊は打敗られまして、ハア、皆殺戮れました。」と聞くよりエヽと驚く胸、そを知られじと玉顔をそむけ、はげしき憂氣に結ばれて門を閉すその風情、他に見るだにいたはしゝ。

夕を報る遠寺の鐘も今日は殺氣を隔てゝ聲の至ること遲く、おとろ〳〵とかきくれて降る淚の五月雨絶え間なく、愁に沈む時しもあれ、この豊嶋村の別莊を心して、呼吸を限りに馳せ來る武人こそあれ、眼は血をにじみて鬢髮凄く、青ざめる額に三寸餘りの切疵深く、唇はむらさきばみて重そふな肩呼吸せはし、こはそれ何者、定めし東台山の落武者にこそありつらめ。

◎　◎　◎　◎　◎

やーッ奥さまッ、御身には恙もなう、下郎め滿足に存じまする。が、殿さまには……。此方は両袖と玉顔にたしあて、目出度本望遂げ給ひしか……。鬼奴とまで異名を取りし彦六も、今はたへず両眼より、熱血の淚をホトリ〳〵とちぎりつゝ、無念の御最期、果敢さ……イヤ目出度御戰死、天晴れ武士の御本懷、遂げ給ひ候……。

浮世なりけり憂世なり。かねてはそれと知りながら、今日とは露もしらま弓、ねらぬ浮世で山鳥の、尾の長々しき夢見たり。と今も消えなん夏の露、彦六は深腸を忘れ、アヽコレ奥さま、皆これ宿世の因緣と、覺れば佛說、迷ひ玉へば煩惱なり。いで此上は殿さまの、菩提をいのらせ玉はんこそ、返す〳〵も願はしけれ。亡き殿さまの御供は、この奴めがたしかにと、墓なくそこに息絶えぬ。

此方はよゝと泣き沈みしが、偶然目につく一封の文、こはいかにと手に取れば、この世の緣は薄墨の、情は厚きはりしがき。あゝ、もどかしと讀下せば、—何にかきたきの事。

萬國宗教大會

左に揭ぐるはシカゴなる八淵師より寄贈の同地二三の新聞雜誌より摘譯せるものにて宗教大會に對する白人の感想如何を察すべきもの少なからず又た材料の飜譯に就ては社友愛樂院晉行水月仲丸大塚末雄三君の援助を蒙ること最も大なり謹んで三君の功勞を謝す看者之を諒せよ

明治二十六年十月二十六日　國教雜誌編輯者謹識

萬國宗教大會開會式の光景

〔ゼ、デイリー、インター、チーシヤン(湖邊每日新報)及びジー、シカゴ、レーリー、トリビユン、(市俄高日々新聞)に據る〕

『閣龍舘裏萬邦會。自是無軍旗戰鼓』とは。曾て一片の虚影に過ぎざりしが。今や此句をして空想の域より脫せしめて。現實上に顯はさしめたり。

時は千八百九十三年（明治二十六年）の九月十一日なり。人種の區別に依りて束縛せられざる。世界が未だ曾て見ざる。一種絕特の希望を有せる萬國宗敎大會は。北米シカゴフロント湖畔の閣龍館裡に開かれたり。白雪皚々たる地球の北方諸國より。熱風習々たる南方各國より。各宗敎の代表者續々としてシカゴに集れり。釋尊。耶蘇。孔子。マホメット諸聖の徒弟は悉く會せり。佛陀。上帝。天地。山川。日月。星辰の崇拜者皆な來れり。宗敎上の智識を交換せんが爲め。萬民同胞の交情を厚ふせんが爲め。開國日猶は淺き亞米利加の新自由國に向つて來會せり。

開會の一時間前より參觀者は簇々として群り來り。流石に廣き閣龍館内も全く人を以て充たされたり。門開くるや席を整ふるに一時雜沓せしも。準備宜しかりしを以て格別の混雜に至らず。參觀者は皆階上に昇らしめたり。委員長神學博士バーロス氏は其書記と共に。早くより高貴の來賓を歡迎せり。十時近き頃に至り各敎の代表者は。パーマー夫人及び「コロンビヤン」博覽會委員長ビギン、ボンタム氏等の先導にて列を作りて整々肅々會場に入り來れり。滿場喝采の聲萬雷を轟かせり。各國各敎の代表者は。悉く待ち設の休憩室に入れり。和氣融々たる瑞雲は其室内より滿場に靉けり。

既にして劉喨たる唱歌を以て開會の式を開かる。式場の全面に眼を放てば。猶太人はゼンタコル人の傍に座し。魯西亞人はヒンドスタン人の傍に座し。希臘人は黑奴の傍に座し。サキソン人はゴール人の傍に座せり。白色人種は黃色人種に相交り。黑色人種は赤色人種と相混じ。有髯の人は無髯の人と相接せり。一見すれば彼等は凡ての點に於て皆異なれり。彼等は言語を異にし。人種を異にし。服裝を異にせり。或は冠を戴くあり。或は長衣を蒙るあり。或は袈裟を懸くるあり。或は十字架を橫ゆるあり。或は長髮を垂るゝあり。或は剃髮せる者あり。而して彼等は現今及び將來に於て。各々爲す所あらんが爲に集れるものなり。彼等は彼等の古來信奉する宗敎の眞理を煥發し。以て四海同胞の大旨義を顯彰せんが爲めに來れるものなり。故に此會合たる第十九世紀の一大現象と謂ふべし。彼等は古來各宗敎相互の敵愾心を忘れて。眞正親愛の情を表し。ニコー、イン、グランドの淸敎徒は魯西亞舊敎の高僧と手を握り。世界最古の婆羅門敎の高僧は。耶蘇新敎の僧正と肩を摩せり。彼等は眞理を拜し。正義を愛し。博愛を行ふの點に於ては悉く一致せり。閣龍大博覽會の諸公會中に於て。人類一般及び世界全体の上に幸福を希ふ所の宗敎大會は其最上位を占むるものなり。左れば世界の人類も亦た此會合の必要を認めて集り來れり。男女四千の聽衆中には。學者。敎師。宗敎家等數百人の卓絶なる者あり。而して彼等各宗敎代表者の旨義は。一言以て之を謂はゞ人類の一致及び宗敎の一致と謀りて無宗敎者に抗敵するにあり。彼等は概して博識寛大の人にして。一日千秋の思をなし。恰も暗夜に太陽の光を望むが如く。大會の開會を待ち居りしならん。彼等が美麗の裝飾燦然として滿場に輝き一齊に整列せし時には。彼等の或者は熱心の涙を其雙眸に浮べしなるべし。

時は愈々十時となれり。エッデー氏風琴に就き Old hundled（古百年）てふ幸福の基と目せられし曲を奏するや。會員一同優美なる風韻を以て之に和して謡ひ。場内一層嚴粛神聖の有樣となれり。有名なるゼームス、カルデナル、ギッボン氏は。麗潔なる白色の禮服を着し。其兩手を頭上に揮り上げ。天に在る所の父よと叫んで祈禱を始めたり。各宗敎高僧列座の光景は。吾人に一種奇妙の面白き感を與へたり。右方には會長ボンニー氏。左方には希臘の僧正金色の衣を繍へし。此處には東洋印度よりの諸敎の出席者が綠紅相混せる長服を崇り。彼處にはヒンドスタンの高僧が桃紅色の禮服を着せり。或は白。或は紅。或は綠。錦繡の衣裳五色爛斑として其間に雜へれるは日本高僧の席なり。黑紫の服を着して一方に座を占めたる者は。耶蘇新敎の僧正なり。言語。宗敎。人種の異なれると共にかく服裝の異れるは。一種の奇觀を呈したり。此に於て乎。會長ボンチー氏。進んで左の如き歡迎の辭を演說す。

萬國宗敎大會愈々本日を以て開會の運に至れり。俊德の高僧。博識の碩學四方より來り集る。而して吾人亦た其末席に連なるを得。何の幸か之に加へん。是れ實に吾人畢世の幸にして深く感謝に堪へざる所。而して又此席に列せざるの人と雖も。苟も眞正の宗敎家たる者は。必ず此會の開設を喜び。其圓活に局を結ばんとを希ふは。吾人の深く信じて疑はざる所也。抑も此會の現時に必要なる所以。又其由て起る所以の如きは。喋々を用ひずして諸賢の知らるゝ所而して其影響の及ぶ所。啻に現今の一般世界のみに留らず永く後世に傳はる者蓋し甚だ大なるべし。若し此會にして善く其局を結び。吾人の此會に豫期する希望に背かざらしめば。實に是れ世界人類の幸福にして。又歷史上に於ては人類平和の時代に至るの端緒として。特筆大書すべきの事たるべし。今印度委員の語る所に由れば。二千年前印度に於て國王の命に依り。各國佛敎者の大會を催ふしたるとあり。而して其功績今日に至りて猶は滅せすと云ふ。今我此大會も亦た將さに斯の如くならんとは吾人の信ずる所。而して此好期に遭遇する者。誰か之を喜ばざる者あらん。誰か之を祝せざる者あらん。

吾人常に考ふるに抑も人間なる者は皆其智識に極限あり。大智博學の士と雖亦其知る所人間の範圍を越ゆる能はず。

然り而して眞理なる者は無限なり。神なる者は計る可らず。有限の智を以て無限の事を論ず。善く明に神の性質を知り。眞理の本体を解釋するは。決して爲し得べからざるの事なり。故に之を論ずる者。或は此を以て眞理の本体となし。或は彼を以て完全の眞理となし。異説紛々以て諸宗の別を生ず。是れ實に古來幾十の宗教並び起る所以也。然れども是れ實に數の免れざる所。則ち諸教の相分るゝは自然の勢なり。然れば今之を以て論難攻擊の種となし。互に其教理を誹毀するは。大に吾人の好まざる所にして又此會設立の意に非ず。故に今此會に於ては。諸宗の教理を比較し。長短相助けて益々眞理を探求するの具となさんと。將に吾人の務むべきの事なり。

吾人等今此方向に由り進んで怠らざれば。世界宗教平和の時代となり。四海同胞の運に至る期して待つべきなり。是れ蓋し宗教大會の由りて起る所以にして。世人の此會に屬する所も亦此に外ならざるべし。故に此に於ては諸宗其教理の如何を判斷し。儀式の善悪を論難する如きは。吾人の務めんとする所に非ず。唯宗の異同を問はず。人種の黒白に論なく。宗教全体の一致を計り。爰に金玉の規約を設け。會の基礎を鞏固にし。以て宗教一致の實を世界に示さんと欲するなり。

次に委員長バルロー氏。萬國宗教大會の必要を論じて曰く。萬國宗教大會に就て吾人は最も欣喜雀躍に堪へざるなり。天下若し此會を喜ばざる者あらば。是れ即ち人間の良心を有せざる者なりと云はざる可らず。吾人此會に於て委員長の任に當りてより爰に二星霜。常に孜々として業務に從事し。漸く今日開會の運に至れり。其間吾人は諸賢の至るを竢つと實に一日千秋の思をなせり。又其會員の一人も多からんと常に心に祈りて止まざりしなり。而して今や諸賢恙なく萬里の波濤を越へ。已に長途の行程を終りて。我此シカゴの新都に於て。爰に和氣靄々たるの間。一堂の下に會するを得るに至る。余輩の喜何を以て之に加へん。蓋し其善く此に至りたる者は。是れ全く委員諸君の熱心なる盡力に依らずんばあらず。故に吾人は此開會に際して。先つ厚く此等諸氏に謝せざるを得ず。又本會設立の當初より吾人を補助して。大に萬般の事務を整理せられたる。婦人諸君に向つて謝せんと欲するなり。又此諸般の事を監督し。熱心此會の爲に務められたる。コロンバス萬國宗教大會長及び世界博覽會長に向つて謝せんと欲するなり。又各々其自國に於て遙に此會を助けられたる。博識高見なる三千の助言委員諸君に向つて謝せざる可らず。又其雄筆を振ひ。其金玉の文を以て。廣く此大會の必要を世に公にせられたる。マドラス耶蘇教大學校長に向つて謝せざる可らず。又其自國に於て或は新聞に。或は雜誌に。此大會の必要を世に示されたる。日本の佛教者諸賢に向つて謝せざる可らず。又其本國南方印度に於て。重大なる事件を擔任し。一日も閑なき身なるにも係らず。能く之を措ひて斷然爰に來會せられたる。錫蘭のダンマパラー氏に向つて謝せざる可らず。其他印度のモズームダー氏の萬里を遠しとせずして來會せられたるが如き。大英國高僧諸師の擧つて來會せられたる如き。支那政府より博愛高德の諸氏を派遣せられたる如き。新教のアングリカン僧正の如き。亞非利加新教委員諸氏の如き。皆な吾人の爰に感謝を表する所なり。而して又此等総ての諸賢に向つて。吾人今爰に誠心誠意以て大に歡迎の意を表するなり。又今爰に希臘舊教の代表者諸氏。魯西亞。アルメニア。ブルガリアの諸僧正に向つて歡迎の意を表す。又爰にイスラエル基督の遺弟。印度悉陀の遺弟に向つて歡迎の意を表するなり。其他耶蘇教諸國の代表者。佛教諸國の代表者。及び其他諸教の代表者諸君。則ち全世界十二億人民の代表者諸君に向つて。爰に謹んで歡迎の意を表するなり。

抑も此宗教大會なる者は何の爲に起り。何の目的を有するやは諸賢の皆な熟知せらるゝ所。吾人今爰に喋々を用ひざるべし。然り而して吾人の此會に列する所以の者は。單に耶蘇教徒として連なるに非ず。單に佛教徒として列するに非ず。亦啻に回々教徒。或は希臘教徒として列するに非ず。唯此萬國宗教大會議員として以て爰に連なる者なり。則ち此會なる者は啻に一宗一派に偏ずるなく。廣く世界の諸教を網羅して。同情友愛を以て其精神となす者なり。吾人故に考ふ。此會に於ては之を一貫して萬人に通ずる一定の精神なる者あることを。而して此精神は實に神聖の者にして人若し之に逆ることあらば。公然之を責咎する者なしと雖も。其良心必ず深く其非を責むるあらん。又吾人の爰に此會を開く所以の者は。各宗互に其教理を批評して以て論難攻擊の具となさんが爲にするものに非ず。唯皆な靜に各自信奉する所を述べ。其教理の蘊奥を顯揚するにあり。且又現今の世界は不完全と苦痛とを以て充滿せるものなれば。如何なる方法に由り之として能く其苦を脱せしめ。又如何にして之を完全の域に進むるを得るやを研究し。更に進んで之として慈悲博愛の天地となし。又是迄世界各部の學者高僧をして互に相隔離せしめたるは。如何なる障害ありて然るやを考究し。以て之を除かんことを務め。猶ほ進んで諸宗教をして相和合し相一致するに至らしむること。將に吾人の爲すべきの事なり。此等の問題に就ては。再び後の會合の日に於て。皆な各々種々の考案を提出して。能く之を熟議せられんと余の切望に堪へざる所なり。此會は實に世界一般の深く注目する所。而して又今世紀の終に當るを以て。二十世紀新天地の人民亦た深く眼を此に注がんとす。吾人此任に當るもの善く此會の局を結び。此會重大の責任を全ふするは。蓋し諸君と共に一致協力大に務むべき所なり。

バ氏の演説は。非常の感動を滿場に與へたり。次にシカゴ天主教のフリー僧正歡迎演説をなし。次にギッボン氏「耶蘇は友愛の摸範」なる主旨を演じ。次に神學博士チエービン夫人。「コロンビヤン」博覽會委員長ヒギンボタム氏の挨拶。次にアレキサンダー、マッケンヂー僧正は。「文明に於ける清教徒の勢力」を説き。次に希臘のサンテ僧正は「米國諸大家に會するの機會」を論し。次に印度ブラマサマジユーの代表者モズームダー僧正は。「古代人類の道德」を辨じて滿場諸學者の稱賛を博し。次に支那儒教の代表者パン、クヲン、ユー氏は「儒教徒の利益」を演じ。次に佛國のボンチット、モーリー博士は。「佛國人が宗教大會に於て得たる利益」と說き。次に澳太利のレッドウッド僧正は「宗教心の障礙物」なる演説をなし。次に錫蘭佛教の代表者ダンマパーラ氏は。「佛教の慈悲と寬容」なる主意にて。簡短に答辭を演じて曰く。

吾人曩に萬國宗敎大會開設の報に接するや。出席せんと欲するの念止む能はず。緊要の大事を措ひて。遂に我身を驅りて。二千哩外の地に於て。爰に諸賢と一堂に會するの運に至らしめたり。吾人以爲らく此大會なるものは。甞て我印度に於て開かれたる。佛敎大會の反響に外ならずと。蓋し此印度佛敎大會は。二千年の以前に於て起りたる者にして。印度全國の佛敎の高僧凡そ一千餘人。ハッカスーの都會に於て集合し。其會七ヶ月の永きに亘り。其事は皆之を石に刻して以て後世に傳へ。又之を記して廣く全國に分てり。會終りて國王は其重臣及び佛敎の高僧を派して布敎に從事せしむ。此等の諸師。或はヒマラヤの高山を越へ。或はモンゴリアの廣野を横ぎり。以て東方諸國に其道を弘め。遂に進んで遠く日本に及ぶに至れり。此會合の功蹟たる二千年後の今日に於て。猶は照々として見るべきなり。

試に佛敎信奉の諸國に至り見よ。必ずや同情友愛の氣至る處に充滿するを觀るならん。試に日本人民の狀況を熟察せよ。君等果して如何なる感を起すか。人生最も貴重なる慈悲。博愛。温順の眞風は。彼等の特有物ならん。又緬甸人民の有樣を見よ。是れ亦た至る處慈悲の眞風を以て充たさるゝなり。而して其斯の如くなる所以の者は。皆佛敎信奉の功德に由らざるはなし。又先の所謂佛敎大會は實に之に至るの要素たらずんばあらず。吾人今此會の開設を喜ぶと共に。又善く其局を結び。其功績の後世に及ぶと我佛敎大會の如くならんとを希望して止まざるなり。是れ實に十九世紀中の一大事業にして。世界人民の均しく幸福を被る所以。二十世紀の始に於て。誠實温良なる一新天地を開くの基となるを信ずるなり。

次に日本神道實行敎管長柴田禮一氏は。本邦古代の冠を戴き。火菱の下着に。大白雲鶴の大禮服を着し。左の如き一片の祝辭を朗讀して。滿場崩るゝ計りの大喝采を博せり。

吾人今此會に臨むに當りて。先づ委員諸氏に向つて深く感謝を表せんと欲す。今爰に廣く世界萬國を通じて。此大會を開くの運に至りたるは。實に諸賢の熱心と忍耐とに由りて致せると吾人の深く信ずる所なり。

抑も宗敎大會は吾人の久しく希望し居りたる所のものにして。吾人甞て十四年前に於て我國人に告げしとあり。今や人智益々開け。人皆宗敎の必ず信奉すべき所以を知るに至る。此際に當りて若し世界全体の宗敎を會し。各敎互に相和して一致協同するを得ば。人類一般の幸福之より大なるなからんと。而して今や吾人の希望は復活せり。曩の想像は爰に事實となりて現はれ。此盛大なる宗敎大會の開設を見るに至れり。吾人の喜何ぞ之に加へん。

吾人熟々既往宗敎界の狀況を考るに。相互友愛の念の如きは。全く是なきものゝ如く。諸敎互に相反目し。論難攻擊常に止まず。甚しきに至りては。其極遂に戰端を開くに至る。是の如きもの奚ぞ是れ宗敎の眞相ならん。而して人民の不幸も亦之より甚しきはなし。然るに今や世運日に進み。人智益々開け。諸事皆浸々として進まざるはなし。而るを獨り宗敎のみ。依然舊弊を存して改むる所なくして可ならんや。是れ實に此會の由つて起る所以にして。此目的と貫徹するは吾人の務むべき責任也。若し此目的にして謬らずんば。其功蹟の及ぶ所。獨り宗敎界に止まらず。人類一般の幸福之より大なるはなかるべし。這般の會にして屢々行はる丶あらば。各敎相互に友愛の情を起し。相和して以て其敎理を硏き。遂には世界宗敎悉く一致するの運に至るべく。而して又之が爲に互に相反目せる不和の人民も。互に相親睦して皆誠實順眞なる完美の域に進み。爰に善美なる一新天地を開くに至る。亦た望なきに非るなり。

次に日本佛敎の代表者たる。相摸鎌倉の釋宗演師。近江比叡山の蘆津實全師。讃岐高松の土宜法龍師。熊本法住敎社總代八淵蟠龍師（シカゴ、レーリーの記事）。攝津高槻の野口善四郎氏。武藏横濱の野村氏等各々起立し。野口氏の通辨にて簡短なる答辭を捧ぐ。デイリー、インター、チーシヤンの記者翌日の紙上に此答辭を評して。『東洋佛敎の代表者は。其宗敎的智識の度遙に吾人西洋の同胞に優れり。彼等が深奥なる思想は吾が歐米人の及ぶ所にあらず』と謂へり。僅々數語の挨拶にして。彼れ歐人の注意と喚起すると斯の如し。左れば後日四師が各々獨特の學識。信仰。氣燄。雄辨を皷して。佛敎の大原理を竪說横演するの時を想像するに餘あり。吾人は詳報を手にして大に讀者に報ずる所あらん。偖て其次に獨逸人ベルン、ストドルフ氏の演說あり。是にて午前會議は終れり。

午後會議は三時を以て始まり。瑞典人カール、フチン、ベルクマン氏は「大會に列するを謝す」の旨を演じ。次に博士メームス、チエラス氏は「萬國宗敎大會の宗敎界に及ぼす影響」を論じ。次に英國敎會の代表者アルフレッド、モーメリー氏は「米國と兄妹の關係」あるを述べ。次に印度ボンベイのゴートハイ夫人は「印度哲學と泰西人思想の勢力」を辨じ。最後に亞非利加のアーチット僧正の演說を以て。空前未聞の萬國宗敎大會開會式を終れり。

開會第二日以降の通信は如何なる都合か未だ着せず依て明敎新誌の記事を借りて讀者に畧報す猶ほ通信接手の上詳報を揭ぐべし

◉大會第二日の演說者　大會第二日即ち九月十二日には。博士ヴアレンチン氏「歷史上各信仰の所誨」。印度宣敎師モウリスフイリップ氏「印度古代の宗敎及古代の天啓」。博士アイザツクウアイズ氏の「猶太敎の神學」。其他數氏の演說ありしが。就中日耳曼ハーノヴアの博士アルドルフブロドベッヒ氏が。痛快の辨を以て基督敎。猶太敎。佛敎を總まくりに攻擊し。天なく。地獄なく。復活なしとて。我宗敎は理想なりと斷ずるや。反對の聲頗る高かりき。

◉大會第三日の演說者　即ち九月十三日には。東洋人の顏揃とも云ふべき有樣にて。第一席に印度人某「婆羅門敎の勢力」を論じ。次に支那儒敎の代表者チヤンクオン、ユー氏。自作の「支那儒敎一斑」と題せる英譯書を會長に渡す。書記之を朗讀す。喝采沸くが如し。之に次ぎ我社（明敎社）が通信を囑托せる野口善四郎氏「世界の宗敎」と題して。世界の宗敎眞理は皆一なりと論じ。拍手の中に壇を下り。次で昨春渡米し演說に論文に其名を顯はしたる。臨濟宗の僧侶平井龍華（金三）師。羽織袴の姿にて「基督敎に對する吾人の位置」と題して。雄辨論下當會第一の辨士として。非常の拍手喝采を博し。婦人はハンケチを振り廻し大に感動を表し。日本佛敎の面目を海外に輝せり。次に出でたるは神道家柴田禮一氏なり。「古來日本に神道敎現存せり」と云ふ。一通の原稿と會長に渡し。會長之を朗讀して又もや喝采を博せり。

◎大會第四日　即ち九月十四日には。眞言宗の土宜法龍師釋尊の歷史と十戒を論じたる。「佛敎說明一斑」と題する原稿を出し。平井氏に托して朗讀せしめられたり。拍手沸くが如く。喝采會場も割れんとす。

◎宗敎大會に對する各敎者の動靜　土宜師の通信近刊の『傳燈』誌上に掲げらる。中に謂へるあり。

拜啓宗敎會も彌よ十一日即ち明後日より始るべく。隨て各地より來集の人も多々なり。印度よりはダンマパーラ氏は他に一兩の人と共に來り。暹羅は當地博覽會事務官にてスリヤー氏出席し。希臘よりは一國の代表者大僧正某氏臨み支那よりはワシントン公使館書記官ボーン氏は。皇帝の命にて孔子敎の代表者として來り。又日本基督敎は小崎弘道橫井時雄の兩氏は疾に參集し。木村駿吉氏（內村鑑三と同時に第一高等中學を辭職せし人）亦た歐米漫遊を名として遊擊隊に加はれり。其他學者にて歐米兩國に亘りて來會者多く。彼の英のヲックス、フオルド大學の敎授。マクスミユラー氏を始め論文と送れり。然るに此度の會堂ミシガン會堂は千人に近き申込人あり。バ氏（委員長）は云へり。凡そ三二千人を容るゝ而已。故に來會者の全きを容るゝ能はざるかと以て盛大なるとを知るへし。但し彼の土耳其國は勅令を下して出席を禁じ。又英のカンバリー大僧正は二ケの條目を立て。一は出席人の性質不定なると。一は敎理は集會の左右すべきにあらず。此二義より己れ及び部下より出席するを爲さず。其他西藏は幾度出狀するも返事も作さず。錫蘭のエッチ、スマンガラ師は意見書を送りて來らず。日本は萩野獨園。原心猛の兩師は日本文にて出席を辭するの書を送り。他の嶋地默雷。井上圓了。南條文雄等諸氏は。英文にて同樣の申込を作せしも。各宗の本山多くは何たる回答もなしとて。バー氏等は己れの本意の通せざるを歎き居れり。

◎以て宗敎大會に對する各敎者の動靜如何を察すべし。

◎原心猛師宗敎大會に寄するの書　日本高野山古義眞言宗大本山金剛峯寺座主。前眞言宗管長。大僧正原心猛師が。本年四月萬國宗敎大會に贊成を表し。病氣の爲めに其出席を辭されたる。莊重謹嚴なる書信は實に左の如し。

北米大合衆國コロンブズ世界宗敎會長ジヨン、ヘンリー、バロース君閣下。及び副會長ウヰリヤム、イーラーレンタ、ヴヰトスヴヰング二君閣下に報ず。曩者萬里簡を賜ふとを辱す。縷縷數百言を累ぬ因て貴意を了する事を得。就て審にす今般コロンブス世界大博覽會開設の好機に際し。世界宗教大會を催さるゝことを感喜曷ぞ堪へん。納亦嘗て五大洲中各國宗教の大旨を探り。彼我の長短を較し。其長を取りて其短を補ひ。各國宗教者諸彦と共に轡を並べて。互に相提携扶掖して宗教場裡に馳騁し。彼我宗教の擴張を圖らんと欲す。思て毎に此處に到れば。意匠奮激轉た感慨に堪へざるなりき。而して今忽ち閣下等の懇到親切なる貴簡に接するを得て。神馳せ心飛び宿昔の志戚々焉たりと雖も。獨り奈何せん。納や年老身且つ病み壯心頓に消す。況や死に瀕するの軀を以て萬里の波濤を冒して貴會に赴くことを得んや。且又鄙見を記して貴會に提出せんことを求めらるゝと雖。宿痾未だ全く癒へず。體羸れ心懶しく。筆を採り其意を陳して。貴會に達すると是れ亦た豫め期すべからず。是故に閣下等の懇切なる貴簡を受くと雖も。貴意に從ふこと能はず遺憾何ぞ極らん。然りと雖も我邦人一兩輩業に已に貴會に加るの榮を辱ふせり。然らば又少しく我邦佛教者の微意を代表するとあらん。又聊か納が志を慰するに足れり。夫れ納の貴會に於ける猶は滄海の一滴水の如く。其加はると否やとは固より貴會の損益をなすに足らず。且つ有名無實の會員たることは。素より納が屑ぎよしとせざるのみならず。想ふに貴會も亦聽に許さゞるべし。是を以て敢て貴會々員の光榮を辭す。豈に敢て他あらんや。請ふ察せよ。請ふ察せよ。抑も亦閣下等に深く謝する所あり。曩者貴簡着するの日。吾眞言宗管長職を去る。既に數十日の後に在り。爾時病篤く身心自由を缺ぐ。是を以て貴酬遷延今日に到る。今や病少しく癒ゆ。爰に愚を陳して閣下等の厚意を謝し。併せて貴會の益々旺盛ならんことを祈る。伏して更に乞ふ納や大に貴會の擧を贊稱すと雖も。不幸病に臥し徒らに素心を懷抱し。臥床に顚轉反側して。貴會々員の光榮を受くること能はざるを憐み。且つ貴酬遷延の罪を恕せらるれば幸甚々々。

◉**蘆津實全師歸朝の途に上る**　前號本欄の末項に於て。八淵師の書信に依り。蘆津師は土宜師と相携へて。歐州大陸を漫遊せらるゝ樣報道し置きしが。費用の都合にてシカゴより直に歸朝の途に上られしと。今『四明餘霞』より同師書信の要點を抄出せんに。其九月四日シカゴ發の書中に曰く。

着米以來驚く事多々にて筆紙に盡し難く。且又日本にて夫れ是れ承候事は十に八九は虛搆にて。實際此地に臨めば氣候は八九二ケ月は百二十度の暑氣と聞及候處丸で相違し。右兩月は日本の十月の氣候に候。其他シカゴ府は世界中著しき都府の樣にも聞不申候處。實驗すれば廣大にて南北二十四里。東西十里。ミシガン湖水に沿ふて列置したる大都會。東京の四增倍にて驚入候。市中人口は百四十九萬八千人は昨年の調に候。搆造の大なる者は十五六階は尋常なり。其大なるは二十餘階の高さに至る。日本人は眞實と思ひ兼候。右等は萬事見聞大なる事のみ。併し前申上候如く何事も米國は大仕掛にて。書生風にては一日も居り難く困難仕居候。只に此度の渡米に大利益を得しとは宗教大會にて。是は日本にて思ふたより。佛教の爲に利益あり。且つ又紳士より博士の交際も充分出來候は全く意外にて。米國佛教信者の志操も十分相分り。佛種を下種候事は此度の事にて。諸新聞及び市中の評判も高く至極好結果に候故御安心可被下候(中略)。
到底痩臂にては此地に一ヶ月も六ヶ敷候。此度は博覽會に付き。別して諸色高價。湯に入るには壹弗(日本の壹圓六拾三錢)剃髮は六拾錢。一飯の食七拾五錢より貳拾五錢。馬車にて一日廻れば二十五弗。當地より博覽會迄は二里半も有之。北の盛なる本町に至るには二十哩も有之。バーロス氏へは十里も隔て候等にて。何事も廣大には誰も驚くのみに候。且小生此地へ參り候て不自由と申すは。第一英語の不熟にて萬事通辨と依賴候事に付き。雜費は多々到底歐洲巡回は六ヶ敷候事に付き。此度は改めて當市にて一旦歸朝の事に內心決着仕候。宗教大會濟次第歸路に向つて發錫可仕候。大抵十一月中旬には歸朝の積に付き。其邊も御含み可被下候。併し歐洲巡回の事は是非參り度く候間。一旦歸朝の上委細申上候上。又々出掛候事に仕度奉存候。

其九月廿一日シ府發の書中に曰く。

倍て宗教大會も來る廿七日閉會の事に可相成候。小子は本日演說修行相濟み先づ安心致候。此度の大會は歷史上未曾有の大事にて。日本佛教の光輝は此度の一擧にて光燄を發し。歐米各國へ弘道の道も相立ち。實に日本の面目此事に候。就ては萬々都合の次第も有之。來る十月十日桑港發の汽船にて前回(九月四日發の書)申上置候通。歸朝の途に上るべく候に付。布哇着港は十月十七日にて一両日滯在。十月二十八日横濱着港東京にて一両日滯錫の上。十一月天長節には歸山の豫定に御座候。

◉日蓮宗大石寺沙門の狂亂狀　十月六日の明教新誌は「萬國宗教大會議に付き本邦佛家の一大怪聞」と題し。野口氏の米國通信として。左の如き日蓮宗僧の狂亂狀を揭ぐ。是れ四師一行のシカゴに着するや。委員長バーロス氏。書記パイプ氏を從へ來り。別に臨み日本佛教家の來書なりとて示せしものなりと。日蓮宗僧の狂亂も此に至りて極る。

謹啓今回貴洲に於て萬國宗教大會を開かる由億兆の幸福此事に候次に大日本帝國の佛教として眞言宗と眞宗の一二僧侶を招聘せられ候事平常の御交際か將た別に尊意のあるあり候か不存申候へとも此二宗は本邦の佛教に無之候上釋迦如來の法敎にも無之候そは如何と申すに佛陀は一代五十年と申す內に種々の教を說かれ候中に於て法華經と申す經を說かれて佛自ら他經との勝劣淺深を判して第一最勝なる由說れ候且滅后にも殊に末法卽今日は此法華經に依るべき旨分明なるに彼の二宗はたゞに信奉せざるのみならず剩へ誹謗し候事佛弟子とも思はれず殆んど惡魔かと疑ひ候此教の世に流布して衆民の害を受けしは本邦のみならず甞て震旦も害し候然るに今又貴洲に渡らんとする事實に本邦人の見るに忍びざる事に候於是乎不肖を顧みず出席し釋迦世尊の本懷たる唯有一乘法無二亦無三の大道を闡揚し上佛祖の洪恩に報ひ下四海兄弟の友愛を厚くせんと欲す愚意に候へば參堂の際は萬々宜敷奉願候先は御報知迄早々頓首百拜

日蓮宗正統大石寺沙門
佐藤一清　印
横井慈靜　印

明治二十六年六月一日

萬國宗教大會議所御中

如何に四個の新義を呼號して折伏門の猛烈手段を採る日蓮宗徒とは謂へ。斯の如き狂亂狀を世界萬國に公にするは。本氣の事とは思はれず。是れ畢竟戯にあらずんば癡。狂にあらざれば暴。到底眞正なる日蓮宗徒の所爲にあらざるべし。吾人は該宗の中央機關教友雜誌に向つて。佐藤横井なる者（若し有りとせば）の暴烈手段を警戒せんことを望む。

◎右狂亂狀に對する土宜法龍師の駁擊書　既に狂亂者に向つては如何ともなす能はず。然れども天下蠢漢愚物の多き。或は彼の狂亂狀を讀んで狂亂する者なきにあらず。此に於て乎明教子土宜師の駁擊書を揭げて曰く。

予は宗教會の書記パイプ氏より此書信を見せられたるに際し第一佐藤外一名が招聘に關じて誤報を聞きしを憐み第二には彼等は佛教の本意を知らざるのみならず又日蓮宗の本意を知らざるものと思へり而して彼等は大法螺を吹きたり然るに今日に至るも未だ此地に到着せしとを聞かず鳴呼彼等は實に佛教の大罪人なるのみならず亦た日蓮宗正統の信者にもあらざるべし故に斯る書信の採るに足らざるは予を始め宗教會の諸氏も堅く了知すと雖も世間の廣き萬一にもかゝる卑屈漢否な破教者の他にあらんも知れず故に野口氏の之を日本佛教者に示すと予も同意し偏に日本佛教者諸師と俱もに斯る惡魔を掃除せんことを懇に祈る。

◎右狂亂狀に對する八淵蟠龍師の書簡　八淵師が狂亂狀の奇怪なる迷惑を東京佛教有志家に訴へし書簡は左の如し。

拜啓發程の際は種々御厚配に預り奉恭謝候爾來一封の謝狀をも呈し不申失敬御宥恕可彼下候陳者昨廿六日宗教會書記より一封の書簡書狀を携帶し來り示し候に付き一讀候處日蓮宗より送りたる書簡にて該宗平常の風習とは申ながら外國に對し我日本佛教の醜体を露はし實に言語同斷にて書狀を貰ひ取りたる處豈に計らんやバアロース氏の手許には別に同樣の書狀送りありて本日他人を以て通譯せしめたり如斯事を外國新聞雜誌等に記載されては實に我國佛教の躰面を汚し遺憾千萬の事に候バアロース氏は世界に名ある基督教の僧侶なり外教徒にあて佛教の醜狀を訴ふ實に考ふべきとなり當方より辨駁せんとするも却つて宜しからずと存候に付御協議の上如斯不都合の行爲なき樣御取計被下度此段願上候右迄書外再信に讓り候

八月二十八日　米國市俄高府にて　八淵蟠龍

東京佛教有志家御中

◎日本耶蘇教の代表者小崎弘道氏の論文　同氏は「日本に於ける基督教」なる一編の長論文を。友人たるボストン府の一宣教師に囑して大會堂裡に朗讀せしめたりと。其要領は『日本に初めて基督教傳播以來。其發達の速なる驚くべき有樣より。我同胞傳教者の熱心なる外人中にも殊に見る所にして。今は殆んど特更に擴張上外人の力にのみ依賴するに及ばざるの勢に達したり就中其發達の一徵候として見るべきは。各クリスチヤンの異派同盟にあり。之れ嘗て歐米に於て見ざる所なり。歐米にては同一の基督を主として仰ぐにも拘らず。メソヂスト派。或はパプヂスト派。或はコングレゲーショナル派等。其他何れも相互に敵視するの癖あるは。吾人の嘆息に堪へざる所也（時に非常の喝采）と述べ。夫より現時我基督教信徒の統計一斑に次いで。現時の動靜。時勢の狂流として。佛教再興の氣味あれど。夫の佛教は古來劣等社會に屬し。其光輝現世紀に於て既に消滅したり。又前途望なし。之に反して基督教は今日未だ幼稚なるを免れずと雖も。其基礎や既に定り。信徒多くは中等以上の教育を有する社會に屬すれば。前途望多く凱歌を奏する蓋し亦遠きにあらざるべし。語に云はずや「羅馬の都城一日にして建てられじ」云々なりし』と。明教新誌は報せり。

國教記者曰く陰險なる毒筆を揮つて五年前オルコツト。ブラバツキー氏を傷けたる小崎氏の特色亦た萬國宗教大會場裡に顯はれたるや。佛教の光輝現世紀に於て消滅したりとは。何等の獨斷放言なるぞ。佛教は古來劣等社會に屬すとは何等の偏見なるぞ。又前途望なしとは何等の誣言なるぞ。泰西文明の權威を其頭上に戴き。政治上の權力。文化上の權力。兵力上の權力。學術上の權力に依賴する傳道政略を以て。歐化旨義と云へる「時勢の狂流」に乘じ。柔軟なる青年男女の腦髓を攪亂し。一時虛榮を我國に逞ふしたるは。是れ却つて耶蘇教にあらずや。平民的宗教なる美麗の言辭を口にし。金錢物品の施與。教育誘導の恩惠よりして。切支丹邪宗門の國禁を犯し。始に開港場近傍の賤民貧民の「劣等社會」より侵擊したるは。是れ却つて耶蘇教にあらずや。夫れ靈魂の性質に關し。地球の性質に關し。眞理の標準に關し。宇宙の主宰に關して。科學。哲學の大攻擊を蒙り。異論異派競ひ起り。以て革命の危運に迫れるは。是れ却つて耶蘇教にあらずや。封建制度の顚覆と共に華士族世祿の奉還となり。生活の大潮流は滔々として三百年間の無職業者たる士族社會をも捲き込み。以て一種の職業に從事せしむるに至れり。是に於て乎。彼等の或者は鋤犁を採りて畎畝の間に耕せり。或者は牙籌を握りて商業を營めり。然れども三百年間治者の位置に立ちたる彼等は。中心好んで是等の職業を欲する者にあらず。而して彼等は「士族の商賣」なる嘲笑の下に多く失敗せり。然れども彼等は其氣象の壯烈なる。其感情の高尚なる。其行爲の勇敢なる。到底平民の下に蟄伏すべき者にあらず。此に於て乎。又彼等の或者は官吏となり。新聞記者となり。政黨員となり。代言人となり。活版業者となり。大中小學の教員となり。陸海軍人となれり。然り而して是等の職業を好まざる。是等の職業を爲す能はざる二種の士族社會は。滔々相率ひて耶蘇坊主となれり。彼等は卑屈無氣力にも生活の方便如何ともなす能はず。外國教會より何圓と云へる俸給を拜戴し。此黄金の光の下に合掌三拜して。眞理上に關する其神學上の自由思想も唱道する能はず。知らず知らずの間に。日本國民として有せざる可らざる國家の觀念を忘れ。獨立の大義と忘れんとするの傾向あるは疑ふ可らざるの事實なり。小崎氏が「日本耶蘇敎傳道師の熱心なるよりして。擴張上外人の力にのみ依賴するに及ばざる勢に達したり」と云ふは。自ら欺き人を欺くの甚しきものなり。近來耶蘇敎會の内に於て。日本獨立敎會の聲喧しきと雖も。是れ畢竟國家主義。國粹主義大攻擊の反動より生じたるものにして。斷じて傳道師の熱心より勃發したるものにあらず。吾人は『耶蘇敎傳道師及び佛敎僧侶と士族社會の關係』に就ては。深く考ふる所あれば將來大に論ずる所あるべし。

◉米國耶蘇敎徒宗敎談に畏縮す　『傳燈』誌上土宜師の通信中左の一節あり。前項小崎氏論文の裏面たる「佛敎徒海外進擊の防禦線」と對照せば。蓋し思半に過ぎん。

當地に來り見るに或る學者は公然として駁邪即ち耶蘇敎破斥を目的として世間に評高く隨て耶蘇敎を辨難する者日に多きを加ふるに到り同宗の信仰日に下轉し去るの傾向あるに及び即ち同宗僧侶の種々苦心しあるの狀は此度會議の趣向にても明了となれり且つ其會議も去る四日(九月)より彼等は宣敎師會を開き十一日に到て一たび中止して萬國宗敎大會に移り廿八日に再び宣敎師會を開く順序なり其注意の周到なる誠に感ずべきなり故に余は彼等は此度の會と利用して耶蘇敎徒の勢力を張らんとするは實に昭々たりと云ふに躊躇せざるべし(中略)余は市内の或人々を尋ねしに彼等は耶蘇の淺薄を頗る破し居れり又博士ケーラ氏は每々吾人を訪ふて耶敎を非難し佛敎を贊せり(中畧)彼は獨逸人にて頗る哲學に通せし人物なり又靈智會の如きは充分に未だ振はずと雖も兩三の有力者も加はり前途望多しと云ふ但し彼は全く佛敎と同と云ふにはあらず一夜彼の演說を聞きしに靈魂の輪廻說を陳べる其說婆羅門に似又佛敎にも似たり然れども耶蘇の反對と云ふに到りては正面の魔者と云ふべきなり

當地の新聞社は勉めて余等を歡迎して頗る親密に爲すべきを求めり然れども耶蘇敎者と連絡を通じ裏面より見れば同一局にて新聞記者宗敎者著述者等日々時間を定めて集會を作すなり是れ一は互に世務又は珍說の探索を談合する爲にありと雖も亦幾分かは耶蘇敎者の利器となるもの多し故に余等は彼等に對しては常に注意を離す能はざりし但し新聞社員は我より當地の寺院談を聞かんとすれば彼は頗る之を避けんとし後刻之が取調を送らん抔と云ひ歸り遂に送らずして云ひ譯け書を寄するあり兎にも角にも彼等は吾人に對し宗敎談の一事は大に畏縮の風あり以て彼等が智識の度は(國敎編者筆して此に至りし際八淵師凱旋の電音東京より來る曰く『今ま歸りた』と時に十一月一日午後一時二十分)稱すべし而して内部に於ける佛敎の希望心と耶蘇敎の淺薄を愧づるの正念とは憐み且つ愛すべきなり故に吾人は此大勢を見ては大聲叱咤以て我佛敎界に於ける青年諸師に勸告せんとすると實に海の如きなり

◎博覽會内日本喫茶店の説敎　又た土宜師の通信に曰く『九月六日の夜博覽會内喫茶店にて一場の説敎を作せり。聽衆は場内に充滿して近來になき集會なりしとか。而して説敎者は「涅槃義」蘆津實全「大小二乘」土宜法龍「佛敎大意」八淵蟠龍「色心關係」釋宗演の四人にて。聽衆に基督敎者あるにも拘はらず頗る謹聽し且つ感動を與へたり。開散後發起人等より更に後日に他の廣き場所にて再演説を請ふとに到れり。發起人の姓名は石川縣參事官出品監督宮崎豐次。大坂府會議員出品人惣代矢野佐太郎。横濱商人博覽會評議員綿野吉次。愛知縣出品人惣代鈴木四郎左衛門。同人通辨鈴木重次。横濱商人井村丑之助。美術鑑査官兼書記安藤仲太郎。愛知縣出品人恒川清左衛門。佐賀縣出品人惣代松尾寛三。大坂組合通辨土屋元作の諸氏なり。殊に宮崎氏の如きは頗る滿足を表して歡喜されたり』と。是れ發起人諸氏歸朝後の連鎖として喜ぶ可き事也。

◎シカゴ府内耶蘇敎寺院の數　土宜師の通信に依れば。シカゴ府内に於ける新舊耶蘇敎各派寺院の數は五百以上に超へ。大寺巨刹少からずと。而して最近の統計表は左の如し。

パプテスト	四十四ケ寺
コングレゲーシヨナル	五十五ケ寺
パプテスト説敎所	九ケ所
クリスチヤン	五ケ寺
コングレゲーシヨナル説敎所	二十ケ寺
南米アツソシエシヨン、エバンゼルカル	十ケ寺
英國エバンゼリカル、ルユゼーラン	四ケ寺
ダニス同派	三ケ寺
ゼルマン同派	三十三ケ寺
ノルウエージ同派	七ケ寺
スウエーデン同派	五ケ寺
セパーレーチスト同派	二ケ寺
合衆國同派	十四ケ寺
エベンゼルカル、レホームド	二ケ寺
エピスコパール	三十ケ寺
エピスコパール説敎所	六ケ所
エピスコパール、レホームド	八ケ寺
メソヂスト自由派	五ケ寺
インデペンデント	四ケ寺
ゼース、シナゴギユース	十六ケ寺
メソヂスト、エピスコパール	六十一ケ寺
アフリカン、メソヂスト	五ケ寺
ボヘメニアン、メソヂスト	二ケ寺
ゼルマン、メソヂスト	十二ケ寺
ノルウエヂアン、メソヂスト	五ケ寺
スウエヂス、メソヂスト	十一ケ寺
プレスビテリアン	四十一ケ寺
プレスビテリアン説敎所	十一ケ所
ローマ敎	八十六ケ寺
スエデン、ボルヂアン	一ケ寺

ユニテリアン　四ケ寺
ユニヴアサリスト　七ケ寺
ミスセルラニアス、混合教　七ケ寺
寺　院合計　五百四十ケ寺
説教所合計　四拾六ケ所

亦た以て米人が宗教に對する熱心の程度如何を察するに足る我佛教徒豈に奮起して以てシカゴの中央に印度風の大伽藍を建設すべき運動を試みざる可けんや。

◎土宜法龍師『朝日輝く瑞穗國』の英詩を受く　米國南北戰爭の際。彈烟硝雨の中に働ける老婆。親切にして文武に秀づるの婦人。シカゴのヘレム、ヒム、デールリッチ女史が。土宜師に送りし英詩の和譯は左の如し。

朝日輝く瑞穗國。山は秀でゝ水清く。島てふ島は多けれど世界にならぶ島もなし。心やさしき丈夫が。懷ける氣慨いさましく。花をあざむく末子まで。千代に八千代に榮へなん。いともかわゆき乙女等が。心の底にくもりなく。世にも秀づる手のわざや。何れ劣らぬ梅櫻。上下ともにいつくしみ。世は平らかにひらけゆく。國の御稜威はいと高く。異國人もたゝへなん。彼が拜する御佛の。教は重く理は深く。星は輝く大空を。住家となせる樂さよ。榮へ治まる瑞穗國。末の松山末かけて。此のからなる極樂と。惠めやめぐめ天津日よ。

一讀轉た情味の津々たるを覺ゆ。

◎八淵蟠龍師歸朝す　十一月一日午後一時二十分八淵師歸朝の電報東京より來る。多分別項の蘆津師と同伴なるべし。此に於て乎。本社は其意外に驚くと同時に。奮然蹶起直ちに『凱旋を祝す吾黨萬歲』の祝電を發し。縣下の同志百有餘名に左の報道を發す。

十一月一日午後一時二十分八淵師凱旋の電音東京より來る曰く『今や歸りた』と
嗟呼我黨對外運動の同盟者。猛進突行天下を風動するの歡迎を試みざる可らず。
電光石火。偉人歸朝の報道を爲す事斯の如し矣。

◎ダンマパーラ氏來朝せんとす　二十二年オルコット氏と共に。日本佛教の應援として來りし同氏は。今回萬國宗教大會に出席したるの序でに。平井龍華。野口善四郎両氏と共に再び日本に來り。第一に東京に入るべしと。我佛教者は佛陀伽耶回復の爲め。大にダ氏を歡迎せざる可らず

雜報

◉京都新報巧言令色の邀會衆諸師文　西本願寺の機關隔日新聞たる京都新報。近刊の紙上に『天高く秋老ひ。乾坤嚴肅霜氣膚に徹し。精神勃如として禁ずる能はず』とて。不可思議的の光輝ある。邀會衆諸師の社說を掲ぐ。中に謂ふあり。

袈裟整肅會上に立つの諸師。諸師が宗教を協賛するに當て須らく讃美の念想を以て滿さるべし。決して悲歌の感情に制せらるゝ勿れ。俗界に在ては讃美の念想之を興國の精神と云ふ。悲歌の懷感之を亡國の氣風と云ふ。讃美歡喜の精神は雄大なり。平和なり。多望なり。建設的なり。猶は春風の煦々として萬物を生育するが如し。悲歌慷慨の氣風は殺伐なり。排斥なり。失望なり。厭世なり。死守的なり。猶は秋風落日乾坤を一掃するが如し。國家盛衰の運。人種興亡の機。誠に此氣魄如何に繫る。宗教の消長豈に特り此運命に關せざらんや。

堂々たる哉其論。燦々たる哉其文。能くも斯の如き揑造的對句は出來たり。三大議案議決の握り殺し（本號社說參考）。鎖國的踼內の宗政。眞宗々權の不振。是れ果して會衆たる者の讃美歡喜すべきものなる乎。却つて是れ悲歌慷慨すべきものにあらざる乎。知らずや眞正讃美の樂天は。眞正慷慨の厭世より來るヿを。知らずや悲歌慷慨の排斥は。鎖國的踼內宗政擁護の空砲なるを。硬議硬論硬骨の會衆諸師。豈に此空砲に避易するものならんや。年々西本願寺の總代議會が。本山の宿老執行輩に蹂躙せらるゝは。職として彼が所謂讃美歡喜の諂涙會衆多數の兩眼より滴るゝに依らずんば非ず。吾人が社說の所爲三大革新の希望を首肯せらるゝの會衆諸師は。飽く迄悲歌慷慨の熱涙を灑ひで。議會の神聖。議權の尊嚴をして。一層最純高潔の域に進められんヿを。遙に熊城の下より。飛雲閣上の同志に訴ふ。

◉熊本に於ける宗教の奇現象　突兀として雲に聳ゆる厖葺の教會堂は將さに竣工して。熊都の千門萬戸を俯瞰せんとす。是れ安巳橋通熊本メソヂスト教會の會堂なり。此會堂の西隣家は本教神理教會。神事祈禱神占葬儀執行所の看板掛れり。其會堂東北の隣家一枚の黑塀を隔てたるは。我國教雜誌社なり。小なる橫道を隔てゝ國教社と相對せるは。日蓮宗の蓮政寺なり。蓮政寺の北方一家を隔てゝ宮地嶽教會の看板懸るあり。此看板より數步東方に進めば。宏大雄麗なる熊本天主教々會堂の敷地にして。佛人ジョンコールが專ら經營して今や土臺石を据へ居るの處。此敷地買入に就ては熊本各新聞が戈を連ねて賣國奴の肝膽を寒からしめしもの。而して此天主教會堂の敷地と相對せるは。熊本國權黨の倶樂部鎭西舘。及び九州日日新聞社なり。想ふに天主教の會堂愈々竣工し。巍然として熊本の全体を脚下に蹈み付くるに至るの曉は。恰も彼れ尼古來駿河臺希臘教會堂の宮城俯瞰富士山立て塞ぎの騷動の如く一種の驚慌を熊本の社會に與ふるなるべし。

夫れ斯の如く耶蘇新教。舊教。佛教。神道の教會寺院相櫛比し。多神教。一神教。凡神教等世界宗教全体の最小模範悉く一所に集り。以て相互の特色より顯はるゝ奇觀果して如何。八百萬神の前に燈明を捧げ。太皷を叩き。淸め給へ。祓へ給へ高天原に神留りますの祈禱の聲は。天にある所の父よ。願く我を助け玉へてう祈禱の聲と相和し。日蓮大菩薩の下に跪ひて。南無妙法蓮華經を讀むの聲は。耶蘇傳道師が。イエスキリストの。神樣のと叫ぶ演說と相響き。國教社內新佛教の理想を縱論橫議するの聲は。隣家耶蘇教會堂建築の音と相應せり。嗚呼此異宗異教相對立するの間に立つの吾人たる者。豈に其氣飛び。其勇躍り。激烈なる內部革新的の大感情を勃發せざらんや。

又た市內草葉町に於ては。組合教會。稻荷教會。天輪王教會相並び。天輪王と云へる半神半佛の妖怪は。正一位稻荷大明神と顏々相對し。全智全能の上帝は眉を顰めて狐の擧動を望めり。嗚呼奇なる哉怪なる哉。熊本宗教の現象。吾人は我佛教徒が其眞正信仰の活力を揮つて。衛生上。風俗上の大害をなす。彼の野蠻迷妄の多神教各派を掃蕩し。其偏僻不完全の信仰より。我國家の特性を傷くる。彼れ一神教の妄想を破滅せんとを望む。

◎新佛教青年の夭落　嗚呼今年は因果の理法何ぞ吾黨新佛教青年に禍するの甚しきや。吾黨の玄奘法顯と目せられ。吾人も亦た共に一面の識ある。善連法彥氏は其鄕里越前に於て。七月九日午前九時三十分咽喉風疾の爲め。溘焉西方の樂土に逝き。東温讓氏は其梵學研究の大志將に成らんとするの時。大聖世尊降臨の聖地印度ボンベイに於て。九月七日午後一時十五分。其骨を熱砂漠々の邊に埋む。嗚呼何ぞそれ慘なるや。善連氏は眞宗佛光寺派有爲の青年にして。明治二十一年の二月彼の織田得能氏と共に。暹羅國全權公使ピヤ パスカラオングス氏に隨ふて同國に赴き。それより數月を經て錫蘭に赴き。スマンガラ僧正に就て。パーリー語を研究し。二十三年十二月我金剛艦に搭じて土京コンスタンチノプルに赴き。進んで佛京巴里に至り。見眞大師の報恩講を擧行し。芳名を歐州の中原に輝かせし人なり。氏が辭世の歌に曰く（氏死する時年三十）。

わかれても。なになげくらん。法の友

あふべき國の。ありとしるれば
死にたくも。なけれとけふの。うれしさは
なにゝたとへん。なむあみだぶつ

又氏の逝去については。南條文雄。織田得能の二師は。本月初旬の明教新誌上にて。痛く追悼の情を表せられたり。嗚呼悲哉。

東氏は本縣下益城郡松橋町圓光寺の長男なり。嘗て笈を負ふて西京西本願寺の普通教校に入り。才識卓拔鎮西佛界將來の勇將を以て目せらる。其後氏は大に感ずる所あり。歷代佛教の興廢を鑑み。大聖世尊の靈蹟を探り。佛教潮流の泉源を尋ねんが爲め。二十一年の十月奮然帝洲を起つて印度に航じ。或は錫蘭のコロンボ港頭椰子樹の翠蔭深き邊に。パーリー語の聖經を繙き。或はボンベー大學の講堂に立つてサンスクリットの玄奥を窮め。酷暑苦熱の間に六年の星霜を送り。氏が述懐の『大乘小乘幾萬卷。身不斃則飽勉旃』の實行を試み。將さに其偉業を終らんとするの時に方り。二豎の犯す處となり。日本佛界を照らすべき其光明を齎らして。無常の悽風に散るに至る。嗚呼是れ實に佛界新理想の爲め。一個雄偉の人物を失ひしにあらずや。吾人は氏が生前一度唯た氏の嚴然たる風采に接せしのみにて。未だ氏の抱負を叩き。共に其胸中磊塊の氣を鬪はす能はざりしと雖も。氏の訃音を耳にしては。其痛悼痛嘆の情決して前號『亡友淸水吉太郎君を哭す』に讓らず。嗟呼哀哉。

次に悼惜の涙を以て記せざる可らざるは。西行博泉君。尾上南鎧君が共に才氣俊敏の身を以て。共に肺患に斃れし事なり。二君共に我が肥後の人。共に西本願寺の文學寮に學びし人。西行君は九州人には似合はざる理學的の腦髓を有し。尾上君は流麗輕快の筆力を有し。共に將來佛界一方の人物たりしに。今や二君共に夭折せり。嗚呼嘆ずべき哉。

◎廣海枳堂氏の遠征行　九州佛教同盟軍の一將。枳堂廣海氏其自作の遠征行を寄す。曰く

遠征行　幷序

八淵火洲先生卜米國宗教公會期日將發熊城上萬里遠征途前夜臨燭涙作堆遂呼筆硯莞爾大書萬里蹴波破魔軍七字與某氏焉一座轉覺送別壯興嗟呼優荊軻風蕭々兮易水寒壯士一去兮復不還情味幾層別後經數旬對先生之雁書々中果有破魔軍實况溢毛錐余也接此境慨然賦二十八字以自娯焉命謂遠征行

麻衣竹杖離煩惱　獨發鎭西向水雲　自有沙門般若術　行揮三寸破魔軍

懷八淵先生在市俄高宗教公會

一別匆々餘五月　熊城々上遠思君　過邊應繙三經帙　到處須翻卍字紋　嘗苦天涯雲嶺外　吐香湖岸玉波濆　英名獨不加藤氏　正是釋門飛將軍

◎長洲町暴風遭難漁夫の慘狀悲況　本縣玉名郡長洲町は有明沖に濱する海岸の一小市區にして。全區十分の八は漁業を以て其生計を營む。然るに何等の慘烈悲劇なるぞ。本月十四日の暴風激浪は無殘にも彼等三百三十人の漁夫を殺して海底の藻屑とならしめ。彼等が生活の機關たる漁船百八十艘を覆へして水上の浮萍とならしめたり。嗚呼何ぞそれ慘憺たるや。如何に無情遷流の世の中とは謂へ。昨日茅屋の下一家團欒の樂を極めたる多數の漁夫は。倏忽一夜の中に最親の父母兄弟に別れ。其最愛の妻兒を棄てゝ。暴風の爲に魚腹に葬らる。嗟呼何ぞそれ悽愴たるや。人生苟も血あり涙ある者。誰か此慘狀悲況に接し。一片慈憫の血涙を濺がざらんや。殊に佛陀慈悲の恩光中に生活し。布施波羅密を以て其世間的の最上德義とするの我佛敎僧侶諸師及び信徒諸氏たる者は。大慈大悲の平等心を捧げて。今や彼れ食無くして飢渴に泣き。衣薄ふして寒冷に咽び居る。遭難漁夫の遺族を救濟し。以て自利々他圓滿の快樂を全ふせざる可らず。今茲に同町有志二十名の諸氏が。慨然天下の慈士仁人に訴へたる『玉名郡長洲町暴風遭難者義捐金募集廣告』文を揭げ。天下慈善者諸君憐憫の眞情を皷動し。合せて其慘狀悲況の一斑を報ず。

我熊本縣玉名郡長洲町沖中に於て本年十月十四日暴風の爲め覆沒したる漁船百九十艘乘組人員三百八十八人內生て歸るもの負傷者を併せて僅に五十一人漁船僅に十艘就中大筆特書す可き慘狀を極めたるは宇磯町實町の如き漁家二百有余戶の內壯丁の生存し居る家は僅に七八戶他は凡て老人小兒にして一人の用を爲すものなく其他中町上下本町松原町の如き一家男子を擧て此難に罹りたるもの枚擧に遑あらず長洲の漁家は恰も澄火の滅したるか如く或は病床の慈親を遺して死するもあり或は乳臭の子弟を遺して還らさる者あり漁家の遺族千數百人今將に三日と出すして飢餓に迫らんとす抑漁家の財產たるものは單に漁船と漁具とにあり然るに漁船は暴風の爲めに破壞せられ漁具は激浪の爲めに流失し加之ならす一家生活の主たる壯丁の男子は擧て海底の藻屑となりたり今を去ると百有余年前寬政三年四月朔日島原溫泉山嶽の壞裂したるとき非常の慘狀を極めたるとありしも今日の慘狀は更に一層の甚しきものあり實に我長洲の漁家は秋風落葉と與に今將に腐朽に屬せんとす伏願くは大方の諸君一滴の淚を分ち應分の義捐あらんとを切望に堪ざるなり

明治廿六年十月十九日

義捐金申込所　**長洲町役場**

玉名郡長洲町　**發起人**

平橋春作　松尾常熙　福間謙藏　古閑利民　關源吾　浦野多喜馬　木原庄九郎
戶泉昌信　江崎作次郎　中川政吉　松尾常正　馬場貞勝　宮崎茂久　鈴木重雄
松隈勇次郎　小嶋直太郎　古閑五一郎　松本章策　永尾加直　福田熊八

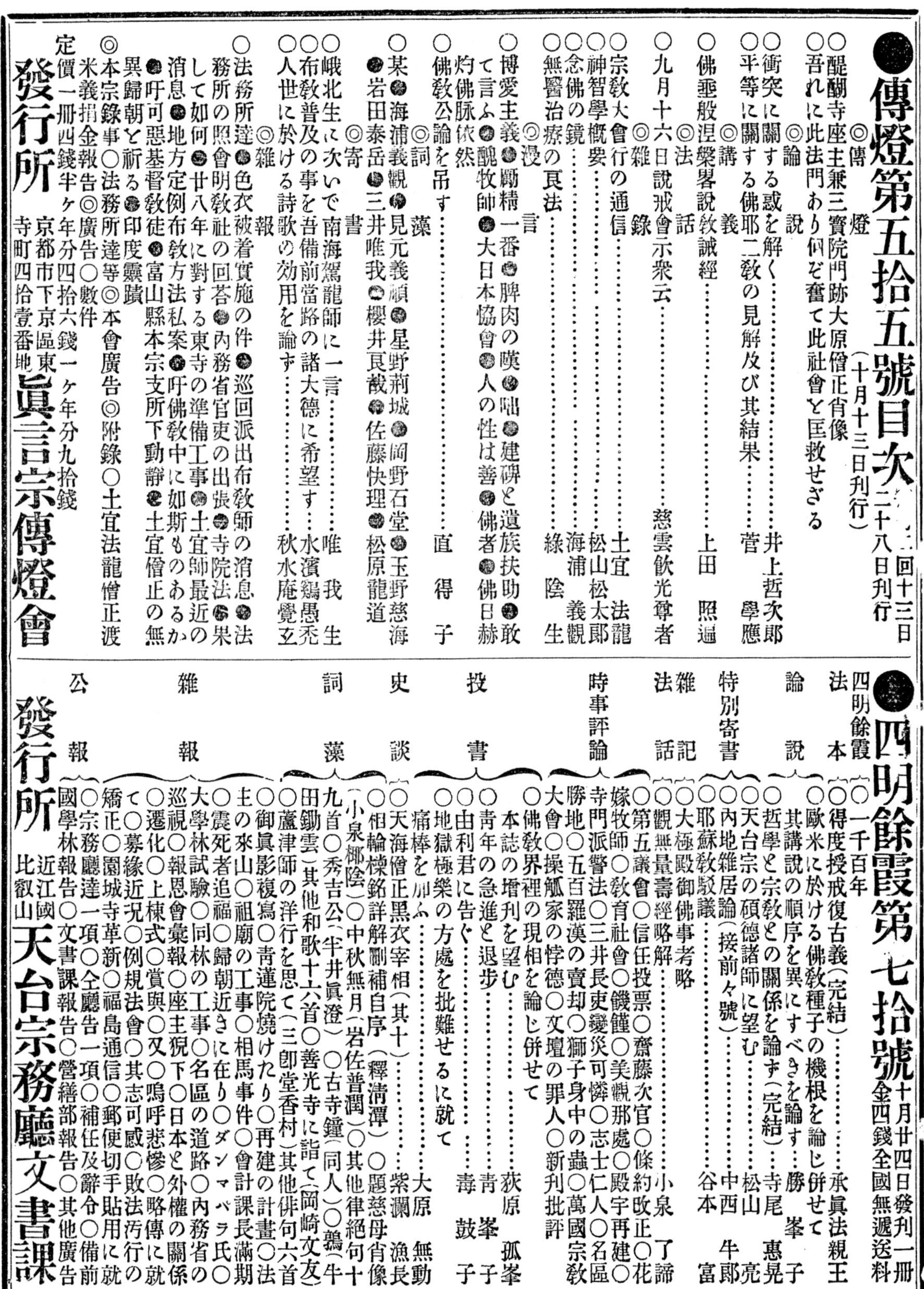

●傳燈第五拾五號目次

…回十三日二十八日刊行

（十月十三日刊行）

◎傳燈
○醍醐寺座主兼三寶院門跡大原僧正肖像
○吾れに此法門あり何ぞ奮て此社會と匡救せざる

◎論說
○衝突に關する惑を解く……井上哲次郎
○平等に關する佛耶二敎の見解及び其結果……菅學應

◎講義
○佛垂般涅槃畧說敎誡經……上田照遍

◎法話
○九月十六日說戒會示衆云……慈雲飲光尊者

◎雜錄
○宗敎大會行の通信……土宜法龍
○神智學概要……松山松太郎
○念佛の鏡……海浦義觀
○無醫治療の眞法……綠陰生

◎漫言
○博愛主義●勵精一番●脾肉の嘆●咄●建碑と遺族扶助●敢て言ふ●醜牧師●大日本協會●人の性は善●佛者●佛日赫灼佛脉依然
○佛敎公論を吊す……直得子

◎詞藻
○某●海浦義觀●見元義順●星野荊城●岡野石堂●玉野慈海●岩田泰岳●三井唯我●櫻井眞諦●佐藤快理●松原龍道

◎寄書
○峨北生に次いで南海駕龍師に一言……唯我生
○布敎普及の事を吾備前當路の諸大德に希望す……水濱鷄愚禿
○人世に於ける詩歌の効用を論ず……秋水庵覺亙

◎雜報
○法務所達●色衣被着實施の件●巡回派出布敎師の消息●法務所の照會明敎社の回荅●內務省官吏の出張●寺院法果して如何●廿八年に對する東寺の準備工事●土宜師最近の消息●地方定例布敎方法私案●吁佛敎中に如斯ものあるか●吁可惡基督敎徒●富山縣本宗支所下動靜●土宜僧正の無異歸朝と祈る●印度靈蹟
◎本宗錄事○法務所達等◎本會廣告◎附錄○土宜法龍僧正渡米義捐金報告◎廣告○數件

定價一冊四錢半ヶ年分四拾六錢一ヶ年分九拾錢

京都市下京區東寺町四拾壹番地

發行所 眞言宗傳燈會

●四明餘霞第七拾號

十月廿四日發刊一冊金四錢全國無遞送料

四明餘霞 ○一千百年

法本 ○得度授戒復古義（完結）……承眞法親王

論說
○歐米に於ける佛敎種子の機根を論じ併せて其講說の順序を異にすべきを論す……勝峯子
○哲學と宗敎との關係を論ず（完結）……寺尾惠晃

特別寄書
○天台宗の碩德諸師に望む……松山亮
○內地雜居論（接前々號）……中西牛郞
○耶蘇敎駁議……谷本富

雜記 ○大極殿御佛事考略

法話 ○觀無量壽經略解……小泉了諦

時事評論
○第五議會○信任投票○齋藤次官○條約改正○花嫁牧師○敎育社會○饑饉○美觀那處○殿宇再建○寺門派警法○三井長吏變災可憐○志士仁人○名區勝地○五百羅漢の賣却○獅子身中の蟲○萬國宗敎大會○操觚家の悖德○文壇の罪人○新刊批評
○佛敎界裡の現相を論じ併せて本誌の增刊を望む……荻原孤峯

投書
○青年の急進と退步……青峯子
○由利君に告ぐ……毒鼓子
○地獄極樂の方處を批難せるに就て痛棒を加ふ……大原無動

史談 ○天海僧正黑衣宰相（其十）……紫瀾漁長

詞藻
○相輪樘銘詳解刪補自序（釋淸潭）○題慈母肖像（小泉椰陰）○中秋無月（岩佐普潤）○其他律絕句十九首○秀吉公（半井眞澄）○古寺鐘（同人）○鵜（牛田鋤雲）其他和歌十六首○善光寺に詣て（岡崎文友）○蘆津師の洋行を思て（三郞堂香村）其他俳句六首

雜報
○御眞影複寫○青蓮院燒けたり○再建の計畫○法主の來山○祖廟の工事○相馬事件○會計課長滿期○震死者追福○歸朝近きに在り○ダンマパラ氏○大學林試驗○同林の工事○名區の道路○內務省の巡視○報恩會彙報○座主猊下○日本と外權の關係○遷化○上棟式○賞與○叉○嗚呼悲慘○略傳に就て○募緣近況○例規法會○其志可感○敗法汚行の矯正○園城寺革新○福島通信○郵便切手貼用に就

公報
○宗務廳達一項○全廳告一項○補任及辭令○備前國學林報告○文書課報告○營繕部報告○其他廣告

近江國比叡山

發行所 天台宗務廳文書課

明治二十四年九月七日 内務省許可
明治二十五年五月四日 遞信省認可
明治二十三年九月二十五日第壹號發行
本誌創立已元第四年總號數第三十五號

小生儀長々諸賢ノ御厚意ヲ蒙リ候處突然本日ヨリ上京シ拜趨萬謝ノ禮ヲ缺グ頓首

十月廿九日

法住教社員
國教雜誌社員

諸賢 甲斐方策

●國教雜誌規則摘要

一本誌は佛教の運動機關として毎月二回(國教)を發刊す

一本誌は宗派に偏せす教會に黨せす普く佛教界に獨立して佛徒の積弊を洗　し佛教の新運動を企圖すへし

一本誌は諸宗教の批評及ひ教法界に現出する時事の問題を討論し毎號諸大家の有爲なる論說寄書講義演說等を登錄し其教法關係の點に至りては何人を撰はす投書の自由を許し本社の主旨に妨けなき限りは總て之を掲載すへし
但し原稿は楷書二十七字詰に認め必す住所姓名を詳記すへし

一本誌代金及ひ廣告料は必す前金たるへし若し前金を投せすして御注文あるも本社は之に應せさるものとす
但本縣在住の人にして適當の紹介人あるときは此限りにあらす

一本誌見本を請求する者は郵券五厘切手十枚を送付せは郵送すへし

一本誌代金は可成爲換によりて送金あるへし尤も僻陬の地にして爲換取組不便利なれは五厘郵劵切手を代用し一割增の計算にして送付あるへし

一本誌代金及ひ廣告料は左の定價表に依るへし
但本誌　讀者に限り特別を以て廣告料を減ずることあるへし

雜誌代金

册數	一册一回分	十二册半ヶ年分	廿四册一ヶ年分
定價	五錢	五十四錢	壹圓
郵税共	五錢五厘	六十錢	壹圓十貳錢

廣告料

廣告料は行數の多小に拘はらす五號活字二十七字詰一行一回三錢とす但廣告に用ゆる木版等本社に依賴せらるゝときは廣告料の外に相當の代金を請求すべし

明治廿六年十月廿九日印刷
明治廿六年十月三十日發行

發行者 熊本市安巳橋通町五番地 武田哲道
編輯者 熊本縣玉名郡石貫村千百八十一番地 森直樹
印刷者 熊本縣阿蘇郡坂梨村八百六十三番地 甲斐方策

發行所 熊本市安巳橋通町五番地 國教雜誌社

印刷所 熊本市新壹丁目百二番地 汲古堂

國教

第貳拾八號

明治二十六年十一月三十日發行

（每月二回）

國教第貳拾八號目次

◉社説

◉大會臨席者歸る今後の運動如何

◉論説

◉革新的佛教中央機關發行の最大急務

◉大乘佛教論（完結）萬國宗敎大會臨席者 蘆津實全

◉小説

◉花の露……（大尾）……在東京……旭松山人

◉萬國宗教大會

◉大會歸朝後第壹回報道 在東京 八淵蟠龍

◉宗教大會十日間の演説者 社友 受樂院普行

◉日本と基督敎の關係……（大會演説）……平井金三

◉日本の佛敎……（大會演説）……土宜法龍

◉儒敎一斑……（大會演説）……薫泉芳

◉佛敎の要旨弁に因果法……（大會演説）……釋宗演

◉佛陀……（大會演説）……蘆津實全

◉萬國宗敎大會閉會の祝辭（大會朗讀）……八淵蟠龍

◉雜報

◉萬國宗敎大會臨席者歸朝

◉印度佛蹟回復の主唱者來朝

◉釋宗演師歡迎會

◉横濱に於ける萬國宗敎大會報道會

◉第一高等中學校に於ける八淵師の演説

◉東京に於ける大會報道大演説會

◉十五日大演説會の景況

◉十六日大演説會の景況

◉鹿鳴舘に於ける八淵師の演説

◉禿眞子の八淵師歡迎文

◉普通廣告 妖怪學講義錄○反省雜誌○密嚴敎報

特別社告

本誌國教代金の儀各府縣購讀者諸君の中未納の諸氏は是れまで**延滯の分悉皆御仕向被下度願上候**又本縣内と雖も代金請取に參らざる愛讀者諸君は**急に御拂込可被下樣願上候**本誌は佛教信者の義捐と義債とを以て組織し或は一文字だも解讀し克はざる信者の信仰金又は僧侶の説教法話に報ひたる淨財等を以て資料と補けたる實に信仰の血漿佛陀の福田に依りて**九州佛教界唯一**の**機關雜誌**として熱心誠意勉强致し居候に付愛讀諸彥尚ほ**倍舊の高愛**を添へ益々本誌の隆盛なる樣御援助成し下され度願上候也

明治二十六年十一月三十日

國教雜誌社　會計係

是より萬國人心の趨勢を卜し世界宗教の命運を察し日本佛教の決心を確めしめたる萬國宗教大會の見聞。漫言。論評は社主八淵蟠龍の雄大偉烈なる活手よりして濤怒り風激するの觀を以て陸續本誌の萬國宗教大會欄に掲げらる可し豫め天下の讀者に告ぐること爾り

明治廿六年十一月卅日

國教雜誌社

國教第貳拾八號

社説

大會臨席者歸る
今後の運動如何

世界的大觀念の鬱勃せる諸師が。日本佛敎對外運動の先驅となり。萬國宗敎大會に臨席せんとするや。海内頑僻固陋の徒は。迫害的呌聲を放つて。『萬國宗敎大會は彼れ耶蘇敎の策略なり。奸謀なり。猥りに出席するものは彼の穽に陷るべし。佛敎の体面を瀆すべし。再度取り返す可らざる禍害を惹起すべし。此の如き事狀をも顧みず。强ひて出席せんとする者は。名聞を賣るの賊なり。愚人を欺き金錢を掠むる奸計なり。佛門の罪人なり』と。暴論至らざるなく。惡評極めざるなく。以て其進路を遮り。以て其勢燄を殺がんと欲したりしも。佛敎革新の光明は難なく俗論俗説の闇雲を照破し。遂に諸師を驅りて。目出度『光明遍照十方世界』の實働上に立たしむるに至れり。

今や是等對外蹋内兩派の反撥談は過去の記憶に葬られ。臨席者諸師一師を除くの外は。悉く新勝の凱歌を奏して歸れり。諸師の報道演説は大に京濱の宗敎界を動せり。全國革新軍の理想的希望は。諸師の身邊を圍繞せり。佛界の鎖國黨は。諸師の身上に恐惶の警戒線を網張せり。嗚呼諸師今後の運動果して如何。吾人は玆に革新軍の一卒として。熱切なる忠告を試み。諸師の一考を煩はさんとす。

今日の急務は佛敎對外の大策を確立するにあり

宗敎と政治は有形無形の差別ありと雖も。是れ唯だ其本体に就て謂ふべきのみ。其現象に至りては。相互の性質相類似するものなり。現象とは何ぞや。曰く其運動是なり。世の論者此本体と現象の區別と深く硏究する所なくして。宗敎の運動と云へば。全く政治の運動と。其全体の意味を異にするが如く思惟する者あり。是れ大なる誤見なり。吾人が佛敎對外の大策なるものは。此定義に基きたるの命題に外ならず。

東西古今の歴史を繙き來れば。其改革と云ひ。革新と云ひ。革命と云ふが如きの現象は。政治となく。宗敎となく。重もに對外の運動より發生するものなり。換言すれば或國民。或機躰が。外國との交通に依りて。絶大なる新思想を開發したるの結果は。其舊慣積習と衝突し。轟然爆發此に始めて革新的の活劇を演出するものなり。

彼れ自由。平等。博愛の三色旗を飜し。抑壓束縛の制度を掃蕩し。政治の新天地を開き。進んで社會百般の思想を革新したる。千七百九十三年(百年前)の佛國革命なるものは。其原因とする所。君主。貴族。僧侶の三階級が。政權を擅にして下民を壓抑したる反動より潰決横流し。貧富の懸隔。人心の分離。社會の不調和より。破裂激發せしものと云ふと雖も。其導火線となりて。革命の火燄猛然全歐の帝王。宰相。政府。國民を震慄せしめたるものは。彼れラフエット等の俠漢が。慨義劍を杖き。飄然海を渡りて。ワシントン。フランクリンの輩と力を合せ。以て米洲獨立戰爭の應援を爲したる。其新鮮快活の光景。深く佛國民人欽慕艶羨の感情を激動したるに因かずんばあらず。又た我維新の革命なるものは。最も對外的の觀念。即ち外國交際より生せし被動的革命なりと謂はざる可らず。試に見よ。彼れ封建割據の諸侯藩士等が全國統一の必要を感じたるは何ぞや。一國の封土あるを知りて全國の範圍あるを知らざるの徒が。冥々の裡に日本と云へる國家の觀念を勃起したるは何ぞや。尊皇攘夷の論。佐幕開港の說。全國有志の嚮背を両分したるは何ぞや。是れ畢竟當時攘夷論者の所謂『夷狄の黑船』來航より逼まられて生せしものにあらずんばあらず。我邦佛敎の革新。又た豈に此二例證と異ならんや

現今何人と雖も。苟も社會的の眼光を有する佛敎徒たる者は千人は千人。萬人は萬人。豈に悉く革新的の光明を仰ぐを欲せざらんや。抑も舊佛敎の改革と云ひ。新佛敎の理想と云ひ。佛敎制度の革新と云ふが如き。是れ決して青年佛徒少數の詭激なる放言にあらず。日本佛敎の革新せざる可らざる氣運が勇往猛决なる血氣の青年を驅りて。其陣頭に立たしめたるものなり。如何に改革す可き乎。如何なる方針に依りて革新的の運動を試む可き乎は。第二の問題として。試に海內有識の人士に向つて。現時の佛敎は現時の儘にて。其生命の水を社會に流し。其眞理の力を國家に及ぼし。其道德の制裁を個人に與ふるを得可きやと問はゞ。天下萬人悉く頭を掉りて。眞正佛敎の眞勢力は革新に依らずんば。掀建す可らずと答へん。嗚呼佛敎寺院の制度は今日社會の狀勢に適合するや否や。僧侶世襲の習慣は我邦立憲の時代と背反せざるや否や。英國現時の哲家スペンサー曰く。『宗敎上の思想は其人民の性質と互相適合す。然れども人民の性質變化して止まざるものなれば。宗敎上の思想も亦た共に變化せざる可らず』と。此知言佛敎非改革論者の迷想を攪破するに餘あり。而して吾人は其革新的の烽火は。對外運動の反射より燃へ上る可きと信ず。

維新革命の豫言者。會澤伯民嘗て長計を論じて曰く。『英雄之擧事必先大觀天下。通視萬世而立一定不易之長策。規摸先定於內。然後外應無窮之變。是以變生而不愕。事乘而不困。雖百折千挫而終歸於成功者。其所由雖萬塗。而其所趨始終一歸。而未嘗有間斷也』と。吾人敢て我佛教社會に譎詐權變方物す可からざる。英雄的事業を望むにあらずと雖も。苟も佛教對外の大策を確立し。其對外の勢力を反映せしめ來りて。內國佛教千古の積弊を洗滌せんと欲せば。斷じて天下を大觀し。萬世を通視するの大活眼なかる可らず。

我邦佛界の全面跼內鎖國的安觀念の跋扈跳梁するの今日。各宗本山內部の醜体は舊佛教破壞の材料として咄々吾人の眼を汚すの今日。佛教對外の大策を確立せんとするは。非常の困難なるには相違なし。然れども諸師が萬國宗教大會臨席は。此大策確立の最好機會を作り出せる者なり。時なる哉困難を蹈破す可き時は來れり。吾人は諸師がダンマパーラ氏の來朝を其大策實行の好機として。現世紀統一的佛教の運動たる。大聖釋尊成道の靈蹟。印度佛陀伽耶回復の大運動を試み。ダ氏を携へて全國漫遊の途に上り。至る處佛蹟興復の大旨義を唱道し。我邦佛徒教祖崇尊的の誠意を煥發せしめ。志氣雄健の青年佛徒十有餘名を選拔し。タ氏と同道して炎天熱地の佛教祖國に留學せしめ。是等の青年をして一方に於ては大聖の靈蹟に奉侍し。他方にありては梵語。巴里語。英語の三學を精究し。佛教の活躰たる波羅提木叉（戒律）を尊重し。珍敬し。嚴行する西南佛教の訓練をなし。以て十年の末佛陀の靈光と歐山米水に宣揚する準備をなさしむると得ば。佛教對外の大策を確立する吾人の理想的希望は足る。吾人敢て多きを望まず。宗教大會の臨席者諸師以て如何と爲す。

革新的佛教中央機關發行の最大急務

晴朗たる滿天の星の如く。燦然として全帝國裡に輝ける。佛教革新の同盟者にして。苟も社會の全面を震動せんと欲せば强大なる有機的の團体を結合せざる可らず。而して其生命ある統一的の運動を試みんと欲せば。先づ第一着に其精神思想を發表するの中央機關を發行せざる可らず。中央機關の發行なくして。全國統一的の大運動を試みんと欲するは。恰も彈藥銃器なき軍隊の如く。一個統率の將帥なき軍團の如く。支離。滅裂。散漫。放縱。疲憊。困頓。空しく手を拱して敵軍の馬蹄に蹂躪せられ。敵軍の劍影に鏖殺せられんのみ。然るに今や我革新的佛教同盟者の中央機關は。果して何處にかある。嗚呼果して焉にかある。是れ吾人が一片慷慨の情に堪へず。鎮西の僻隅。熊本城下に立つて。大聲疾呼。全國の佛教革新軍に飛檄し。警醒的の曉鐘を其鼓膜に響かし。我黨中央機關發行の急務を鳴らす所以也。

吾人は今其論鋒の先陣に臨んで。現時全國に於ける佛耶兩教の機關を對照し。以て我革新軍の信仰的敵愾の大感情を鼓舞激勵す。

耶蘇教

名稱	宗派	位置
國民新聞	通耶蘇教	東京
國民之友	同	同
家庭雜誌	同	同
六合雜誌	組合	同
基督教新聞	同	同
日本評論	一致	同
眞理	普及福音	同
宗教	ユニテリアン	同
正教新報	(希臘教即ちニコライ派)	同
心海	同	同
異錦	同	同
自由基督教	自由	同
聖書之友	不詳	同
福音新報	メソヂスト	東京
信仰之友	監督	同
女學雜誌	一致	同
文學界	同	同
評論	同	同
基督教青年	不詳	同
護教	メソヂスト	同
公教雜誌	天主教	同
いのち	監督	同
三籟	不詳	同
日曜叢書	不詳	同
同志社文學	組合	京都
青年	同	熊本
護國之楯	不詳	札幌
天主之番兵	天主教	大坂
福音之使者	不詳	同
(岡山)孤兒院月報	不詳	岡山
九州教育雜誌	通耶蘇教	熊本
北海之光	不詳	函館
禁酒雜誌	不詳	東京

佛教

名稱	宗派	位置
明教新誌	通佛教	東京
佛教	淨土	同
御國之母	通佛教	同
四明餘霞	天台	滋賀
三寶叢誌	眞宗西派	東京
淨土教報	淨土	同
大則	通佛教	同
海外佛教事情	同	京都
大道叢誌	三道一致	東京
教友雜誌	日蓮	山梨
道之友	眞宗東派	愛知
正法輪	臨濟	京都
通俗佛教講義錄	眞宗東派	東京
密嚴教報	眞言	東京
傳燈	同	京都
婦人會雜誌	眞宗西派	東京
反省雜誌	同	京都
日本之光	天台	同
國教	眞宗西派	熊本
傳道新誌	同	京都
京都新報	同	同
法話	眞宗東派	東京
同學	眞言	和歌山
是眞	眞宗東派	東京
法之雨	眞宗東派	愛知
眞佛教軍	同	福岡
青年國華雜誌	眞宗西派	函館
日本之柱	日蓮	大坂
活眼	同	同
能仁新報	眞宗東派	愛知
我行く道	眞宗西派	廣嶋
活天地	眞宗	靜岡
花之園生	臨濟	京都
法光	眞宗西派	和歌山
法雷	不詳	愛媛
佛典講義錄	眞宗西派	京都
佛教通信講義錄	不詳	同
日本一	眞宗西派	同
法藏	同東派	同
法之園	同西派	同

説明

耶蘇教の方は一二の洩又は宗派別の相違なきを保せず佛教の方は洩れなきつもりなり表中の宗派別は其雜誌の主義に就て云ふにあらずして其主働者(社主、執筆、編者)に名づけしもの通耶蘇教とは通佛教に對せし名詞にして或一派に偏せず單に耶蘇教の信仰を社會に實行せんとするもの不詳とは記者の調査屆かざると云ふ又彼れ國民新聞、國民之友、等に對して日本人、東洋學藝雜誌、哲學雜誌、等を掲げざるものは其主働者が政略的學理的の佛教徒と認むれば故らに排斥して載せず

華頂	淨土	京都
眞教	眞宗東派	同
大同新報	眞宗西派	同
德風	同東派	愛知
寶林	同西派	兵庫
救世教	救世派	新潟
知慧之光	不詳	大坂
十善寶窟	眞言	東京

彼れ第十五世紀暗黑時代の長夜漸く去りて。人文煥發の拂曉始めて達し。歐洲人民が其智識。經驗。思想。信仰の上に一大變化を生ずるや。近世文明の旭光は。輝々煌々として寰宇を照らすに至れり。而して此原因なるものは。學問の再興。十字軍の戰亂。新世界の發見。耶蘇教の改革。理科學の進步。新器械の發明等に歸すべしと雖も。就中印刷術の發明は。最大なる原因たらずんばあらず。印刷術の結果たる。新書籍の發行。新聞雜誌の發刊は。其文明の思想感情を發表して轉瞬の際に全歐の人心を感化する。絕大不可思議の勢力を有する機關たりしなり。然り而して。歐州の文明が益々進步すると同時に。此機關の勢力は愈々增加し。鐵劍快馬歐洲の天地を震撼したるナポレヲンの如きも。此機關の勢力に迫害せられて。セントヘレナ濤聲英魂を惱ますの邊に。新聞怨恨の哀辭を洩らし。倫敦タイムス新聞一編の論文は。忽にして全歐の政界を震動するに至る。嗚呼印刷術の結果たる。新聞雜誌機關の勢力。豈に偉大ならずや。

我邦も亦た維新以來。僅々二十餘年の間に。絕急絕激なる手段を以て。彼れ歐洲列國が數百年間に成功せる。文明の事物を輸入せしより。此に新天新地を開創し。今や全國要衝の地には。活版印刷の音轟かざる處なく。新聞の發刊せられざる處なく雜誌の出版せられざる處なし。政治。經濟。文學。美術。法律。醫術。商農等。萬般の社會。悉く各自の機關を有せざるはなし。是等の社會中には。啻に各縣各地に同主義の機關を數個有するのみならず。又た必ず全國の首府たる東京に於て。其中央機關を有するものなり。而して此中央機關の働は。恰も腦神經の身体に於けるが如く。全國各地に散在せる。其社會を統一す可きの活力を有す。宗教なるものも亦其組織せられて社會に存在する以上は。豈に是等萬般の社會と同一に。其思想の寫眞。其感情の音樂。其意志の電線たる。新聞雜誌の機關を有せざる可からず。殊に一將令を發すれば。萬兵響に應じて。進退するの中央機關を有せざる可らず。吾人は今殊に我佛教革新的中央機關發行の急務と感ずると最も切なり。

吾人は吾人が對照し來りし。全國佛耶両教の機關を精査し來

れば。何ぞそれ彼れ耶蘇教機關の陣營整ふて。我佛教機關の隊列乱れたるやの感なき能はず。試に見よ。彼等耶蘇教の機關は。三十三種の內。實に二十五種は。最も全國に向つて感化を及ぼすべき好位置たる。帝國の中原東京より發行するものにあらずや。嗚呼深山幽蘭ありと雖も。牧童樵夫は其高香の眞味を嗅ぐ能はず。海底珊瑚ありと雖も。其寶珠の光澤は萬人の眼に映せず。僻遠遐陬の地。雄論活眼の機關（新聞雜誌）ありと雖も。『田舍雜誌』。『田舍新聞』なる。雷同的輕蔑の下に喝殺せられて。其聲天下に達せず。演壇に上りて。雷霆の辨を皷すれば。勞せずして其聲滿堂聽衆の耳に徹す。東京は實に全國國民の視聽を聳やかせる天下の演壇なり。此天下の演壇に立つて急言喝論す。豈に天下の人心に反響を與へざらんや。是に依りて之を觀れば。全國に於ける彼等耶蘇教機關の數は。我佛教より少しと雖も。彼等は眞個に二十五個の中央機關を有する譯にあらずや。況んや我佛教の機關なるものゝ多數は。老翁老媼の歡心を貪ぼりて。柔惰淫逸の生活を爲さんとする。談僧的說教雜誌にあらざれば。青年二三の輩が雜誌流行の熱に浮かされて發行する三號雜誌。狡猾貪婪の營利者流が刋行する。無主義。無節操。無精神の商賣雜誌。然らざれば。其名は新報新誌と云ふと雖も。新聞社會に公權なきの隔日發刋。一派腐敗本山堂班位階等の報告新聞。文學的社會感化上零點の死文死字行列新報なるに於てをや。吾人豈に狂激の內部機關論評を欲するものならんや。革新的感慨の氣は覺へず酷烈の筆を走らせしのみ。果して然れば。彼れ耶蘇教二十五種の中央機關が。論陣整々として文章花の如く。餘韻嫋々泣くが如く訴ふるが如き。泰西基督教的文學の新趣味を溢らして。或は猛烈なる耶蘇の品性を歎美し。或は不完全なる上帝の偉德を頌し。或は迷妄なる十字架の救濟力を衒耀し。或は淺薄なる三位一躰の教理を說き。或は害惡なる家庭。社會。國家の革命を論じ。或は陰險なる佛教哲學吸收論（近時耶蘇教の有力なる雜誌中佛教の眞理又は哲學の玄理を論評し之を吸收して自教の榮養を計らんとする氣味あると云ふ）を皷吹するに至りては。其恐るべき。忌むべき。厭ふべき感化を。社會全面の青年男女間に流すは。實に隱々の裡寒心に堪へざるものあり。嗟呼社會表面の舊慣積習に眼を眩まして。社會の裡面に潜伏する。深遠不測の動機を看破する能はざる者は。是れ吾人の所謂停滯迷妄の舊佛教徒にして。倶に革新的佛教の大計長策を論ずるに足らず。

我日本の社會中に存在する佛教社會にして。其全國統一的思想發表の機關を發行する能はずんば。信仰上に於ては其死灰冷燼を表白し。社會上に於ては。其公權を自暴自棄するものなり。如何に殿堂は金碧爛燦を極め。如何に儀式は莊嚴美麗を盡し。如何に僧侶は群隊をなして徘徊し。如何に信徒は數百萬の義金を捧げ。如何に東西兩派の法主は活佛と迷信せられ。其習慣的の權勢を揮ふたればとて、佛敎全体にして其中央機關を有せずんば。是れ全く社會の大勢上に其資格なきを證明するものなり。佛敎徒にして佛敎徒自ら其社會的の資格を抛棄せば。是れ實に自ら滅亡の深淵に陷るものなり。今日は是れ政敎關係の問題。內地雜居の問題。敎育宗敎衝突の問題。印度佛蹟回復の問題。世界的佛敎運動の問題。法主神聖說可否の問題。僧侶世襲制度革新の問題。新敎會制度建設の問題。敎理講究革新非革新の問題。佛敎信仰と社會道德關係の問題。自立的佛敎と依立的佛敎取捨の問題。日本的耶蘇敎會興起の問題。新佛敎的傳道學校創立の問題。慈善（貧民學校、孤兒院、看病婦學校、盲啞院、施藥病院）禁酒廢娼等社會矯風上の問題は。激濤狂瀾の勢を以て。內外交々佛敎命運の岸濱に奔流し來れり。是れ豈に全國我黨革新軍の同盟者が。東西南北より革新の大旆を飜へし。全國の中原東京に會合し。精神的の血誓を結んで。中央機關を發行し。進んでは機鋒堂々彼れ耶軍の中堅を衝き。退ひては勇猛精進我佛界內部の汚痕弊跡と戰ひ。或は歐米の實例に徵し。或は東洋の現勢に照らし。或は我邦の歷史に訴へ。一々以上の大問題を論評し。批判し。斷定し。而して着々實行の成績を證明し。而して社會人士の信任を鞏固にし。以て全國の輿論と風靡し。愈々進んで全國革新軍理想の噴火口となり。炎々烈々として日本佛界の滿天を焦がし。以て革新軍の運動を統一し。以て革新軍の思想を連絡し。以て革新軍の感情を調和し。眞理正義の眞勢力を發揮して。國家の元氣を喚起し個人の品性を鑄錬し。再び大聖世尊の榮光をして。瑞穗全洲に赫々たらしむべき。最大急務にあらずや。吾人は其中央機關の性質。精神。旨義。希望。目的。体裁等の詳細なる意見に至りては。後日順を追ひ序を踏んで。發表する所ある可し。

今や全國佛敎革新軍希望の眸を其雙肩に荷へる。萬國宗敎大會臨席者諸師歸れり。吾人は諸師に向つて佛敎對外の大策實行には。印度佛陀伽耶回復の運動を以て。其第一着手と爲し。內國佛敎の革新的運動には。中央機關の發行を以て。其先驅となし。內外相應じて一時に世界佛敎革新の實を擧げしめんと欲し。大に革新的佛敎中央機關。發行の最大急務を鳴らすと斯の如し。筆し終りて書窓を開けば。梧葉秋風に散りて天地蕭條。又た以て舊佛敎の末路を憐むに似たり。

論説

大乘佛教論（接續）

萬國宗教大會臨席者　蘆津實全

今ま此世に應現し玉へる。丈六金身の應身釋迦牟尼佛（卽ち歴史的の釋迦にして教理的の釋迦に非ず）が本懷とし玉へる大乘經の神髓を以て。釋迦宗の大意を擧揚せんに。佛陀一代五十餘年橫說竪說して。一大藏經五千四十餘卷を說き巳說今說當說法華最大一と說き玉へ共。末後涅槃會上に於て。我れ得道の曉より泥洹の夕に至るまで。未だ曾て一字を說かずと宣へ玉へり。是れ如何なる道理に由て。斯くの如く說破せられたる乎。乃ち知る心理の全体より見れば。說くも說に非ず。終日說て而して終日說なし。說なしと雖も。而かも亦方便して之れを說く。蓋し心法は元來口說の宣る所の者に非ず。說くも亦當らず。設令之を巧みに說き去るも。到底及ぶべきに非ず。故に止々不須說を宣へ。言思分別の及ぶ所に非ずと說く。譬へは虛空に圖畫するが如し。虛空本と罣碍を絕して。其体一切の染着を受けず。心も亦斯の如し。如何なる物を以て之を莊嚴し。及ひ繫縛せんとするも。心体は諸の罣碍を絕して不可得なり。此不可得の者何ぞ說き尽すを得んや。此說き尽すべからざるの心法に達する者を。名けて佛陀と云ひ。又涅槃と稱し。中道實相等の種々の異名ありと雖も。全躰無染無著淸淨無垢なる者にして。外より手の著け樣もなき者也。之を名けて妙法蓮華經と云ふ。諸佛は此の妙法蓮華經を以て。体と爲し。此の妙法蓮華經を以て。行住坐臥し。此の妙法蓮華經を以て。上求菩提下化衆生の本願に鞭ちて。此世界の衆生を濟度し玉へり。歴代の祖師も亦斯くの如し。吾人佛道を修する者も亦斯くの如くならざるべからざる也。故に予が見る處に依れば。教理の釋迦を取らずして。住世八十年老比丘の相を現し。薪盡き火滅して。涅槃に入るの大恩教主世尊は。則ち所立の本尊にして。此の本尊を仰瞻頂禮し、此の本尊の說き玉へる妙法蓮華經を以て心要とするは。我が釋迦宗の信者と爲すなり。

夫れ佛法は證悟を尙ぶ。所謂轉迷開悟とは證悟にして。我か心体を開發して。心性の如何なるものたるを知らずんば。佛法も亦利益なき也。安心立命も亦得べからざる也。一切の經論は皆佛陀が證悟の境界を說き出したる者なれば己か証悟の淺深如何に由て。經教文句を解了するに。復た淺深厚薄ある也。故に經論は證悟を表する證文なりと知るべし。我が心苟くも道に契ひ佛心と相應すれば。經文を見るに已が說き出したるが如きの觀あり。而して心を印するの經は一切經ありと雖も。獨り法華經のみ。以て心要と爲すべし。達摩曰く此土の經は楞伽經四卷以て心を印すべしと。楞伽四卷は印心の經と雖も。法經八卷最も釋迦牟尼の心印を傳ふる最上乘なり。其他の經文に心地を說き衆生成佛の階梯を談ずと雖も。法華經の如き直捷簡勁に卽身成佛を說破したる者なし。所謂八歲の龍女が珠を獻じて成佛するが如き是なり。等覺の智積菩薩すら尙は其意を解せず（提婆品）故に予は傳心の要路は此經を以て最第一と爲す。而して此經とは豈に他の紙墨金銀泥の色相を以てせんや。乃吾人の心是なり。吾人の心を離れては。八卷の經文も無功德と爲る也。是故に心法爲宗の釋迦宗に於ては。法華經を印心の證文と爲すも。之を屈執して燒けば灰塵に附し去るの色相の經文を執らず。況んや他の一切經とや。但心を銘するの經文たるを以て。已か境界法華の如くなるときは。則ち釋迦と異なるとなし。釋迦と異なるとなければ。則ち足る矣。何ぞ其他を望まんや。是故に我が心開悟して。釋迦の境界に至れば。則ち一切經は實に不淨を拭ふの古紙なり。之に執着すれば。則ち猶は聖解に滯りて。煩惱の巷に迷ふ者なり。若し夫れ達者は則ち經を以て心路の案內記と爲して。路を得れば則ち案內記は棄つべし。所謂修多羅は月を指す所の指也。月已に認れば。指は不用也。然るに指月の指を以て何時までも離さず。經に縛せられ。論に繫がれ。註に逐はれ。疎に引廻はされ。終身經の意を得ずして死する者は則ち形こそ釋迦の弟子なれ。乃ち釋迦の本懷を知らざるもの也。釋迦の本懷を知らざれば。卽ち佛法は決して手に入らざる也。手に數珠を捻り。身に法衣を纏ひ。佛前に誦經するは宜しきなれども。只是れ形相のみにして眞實に非る也。是故に眞實の佛弟子たらんと欲せば。眞實に釋迦牟尼の神髓を看破して。之れを身に行ひ。之を口に誦し。之れを意に念じて。以て行住坐臥須臾も放棄せざれば。則ち大乘の行者たる者にして。乃ち佛敎の眞理に体達したる者と稱すべし。然るに此法領會し難し。須く專門に入て詳かに硏究して以て其深旨に悟達すべし。之を佛敎の神髓を得たる者と稱す。

佛敎は前に述ろが如く。大小の二乘あり。所謂小乘は佛弟子が佛の戒儀に循ふて。律行を修め。一旦戒法を受けたる以上は盡形壽之を守て。涅槃に入るを主義とす。卽ち印度南部の佛敎の如き是也。大乘は佛心印を傳持して。直下に證悟を目的とし。佛陀の深意を究了して形相に拘はらず（形相に拘はらずと雖も戒律なきに非ず）。心地を悟るを大乘行者と名く。

卽ち現今の東部佛教是なり。我日本の如きは。專ら此教を奉持して得悟の者寡らず。大小二乘倶に佛說と雖も。佛の本懷は。專ら大乘を說て。一切衆生をして。悉く如來の智慧德相を得せしめ。平等に佛果を証得せしむるを主とす。

然るに歐米人は小乘教を以て。佛の本意と爲し。大乘非佛說を唱る者寡からず。是れ全く東部大乘教の深意を聽聞せざるの致す所也。南方佛教乃ち小乘枯寂の一法を以て佛教なりと認むるは。則ち釋迦の神髓を距ると天地懸隔せり。之を要するに小乘は佛の行相を敎へ。大乘は佛の心印を指す。大乘は小乘を攝收するも。小乘は大乘を該攝すると能はず。如何となれば如來の意は全く衆生の迷妄を打破して。眞實の佛智慧を得せしめ。永く佛陀の境界に到らしめんが爲めなり。偏眞の空理灰身滅智の涅槃は是れ淺近なる聲聞緣覺の機類が證する處にして。大乘圓頓活潑なる行者の欣求する者に非る也。此意を知らざる者は。倶に佛教の深旨を談ずるに足らざるなり。請ふ佛教の大意を知らんと要せば。大乘の活法門を了知して。法華八卷を以て心を印ずるの要と爲し。卽身成佛の直路を取れ。而して明師に就て參詳せよ。之を大乘佛教大意と云ふ。

（完結）

小說

花の露

東京　旭松山人

下の下………應報

『花の跡訪ふ松風や、露にも恨みなるらん。それ花の露水の泡、はかなき心のたぐひにも、哀をしるは習ひなるに、まいて悲歎の身のうへに、かゝる涙の雨とのみ、しをるゝ袖の花薄、穗に出すべき言の葉も、泣くばかりなる有様かな』

暮れゆく秋に木葉散りたる笹原觀音堂の近傍に、形ばかりの庵ふりて、念佛三昧に餘念なき尼一人。花賣りの老婆に、お尼さまのお歳はいくつと尋ぬれば、あのお十九でゐらッしやいますとの返荅、これは又何うした起源から、かくもめでたく生れついたる玉の姿を、あたら墨染の衣につゝみ玉ふことにやあらん、さてもげせぬ佛のお給仕。うき世とはいへ形なや、櫛釵もいらぬ身となりて、火宅を出し後も折々ふと、手を伸して髩の毛の乱げはせぬかと、さはりしことは幾度ぞ、その時の心の中、熟々と入相の鐘を聞きつゝ察しなば、鬼神も一滴の涙はよも惜まじ、又者もさこそと思ふらめ、「適有復少有是少是」とは、此世捨て人の肌身はなさぬ經文の中にこそあれ、現在見るは此庵主が初。一念稱名の聲の内には、攝取の光明くもらねども、折々は又すゞろ涙の臉を傳ふこともあるべし。

◎　◎　◎　◎　◎　◎　◎　◎　◎　◎　◎　◎　◎　◎

『をりしもあれ物のさびしき秋もやうやくたけて。猶しをりゆく袖の露。身をくだくなる夕まぐれ。心の色はたのづから。千草の花にうつろひて。衰ふる身のならひかな』。

光の陰は矢の如く、因果は車の輪の如し。めぐり〳〵て古郷の、武藏の原を心して、立ち歸りたる僧一人。昔しに變る八百八街の風光、知己の在所もさだかならず、上野の森の木枯さへ、自身の悪を責るが如く見ゑてすごく、吾身になせし罪業を、何と忍ぶの草衣、きて歸るこそ恨なれ。

ころはいつ、明に治まる御代の元年、長月二十日あまりの夕。ところはどこ、笹原觀音堂のかたはとりの庵。うちには女子の經讀む聲、幽に聞ゑ、そとには一人の旅僧、宿とがなとももとめる樣風、暫時して旅僧はツカ〳〵と庵にちかづき、これは便なき旅僧にて候ふ、あはれ一夜の宿をなさけにとれとなへば、こゝは形ばかりの庵室にてよろづに便はあしけれども、いとひなくばと荅ふれば、こはかたじけなしと旅僧は庵に入りぬ。

旅僧は庵主に一禮して、しばしは上にもゑあがらず、昔愚僧は江戸と稱せしころ、一度まゐりしことありしが、維新後は市街の樣子など變りしやう見ゆなどゝ語れども、庵主は明白しく荅へもせず、只いぶかしげに旅僧の面のみながめぬ。僧は足など淸めて座にあがり、さて佛殿の前に坐じて「南無阿彌陀佛」と拜むとたんに、ふと目につく新しき位牌、何心なく讀下せば、「寶池龜樂居士」「俗名淺田花丸」と見るより愕然く旅僧、さてはかの庵主はれ露どのかと心づくをりしもあれ、珍らしや武八郎ぬし、池邊左門の娘露を、ヨモ、見忘れはし玉はじ、亡父の仇覺悟せよ、と懷劍を逆手に取れど、武八郎は少しもさばがず、昔は兎もあれ今は發心悟道せしそれがし、この場に及びて何ためろふべきかは。仮令過失とはいへ花丸どのと取違へ、現在父を刃にかけ、剩へ大恩ある師をだに心の迷ひより無き數に入れし極重悪人。その後京坂に出沒し、諸國の浮浪と相交り切取强盜せしことは幾度ぞしれず、今まで乱れに乱れたりし世も治り、夜々の夢安く結ばれぬより、今は發心悟道して無垢淸淨のこの姿、されど從前作せし悪事の應報今一齊身に集り、一夜の宿求めんにはまだ他處にも有るべきに、神の罰佛の尤斷の如し。と捨てたる懷劍取る手も見せず、脇腹へグッブと突込ば、庵主もほと〳〵感入り、あな、有難心よな、惡にちかきは善にもちかし。「一念彌陀佛卽滅無量罪」と聞くより彼方は苦と息吐き「卽廻向發願心」こゝろのこりのあることとなしと、間もなく九泉の人とはなりぬ。さて、のがれがたきは、因果應報の理にぞありける。

◎◎◎◎◎◎◎◎

この庵主は、妙心尼とて、去年の二月ごろまでは。閻浮にて三人の冥福といのりつゝ、數多の年月を送りしが、ろの後あへなくみまかりぬ。」新亡者菩提のために、「南無阿彌陀佛」、あなかしこ。（花の露大尾）

萬國宗教大會

大會歸朝後第壹回報道（十一月二十日東京發信）

八淵蟠龍

吾人。歸朝匆々。報道の始めとして。筆を執りて先づ最初に報せんと欲するは。該博覽會に在りし我邦の同胞有志が。吾人等一行に對し如何なる待遇をなし如何なる感覺を報せしかの一事是れなり。今ま之れを報道せば。吾人等一行が萬國宗教公會の結果如何を卜する。或ひは思ひ半ばに過ぎん。何となれば。該博覽會に在りし同胞の有志は。日々各國數十萬の人々に接し。能くその批評をも聞き。叉時々公會の席に臨んでその實況をも点撿し。而してその認めたる所の感覺を以て。日本佛敎の米洲の天地に暉き。皇國の國輝と倶に。佛光の世界に燿くと歡び。吾人等一行をして大ひに厚遇を與へたるを以てなり。之れに依て。吾人が歸朝匆々の筆を染めて之を報ずるは。一は在シカゴの有志兄弟に謝せんが爲め。一は同盟會諸氏の吾人等に對する憂慮の胸襟を披ひて。佛陀慈敎の高恩を感謝し。倶に共に增す〳〵奉佛護國の精神を煥發せしめんと欲し。第一報道として諸君に告ぐること爾り。

去る九月六日の夜。土屋元作。宮崎豐次。矢野佐太郎等の諸氏が發企に依り。博覽會場內。日本喫茶店に於て。吾人等四名を聘して。日本人の爲めに一場の演說を開設したり。傍聽者二百餘名。外國人は數百人交る〳〵入り來るも。會主より悉く謝して入れず。爲めに門外より覗きながら立聞せしもの數十名ありし。偖て席定りて演說の順番は抽籤を以て之れを定め。第一番蘆津實全師。涅槃の義を說き。小乘涅槃の厭世に傾くを破し。大乘涅槃の妙味を說ひて。无處不在の德に覺他の利益を顯し。世間衆他の中に在りて。濟世利生の慈悲を施し。ます〳〵社會の文明を進めて。眞正に社會の利益を施すは。大乘涅槃の妙理に達せざれば克はずと。說き及ぼせしときは。滿場大ひに感じたり。第二番土宜法龍師。大小二乘の題にて。先づ小乘より說き起し。大乘敎に移り。大小二乘の敎理を槪說し。次で佛敎が我日本の文明を進めたる事實を証明し。就中美術の佛敎より出でたる歷史的の考証を示して。博覽會出品者の注意を與へ。一大感覺を惹起したり。第三番小生は佛敎大意の題を以て演じたり。其の始め大乘佛敎大意の施本ありしも。簡固にして解し難きゆへ。之を平易に演述せんとを發起の諸氏より要求されしも。夜會のとなれば會場の時間定限もあり。又諸氏の演說集めて以て佛敎の大意となるものなれば。余は淺く實用的に說んとて例の活劇演說を以て大意を述べたり。第四番洪嶽宗演氏は色心二法の題を以て。時間已に迫りたれば。單簡なる解釋を下し。一心萬法の應用を說ひて特に感を與へ。十一時四十分にして終りを告げ。それより茶菓の饗應に接し。四名一同橫濱を出でしより。近頃珍ら敷吾邦の綠茶を喫し。特別日本茶の風采を味ひ蘇生したる意地して十二時二十分に退散したり。此の演說に依て諸有志は大ひに感覺を起し。世界博覽會に吾が日本の工藝美術と諍ひ。頗る高評を下せんとするに。今また萬國宗敎大會に在りて日本大乘佛敎の眞理を米洲の中天に耀し。一層審美の光景を添ゆると。吾等日本國民として。累代佛敎徒として。最も賀す可く歡ぶべきとなりとて。大ひに賛美し。之れより諸有志は。博覽會繁劇の中に在りて。義捐金を醵集し。再度世界博覽會場中。有名なる紐育洲館內に。佛敎の一大演說を開設すべき企圖とはなれり（此の報道は。國敎廿七号。雜報欄內に。土宜氏の報道を掲錄しありて。重複の嫌ひなきに非るも。尙をその事情を詳かにせんが爲め。重ねて筆錄せり）

宗敎公會も既に豫記の如く九月廿七日を以て無事閉會を告げ佛敎の結果も大ひに好評を博したれば。諸有志の歡び一方ならず。之れに依て。一には吾人等を慰勞せん爲め。一には豫て交際なせし米國の諸有志に日本佛敎を聞かせ。倶に宗敎に在りての外人待遇をも試みんとて。九月廿九日。紐育洲會館の樓上を借り。內外人三百餘名を案內し。夜會の莚を張り。吾人等四名幷に柴田神官を聘し。演說を開會したり。此の日。綾惡風雨烈しく、往來の難澁なるにも拘らず。案內爲せし米人は。シカゴ市長。全議員數名。同所各銀行頭取。諸大學校の敎授。學士。紐育市の市長。議員。其他軍人將校。博覽會係の人々。又は紳士紳商等。男女總計百五拾餘名。或ひは馬車と駈り。或ひは歩行爲し。豫期の時間には悉く來會せしかば。吾が日本の諸有志は疾くに集り在るを以て。吾人等は諸有志の紹介に依て一々握手の禮を行ひ。之れより代る〳〵登壇し。熾んなる一場の演說を爲し。終りて餘興の宴を開き。茶菓を饗し。來客一同に扇子壹本宛を贈り、皆々退散せしは十一時五十分なりき。

顧ふに。世界各國の諸宗敎が、或ひは一宗一派を代表し。或ひは一個の宗敎家として。萬國宗敎公會の招聘に應じ。遠近相會し。北米合衆國フロント湖畔。アートハレスの公會堂に集り。握手敬禮。友愛同情の信義を以て。各々吾宗敎の特色たる眞理を唱道したるは。實に歷史有りてより以降。未聞の一大美擧にして。宗敎歷史の上に大筆特書するも。敢て愧る所なきは無論なり。

然り而して。十九世紀文明の盛擧として。人間進步の巧妙なる技術を鬪はしむる閣龍世界博覽會場中に在りて。日本佛敎徒が數百相集り。或ひは內外人數百相會し。二回迄も佛敎々會の莚を張り。佛陀の眞理を演述せしは。之れ又歷史有て以來否な吾國開港以來無比の盛擧にして。吾人は佛敎歷史の上に。大筆特書するも愧ぢざるの一事なりとす。曾て倫敦に。巴里に。費府に。維也納に。世界博覽會開設せしときも。吾が日本多少關係せざるに非ずと雖も。未た日本佛敎家が。其の會場に在りて。或ひは吾が邦人を集め。或ひは異邦の人を會し、法門を開闡せし實例あるを見ず。況んや。シカゴ市內世界諸宗敎家が數十日間滯泊しあるにも拘らず。何れの宗敎がそれこの博覽會場中に在りて斯の如き盛大の敎莚を開闡呼號せしぞ。識らず唯吾が日本佛敎の一敎之れを執行せしのみ。

顧みれば。吾人熊本發足の日。吾同盟の兄弟數千名吾を送りて大呼して曰く『希くば君往ひて世界博覽會の中央に立つて佛陀の慈敎を號呼せよ』と吾れに贈るの一言。此の言や重し。此の言や重し。今ま吾れ其の言を果したりと云には非るも。幸ひ諸高僧と俱に會場の中に在りて。內外の人々に對し。佛敎を演述したるはそも〳〵その一斑を盡せりと云には愧ちなかるへし。

吾人等東都を發するの日。諸有志集りて愛宕青松寺に於て送別の莚を張り。各々旅中或ひは宗敎大會の用意を說く。中に立つて青巒大內居士吾人等に告げて曰く。『從來吾邦佛子が歐米に渡航するもの。其數年に月に多しと雖も。総べて彼れに學ぶが爲めに渡航せしものにして。未だ曾て彼れに敎ゆるが爲めに渡航せしものあるを聞かず。這般四師が渡米するは。その學ぶが爲めに往くものには非ずして。敎ゆるが爲めに往くものなれば。尤も其の覺悟なかる可らず』とて。大ひに之れが注意を示し。『而して佛教家が海外に向つて教ゆるが爲めに往くものは。四師のこの行を以て先驅と爲す』との責任重き別辭を以て送られたり。噫乎。責任や重し。責任や重し。吾人等到底この責任を果す可らざるとは吾人自ら信じて疑はざる所にして。世人も亦た疑を納れざる所なりと雖ども。事已に于斯臨み。今更に止むべき筋もなければ。果す可らざる一大責任を負ふて東都を辭し。遠く北米の山川を跋渉して。アートバレスの會堂に臨めり。然してその公會に依て規定されたる規則に依り。一題の文案を草し。堂上に立つて數千の人に對し。佛教てふ一篇の朗讀演説を試みたり。新聞は之れを記し。雜誌は之を寫し。終ひに世間衆多の人の一讀する處とはなりしも。是れは之れ一篇の草案一場の朗讀に過ぎざれば。之れをも教導の一斑と爲さゞるには非るも。之れ啻筆錄の爲し得る所にして。居ながらにしても亦た其の業を達し得べきとなれば。何ぞ遙々數千里の海陸旅程を涉臘して教導したりと爲す可んや。然れども之れに依て疑點を惹起し。問題を企て。或ひは質問室を叩き。寓所を訪ひ。吾人等その來るを俟つて一々面晤答辨し。解釋を與へ。説明を施せしが如きは。完く渡航教導の一斑とするも。蓋し不可なきものならんか。況んや。吾人等一行が。世界諸宗教が敢て施行せざる所の博覽會の中央に立つて。佛陀の眞理を號呼せし一擧の如きは。アートバレスの公會堂に在りて。比較的に諸宗教と教理を鬪はしたるの比にあらずして。完く佛陀の使命を奉じ。大音宣布の教導の一端を施したりと云ふとは。顯著なる事實なり。然りと雖ども。吾人は之を以て佛徒の責任を盡したりとせざるなり。之を以て同盟諸子の吾人を派遣したる希望を果したりとはせざるなり。之れ唯だ佛陀冥衆の加被力と。同胞有志が護法愛國の忠情。溢れてこの企畫を爲し。吾人等を驅りて此の擧を奏せしめたるものにして。決して吾人等雛僧輩が自己獨特の力預りて此の擧を奏したりとはせざるなり。依之。吾人は上み佛祖の慈恩を感佩すると同時に。下も同胞有志の愛護せられし盡力の勞を謝せんと欲し。今ま其の書類を寫し。誌上に掲げて同盟諸氏に報ずると爾り。

有志寄附金帳の序

夫れ法界は一相にして差別の姿あることなく一切衆生卽ち是れ如來の平等法身に外ならざれば成佛得脱の性は具へざるもの一として有る事なし然るに此の道理を知らざるが故に空しく无始劫來の因果に纒縛せられ徒に業識生滅の衢に彷徨するもの比々として皆然らざるなし大聖釋迦痛く之れを憫み玉ひ手づから荊蕀の林をわけて摩訶衍の碧樹を探り阿耨多羅三藐三菩提の直路を示して普く衆生を濟度し玉ふ

是に於て乎實相眞如の月の影は皎々として高く靈鷲の峯に輝き涅槃常樂の花の色は燦々として淸く鷄林の梢に發く爾來歳を經ると三千餘年其間大敎東に流れて震旦に入り横溢して鷄林に滿ち再び溢れて日域に浸潤せり尤も世異り機別るゝに從て受解の縁同じからず三乘十二宗相分れ相競ふて到彼の捷逕得入の深淺を論ずるとありと雖之を要するに一佛乘の所詮に出でず廣狹近遠の差別其儘にして何れも攝取不捨の慈願に合ざるなしされば東方諸國就中日支韓の人民は夙に法雨の甘澤に霑ひ宗風の爽凉に飽くとを得て歡喜踊躍し或は機根秀抜の如き言下に漆桶を脱底し舌頭に佛祖を翻弄し逍遙して寂光淨土に遊戯するものさへあり佛化の道隆盛を極めたりと見ゆるものから之れに反して泰西諸國の人民は聞道の機緣甚遲く埃及開明の昔しより今に數千歳を經たりと雖も曾て大乘の眞理を知らず獨り機巧の學は殆んど幽奥を窮極し水を蒸し電を役し厚生利用の方至らざる隅もなしと雖も法身眞如の妙諦因果應報の玄理に至りては漠として世を隔てたるが如し會ま耶蘇天啓の敎ありて博愛平等主義を演ぶると雖も上帝造化の空談直ちに梵天の所説と均しく彼の眞月を背にして水中の影を撈りたるもの眞理に於ける遠くして遠し更に所謂哲理の學に至りては凛々たる鋭鋒麁に入り細に渉り將に圓滿の大道に躍出せんとする有るが如きも熟ら之を視ふときは今や端なく一枚の鐵壁に撞着し進む能はず退く可らず憫然手を放て爲す所を知らざるに類せり惜む可きの至りならずや爰に時なる哉明治廿六年九月コロンブス大博覽會に附隨して世界宗敎の大會を企つるものあり是に於て我日本の宗師蟠龍法龍實全洪嶽の四位一乘圓頓の大義を述て西人多年の迷霧を攪破せんと欲し六千餘哩の山水を遠しとせず錫を飛ばして米洲に來らる夫れ此四師は宗門の棟梁祖庭の龍象にして勇猛精進の力金石をも堅しとせず殺活擒縱の機魔外道をも物の數とせさる底の人々なれば其の宗敎大會に臨むや必ず大法輪を轉じ大法螺を鳴らし忽にして乾坤とを喝破し忽ちにして鬼神を紛韲し忽ちにして法幢を光風に翻へし忽ちにして佛光を霽月にかけ機緣漸熟の衆生をして空谷跫音の思あらしめんと期して待つ可し大敎西漸の氣運恐くは端を此處に發せんか聞説く本邦に在て四師の此行を賛するもの何れも己が分に應するの財を擲ち一には以て道塗舟車の費にあて二には以て宗敎弘通の用に供せんとせりとかや即ち是れ莊嚴佛土の一方にして當世缺く可らざるの檀波羅密と云ふ可し而して今又在シカゴの有志等更に同樣の企を爲すに過へり是れ偏に釋氏の遺法人を敎ゆるの正しく釋氏の遺法人に入るの深きによると雖抑亦有志諸彦が道に志すの厚きにあらずんばいかでかよく此の如くなるを得んや元より在留の人々少なければ其集所の資僅に貧女が一燈の値に過るならんも其善行の大功德は彼の祇園精舍を建立せる須達が布施にも優らんと決定して疑有る可らずと云ふ者は曾て蒼龍の窟宅に下す一搠洪川の毒涙に酔へる大夢居士土屋元作にして明治二十六年九月七日北米合衆國微紫巖湖畔歷聖東の客舍に於て識す

有志寄附金の趣意

此度當シカゴに於て開かるべき萬國宗敎大會を機として大乘佛敎の眞理を述べ我佛法をして歐米各國の際に弘通せしむるの端緒を發かんが爲め釋洪嶽宗演（禪宗）蘆津實全（天台宗）八淵蟠龍（眞宗）土宜法龍（眞言宗）の四法師各一個人の資格を以て當地に拽錫せられ候に付ては本邦有志者に於

て既に若干の金員を擲ち法費の幾分を補ひ候事新聞紙上にも相見へ候通に有之定に殊勝の至と存し候就ては當地に在ても我々寸分の微力と揮ひ本邦有志者等の盛擧を贊助せん事最も當然なる一着と相考候間乃ち左記の通各々法費の内へ寄附致し候依ては尚我々の外に此趣意御同感の仁も御坐候はゝ金額の多少を論せず御隨意御寄附相成度候但し正金の義は申合の上博覽會工藝館内井村丑之助取扱の事と相定置申候以上

明治廿六年九月七日　於シカゴ府　發企人識

追記

前記の通の趣意を以て銘々應分の醵金に及候處萬國宗教大會彌々本日を以て終りを告け候に付開會中諸師の勞勤せられたるを慰め兼ては内外の人々へ大法の一端と聞知せしめんか爲め九月廿九日午後八時より四法師並に内外人士三百餘名を大博覽會々場内紐育洲館樓上に招待し夜會兼演説會相催し候事といたし候依て此集金の内若干を以て右の入費を仕拂餘分の金を出し候ときは擧て之を四法師の座下に呈し可然費途に使用の義相願可申候此段更に申合候條即ちこゝに追記いたし置候以上

明治廿六年九月廿七日　寄附有志一同

寄附金幷姓名

一金拾弗　石川縣廳在勤　宮崎豊次
一仝拾弗　横濱本町壹丁目　錦野吉次
一仝拾弗　横濱本町貳丁目　井村丑之助
一仝拾弗　佐賀縣有田　松尾寛三
一仝五弗　茨城縣北相馬郡押切村　倉島松男
一仝五弗　愛知縣海東郡大治村大字西條　恒川清左工門
一仝五弗　横濱本町貳丁目　鈴木四郎右工門
一仝拾弗　愛知縣名古屋竪三藏町　鈴木彌六
一仝五弗　神戸下山手通六丁目貳百九十壹番地　天野重次
一仝五弗　河内譽田　矢野佐太郎
一仝五弗　Clo tetsuka＋co east mainst rochestern. y　手塚國一
一仝壹弗　Clo shimurakata atlantic city　高塲四郎
一仝壹弗　Clo tetsuka＋co　武田誠太郎
一仝壹弗　Clo tetsuka＋co　林勝次郎
一仝壹弗　Clo shimamura＋co atlantic city njvs　赤松靜三
一仝貳弗　東京淺艸三筋町　安藤仲太郎
一仝拾弗　佐賀縣有田　深川忠次
一仝四弗　東京淺艸茅町　下闢宇兵衛
一仝貳弗　東京築地二丁目　小林倉次郎
一仝拾弗　東京尾張町二丁目新道　林忠正
一仝拾弗　紐育領事館内　執行弘道
一仝五弗　紐育ブロードウェー五百四十三森村豊方　土屋元作
一仝五弗　靜岡公園　星田茂幹
一仝五弗　京都伏見街道三ノ橋　丹羽圭介
一仝五弗　京都西陣　西村捴左工門
一仝五弗　神戸本町壹丁目　山本直三郎
一仝壹弗　神戸榮町蒲地商店　福田源次郎
一仝壹弗　横濱野毛山　野畑德二郎

右合計壹百四拾九弗
内六拾九弗　夜會入費
差引殘
金八拾弗　寄附金

此度當シカゴ府に於て萬國宗敎大會開設に付態々御出張被成大乘佛敎の眞意を以て米洲の中央に大呼せられ候事寔に未曾有の勝事にして生等一同歡喜踊躍の情に不堪申候就ては別記の金員乍些少四師座下に呈上仕候間御領收被成下度若し之を以て法費の一分をも補ひ候事相協候はゝ生等の幸福不過之候謹言

明治廿六年九月三十日　寄附有志者等　九拜

萬國宗敎大會臨席

四大法師猊下

八淵師シカゴ着後宗敎大會の報道は我田水引流の誹を避け故らに自己の通信は一切なさず其景况は悉く米人の手に成る同地發行のジー、デイリー、インターオーシヤン、幷にジー、シカゴ、レーリー、トリビユン、の二新聞に讓れり今社友受樂院善行君の謹厚嚴肅なる飜譯に成れるものを左に掲げ八淵師滯米中の通信に代ゆ又た同師よりも歸朝後續々大會見聞錄を寄せらるゝ筈なり謹んで告ぐ

明治廿六年十一月廿八日　國敎編輯者謹識

宗教大會十日間の演說者（インターオーシヤンの記事に依る）

九月十二日（會議第一日）

(1)宗敎大會の目的　宗敎大會書記ニコルス

(2)神實存の證明　英國倫敎アルフレッド、モメリー

(3)諸種唯一神敎相互の一致及び差違の點を論ず　新敎徒博士バレンチン

(4)猶太敎の敎理　ラツピー、アイザツク

同日午後會

(5)宗敎と哲學　ヅビベテ井ーホン

(6)神實存の證明　合衆國ウ井リアム、ハーリス

(7)印度古代の宗敎　印度モーリス、フ井リツプ

(8)理想的宗敎　獨逸博士アドルフ、ブロードベツク

九月十三日（會議第二日）

右八淵師寄贈の新聞中同日の景况を掲げし新聞缺漏に就き不詳東洋人の顏揃にして而かも日本佛敎の平井龍華（金三）師が全會を動かせる耶蘇敎攻擊の演說（前號大會欄の「基督敎に對する吾人の位置」）も新聞缺漏の爲め詳にする能はざるは吾人の殘念に堪へざる所同日平井師の痛快なる雄辯が如何に滿場の感動を惹起せしめしかは左の二項を見よ

偏僻害毒なる耶蘇敎の信仰を以て日本社會の全面を蹂み壞づさんと欲する國民新聞壹千壹百三拾八號（去る十月十二日發行）の紙上に同社のシカゴ博覽會特派員久保田米僊氏（定めてアーメンの泣きてならん）は世界大博覽會通信中同日平井師演說の摸樣を記して曰く

同じく佛敎家たる平井某大に基督敎を攻擊し基督敎の日本に傳播す可らず亦能はざる所以を論じ激烈の辨攻擊餘力を殘さず聽衆は大に喝釆し司會者博士バルロウ氏の如きは「當議會に於て、我等基督敎國の罪を鳴らさるゝは我等を益する所多かる可し」など穩やかに挨拶せり

「我黨は國性を發達し國權の擴張を計る」の綱領を其三大綱領の第一に掲げたる熊本國權黨の機關九州日々新聞は其三千三百九拾壹號（十一月十七日發行）紙上雜報欄に「萬國宗敎大會

に於ける日本佛教者の光榮」と題し該會臨席者の一人八淵師が歸朝後東京より同師派遣運動の發起者大道憲信大久保含海二師に發せし書簡を載す其中平井師の演説に關する左の報あり

之に加ふるに平井金三氏（龍華師）が我佛教徒の演説口切に氏が二年間米國滯在事情に通じたると氏が得意の英語達辨を以て宗教と日本の條約改正の關係を論じて基督教國の不眞理不道德を攻め加へて支那人放逐論より引ひて日本出稼人放逐論より桑港にある日本人の子弟は學校に入れぬと云ふ議論を以て拒絶したるなど其他種々の事實を揚げ之が耶蘇教國の道德か博愛の道か若し普通人の無宗教者が爲せることと云はゞ宣教師傳道師は何故傍觀に附して默視する又斯の如き無宗教者が幾十萬あるを教導せざるは何ぞやと責めつけたる時は或は之が爲め一場の破裂とはならざるやと肝を冷やせしに圖らずも（セーム、セーム）「慚愧々々後悔愧づべしと云ふ意」の聲滿場に起り拍手喝采止む時なく而して末を結び「併し何の宗旨にも僞宗教僞信者の多きものなれば僞耶蘇教徒の所爲にして眞正の耶蘇教徒は此の如き事なきとは余其宗教を視て知る」と程能く結了したれば滿場立つてハンケチを振り（之は無上の喝采を表する意）振り返りたる顔を見て又大喝采を表せしは實に愉快の事共なりき

左の編は東京より發行する眞言宗新義派の機關密嚴教報近刊の演説欄に掲げられし長谷寶秀氏が九月十四日のインター、ナーシヤンの筆記中より其大要を略譯する者當日平井師演説の大旨を知らしめんが爲め密嚴子及び長谷氏に感謝し此に轉載す

日本と基督教の關係

平井金三

日本の事は人の誤解せるもの甚だ多く特に日本の宗教思想に就ては人未だ其眞相を知るものなし。遂に日本國民に蒙らしむるに野蠻なり異教者なりとの酷評を以てするに至れり。野蠻なり異教者なりと言はるゝも可なり。日本人民は歷史ありて已來常に公平無私の心を以て有らゆる宗教を寛容し。その外國より來れるものも。之を日本固有の道に合して尊信の心を盡せり。兩部神道の如き。儒者佛者神道家の常に一致して爭なきが如き。人民の諸教を併せ奉じて一家の內には一方に佛壇あり。他方に神棚を祭れるが如き家族の俱に佛經神書を兼學するが如き。皆な以て日本人寛容の性質を證せざるはなし。日本の歌に曰く『攀ぢ上る麓のみちは多けれど同じたかねの月を見るかな』と。豈に公平の至ならずや

而るに獨り基督教に對しては寛容ならざるものあり。是れ又原因なきに非ず。昔し紀元千六百三十七年天草の亂あり基督教徒謀を通じて反逆を行ひ。人を屠ること算なく血を流すこと河の如し。且つ當時將軍政府は。基督教の奪國の宗教なることを聞きて。之を惡むこと甚しく。遂に其徒を放逐しその教の弘通を禁ずるに至れり。その後ペルリー來りて條約締盟開港互市の事あるに及び。宗門の禁は解けたりと雖も日本人心の創痍は猶は未だ癒へず

近來に至りて條約改正を行はんとするも。基督教諸國は之を諾せざるが故に。治外法權猶ほ未だ撤去せず。領事裁判は猶ほその權を恣にし。甚しきは外人の家には。門に榜して日本人入る可らずと書するに至る。又此國に在りても數

年前までは。太平洋岸の大學には日本人の入學を禁じ。數月已前には桑港の公立學校に日本人の入學を禁じたるに非ずや。或は日本の勞働者を雇ふを禁じ。或は日本人を國外に放逐せんの計畫を爲せるものあるに非ずや。日本人は此等の事を見る每に既往の歷史に顧みて。彼を思ひ此を思ひ戰栗止む時なく。基督敎を惡むの情を生ずるも亦宜なるに非ずや。而るに吾人四千萬の同胞は。單に基督敎を信ぜざるの故を以て。無智蠢愚の異敎者なりと呼ばる。嗚呼若し斯の如きものを以て。基督敎眞正の道德なりとせば。吾人は寧ろ異敎者を以て自ら甘ぜんと欲するのみ。

九月十四日（會議第三日）

(1)人生最も必要なる者は何ぞや　カーデヰナル、チツボン
(2)宗敎　高僧レーマン、アボツト
(3)宗敎上より男女の關係を論ず　ボストン高僧レツクスフオルド

同日午後會

(4)人類進步上精神の勢力　ニユー、イングランド　エベレツト、ヘール
(5)基督敎の眞理　ボストン　ゼオゼフ、クツク
(6)日本の佛敎　日本眞言宗　土宜法龍
(7)基督敎　倫敦博士　ムール

長谷寶秀氏の飜譯（インターー、オーシヤンより）にして傳燈、密嚴敎報、明敎新誌の三誌上に揭げられし土宜師當日の演說は左の如し吾人再たび長谷氏の功勞を謝し讀者をして雲外僧正幽玄の思想を味はしむ

日本の佛敎

土宜法龍

釋加牟尼世尊は一代五十餘年の間三乘の法門を說けり三乘とは世間人天の敎及び出世間大小二乘の法是れなり。三乘は本と一なりと雖ども之を受くる衆生の機根非一なるが故に佛大智大悲を以て能く之れと察し機に應じ根に隨て說法せり。是れ大小二乘の分るゝ所以なり。故に佛敎の三藏甚だ廣く三乘の區別甚深なりと雖ども是れ決して後世弟子等の見を異にするが爲めに起れるの別にはあらず。皆同じく一味の佛敎大海より流出して群生を利濟す唯だ其の名の異なるは暫く流派を異にするが爲めのみ流派異なりと雖ども共に是れ再び流れて彼の廣大なる佛敎海中に入るものなれば三乘各其の見に拘泥して互に長短淺深を爭ふ可きものに非ず。

大意

世間乘は佛成道の後ベナレスの鹿野苑に於て人天等の爲めに說ける所。五戒等の道德上の戒律は此內に在り。五戒とは不殺生。不偸盜。不邪淫。不妄語。不飮酒にしてこの戒は俗弟子の守る可きものなりとす。佛は又道德上の點より因果の法門を說けり。

小乘の敎理は阿含等の諸經に在りて佛はその中に苦集滅道の四諦の法門を說けり。又比丘比丘尼の爲めに二百五十戒を說き優婆塞優婆夷の爲めに十善戒を說けり。この敎の目的は世間有爲の苦境を解脫して淸淨無爲の世界に達するに在り。南方の佛敎は則ち之れに屬す。

大乘は法華經。楞伽經。大毘盧舍那經等に說く所にして世間の當相卽ち淨土なりと說いてこの現世の有樣を以て直ちに完全なる淸淨安樂の境界なりとす。十戒及び二百五十戒の如きも皆一心を以て本とするものにして。北方の佛敎は之れに屬し特に日本に盛んに行はるゝものなりかく簡單に

南方佛敎の異點を說明し來れば。南方佛敎は肉躰作業を制するを本とし（制身口七支）北方佛敎は一心を以て戒律に調和せしむるを本とすること（一心爲本）明了なるべし。又南方佛敎の信者は身外に淨土を求め北方佛敎の信者は其の自心に於て之を求むるなり。

南北佛敎の調和

又南方佛敎は事物を見るに相對の見を以てし。北方佛敎は絕對の點より之れを見る、一應の區別は此の如くなれども大乘は決して小乘を捨てず。唯小乘を捨てざるのみならず他の敎理をも捨てず悉く取り來りて總稱して一乘と名くるなり。南北の異なること此の如しと雖ども共に因果を說いてその源は則ち一なり。故に人智の發達し科學の進步するに隨て此等の二敎は遂に合同して爭なきに至るべきこと吾人は深く信ずる所なり。現に印度カルカッタに於て大菩提會の組織せられたるが如き。南北佛敎諸國に於てこの二者を合一せんと企つるもの多きが如き一に之れに依てなり。

敎理

佛敎には諸法は無始無終なりと說くが故に更に造物者あることを信ぜず。然れども大毘盧舍那敎に曰く大毘盧舍那如來曰我一切本初號名世所依と。この經に依れば佛敎の毘盧舍那は造物者に同しきが如くなれども是れ決して然らず。何となれば此の說たる一切現象の原因を說示せんが爲めに暫く時間の上に於てその起原を假立したるものなればなり換言すれば一切諸法は本來始なく終なけれども說明の便を計りて假りに終始ありと說けるのみ。假へば環を說明するに環は實に始終なけれども假りに一點を取りて之れを始めとするが如し。一切諸法は終始あることなし既に無始無終なれば何ぞ煩はしく造物者を立つることを要せんや。然れども今夫れ物に二德ありとし二者中その一を取れば卽ち是れ差別なり。故に佛敎に諸法に起原ありと立つるも敢て大なる妨なし。然れども是れ平等と忘れて差別の一方に偏するものにして。この思想たる既に偏するが故に未だ全く眞なりとするを得ず。法華經に曰く十方佛土中唯有一乘法と。故に若し平等の智鏡を以て諸法差別の相を忘れば差別の當相卽ち是れ一乘法なり。而して何れの敎法を問はず多少この平等の眞理を說くものあらば卽ち是れ吾人の特に敬愛する所の一乘の法門に外ならず。

佛敎には一切衆生は情非情を擇ばず共に佛性ありと說く故に人間を始とし動物植物に至るまで皆佛性ありて何れも完全に佛心を具備するなり。然れども其の全く相異なるが如きは共に佛性あれども肉躰上の發達（情識の發達歟）互に同からざるが爲なり。故に涅槃經に曰く一切衆生悉有佛性と。若し心理生物等の諸科學に依て深く萬物の性質を推究せば涅槃經の所說は全く眞理なること明了ならん。

形像の事に就てはその有形なると無形なるとは吾人の論ずる所に非ず。何となれば若し長短廣狹の相あるも。方圓の形あるも。如何なる色を有するも。唯だ心內に觀る可き主觀的の形像なるも。或は心外に觀る可き客觀的の形像なるも。吾人が之れを奉ずるに至ては唯だ之れを記號として奉ずるのみ。故に佛敎に於て形像を禮拜するは世間の所謂偶像崇拜と全く其趣を異にせり。

又佛敎には一切衆生の靈魂卽ち精神は無始無終にして三世に輪廻すと說けり三世とは過去現在未來なり。然れども是れ他物の力によりて輪廻せしめられたるにも非ず亦之れに依て制せられたるにも非ず。唯だ吾人自己の善惡の業に纏縛せられて我一心の（六趣に）浮沈するものなり又靈魂輪廻の結果は吾人身心の上に在りと雖ども未來に至れる場合には靈魂その果を感ずるなり。靈魂は道理上無形なるに非ず勿論人間等の有形物の如く麁なる肉躰を有するに非ず。その躰は幽玄にして影の如く而もその用はその中に在り。故に普通の肉躰に望むれば靈魂は形なしと謂ふ可く。若し絕對の眞理に望むれば靈魂は形ありと謂はざる可らず。この躰を名けて不可見微細の身と曰ふ。不可見なれども既にその形あるが故に未來に至れば再び可見の身を現して自ら苦樂を受くるなり。故に曰ふ現在身心の一切の作業は未來に至りて靈魂必ずその果を感ずと。是れ吾人の靈魂輪廻の說にして人死して全く空に歸すと言ふものと大に異なる所なり。

涅槃を證得すること

佛敎には涅槃を說く。涅槃は眞理の源なれば又不可知的の境とも稱す可きものなり。小乘には消極的の法に契ひ一方に偏する心（煩惱欵）を消滅して寂靜無爲の境界に達するを以て涅槃の極果とせり。然れども是れ唯だ涅槃證得の初門たるに過ぎず。何となればこの涅槃の外に更に高尙なる無住處涅槃と名くるものあればなり。この涅槃を證するには世を化し物を利し大慈悲の行を行せんが爲めに身心寂靜の境を出でゝ。上は天堂より下は人天鬼畜奈落迦界に至るまで。至らざる所なく。その中に衆生をして悉く佛果を證せしむるなり。これ大乘に說く所の無住處涅槃なり。大乘を修行するものは最初より自行化他を行し遂にこの涅槃を證すると以てその終局の目的とす。故にその誓願と修行と一致して常に世に廣大の慈悲を行ず而して其行の圓滿したる時は。即ちその願行の一致する時にして。この位は則ち涅槃の最勝なるものなり。

結　論

佛敎には諸法無二なりと說く。而して今や此說の實際に行はるゝと見る。何となれば諸師の代表する諸大宗敎は。その外部の裝飾を去りてその中心の粹を顯はし。同一の生血を奮て爰に活動すればなり。況んや四海同胞の思想は。諸大宗敎の共に有する所なるに於てをや。

又諸宗敎の互に外形を異にするは。必要と境遇との結果自ら然る可き所にして。何れも多少永久の眞理を含蓄せるとは人の共に許す所なり。故に苟も宗敎と言へる宗敎は皆な一味にして。今や我が宗敎大會は古來始めて此の尊ぶ可き事實を證明せんとするものなれば。豈に歷史上不朽の盛事と謂はざるを得んや。（右文中括孤に挾めるは皆譯者の記する所なり）

九月十五日（會議第四日）

(1)聖敎の眞理　チャーレス、ブリッヂ
(2)舊敎及び聖經　紐育高僧　モンシグノール、シートン
(3)摩西の人物及其勢力　ラッビー、ゴッシエル
(4)默示の深意　牛津大學敎師博士エストリン
(5)文學上より基督敎を論ず　シオドル、マンガー高僧

同日午後會

(6)文學として世界各國經典の考究　博士テルリー
(7)儒敎一斑　支那上海クンセンホー

社友普行愛樂院君の譯せしクンセンホー氏の演說左の如し幼少より四書五經を繙ひて儒敎の何者たるを知る我邦人は敢て

珍らしとせざるべし然れども萬國異敎會合の中に立ち偏固なりとは云へ泰然從容其敎旨を說くに至つては薄志弱行者流の到底爲し得る所にあらず孔丘の感化亦た以て永遠悠久なる哉

儒教一斑

淸國　薰　泉　芳

人生最も恐る可きは天命に違ふにあり。故に我儒敎に於ては天命に從ふを以て第一の務と爲す。易に曰く天固一なり兩儀を生ず之を陰陽と謂ふ。陰陽合して五行を生ず。火、水木、金、土、則是なり。五行亦互に活動して四季を生ず。四季とは春、夏、秋、冬なり。而して天地萬物を生ず。天は陽にして地は陰なり。萬物の中に於て人は最も靈妙の者にして。其性を天に享く。其性に率ふ之を道と謂ふ。故に人の生るゝや。皆な此性を有す。則ち性は天より享くるを以て其始は善なり。故に無智の小兒も敎へずして兩親を尊ぶを知り。兄弟に親しむを知る。故に此性に率ふ者は善なり。中庸に曰く。『天命之謂性。率性之謂道。脩道之謂敎』と。我儒敎に於て最も重ずる所は五倫の大道にあり。一に曰く君臣有義。二に曰く父子有親。三に曰く兄弟有序。四に曰く夫婦有別。五に曰く朋友有信。君固天に出づ。故に最も尊敬す可し。是に從ふは人の義務なり。兩親の愛は天の如く無限なり。故に子たる者は當さに孝養を盡くす可し。兄弟固一体の父母より出づ。相互友愛の情あるは又た自然の理なり。結婚なるものは人類蕃殖の根原なれば。夫婦相愛するは又人の義務なり。朋友は固他人なりと雖も。其最も親密なる者なるを以て。之に信誼なきは又た人の道にあらず。又大學に曰く。『自天子以至於庶人。壹是皆以脩身爲本』と。人皆な身を脩めざる時は世の秩序紛亂するものなり。而して君王は人の上に立つて之を導く者なれば其任最重しとす。君德無ければ國に法ありと雖も治まらず。君德あれば民自ら從ふ。中庸に曰く。『誠者物之終始。不誠無物。是故君子誠之爲貴』。又た儒敎に於ては仁を以て萬善の本と爲す。仁とは諸善の總名にして義禮智信皆な其中に在り。

韓昌黎之を解して曰く博愛之を仁と云ふ。或は曰く仁は人なりと。蓋し萬善萬德皆其中に藏す。故に君子は仁を得るを以て其本務となす。仁を得るは則ち道を得る所以の者にして。所謂德なる者又之に外ならず。而して此域に至るを稱して聖人と云ふ。然れども仁を得るは是れ難中の難事にして。大聖孔夫子三千の門弟顏淵其主に居る。而して夫子顏淵を謂て曰く三日仁に違はずと。顏子の賢猶終身仁に居る能はず。其至難以て知るべし。然れども善を見て爲さゞるは君子の取らざる所。論語に曰く『有能一日用其力於仁矣乎我未見力不足者』と。故に我儒敎に於ては專ら天命に從て道を修め仁を得て以て聖人の域に至らんことを務めて止まざる也。又我儒敎に於ては耶蘇敎の如く全智全能の神を立てず。佛敎の如く天道地獄の說を曰はず。唯人を賞罰するは天に在り。自然の理に由り以て善を賞して惡に罰すと云ふ。古語に曰く積善の家には餘慶あり。積不善の家には餘殃ありと。故に我敎神なく佛なしと雖も。天の理は禍福賞罰を下す秋毫も誤りなきものなり。吾れ猥りに牽强附會の言を用ひて空漠の理を說かずと雖も。人事現世を論ずるせ最も周到也。若し夫れ人能く其力を道に用ひて而して俊德を全ふする者あらんか。一鄕必ず其風を慕ひ其敎を受けて其德に化す。一鄕の民和して一國以て治まり天下遂に平かなり。故に我儒敎に說く所の道を修むる所以の者は。之を小にしては人々修身の要道にして。之を大にしては治國平天下の大道也。世豈に我教に過ぐる者あらんや。

(9)希伯來經典の價値　紐育博士アレキサンダー、コント
(10)基督教聖經の精神　フランク、シーウエル高僧
(11)猶太教の教理一斑　ゼオゼフヰレ、ラザラス夫人
(12)世の文明を助けしヂコース人の力　ハーバート大學教授博士リオン
(13)舊教と聖經との關係　愛蘭土僧正某(姓名不詳)

九月十六日(會議第五日)

(1)耶蘇舊教　ロオ大學教授アーチン、ウエード
(2)宗　教　エレレガスチン僧正
(3)印度に於けるブラマサマヂコー　印度ナガールカー

同日午後會

(4)基　督　ジヨーン、キーン僧正
(5)結婚に對する基督教の意見　サミユエル、ダイク僧正
(6)小兒の宗教教育　アザーリース
(7)婦人に對する宗教の勢力　アンニ、イストマン僧正
(8)佛　教　日本眞宗　八淵蟠龍

其他二三の演説ありし由なれども(インター、オーシヤン、トリビユン)の二紙上其演題姓名見へず依て記せず

八淵師演説の原文は非常なる長論文の由にて野口善四郎氏之を英語に譯述しダンマパーラ氏其英譯文章を點刪し平井金三氏文句中該地方人士に通曉し難き所を訂正し大會堂上野口氏之を朗讀したりと云ふ又八淵師より該演説は別に一小冊として出版せらるゝ由なれば遺憾乍ら本欄に譯出する能はず讀者諸君之を察し給へ

九月十七日(會議第六日)

右新聞缺漏の爲め其光景詳ならず然れども傳燈誌上土宜僧正の通信中「十六日は八淵蟠龍氏の佛教大意十七日は釋宗演氏の因果説両説とも米國人には佛教の味を確かに教へ候」とあるより見れば此日は全く彼れ禪門の俊傑洪嶽釋師の演説せられたる日なりと知る可し

此頃釋宗演師が萬國宗教大會の土産として同師大會臨席の義捐金惠投者に頒たんが爲め『釋尊孔聖及耶蘇。大海胸量絶有無。一堂把手識何事。笑殺人間小丈夫』と自ら題辭し非賣品として發行せられたる「萬國宗教大會一覽」中此日同師の演説を掲げあれば謹んで左に轉載す

佛教の要旨并に因果法

釋　宗　演

諸君よ無限の時間に相續して。無際の空間に羅列する所の凡ての品物は。何から出來たでありましやう乎。私の看る所に據れば。蓋し心的二個の元因から出來上りたる者と思ふ。而して心的二個の元因とは。情と性との二でありますが。性は吾人の本覺の眞性でありまして。一切萬物が住み家として居る理體であります。之を智度論には一切の色法皆空分あり。諸法の中皆涅槃の性あり。之を法性と名くと云ふてあります。情は吾人か不覺の一念で即ち妄想の異名であります。之を大智度論には五情の所欲と云ふてあります。そこで此一念不覺の心が起りますると。自と云ひ他と云ひ能と云ひ所と云ひ樣々なる物が出來るので。所謂内に既に生ずる所の識想紛然たれば。外に成する所風輪あり。水輪あり。金輪あり。地輪あり。結んで山石となり。抽て草

木となると經文に說てあります。そこで又首楞嚴經には迷妄にして虛空あり。空に依りて世界を立し。想の澄めるは國土となり。知覺は乃ち衆生となる。空の大覺の中に生するは猶海の一漚の生する如しと云ふてあります。之れを委しく申せば衆生の有情なる物が正報で。山河の無情なる物が依報でありて。情と無情との二報が。取りも直さず性情なる心的二箇の原因から出來上たと云ふものであります。此通り法性が緣起して萬物が世界に顯はれてくると同時に古も今も一物として生死の範圍を飛び越ゆることは出來んのであります。而して所謂死と生と性と情との四者はいつも主人となり客となり。互に相關係して極まりないのであります。乃ち死は生あるによつて死があり。生は情欲によつて身命があり。情欲は覺性が動き出すに由て情欲が起るのであります。之を約言すれば萬物として生死の渦中に浮沈せしむる者は。實に不覺の妄念が係累となすと云ふに外なりません。そこで大聖人釋迦牟尼世尊は一切種智三世洞觀の眼を以て。無量無邊の衆生が。玆に死んだり彼所に生れたり。各々善と惡との二習慣に從つて苦と樂との報酬と受け。行きつ戾りつ輪廻極りない有樣を愍察し玉ふて。其出世五乘の道路を開拓して以て一切衆生を導き。彼の汚染の虛妄なる習慣を退け。此清淨圓滿なる大帝都に到着せしめんと誓ひ。此世に出現せられたのであります。凡そ種々の心識が眞如の性より起動する所のものは皆所謂情と云ふ部類に屬滯せられて乃ち眼に色を見たり。耳に聲を聞たり。鼻に香を嗅きたり。舌に味を味ふたり。意に識を生じたりする所のものが情と云ふので。其情の感染する上に或は善きもあり或は惡きもあり。十八十種と分れてありて。若しも吾人が一期の身命を謝還して次期の身命を受取る段に至て。知らず覺へず冥然として其前習慣なる善惡の種類と感じ合ひまして。正に受くべき所の結果報酬を受くるのであります。さて其情感にも篤きものあり薄きものあり。機根にも大なるものもあり小なるものもあります所から。大聖人釋迦牟尼佛は天眼を以て其情感機根の善惡篤薄だけに。それだけに方便力を以て宜きに從ふて法を演べ。或は五乘とも三乘とも自由なる濟度を試みられたる有樣は。てうど名醫が萬病を診察して萬種の藥法を施す樣なもの故に。又經文には釋迦佛身大醫王となり。一切の病と療すと掲げてあります。今其の五乘の要領を示さば。一には人情是は此生に於て能く五戒を以て佛道を進脩すれば。其の結果は當來に必す人道に生れると云ふのであります。二には天乘是は此生に於て能く十善を以て佛道と進脩すれば。其結果當來に必ず天道に生れると云ふのであります。三には聲聞乘是は此生に於て能く四諦十二因緣の法を以て佛道を進脩すれば。當來には卽ち阿羅漢緣覺の果を証得すると云ふのであります。五には菩薩乘是は能く一心源に徹底して而かも六度萬行を進脩して以て大究竟の佛果。卽ち初に所謂清淨圓滿の大帝都に到着すると云ふのであります。而して此五乘は豫め備へ附たる法には非ずして。皆吾人が根器の勝劣と進脩との利鈍とに因て。得る所の活法と云ふことを忘れてはなりません。然り而して上の五乘の中。聲聞。緣覺。菩薩。此三乘は佛出世の法と申しまして。其の法を以て超然として高かく世俗の表に出て。大に其の情累の汚染を潔淨して。只唯眞如實際の靈域に趨向せしむると云ふ眞諦的の法門でありますが。前の人天此二乘は世情の迷妄を容易に除去することが六ケ敷いから。暫らく世情其物に就て漸次に之を調御して。是れ又靈域に到着せしむると云ふ俗諦的の法門であります。如是佛一代の提唱は頓漸。半滿。大小。權實と分れ。或は八宗十二宗と分れ。二千數百年の長日月歐亞幾億の人民をして且つ信じ。且つ謗じ。且つ喜び。且つ怒らしめ。順緣逆緣驚くべきの活波瀾を性海に皷動せしも。畢竟轉迷開悟の彼岸に歸着せしむると云ふが我か佛の大目的であります。此故に心外に法を見るを外道と名くとの格言は。佛敎が諸宗敎諸科學に對して如何なる關係を持つて居りますかは。他日諸君と實地に商量せんとを希望す。

九月十八日(會議第七日)

(1)諸宗敎の同情　コロテル、ヒギンソン
(2)歷史上の基督　ケンタツキー、ノダツドレー僧正
(3)文明　ギユース人

同日午後會

(4)歷史上より基督敎を論ず　ニユーヘーブン博士チヨルヂ、フ井ツシヤー
(5)基督は則ち宇宙の道理なり　ギエームス、レー僧正
(6)世界は我佛敎に負ふ所あり　印度佛敎代表者ダンマパーラ

インター、チーシヤンの評に曰くダ氏の演說は議論精確人皆其學識を稱歎せりと而して其論旨は日本佛敎者が單刀直入其敎理を演せしと異り初日は歷史的に敎祖釋尊の人物と論明し翌日は進んで西南佛敎の眞理を說けり氏が將さに演說せんとするや恭しく佛陀の聖像を壇上に安置し崇尊の意は其眞心より溢れて敬虔の禮拜となり滿場の聽衆をして覺へず其襟を正ふせしめたりと云ふ吾人は紙面の都合に依りダ氏の演說は次號に譯載すべし

其他二三基督敎家の演說ありて此日は閉會

九月十九日(會議第八日)

(1)寛容　倫敦ミサズ、チエラズ僧正
(2)希臘哲學及び基督敎　牛津大學敎授マツクスムーレル
(3)宇宙間人間の位置　スコツトランド博士ブルース
(4)理學と宗敎　ウヰルリアム、ドーソン
(5)道德心と宗敎心の差別　オヒオ大學敎授博士スコーヴエル
(6)感情及び道德心　倫敦ハーワイス僧正
(7)如何にして哲學は宗敎の助となるべき乎　博士ランヂス
(8)ヒンヅーの宗敎　スアミ、ビベカナンダ
(9)科學と宗敎の關係　博士ポール、カラス
(10)宗敎及び音樂　博士ワルドー、プラツト
(11)世界は我佛敎に負ふ所あり(昨十八日の續き)　印度佛敎代表者ダンマパーラ

九月二十日(會議第九日)

(1)米國に於ける基督敎の傳播　米國ゼームス、ブランド僧正
(2)獨逸宗敎の現況　獨逸伯林ベルンストフ
(3)回々敎の敎理　マホメツト、アレキサンダー
(4)基督は世界の救世者なり　フエー、ミルス僧正
(5)各宗敎一致の諸點　ハルチン僧正
(6)宗敎及び人間の行爲　ハーバート大學敎授フオイ
(7)現今及び將來に於ける日本の基督敎　日本耶蘇敎代表者小崎弘道
(8)ペキンの宗敎　博士アイザツク、ヘツトランド

其他數名の演說者ありし趣なれども詳ならず

九月廿一日(會議第十日)

(1)基督敎　ハーバート大學敎授博士ピーボヂイ

(2)宗教及び富　　華盛頓府グラッデン僧正

(3)印度佛蹟興復論　　日本東京　堀内靜宇

右は大聖釋尊成道の靈跡印度佛陀伽耶回復の日本佛教團体たる東京芝公園内印度佛蹟興復會の會幹堀内氏より寄贈の論文にして大會委員長バルロー氏之を朗讀せり

(4)印度婦人　　印度孟買ヂーンセラブヂー夫人

インター、チーシャンの評に曰く『一婦人の身を以て數千の博學なる人士の前に立ち堂々雄辨を揮ふ人皆な評して當世のクレオパトラ（譯者云ふ古代埃及才色雙絶の美人）と云ふ』と

(5)佛　陀　　日本天台宗　蘆津實全

九月二十二日のインター、チーシャンに依りて社友受樂院普行君左に之を譯載す

委員長バルロー氏に導かれて日本近江比叡山の天台宗大僧正實全蘆津師演壇に上れり其錦繡の法衣は爛然として滿場の眼を奪ひ喝采歡聲囂然として沸くが如きの中に書記其論文を朗讀し終れり其文に曰く

佛陀

蘆津實全

今玆に世界萬國各宗教の代表者。一堂の下に相會して毫も相互猜忌の情なく。和氣靄々たるの間に各々其教理を述ぶるは。實に古今未だ曾て見ざるの事にして。歷史上大筆すべきものなり。吾人不肖も亦た此會議員の一人となりて。自己の所信を陳ぶるを得るは。何の幸か之に加へん。今吾人が說かんとするの演題は佛陀なり。而して此問題は之を二樣に解釋するを得。卽ち一は絕對的にして他は相對的なり。然れども絕對的に佛陀の性質を解釋するは至難の事にして。外國語を以てするは一層至難の事なり。故に吾人は今相對的に解釋を下し。以て佛陀の性質を解釋せんと欲す。抑も佛陀は三性を倶有す。一には不滅（譯者案ずるに法身の事ならん今は該新聞の儘直譯す）。二には悲智圓滿（譯者案ずるに報身の事ならん）。三には永久不變（譯者案ずるに我應身の意味とは少し異なるが如し今は原文の儘直寫す）。又た自受。他受の二性あり。自受用心とは佛陀自ら其最高の位に達して其眞快妙樂を受くる事を云ひ。他受用心とは佛陀其慈悲を垂れ給ふて。其完全圓滿の教理を說き。一切の衆生をして共に佛果を開ひて。眞正の快樂を受けしめんとするの働なり。是を箇言すれば。前者は則ち自利の謂にして。後者は則ち利他の謂なり。是等の功德を成就して報身の位に至る。報身なる者は修行の功力に依り。悟を開ひて佛陀の地位に至れるに名づくるものなり。かく涅槃に入りて佛陀の地位に至れる者は。其大慈悲心よりして此世に出現し。以て一切の衆生に說法し。一切の衆生を濟度するを得。之を應現と謂ふ。則ち寂默（譯者云ふ牟尼の翻辭にして釋尊の字なり）。能仁（釋迦の譯語にして釋尊の姓なり）。釋迦牟尼の如き是なり。寂默とは湛然寂靜の謂にして。能仁とは世の所謂仁愛の意味の一層大にして深きものなり。故に彼の釋迦牟尼世尊は全く湛然寂靜にして。滿身悉く是れ大慈大悲の結晶体。而して全く生死苦痛の境界を離れ給ふたる者なり。

次に佛陀と人間との區別を說かんと欲す。元來佛と人間なる者は全く異りたる者にあらず。佛も本來人間なり。而して其修行の功力に依り。完全圓滿の眞理を徹悟したる者にして。其然る能はざる者を人間と謂ふ。則ち吾人人間は常に煩惱の迷夢に掩はるゝを以て。吾人の本性を悟ると能は

ず。吾人若し此煩惱の迷夢を排し開ひて佛性を悟ることを得ば。又た彼の釋迦牟尼世尊と同等の地位に至るを得るものなり。然れども哀哉吾人は欲惡煩惱の爲に遮らるゝを以て。釋迦牟尼の如く究竟卽佛陀となることと能はざるなり。佛陀は本來不生不滅なり。之を稱して涅槃と云ふ。今此涅槃を分つて四と爲す。一に曰く本來自性淸淨涅槃。二に曰く有餘涅槃。三に曰く無餘涅槃。四に曰く無上涅槃。本來自性淸淨涅槃とは佛陀の本性に名づくるものにて。始なく終なく恰も明鏡の如く一點の纎翳なきものなり。此本性なる者は獨り佛陀の特有物にあらずして。一切衆生皆な此佛性を有する者なり。華嚴經には此意味を心佛及衆生是三無差別と說き給へり。無上涅槃とは涅槃中の最も高尙なる者にして。此境界に至れば全く生死の境を離れ。完全圓滿の域に臻り。無上の快樂を受くるものなり。而して又前に云へる如く。此無上涅槃に入りてより。再び世上に現出し。以て一切衆生を苦患の中より救ふことを得るものなり。

然り而して佛敎は元來心を以て基本と爲す。元來心なるものは。其大窮りなきものにして其用も亦極りなし。恰も大海の汪洋として津涯なきが如し。其大なる天の大も之を比するに足らず。其廣きと地の廣きも以て之を測るに足らず形なきが故に長短なく方圓なし。色なきが故に紅白なく靑黃なし。眼以て視る可らず。耳以て聞く可らず。手以て握る可らず。實に空なるが如くにして有。有なるが如くにして空。我佛敎之を稱して眞空妙有と謂ふ。此眞空妙有なる心の上に建設せられたる者は佛敎なり。而して此心の本体を徹悟し給ふ佛陀は又た三德を有す。一に曰く完全の智慧。二に曰く眞正の慈悲。三に曰く宏大の勇氣則ち是なり。完全の智慧とは又た之を絕對の智慧と云ひ。此智慧若し一切衆生の心に關じて働く時は。之を相對の智慧と云ふ。唯一獨存人間の愚癡及び迷信に關せざる時は。之を絕對の智慧と云ふ。經に曰く『佛陀の心は慈悲博愛を以て滿たさる。一切の衆生を平等一視するの慈悲を以て充たさる』と。則ち佛陀の目的なるものは。差別なく一切衆生をして最上の快樂を得せしめんとするにあり。而して佛陀慈悲の光は宇宙間何れの處として照らさゞるなし。恰も慈悲の兩親が其呱々たる嬰兒を憐むに差別なきが如く。一切の衆生を救ひ。復た其智慧を以て。天地間一切の現象を說明して餘ます所なし。佛陀の功德は唯に此二點に留まるのみならずして。又た最も驚く可き宏大の勇氣を有せり。彼れ印度摩迦陀王國の皇太子として。其宮殿にあるや。珍器。財寶。名譽。快樂。權勢。榮光悉く其身を圍繞し。其耳目を歡ばしめ。其性情を樂ましむるの點に於ては。決して其不足を感ずるとなし。然れども彼は此安逸の境遇に滿足せず。宇宙至大の眞理其眼に映ずると共に此安逸の境遇を脫し。斷然其財寶を棄て。其王位を棄て。其妻子を棄て。遁世して難行を積み苦行を修め。一切の衆生をして永劫無明の苦を逃れしめんが爲に。其身を犧牲に供せらる。是れ豈に宏大の勇氣にあらずや。實に佛陀は其智。仁。勇の三德に於て。最上の域に達せられたる者なり。世の宗敎豈に之に過ぐるものあらんや。

次に佛陀は其一生間に於て。聞者の階級に應じて各自相應の說法を垂れ給へり。故に其四聖（譯者云ふ聲聞、緣覺、菩薩、佛を四聖と稱す）の最下聲聞の位に於ては。未だ眞如の本躰を明にし能はざるを以て。之に敎ゆるに小乘の涅槃を以てせられたり。其教旨の大意に曰く。現世は苦患と禍害を以て充たさるゝものなり。無明煩惱の迷夢は絶へず往來して吾人の心を惑はし。生死の域を離るゝ能はざらしむ。涅槃に達するの道は。此苦患と禍害を除くにあり。湛然寂靜は則ち涅槃の反對なり。是れ實に佛陀の聲聞に教ゆる所。緣覺の位は又た少く一歩を進んで。其智識聲聞に勝ざるを以て。佛陀之に十二因緣の理(無明、行、識、名色、六入、觸、受、愛、取、有、生、老死、之を十二因緣とす。)及び心の本躰を示し給ふ。此階級の人は又た其修行の功力によりて。涅槃に達することを得。菩薩の位は又た之に一歩を進むるを以て。復た是には教を異にし給ふ。佛陀は其最後に於て其高弟を集め。佛陀の本意を顯はし。大乘涅槃の眞意を說き給へり。故に大乘は則ち佛陀の本意にして佛教の本躰なり。歐米諸國の人旣に間々佛教を學ぶもの之ありと雖も。不幸にして彼等は未だ大乘の本意を知らず。啻に小乘の涅槃のみを聞ひて。小乘教の外に佛教なしと信じ。大乘なるものは佛陀の直說にあらずして。印度哲學の一派に留まるのみなりと想像せり。是大なる誤見にして佛陀の本意を知れるものにあらず。是等の人は未だ佛教の眞理を味ひ。眞正なる佛陀慈悲の恩光に浴する能はざるものなり。

吾人の訥辨を以て高尚なる佛教の眞理を講ずるは。其一斑をも盡くす能はずと雖も。滿場諸賢の博識なる必ず吾人が今論ずる所を解釋し。佛教の大旨を領得し。旣往の迷信を攪破し。大乘佛教の眞理を徹悟せらるべきは。吾人の深く信じて疑はざる所なり。復た今奚に聽く所のみを以て足れりとせず。爾後深く佛教の眞理を硏究し。進んで卿等の同胞諸君に向つて之を勸め。將來に於て眞理の光をして世界に輝かさしめんと。吾人の切望に堪へざる所なり。是れ啻に諸賢自己の爲のみならず。世人を益すると必ず大なるべし。卿等の文明は卿等祖先の辛苦經營より來る。然れば將來の文明も卿等の刻意精勵に依りて築かれざる可らず。是至大の命運を有せる卿等米歐の人士たる者。豈に其形而上の眞理に於ても。亦た其妄想の闇雲を排して其眞理の太陽を顯はさゞる可けんや。是れ實に卿等の責任なれば也。卿等皆な東海の表に卓立する我大日本帝國を知る。我邦櫻花の淸麗秀潔なるを知る。然れども佛教の眞理燦爛として國內に光るを知らざるべし。卿等希くは我日本に來れ。而して佛教の眞理を硏究せよ。櫻花は爛熳として歡迎の微笑を洩らし以て卿等を迎へ。佛教の眞理は踊躍其雙手を捧げて卿等を圓滿福樂の彼岸に導くならん。

(6)基督教　博士リチヤード
(7)猶太教の婦人　ヘンリーエツタ、ヴールド夫人
(8)回々教　アレキサンダー、ウエツブ

其他數名の演說者ありし由なれども詳ならず

九月廿二日(會議第十一日)

(1)宗教及び世上文明に對する耶蘇教經典の價値　ゼーゼフ、クツク僧正
(2)基督教　ボストン、ヂヤツヂス、ハンナ
(3)寺院問題　シカゴ大學教授博士スモール
(4)世界は我東洋亞細亞に負ふ所あり　印度モズームダー
(5)基督教宣教師改革の法如何　印度ダンマパーラ氏外數氏

此問題は印度ブラマサマジユー(基督教と婆羅門教とを統合したる印度近時の一新宗教)の代表者モズームダー氏錫蘭佛

教の代表者ダンマパーラ氏支那のカンドハン氏等交々壇に上りて大に之を論ず

(6)基督教及び黒奴　アーチット僧正

(7)舊教及び亞非利加人種　ハルチモーア僧正

九月廿三日（會議第十二日）（新聞缺漏に付き不詳）

九月廿四日（會議第十三日）（新聞缺漏に付き不詳）

九月廿五日（會議第十四日）（新聞缺漏に付き不詳）

九月廿六日（會議第十五日）

(1)土耳其に於ける基督教宣教師　イグナオダス僧正

(2)基督教の各宗教に與へたる文書組育　ヂェームス僧正

(3)組織宗教　日本佛教家平井金三

(4)世界の宗教は皆米國に負ふ所あり　米國セリア、パーカー、ウーレー

(5)佛國宗教思想界に於ける勢力　巴里ボンチット、モーリー

(6)アルメニアン派　倫敦ミサス、チエラス

(7)宗教及び音樂　博士トムリンス

(8)基督教と印度人民思想との一致及び反對の諸點　ニューヘーヴン、ヒユーム僧正

(9)基督教とは果して何ぞや　日本耶蘇教者横井時雄

是れ我邦耶蘇の大忠臣組合教會の勇將横井時雄氏が大會に提出したる論文にして其飜譯は同氏の執筆にかゝる「六合雜誌」第百五拾參號（明治二十六年九月十五日發行）の劈頭に「東洋に於ける一問題」と註して掲げられたり吾人其論文を一讀するに其論滔々として長しと雖も（第一）基督教は其教祖の宗教なり（第二）イエス、キリストの倫理上宗教上の教誨中に他物の混同するものなき事（第三）基督教の大意は或簡短なる標目の下に類別し得らるゝと信ず（第四）耶蘇基督は宗教と道德の眞理を啓示するに當り言語を以てするよりも寧ろ性行を以てしたりとの議論を長々しく布演したるものに外ならず

(10)此以下は印度ダンマパーラ氏日本日蓮宗の居士川合芳次郎氏（氏は横濱の該宗熱信徒日蓮宗教義大意の英譯を大會に配附せんが爲め八月二十六日渡米せし人）平井金三氏釋宗演師蘆津實全師及び錫蘭暹羅の佛教家が佛教の短演説を試みたり

九月廿七日（閉會式）

左に掲ぐる日本佛教者閉會の辭は釋蘆津土宜八淵四師が其起草者を抽籤せし所八淵師當籤して原文起稿の任に方り平井金三氏英文に譯して之を閉會式場に朗讀したり「傳燈」に載する土宜師の來翰に曰く「余輩一行の閉場祝辭は八淵蟠龍の撰にして平井金三之を英語に致し候中にもロシヤ皇族某氏の如きは始終喝釆の聲天地を震動致候」と以て其愉快の光景を察すべし則ち其文に謂へるあり

萬國宗教大會閉會の祝辭

八淵蟠龍　原撰

平井金三　譯讀

宗教は社會の生命なり生活力なり現時社會に在りて宗教の眞理を證明するは更に一大必要なりとす

惟ふに現時文明社會の光景たる學術文化の進步と倶に宗教革命の機運を促かし進んで地球全土人類社會の一大革命を喚起せんとす可き傾向を感ずるに至れり此の時に至りて宗教の眞理を證明し社會の生命となりて純然生活の力を與ふる無らず

んば早晩社會の一大破壞を招くも亦遠きに非らざる可し請ふ見よ吾儕の遭遇せる現社會を見よ吾儕の遭遇せる現社會の光景たる一方に於ては學術の進步と俱に懷疑不信の徒勃興し古來より傳ふる所の宗教道德政治制度習慣等悉く之れを討究す可き問題となし總て人間思想の範圍に入れて其眞妄利害を判斷せんと欲す故に如何なる宗教も如何なる經典も經驗に合せず人性に反し萬有の理法に矛盾するものは漸次信仰を排斥し事實必ず精確ならん事を欲し眞理必ず圓滿ならん事を欲するは自然の勢にして之れ則ち宗教革命の機運迫促せる所以なり又一方には唯物主義勃興し人間五官の感覺に係る有形事物の存在を信認するの外無形虛靈の存在を拒否し現世の福祉肉躰の快樂物質の生活を以て人間無上の目的となし黃金を崇拜し實利を欽仰し眞如と云ひ涅槃と云ひ上帝と云ひ天啓と云ひ精神の不死と云ひ未來世界の存在と云ふが如き宗教道德の感情の如きは有名無實の妄想となし敢て顧みざるに至る人世夫れ彼れか如くならしめば其極遂に人心の薄弱道義の敗壞を招き競爭塲裡に優劣を戰はし大は小を伏し强は弱を從へ社會は腕力鬪諍之れ職とし恰も下等動物と其景狀選ぶ可らざるに至らん蓋夫れ宗教の生命力生活力を以て救濟する無らずんば社會滔々として暗黑の魔境に彷徨するは火を視るよりも尙明かなり吾日本佛教の諸子之れが救濟の術を講し利生の策を圖らんとする于斯年あり今や幸に閣龍世界博覽會の雄圖に際し該普通委員長ジヨンヘンリーバツロース氏奮つて各國諸宗教の有志に計り萬國宗教の一大公會を組織し宗教に文學に社會に國家に大に爲す處あらんとす於是か頑僻固陋の徒は其社會の現狀に暗き所より其爲す所を知らず或は宗教の神聖を瀆すと云ひ或は宗教を破壞すと云ひ或は怒り或は懼れ異議百出岐疑多端なるにも係らず時運は防ぐ可らず眞理は諍ふ可らず遂に各國諸宗教有志の賛同する所となり豫記の如く一千九百九十三年九月十一日を以て萬國宗教公會の盛典を擧げレークフロント、アートバレースに在て各宗教の諸大德が握手敬禮俱に與に公會開設の約を爲し爾來日々會集し演說に討論に各自懷抱する諸宗教の眞理を演述し十九世紀文明の美花を輻湊陳列せる閣龍世界博覽會の光景に加へて燦爛たる眞理の光明を輝かし社會の福祉と生命とを與へて十九世紀の文明を補け大に爲す所あらんと欲す

然り而して本月本日（九月二十七日）を以て之れが閉會式を擧げらるゝに臨み吾儕日本佛教徒一同少か祝意を表白し以て會長バツロース氏に謝すると同時に各國諸宗教賛同の各位に卑言を呈して來會の勞を謝せんと欲す

噫呼吾儕の親愛なる諸君よ一千九百九十三年九月北米合衆國レークフロント、アートバレスに會同したる萬國宗教公會は空前未聞の公會なることを記憶して忘るゝ勿れ

吾儕の親愛なる諸君よレークフロート、アートバレスの公會は一部の宗教に招かれたるにあらずして眞理の旗下に會同せし事を記憶して忘るゝ勿れ

吾儕の親愛なる諸君よ此の公會は物質的の文明に一步を進めて精神的文明に躋らしむ可き宗教眞理の公會なることを記憶して忘るゝ勿れ

吾儕の親愛なる諸君よ此の公會は普く社會の疑問に解釋を與へ宗教の眞理を證明す可き博愛正義の公會なることを記憶して忘るゝ勿れ

吾儕の親愛なる諸君よ此公會は此地上に平和と福祉を與へて眞正文明の社會を開闢す可き公會なることを記憶して忘るゝ勿

れ

吾儕の親愛なる諸君よ此公會は十九世紀の末日を送りて二十世紀の曉光を歡迎す可き公會なるとを記臆して忘るゝ勿れ

謹んで誓言す兵器は銷て日月の光となれ仇敵は變じて同胞の友となれ社會安寧國家豐榮諸君萬歲

一千九百九十三年九月二十七日

日本帝國臨濟宗圓覺寺管長　釋　宗　演
天台宗大僧正　蘆　津　實　全
眞言宗大僧正　土　宜　法　龍
眞宗本願寺派教師　八　淵　蟠　龍

（宗教大會の記事は猶ほ續々掲ぐ決して是にて終るにあらず）

雜報

◉萬國宗教大會臨席者歸朝　海內對外派の重望を荷ひ。大會堂上天下異教の群中に立ち。以て日本佛教の眞價を發揚せし釋宗演。蘆津實全。八淵蟠龍の三師。及び野口善四郎氏は。今回無事歸朝（蘆津師は柴田神官と共に十月三日シ市を發し仝十日桑港出帆のオシヤニーク號に搭じ仝三十一日横濱に着し釋八淵二師は別途野口氏を伴ひ十月九日シ市を辭し仝十四日死港よりインデヤ號に乘り込み仝二十九日横濱に着す）せらる。萬目の集注する所は。諸師今後の運動にあり。

◉印度佛蹟回復の主唱者來朝　ダンマパーラ氏は實に佛蹟回復の主唱者なり。氏は萬國宗教大會の閉場後。蘆津師と同船にて來朝し。目下八淵師と共に東京神田錦町榎本舘に投宿す。

◉釋宗演師歡迎會　去る三日我が叡聖文武なる皇帝陛下の天長節の佳辰を卜し。鎌倉圓覺寺にて開會せられたり。今其景況を聞くに管長釋師の居室には。恭しく兩陛下の御眞影を奉安し。式場は大方丈を以て之に充つ。午前十時頃より建長寺圓覺寺兩本山の諸老耆宿を始め。東京。横濱及び近鄕の有志家接踵して登山し。十一時半祝宴を開く會する者無慮百有餘。初めに圓覺寺執事歡迎の祝辭を兼ねて來會者に謝し。次に數番の席上演說あり。了つて釋師萬國宗教大會の景況より。佛教派遣員諸師の米國に於ける盡力の樣をば。凡そ一時間半に涉りて詳說せられ。式全く了りたるは午后四時半なりしと明教新誌は報せり。

◉横濱に於ける萬國宗教大會報道會　に關する在東京社友吉弘白太郎氏の通信左の如し。

釋宗演師の組織したる横濱佛教會員は本日（十一月五日）萬國宗教大會報道會を兼ね同會本年秋期大會を同港字太田東福寺（眞言宗）に開きしが東京よりは八淵師及びダンマパーラ堀內靜宇野口善四郎の三居士と小生にて十二時十七分開會せり今演說の順序を云へば第一堀內氏第二野口氏第三八淵師第四釋師第五ダンマパーラ居士にて聽衆千有餘名非常の盛況なりし就中八淵師の演說は例の通其辨滔々水の流

る〻が如く滿堂の聽衆として或は笑はしめ或は泣かしめ或は奮はしめ或は怒らしめ或は悲ましめ縱橫自在其議論の精確なる其見識の卓絶なる無上の出來方にて小生も熊本縣下にて大分聽聞せしも今回の如き上出來演說は未だ一度も聞居申さゞりし其聽衆に感覺を與へたると其名譽を博したるとに就ては御遙察可被下候同日の周旋人は同港銀行頭取及び豪商數十名八淵師の演題は『世界に於ける佛教の地位』以て其論旨は御推察可被下候

◉第一高等中學校に於ける八淵師の演說　東京なる同校佛教欽慕の學生諸氏發起となり。特に八淵師一名を招聘して。去る九日午後三時より同校大教場にて佛教演說を開會せしに。聽衆は同校學生及び大學生等にて無量七百餘名。當日師の演題は『日本第二の責任者』にて。最初に萬國宗教大會に出席して感じたる。日本佛教の地位及び對外策を論じ。進んで詳細に米國滯留中餘多哲學者と問答したるとより。遂に日本佛教徒の奮起せざる可からざる所以を以て結論し。其間斷へず法話的に滑稽を交へ。聽衆一同に無上の感覺を與へたる由。

◉東京に於ける大會報道大演說會　萬國宗教大會の報道會に全國各縣の水害救助を兼ね。ダンマパーラ氏の歡迎を加へたる大演說會は。豫期の如く去る十五日は神田錦輝館に於て。十六日は芝彌生館に於て開會せられたり。今在京本社通信員の報ずる所に依り兩日の景況を左に揭げん。

◉十五日大演說會の景況

會塲錦輝館の門頭には六色佛光の大旗を交叉し。入塲券は門內受附に於て之を賣り。聽衆は正午頃より續々詰め掛け。午后壹時を過ぐる頃は。早や間口十五間。奥行十八間計りの塲內。實に立錐の餘地なく。其來會者の性質を見れば。十分の一は大學生。十分の二は高等中學生。十分の四は青年僧侶。十分の三は一般有志者なり。午後壹時二十分淨土教報主筆堀內靜宇氏起つて開會の趣旨を述べ。續て明教新誌記者加藤熊一郎氏「國民之義務」を演じ。寺田福壽師「佛教の本領」を論じ。岡村學顯師「我黨の國際法」を說き。文學士棚橋一郎氏「慈善に就ての所感」と訴へ。大內青巒居士「回向義」に就て雄辯を振ひ。野口善四郎氏「萬國宗教大會の報告」を爲し。拍手堂を動かし。喝采沸くが如きの中に。明教記者の所謂九州の奇傑八淵蟠龍師は壇に上り。「現世紀の宗教」なる題を揭げ。該記者の所謂縱橫無盡前に敵なきの辨を皷し。劈頭喝破して曰く。『余等は萬國宗教大會に出席したる者なるが故に。漫に該會は上首尾なりし佛教徒は最大榮譽を戴き。將來大なる好都合なりと云ふたればとて。我田水引くの說として誰も首肯する者なかるべし。左れば余は正直に云はん。今度の大會に於て佛教徒は餘り恥辱を招かざりし。佛教の面目を傷けざりき』と說き。進んで『今日は實に懷疑不信の時代なれば。無證據の事は決して世間に信用せられず。故に吾人は今ま「シカゴ、デーリー、トリビユーン」及び「ゼ、シカゴ、インターヲーシヤン」二新聞の詳細なる大會記事揭載の分を持ち來り。其飜譯は載せて吾黨の運動機關たる國敎誌上にあり』とて之を紹介し。且つ會長ボンニー及びバルローの開會演說を布演し。耶蘇敎徒が自己の敎義にて世間を濟度する能はざるを了承して此會を開きたりと痛言し。「頑固耶蘇敎者クツクが誰か神の存在を信ぜざる者ぞなど。暴慢粗雜の議論をなし。滿場の聽衆より叱咤冷評せられたるを見れば。如何に彼れ歐米人が佛敎を欣慕敬重しつゝあるか。耶蘇敎の淺薄を恥ぢ居るかを知るに足らん」と論じ倒はし。それより今回四人が出席して。佛敎史上に殘るべき事件は。（第一）大乘非佛說の非理を辨解したる事。（第二）偶像敎なる妄言を闢きたる事。（第三）厭世敎なる誤解を匡したる事なるを辨明し。萬國傳道の中心となるべきは。東洋佛敎國中我日本あるのみと論結して。滿場大喝采の中に壇を下れり。本日の辨士大內氏迄は愉快なる痛激なる演說もなかりしが。彼れ八淵師が「現世紀の宗敎」なる大題目の下に熱辨勇舌を振ひたる時は。聽衆皆息を呑み肱を張りて謹聽せり。最後に佛蹟興復の主唱者。印度否な世界佛敎の大居士ダンマパーラ氏は丈高き軀格。上衣の上に白布を纏ひ。下部にも亦た白布を廻はして。通譯者野口氏と伴ひ。演壇に現はれ來り「佛蹟興復の來歷」てう演題にて。殆んど三時間計り陳べ。最後に一聲高く叫んで。『二千百里の長途を遠しとせずして來れる余が精神を世界佛敎國中大雄國なる日本人民は必ず冷淡視せざる可し』と論結して。爰に日出度本日の會を終り。それより佛敎有志の懇親會同館樓上に開かれ。湯地丈雄。加藤熊一郞。中西元二郞。沖永隆基諸氏の席上演說數番ありて頗る盛なりし。

◎十六日大演說會の景況

正午より芝公園內彌生館に於て開會。朝來少しく曇天にて雨模樣なりしにも拘らず。聽衆は先を爭ふて群り來り。午後一時半頃に至り館內悉く人を以て滿たされたり。會場の模樣は昨日錦輝舘の景況に異ならず。既にして愈々開會。始に中西元次郞氏「開會の主意」を述べ。明敎社の加藤氏「讀印度史」と題してダ氏の爲に感慨し。堀內靜宇氏「發起の主意より慈善」を論じ。高橋禪靜師快辨滑稽「慈善法」を演じ。高瀨諦誓師「今日以後の宗敎」と論じ。野口善四郞氏「萬國宗敎大會の實況」と滑稽百出の辨にて報告し。南條文雄師「佛心は大慈悲是なり」を明晰に辨じ。大內居士「無所得」を輕妙に論じて共に大喝采を博したり。次に八淵蟠龍師は「現世紀の宗教」昨日の續を演じて。一層の感動を滿場に與ふ。次にダンマパーラ居士は野口氏の通譯にて。「佛蹟興復の來歷」を説き來りて。歷史的に佛教を論じ。言々悲壯。語々痛切。末段に至り大喝一聲『我親愛なる日本佛教の兄弟姉妹よ。予が今度日本に立ち寄りたるは。決して山水明媚の地を逍遙して一己の快を貪ぼらんが爲にあらず。亦た演説をなして漫りに虛名を博せんが爲にもあらず。實に予が萬里の波濤を蹴りて此土に來りしは。唯だ日本佛教の諸兄姉妹に御相談したき一事ありてなり。是即ち印度佛蹟興復の事なり。嗚呼我が尊むべき教祖釋尊の靈蹟は。悲哉彼の婆羅門教徒マハントなる異教者の所有に歸し。寒烟茫々の裡に埋沒せられ。其神聖を汚され居るにあらずや。苟も大聖世尊の教を遵奉し。大慈大悲の佛恩に沐浴する佛教徒たる者。奮つて此擧に贊成せずして可ならんや。予は徹頭徹尾一身を犧牲に供し。如何なる困厄に陷ると雖も。決して屈撓するなく。全心を盡くして此事業を全ふせんと欲す。伏て乞ふ予が今回の行を空しからしめず。大に此擧を贊助ありて。世尊の靈蹟を回復し。以て益々佛教の光輝を宇内に輝かさしめんと希望の至に堪へず。是れ予が畢生の大願なり』と雙手を擧げ。熱涙を灑ひで訴ふるや。滿場一同凛乎とし感動し。拍手喝采崩るゝ計りなりき。散會後聽衆歸途三々五々相語りて曰く。兩日の演説會は佛教史上大筆特書す可きの盛會なりしと。予等彌生館を出づれば。門前六金色の聖旗は飜々秋風に飄りて。吾黨革新軍の勝利を祝するものゝ如し。

◉鹿鳴館に於ける八淵師の演説　去る二十一日二十三日の兩日。元寇紀念碑建設の主唱者湯地丈雄氏の發起にて。護國幻燈會を有名なる鹿鳴館に於て催すや。强ひて八淵師を招聘し一塲の演説を請ひし由にて。前日（二十一日）の來會者は安塲保和。松岡康毅。渡正元。金子堅太郎。水野寅次郎等諸氏。上下兩院の議員及び事務官等其他貴顯紳士數百名にして。軈て時刻に至り。會主湯地氏起つて「帝國元寇紀念碑建設音樂會」設立の主旨を述べ。次で雅樂會及び大日本音樂校々友會。近衛樂隊等幽微高尙の歌舞音樂あり。三遊亭圓朝の講談あり。次に八淵師は萬國宗教大會に列したる有樣より。進んで日本國民たるもの護國の精神鞏固ならざるべからざるの必要を大小の二乘に分ちて縷々演述し。滿堂聽衆をして非常の感動を起さしめたり。後日（二十三日）には陸海軍將校。華族。紳士。豪商の岩崎三井諸氏無量三百有餘名にして。第一湯地氏開會の主旨。第二劍舞。第三軍樂隊の音樂。第四八淵師の演説にて。師が既に演壇に上らんとするや。列座の圓朝は大に狼狽の摸様にて。是非自身先に講談をなさんとあせりしも。其内に師は壇に上りて一層快辨を振ひしかば。拍手喝采止む時なく。一同非常の感覺を惹き。其場所にて長瀨軍醫長は來る二十八日の貴婦人法話會に師を招聘することを廣告したり。其他師は十一日熊本縣人政黨以外の學生會。十二日故西本願寺普通教校學生會。十九日濱町及び小石川細川侯邸附舊熊本藩士等の招聘に應じ。獨特の雄辨を揮はれたりと。

通信員附記して曰く「日本第一の講談師圓朝も八淵師の演説にホカゼを取られて餘り喝采もなかりしは實に一興にて御座候呵々」と亦た是れ吾黨凱旋の笑味なる哉

◉禿眞子の八淵師歡迎文　昨年歐米漫遊の途に上り歸朝後。「各國宗教略話」を著されたる。越前禿了教師（眞宗誠照寺派）の令孃眞子は。『卑孃や北陸僻村の一少女殊に無學短才の鈍質母胎を出しより既に十七年の長日月と閲せしも未だ一事業の成ずるなく一義務の盡すなく實に國家に對し佛教に對し慚泣するの外御座なく候（中略）我佛教徒婦人の護法に布教に教育に冷淡なる點につきては食するも味なく寢ぬるも安眠致し兼候噫廣漠なる我佛教婦人界中一の惠信尼公なきか一の善信尼なきか思へば〱慨歎の至に御座候願くは貴社員將來ます〱新佛教の擴張と共に我佛教徒婦人の頑夢を攪破し給はんことを懇望の至に不堪候』との書簡を添へて。左の歡迎狀を寄せらる。眞個に是れ佛界婦人中の萬緑叢中紅一點。

八淵蟠龍師ノ歸朝ヲ祝ス

指ヲ屈シテ宇宙開闢以來ノ大事業大珍事大美擧ヲ筭スルニ彼ノ有名ナル佛人勵節夫ノ企圖セシ蘇士運河ノ大偉業ト云ヒ伊人閣龍ノ亞米利加發見ノ大快事ト云ヒ其他一ニシテ足ラズト雖今回米國市俄高博覽會ノ附屬トシテ開設セラレタル万國宗教大會程一大珍事ハ非ル可シ一大盛擧ハ非ル可シ抑モ該大會ノ目的タルヤ曩ニ諸新聞諸雜誌上ニテ記載セラレタル如ク一ニハ世界諸宗教者ノ親密ヲ計ランガ爲メニハ万國ノ平和ヲ永遠ニ保持センガ爲一ニハ天下ノ人ヲシテ最モ分明ニ諸宗教ノ眞理ヲ知ラ令ンガ爲云々ト嗚呼何ゾ其目的ノ公平ナルヤ何ゾ其事業ノ盛大ナルヤ苟モ宗教々徒タランモノ誰カコノ盛擧ニ賛同セザルモノアラン誰カコノ美事ニ隨喜セザルモノアラン況シテ和合ヲ本トスル佛教信者ニ於テヲヤ須ク歡天喜地シテ此ノ美擧ヲ贊成シ此好機ヲ利用スベキナリ妾ヤ不肖ト雖一度此一大快報ヲ耳ニスルヤ實ニ驚嘆欽仰思ハズ双手ヲ拍チタリ同時ニ我日本佛教者ガ博識有辨ナル高僧ヲシテ大會場裡ニ臨マシメ尊キ佛陀ノ教法ヲ異邦人民ノ腦中ニ注入セシメラレ度トノ希望ハ妾ガ胸底ヨリ涌出セリ幸ナル哉此ニ九州佛界ノ偉人否日本佛界ノ雄傑八淵蟠龍師アリ釋土宜蘆津等ノ諸師ト共ニ我國佛教ノ代表者トシテ該會場ニ臨ミ玉フコト、ナリ横濱港ヲ解纜セラレシハ過ル八月四日ナリ爾來妾ハ恰モ彼ノ無心ナル兒女ガ悲母ヲ慕フガ如ク日夜首ヲ延べ足ヲ擧テ師ノ安全ナル歸朝ヲ待望セリ

日月匆々白駒ノ過グルガ如シ古今未曾有ノ万國宗教大會モ今ハ既ニ閉會セラレタリ我日本ヨリ臨席シ玉ヒシ八淵尊師ヲ始メ餘ノ諸高僧モ共ニ滿肩ノ光榮ヲ負フテ無事歸朝セラレタリ嗚呼諸師ガ蒼茫タルフロント湖畔ノ大會堂上ニ於テ震ヒ玉ヒシ法音ハ鬼蛾タル落機山頭ニ轟キシナランモ諸師ガ滔々タル雄辨ヲ以テ濯ギ玉ヒシ法水ハ如何ニ清潔ニ如何ニ純白ニ異教國民ノ心垢ヲ洗滌セシナラン妾ハ確信ス必ズヤ諸師ノ熱切懇到ナル辨論否肥料ニ依テ異邦民心ノ田圃ニ佛種子ノ繁殖ヲ來タスコトヲ　偉ナル哉諸師ノ功大ナル哉諸師ノ勞苟モ日本佛教徒タルモノ豈此ノ偉大ナル功勞ヲ感謝セズシテ可ナラン哉此ノ壯擧ヲ祝賀セズシテ可ナラン哉

こしをれ　三首

とつ國の園生にうゑし法の花万世までも香をはなつらん

龍すみしつきぬ法の淵のみづよろつ民草うるほしにけり

白菊の千代といのりし君が身の香りのこしてけふは日の本

明治二十四年九月七日 内務省許可

明治二十五年五月四日 逓信省認可

●密嚴教報第壹百號

明治廿六年十一月二十五日發行

◉教　學

◉眞言宗安心……慈雲尊者垂示門人筆受

◉社　說

◉密嚴教報の百號を迎へて　◉渡米教者を歡迎す

◉祝　辭

◉密嚴教報の滿百號に就て……露堂藹々居士

◉佛教は感應道交なる歟……高田道見

◉密嚴教報滿百號を祝す……法梁嬌堂

◉密嚴教報の第百號を祝す……關太溪

◉密嚴教報第百號發刊に就て……逐鹿生

◉上仝……星野艮運

◉密嚴教報の百號になりしを祝ふ……大島賢照

◉教報の滿百號を賀し併て所感を陳ふ……石山教道

◉祝教報發刊百號併呈痴堂兄……陸鴻漸

◉文　苑

◉密嚴教報の號とかさねて第百號にいたりけるをほぎて　豊山貫主●智山貫主●同し心を三神快運●佐伯辨亮●密嚴教報發刊其百號星野荊城求詩卒爾賦絕二　福井學圃●小林雨峰　其他歌數首

◉新著紹介

破邪叢書●井上博士と基督教徒收結編●萬國宗教大會一覽●三國佛教傳通略史●法華經大意●通俗佛教問答●十善兒訓

◉演　說

◉日本各宗派略史……於米國　土宜法龍

◉佛教の要旨幷に因果法……於米國宗教大會……釋宗演

◉雜　報

◉諸問案の結果本派大學林及附屬中學林秋期試驗●色衣被着制度實施の訓令●曹洞宗葛藤事件の段落●佛教大演說會幷にダンマパーラ居士の來朝●印度佛蹟興復會相談及ブダカヤ靈地の畧圖●土宜法龍僧正米歐漫遊の近況●堂々たる本山の体面を云何●地方的傳道獅虫●義金募集●新聞雜俎●各地教報數種●玉井布教師の巡回日誌廣告數十件

毎月二回十二日廿五日發行一部代價郵税共前金三錢半ヶ年三十六錢一ヶ年七十二錢

發行所　東京小石川大塚坂下町眞言新義　密嚴教報社

●國教雜誌規則摘要

一本誌は佛教の運動機關として毎月二回(國教)を發刊す

一本誌は宗派に偏せす教會に黨せす普く佛教界に獨立して佛徒の積弊を洗し佛教の新運動を企圖すへし

一本誌は諸宗教の批評及ひ教法界に現出する時事の問題を討論し每號諸大家の有爲なる論說寄書講義演說等を登錄し其教法關係の點に至りては何人を撰はす投書の自由を許し本社の主旨に妨けなき限りは總て之を掲載すへし

但し原稿は楷書二十七字詰に認め必す住所姓名を詳記すへし

一本誌代金及ひ廣告料は必す前金たるへし若し前金を投せすして御注文あるも本社は之に應せさるものとす

但本縣在住の人にして適當の紹介人あるときは此限りにあらす

一本誌見本を請求する者は郵券五厘切手十枚を送付せは郵送すへし

一本誌代金は可成爲換によりて送金あるへし尤も僻陬の地にして爲換取組不便利なれは五厘郵券切手を代用し一割増の計算にして送付あるへし

一本誌代金及ひ廣告料は左の定價表に依るへし

但本誌購讀者に限り特別を以て廣告料を減することあるへし

雜誌代金

册數	一册一回分	十二册半ヶ年分	廿四册一ヶ年分
定價	五錢	五十四錢	壹圓
郵税共	五錢五厘	六十錢	壹圓十貳錢

廣告料

廣告料は行數の多小に拘はらす五號活字二十七字詰一行一回三錢とす但廣告に用ゆる木版等本社に依賴せらるゝときは廣告料の外に相當の代金を請求すへし

明治廿六年十二月六日印刷
明治廿六年十二月七日發行

發行者　熊本市安巳橋通町五番地　武田哲道

編輯者　熊本縣玉名郡石貫村千百八十一番地　森直樹

印刷者　熊本縣阿蘇郡坂梨村八百六十三番地　甲斐方策

發行所　熊本市安巳橋通町五番地　國教雜誌社

印刷所　熊本市新壹丁目百二番地　汲古堂

第貳拾九號

明治二十六年三月二十日發行

（每月二回）

國教第貳拾九號目次

◉社　說

◉米國市俄高宗教大會の影響を論ず……中西牛郎

◉論　說

◉明治二十六年の佛界を回顧す……默々居士

◉米國文明論……東京…C. N. 生

◉萬國宗教大會

◉大會歸朝後第貳回報道（日本佛徒移民探撿論）　在西京　八淵蟠龍

◉雜　報

◉ダンマパーラ氏第二回日本誘說の活歷史
●第一横濱佛教青年會の演說●第二東京明敎社員と對話●第三經濟協會の席上演說●第四東京及び東海道地方の誘說●第五京都新報社の慷慨談●第六知恩院千疊敷の佛蹟興復演說●第七氏の歸國

◎曹洞宗の騷動愈々大騷動
●迷界一凡夫の嚴命●分離派の激昂●行政官の處分政權の力を後援としたる曹洞宗事務取扱の普達、辭令、申告、訓示、示達●分離派渠魁の僧籍褫奪宗門擯斥●曹洞宗に關する質問書衆議院に顯はる●當路者中傷的の檄文配附●雜駁なる諸演說家網羅の內務省攻擊演說會●明敎新誌と石川素童師との縱横亂擊●大騷動熱度沸騰點の徵候

◎近江園城寺聖道僧風壞頹の紛擾

◎蘆津石蓮師『閣龍世界博覧會』を吟ず

◎土宜法龍師の消息

◎海外宣敎會の英譯佛書施本部數

◎釋興然師の釋迦正風會

◎淨土宗布哇宣敎會

◎日蓮宗海外布敎會

◎傳道新誌の對外的大奮發

◎ユニテリアン弘道會の投機的陰險手段

◉附錄　第二回萬國宗敎大會代表者派遣義捐金報告

◉普通廣告　雜居非雜居　法之雨　傳道新誌　九州敎育雜誌

是より萬國人心の趨勢を卜し世界宗教の命運を察し日本佛教の決心を確めしめたる萬國宗教大會の見聞。漫言。論評は社主八淵蟠龍の雄大偉烈なる活手よりして濤怒り風激するの觀を以て陸續本誌の萬國宗教大會欄に掲げらる可し豫め天下の讀者に告ぐること爾り

明治廿六年十二月卄日　國教雜誌社

雜居　非雜居

國家的大問題

雜居非雜居

全一冊　定價廿三錢　郵稅六錢　大形美本

內地雜居是カ非カ將タ尙早カ抑モ既晚カ正ニ是レ國家的大問題官民熱シ朝野囂ク商工者苦慮シ宗教家憂思ス此書ハ天下ノ有識大家カ本問題ニ就テ利害得失ヲ痛論シタル高論卓說及演說ヲ全國各大新聞大雜誌中ヨリ蒐集セシ者ニテ一目以テ雜居非雜居兩者交戰ノ活劇ヲ見、座シテ天下大勢ノ歸着スル所ヲ知リ審ニ其利害得失ヲ辨シ自ラ之ニ處スル所以ヲ明ムルニ足ラン有志ノ士速ニ本書ヲ一讀セヨ四週間以內此廣告ヲ見テ代金封入申込ノ諸君ハ特別減價貳拾錢トス

抑モ雜居非雜居ハ獨リ實業生產上ノ盛衰ニ關スル所ナルノミナラス德義上宗教上亦重大ナル影響ヲ來シ或ル人ノ言ヘルカ如ク是レ實ニ佛耶兩教ノ決戰タリ愛國護法ノ士安ンソ此大問題ヲ以テ對岸ノ火災視スヘケンヤ　（五厘劵印紙代用）

發行所　京都寺町通五條上ル　興文堂

賣捌　東京東陽堂其他大坂丸善岡島京都東枝

國教第貳拾九號

社説

社友松山緣陰氏の新著萬國宗教大會議前篇中附論として左の論を揭ぐ眞に博大の議論精緻の觀察公明の識見雄大の文字宗教大會の影響を論じ得て最も痛切是れ我社の將さに謂はんとする所を看破せしもの故に轉載して本號の社說に代ゆ

米國市俄高宗教大會の影響を論ず

中西牛郎

凡そ世界人類の歴史に顯はるゝ一大現象としては。宗教程普遍的の性質を具するものはあらず。亦た宗教程平和的の性質を具するものはあらず。蓋し各邦の立法者が其國家及び臣民の爲めに制定したる法律は。國家の秩序安寧若くは生命財産の自由權利を保護すると宣言するにも係はず。その裡面の精神を窺ふに至りては一の階級が他の階級に對し一の國家が他の國家に對する生存競爭の觀念を含蓄せざるはなし。獨り宗敎に至りては釋尊の說く所と耶蘇の說く所とを論せず。盡く四海をして一家たらしめ。萬國をして同胞たらしむるの目的に出でざるは莫きなり。然るに何んぞや實際に至りては全く之と反對し。古來宗教程各國の軋轢を開きしものあらず。宗教程各國の平和を破りしものはあらず。亦た宗教程人類の歴史に鮮血を流したるものはあらず。此の如きは豈に大に開祖立敎の本旨に悖らざらんや。

然れども佛敎の如き耶蘇教の如きは固より措て之を論せず。此他如何なる宗教にあれ。苟も稍々發達したる宗教は人類普遍の眞理を主張し。世界博愛の主義を唱道せざるはなし。故に世界各邦の人民が地の東西と論せず色の黑白を論せず。一日宗教の旗下に於て集合して世界平和の源を開くに至らんとは。古來より達識の士が冀望する所なりしなり。然れども今や此冀望は夢想に止らずして全く事實となれり。夫れ何んぞや北米市俄高府の世界大博覧會に伴隨して開きたる宗教大會是れなり。

此宗教大會の盛況は揭けて報告に在り。吾輩玆に之を重載するの必要なきなり。顧ふに吾輩今日此宗教大會の盛況を目擊し。更に溯りて千數百年前の古昔を追懷するときは轉た感慨に堪へざるものあり。蓋し耶蘇教と回々教とは嘗て歐洲に於て激烈なる戰爭を開き。之が爲めに鮮血を流したるものは果して幾千萬人ぞや。所謂十字軍は萬國史に於て人類の進歩か嘗て經過せし一大路標なりとす。而して佛教と婆羅門教と嘗て印度に於て鬪爭せし慘狀は亦た決して之に讓らざりしなり然るに今や此互に敵視し抵抗し相容れざること水火も啻のみならざる世界各教の宗教信徒にして一堂の上歡然手を握りて相會し。互に敬愛の情と公平の心とを失はずして。人類最高の眞理を討究するに至りたるものは。世運の進步に由るとは雖ども。抑も亦た之れが重大なる源因なくんばあらざるなり。乞ふ吾輩をして少く之が源因を討究せしめよ。

第一　物質的の進步と精神的の進步

蓋し歐洲物質的の進步は輓近三百年來の一大現象にして。海に滊艦を泛べ天涯之に由りて比隣となり。陸に滊車を奔らし縮地の術之に由りて行はれ。各邦及び世界の交通日一日より圓滑となりて。萬國殆んど將さに一家とならんとす。是れ實に物質的の進步より來りたる洪賜なり。而して之と同時に物質的の進步は各國富の生產力に非常なる影響を及ぼし。交通の便利によりて此富を交易するの路大に開け。世人或は現世紀を贊歎して大洋鐵道携援の時代。又は工商發達の時代とするもの豈に偶然ならんや。之を要するに自然の勢力若くは有形の性質を研究したる理學上の結果は。或は以て器械を發明し。或は以て自然力を利用し。之を交通に應用すれば。交通敏活迅速たること彼が如く。之を工商に應用すれば。富の生產力非常なる增殖を成し。之を醫學に應用すれば醫術進步し。之を戰爭に應用すれば兵術進步し。理學の向ふ所は勝利を奏せざるはなく。進步を見はざるはなし。而して今日吾輩が眼前に於て目擊する所の事々物々所謂誇りて以て第十九世紀文化の事物とするものは。盡く是れ理學的の洪賜にあらざるはなく。亦た是れ物質的の進步にあらざるはなきなり。豈に現世紀を稱して物質的進步の時代と謂はざるを得んや。

抑も物質的の進步が有形的の人物を變化する事の勢力たる此の如し。則ち其無形的の思想を感化するの勢力たる亦た之に讓らんや。蓋し道德の如き。宗教の如き。法律の如き。美術の如きは。所謂心理の現象に屬するものにして。無形哲學の當さに研究すべき所なり。然るに物質的の一たび彼が如く驚くべきの進步をなしてより。世人の思想漸く一轉し。有形の現象を以て無形の道理を講究するの方法は。遂に滔々として思想界の一大風潮を惹き起し。無形の眞理は必ず有形の勢力に本かざる可らず。凡ての意象と想像とは必ず感覺に本かざる可らず。一切眞理の現象は必ず腦髓や神經の機關によりて說明せざる可らず。腦髓や神經の機關は亦た必ず物質の勢力と運動とによりて說明せざる可らずと云ふ唯物主義は。或は感覺說となり。或は進化說となり。或は無神論となり。或は非宗敎論となり。殆んど將さに人類思想界の一大革命を惹き起さんとす。而して其弊の及ぶ所を極論すれば直覺の眞理 宗敎の感情。道德の思想は日に月に撲滅に歸して人類將さに肉欲と金力との奴隸となり。國家の元氣社會の秩序亦た或は之を維持するに難らんとす。是れ亦た物質的進步の影響にして一利一害は蓋し事物に於て數の免れざる所なり。

故に此滔々たる一大風潮は獨り耶蘇敎の大敵たるのみならず亦た佛敎の大敵なり。獨り佛敎の大敵たるのみならず。亦た回々敎の大敵なり。獨り回々敎の大敵たるのみならず。亦た婆羅門敎の大敵なり。獨り是等各宗敎の大敵たるのみならず。抑も亦た全世界宗敎が以て共同の大敵とする所なり。今や此共同の大敵は眼前に横はれり。全世界の宗敎家たるもの豈に姑く私鬪を息め私爭を抛ちて以て一大公戰に從事せざるを得んや。是れ今回市俄高宗敎大會の由りて興る以所なり。

第二　自由思想と比較宗教學との結果

次に此市俄高宗敎大會を促したるものは自由思想の發達是れなり。蓋し自由思想とは迷信習慣若くは權威の束縛を脱して。獨立自由の精神を發揮し。自己良心の許す所に從つて各般の眞理を硏究し。若くは討議するの謂ひなり。抑も歐米各國に於て自由思想輓近數百年間先づ物理の學に發達して大に勝利を奏したるが爲めに。其餘響は延ひて哲理政法等無形の學に及び。大に眞理を發明するの氣運を促せり。而して獨り宗敎の事項のみ迷信と習慣との權威に由りて久く自由思想の發達を抑壓せしが。今や人智開發の一大氣運猶は滔々たる大濤の進み來るが如く。區々たる迷信若くば習慣と云ふが如き障蔽の能く拒く所に非ず。此に於て自由思想の大濤は遂に千里の堤防を決して歐米の宗敎界に進入し來り。人性固有の宗敎心と宗敎根本の眞理と漸く天下に明に宗敎の基礎益々鞏固を加ふるに至れり。

此に於て乎耶蘇敎の如き獨り天啓を以て自ら誇り他敎を見て盡く僞敎となし。頑固にして他を排斥するの思想に富みたる宗敎も。亦た他敎の裡にも多少の眞理を含蓄するものあるを悟り。遂に比較宗敎の講究せざる可らざるを識るに至りしは。豈に眞理の爲めに賀せざる可んや。而して我か佛敎の如きは其敎の眞理なるを天下に明にせんが爲めに。常に西漸の機を俟ちつゝありしに。幸なる哉此市俄高宗敎大會を見るに至れり。此に由りて之を見れば吾輩は此宗敎大會が生ずべき結果を觀察せんよりは。寧ろ先づ此宗敎大會を促し來りたる源因を觀察せざる可らず。而して今や此源因を分拆するときは以上論述せしが如きものあり。然り而して此宗敎大會が一般人心に與へたる影響と。又當さに生ずべき結果も亦た推知す可らざるにあらず。吾輩乞ふ試に之を畧說せん。

此宗教大會の如何に盛況なりしか。如何に勢力ありしかは上來の記事既に之を盡すと雖も。今又市俄高府に於て發刊する「宗教哲學報知」の錄する所を左に抄揭す可し。

宗教大會は十七日間開會せられ。前週を以て其閉會の式を擧げたり。此大會に臨みたる聽衆は每日三千五百人にして。百二十五箇短なる祝文の外各種の教理を說明したる論文は百二十五通程朗讀せられたり。抑もボンチー氏バルロース氏が此大會を發企したる旨趣は各宗教の教理をば得て公平に之を比較せんと欲するに外ならざれば。則ち其目的は既に著明なる成果を得たりと謂つべし。蓋し此の如く朗讀せられたる百數十通の論文は猶太教。基督教。佛教。婆羅門教。神道教。波斯教。回教及び其他各教の教理と信仰とを說明したるものにして。之を編輯して册子とし以て世に公にするは必ず近きに在るべし。若し此册子にして一たび世に公せらるゝ至れば。宗教の學に稗益すること眞に莫大なるべし。而して此一大稗益と謂ふべきものは他にあらず。歐米及ひ亞細亞に行はるゝ各種の宗教は其形狀を異にするにも係はらず。皆な彼此通有せる眞理を有して天下宗教の眞理は根本に於て同一なりと云ふこと是のみ。

夫れ「宗教哲學報知」記者が云ふ所豈に吾輩を欺かんや。此宗教大會は著明なる結果を生ずるに若くはなし。而して此結果の最も大なるものは天下宗教の眞理は根本に於て同一なりと云ふの一大眞理を發明するの一事に存せずんばあらず。然らば此一大眞理を發明するに於て我が佛教が受る所の影響は如何。又た基督教に受る所の影響は如何。吾輩進んで之を觀察せざる可らず。是れ所謂宗教大會の結果を觀察するなり。

第三　宗教大會が佛教に於けるの影響

抑も今回の宗教大會に於て日本佛教を代表して臨會したるものは。天台宗の蘆津實全氏。眞言宗の土宜法龍氏。臨濟宗の釋宗演氏。淨土眞宗の八淵蟠龍氏是れなり。此四氏は果して日本佛教の最有力者なるや。又此會に臨會するに最適當なるや。又此四氏は實際に於て功勳を奏したるや。是れ吾輩の敢て問ふ所に非ざるなり。次に印度佛教を代表して臨會したる者はダンマパラ氏なり。氏は又如何なる學識あるや。如何なる能辯あるや。是れ又た吾輩の敢て問ふ所に非るなり。何となれば是等臨會者の人物若くハ資格の如何を視ず。其の代表する所の宗教如何と視るのみ。而して是等諸氏は滔々たる雄辯を以て滿場を壓倒せしを聞かずと雖ども。その朗讀せし論文によりて以て佛敎の眞理を幾分說明せしに相違なきなり。蓋し從來佛敎の眞理にして歐米人の思想に注入したるものは耶蘇宣敎師輩が佛敎を擯斥するの眼光を以て不公平不完全を極めたる著譯の類に過ぎず。故に歐米人の腦裡に映じたる佛敎眞理の光輝は異色なる光線に化して注入したるを以て。歐米人は是迄佛敎の精確なる眞理を看破することを得ざりしものなり。偶々非常なる喝采を博し歐米數十万の思想あり識見ある人物をして佛敎に歸せしめたる。彼れアーノルド氏が「亞細亞の光」は思想の富贍文章の美麗誠に賞歎するに餘りありと雖ども。是れ又た僅に釋尊の傳紀を譯したるものにして佛敎の敎祖を說明したるものに過ぎず。而して此外獨のオルデンブルク氏。佛のビコルヌーフ氏。英のマクス、ミユーレル氏。及びライス、ダビツト氏等各其長ずる所に從つて書を著はし。佛敎の眞理を說明すと雖ども。彼等が所謂佛敎は南方小乘の佛敎に過ぎざるのみ。則ち北方大乘の佛敎は未だ殆ど歐米人の間に知らるゝの便を得ずと謂つべし。然るに今回宗敎大會の中心に於て大乘佛敎は始めて說明せられたり。之が爲めに聽衆の感想を惹き起したること果して如何んぞや。顧ふに從來歐米人が佛敎を認めて虛無厭世の宗敎となしたる妄想は此大會によりて始めて破れたるならん。彼等が佛敎を認めて無神論の一派となしたるの妄想は此大會によりて始めて破れたるならん。彼等が佛敎を認めて單純なる一種の哲學となしたるの妄想は此大會によりて始めて破れたるならん。彼等が佛敎を認めて文化の進步に害ありとなしたるの妄想は此大會によりて始めて破れたるならん。而して佛敎大乘の眞理は此大會に於て始めて明かなりしならん。佛敎の眞理宏大にして他の宗敎をも含蓄するに足る所以は此大會に於て始めて明かなりしならん。佛敎の眞理深奥にして今世の理哲諸學と衝突せざる所以も亦た此大會に於て始めて明かなりしならん歟。果して然らば佛敎が此宗敎大會に於て得たる所の勝利は小ならずと謂つべし。

然れども吾輩は聞く宗敎大會に於ては佛敎の敎理に反對するものあるを見ずと雖も。實際上に於ては往々佛敎の缺典を指摘するものありと。是れ蓋し其故なしとせざるなり。抑も東洋に於て佛敎感化の最も盛なる邦は如何なる邦國やと問ふに我が日本を始め支那。印度。朝鮮。蒙古。西藏。安南。暹羅。錫蘭等なるべし。而して是等の各國に於ける宗敎上の感化如何を見るに。決して盡く歐米人をして感服せしむることのみにあらず。然れども是れ僧侶布敎を務めざるの罪のみ。信徒信仰に篤からざるの罪のみ。抑又僧侶布敎に務め信徒信仰に篤きも佛敎の眞理を活用することを知らざるの罪のみ。而して佛敎眞理の罪にあらざるなり。然らば我か日本の佛敎僧侶若くは信徒たらんものは。此宗敎大會に於ける佛敎勢力の增進を觀て慶賀す可きと同時に。亦た歐米人より招きたる批難を免れんことを念ふて如何とすれば佛敎を擴張すべき乎。如何んとすれば佛敎を實行せしむべき乎の問題を講究せざる可らざる也。

第四　宗教大會が耶蘇教に於けるの影響

宗敎大會の發企人ボンチー氏は果して何人ぞ。バルロース氏は果して何人ぞ。彼等は蓋し自由思想の徒なるべし。然ども彼等は勿論耶蘇敎の感化を受けたるの人物なるべし。試に彼等が提出したる問題を看よ。或は上帝の性質と云ひ或は罪惡の源因と云ふが如き。其耶蘇敎徒の口吻あるは彰々として掩ふ可らず。然れども彼等は宗敎大會の發企人たるを以て。尤も公平に他宗敎徒を優遇してその感情を害す可らざるなり。然るに今回宗敎大會の全局を綜觀するに。所謂三千五百人の聽衆は一般に東洋宗敎に同感を表して。歐米の耶蘇敎派に反對を表するの傾向なきにあらず。是れ果して發企人等が豫期せし所なる乎。將た其意外に出でたるの結果なる乎。孰れとも知る可らず。若し果して意外に出でたるの結果なりとするときは。發企人は頗る狼狽したるなるべし。何となれば彼れ雄辨と學識と信仰とを以て名聲を嘗てボストン月曜講義に轟かしたるジョセフ、クック氏の如きすら。此大敎宗會の演說には反對を受けて失敗を取りたりと云ふを以て之を觀るときは。耶蘇敎徒が一般に反對を受けたること以て推知すべきのみ。而して此耶蘇敎徒が隆盛を極めたる米國に於て。特に多少耶蘇敎の勢力を示さんと計畫したる宗敎大會に於て。此の如くに耶蘇敎が反對の國情と惹き起したるものは。其源因果して焉くにあるか。是亦その事情を知らざるべからず。

蓋し耶蘇敎派が此の如く反對の感情を招ぎたるの源因は。第一此宗敎大會に於ける聽衆が自由思想なりし所以と。第二耶蘇敎諸派が東洋宗敎の思想を攻擊したる所以とに職由せずんばあらざるなり。

抑も耶蘇敎が西洋に於て神聖にして動かす可らざるの地位に立ちたること玆に千有餘年の久きを經過せり。而して現世紀の始若くは前世紀の終に於て自由批評の精神一たび耶蘇敎の圈内に輸入してより以來。歐米人が耶蘇敎に對する迷信妄想の夢は漸く醒めて。ろの眞理を探求するの精神頗る發達し。今日に於ては歐米有識の士は大抵耶蘇敎を以て諸宗敎の首位に置くの觀念は猶は未だ其腦裡を去らずと雖ども。耶蘇教を以て天啓教とし他の宗教を以て人爲教となすが如き分類法は。苟くも頑固なる同教信徒を除きて外は誰れも之を把持せざるべし。然れども彼のエドウヰン、アーノルド氏が「亞細亞之光」を著はして釋尊の神聖なる生涯。深奥なる教理を賛歎したると同時に又た「世界之光」を著はして耶蘇は最上眞理と賛美したるが如きは。是れ猶は今日に在て歐米人千有餘年の習慣なりと謂はざるを得ざるなり。

然れども今や此市俄高宗教大會にして一たび開け。耶蘇教も佛教も又た儒教婆羅門教の如きも同等の位置を以て出席し。各其教理を説明したるに及んでは。諸宗教の優劣忽ち比較せられて事實の證明する所の奈何んともす可らざるものあらんとす。然らば耶蘇教は此宗教大會に於ては其失ふ所は其得る所に比較して寧ろ多しと謂はざるを得ざるなり。

第五 宗教界全局に於ける宗教大會の影響

此市俄高宗教大會の佛教に於ける影響は彼が如く。其耶蘇教に於けるの影響は亦た此の如く。或は之に由りて其價値を得或は之に由りて價値を失すと雖も。若し夫れ宗教全局より之を觀察するときは。此大會の裨益する所は甚だ洪大なりとす。乞ふ左に之を臚列せん。

第一 宗教大會は無神論者若くは非宗教者に對して宗教の大勢力を示したる事

第二 宗教大會は宇内諸宗教者の平和的交通を開きたる事

第三 宗教大會は是迄文明世界に知られざる諸宗教の價値を知らしめたる事

第四 宗教大會は諸宗教徒頑固の見を破りて力ありし事

第五 宗教大會は第十九世紀宗教の傾向と其需要せらるゝ可き點とを世界に明にしたる事

第六 宗教大會は是迄我れこそ世界宗教の盟主なりと自ら傲慢する耶蘇教の地位を剝奪して之を他の價値ある宗教に分ちたる事

第七 宗教大會は將來統一宗教の基本を開きたる事

第八 宗教大會は宗教相互の關係に於ける眞理を一般學者に知らしめたる事

第九 宗教大會は世界平和進步の源は宗教に在ることを天下に知らしめたる事

第十 宗教大會は比較宗教學に最大進步を與へたる事是れなり

明治二十六年の佛界を回顧す

默々居士

歳月の經過は眞個に奔泉流水の如く。明治二十六年も亦た將さに其舞臺を去りて。宇宙永遠の面上に其斷片の影を印し。蜻蜓洲裡二千五百餘載の史上に其紀念を留めんとす。吾人は玆に本年佛界演劇の幕を掩はんとするに臨み。聊か終る一年間重大なる佛界の現象を回顧し。以て本年の佛界と袂別せんと欲す。

近時の大問題にして又た明治年間の大論戰たる。教育宗教衝突の問題が。其燄々たる火脈の根原を我熊本に發し。一變して基督教徒の公開狀となり。再變して教育社會の恐惶となり遂に踏明峻厲なる井上哲次郎氏をして。勅語耶蘇教兩旨義の異點を教育時論の紙上に告白せしめしは。昨年十一月の頃なりき。井上氏學理的觀察の勅語耶蘇教衝突談一たび顯はるゝや否や。耶蘇の所謂『鳩の如くに柔和なれ。蛇の如くに狡智なれ』てう。彼れ耶蘇教徒は忽ち起つて反擊を試み。始めて論戰の火口を排し開けり。既にして本年に入るや。單身大刀を揮つて萬軍を衝くの勢ある。井上氏の『教育と宗教の衝突』なる大論文は再び教育時論の誌上に出でたり。反對の耶蘇教徒は既に其血は沸き其肉は躍れり。井上氏の應援軍は徐ろに其陣を整へたり。平田篤胤流儀の罵倒的なる高橋五郎氏の僞哲學者の大僻論。及び悔悟の哲學者は國民之友に現れたり。横井時雄。本田庸一。植村正久。宮川經輝。松村介石。內村鑑三。丸山通一。石川喜三郎。久津見息忠。柏木義圓。神田佐一郎。大西祝等諸氏。新舊各派耶蘇教の哲僧英識は。或は其雜誌上に。或は其著書上に。皷を鳴らし戰歌を唱へ。旗幟鮮明。隊列堂々。前後此論戰に突擊したり。井上圓了氏の教育宗教關係論は。此問題に對する佛教者の先鋒に立ち。磯部武者五郎氏の政教時論は神道的思想を代表し。關皐作氏の井上博士と基督教徒（一名教育と宗教の衝突顛末及評論）は。駁邪的の短評を交へて雙方論戰の記事を蒐集し。岡本監輔氏の耶蘇新論は漢文にして儒教的の眼光に基き。中西牛郎氏の教育宗教衝突斷案は。一新異色の論鋒にて佛界進步派一部の議論を根據とし。再び井上氏の忠孝活論は學術的に日本忠孝の活躰たるを論明し。杉浦重剛氏の教旨辨惑は。理學宗的教育家の意見に依り。卜里老猿氏の耶蘇教の危機は。高橋氏の排僞哲學論に對して熱罵嘲倒の反擊を加へ。藤嶋了穩師の耶蘇教末路は。佛界一部の消極的耶蘇教排擊論を痛激に發表し。村上專精師の佛教忠孝編は。佛教忠孝道德の明文を其大小二乘の經典に徵證し。何れも正面より裏面より。保守的に進歩的に。消極的に積極的に。衝突問題を解釋し。其攻擊の論鋒を耶蘇教に向けざるはなし。吾人は此衝突問題の歷史を回顧し來れば。我佛教徒が此問題に對して。妄りに勅語。皇室。國家。國躰の尊嚴至大なる言辭を口にし。其依立的の大權威を賴んで。保守的消極的の耶蘇教排擊論を皷吹したる者多くして。進歩的。積極的の論據に依り。獨立自立の議論を以該問題を解釋し。進んで反對宗教の本據を衝き破らんとしたる者の少きを慨嘆せずんばあらず。是れ吾人が本年に於て最も記憶すへき第一重大の現象。

次に吾人が回顧すへきは佛教對外の新勢力是也。天台の蘆津實全師。眞言の土宜法龍師。臨濟の釋宗演師。眞宗の八淵蟠龍師等が。或は日本佛教の靈山より。或は南海の閑院より。或は鎌倉の禪林より。或は鎭西の茅菴より。前後崛起して萬國宗教大會臨席の大運動を企つるや。其眼界日本の外には一步をも出る能はざる。神儒佛三道鼎立主義の東京なる大道叢誌は。誹毀中傷の句調を以て。『是は全く一神教の教師博士達が忘想の掃き溜めなり。歐米の宗教社會の塵塚なり。世の文明風に吹かれて脚下の浮きたる佛教家は。ツヒ〳〵斯かる舌頭に轉せらるゝものと見へたり』等との長々しき頑論僻說を狂呼し。京都なる西本願寺の機關京都新報の如きも。亦た此頑論僻說に歸命頂禮して隨喜の淚を流し。飽く迄も對外の運動者を中傷し。排陷し。妨害し。毒殺し。飽く迄も對外の新勢力を壓伏せんと欲したるは。海內具眼の人士が既に暸察する所なり。然れども宇內の大勢氣運は。豈に區々たる一宗一派一論者の能く遮る所ならんや。遂に諸師をして反對迫害の重圍を切り開かしめ。蒼茫たる米洲フロント湖畔の大會堂上。天下異教の群中に立たしめ。佛教進入以來未だ曾て有らざる海外傳道の先鞭を着けしめ。萬國人類の映膜に向つて。始めて日本佛教の眞光を示さしむるに至る。是れ吾人が本年に於て最も歡喜すべき第二重大の現象。

其他英國佛教者フォンデス氏。佛陀伽耶回復の唱道者ダンマパーラ氏來朝の如き。稻村英隆。釋守愚二師が印度佛蹟に參拜せしが如き。加藤惠證師が魯韓眞宗開港視察の如き。東京淨土宗の有志が布哇布教移民會を創設したるが如き。日蓮宗の一部が頻りに朝鮮の開港に盡力するが如き。西本願寺文學寮の卒業者中嶋裁之氏が。單身支那旅行の如き。錫蘭滯學の眞宗青年川上定信氏。及び山陰の青年佛徒能海寛氏が。西藏佛教探撿の大勇猛心を發表せしが如きは。何れも日本佛教徒。

對外的新勢力の波動に外ならず。是れ又た吾人が本年に於て喜んで回顧すべき諸現象。

曹洞宗の騷動が舊佛教破壞の最大現象として連年紛紜未だ解けず。今年に至りては愈々凡俗人間の土足に蹂躙せられ。（雜報參看）一宗々門の神聖蕩として地を拂ひしが如き。近江園城寺聖道僧風壞頽騷擾（雜報參看）の如き。京都清水寺執事員等悖德非行の醜罪の如き。實に明教新誌三千三百二十五號（十一月十二日發行）紙上に曰く。

●京都清水寺の不始末　一千前後の年數を經たる古寺名刹の往々回祿の難に罹れる如き惜むべきは固よりなりといへども是れ自ら好んでなすものにもあらざれば不幸の天災と視るも亦た已むを得ざる所なるべし然るに之に反して住職の不都合より可惜建物を打毀して叨りに賣却する如きに至ては言語道斷只痛嘆の外なきなり此に京都名所の隨一と聞へし清水寺は住職の不注意より執事事務員が濫りに建物等を賣却し千有餘年來の古刹も終に滅絶せんばかりの場合に立至りしを以て同寺の高山武吉氏は信徒四千餘名の連署と以て同寺の維持法に關し府廳へ具伸したる由今同寺の現狀を聞くに負債は已に大抵償却したれば收入金を以て破損の箇所等を漸次修繕すべき筈なるに執事等は之を爲さざるのみならず本年二月末寺の法成寺を百六十圓にて也阿彌樓主へ賣却し本年三月奥院舞臺三十三所觀音の收入を清水坂の六花亭へ七ヶ年間百五十圓にて讓り渡し同五月竹林院を佐々木藤七へ金四百二十圓に賣却し尙ほ聖天堂を賣却せんと謀りつゝあり又境內知文院及び光命院の跡地へ割烹店を新築して風致を濟がし同年四月寶性院の家屋を毀ち賣り庫裡座敷竹籔を五十ヶ年間百五十圓にて廣田某へ貸渡し鹿間塚修繕を名として寄附金を募集し有名なる三重の塔も今や俗人の手に落ちんとし境內圓養院の本堂庫裡延命院の本堂舊六坊の總門を井上喜太郎へ二百二十圓にて賣渡し什寶庭園の縱覽料は廣田某と佐々木某の私有に歸せんとする等實に一方ならざる不始末なるを以て信徒等も大に苦心して奔走中なりと云ふ

右記せる所へ偶一報を得たり曰く京都清水清水寺の執事稻垣正則同山境內慈心院の住職少僧都石岡知一の兩名一昨六日突然京都地方裁判所に拘引され一應訊問の上京都監獄署の未決監に送りて拘留になり阿部豫審判事須古檢事の兩氏裁判所書記警部刑事巡查を從へて同寺に出張し種々取調をなしたるが右は同寺の什物植木等を竊取賣却したりとの嫌疑なる由同件に付き清水寺の住職雲井良海師は辭表を差出したりと

嗚呼何ぞそれ醜体なるや。吾人は以上の三現象を以て。吾人が本年に於ける最も歎息痛恨すべき。我佛教の恥辱なりと云ふに躊躇せず。

支那唐代の大圓禪師其の潙山警策中に云へるあり。『夫れ業に繫がれ身を受く未だ形累を免れず。父母の遺體を禀けて衆緣を假て共に成ず。乃ひ四大扶持すと雖も常に相違背す。無常老病時を期せず。朝に存し夕に亡して刹那に世を異にす。譬へば春霜曉露倏忽として無きが如く。岸樹井藤豈に能く長久ならんや。念々迅速一刹那の間なり。息を轉ずれば卽ち是れ來生。何すれぞ晏然として空く過さんや』と。嗚呼吾人人間の富貴何者ぞ。名譽何者ぞ。權勢何者ぞ。深夜萬籟寂たるの時。一穗寒燈の下。一たび思ふて人間命運の如何に至らば果して如何。茫々たる宇宙。之を時間よりすれば無始無終なり。之れを空間よりすれば無邊無際なり。此無限の時間を經として僅々五十年乃至百年の蠢動を爲す者は。吾人人間にあらずや。此の無量の空間を緯として片々六七尺の範圍を占領する者は。吾人々間にあらずや。而して吾人人間が因緣の力に依り。渺たる蒼海の一粟的生活を試み。物質的の禍害に觸れては暴風激浪の爲に捲き込まれ。地震の爲に埋沒し。飢饉の爲に飢死し。惡疫の爲に斃れ。道德的の禍害に壓せられては利己。肉欲。驕奢の奴隷となり。爭鬪。不平。怨恨の魔鬼となり。姦謀。傲慢。殘忍。酷虐の夜叉となるは。吾人々間の可悲可憐なる境遇にあらずして何ぞ。此の境遇は豈に苦痛禍害の世界と謂はざるを得んや。嗚呼何者の貪世者流ぞ。人間情慾の闇雲に掩はれて。此苦痛禍害の眞相を看破する能はず。虛妄的の快樂に貪着して樂天的宗教と呼ぶ。何ぞ其見の陋なるや。然れども吾人此苦痛害惡の世界に住し。失望せず。落膽せず。因果の大法に遵從し。自ら奮ひ。自ら勵み。彼の苦痛と戰ひ。此害惡を排し。此世界をして一層完全の域に臻達せしめんと欲するは。實に佛陀の訓誨し給ふたる。圓滿無限なる大光明眼前に閃くが故なり。苟も吾人人間にして此光明に照されんか。下界劣等の感情火の如くに焚け雪の如くに消け。此苦痛害惡の世界は忽ち一變して光明快樂の世界となり。其相對的差別なる吾人人間の精神は。恍惚として其絕對的平等なる眞如に合体し。始めて天地を極め。萬世に亘りて變ぜざる涅槃の聖界に到達すべし。

明治二十六年の佛界を回顧し。吾人の人生に對する感慨を洩らすと爾り。仰げば銀杏城頭の老樹骨を露はして冬時の寂色を呈し。北風凛々髮を吹ひて天地寒し。希くば諸君と共に恙なく二十七年新陽の佛界に進まん乎。

論說

米國文明論

東京　G. N. 生

余嘗て他の紙上に於て米國文明に關する所思を述べたるも槪れ短篇隻語に過ぎざりし今之れを蒐集し佛國大家「トクヴエル」氏等の所說を參酌して更に長篇となし之れを國教誌上に揭ぐることゝせり

第一章　米國の現象

一日千變十日万化する万馬の曠原に亂るゝ如く。風雨の中天に翻るが如きものは米國財産の狀態なり。米國法律の狀態なり。米國輿論の狀態なり。冥々たる天則は肅然として終始遷らざるも。赫々たる現象は轉動出沒して常に靜止することなし。米國社會上の万事に變化を生ずる猶ほ天地の現象の如し。然れども靜かに之を細見すれば。米國社會上の變化は終始同一色にして其定式を出でざる也。若し人簷外に立て中天の飛鳥を望まば忽ち厭惡の情を起さん。蓋し長空の茫々たる其羽翼を皷する幾百回なるを知らずと雖も。皷翼の狀は終始同一色にして其定式を出でざればなり。

貴族國に於ては人類に階級ありて平均ならざる故に感情。思考。習慣。嗜好等は各々其階級に依りて異同なき能はず。是を以て貴族制の社會は各々其階級上に靜止して變動することあらざるも。自由國の士人は皆平等にして上下の階級なきが故に感情。嗜好。習慣等も亦た相均し。之を以て社會上の万事に千變万化の現象あるも。變化の同一色にして其定式を出でざるなり。

自由國に於て人類の愛する所のものは獨り金錢あるのみ。故に自由國に於て人情の向ふ所皆な金錢に非ざるなし。是れ自由國民の胸襟皆な狹隘なるにあらず。社會の事情自ら價直を金錢に與ふればなり。社會の人類各々獨立して他人に依らず。平等にして輕重なくんば。彼我相助くるものは唯々金錢あるのみ。是れ金錢の益々必要を加へて價直の益々盛んなる所以なり。貴族政体の時に當り人類の貴賤尊卑は門地に依りて異なり。職業に依りて同じからざるも。時勢の一變して國情移り。封建破れて自由の制度興れば。當時の仰いで以て貴しと爲し重しと爲せし所のものも。今は古往に屬して人之を顧みず。會々當時の國情を説くものあるも山村邊地の老翁に過ぎざるなり。山高く水清く落暉西山に舂き倦鳥林に歸り。眼を揚れば老樹短草は鬱乎として山腹を塞げり。保障漸く頽れて半は河上に傾き。殘壘全く倒れて四方に点影なし。指を屈すれば數百年前河上に城あり。層樓傑閣は巍然として雲外に峙ち。武夫謀士は紛乎として城中に列れり。此時に當り一國の臣民は仰いで以て崇敬せざるなし。而して今は此の如し門地職業の制度當時は巍然たる城閣の如きも今は乱れて破障の如く。今は毀れて殘壘に似たり。而して門地の高き職業の尊きも。此の時に當りて表然人を抜んで平等的の地平線上に揚ぐるものは唯々金錢あるのみ。門地職業の制度の益消滅するときは金錢の人類を區別する益々甚だし。貴族國に於て富を追ふの情慾は人慾大海中の一部に過ぎざるも。自由に於ては人慾万條の長流は皆な滙りて金錢中の海門に注けり。富を追ふの情慾は米國万般の人事に含蓄せり。是れ米國士人の本性なり。是れ自由國民の眞面目なり。是れを以て米國民情の向ふ處は皆な同一色なり。

夫れ民情の向ふ所已に同一色なるが故に。社會の現象。神出鬼沒なるも皆同一色なり。米國は自由の邦土なり。太平の郷里なり。故に富を得るは戰爭の嶮路に依るにあらず。又官吏の權威を恃むにあらず。是を以て富を追ふの情慾は驀然人を驅て商買製造等の諸業に導けり。富を追ふの情慾或は社會に戰亂爭擾の風雨を注ぐもの是れ其情慾未だ盛んならざればなり繁榮は其風俗嗜好を畫定するにあり。其運動行爲を齊整するにあり。夫れ富を追ふの情慾益々熾なれば其風俗嗜好は自ら畫定せざるを得ざるなり。其運動行爲は自ら齊整せざるを得ざるなり。米人の常に秩序を尊む所以のもの其情慾最も熾んなればなり。且つ夫れ富を追ふの情慾は常に人心を動搖するも。又能く社會の人士をして生活の方法を熟練せしむ。

今米國の已に然るを見れは万國の將來も亦知るへきなり。感情。思考及ひ運動等は江頭の荇菜の如く。參差として仝しからざるも。社會漸々生長して自由の境界に入るに及んで。其參差たるもの漸く整頓して異動なきに至れり。世界の蒼生は此の如く衆きも思考の方向。感情の方針及運動の指南。早晩合して中央の燒点に會せん。是れ社會の人事に彼我の關係を生ずれはなり。各國の士民漸く自由の境界に進むを以て。門地職業に屬するの感情主義は共に消滅して痕跡を止めざればなり。是を以て各國士人の心情は期せずして意氣相會する所の中点に近づかん。其相近づくに及んで社會の体面は益々同一色を呈するに至らん。無量の貪人夜光を崑崙に求むるや。道は人に依りて異なるも。其求むる所のものは唯々是璧あるのみ。故に万目の集る所此にあり。衆脚の向ふ所亦此にあり。是を以て無量の貪人は漸く進んで漸く近き。遂に相見て相驚かむ。夫れ如此各國人類の求むる所のものは同一物なり。故に渺々たる社會の海面は早晩必ず同一色に至らんか（未完）

萬國宗教大會

大會歸朝後第貳回報道（十二月八日東京發信）

八淵蟠龍

其始め吾人等提携渡米の際。各自其の希望する所ありて。葦津。士宜の両僧正は。専ら歐洲漫遊に望を矚し。宗敎公會の如きは。其途次立寄りたる位の景狀なりき。洪嶽禪師は。公會後紐育邊を經廻し。學士有志の門を叩ひて。大ひに弘敎の策を講ぜんと欲するものゝ如し。小生は。歐文には通ぜず。洋語は辨ぜず。人間五官の第一たる言語の能力を缺ぎ。耳の能力を自由ならしめず。通辨以て語り。通辨以て聽き。直接の用きは單に眼の一方に用ゆる外更に爲すべき術なし。彼れの新聞吾輩を評して『日本より來る所の僧侶は。總て英語を斷さずといへども。能く問に答へ。能く質疑を解し。問答應復未だ言ひ終らざるに覺ると利し』と云ふたる如く。眼と思想を一層働らかせ。鑒察力を應用するより致し方なければ。暗啞の旅行には幾分勝る所あるも。到底望みを果すの效力なきとを悟り。彼の合衆國全國の公園とも云ふべきワシントン府。學者の淵藪たるボストン。金滿家の都府たるニューヨーク等の。都會を探ぬべき希望を止め。世界第一のナイヤガラの勝景を覽るの思を拋捨て。吾が同盟會僧侶が。白毫の恩賜を割ひて吾れに與へたる希望は那の点に在る。彼の信男信女が辛苦の膏血を贈りたる希望は那の点に囑するやを考へ。上み佛恩に謝し。下も國家に酬ゆるの働きを以て。同盟會諸子の厚意に報答せんと欲し。其の主要たる宗敎公會にありては。片言隻辭といへども。佛敎の眞理を米人の腦髓に注入し。佛緣を結び。佛種を施さんとを欲し。公會後の運動は。日本人に倚り。日本人の所在を探ね。專ら移民者に心を寄せ。北方加奈陀の地方より。南方カルホニヤの地方を一巡し。便宜を得てはハワヰ諸島をも經歷せんと志を一決したり。是れ余が移民探撿の豫報を爲したる所以なり。

然れども世間衆多の中には。或は深く考へざる者ありて。余が移民探撿の豫報に接しては猥りに判斷を下し。宗敎家にして移民探撿など企圖するは。俗事に走せ過るとか。僧侶に不似合とか。山師事業とか。大早計の批評を爲すものなきにしもあらざれば。今其の趣意を開陳して諸君に報ずるも。亦た無用の業にあらざるとを察し。少か記して以て一讀を煩はさん。

日本佛徒移民探撿論

近頃吾邦經財社會實業社會の中に在りては。海外移民の事業近時の一問題となり。前外務大臣榎本氏を始め。天下有爲の志士擧つて講究する所となり。移民の事業は。年に月に熱度と進め。布哇に。亞米利加に。加奈陀に。メキシコに。或ひは南洋に。或ひは浦鹽斯德に。探撿員を派し。地理を撿し。已に吾が熊本に在りても。津田靜一氏の如きは。前途有爲の希望を懷ひて。組織したる文學舘需要の敎育も。九州學院に合併一任し。自ら先鞭奮つて移民開拓を試んと欲するが如き。之れ吾輩が短見淺識を以て。遽かに斷案を附すべきに非ずと雖も。近年政治界の競爭は。進むで國民財力の欽乏を感じ。一轉して實業經財の講究となり。維新の雄將が武斷政略を以て。國權を擴張せんと熱望したる征韓論の餘燄は。歐米各國財力競爭の大勢に刺擊せられ。反抗馮變して移民開國の新思想を惹起し。國家進行の新線路を開拓せんと欲して。沛然移民事業の新思想新智識を感發せしものにあらざる歟。勿論社會の現象は。何事に限らず。一の新思想新現象の社會に發表せらるゝ迄には。複雜なる諸種の因緣結合し。主因となり助因となり。多年の講究を經て。轉々變化。漸く社會の思想に浸潤し。機緣純熟相俟つて發表するものなれば。吾輩が斷案の如き單純なる因緣を以て。今日の如き。學者紳士の腦中に發表し來るものに非るとは。吾人亦た考へざるにあらずと雖も。此の現象の因りて來る因緣を仔細に討究せば。吾人の斷案の如きは。其の主因。其の主働たる統系には相違なかるべし。果して然れば。此の事業たる。決して一時の風潮に犯され。一朝の虛勢に乘して。一人一己の利慾を逞ふせんとする。奇計術策の射利的。浮薄的。無精心。無氣力の狡猾社會が揑造せし如き。僥倖を賴むで冒險的手段を企てたる無責任の山師事業には非ずして。完く愛國忠邦の赤心に出でたる。護國愛民の講究に成り來る事業なれば。假令一興一敗。一進一退ありといへども。決して空炮的に煙滅し去るものにはあらず。必ずや百折不撓の精神を以て希望を達せんとするには相違なかる可し。

然り而して。宗敎も亦た社會外に宗敎布設の範圍あるには非ず。人類を離れて弘敎の策を講ずべき餘地あるには非ず。社會の範圍は宗敎の範圍なり。人類の在る所は宗敎の傳道塲なり。然れば社會の變遷に從ひ。人類の運爲に就ひて。布敎の策を講ずるは。各國宗敎が古來勉めたる所にして。決して無用の業にあらず。將來とても。矢張宗敎は社會進行の北斗。人間航路の羅針盤となりて。先鞭奮つて社會の先覺者先導者の位地を占め。社會を引導せざるべからざるは。宗敎の勉むべき所なり。然して。現時吾か日本國民。吾が佛敎の門徒が。國力振起の大希望大計畫を企圖せんと欲する所より。移民開國の新運動を試んとする機運に臨み。佛敎も亦之れと倶に開國弘敎の策を講ずるは。決して宗敎家不似合の業とは爲す可らず。若し一歩を進めて之を謂はゞ。宗敎家は社會の機運に先だち。此等の方法にも注目し。濟世利生の敎導をも施す所ありて。社會の尊敬をも受け。社會を統御すべき宗敎の大權利を完ふすべし。

特に。移民事業の實歷を徵するに。現に吾が鄕里の如き。九州田舍の寒村より。誰れ誘ふと云ふともなきに。學術もなき敎育もなき人民が。四拾餘名も洋々万里の波濤を蹴りて。布哇。或は米國に渡航し。勞働以て得る所の金員は。年々數千金に下らず。從來吾邦に在りて。一日五錢拾錢の勞働賃金を以て。寒を冐し。暑に晒され。苦々として生計を營みし比に非ず。從來吾が村落は。種々の原因に由り。大ひに貧困の地に立ち。貧村の冐頭を冠り。他村よりは娘を嫁くさへ嫌ひを受け。他村民と結婚するは稀代の珍事と云ふ程の零落村なりしも。海外勞働の爲め。遽かに貧窶を補ひ。零落を挽回し。金利下落し。辨債の運びを得。租稅の滯ふるなく。大ひに人機を直し。貧すれば乱するの惡風を脫し。卑屈なる芊堀苦情の蠻野議論は漸々跡を斷ち。青壯年の氣風活潑となり。其の外邦に働く者は。時々の通信に。或ひは祖先追懷の情を訴へ。或ひは子弟敎育の必要を告ぐる所より。夜學を誘ひ。佛敎青年會を組織し。其効力の驗しき。利益の確實なるは。吾人が隣里鄕黨の間に在りて認識する所なり。其の定期勞働。永住移民。又は移民地の景狀。適否。現在移民勞働者の狀況。支那人放逐の事情。勞働者の生活。風俗。歐米勞働者の衝突競爭等の現狀は。吾人が特に注目見聞する所あれば。追て誌上を借りて報ずべき考へなるも。兎に角移民事業の國民の上に利益あるは。蔽ふ可らざる事實なり。

今ま其れ斯の如き現行の事實を点撿し來りて觀察すれば。吾邦有爲の志士が。專ら移民業に注目せし活眼活識なるも亦た知るべきなり。特に彼れ歐米各國の現狀を精査し。吾國の現狀と比較鑒察するときは。早晚移民の策なかる可らざるは。顯著なる事實なり。

然して。吾人宗敎家として。海外移民の現狀を實撿すれば。轉だ感慨に堪へざるものあり。何んぞや。吾邦有志が宗敎の移民に欵ぐ可らざるの必要を鑒みざるもの是れなり。抑も吾邦下民の德風は總て吾邦の宗敎に依て保たれたり。吾か宗敎が吾邦德義の要素となりて。吾か國民を養成し在るは。蔽ふ可らざる事實なり。敎育なき移民勞働者が。異國異風の中に在りて。外敎の詭辨術策にも感染せず。傲慢驕奢の洋風にも泥まず。吾か國の德風を破らざるものは。吾邦宗敎が。襁褓の孩兒。寺子屋の時より養成せし。敎育の德風。預りて力あり。斯の如きの關係必要あるにも拘らず。移民業に宗敎を用ひざるは。是れ實に一大欠典なり。然れども。渠れ有志者は。未だ創始の際。考究于斯に及ばずとするも。宗教家の于斯注目なきは。更に一大欽典なり。海外諸邦。古來移民開國の歴史を繙き考ふるに。毎も宗教家が移民を先鞭協導せざるなく。補翼經營せざるなし。是れ彼の天主教耶蘇教が其の國民と倶に各國の際を蠶食したる手段にして。吾人其の蠶食手段を學ぶには非ずと雖ども。吾が國民吾が信徒として彼れに蠶食せられざるの用意は必ずや爲さゞる可らず。傳へ聞く。或る地方の移民地探撿の爲めに。基督教師を馳せたりと。果して其の言をして信なりとせば。有志の不注意。吾か佛教家の冷淡。實に怪訝に堪へざる所なり。

吾人は斯くの如きの事情に感せられ。從來移民事業に對しては。大ひに思ひを注ぐ所ありしに。幸ひに九州有志の組織せる佛教同盟會の希望に依りて。萬國宗教公會出席の選任を辱ふし。北米合衆國及び英領加奈陀の地方を經歴するの好期を得たれば。此の時運に乘じて。宿志を果さんと欲して。移民探撿の志望を諸氏に訴へ。豫報と爲すの曉きに達せり。之れ吾人が移民探撿の爲めに。暫く錫を海外に逗るの豫報を爲したる所以なり。

斯を以て。吾人は加奈陀鉄道會社が。三艘の大船を浮べて支那。日本。加奈陀の際を。毎月數回航行するを視ては。吾邦海運業の一層振起せんことを考へ。吾邦勞働者が數十名同船航行するを見ては。民業の一日も早く發達せんことを思ひ。彼の經濟社會實業社會が。瞬時も速かに振興せんことを考へ。耶蘇教師キヤンデーが。勞働航海者を集めて詭辨なる教導を爲すを見聞しては。佛教家が移民教導の計畫なかる可らざるの必要を感じ。加奈陀鉄道會社が與へたる案內記を撿じてハ。彼等が營業の周到なると。營利の熱中せるに驚き。加奈陀の大鉄道を馳せては。鉄道業の發達せると。彼等人民が鉄道を利用して。民業を拓き。生産を企て。巧みに富益を計り。鉄道を使用するの智畧に利きを認め。吾邦人民が生産的思想の幼稚なるを感じたり。亞米利加印度人が。都市部落に其の影を駐めず。ロクキー山中巖窟の際に穴居の風を爲し。或ひはフレザー河邊に三々伍々天幕を張り。水草を追ふて住居をトせし蠻野の風を爲すを睥睨しては。彼の人種競爭の優劣を鑑み。交も〳〵懷古の涙を絞りたりき。

因みに記す。閣龍が米國發見の際印度と誤認し。印度人と稱呼してより。亞米利加いんでやと呼ぶ。即ち米國本來の土人なり。古へは歐洲人と大ひに貿易通商を諍ひ。屢々兵端を開ひて歐洲人を惱ませしとありしも。今は歐人の爲めに邦土を蹂躪せられ。漸々零落。現時は都市部落に住居を占むべき腦力もなく。毛布を被りて路傍に物を乞ふ景狀は。さながら吾邦の乞食の如し。而して人種骨格は能く吾日本人に似たり。顧ふに。昔し一疋二疋と下等動物の中に算へられ。奴隸賣買に左右されし亞弗利加の黑人は。今は進んで合衆國々會議員の公權を占め。昔し歐人と雌雄を諍ひし亞米利加印度人は。今は零落して山間僻地に放逐せられ。漸次人種を絕たんとす。吾人之を米國の某學士に問ふ。學士曰く。黑人は馮變進步の氣風あり。印度土人は頑として馮變の氣風なしと。噫呼人種競爭の優劣。その因りて來る所。深く考へざる可らず。以みるに二十世紀の曉きは黃白人種の競爭なり。此の方面に立て諍ふものは吾が日本人種には非る乎。此の時に當りて博愛の旗を飜し。彼れ白人種の傲慢なる野心を調和し。燦爛たる慧光を揭げて俯伏拜跪せしむるものは吾佛敎には非る乎。彼れ基督敎が博愛と稱し四海同胞と呼號し。數万金を贈りて支那日本の開敎を圖るにも似ず。吾國本來の土人たる亞米利加印度人に對しては。敎育の施すなく。宗敎の導くなく。競爭の場裡に人種の絕滅せんとするをも更に顧みざる所より比較參鑒すれば。今日彼れ基督敎徒が贈る所の數万金は。他日吾が人種を蠶食するの資本金には非る乎。今日四海兄弟の冐頭を揭げて彼れに學資を乞ひ。青壯年を養成せんとするは。他日吾が有爲の青年をして。彼れの奴隸たらしめんとする手附金には非る乎。有眼の志士深く考へざるべからず。

峻嶺高く峭ち。巖石磊々として。北米の中央より英領加奈陀に橫はるもの。之をロクキー山とす。雪嶺陵々として眼に映じ。嶮峨崔嵬。危嵓萬疊。眞に漢畫の山水を披くが如く。フレザーの河流に沿ひ。巖石を穿り。溪壑を跨り。滊車の進行に從ひ。神出鬼沒。嶺々奇景を奏し。連山風釆を革め。人をして奇と呼び快と喜はしめ。神工か將た鬼作かの思と懷かしめ。詩人は句を爲し克はず。黑客は筆を投ず。寔に之れ絕妙の勝景なり。此の如きロクキーの勝景も。吾人が眼中には更に風致の雙影をも留めず。只彼れ等が營々企圖する所の。銀山及び炭鑛業の計畫は。一瞥眼を駐めて經財上實業上の競爭と感ぜしめたり。之れより加奈陀の大陸に出れば。曠野漠々として際涯なく。眼の望む所只平原。日月曠野より昇りて曠野に沈む。四方一として奇觀の眼を喜ばしむべき風景なければ。乘客一同厭嫌の聲を發し。新聞小說談話を以て車中の時間を送りしも。吾人眼を放てば牧野の現狀所々に顯はれ。農產國を以て世界に聞へたる米國大農の耕芸稼業は。吾人が眼を駐めて滊車の瞬行を惜ましめたり。之れより進むで市加吳市に入れば。四方より輻輳する所の鐵道數十線。出るあり來るあり。轟々響々。數十の雷鳴を戰わすが如し。高架鐵道は屋上を馳せ。ミシカン湖邊瀛車數線。往復晝夜休む時なし。市中街々軒を並へ。層樓高く聳へて其大ひなるものは二十二階。大約五階より十五六階に搆造し。多くは石材或ひは煉瓦を以て建築し。戸々烟筒煙りを吹ひて天將さに暗からんとす。市街累々軒と聯ねてその長さ二十四哩。吾邦の西京より大阪に至る迄を纏めて一市と爲すが如し。故に市加呉市を字して長都府と云。今まヌた博覧會の搆造。諸舘の建築。大廈高屋。悉く白色を以て之を塗る。故に字して白都府と云。市街到る所電氣と利用し。地上電線地下電線盡く車を驅りて市街を走らしむ。其の繁劇なる往復織るが如しと云も未だ其の實況を寫し得ず。東西南北電氣を牽ひて戰はしむる。其組織。其技術。其巧妙。眞に電氣開發の本家本國たるに愧ぢざる所なり。今其の間數百輛の馬車は縱横に驅逐し。往來通行の旅客は比々群々蟻蛭の聚散するが如く。其の事業を諍ひ。其職務に汲々たる。危險をも顧みず。艱酸をも怖れず。之れが爲め。足を折り手を挫き。月々危險を冒して死に至る者。數十名ありと云。噫乎。富者は益す〳〵財力を逞くし。貧者は彌よ〳〵困厄に逼迫し。財力競爭の弊たる。彼等は身命を賭ものにして生計を爭へり。彼の宗教公會が大都會の危險。宗教と富てふ問題を掲げて。講究を需めたるも亦た故ある哉。人々或ひは其の都會の繁榮。建築の偉大。器械搆造の巧妙なる。富華壯飾の盛光に眼と眩し。或は驚き。或ひは羨むとありと雖も。吾人は感ず。十九世紀物質文明の現況は。それ斯の如きものなるか。人間慾望の上に經營せられたる優勝劣敗の結果は。それ斯の如きものなるか。吾人は唯だ認めて心膽を寒からしめたり。

顧みれば。閣龍世界博覧會十九世紀物質文明の景狀は。吾人をして一見世界人類の趨勢を知らしめ。生存競爭の繁劇は。吾人をして一瞥人間慾望の現況を悟らしめ。萬國宗教公會は。吾人をして現世紀宗教の實況を認めしめ。ミシガンの湖。ロクキーの山。一として吾人に濟生利民の志を誘はざるはあらず。都市の繁劇。博覧會の盛華。一として吾人に弘教の念を勵さゞるはあらず。實に吾人が此の行は。吾人が爲めに衆多の材料と需め。活潑々地に活學を學んで吾人が愚妄を闢きしと。其の幾千なるを識らず。

之れに依て吾人は增す〳〵移民探撿の熱心を培ひ。宗教公會後は必ず移民地に馳せ。千山万水を跋陟し。悉く移民の實況に就き。移民地の實狀。勞働稼業の難易。生計の程度。移民者の風俗。支那人放逐の現況。及びその來由。吾が勞働者と彼れの勞働者との衝突せる事情等を探撿し。又その稼業に就ひては。フレザー、アラスカ、スキーナ河邊漁場の實況より。ビクトリヤを始め。所々山林鋸木場の狀況。又たボートランド、タコマ邊より進んでカルホニヤの諸方を巡廻し。農産地菓植園等耕芸栽培の實際を取調へ。其の土地ゝの場所に據り。教導布設の方法を考へ。前途海外布敎の準備を爲さんと欲し。而して吾が日本の移民。特に吾が熊本の人民。幼童の時より竹馬を走らせ。又は手を把りて教育せし。隣里郷黨の人民が。墳墓の地を離れては北海道の開拓移民は望む迄もなく。縣内の人吉開拓すら容易に希望を囑し難き頑固墨守の輩が。生計の困難と時運の勢に驅られて。言語も通せぬ米國の山川を望み。大膽にも。萬里の大洋を航じ。該地に在りて漁民となり。栽培に從事し。鋸木場に働き。唯彼等の胸中には。一日も早く潤益を得て祖先の跡をも賑はし。妻子の生計をも安穩にして。日本國民の位地をも全ふせんと欲する。殊勝なる一片の丹心を懷ひて心少くも異邦に勞働し在れば。彼等に面し。倶に手を把りて故郷の安否をも語り。佛祖の慈敎をも說き聞かしむるあらば。彼等の喜び幾干ぞや。吾人の愉快復た幾干ぞや。その內地に在りて幾千万の人を集めて演說教導を爲したる愉快より。彼等數十名に對し說き施す所の樂みは數十倍にして。其の成効も亦た數倍ならんと。大に希望を囑したれば。其の同行同宿して。數十日倶に交わりし。葦津。柴田。岡崎の諸氏は歸路を桑港に卜して歸途に上られしも。吾人は前陳の希望を抱ひて探撿の便を計り。幸ひに洪嶽禪師と野口氏の加奈陀線路より歸途に就かるゝを伴ひ。再度加奈陀線を經て晩香塲港に馳せ來れり。

吾人は前陳の希望を賭へあれば。直ちに領事に往き通辨を傭はん事を托せしも。折柄鬼頭領事は歸國不在にて。書記志水清三郎氏代理と爲し。竹下書記と倶もに領事舘と任務し在れり。志水氏は大に佛敎に心を傾け。數回佛敎に就ひての質疑をも叩かれ。又移民に就ひては。深く注意し居らるゝことなれば。通辨傭ひのことも大ひに心配せられしも。該地其の人なく。終ひに思ひを果さず。吾人此の時思ふ。吾人が十四年間敎會に奔走せし年月を五年割ひで洋學に從事したらんには今日この欽典を見ざるものをと悔めど後悔跡とに歸らず。後進の青年は未だ修學中にして其の用を爲さず。吾人が胸中察す可し。然らば之れより桑港に廻り。通辨を得てカルホニヤ地方と巡廻し。一轉してボートランド地方を經て再度カナダに入り。數百里の地方を巡撿してビクトリヤに出で。復たサンフランシスコに廻り。ハワヰに渡航せざれば一巡の探撿を遂る克はず。斯の如くするときは。無用の冗費を消耗する其の幾干なるを知らず。嚢中限りあり。況んや吾人の用費は白毫の恩賜と。信者の血漿より成れるものなれば。及ぶ旳の節儉を用ひ。濫出を防がざる可からず。特に鮭漁の時期已に過ぎて漁民足を駐めず。農產地菓植園栽培耕芸の時候を過し。皆な業を治め勞動者を解ひて離散せしめたれば。漸く山林に入て鋸木塲を視るのみ。斯の如く時候を考へざれば探撿もその得る所完からざるを悟り。又通辨者も。自ら移民事業に意を注ぎ。愛國弘敎の志を持たざるものは。只一時の賃金を貪ばり。その注意の周到ならざるを察し。志水氏にも再遊を約し。一決志を定めて歸途に就けり。之れ吾人が豫告に反して速かに歸朝したる槪略なり。請ふ怪む勿れ。

雜報

◉ダンマパーラ氏第二回日本誘說の活歷史

『赭髮黑顏の一アリアン人。巨眼隆鼻。言語頗る爽かなり。氏はこれ錫蘭の佛徒。亡國の一民。感慨久焉。涙と共に佛蹟の復興を論ず。言々痛切。語々悲慘。遙に印度南端の嶋國を想はしむ』と。嗚呼是れ明敎記者ダ氏面會の感慨なり。眞個に東洋佛蹟回復のピーター、パラミッたるダ氏は。來朝後始に横濱佛敎青年會（十一月五日八淵師と共に）に演說して曰く。

私は諸君を他人とは思はず。兄弟なりと思ふ。佛は信徒に對して土地の區劃も立つる無ければ。人種の區別もなし。況や貧富貴賤をや。唯々佛は人を區別するに有德と不德とを以てするのみ。左れば何人に限らず。純正に潔白に道を行ふ者は。是れ即ち我子なり我娘なりと思ふ。此宗敎を尊むは獨り日本に留らず。今や歐米各國の人民も悉く之を研究し居れり。世界に最も古き宗敎は佛敎なり。此宗敎は今より二千五百年前に起りし敎法にして。之が來由を論ずるは余の甚だ名譽面目とする所にして。日本人が古より此尊むべき宗敎を敬信するは余の最も歡ぶ所なりとす。余は歐米各國の人民が徒らに物質的文明を鼻にかけ。精神的文明に至りては未だ至らざる所あるを悲む者なり。又歐米各國は經濟の學問は非常に發達し居るも。却て社會的問題は十分に溶解氷釋せられ居らず。要するに佛敎は人倫哲學心理學等十分其中に包容せられ居れり。他の宗敎果して此の如く完備せるものある乎。

次に同月十一日明敎社員氏を芝金地院に訪ひし談話同誌に掲

げらる曰く。

第一錫蘭佛教は小乘のみにあらず　錫蘭には「ビスユデヒマイガ」なる書ありと。こは完全なる道を意味する由。この書は彌勒菩薩の再生ブタゴシヤといへる菩薩によつて述べられたるものなり。同菩薩は支那の僧法顯と同時代にて。この書は梵語にも譯され「チヤンダラダス」とて貴重せらる。此書の中には玄奘三藏も證明せる大乘瑜珈の道理を說明せり。錫蘭人はこの書を讀めば。世界にあらゆる道理は知り得らるゝと信じ居れり。同訪問者の中にてこは日本に來れる瑜珈論にあらざるか。瑜珈論は百部以上の大册にて彌勒菩薩述。無著菩薩の造られたるなり。それにしても問ふべきは其書の卷數なりと問へば。一卷のみなり。されど凡そ日本普通の書籍の大さにて五寸計りありて。字形は普通の活字よりも小さき位なりと。問ふ同書は英に飜譯せられしか。否な此頃ドクトル、ライスデビット氏之に從事せらるゝ由と答ふ。

第二興然師は其書を讀まれしや　否な錫蘭嶋中學ぶべきこと多し。何とて悉く讀破し得ん。南條氏は英國にあること九年未だ全く英國の書を讀み破らざるが如く。興然師錫蘭にある八年。何とて悉く讀み得ん。師の學びしは律藏の部のみ。若し夫れ佛陀伽耶大菩提會にして成就せんか日本。支那。暹羅。印度。悉く一致す。その時こそ此の如きの書は得易からんのみと慷慨一番。

第三英國と日本　英國は基督教を以て印度を化せんとす。日本人希くは佛教を以て來れよ。日本は大乘國なり。されどたゞ家の內にて大臣なりとて何の役にか立たん。進んでこれを世界に示せ。英米の人は云ふ。佛教國に盛なるはなしと。これらの人に日本を見せたきなり。想ひ見よ吾人は基督教を攻擊す。されど基督教は教を吾等に布くにあらずや。而して佛教家たゞ一の佛陀伽耶の復興をだもなし能はざるは何ぞやと語氣頗る昂る。

第四錫蘭の佛は比丘形なりや　否な日本と同じく髮ある佛なり。されど金色にはあらず。

次に氏は十五十六（前號詳載）の大演說を濟まし。同月十八日夕麴町區富士見軒に於て開會せる經濟協會に臨み。日本人に對する其希望を訴へて曰く。

印度と日本とは何かに付け相似たる所甚だ多し。印度の宗教。印度の文學。是れ今日に於ける日本の宗教。日本の文學なり。風俗然り。習慣然り。今日の印度人民は此宗教。文學。風俗。習慣を共にする。東洋諸國日本支那の援助を假るにあらざれば。到底今日の境界を脱する能はず。

古代及び中世の印度は佛教の本國なり。東洋各國に於ける佛教は印度人の手に依りて布教せられたり。其本國たる印度の佛教は婆羅門教の一撃以來全く掃蕩せられ。今日に於ては片影だも止めずと稱するも可なるべく。佛者の遺訓亦た一隅に斷篇を留むるのみ。印度人は佛教が日本人の手によりて布教せられ。萬里の砂漠再び日本人の手によりて開拓せられんことを望む。

緬甸の北部。錫蘭の島。土地豐饒に百穀實る。氣候亦た布哇の如くならず。印度人は宗教。文學。風俗。習慣を共にする日本人が布哇に移住する如く。印度に向つて移住せんことを望む。

印度には起すべき事業多く。拾ふべき遺利多し。印度は世界の起業家に向て與へられたる天然の良地なり。印度人は起業心ある日本人が來りて資本を投ぜんことを望む。

今日の印度貿易は全く歐洲人の專有に屬すと雖も。往時に在りては印度人自ら之をなせり。而して緬甸に向て第一に佛教を傳へたるものは印度の商人なり。今日歐米各國宣教師の支那印度に來り居るもの各一千人。此一千人の宣教師は。一方に基督教の布教を謀ると共に他方には商賣の手引をなし居るなり。今や日本郵船會社印度孟買に向て定期航海を開き居れり。是れ日本對印度の歷史に特筆大書すべき事實にして。印度人は日本人が此好機に乘じ。續々印度に渡來し。一方には佛教の布教に從事し。他方には両者間貿易の隆盛を企圖せられんことを望む。而して日本郵船會社の航海が唯孟買に向てのみならず。カルコッタ。錫蘭其他各地に向て開かれんと望む。

而して余は切に望む。席上の紳士中誰れか一人印度に來りて。印度の實况に付き取調あらんことを。蓋し其益する所決して少きにあらざるべし。

それより氏は第一高等中學及び帝國大學々生の招聘に應じ同二十五日駒込眞淨寺に於て英語演說をなし。大に佛教徒が印度布教を勉むべきを勵まし。曹洞宗永平寺貫首森田悟由。眞言新義派僧正高志大了。日蓮宗管長大僧正小林日董諸師に面會して。佛陀伽耶興復の意見を吐露し。進んで本月三日東京を發し。翌四日遠州掛川佛教會の招請に依り。同地天然寺の大演說會に出席し。五日は三州豐橋悟眞寺の大演說會に臨み。六日蒲生。岡崎幷に苅谷三ヶ所に於ける有志者の招聘に應じ。數回の演說を爲し。七日は午後一時より愛知佛教會の特請に依り。名古屋東別院に於て佛陀伽耶興復の理由を陳し。同夜秋琴樓廣間に於て愛知佛教會の催しに係る茶話會に臨み。非常の歡迎を受け。八日は羽栗郡黒田村善龍寺。九日は岐阜市愛國協會の招請に應じ。紀念堂にて演説を爲し。同夜西別院有志會に臨みし由なるが。至る處優待厚遇亡國の遺民を泣かしめ。各所聽衆孰れも滿堂立錐の地を餘さず。名古屋別院の如きは聽衆無量五千名に及びたりと。以て其盛況を察すべし。猶ほそれより氏は濃尾の山川を跡にして。去る十日洛陽の舊都に入り。翌々十二日午前十一時米國文學士外山義文氏。(臨濟宗の僧侶)を通譯者として西本願寺を訪ひ。執行小田佛乘師に面會し。印度大菩提會の概況。佛蹟興復の事に就き一時間餘懇談し。歸途同寺の機關京都新報社に立ち寄り。午餐の饗を享け。同社員一同の歡待に依り。慨然暗涙を揮ひ。佛蹟興復の急務を鳴らして曰く。

予は一たび佛陀伽耶興復の事に委ねてより。實に一身の名利も安危も共に遺れ。我席暖なるに遑あらず。東洋諸國を遍歴し。緬甸に入りて得ざれば西藏に入る。先に緬甸の宰相を訪ふや。宰相慨然として曰く。『此時若し先帝在世の時なりせば。五万ルピーの金は二分間を費やさずして辨せんに。今や此國は他國に掠奪せられて。如何とも爲す能はず』と云へり。今や唯此純潔神聖なる大事業を爲さんには。最早日本帝國と暹羅王國の同教徒に謀るの外か道なし。故に一たび暹羅に至り。再び日本に入る。予は實に日本の有志者を是迄過信せり。然るに彼等の或者は予を賣れり。予は實に皎々の身を以て日本に流勞し。彼等或者の爲したる不名譽迄之と負擔せざるを得ざるの厄に逢へり。然れども予は一身を佛祖に捧げたる者なり。豈に何をか顧慮せん。唯願くは大聖慈尊予が微衷を哀愍攝受し玉ひて。今より此國に眞誠なる法界の兄弟を得て。實着なる信用と回復せん事と。予は是より一たび印度に歸りて。更に暹羅に至り。皇帝に謁見して處思を陳べんとす。若し日本。暹羅に志を得ずんば。是又た因縁の熟せざるのみ。事是迄なり復た何をか云はん。予は此器(此時氏はポッケツトより篇桃形の小陶器を出す)と佛陀伽耶の靈前に供し。灯と燒きて日夕世尊に奉侍せんのみ。諸君知らずや。彼の巍々霄漢を凌ぐ佛陀伽耶寶塔の主護は。今や異教徒の手に墮ち。唯僅に三々五々の老嫗が。此器よりも尚ほ粗小なるものに。油を盛り香を燒きて靈前に泣拜するのみ。諸君又知らずや。彼れ基督教徒の最聖地たるゼルサレムは非常の高價を以て同教徒の手に買収せられたるに非ずや。然るに今此佛陀伽耶の靈地主權は僅に十万ルピーの價にだも過ぎざるに。全世界佛教徒の感情には。殆んど冷熱を感ぜざらんとす。嗚呼慷慨何ぞ堪へん。

又た氏は同十二日午後二時知恩院千疊敷に立ち。外山義文氏の通譯にて。例の如く白衣を纏ひ音吐瀏朗。佛蹟回復の大義を演説して曰く。

佛蹟の回復せざるべからざるは。彼れ耶蘇教徒のゼルサレムに於ける。マホメツト教徒のメツカに於けるが如し。彼等は既に是等の靈地を得て報恩の意を表するも。我佛教徒獨り聖蹟を回復して謝徳の行をなすものなし。慨して且つ愧づべきの至ならずや。諸君は既に慈育の父母に謝するを知る。獨り慈悲功徳海山の如き大慈悲尊の爲に報徳の行なきは何ぞや。七百年前の昔阿育大王は佛尊を渇仰するの餘り。堂宇輪奐善を盡し美を極め。巍峨として一見崇尊の心を起さしむる迄に至らしめたり。王后は佛尊の爲に己の寵衰ふるを猜し。遂に菩提樹を切られたりき。是れ世人の洽く知る所。而して昔影今追ふべからず。今や僅に劣等の人種によりて奉燈の微光を認むるのみ。而して之を曩日の觀に改め。舊時の景に回へさんと欲するには。佛教渇仰の人種。暹羅及び日本に謀らざるべからず。今試に佛蹟附属の地價を問へば僅に五万圓のみ。昔は耶蘇教に十字軍あり。爲に死するもの二十万人なり。若し我佛教の平和温醇にして今日を致せるを思はゞ。五萬圓何ものぞ。十萬圓百萬圓を費やすも。敢て惜しむに足らざるなり。先年予は釋興然師と共に聖蹟を訪ひ。負荷を解き之を閲するに。偶然先づ日本國旗を見出しぬ。迷想と嗤ふものは嗤ふべし。予は之を以て日本に於て此事業を大成し得るの吉兆となせり。殊に諸君は有爲多望の佛教徒なり。苟も印度の地に入らば。國民雙手を擧げて歡迎すべし。耶蘇教は印度の人心に合せず。婆羅門教は佛尊在世の時に既に喝破せらる。只佛教徒は我兄弟なり姉妹也。志あるの士願くば佛尊出現垂教の地に遊べ。諸君にして印度を助け。彼の悪魔を叱して。此地は他の占有を許さず。永刼予が居るべきの因縁なりとて。遂に涅槃に入り玉ひし靈地を回復するなくんば。我佛教は實に復た爲す可らざる者あらんのみ。

（以上明教新誌國民新聞及び京都新報の記事に依る）

と。説き去り説き來る殆んど二時間餘。滿場拍手喝釆の中に壇を下り。それより翌十三日は午前西本願寺の文學寮に立寄り。午後大津至道會の招聘に應じ。琵琶湖畔に一場の演説をなし。卽夜攝津茨木の野口善四郎氏宅に一泊し。十四日神戸に出で。日本郵船會社横濱丸に乗り込み。十五日未明印度の熱天に向つて歸國せらる。是とダ氏第二回日本巡回活歴史の概畧と爲す。嗟呼我邦の佛徒須らく此活歴史に向つて其熱精を全注すべし。

曹洞宗の騒動愈々大騒動

分離非分離の五欲顛倒。連年結んで潰裂壞頽收拾す可らざる。曹洞宗の騒動。眞正純潔の佛弟子をして末法濁世の血涙を濺がしめ。反對の耶蘇敎徒をして佛敎末路の口實たらしめ。天下の有識者をして唾棄厭悪の極佛敎の全体を嫌はしむるに至りし曹洞宗の騒動も。近來騒動疲れの摸樣なりしに。去月八日迷界の一凡夫（實に佛敎濟度の慈眼よりすれば）たる內務大臣の嚴命。

訓第六七〇號

其宗內宗制宗規違反ノ輩ハ本年五月三十一日訓第四一八號訓令ノ旨ヲ領シ宗制宗規ニ依リ嚴正處分スヘシ

右訓令ス

明治二十六年十一月八日　內務大臣伯爵　井上馨印

天外より飛來し來るや。大騒動の噴火口は政敎混亂の煙を吐ひて再び破裂し來れり。內務大臣がかく其憤激の鐵槌を曹洞宗の頭上に打込まれし原因は。分離派の魁と推さるゝ畔上楳仙師が昨年三月以來宗制宗規に戻り。恣に末派に向つて命令等を發し。內務大臣の却下も慰諭も調和的勸說も一として聽く所なく。現に去月六七兩日の如きは宗制宗規の決して許さゞるを熟知しつゝも。末派四十餘名を芝公園彌生館に召集して能山會議なる者を開き。四十餘名の傍聽者をも容れて。憚る所なく分離運動に關する決議をなしたり。是に於てか流石の內務大臣も抑へ抑へて來りし怒を一時に發し。斷然去月四日を以て阿部社寺局長。都築參事官。馬淵試補。中山寺院課長等を畔上氏の寓所に遣はし。種々詰問說諭を加へ。それより吏員一同は該宗の事務取扱たる服部元良。星見天海兩師に右訓第六七〇號の嚴命を發し。其處分法に關する注意を說示せしめられたるにありと云ふ。（事体頗る大今は只明敎子の報道に依る）。（右內務大臣の訓令中五月三十一日訓第四一八號訓令とあるは『其宗管長未定中ハ事務取扱ニ於テ臨機管長ノ職權ヲ以テ宗制宗規ニ據リ宗務ヲ統理スル儀ト心得ヘシ』の明文と云ふ）。內務の嚴命下るや否や。分離派の面々は非常に激昂し。當時會議の爲め上京し居りたる五十餘名の僧侶は。芝彌生館に會合して今後運動の方策を密議し。第一着に其十一日に一篇の上申書を內務大臣に提出したり。代議士に結托し國會議場より分離派の復歸を內務大臣に報ゆる陰謀は企てられたり（後に詳なり）。當路者中傷的檄文配附の奸策も圖かれたり。種々雜駁なる還俗議員の落武者。政界の失意者。破邪演說の時後れ者網羅の內務省攻擊演說會の奇計も立てられたり彌生舘內瞋恚の燄は見性成佛的圓顱の舌端に燃へ上りて。いとも悽じかりき。ついで櫛引大心。南條大穩。杉本道山。近藤悟雄。婆羅密辨宗等。分離派慓悍決死の郞黨は。珠數鉢捲に袈裟襷。福嶋縣福嶋町長樂寺住職小椙祖雄外七十七名の連署に係る事務取扱攻擊の上申書を內務省に投げ込みたり。是に於て乎。非分離派たる該宗事務取扱服部元良。星見天海の名を以て。左の普達。辭令。申告。訓示。示達の明文は。行政官の處分。即ち政權の力を後援とし。慨はしくも亦た止むを得ず。全國に公にせられたり。

甲第七號

明治廿五年三月以來大本山總持寺貫首畔上楳仙禪師ハ宗制ニ違反シテ兩本山ノ分離ヲ企テ屢々之ヲ政府ニ出願シ大ニ一宗ノ安寧ヲ妨害セラレタルニ依リ大本山永平寺貫首森田悟由禪師ハ明治廿五年十月七日別紙寫ノ通宗制第一號兩本山盟約第九條ニ據總持寺貫首畔上楳仙禪師ニ對シ其退隱ヲ申告シ且末派寺院ニ對シ其顚末ヲ報告シ而シテ之ヲ當時ノ事務取扱ニ通知セラレタリ

明治廿六年五月三十一日本職等就任ノ際內務大臣ヨリ訓令ヲ受ケ愈以テ前記永平寺貫首ノ總持寺貫首ニ對スル處置ハ宗制上當然ノ事ナルヲ認定セリ然レモ本職等ハ宗門ノ平和ヲ策スル爲メ苦心焦慮兩本山ニ交涉シ種々慫慂スル所アリシモ遂ニ其効果ヲ得ス爰ニ於テ本職等ハ不得已內務大臣ニ向テ宗門紛擾ノ裁理ヲ禀請セリ乃チ內務大臣ハ本月八日普達甲第六號ノ如ク本職等ニ對シ宗制宗規違反ノ輩ハ嚴正處分スヘキ旨訓令セラレタリ依テ本職等ハ總持寺貫首退隱申告ノ事由ヲ內務大臣ニ屆出タリ然ル處本月九日內務省ハ本職等及總持寺貫首畔上楳仙禪師ヲ召シ明治廿五年十月七日大本山永平寺貫首森田悟由ノ宗制第一號兩本山盟約第九條ニ據リ大本山總持寺貫首畔上楳仙ニ退隱ヲ申告シタルハ內務大臣ニ於テ正當ノ處置ト認定スル旨ヲ示達セラレ又畔上楳仙禪師ニ對シテハ永平寺貫首森田悟由ノ退隱申告ニ服スヘキ理由ヲ諭サレタリ依テ本職等ハ本月十日別紙寫ノ通畔上楳仙禪師ニ對シ辭令書ヲ交付シ以テ永平寺貫首森田悟由禪師ノ退隱申告書ヲ傳達シ畔上楳仙禪師ニ總持寺住職退隱ヲ命シタリ

右普達ス

明治廿六年十一月十五日

曹洞宗事務取扱　服部元良

曹洞宗事務取扱　星見天海

（辭令書寫）

本宗大本山永平寺貫首森田悟由師ヨリ貴師ニ對シ明治廿五年十月七日付ヲ以テ總持寺ヲ退隱セラルベキ旨申告セラレタルニ貴師ハ之ヲ拒絕セラレタル趣ヲ以テ永平寺貫首森田悟由師ハ本職等ニ對シ更ニ該申告書ヲ呈出シ其傳達方ヲ請求有之候右永平寺貫首森田悟由師ノ申告書ハ宗制上至當ノ處置ニシテ既ニ內務大臣ニ於テモ之ヲ有効ノモノト認定相成候儀ニ付茲ニ別紙申告書及傳致候條自今以後總持寺住職退隱セラルベキ也

明治廿六年十一月十日

曹洞宗事務取扱服部元良㊞

曹洞宗事務取扱星見天海㊞

畔上楳仙殿

（申告書寫）

曹洞宗大本山永平寺貫首森田悟由茲ニ宗制第一號両本山盟約ニ遵由シ謹テ大本山總持寺貫首畔上楳仙禪師ニ申告ス

禪師ハ能本山貫首トシテ曹洞宗宗制上常ニ我越本山貫首ト和衷協同以テ宗制ヲ護持シ倶ニ宗門統治ノ責任ヲ保有シ玉ヘリ故ニ現行ノ制度ニ改正又ハ變更ヲ試ムルノ必要アリト認メラルヽニ於テハ必ス先ツ我越本山ノ意見ヲ照諭セラルヘキニ事茲ニ出テス突然明治廿五年三月十九日擅ニ宗制ノ基本タル両本山盟約ヲ解除スト唱道シ左ノ如キ專横ノ所爲ヲ施設セラレタリ

曹洞宗宗制ニ於テ両本山東京出張所ヲ總稱シテ曹洞宗務局ト名ク故ニ曹洞宗務局ノ改廢ヲ試ントスル場合ニ於テハ必ス両本山ノ合意ヲ要セサルヘカラズ又曹洞宗管長ハ曹洞宗務局ニ在テ両本山ノ全權ヲ總理スト規定セリ故ニ曹洞宗管長ハ其身曹洞宗務局ニ在ラザレバ其權能ヲ有セザルナリ然ルニ禪師ハ明治廿五年三月十九日其身能本山總持寺ニ在テ濫リニ曹洞宗管長ノ名ヲ用ヒ曹洞宗務局ヲ廢止ストノ達書又曹洞宗末派總代議員及末派總代委員ニ對シ曹洞宗議會ハ自然消滅ニ歸ストノ達書各地曹洞宗務支局ニ對シ支局ヲ廢止シ敎導取締ノ資格自然消滅ニ歸ストノ達書ヲ發シ又內務大臣ニ對シ曹洞宗宗制取消幷両山分離願ヲ呈出セラレタリ且両本山ノ協議ヲ遂ケス一本山ヨリ直ニ宗內寺院ニ對シ達書ヲ發スルコトハ曹洞宗宗制ニ於テ嚴禁スル所ナリ然ルニ禪師ハ明治廿五年三月十九日曹洞宗本山總持寺貫首ノ名ヲ以テ宗內寺院ニ對シ能本山ヨリ直チニ諭示ヲ發シ又曹洞宗本山總持寺監院ト署名シ副達宣言書ヲ發セシメ尋テ同月廿一日ニ至リ又貫首ノ

名ヲ以テ幾多ノ宗令ヲ發セラル而シテ曩キニ内務大臣ニ對シ呈出セラレタル曹洞宗宗制取消幷両山分離願ハ四月十二日輙ク却下セラレタルニモ拘ラス尚ホ總持寺住職ノ資格ヲ以テ内務大臣ニ對シ両山分離願ヲ呈出セラレタルコト両回ニ及ヘリ是ノ如ク禪師ハ明治廿五年三月十九日以後全然曹洞宗宗制第一號両本山盟約ニ違背シ併テ宗制第二號本末憲章ヲ紊亂シ我越本山ノ權利ト末派寺院ノ權利ヲ蹂躪シテ大ニ宗門ノ安寧ヲ妨害シ宗門ノ幸福ヲ毀損セラレタリ

然ルニ我越本山ハ深ク能本山ノ資望ヲ尊重シ禪師往日ノ道履ヲ欽仰スルノ故ヲ以テ四月十八日特ニ能本山ニ赴キ親シク禪師ニ面接シ諄々勸ムルニ宗門ノ性格ヲ肇保シ両山一体和衷共同シテ宗門ヲ經綸セラレンコトヲ以テセリ禪師ハ當時我越本山ニ對シ明答ヲ與ヘラレズ四月廿五日ニ至リ依然最初ノ志念ヲ貫徹セラレント欲シ却テ両山分離各別管長設置ヲ要求シ併テ曩キニ我越本山ガ慫慂シタル旨趣ヲ拒絶セラレタリ然𪜈其要求ハ宗門ノ性格ニ悖ルヲ以テ之ニ應セサリシナリ爾來我越本山ハ只管禪師ノ猛省ヲ以テ盟約違背ノ云爲ヲ回止セラレンコトヲ冀望セシニ禪師ハ益々其素志ヲ貫徹セラレントスルニ依リ我越本山ハ深ク久年ノ道誼ヲ重ンシ七月廿七日鄭重縝密ノ書ヲ呈寄シテ其志望ノ不可ナルコトヲ陳叙シ敢テ之カ回止ヲ要請セシモ禪師ハ八月八日徹底其要求ヲ容ルヽ能ハスト明答セラレタリ

以上我越本山ノ盡シタル手續ハ專ラ　両祖慇懃ノ遺訓ヲ遵奉シ切ニ宗門重要ノ宗制ヲ護持シ深ク能山ノ資望ト禪師ノ道履ヲ尊重欽仰シ以テ其回止ヲ冀望スル所ナリキ然ルニ禪師ハ今ヤ徹底其素志ヲ翻回スル能ハスト明言セラレタリ之レニ依テ我越本山ハ宗制ノ重キニ對シ默視シ難ク謹テ申告スル左ノ如シ

能本山總持寺貫首畔上楳仙禪師ハ明治廿五年三月十九日以後ニ於テ明ニ曹洞宗宗制第一號両本山盟約ニ違背シ政府ニ對シテ屢々訴願ヲ企テラレタリ故ニ畔上楳仙禪師ハ自ラ本山ノ權利ヲ抛擲セラレタルモノト認定ス依テ越本山永平寺貫主森田悟由ハ両本山盟約第九條ニ遵由シ畔上楳仙禪師ニ對シ速ニ總持寺住職ヲ退隱セラルヘキコトヲ申告ス

明治二十五年十月七日

曹洞宗大本山永平寺貫首　森田悟由　㊞

曹洞宗大本山總持寺貫首

畔上楳仙殿

甲第八號

今般大本山総持寺貫首畔上楳仙禪師退隠ニ付後董確定ニ至ルマテ本山ノ慣例ニ徴シ大本山永平寺貫首森田悟由禪師ニ於テ総持寺住職兼務ノ事ニ決定セリ

右普達ス

明治廿六年十一月十五日

曹洞宗事務取扱　服部元良
曹洞宗事務取扱　星見天海

○

乙第六號

北海道廳各府縣　宗務支局

明治二十五年三月大本山総持寺ヨリ兩本山分離事件發表以來甲是乙非宗門ノ情況ハ實ニ危殆ノ悲境ニ陷リ内ニハ教學ノ進路ヲ壅塞シ外ニハ家醜ヲ大方ニ掲ケ憂慮痛歎ニ堪ヘザリシニ今般内務大臣ハ監督上臨機ノ處斷トシテ甲第六號普達ニ記載スル訓令ヲ下シ本山等ヲシテ宗乱治平ノ方法ヲ執ラシメ又畔上楳仙禪師ヲシテ宗制ノ制裁ニ服セシメラル此際ニ當リ本職等ハ日夜鞠躬公明嚴正ヲ以テ其職責ヲ全フセンコトヲ冀圖ス故ニ各宗務支局ハ内務大臣荷法ノ厚意ヲ體認シ一層勵精シテ其所轄寺院ノ保安ヲ計畫シ以テ其職責ヲ盡スヘシ

右訓示ス

明治廿六年十一月十五日

曹洞宗事務取扱　服部元良
曹洞宗事務取扱　星見天海

○

乙第七號

北海道廳各府縣　宗務支局

今般内務大臣ヨリ本職等ニ對シ下附セラレタル訓令ハ宗内僧侶一般速カニ領知スベキ重要ノ事タルニ依リ各宗務支局ハ達書到着ノ際直チニ所轄寺院ヘ無洩傳達スヘシ

右特ニ示達ス

明治廿六年十一月十五日

曹洞宗事務取扱　服部元良
曹洞宗事務取扱　星見天海

是より間もなく。『明治二十五年三月以降能本山総持寺貫首畔上楳仙師ノ名ヲ以テ發シタル諸種ノ宗令。告示。論示。辭令。免牘。及ビ同本山監院石川素童。又ハ同本山東京出張所監院大徹圓洲ノ名ヲ以テ發シタル諸種ノ達示。指令。報告等ニシテ。宗制宗規ニ抵觸スルモノハ都テ無効トス』の普達は。両事務取扱より全國該宗の寺院に達せられ（十一月二十二日）。分離派の巨魁石川素童師（近江國犬上郡青波村清凉寺住職）は。両事務取扱より。

本職等玆ニ内務大臣ノ訓令ヲ奉ジ。宗制ニ據テ石川素童ニ申告ス石川素童ハ能本山總持寺監院ノ職ニ在テ明治二十五年三月十九日以來宗制第一號両本山盟約ニ妨害ヲ加ヘ幷ニ宗制第二號本末憲章ヲ紊亂シタルコト事實明瞭ナリトス

右ノ行爲ハ宗制第十一號警誡修規第十二條第一項第二項ニ該當スルヲ以テ自今曹洞宗内ヲ擯斥ス

との有罪宣告を受けて該宗以外に放逐せられ。大徹圓洲（越中國上新川郡南加賀村立川寺住職）。在田彥龍（武藏國北豊嶋郡岩淵町鳳生寺住職）。安達達淳（信濃國北安曇郡大町靈松寺住職）の三師も亦た石川素童師と同様の宣告文にて。『警誡二等を減輕し住職を罷免す』の嚴罰を蒙れり。非分離派に關係淺からざるの摸様ある明教新誌は社説に雜報に評林に力を極めて分離派を痛撃せり。非分離派意氣揚々分離派の奴輩最早や驅り盡せり。是より洞門の萬歳を唱へんかと思ひ居りし中に。分離派彌生舘内秘談密謀の結果にや。本月六日『内務大臣の該宗行政處分に關する質問書』は代議士鵜飼郁次郎氏に依りて。天下公議の府たる衆議院に提出せられ。説明せられたり。嗚呼宗教問題が帝國議會に公然題はれたる是を嚆矢と爲す。吾人請ふ煩を厭はず。將來の紀念として之を左に揭げん。

曹洞宗ニ關スル質問書

一曹洞宗本山永平寺住職選擧投票調査ノ件

吾帝國宗教中曹洞宗ノ如キハ最多數ノ末寺信徒ヲ有シタル一大宗旨ナレバ行政官ニ於テハ特ニ愼重ナル保護ヲ加ヘザルベカラザルモノナリ然ルニ去ル明治二十四年八月一日ヨリ擧行セシ本山永平寺住職選擧投票ノ開札上不正ノ廉アルヲ以テ同年九月中同宗末派寺院ヨリ該投票ノ再審査ヲ内務省ヘ出願シ爾來數百回請願要求スルモ内務大臣ハ之ヲ等閑ニ付シ滿二ケ年以後ノ今日ニ至ルモ尚ホ之ヲ調査セサルハ如何

一永平寺住職森田悟由ヨリ發シタル退隱申告書ヲ有効ト認ムルノ件

永平寺住職ハ前條投票開札不正審査ノ出願中ナレバ未確定ノモノナルコトハ内務大臣ガ森田悟由ニ對シ管長ノ認可ヲ與ヘズ殊更ラニ事務取扱ヲ設ケタルヲ以テ證スルモ明瞭ナリ既ニ然レバ該森田悟由ヨリ總持寺住職畔上楳仙ヘ對シ相發シタル退隱申告書ハ不當無効ノ書面タルニ過ギザルベシ然ルニ今回内務大臣ハ何故ニ該申告書ヲ有効ト認定シ畔上楳仙ノ住職ヲ罷免セシメタルヤ

一行政監督權ヲ濫用シ宗教ノ宗制慣例ヲ蹂躪シタル件

凡ソ宗教ナルモノハ政事以外ニ獨立スルモノナルニヨリ政府ハ明治十七年八月太政官布達第十九號ヲ以テ寺院住職任

免教師進退ノ全權ヲ各宗管長ニ委任セリ然ルニ內務大臣ハ曹洞宗ノ宗制宗規ニナキ處ノ事務取扱ナルモノヲ設ケ殊ニ再三訓令ヲ下シ該宗古來ノ慣例ヲ破リ擅ニ本山總持寺貫首畔上楳仙ノ住職ヲ罷免セシメ且ツ清凉寺住職石川素童ヲ曹洞宗內ヨリ擯黜シ又タ立川寺住職大徹圓洲外二人ノ住職ヲ免ジタルハ是レ行政權ヲ濫用シ宗教ノ權內ニ立入リ且ツ宗規慣例ヲ蹂躙シタルモノニアラズヤ

一　曹洞宗本山總持寺住職畔上楳仙等ニ對シ迫リテ請書ヲ差出サシメ及ビ捺印セシメタルノ件

去ル十一月六日七日ノ両日內務省ハ曹洞宗本山總持寺監院石川素童ヲ社寺局ニ召喚シ阿部局長都築參事官ノ兩人ヨリ數時間鞠問シ馬淵試補外一名ヲシテ之ヲ書取ラシメ石川素童ニ迫リテ之ニ捺印セシメタリ

又翌八日石川素童ハ答辨書ヲ携帶シ內務省ニ出頭シタルニ空シク午前十一時ヨリ午後四時マデ應接所ニ待タセ置キ其間ニ阿部局長都築參事官馬淵試補中山寺院課長ノ四人突然芝公園ノ總持寺出張所ニ至リ住職畔上楳仙ノ病褥ニアルヲ推シテ面會シ他ノ執事等ノ出入ヲ禁ジ楳仙ヲ種々鞠問シ相迫リテ其口供書ニ捺印セシメタリ

又翌九日內務省ハ畔上楳仙ヲ社寺局ニ召喚シ阿部局長初メ前記四人列席シ曾テ森田悟由ヨリ相發シタル退隱申告書ハ內務大臣ニ於テ有効ト認ムルニヨリ請書差出スベシト威嚇恐喝シ迫リテ請書ヲ差出サシメタリ以上ノ處置ハ憲法政治ノ今日ニ於テ行政官ノ正サニ爲スベキノ擧措ナルヤ否ヤ況ヤ是レ監督權ヲ宗教部內ニ濫用シタルモノナリ內務大臣ハ何故ニ所屬官吏ヲシテ如此ノ處置ヲ爲サシメタルヤ

右質問ノ各條ハ內務大臣ガ曹洞一宗ニ對スル處置ナルモ其行政權ヲ濫用シ宗教ノ獨立ヲ妨害スルハ將來信教自由ニ關シ一大障害ヲ與フルモノニ付之ヲ默過スル能ハズ依テ議院法第四十八條ニ依リ質問書ヲ提出ス

內務大臣ハ宜シク本院ニ出席シテ答辨アランヿヲ望ム

明治二十六年十二月五日

提出者　鵜飼郁次郎
大東義徹
中村彌六
足立孫六
百萬梅治
外賛成者　三十有餘名

而して鵜飼氏は其説明中『內務大臣は宗教者を視ると小兒を弄するが如く。今年三月の事なりとか。山下町の官邸に永平寺總持寺其他の僧侶を招ぎ饗應を爲すに。曾て新聞にも出でたる如く。佛教に嚴禁する魚肉を用ひたりと。戒律を守る僧侶何ぞ之を食せん。時に井上内務は侮辱の口氣を以て一座に向つて曰く。餘所では魚肉を食ひながら何故此處では食はぬぞと。是が一國の内務大臣として云ひ得べき事なるか。成る程末法萬年の今日佛徒の戒律を守らず。肉食する者もあらん。併しながら是れ裏面の事のみ。試に内々内務大臣が或商賣をなすと假定し。大臣の官邸に至りて。羅紗はないか彈丸は如何と問ひ得べきや。此等の處置より見るも。決して親切上よりにあらずして。全く行政權を以て宗教を奴隷視したる者なり。此の如くにして憲法第二十八條は何に由て行はれ得べきや』と絶叫せり。次に本月七日横濱吉田郵便局より左の如き當路者中傷的の檄文は飛んで。貴衆兩院議員六百有餘名に配附せられたり。

官廳は宜しく清淨なるべし官廳は宜しく公平なるべし近頃内務省の曹洞宗に對する處分を見ずや社寺局長阿部浩は永平寺より岩手縣の僧阿部台賀なる者の手を經て金五千圓と收賄し忽にして阿部浩は富貴となり數千圓の某株券を買求す此賄賂に依りて内務省社寺局長阿部浩は永平寺森田悟由を佐助して總持寺畔上楳仙を處分したり該收賄は陰匿に屬するも總持寺に限り嚴正の處分をなしたる偏頗依估の事實は燎然たり吁官廳の醜行なる不公平なる實に如此泣て之を閣下に訴ふ

曹洞宗信徒

十二月七日　藤本時之㊞

追て阿部浩は衆議院議員より懲罰委員に附せられよ

明教記者之を評して。奸策か窮策かと云ふ。當らずと雖も遠からざるべきの意味。檄文字句の表に躍る。十三日には神田錦輝館に於て緊急問題佛教大演説會開かる。是れ曩の所謂雜駁なる諸演説家網羅の内務省攻擊演説會なり。辨士は渡邊璞哉。中西元次郎。荒木諦善。山崎太吉。本莊賢宏。宇野默昔。菅了法。目賀田榮。天野若圓諸氏にて。何れも多少今回内務の處置を攻擊。非難せざるはなく。中には憲法違反と呼び。政權濫用と叫び。厭制の所置なりと激し。佛教全躰の獨立を妨害したりと猛り。輿論に訴へて之を彈劾せざるべからずと喝したる者あり。而して明教新誌が「元總持寺監院及執事等が不德義」と題し。石川師等が無法の苦情を申し立てゝ永平寺方の引續請求に應せりしとて之を非難して。「嗚呼是れ他人の家屋に侵入して濫りに其財産を私用し居る者と何ぞ異ならん」と斷ずるや。石川師は直に滔々數百言。恰も怒髪逆立鐵拳を固めて縱横亂打するが如く。『明教新誌の誣妄を駁す』とて。「近日に至て誤謬の記事益々多きのみならず動もすれば故意に宗制宗規を曲解し故意に慣例を曲解して不利を大本山總持寺に與へんとし常に公平なる宗教界の耳目を以て自任するにも拘らず毒筆を弄して予等の一身上をも攻撃す所謂公平なる眼光果して何くに存せりとするか」と。憤激切齒。大聲反撃したり。然り而して遂に本月十八日の明教廣告欄内に於て。左の如き大騒動熱度沸騰點の徴候を顯せり。

警誡狀戻報告

曹洞宗事務取扱服部元良星見天海なる者より衲等に對し警誡を申告す右は無法の所分にして不成立のものに係條衲等は該理由を附し警誡狀返戻致したり依て衲等依然其住職如故此旨報告す

明治廿六年十二月十三日

曹洞宗大本山總持寺監院　石川素童

同　東京出張所監院　大徹圓洲

警誡狀破毀の報告

曹洞宗事務取扱服部元良星見天海なる者より衲等に對し住職罷免の警誡を申告す右は不當の所分にして不成立のものに係條衲等は曹洞宗本末憲章第二十三條に照して之を破毀したり依て衲等は其住職如故此旨報告す

明治二十六年十二月十三日

信濃國靈松寺住職　安達達淳

武藏國鳳性寺住職　在田彦龍

此以後の大騒動果して如何に成行くや。吾人は其注意を怠らざるべし。耶蘇教主義の國民之友が曹洞宗の滅亡を豫言する。豈に慨はしきの至ならずや。嗚呼佛教徒として誰れか内部の醜体を喜んで社會に暴露するものあらんや。吾人は實に貴重の紙面を不義不德の結果に費すを悲む。然れども破壞なきの建設は斷じて眞の建設にあらず。曹洞宗の騒動も亦然り。區々たる行政官の處分。卑屈なる政權依頼者の行事。情實的なる明教記者の議論。到底燄々の烈火に一杯の水を投ずるに過ぎず。今日は實に曹洞宗の騒動は舊佛教破壞の最大現象として。根本的曹洞宗の大革命を促さゝる可らず。是れ實に眞正革新の理想を有する我黨の大責任也。

◉近江園城寺聖道僧風壞頽の紛擾　佛門矯風旨義の反省雜誌は「江州三井寺の紛擾」と題して。佛教の衰滅は佛徒それ自身の罪なりとて。報じて曰く。「江州三井寺の執行長富小路寛巽は公然妻帶したりとて同寺の住職山科祐玉は富小路の教職を褫奪したり富小路の味方なる一山の大衆は山科の處置を不當とし是非とも復職を許さんことを迫る富小路は自ら責を引き妻子を退けて只管謹愼の體を裝ふ而して山科なる者は汚行醜爲富小路より甚しき者ありと誰か烏の雌雄を知らん秦を滅す者は秦なり天下に非るなり六國を滅ぼす者は六國なり秦に非るなり佛敎を滅ぼすもの亦た恐くは佛敎徒ならん佛敎徒たるもの豈に鑑みざる可けんや』と。嗚呼禁酒進德の生命力を有する親愛なる反省子。妄に他宗派の醜体を慨く勿れ。子が頭上の九重の雲深き六條御殿の幽奥。眞正佛德の光明を以て照らし來らば。如何に肉食妻帶の宗門とは謂へ。蓄妾的血脈一系の神聖。大野治長的醜人物の跋扈は果して如何。俗諦道德の革命的劍戟は。其不平を鳴らさゞるや否や。

◎蘆津石蓮師『閣龍世界博覽會』を吟ず　宗敎大會の臨席者石蓮僧正。近刊四明餘霞の誌上に歌ふて曰く。

施家谷市瀕湖水。六十年前藪澤界。漁家點々在荒村。人口七十炊烟稀。一成大都阡陌廣。屋上層屋石室上。電氣奪得造化功。器械以代人工勞。合衆國内中央地。金玉飾身食甘旨。政法解縛尊自由。丈夫自有虹霓志。維昔閣龍志氣鋭。發見此國民懷惠。千八百九十三年。吊古茲設紀念祭。物品展觀會萬國。陳列縱横競装飾。大廈高堂四方横。各國旌旗可記識。美術直能較妙技。工藝與時爭衆美。文献須徵古代鑑。今鑑便是後世規。閣龍實是豪傑流。排斥世論航本洲。四百年後致斯盛。物質進歩無匹儔。一口喚愕奮迅獅。萬夫仰視英雄姿。倭寶佛珍英米露。看來猶落第二機。西土未認眞如月。心月隨磨光愈發。心光若進物亦進。物心須要両無闕。衆生心地有瓊瑤。久埋塵埃沒蓬蒿。一朝發撥掘照世間。日月不能比其高。

雍々大雅の音。靜閑平淡の句。亦た是れシカゴ市一幅の地史的活畫。一誦結末の『西土未認眞如月。心月隨磨光愈發』以下に至りては。比叡山上圓頓一乘の靈光。燦乎として吾人の心内を照らす。

◎土宜法龍師の消息　同師は宗敎大會の閉會後。十月三日シカゴを出立して四日ナイヤガラの大瀑布を見物し。五日午後ボストンに安着し。六日早朝美術舘に遊んでフベノロサ氏に面會し。ピゲロー氏の田舍漫遊中なるを以て一書を殘して佛敎大意を送り。横濱の醫師益田ドクトルの師友なるニコラス氏を訪ひ。其通辨野村洋三。其同行者關根永三郎二氏と共に二氏晝餐の饗應たる精進料理を受け。七日午前八時紐育に着せられしと。それより氏は歐洲の各都府を觀光し。印度に入りて明年早々歸朝さるゝ由。吾人は師が大會臨席後殿の凱旋を二十七年の新陽に祝すべし。

◎海外宣敎會の英譯佛書施本部數　松山緣陰君の主幹にかゝる京都海外宣敎會が。跼内鎖國の迫害と決戰し。五百七圓六拾錢三厘（本年九月十日迄領收の寄附金總高）の世界的間接傳道の義捐を募集し。天下萬國異種異色の人種が集合する。彼のシカゴ大博覽會に向つて施本せし部數は。眞宗綱要八千五百部。眞宗畧說二万部。眞宗問答一千三百五十部。四十二章經八百部。宗教哲學骸骨一百部にして。總計三万百六十五部なりと云ふ。實に其本分を盡したるものと稱すべし。世の居士佛教盲聾の頑迷僧侶（京都新報の一輩）豈に恥る所なき乎。

◎釋興然師の釋迦正風會　頭を回らせば明治二十四年の一月ダンマパーラ氏と共に印度內地を漫遊し。世尊の靈跡と荒蕪寒煙の間に探り。追思孝順佛陀伽耶回復の大義を我各宗大德に訴へ。錫蘭留學八年能くパーリ語佛典の蘊奥を窮めたる者は。雲照師の高弟釋興然師なりとす。師は去る十日の始歸朝して。神奈川縣橘樹郡鳥山村三會寺に引籠り。釋迦正風會を設立せらる。次號に其緒言。目的。事業を掲げん。

◎淨土宗布哇宣教會　東京に於て淨土宗の僧俗有志。堀內靜宇。白石堯海。廣瀨了眼。松本諦定諸氏は。題號の如き會を設けらる。其大主旨は『彼の天涯萬里の異域に寓し。灼爍たる炎沙熱土。日々嚴重なる規律の下に勞役し。可悲可憐なる宗教上浮浪の民たらんとする。在布哇我同胞二萬有餘の兄弟姉妹に向つて。佛陀世尊の聖教を開示し。彼等の悒鬱不平を慰問し。一は以て宗教上の安心を與へ。一は以て德義上の教養を務め。大に現當二世の福利を謀らんとするにあり』と。吾人はホノルヽ港頭。圓光大師の遺訓天に轟き。攝取不捨の光明普く我同胞出稼人の頭上に輝かんことを祈る。

◎日蓮宗海外布教會　十一月十四日の明教新誌は報じて曰く日蓮宗八本山の協議會を去る一日京都妙覺寺に開き。兼て朝鮮釜山港には同寺の別院を新築し布教し居られしが。追々信徒も增加したるに付。客月更に仁川駐在領事館の許可を得。同所に宣教する事となりたるより。尙は漸次支那浦鹽斯德地方へも。布教の目的を以て海外布教會を設置する事となり。去る六日妙覺寺前住職にて釜山に布教し居られたる旭日苗師が管長の協賛を得る爲め。請願書携帶東上せられたり。而して來る十五日頃御歸館相成る村雲宮に隨行し歸山し。其れより直に本部を設け諸般の運動に着手すると云ふ。と其新運動孤嶋以外には一歩も進む能はざる。鎖國的佛教の代表者。眞宗東西兩派の如きは。少く猛省して可なり。

◎傳道新誌の對外的大奮發　新舊理想の大旨義に於ては吾人と正反對の地位に立ち。而して跼內鎖國的本山の脚下に跪ひて。最も其頑見陋習に染潤し易き傳道新誌は。對外的の大勢力に感化せられたるや。或は其平素の精神なるや。去月二十一日發行の第六年拾壹號社説に『詩府宗教大會議終局と今後の佛教徒』と題し。對外的大奮發の叫聲を放ちたり。吾人請ふ少く彼れ反省雜誌記者の所謂温厚沈痛なる該誌の新議論を我讀者に報道せん乎。始に彼れ傳道記者は。大會臨席の諸師を賛して曰く。

吾人は諸高僧の法に忠なる一身を挺し。万里の險濤を蹴破し。異境に入りて碧人廣坐の中に。吾佛陀世尊の大法を獅子吼せられし勞を謝すると倶に。吾人は諸高僧の空前の榮譽を負荷し。健福万々歸朝せられし慶祝を謳はんとす。

と。想ふに臨席の諸師必ず苦笑して其賛辭を拜せらるゝならん。次に記者は其大奮發を絶叫して曰く。

萬國宗教大會議なる問題は佛者に取りては向内的の問題に非ずして對外的の目的なり。内に在りて色別を明にするの問題に非ずして外に向ふて日本佛教者の光明と煥發し榮譽を赫揚すへきの問題なり。今まや諸高僧の峻徳高智なる多能多識なる。四辨万耳を驚かし。八音四隣を動し。日本大乘佛教の爲めに万丈の光燄を吐き。獅奮百獸を雌伏するの壯觀あり。國光と法輝を赫揚し。歸帆凛烈日の出の國に向ひ。懽迎如堵万歳聲程帝國に入り。東都に西海に大會議に於ける新知識を這氏に謳被し。道化洋々席暖まるの暇なし。渡米諸氏の任責を竭くす勤めたりと云ふべし。諸氏は既に日本大乘佛教の爲に万國宗教大會議の一大舞臺に起ち。日本大乘佛教の主意を廣告せり披露せり。這般の廣告披露は万邦異人に懽び迎へられたり。今後の日本佛教徒は渾然全擧對外的問題として渡米諸氏の啓緒を繼續し。前唱後應。先驅后援。實地に日本佛教大乘の大法を大千万邦に播傳するの責任を負荷せざる可らざるなり。

と。近頃珍らしき雄論快談なる哉。吾人は深く記者の烱眼活識に服す。進んで記者は大聲熱罵。蹈内鎖國の悪弊害を打擊して曰く。

然るに日本佛徒積年の痼疾頑弊。地を捲き來る對外的の大問題も。内國の瑣事に蹐跼し。兄弟牆に鬩ひ。遂には其大計を誤り。或は公正明直の美眼前に横るも。私情纏綿の情に制肘せられ。其事を遂行せず。或は他の名譽を嫉忌し。或は他の成達を妬忌し。或は一身の勢利を得るに汲々し。或は一身の虚名を博するに齷齪し。俗臭紛々烱たる道光一閃するなく。殊に近年は這般の茶毒痼疾大に彌綸し蔓播し。甲乙寺院の軋轢となり。諛佞の僧となり。銅臭の僧となり。人と誣ひ他を陷り。辨舌を皷して利を射。著書に托して欲を貪ぼり。事務者となりては苞苴に飽き。管理者となりては私託を容れ。道香なく。廉白なく。學者錢を愛し。羊僧錢を愛し。智に。愚に。老に。壯に。名に走ること水の低きに就くが如く。利を貪ぼると餓虎の脂肉に垂涎する如し。國家の前途を想ふの誠なく。護法を万代に憂ふるの忠なく勇なく膽なき厭世的の如く。貪なる佞なる有財餓鬼の如し。咫尺の内を視て萬里の外を視ず。眼前の利を圖りて万代の榮を忘れ。一己孤介して万人共立を知らず。一人の恥万人の恥。一人の榮万人の榮なるとを知らず。擧世滔々社會は益々濁滓汚敗せんとす。噫這大法を云何せん。噫這大法を云何せん。と。烈火枯草を焼くの慨。又た是れ佛界暗黒面の寫眞。影中蹈内派の領袖。鎖國黨の總理。頑論迷説の蠢動者等。傳道記者の罵倒嘲殺的攻撃に向つて。俯服感泣其罪を懺悔する所あれ。

◉ユニテリアン弘道會の投機的陰險手段　彼れ耶徒が投機の狡眼と陰險の猾手に富めるは。萬人の均しく認むる所にて今年夏の頃には「聖書之友」を全國數千の郵便局員に送り。以て其個体神妄想の崇拜に陥らしめんとし。鐵道に關ずる雜誌を近頃東京より發行して。全國鐵道會社員の精神をアーメンの域に動かし進めんとし。以て其文明機關の急所を衝撃し。耶蘇の猛烈說法を此急所より吹き込み。一擧一動社會の地盤を顚覆せんとするが如き。吾人の最も醒眼警心を要する所。曩に本誌二十六號の附錄に九州佛教同盟の僧俗四千二百餘名が八淵師を萬國宗教大會に派遣したる其義捐金の報告を掲ぐるや。内哲學を主とし。外宗教を粧ふの東京ユニテリアン弘道會は。流石に佛教の謀反人等が加はり居る會とて。奇貨措くべし。妙機乘ずべしとなしたるにや。縣下各郡及び九州各縣の義捐金惠投者四千餘名に向つて。小冊子四五冊と其機關雜誌の「宗教」一二部を。一人も殘らず悉く投與して。大に佛教の信仰を攪亂せんと欲したり。而して五拾錢以上の義金寄贈者には。猶は續々其「宗教」を郵送し。佛界攪亂の陰險手段を躍起となりて勉め居れり。左れば我同盟者の内には。其外國教會支出金の莫大なるを驚く者あり。耶蘇の書汚らはしとて火中に投じ塵埃に棄つる者あり。目に一丁字なき山村水廓の善男善女等は。八淵師よりの米國土産なりとて盲目喜びに難有がる者あり。然れども概して云へば。ユニテリアンの社員が紅毛碧眼の御髯の塵を拂ひ。外國宣教師の足に接吻して。貰ひ集めたる白人膏血の黄金を費やしたる結果は。十の七八は封紙の儘其薄暗き戸棚の片隅に「我神我神何ぞ我を棄て給ふや」の血汗を流して葬られ居れり。請ふ佐治實然。神田佐一郎等宗教信仰攪亂の先登者よ。本號の附錄にも三千八百餘名の義捐金寄贈者報告あり。吾人は謹んで遙に貴社の投機的陰險手段を決行せられて。白人の膏血を我九州の天地に捲き散らされんとを紹介す。

國教第貳拾九號附録

第貳回萬國宗教大會代表者派遣義捐金報告

明治二十六年十一月十三日

熊本市安巳橋通町國教雜誌社內
九州佛教同盟會本部

熊本縣山鹿郡大道村專立寺
一金七拾六圓　隅部了宏
仝縣菊池郡菰入村
一金五圓　酒井文太郎
仝縣玉名郡月瀬村光明寺信徒
一金貳拾錢　西村廣藏
一金拾五錢　福田善四郎
一金拾五錢　繁田重太郎
一金拾五錢　西坂善作
一金貳拾錢　德丸順三郎
一金貳錢　田上常記
仝縣合志郡合志村竹迫
一金貳圓　山隈和直
一金壹圓　同　愼吾
一金五拾錢　可德林二
一金五拾錢　同　惟清
一金五拾錢　同　林四郎
一金五拾錢　藤本文平
一金五拾錢　菅澤良知
一金三拾錢　澄井源平
一金貳拾錢　山隈伯平
一金貳拾錢　中村平七
一金貳拾錢　中村紋平
一金貳拾錢　松岡伊三次
一金貳拾錢　矢頭謙平
一金拾五錢　西嶋治七
一金拾錢　中村幸四郎

熊本縣合志郡合志村竹迫
一金壹圓五拾錢　竹迫青年敎會
一金壹圓五拾錢　同　婦人敎會
一金壹圓　大塚辰藏
仝縣熊本市出京町
一金貳拾錢　古閑吉次郎
仝縣飽田郡池上村
一金壹圓　池永作次郎
一金五拾錢　增田龜太郎
一金拾五錢　池邊利平
一金拾五錢　青木仁八
一金拾五錢　池永政次郎
一金拾五錢　增田亥之吉
一金拾五錢　境甚作
一金拾錢　北村德太郎
一金拾五錢　守万次郎
一金七錢五厘　佐藤喜一
仝縣玉名郡玉名村岡
一金四拾錢　土田榮三郎
一金貳拾錢　高岡鶴作
一金拾七錢五厘　同　次七郎
仝縣飽田郡池上村
一金拾五錢　家入マツ
一金拾錢　增田丑藏
一金貳拾錢　前原小太郡
一金三拾錢　池松善吉
一金拾五錢　吉村榮作

熊本縣飽田郡池上村
一金貳拾錢　中川熊八
一金貳拾錢　前田松次郎
一金拾錢　岩本清七
一金拾錢　吉永虎藏
一金五錢　福田伊三次
一金三拾五錢　境三伍
仝縣玉名郡玉名村岡
一金拾七錢五厘　志方五平次
一金拾貳錢五厘　岡田慶四郎
一金四拾錢　深瀬健平
一金貳拾壹錢　崎本惣次郎
一金貳拾貳錢五厘　宮川作次郎
一金拾七錢五厘　楯岡千平
一金拾錢　藤村喜平
一金貳拾錢　崎本作馬
一金五錢　富岡眞平
一金五錢　畠山平八郎
一金拾錢　楯岡次三郎
一金拾七錢五厘　荒木次郎八
一金貳拾五錢　柳井幸四郎
一金拾七錢五厘　荒木藤三郎
一金貳拾錢　小山佐平
一金拾七錢五厘　岡村改平
一金拾七錢五厘　荒木彥次郎
一金拾五錢　岡村榮滿
一金拾七錢五厘　楯岡壽松

熊本縣玉名郡玉名村岡

一金拾錢　坂岡甚四郎
一金拾五錢　大崎吉三郎
一金三拾七錢五厘　荒木茂一
一金拾七錢五厘　同國作
一金拾五錢　同卯平次
一金拾錢　龍野元平
一金拾錢　小山儀作
一金五錢　龍野半七
一金拾錢　同忠八
一金拾錢　木戸和平次
一金五錢　藤本彥平
一金五錢　竹內儀八
一金貳錢五厘　龍野清八

仝縣上益城郡犬淵村

一金五錢　西嶋サチ
一金五錢　野口トヨ
一金五錢　高木リエ
一金拾七錢五厘　荒木常作
一金貳拾錢　同又平
一金貳拾錢　同玄三次
一金貳錢五厘　永森慶五郎
一金拾壹錢五厘　荒木彥八
一金五錢　飛松新平

仝縣飽田郡今村

一金五拾錢　藤森儀平次
一金貳拾五錢　龍野熊平
一金六拾錢　倉岡仙八
一金拾錢　龍野清次郎
一金拾錢　橋本八熊
一金五錢　松野カノ
一金五錢　同ケヨ
一金五錢　齋藤カヨ
一金五錢　藤岡チド
一金五錢　中崎喜壽
一金三錢五厘　同ツヨ
一金五錢　藤本ミノ
一金五錢　木村ヂモ
一金五錢　奥村エモ
一金五錢　中村トキ

熊本縣飽田郡今村

一金五錢　松本テイ
一金四錢　坂口テチ
一金五錢　中村ヂモ
一金五錢　淺井トヂ
一金五錢　栗崎ツモ
一金五錢　林田トモ
一金五錢　富永ツタ
一金五錢　栗崎モヤ
一金五錢　吉田ヂエ
一金五錢　本多セヨ
一金三錢五厘　坂口スミ

仝縣飽田郡川尻町

一金八拾錢　藤本藤五郎

仝縣下益城郡大町

一金五圓　男女同行中

仝縣玉名郡石貫村

一金拾錢　松崎彥次郎
一金五錢　同彥八
一金五錢　同彥七
一金五錢　同治七
一金拾五錢　小山榮作
一金拾錢　同新八
一金拾貳錢五厘　水本久平
一金七錢五厘　森本熊次
一金五拾錢　小山吉藏
一金五錢　山本壽登
一金五錢　同テ壽
一金拾五錢　德永內

下益城郎小岩瀨村

一金貳圓五拾錢　女同行中
一金五圓　青年會
一金拾參圓五拾錢　法住社々員中

仝縣玉名郡石貫村

一金六拾錢　山本柳作
一金貳拾五錢　同久作
一金貳拾五錢　同政五郎
一金貳拾五錢　同友七
一金貳拾五錢　同幸七
一金貳拾五錢　同榮八

熊本縣玉名郡石貫村

一金拾錢　山本源作
一金拾錢　森本卯七

仝縣玉名郡玉名村

一金拾錢　田中テヨ
一金五錢　橋本ミキ
一金五錢　柿添壽彌
一金五錢　井本ミサナ
一金四錢　大森ワカ
一金四錢五厘　永野カチ
一金四錢　同シヅ
一金三錢　西依壽カ
一金貳錢五厘　柿添トヨ
一金貳錢　同ツル
一金貳錢五厘　永野ケノ
一金貳錢五厘　嶋津壽カ
一金壹錢　福山ヂモ
一金壹錢　西原モヂ
一金拾錢　柿添ミチ
一金拾錢　田代ツギ
一金拾錢　永野サダ
一金拾錢　宮本イキ
一金拾錢　柿添イセ
一金五錢　柿本ヒデ
一金五錢　中根イシ
一金五錢　柿本ナガ
一金五錢　白野キテ
一金五錢　同ウカ
一金五錢　西木ユス
一金貳錢五厘　何ウチ
一金四拾錢　松木松平
一金五拾錢　橋榮七
一金三拾錢　村上幸七
一金四拾壹錢　荒木梶平
一金四拾錢　中川志平
一金五拾錢　荒木又平
一金貳拾五錢　同善次郎
一金拾五錢　釋迦藤四郎
一金四拾錢　荒木梶次
一金貳拾五錢　米田郡次

熊本縣玉名郡玉名村

一金貳拾五錢　中川　惣四郎
一金五拾五錢　米田　圓七
一金五錢　本田　卯八

仝縣玉名石貫村富尾

一金七拾五錢　平嶋　寅太
一金七拾五錢　同　両吉
一金六拾錢　同　万平
一金五拾錢　同　茂次郎
一金五拾錢　城戸　善作
一金五拾錢　同　彦作
一金五拾錢　同　貞次郎
一金五拾錢　同　孫七
一金五拾錢　同　百藏
一金四拾錢　同　藤作
一金三拾五錢　同　平四郎
一金三拾五錢　同　源八
一金三拾錢　同　貞七
一金貳拾五錢　同　熊三郎
一金貳拾五錢　同　藤三郎
一金貳拾五錢　同　両七
一金貳拾五錢　同　喜三郎
一金貳拾五錢　同　林七
一金貳拾五錢　同　彦三郎
一金貳拾五錢　同　文次郎
一金貳拾五錢　同　太平
一金貳拾五錢　同　權次郎
一金貳拾錢　同　長七
一金貳拾錢　同　伍平
一金貳拾錢　同　幸次郎
一金貳拾錢　同　幸七
一金貳拾錢　同　源四郎
一金拾五錢　同　新平
一金拾五錢　同　喜三次
一金拾貳錢五厘　同　作管
一金八錢　同　拾平
一金七錢五厘　同　幸作
一金七錢五厘　同　三次郎
一金五錢　同　源作

熊本縣玉名郡玉名村

一金拾五錢　林　源九郎
一金拾五錢　丸山　清作
一金拾五錢　池田　和平
一金拾五錢　古閑　才七
一金拾錢　田中　彦八
一金九錢　坂本　松次
一金壹圓　森川　源次郎
一金壹圓　丸山　金作
一金五拾錢　同　圓八
一金五拾錢　同　源八
一金五拾錢　同　甚平
一金五拾錢　森川　林平
一金三拾五錢　池田　藤平
一金三拾錢　中原　孫八
一金貳拾五錢　井上　善作
一金貳拾五錢　同　忠吉
一金貳拾錢　嶋田　源吉
一金貳拾貳錢五厘　田川　才作
一金貳拾貳錢五厘　竹下　彦一
一金拾五錢　古閑　彦八
一金拾五錢　廣瀬　才次
一金七拾五錢　西嶋　角七
一金六拾錢　福嶋　善三郎
一金拾錢　坂本　伍太郎
一金三拾錢　城　軍太
一金貳拾錢　辛嶋　源作
一金拾五錢　川本　禎次郎
一金拾五錢　同　次平
一金拾五錢　井嶋　茂次郎
一金拾七錢五厘　山内　万次郎
一金拾五錢　田中　平次郎
一金拾五錢　桑原　又玄
一金拾錢　塚本　善藏
一金拾錢　田中　安平
一金拾錢　辛嶋　久次郎
一金拾錢　荒木　健次郎
一金拾錢　上田　清三郎
一金八錢　友田　兵七
一金七錢五厘　小路　利三郎

熊本縣玉名郡玉名村

一金八錢　上田　岩熊
一金七錢五厘　牧山　丑平
一金七錢五厘　上田　彦作
一金七錢五厘　田中　藤平
一金六錢　川野　仙三郎
一金六錢　同　巳之吉
一金六錢　塚本　角七
一金六錢　村上　長平
一金五錢　藤本　將利
一金六錢　橋野　和平
一金六錢　小路　惣七
一金七錢　中尾　勝平
一金五錢　井嶋　寅熊

仝縣玉名郡石貫村

一金五拾五錢　林　健次郎
一金五拾五錢　松村　才藏
一金三拾五錢　同　才作
一金貳拾錢　塚本　卯一郎
一金三拾五錢　松本　彦七
一金拾錢　森　清作
一金三拾五錢　同　熊八
一金拾錢　松本　巳代作
一金拾錢　森　喜代太郎
一金拾錢　同　西平
一金拾錢　柿添　サキ

仝縣飽田郡藤富村護藤

一金拾錢　村田　勇作
一金五拾錢　同　彦三郎
一金壹圓　同　善七
一金貳拾錢　井上　エイ
一金三圓　青年會

仝縣同郡清水村

一金壹圓　平井　嘉平
一金壹圓　同　長藏
一金壹圓　同　幸七
一金壹圓五拾錢　水上　俊一郎
一金壹圓五拾錢　上村　利八
一金壹圓　平井　忠次郎
一金六拾四錢　同　又四郎

熊本縣飽田郡淸水村
一金壹圓　平井太平次
一金六拾五錢　同　大吉
一金貳拾五錢　同　爲吉
一金貳拾五錢　同　又五郎
一金貳拾五錢　同　長平
一金壹圓五拾錢　丸山次七
一金壹圓五拾錢　同　敬次郎
一金七拾五錢　同　貞七
一金壹圓拾錢　同　善七
一金壹圓　同　伊平次
一金五拾錢　門岡利三次
一金五拾錢　同　半七
一金五拾錢　同　倉平
一金四拾錢　同　儀平次
一金拾錢　同　利七
一金五拾錢　同　太八

仝縣合志郡西合志村
一金拾錢　松永婦以
一金五拾錢　丸山作次郎

仝縣飽田郡中原村
一金五拾五錢　日蓮宗　村上半九郎
一金壹圓六拾九錢　同　行中

仝縣仝郡中嶋村
一金五拾錢　森永儀平次
一金六拾錢　永松千代松
一金拾錢　友田幸八
一金拾錢　古川次平次
一金七拾錢　永田庄七
一金拾五錢　大川利平次
一金貳拾錢　永田セノ
一金貳拾錢　林伊七
一金五拾錢　丸山仙太郎
一金壹圓　江藤勝太
一金六拾錢　日蓮宗　內田季元
一金五拾錢　井手熊太郎
一金拾錢　同　五郎次
一金拾九錢　日蓮宗　小山淸
一金拾錢　福嶋牛松
一金五拾錢　松原鳥松

熊本縣飽田郡中嶋村
一金三拾錢　大川三次
一金五拾錢　日蓮宗　水間重英
一金壹圓五錢　作本次八郎

仝縣仝郡小嶋村
一金五圓　本田紋造
一金五拾錢　同　人母
一金貳圓五拾錢　高田勝平

仝縣仝郡仝村光應寺信徒
一金拾錢　村嶋直記
一金拾錢　稻葉利平次
一金五錢　柳榮作
一金五錢　國枝爲次郎
一金貳拾五錢　井手謙叔
一金貳拾錢　齋藤運平
一金拾錢　吉川熊八
一金拾錢　前田傳三
一金五錢　野々村某
一金五錢　中村善吉
一金四錢　福島万平
一金拾錢　加悅平七
一金貳錢五厘　島田才助
一金壹錢　去方
一金五錢　有馬幾七
一金三錢　吸崎善八
一金五錢　松村某
一金拾錢　同　敬三郎
一金拾錢　上妻庄七
一金拾錢　淺山利須
一金拾錢　同　儀三次
一金拾錢　上野文次郎
一金拾錢　南田伊平次
一金拾錢　桑田仙太郎
一金貳拾錢　五嶋虎太郎
一金貳拾錢　內田次郎七
一金五錢　上妻建七
一金拾錢　安武伊藏
一金拾錢　松村貞七
一金拾錢　同　新三郎
一金拾錢　村上新三郎

熊本縣飽田郡小嶋村光應寺信徒
一金拾錢　正代淸次郎
一金拾錢　淺山源四郎
一金五錢　何ナツ
一金五錢　藤井彌作
一金五錢　津田淸五郎
一金貳錢五厘　富田エノ
一金五錢　中須女人同行中
一金貳錢　同女人同行中
一金壹錢　同女人同行中
一金五錢　丸藤コメ
一金七錢　宮本藤次
一金參錢　森川善作
一金五錢　齋藤敬次郎
一金五錢　藤田太平次
一金貳錢　井手ナツ
一金五錢　何和三次
一金八拾錢九厘　｛小島新地／方近新地｝
一金貳錢四厘　叶文五郎
一金貳錢　何ヤト
一金四圓六拾錢　光應寺同行中

仝縣山本郡植木町
一金三拾錢　板井重四郎
一金貳拾錢　同　人母
一金貳拾錢　板井高
一金貳拾錢　中村モシ
一金貳拾錢　緒方スマ
一金拾錢　板井フデ
一金拾錢　財藤ノト
一金拾錢　板井シズ
一金拾錢　石井チキ
一金貳拾錢　堤內
一金拾錢　同　正知
一金五錢　栗原マス
一金五錢　竹下知賀
一金五錢　淸田ツチ
一金貳拾錢　上崎ヤス
一金貳錢　林田シチ
一金貳錢　板井ソツ

熊本縣山本郡植木町

一金五拾錢　角田金三郎
一金四拾錢　松山惣三郎
一金五拾錢　松田德三郎
一金五拾錢　緒方利平治
一金五拾錢　板井彌平
一金五拾錢　萩生元平
一金五拾錢　堀田勘三郎
一金貳拾錢　有田彌平次
一金拾錢　橋本兵九郎
一金五錢　有田德三郎
一金壹圓　緒方利平治
一金五拾錢　神西彌三郎
一金拾錢　木村善四郎
一金拾錢　麻生敬作
一金貳拾錢五厘　谷山次七
一金拾錢　麻生市平
一金五拾錢　清田作藏
一金五拾錢　松永勝平
一金三拾錢　同　半次郎
一金貳拾錢　小山休七
一金貳拾錢　渡邊壽平
一金貳拾錢　緒方文七
一金五拾錢　牧野忠七
一金貳拾錢　同　太七
一金拾錢　松永彌平次
一金壹圓　木村善四郎妻
一金拾錢　松田和加

仝縣飽田郡高橋町

一金三拾六圓　正福寺信徒中
一金四圓　婦人教會中

仝縣仝部五町村金剛寺

一金三拾圓貳錢四厘　一部信徒中

仝縣仝郡池田村光永寺信徒

一金壹圓拾錢　吉村元次
一金壹圓拾錢　平井熊喜
一金壹圓拾錢　吉村惣五郎
一金壹圓拾錢　仝　久次郎
一金六拾錢　甲斐次平
一金六拾錢　吉村利平

熊本縣飽田郡池田村光永寺信徒

一金四拾錢　中村勘七
一金三拾錢　吉村佐八
一金貳拾錢　米村伊平
一金三拾五錢　吉村忠平
一金壹圓　荒木源藏
一金貳拾五錢　甲斐清太郎
一金七拾錢　岡嶋清次郎
一金壹圓六拾錢　東　和三郎
一金壹圓拾錢　上野九郎次
一金壹圓　古田久吉
一金壹圓　森田和平
一金六拾錢　本山惣七
一金三拾錢　上野三作
一金五錢　嘉　悦內
一金八拾錢　東　龜太郎
一金五拾錢　增田藤作
一金拾錢　上野恒吉
一金九拾錢　中埜丈平
一金五拾錢　同　嘉一
一金拾錢　甲斐宇作
一金貳拾五錢　中村鶴吉
一金貳錢五厘　本山新平
一金拾錢　增田巳之吉
一金拾錢　嘉悅源次郎
一金拾五錢　境　平作
一金拾五錢　同　藤七
一金六錢　山本半藏
一金拾錢　甲斐宇次郎
一金貳拾五錢　古相仙次郎
一金拾錢　村上理平
一金五錢　內田　本
一金壹圓貳拾五錢　同　德平
一金壹圓貳拾五錢　富永爲八
一金壹圓貳拾五錢　同　辰平
一金壹圓　田上善四郎
一金壹圓　宮本九平
一金五拾錢　平田熊次郎
一金三拾錢　田上善七
一金貳拾五錢　同上傳三郎

熊本縣飽田郡池田村光永寺信徒

一金貳拾五錢　田上宇市
一金貳拾五錢　平井平七
一金拾七錢五厘　境　熊八
一金貳拾五錢　田上仁作
一金拾五錢　內田ウノ
一金拾五錢　同　フデ
一金貳拾五錢　富永カワ
一金拾五錢　同　ジモ
一金拾五錢　田上アイ
一金拾五錢　宮本壽加
一金拾九錢　富永ミト
一金五錢　平田カズ
一金五錢　田上アサ
一金五錢　福島美哉
一金貳拾五錢　吉村久熊
一金貳拾五錢　同　壽江
一金貳拾五錢　同　トヨ
一金拾錢　同　クラ
一金三拾錢　東　マサ
一金拾五錢　上野ナカ
一金拾錢　本山エジ
一金拾錢　境　タモ
一金拾五錢　森田ツヤ
一金拾五錢　東　スガ
一金拾五錢　古田リサ
一金五拾錢　荒木キヨ
一金五錢　增田キク
一金拾錢　甲斐スヘ
一金拾錢　岡嶋クマ
一金三拾錢　池田マツ
一金拾五錢　牛嶋スミ
一金拾五錢　宮崎カズ
一金拾五錢　松本壽和
一金拾五錢　池松アイ
一金拾五錢　岡本キク
一金拾錢　中村エカ
一金拾錢　宮崎スギ
一金拾錢　增永ノセ
一金拾五錢　中村マキ

熊本縣飽田郡池田村光永寺信徒

一金貳拾錢　梶山ヨシ
一金拾錢　緒方ミカ
一金貳拾錢　同　カツ
一金拾五錢　遠山ヒロ
一金拾錢　成瀬シヅ
一金拾錢　緒方トキ
一金五錢　成瀬シモ
一金貳拾五錢　日蓮宗　小崎ナツ
一金五錢　中村コイ
一金五錢　平井カヅ
一金拾錢　岡田エイ
一金五錢　松本壽記
一金五錢　寺山タカ
一金拾錢　池永ツイ
一金貳錢　上津原ヌイ
一金五錢　齋藤チズ
一金拾五錢　山本ノカ
一金拾五錢　安田トミ
一金拾錢　木下スヘ
一金五錢　林田ウタ
一金五錢　坂本サチ
一金五錢　木下サチ
一金拾錢　中村タカ
一金五錢　竹永タヅ
一金拾錢　遠山ミツ
一金拾五錢　德永クラ
一金拾錢　奥村スガ
一金拾五錢　小堀マ壽
一金貳拾錢　栗田マル
一金六錢　西　フサ
一金五拾錢　栗田タセ
一金拾五錢　增田ミキ
一金三拾錢　池永ヅノ
一金拾錢　池松キヨ
一金拾錢　境　ヘキ
一金五錢　同　タキ
一金五錢　增田クマ
一金五錢　池永ヨシ
一金拾錢　增田ツマ

熊本縣飽田郡池田村光永寺信徒

一金貳拾五錢　坂本喜平次
一金貳拾錢　武田善吉
一金貳拾錢　牛嶋計次
一金貳拾錢　井東モカ
一金貳拾錢　荒尾スヘ
一金貳拾錢　田尻トキ
一金貳拾錢　石井チヘ
一金壹圓五拾錢　稻本利八
一金拾錢　友住治平
一金貳拾錢　小山源作
一金三拾錢　同　ミカ
一金三拾錢　野田大嶋兩家
一金拾錢　清岡政八
一金拾錢　田中政平
一金五拾錢　佐伯某
一金拾錢　村田範平
一金拾錢　倉岡善平
一金四錢　稻田仁吉

仝縣仝郡川尻町泰養寺信徒

一金五圓　中牟田法住社員中
一金八拾七錢　同下組社員中
一金貳圓拾錢　同川端組社員中
一金六圓八拾貳錢五厘　同中組社員中
一金壹圓五拾錢　湯淺才兵
一金五拾錢　谷口孝右衛門
一金五錢　坂井仙七
一金五錢　富永金記
一金五錢　田中喜五郎
一金拾錢　永田喜作
一金拾錢　栗崎仁太郎
一金拾錢　藤岡庄太郎
一金拾錢　木村圓七

仝縣菊池郡隈府町

一金拾錢　益田サヱ

仝縣上益城郡津森村田原

一金壹圓　淨信寺
一金拾錢　坂田萬記

仝縣託麻郡健軍村

一金壹圓　眞光寺

熊本縣飽田郡川上村西福寺信徒

一金壹圓　廣松重雄母
一金五拾錢　田尻應信内
一金三拾錢　緒方貞甫妻
一金拾錢　境常八母
一金拾錢　緒方彦四郎妻
一金拾錢　松岡嘉平内
一金拾錢　緒方勇藏内
一金拾錢　井手文平内
一金拾錢　岡本彦熊母
一金拾錢　荒木源平妻
一金拾錢　林甚平内
一金貳拾錢　松村太八内
一金拾錢　平山貞八妻
一金拾錢　吉村吉平妻
一金拾錢　吉田榮作妻
一金拾錢　吉永甚九郎内
一金五錢　平山貞平妻
一金拾錢　松下嘉平妻
一金拾五錢　鹿子木才平内
一金拾五錢　岡本源藏内
一金拾五錢　同　勇作内
一金拾錢　緒方政八妻
一金拾錢　中川敬太郎妻
一金拾錢　德永長七妻
一金六圓　婦人敎會員中
一金壹圓　田尻應信
一金壹圓　廣松重雄

仝縣飽田郡川尻町遍照寺信徒

一金五拾錢　加嶋宗三郎
一金三拾錢　松本利三郎
一金貳拾錢　川上作太郎
一金拾五錢　加島儀三郎
一金拾錢　宮崎利吉
一金拾錢　松田嘉市
一金拾錢　草野直喜
一金拾錢　酒井藤吉
一金七錢　坂井鉄次
一金五錢　友永甚八
一金五錢　原田勝次

熊本縣飽田郡川尻町遍照寺信徒

一金五錢　加納亥ノ吉
一金五錢　泉音藏
一金六錢　竹原壽市
一金五錢　甲斐平太郎
一金五錢　谷田万五郎
一金五錢　松田庄三郎
一金五錢　埜田作太郎
一金五錢　村上勘次郎
一金五錢　內藤丑太郎
一金四拾八錢　有志信徒十九名
一金四拾錢　下田德次
一金四拾錢　同　テツ
一金四拾錢　江崎格太
一金拾五錢　石原又次郎
一金五錢　村上政八
一金拾錢　阪井桂七
一金拾錢　同　久米七
一金拾錢　同　甚九郎
一金拾五錢　松本忠七
一金拾三錢　深水甚作
一金五錢　同　彥三
一金五錢　松本勘七
一金六拾錢　三角三二
一金六錢　坂口嘉七
一金五錢　同　爲八
一金五錢　同　久吉
一金五錢　同　善藏
一金五錢　同　萬喜
一金五錢　田中彥次郎

仝縣飽田郡五町村德正寺信徒

一金五拾錢　西村惣平
一金五拾錢　安武善八
一金五拾錢　同　傳四郎
一金五拾錢　西村倉八
一金貳拾五錢　內田半四郎
一金拾五錢　安武平九郎
一金三拾錢　西村藤作
一金三拾錢　安武伊三郎
一金三拾錢　內田藤平

熊本縣飽田郡五町村德正寺信徒

一金三拾錢　西村久次郎
一金拾九錢　安武岩平
一金貳拾錢　松村祐七
一金貳拾錢　西村儀平
一金拾五錢　內田清九郎
一金拾錢　同　常七
一金拾錢　西村壽吉
一金三錢　安武宇平
一金三錢　內田勝平
一金五錢　同　德平

仝縣合志郡竹迫村

一金五拾錢　山隈徹

長崎縣南高來郡江浦村興正寺信徒

一金貳圓五拾錢　山新田伊八
一金壹圓五拾錢　中嶋新太
一金壹圓　山新田作太郎
一金貳拾五錢　石原鶴松
一金拾五錢　後田末吉
一金三拾錢　石原綱吉
一金壹圓　岩下庄吉
一金八拾錢　同　万次郎
一金八拾錢　同　吉次郎
一金九拾錢　同　忠藏
一金四拾錢　同　大吉
一金七拾錢　同　圓吉
一金拾錢　同　清吉
一金三拾錢　平古場與吉
一金貳拾錢　同　喜代三
一金五拾錢　堤平四郎
一金六拾錢　山ノ口彌之助
一金壹圓　同　藤太夫
一金拾錢　下釜作太夫
一金四拾五錢　山ノ口庄太夫
一金四拾五錢　同　平太郎
一金貳拾五錢　同　福次郎
一金三拾錢　山ノ口彌八
一金貳拾五錢　同　八重吉
一金八拾三錢　同　種藏
一金拾五錢　古野造一

長崎縣南高來郡江浦村興正寺信徒

一金五錢　黑田友吉
一金六拾錢　後田才吉
一金貳拾錢　穴藏善助
一金貳拾錢　上原磯吉
一金貳拾錢　古野作助
一金貳圓　上原寅松
一金三拾錢　同　村吉
一金壹圓　同　爲作
一金四拾錢　同　キノ
一金五拾錢　金馬場勘吉
一金五拾錢　平野一郎
一金貳拾五錢　金馬場霜太郎
一金八拾錢　同　巳之作
一金貳拾五錢　同　乙次郎
一金壹圓五拾錢　同　チマ
一金壹圓　同　巳之助
一金貳拾錢　上原祐繁
一金貳拾五錢　同　物七
一金貳拾錢　同　傳吉
一金三拾錢　同　慶太郎
一金貳拾錢　馬場長作
一金三拾錢　上原甚太夫
一金貳拾錢　同　卯一
一金三拾錢　同　多一
一金拾錢　同　米次郎
一金壹圓　圍　助次郎
一金五拾錢　同　次郎吉
一金五拾錢　同　幸助
一金貳拾錢　道原常吉
一金貳拾錢　圍　八太夫
一金三拾錢　同　伊勢吉
一金三拾錢　同　近太夫
一金貳拾錢　同　長吉
一金三拾錢　同　一之助
一金貳拾錢　同　房次郎
一金三拾錢　同　藤馬
一金五拾錢　同　乙吉
一金貳拾錢　同　德一
一金三拾錢　同　百次郎

長崎縣南高來郡江浦村興正寺派信徒

一金拾錢　圓　サッ
一金三拾錢　同　平太
一金貳拾錢　同　隼助
一金貳拾錢　田中　五郎吉
一金貳拾五錢　同　作太夫
一金五拾錢　同　長太夫
一金四拾錢　同　仁右工門
一金拾五錢　同　文吉
一金壹圓拾五錢　芦塚　源九郎
一金六拾五錢　同　治一郎
一金五拾錢　上原　忠太夫
一金拾錢　同　彌七
一金壹圓　同　作馬
一金貳拾錢　同　伊之吉
一金貳拾錢　山口　九太夫
一金貳拾錢　仝　米太郎
一金拾五錢　上原　武右工門
一金拾五錢　同　文吉
一金貳拾錢　同　弥之助
一金拾五錢　同　源次郎
一金拾錢　平野　多助
一金拾錢　上原　文次郎
一金拾錢　同　吾助
一金拾五錢　馬場　熊吉
一金五拾錢　上原　駒吉
一金三拾錢　上原　榮太夫
一金貳拾錢　山口　德一
一金貳拾錢　上原　弥一
一金貳拾壹錢　上原　多平次

仝縣仝郡仝村淨土宗慶巖寺門徒

一金拾錢　中路　ミト
一金拾五錢　馬場　作助
一金拾錢　船津　角次郎
一金貳拾錢　同　音平
一金拾錢　同　長吉
一金拾錢　同　喜代三
一金拾錢　馬場　勘吉
一金六錢　船津　長三
一金貳拾錢　上原　清次郎

長崎縣南高來郡江浦村淨土宗慶巖寺門徒

一金貳拾錢　馬場　惣助
一金拾五錢　西首　貞吉
一金拾錢　同　藤吉
一金三拾五錢　山ノ口　要次郎
一金三拾錢　同　今朝松
一金貳拾錢　同　玉吉
一金四拾錢　西ノ又　喜三
一金拾錢　岩下　貞吉
一金五拾錢　山新田　ノキ
一金三拾錢　同　福松
一金貳拾錢　大門　慶三
一金九拾錢　平古場　稻吉
一金拾圓　木下　芳映
一金貳圓　後田　敎覺
一金拾錢　岩下　忠作

熊本縣玉名郡梅林村

一金五圓　城田　覺治
一金貳拾錢　吉村　茂七
一金貳拾錢　早木　俊平
一金貳拾錢　坂田　順平
一金貳拾錢　池田　庄太郎
一金拾五錢　坂口　德藏
一金壹圓四錢　井尻青年會員
一金六拾三錢五厘　田中青年會員
一金拾五錢　早木　大平
一金拾五錢　池田　源太郎
一金拾五錢　舛田　丑太郎
一金拾五錢　井嶋　伊作
一金拾五錢　土井　新平
一金拾五錢　村井　俊平
一金拾錢　吉村　市三郎
一金拾錢　本田　重德
一金拾錢　濱田　甚平
一金拾錢　平野　文八
一金拾錢　本田　誠一郎
一金拾錢　大久保　亦吉
一金拾錢　東　平作
一金拾錢　早木　文次
一金拾錢　早木　直平

熊本縣玉名郡梅林村

一金七錢五厘　安富　市作
一金七錢　原　文太郎
一金六錢　同　重平
一金五錢　坂本　半造
一金九錢　中嶋　直七
一金九錢　荒木　源十
一金九錢　井上　榮七
一金五錢　山本　常七
一金五錢　西嶋　彌吉
一金五錢　早木　市平
一金五錢　同　權次郎
一金五錢　村上　格次郎
一金五錢　島田　改造
一金五錢　池田　幸作
一金五錢　坂田　數平
一金五錢　池田　寅彦
一金五錢　井嶋　幸四郎
一金五錢　白木　子ノ平
一金五錢　池田　文次郎
一金四錢　井上　彦八
一金七錢　池田　芳三
一金三錢　東　大藏
一金三錢　同　順藏
一金三錢　坂本　光次
一金三錢　東　弥市
一金三錢　濱田　圓七
一金三錢貳厘　川上　大四郎
一金三錢　上野　幸七
一金三錢　坂木　慶四郎
一金三錢　中嶋　作平
一金三錢　小林　改平
一金三錢　小畑　駒次
一金三錢　池田　仙吉
一金三錢　東　八百松
一金三錢　升田　禎作
一金貳錢　松本　文四郎
一金貳錢　松本　文次郎
一金貳錢　中山　甚吉
一金貳錢　寺本　藤太郎

熊本縣玉名郡梅林村

一金五錢　中川繁次郎
一金貳錢五厘　中山兵吉
一金貳錢五厘　村井傳次
一金貳錢　松本重平
一金貳錢　松本安順
一金貳錢　酒井嘉平
一金貳錢　光永又平
一金貳錢　濱田松太郎
一金貳錢　西嶋茂市
一金貳錢　野上牛彦
一金貳錢　上野喜太郎
一金貳錢　東押五郎
一金貳錢　甲斐已ノ平
一金貳錢　東田角平
一金貳錢　永田常平
一金壹錢五厘　村井喜三郎
一金壹錢五厘　松村傳八
一金壹錢五厘　永田改次郎
一金壹錢　坂本利作
一金壹錢　坂口清造
一金壹錢　坂本健平
一金壹錢　松村久次郎
一金壹錢　同政平
一金壹錢　同半四郎
一金八厘　小林林吉

仝縣飽田郡五町村

一金貳拾五錢　西川源三郎
一金五拾錢　同藤九郎
一金五拾錢　田尻致遠
一金三拾錢　津田角次
一金拾錢　緒方モサ
一金拾錢　西川勘七
一金貳拾五錢　津田健七
一金三拾五錢　緒方嘉八
一金貳拾五錢　同辰平
一金貳拾五錢　同作平
一金拾錢　同德次郎
一金貳拾錢　米村慶七
一金貳拾五錢　米村堅藏

熊本縣飽田郡五町村

一金拾五錢　津田久七
一金五錢　同幸七
一金貳拾錢　岩崎新八
一金五錢　同傳七
一金五錢　同ミサ
一金五錢　同壽加
一金三拾錢　同市作
一金拾錢　中川乙平
一金貳拾錢　岩崎勝平
一金五拾錢　同元吉
一金三拾五錢　中川安平
一金四拾錢　同甚八
一金九拾錢　同源七
一金五拾錢　岩崎新四郎
一金壹圓　同鶴太郎
一金三拾五錢　西川豐吉
一金三拾五錢　同熊八
一金七拾五錢　同德平
一金四拾錢　同惣次郎
一金三拾五錢　同清七
一金壹圓五拾錢　同幸三郎
一金五拾錢　岩崎惣平
一金壹圓貳拾五錢　同博隆内
一金五拾錢　中川初次
一金五拾錢　岩崎甚平
一金貳圓五拾錢　上村信美
一金三拾錢　宮津文平
一金三拾錢　同吾八
一金五拾錢　同雲八
一金五拾錢　上村勝太
一金五拾錢　緒方藤平
一金七拾五錢　同爲吉
一金七拾五錢　同利八
一金拾五錢　古田德平
一金三拾錢　同岩吉
一金壹圓　同善七
一金壹圓　津田惣次郎
一金貳拾錢　同孫平
一金六拾錢　古田半平

熊本縣飽田郡川上村

一金壹圓五拾錢　西島儀七
一金七拾五錢　村上伊藏
一金壹圓五拾錢　木村龜八
一金七拾五錢　宮崎金三郎
一金貳拾五錢　中田半四郎
一金貳拾錢　山田善七
一金貳拾錢　木村又八

仝縣飽田郡硯川村

一金貳圓　松本善九郎
一金壹圓　同善四郎
一金八拾錢　同平九郎
一金壹圓貳拾錢　同寅平
一金壹圓貳拾錢　松村勝平
一金八拾錢　同忠九郎
一金貳拾錢　同源三郎
一金拾錢　同新三郎
一金貳拾錢　同當四郎
一金貳拾錢　同兵左工門
一金貳拾錢　松本德藏
一金五拾錢　同圓七
一金三拾錢　同猪平
一金五拾錢　何某
一金壹圓　松本藤作
一金貳拾錢　同太郎
一金拾錢　同サノ
一金拾錢　同勝平
一金拾五錢　北村幸八
一金五拾錢　西島鶴松
一金三拾錢　同佐七
一金拾五錢　西村万三郎
一金五拾錢　同仙松
一金拾錢　上田善作
一金貳拾五錢　村上伊八
一金貳拾五錢　東直平
一金三拾錢　鈴木幸七
一金拾五錢　同亭太
一金拾錢　藤本利七
一金拾錢　名於利伊之八
一金三拾錢　橋本榮藏

熊本縣飽田郡硯川村

一金三拾錢　坂田健三郎
一金拾五錢　坂田爲次郎
一金五拾錢　坂田丈平
一金壹圓　荒木利平
一金壹圓　松本善四郎
一金壹圓　坂口源四郎
一金壹圓　坂田喜三郎
一金壹圓　荒木源三郎
一金拾錢　井上藤三郎
一金貳拾五錢　境傳九郎
一金拾五錢　沖嘉七
一金貳拾錢　荒木市三郎
一金拾五錢　高岡直七
一金拾五錢　岡本辰次
一金拾五錢　坂口源作
一金貳拾錢　森田惣四郎
一金貳拾五錢　坂田丈作
一金七拾錢　宮本梶太
一金拾五錢　上村龜八
一金貳拾錢　坂田丈七
一金拾錢　宮本榮次郎
一金拾五錢　名於利敬四郎
一金貳拾五錢　本田傳三郎
一金貳拾五錢　高木半三郎
一金拾五錢　鷹松愼言
一金貳拾錢　高島太作
一金貳拾錢　本田仙太郎
一金六拾錢　同　新三郎

仝縣飽田郡寺迫村

一金三拾錢　奥村新吉
一金五拾錢　岩本乙吉
一金三拾錢　木村幸平
一金壹圓　岩本林七
一金五拾錢　牛嶋公親
一金五拾錢　內田武三次
一金五拾錢　同　亭次
一金四拾錢　同　甚三郎
一金拾貳錢五厘　同　初次
一金拾貳錢五厘　同　源藏

熊本縣飽田郡寺迫村

一金五拾錢　竹原太平次
一金八拾錢　岩本孫八
一金壹圓五拾錢　木村權七
一金三拾五錢　內田久次郎
一金四拾錢　川田茂三郎
一金貳拾五錢　同　淸七
一金五拾錢　同　藤吉
一金壹圓五拾錢　同　茂七
一金六拾錢　奥村勝平
一金七拾五錢　村上伊三次
一金五拾錢　田尻佐七
一金五拾錢　內田長次郎
一金五拾錢　同　嘉次郎
一金貳拾五錢　牛島公家
一金七錢五厘　田尻万三郎
一金拾錢　同　金次郎
一金貳拾錢　內田長藏
一金七錢　川田末次郎
一金拾五錢　同　彌作
一金拾錢　田尻直七
一金貳錢五厘　同　勘九郎
一金九錢　同　吉平
一金拾錢　內田順作
一金三錢　田尻佐市
一金五拾錢　川田常次郎
一金壹圓　北村勘七
一金六拾錢　原田源四郎
一金六拾錢　坂口重藏
一金貳拾五錢　北村伊三次
一金貳拾九錢　坂口初次
一金拾錢　北村弥平
一金拾五錢　原田善七
一金貳拾五錢　同　伊吉
一金拾錢　坂口藤平
一金拾五錢　北村利平次
一金貳拾錢　同　辰平
一金拾錢　同　甚七
一金七拾錢　野口重平
一金七拾五錢　同　嘉平次

熊本縣飽田郡寺迫村

一金七拾錢　原口勝三郎
一金七拾錢　同　伊七
一金五拾錢　野口佐吉
一金六拾錢　同　庄七
一金貳拾五錢　原口仙太郎
一金貳拾五錢　野口丈七
一金拾錢　原口孫七
一金拾錢　同　勇作
一金三拾錢　同　文七
一金拾五錢　同　惣平
一金拾錢　野口宇七
一金貳拾錢　同　次吉
一金七錢五厘　原口伊平次
一金五錢　野口八百吉
一金五錢　原口政平
一金五拾錢　野口金三郎
一金五拾錢　同　小作
一金五拾錢　同　淸三郎
一金拾錢　同　嘉七
一金拾五錢　同　彥七
一金貳拾錢　村上權太郎
一金貳拾錢　同　榮作
一金貳拾錢　同　孫七
一金貳拾錢　同　惠七
一金貳拾錢　同　市平
一金貳錢五厘　竹原伊作
一金壹圓　木村惣七
一金七錢五厘　村上半四郎
一金貳拾錢　同　伊八
一金七錢五厘　竹原角平
一金七錢五厘　同　健三郎
一金五錢　山野甚七
一金拾錢　同　久平
一金五錢　岩本惠八
一金拾貳錢五厘　奥村土平
一金拾五錢　志賀宗俊
一金貳拾錢　木村敬作
一金七錢五厘　同　子ノ
一金拾錢　同　勝三郎

熊本縣飽田郡寺迫村

一金七錢五厘　木村　善三郎
一金拾錢　竹原　庄七
一金拾貳錢五厘　山野　宗四郎
一金七錢五厘　同　直七
一金拾錢　岩本　芳平
一金七錢五厘　山野　用七
一金拾錢　北村　金七
一金拾錢　同　勝平
一金五錢　同　貞平
一金拾錢　坂口　熊七
一金拾五錢　同　平作
一金拾五錢　北村　甚兵衛
一金五錢　同　久五郎
一金五錢　坂口　亭藏
一金拾貳錢五厘　原田　兵次郎
一金五錢　同　大藏
一金七錢五厘　山野　新八
一金七錢五厘　村上　政八
一金拾錢　竹原　雲吉
一金貳拾五錢　坂本　健七
一金貳拾錢　竹原　龜八
一金拾貳錢五厘　村上　源四郎
一金貳拾五錢　坂本　常七
一金貳拾五錢　同　嘉平次
一金貳拾錢　村上　両七
一金七錢五厘　竹原　源藏
一金貳拾錢　村上　又平
一金六錢　竹原　勘七
一金四錢　内田　太藏
一金拾錢　田尻　十三郎
一金拾錢　同　忠吉
一金拾錢　同　茂四郎
一金貳拾錢　原田　幸七
一金貳拾錢　同　安平
一金拾七錢五厘　同　善次郎
一金拾貳錢九厘　坂口　惣作
一金七錢五厘　北村　久平
一金貳拾錢　原田　佐平
一金拾錢　今里　善次郎

熊本縣飽田郡寺迫村

一金五錢　坂口　惣七
一金拾錢　川田　重太郎
一金五錢　川田　サチ
一金拾錢　内田　庄平
一金貳拾錢　同　順三郎
一金三錢　田尻　壽吉
一金七錢五厘　同　藤五郎
一金五錢　同　仙三郎
一金五錢　北村　十三郎

仝縣仝郡芳野村

一金四圓　黒田　半平
一金壹圓　内田　丈平
一金壹圓拾錢　同　初太郎
一金壹圓　同　熊吉
一金五拾錢　坂本　仁三次
一金五拾錢　内田　平次郎
一金五拾錢　中村　藤八
一金五拾錢　坂本　彌平
一金五拾錢　内田　嘉平
一金四拾錢　林田　利七
一金貳拾五錢　内田　太平次
一金貳拾五錢　村上　藤平
一金貳拾五錢　同　慶太郎
一金貳拾五錢　同　善三郎
一金貳拾五錢　坂本　源七
一金貳拾五錢　林田　富藏
一金拾錢　同　利平次
一金拾錢　坂本　源藏
一金拾錢　同　德次郎
一金拾錢　内田　彌三次
一金拾錢　同　泰七
一金拾錢　坂本　九平
一金拾錢　林田　庄太郎
一金五錢　小山　大四郎
一金五錢　村上　諸平次
一金五錢　同　惣三
一金五錢　同　クニ
一金五錢　内田　利八
一金五錢　同　伊七

熊本縣飽田郡芳野村

一金五錢　内田　吉藏
一金貳拾錢　林田　清七
一金貳拾五錢　同　壽八
一金貳拾五錢　坂本　佐七
一金三拾錢　村上　平吉
一金貳拾錢　内田　仁三郎
一金貳拾五錢　同　善吉
一金貳拾錢　坂本　市平
一金五拾錢　内田　勇吉
一金貳拾錢　坂本　壽太郎
一金貳拾錢　同　小太郎
一金拾五錢　村上　直八
一金拾五錢　内田　太七
一金貳拾錢　村上　美太郎
一金拾五錢　内田　慶七
一金拾錢　林田　十三郎
一金五拾錢　内田　三郎次
一金五拾錢　黒田　幸七
一金拾五錢　田尻　茂作
一金貳拾五錢　内田　惣七
一金拾五錢　同　慶七
一金拾錢　同　喜三郎
一金拾五錢　同　源七
一金拾五錢　同　藤七
一金拾五錢　黒田　辰平
一金三拾錢　同　惣八
一金五錢　同　惣六
一金五錢　同　傳七
一金五錢　内田　甚三郎
一金三錢　坂本　登壽
一金拾錢　内田　源作

仝縣山本郡菱形村山口

一金四拾錢　木村　惠藏
一金拾錢　小川　休平
一金三拾錢　同　榮八
一金貳拾錢　藤森　傳七
一金拾錢　同　善作
一金五錢　木村　繁次郎
一金五錢　藤森　利作

熊本縣山本郡菱形村山口

一金拾錢　中川佐七
一金拾錢　同　喜太郎
一金拾錢　前田長作
一金五錢　同　勝平
一金五錢　同　惣八
一金拾錢　小川光平
一金五錢　藤森久平
一金拾錢　中山喜太郎

仝縣仝郡平井村專德寺信徒

一金壹圓　福島軍藏
一金壹圓　安武源次
一金壹圓　同　愼
一金七拾五錢　福島善十
一金五拾錢　同　龜太
一金五拾錢　安武十一
一金五拾錢　同　萬平
一金三拾錢　右田惣平
一金三拾錢　安武清吉
一金貳拾五錢　同　權平
一金貳拾五錢　右田德平
一金貳拾錢　安武淺平
一金貳拾錢　右田德太
一金拾五錢　同　彦太
一金拾五錢　同　甚平
一金拾五錢　杉野源七
一金拾錢　福田才七
一金五錢　右田彌一
一金四拾錢　松田テイ
一金四拾錢　出井繁平
一金三拾錢　中山甚平
一金三拾錢　同　清
一金貳拾八錢　橋本利平
一金貳拾錢　酒井善吉
一金貳拾五錢　中山常次郎
一金貳拾錢　同　數馬
一金拾九錢　吉谷運次郎
一金拾五錢　同　俊平
一金五錢　新谷作馬
一金五錢　橋本惣吉

熊本縣山本郡平井村專德寺信徒

一金拾錢　田中敬太
一金拾錢　藤本權四郎
一金貳錢五厘　田中勝次郎
一金拾五錢　高群壽角
一金拾錢　同　茂三郎
一金五錢　同　彈藏
一金七錢五厘　橋積藤四郎
一金壹圓　津野田林
一金五拾錢　大橋順三郎
一金三拾五錢　本田喜一
一金五拾錢　古金辰藏
一金三拾錢　坂本順三郎
一金三拾錢　三城彦藏
一金三拾錢　野路恒藏
一金三拾錢　同　想作
一金拾錢　田中杢七
一金拾錢　三矢城德太
一金拾錢　古金大作
一金拾錢　三嶋敬三郎
一金拾錢　古金角藏
一金拾錢　同　喜又
一金三拾錢　林田藤平
一金三拾錢　松浦俊平
一金貳拾五錢　同　喜平
一金貳拾錢　松本伍三
一金貳拾錢　八木田勝作
一金拾五錢　林田儀平
一金拾錢　新美知壽
一金拾錢　松本俊喜
一金拾五錢　新美角次
一金五錢　同　熊藏
一金五錢　何　利平
一金貳錢五厘　坂井重太郎
一金三錢　同　辰平
一金貳錢五厘　穗波幸平
一金三錢　同　末松
一金貳錢五錢　稻田仙七
一金三錢　酒井德平
一金貳錢五厘　穗波龜平

熊本縣山本郡平井村專德寺信徒

一金壹錢　坂井半七
一金貳錢　本田長藏
一金壹錢五厘　堀本久七
一金貳錢五厘　菩　竹藏

仝縣玉名郡伊倉村來光寺信徒

一金四拾八錢五厘　横島栗ノ尾組
一金拾壹錢　何　次郎七
一金五拾壹錢貳厘　舟津組
一金貳拾錢　古伊倉池邊內
一金三錢　疊屋サノ
一金九錢　野田マス
一金五錢　俵屋內
一金五錢　高木內
一金五錢　關多七
一金五錢　東熊吉
一金三錢　前田ジモ
一金五錢　碇サミ
一金五錢　後藤タケ
一金五錢　小財多壽
一金四錢　松下カメ
一金三拾錢　東吉平次
一金拾五錢　同　貞平
一金貳拾錢　堤ミセ
一金拾錢　板井庄太郎
一金三拾錢　堀田藤平
一金拾五錢　市川作平
一金拾五錢　同　源次郎
一金貳拾錢　中尾梅太郎
一金貳拾錢　市川忠次郎
一金貳拾錢　木村吉平
一金貳拾錢　堀田角次
一金拾五錢　板井庄平

仝縣山鹿郡三玉村万行寺信徒

一金壹圓五拾錢　松本官次郎
一金四拾錢　同　エダ
一金五拾錢　池田又平
一金貳拾錢　末松貞次
一金拾錢　吉里亥之平
一金拾錢　同　甚三郎

熊本縣山鹿郡三玉村万行寺信徒

一金貳拾五錢　吉川勝太
一金貳拾錢　同　甚太郎
一金三拾五錢　吉里文七
一金貳拾錢　本山菊次
一金四拾錢　末松伊次郎
一金貳拾錢　同　初
一金拾錢　中尾德三郎
一金壹圓　池田民藏
一金八拾錢　同　鶴平
一金壹圓五拾錢　同　善吉
一金壹圓　同　米作
一金九拾錢　同　新七
一金五拾錢　同　勘四郎
一金五拾錢　同　源太郎
一金貳拾五錢　同　甚平
一金拾錢　同　仙吉
一金五拾錢　中原市次郎
一金四拾錢　同　平七
一金四拾錢　三森幸作
一金四拾錢　中原文次郎
一金四拾錢　同　嘉一
一金三拾五錢　同　龍七
一金三拾五錢　同　敬八
一金三拾錢　同　壽八
一金貳拾五錢　同　多三次
一金三拾錢　同　德三郎
一金貳拾五錢　同　清次郎
一金貳拾五錢　永田勝平
一金拾錢　中原方三郎
一金拾錢　同　增藏
一金拾錢　永田爲八
一金七錢五厘　中原善八
一金四拾錢　舟津藤七
一金三拾五錢　同　忠平
一金三拾五錢　同　惣八
一金三拾錢　同　清八
一金貳拾五錢　同　初三郎
一金拾錢　同　龜太郎
一金七錢　同　傳七

熊本縣山鹿郡三玉村万行寺信徒

一金七錢九厘　船津コマ
一金貳拾錢　同　長八
一金五錢　同　甚八
一金七拾錢　竹下新平
一金三拾七錢五厘　同　喜三
一金貳拾五錢　同　政次郎
一金拾五錢　同　市平
一金拾錢　同　角平
一金拾錢　竹下榮太郎
一金七錢五厘　同　勝平
一金七錢五厘　同　傳藏
一金拾錢　同　友七
一金拾錢　同　政平
一金拾錢　同　幸三郎
一金拾錢　浦田金三郎

鹿兒嶋縣鹿兒嶋市堀江町

一金壹圓　藤崎専左衛門

熊本縣宇土郡松合村

一金壹圓　曉　諦玄
一金貳圓五拾錢　清住　清

仝縣仝郡郡浦村専行寺

一金五圓　積　集成

仝縣山本郡菱形村圓臺寺

一金貳拾五圓五拾錢　林　寂映

仝縣玉名郡江田村西福寺衆徒

一金貳圓　龜甲智教

仝縣上益城郡宮內村小鹿

一金拾錢　太田万七
一金拾錢　大久保嘉十郎
一金拾錢　西村幸三郎
一金拾錢　井上新平
一金拾錢　松永駿藏
一金拾錢　村田善三郎
一金八錢　井上庄平
一金八錢　渡邊宇太郎
一金七錢五厘　井上雲七
一金七錢五厘　園田嘉九郎
一金七錢五厘　井上政七
一金七錢五厘　園田忠藏

熊本縣上益城郡宮內村小鹿

一金五錢五厘　井上孫作
一金六錢　同　政喜
一金六錢　同　直右衛門
一金五錢五厘　同　德七
一金五錢　同　彥七
一金五錢　同　末次郎
一金五錢　花園忠七
一金五錢　同　幸太郎
一金五錢　渡邊直七
一金五錢　花園勝元
一金五錢　石坂吉兵衛
一金四錢五厘　脇坂久平
一金四錢　井上惣平
一金三錢貳厘　太田倉藏
一金三錢　同　清作
一金貳錢五厘　花園源藏
一金貳錢五厘　同　銀兵衛
一金五拾四錢壹厘　同　甚平
外拾壹名
一金三拾三錢　嶋村孫作
外六名
一金貳拾壹錢　西原組
一金貳拾八錢　井戸江組
一金壹圓　渡邊彥十
一金壹圓　件　健司
一金五拾錢　渡邊桂三郎

仝縣仝郡早川村西福寺信徒

一金六錢　大隈孫作
一金六錢　同　忠吉
一金六錢　同　市太郎
一金六錢　同　新平
一金壹錢五厘　畑田安平
一金三錢　木村彥八
一金三錢　高畑寅記
一金四錢　甲斐彌久馬
一金三錢　北嶋用次郎
一金四錢　木村久郎右衛門
一金三錢　畑田乙松
一金六錢　大隈平作

熊本縣上益城郡早川村西福寺信徒

一金貳錢　山下演吉
一金五錢　建山正修
一金貳錢　畑田甚右衛門
一金貳錢　坂上杢助
一金四錢　溜淵壽作
一金四錢　同　茂助
一金貳錢五厘　同　貞平
一金貳錢　同　嘉平次
一金貳錢　畑田仁太郎
一金五錢　堀江清藏
一金五錢　前田亭作
一金五錢　渡邊彥作
一金貳錢五厘　早崎角平妻
一金四錢　溜淵丈八
一金三錢　早崎十三郎
一金貳錢　山口留喜
一金貳錢五厘　本田恒雄
一金四錢　丸山半七內
一金貳錢　寺本藤吉
一金貳錢五厘　甲斐林麓
一金貳錢五厘　榎本龜次郎
一金三錢　溜淵十平
一金拾錢　井手平藏
一金貳錢五厘　甲斐惣四郎
一金壹錢　前田爲藏
一金貳錢五厘　城田運作
一金貳錢五厘　本田政雄
一金七錢五厘　林田常八
一金貳錢　溜淵安平
一金壹錢六厘　早崎寅喜
一金三錢　中河喜二郎
一金三錢　嶋田惣作
一金貳錢　堀田千代
一金五錢　溜淵彥十
一金三錢　江本平八
一金三錢　同　松太郎
一金貳拾錢　吉村法充
一金拾錢　佐藤惠一郎
一金八錢　山本孫三郎

熊本縣上益城郡早川村西福寺信徒

一金五錢　矢下次八
一金八錢　同　百藏
一金六錢　同　傳吉
一金八錢　山下久平
一金五錢　同　清八
一金拾錢　佐藤桂平
一金拾錢　同　敬藏
一金拾錢　中嶋市太郎
一金四錢　長石爲藏
一金拾錢　北　亭藏
一金五錢　緒方健壽
一金四錢　長石永之助
一金四錢　渡邊朱三
一金五錢　北　喜平
一金六錢　小川仁九郎
一金四錢　山本庄作
一金四錢　宮崎安右衛門
一金四錢　中嶋多藏
一金五錢　西村未之助
一金貳錢　通上文右衛門
一金四錢　中原酉作
一金四錢　松永德平
一金拾錢　渡邊傳藏
一金五錢　田口門平
一金四錢　坂本庄吉
一金五錢　長石老女
一金拾五錢　山下恒熊
一金貳拾錢　佐藤新治
一金五錢　山本金三郎
一金拾錢　平井平藏
一金五錢　杉本新平
一金貳錢　同　源作
一金四錢　西口忠吉
一金壹錢　同　末太郎
一金貳錢　浪床安平
一金貳錢五厘　志築榮四郎
一金貳錢五厘　福田喜藏
一金四錢　赤星寅一
一金壹錢貳厘　岡部房吉

熊本縣上益城郡早川村西福寺信徒

一金三錢　岡部文次
一金壹錢貳厘　浪床伊與吉
一金貳錢　古川甚平
一金貳錢五厘　西口甚作
一金五錢　志摩德太
一金貳錢　石川作平
一金三錢五厘　宮崎金三郎
一金貳錢五厘　出口兵內
一金壹錢　石川久七
一金壹錢貳厘　高森又七
一金七錢五厘　佐藤勝藏
一金貳錢　森本丈平
一金貳錢　宮崎謙次
一金貳拾錢　佐藤庄作
一金拾錢　出口又藏
一金拾五錢　山下又三郎
一金四錢　水野敏夫
一金貳錢　奥名政吉
一金貳錢　井芹次助
一金壹錢六厘　西村七平
一金貳錢　井芹万次郎
一金壹錢　奥名子之作
一金壹錢　同　龜吉
一金壹錢六厘　植野堀說藏
一金貳錢　井芹惣平
一金五厘　植野堀竹次
一金四錢　井芹梶次郎
一金八錢　同　甚平
一金貳錢　同　勝藏
一金貳錢　同　柳助
一金五錢　本郷猪熊
一金四錢　井芹喜三郎
一金五錢　同　敬次郎
一金五錢　本江善吉
一金四錢　同　平次郎
一金壹錢　同　清三郎
一金壹錢貳厘　奥名末太郎
一金貳錢五厘　井芹惣兵衛
一金五錢　芥川某

熊本縣上益城郡早川村西福寺信徒

一金四錢　本江勇平
一金四錢　同　庄平
一金壹錢　井芹源右衛門
一金四錢　同　幸平
一金五錢　同　庄藏
一金五錢　緒方清藏
一金四錢　本江榮藏
一金貳錢　小屋敷千七
一金貳錢　同　久三
一金貳錢　井芹甚藏
一金五錢　本江忠平
一金五錢　緒方清九郎
一金壹錢五厘　同　恒喜
一金四錢　同　勝右衛門
一金貳錢五厘　同　儀右衛門
一金五錢　井芹格平
一金四錢　本江洞藏
一金四錢　緒方實藏
一金貳錢五厘　井芹壽吉郎
一金四錢　藏本政平
一金壹錢四厘　緒方彦平
一金貳錢　菅原國三郎
一金貳錢五厘　本田順藏
一金壹錢　大塚勘內
一金五厘　緒方德七
一金壹錢　井芹方右衛門
一金四錢　緒方政七
一金壹錢　奥　吉太郎
一金貳錢五厘　井芹實平
一金四錢　塚崎新平
一金貳錢　大塚恒十
一金四錢　緒方茂七郎
一金八厘　井芹甚次郎
一金貳錢貳厘　渡邊常彦
一金貳錢　緒方林三郎
一金貳錢　松野角平
一金四錢　緒方恒彦
一金貳錢五厘　同　文藏
一金貳錢　同　德平

熊本縣上益城郡早川村西福寺信徒

一金貳錢　緒方源平
一金三錢　同　十郎
一金壹錢貳厘　同　恒雄
一金壹錢　松野半平
一金壹錢　井芹桂藏
一金壹錢五厘　大塚勘吉
一金壹錢五厘　外山福松
一金四錢　松野米吉
一金貳錢　同　忠四郎
一金貳錢　緒方俊藏
一金四錢　清名喜一郎
一金貳錢　本田嘉市
一金壹錢　原田直道
一金貳錢　本田善右衛門
一金七錢五厘　大塚長七
一金貳錢五厘　同　傳治
一金四錢　本田清作
一金貳錢　緒方彦右衛門
一金貳錢　本田甚三
一金貳錢　同　スヱ
一金三錢　緒方サチ
一金拾八錢四厘　社員中
一金五錢　緒方ツギ

仝縣飽田郡小嶋村

一金貳拾錢　上野文治郎
一金貳拾錢　淺山源四郎
一金貳拾錢　同　儀三治
一金貳拾錢　南　伊平治
一金貳拾錢　淺山利助
一金三拾錢　古嶋只七
一金三拾錢　牛嶋儀八
一金拾五錢　吉田清八
一金貳拾錢　同　庄二郎
一金三錢　中村利右衛門
一金貳拾錢　上野丈七
一金拾五錢　中村ケイ
一金三拾錢　橋本仁右衛門
一金拾五錢　井手ノイ
一金貳拾錢　淺山忠次郎

熊本縣飽田郡小島村

一金五錢　南　利平治
一金貳錢　寺嶋市郎平
一金貳錢　村上ソメ
一金六錢　中村茂次郎
一金拾五錢　中山傳右衛門
一金拾錢　寺村森平

仝縣仝郡高橋町

一金五拾錢　高橋婦人中
一金五拾錢　長谷川至曉

仝縣仝郡小嶋村光應寺信徒

一金五錢　川田安兵衛
一金壹圓五拾錢　上村伍藏
一金壹錢　東　シゲ
一金壹錢　志恒年藏
一金三錢　藤井藤松
一金貳錢　中山甚八
一金三錢　八木庄吉
一金拾錢　上村五八
一金五錢　同　トミ
一金壹錢五厘　田中清四郎
一金壹錢　中山左平
一金貳錢　川田和七
一金三錢　同　永次
一金四錢　中村和兵
一金五錢　石川直次郎
一金拾五錢　同　長吉
一金三錢　村上武七郎
一金三錢貳厘　同　庄次郎
一金五錢　右田榮左衛門
一金七錢　西川亭右衛門
一金壹錢五厘　木村喜七
一金壹錢五厘　中村伊三郎
一金壹錢　林　清七
一金壹錢　木村仁平
一金貳錢　同　彌作
一金拾錢　中山藤七
一金拾錢　坂本亭七
一金拾錢　嶋田幾平
一金五錢　中村和三郎

熊本縣飽田郡小嶋村光應寺信徒

一金壹錢　田中勘九郎
一金貳錢五厘　富田次平
一金五錢　守川嘉三郎
一金拾五錢　右田德七
一金五錢　竹田宇八
一金拾錢　西川ミキ
一金貳拾錢　岡本卯七
一金貳拾錢　加悦平七
一金貳拾錢　右田十三郎
一金拾錢　山田次八
一金五錢　丸山次平次
一金五拾錢　中村運次
一金五錢　何清右衛門

仝縣菊池郡加茂川村勝明寺信徒（追加）

一金四圓　隈部實善
一金八拾錢　美麗德平
一金六拾錢　本田杢平
一金四拾五錢　同　鉄次
一金四拾錢　同　藤平
一金四拾錢　松本幸太郎
一金貳拾錢　道西才七
一金貳拾錢　本田林平
一金貳拾錢　松崎作平
一金貳拾錢　川野九平
一金貳拾錢　安田安平
一金貳拾錢　美麗市造
一金貳拾錢　同　幸四郎
一金貳拾錢　同　直平
一金拾五錢　佐藤儀三郎
一金拾五錢　宮本卯造
一金五錢　早川ノハ

仝縣仝郡仝村字甲佐町

一金五拾錢　池田勤之
一金五拾錢　同　市太郎
一金五拾錢　古閑光平
一金四拾錢　同　傳七
一金四拾錢　池田榮七
一金三拾錢　同　儀平
一金貳拾錢　同　眞次

熊本縣菊池郡加茂川村字甲佐町

一金拾錢　池田惟中
一金拾錢　同　仁五郎
一金拾錢　同　謙造
一金拾錢　古閑九平
一金七錢五厘　同　清三郎
一金七錢五厘　池田七藏
一金貳拾錢　工藤五平
一金貳拾錢　同　源作
一金拾五錢　氏森庄三
一金拾五錢　同　清市
一金拾五錢　同　光太
一金拾錢　同　和七
一金拾錢　工藤次一郎
一金貳錢　氏森善藏
一金拾五錢　五丁壽市
一金拾貳錢五厘　藏居政雄
一金拾錢　五丁源造
一金拾錢　氏森猪三
一金貳錢五厘　同　政喜
一金五錢　池田卯八
一金五錢　工藤熊八
一金三錢　田中龜次郎
一金三錢　前田市平
一金貳錢五厘　氏森利平

仝縣仝郡仝村字宮園

一金三拾錢　渡邊嘉太郎
一金貳拾五錢　美濃部一雄
一金貳拾五錢　長尾源平
一金貳拾五錢　同　卯平
一金貳拾五錢　同　嘉平
一金貳拾五錢　同　久平
一金貳拾五錢　渡邊弥平
一金貳拾錢　同　弥市
一金拾五錢　同　實平
一金拾錢　同　謙七
一金拾錢　同　長平
一金拾錢　同　伊平
一金拾錢　長尾半造
一金七錢　同　平三郎

熊本縣菊池郡加茂川村字宮園

一金五錢　長尾直平
一金五錢　渡邊瀨平
一金五錢　同　末造
一金貳錢五厘　長尾文平
一金貳錢　同　俊平
一金五錢　渡邊德平

仝縣仝郡仝村字馬處

一金五拾錢　赤星德三郎
一金貳拾五錢　志水爲次
一金貳拾九錢　司　仁作
一金拾五錢　赤星長造
一金拾五錢　同　俊造
一金七錢五厘　同　マツ
一金七錢五厘　松本ミセ
一金拾錢　池田常造
一金三錢　松本次郎八

仝縣仝郡仝村字高嶋

一金五拾錢　前田豐記
一金五拾錢　同　謙三
一金三拾錢　出口傳七
一金三拾錢　本田長三郎
一金貳拾錢　田邊鉄藏
一金拾五錢　槌田虎吉
一金拾五錢　前田須八
一金拾五錢　田代平四郎
一金拾錢　前田惣平
一金五錢　森岡藤七
一金三拾錢　東順平
一金貳拾五錢　元田市三郎
一金貳拾錢　吉間與平
一金貳拾錢　前田直平
一金拾五錢　田代榮三郎
一金拾五錢　中川九平
一金拾五錢　長尾惣平
一金拾錢　中川儀平
一金拾錢　元田彦平
一金拾錢　同　作平
一金四錢　平山源作
一金貳錢五厘　城幸三郎

熊本縣菊池郡加茂川村字高嶋

一金貳錢 宮本文吉
一金三拾五錢 田代金三郎
一金三拾錢 嶋田德太
一金拾五錢 同彦次郎
一金拾錢 田代杢平
一金拾錢 同勝三郎
一金拾錢 同重作
一金拾錢 赤星新平
一金五錢 田代次平
一金五錢 平川休平
一金五錢 田代又彦
一金四錢 同友七
一金五錢 同巳之八
一金五錢 同松次
一金五錢 同喜作
一金三錢 同甚平
一金貳錢五厘 同長平
一金五錢 同次平

全縣全郡高田村

一金五拾錢 平田安太
一金五拾錢 同德太
一金五拾錢 同作平
一金五拾錢 同喜平
一金貳拾錢 杤原甚平
一金貳拾錢 同晉平
一金拾五錢 野村甚作
一金拾五錢 杤原俊平
一金拾五錢 同德七
一金拾五錢 同久三郎
一金拾五錢 同源平

全縣合志郡清泉村字前川

一金貳拾五錢 川上傳三郎
一金拾五錢 同杢七
一金拾貳錢五厘 中村勘四郎
一金拾錢 川上武
一金拾錢 中村作平
一金拾錢 川上杢平
一金拾錢 山本幸吉
一金七錢五厘 西幸三郎

熊本縣合志郡清泉村字前川

一金五錢 川上清七
一金五錢 橋本謙太郎
一金五錢 中村勘三郎
一金五錢 塚本清十
一金五錢 城常七
一金五錢 宮川五六
一金五錢 坂本又八
一金五錢 福島秋造
一金貳錢 中村兵三郎
一金貳拾錢 中島常次郎
一金拾錢 林龜藏
一金五錢 安藤敬吉
一金拾錢 美麗佐平

全縣全郡全村勝明寺信徒（婦人部）

一金三拾錢 坊守
一金拾五錢 本山知英妻
一金拾五錢 德永近妻
一金拾五錢 隈部實全妻
一金拾五錢 同至妻
一金五拾五錢 酒井エト
一金五錢 池田サダ
一金五錢 同ハル
一金五錢 同トチ
一金五錢 氏森トヨ
一金七錢 杤原タキ
一金六錢 石井トチ
一金五錢 美麗エジユ
一金五錢 同ヨ子
一金五錢 池田ミツ
一金八錢 同平八内
一金五錢 同才次郎母
一金五錢 杤原アイ
一金五錢 石井ナミ
一金五錢 出口トメ
一金五錢 村上ウタ
一金五錢 池田俊平内
一金五錢 古田忠太内
一金五錢 本田スミ
一金五錢 同ツ子

熊本縣合志郡清泉村勝明寺信徒（婦人部）

一金五錢 美麗タモ
一金五錢 松本ミ子
一金五錢 同キヨ
一金五錢 早川野波
一金五錢 赤星タツ
一金五錢 平田キジコ
一金五錢 前田ワカ
一金五錢 出口傳七内
一金五錢 田代金三郎内
一金五錢 嶋田カメ
一金五錢 同ツル
一金五錢 前田ミツル

全縣宇土郡網田村西宗寺信徒（追加）

一金壹圓 田中榮
一金六拾錢 本田重美
一金三拾錢 益田四一郎
一金貳拾五錢 池田惣三郎
一金三拾錢 幸彌嘉三郎
一金三拾錢 小畑サモ
一金貳拾錢 中尾宇八
一金拾錢 村上善平
一金拾錢 藪田用八
一金拾錢 村田直平
一金拾錢 德美安衛門
一金拾錢 守田久平
一金拾錢 德美久兵衛
一金拾錢 守田伊平次
一金五錢 西島新二郎
一金貳錢五厘 中村次作
一金五拾錢 中園作助
一金六拾錢 田口兵助
一金五拾錢 中嶋甚三郎
一金五拾錢 高尾龜喜
一金四拾錢 同保
一金貳拾五錢 杉本小七
一金貳拾五錢 阪田ミ子
一金拾五錢 谷川茂平
一金五錢 高尾マス
一金拾錢 野口常八

熊本縣宇土郡網田村西宗寺信徒（徒加）

一金三拾錢　森惠三郎
一金拾貳錢五厘　同榮三郎
一金三拾錢　奥田常八
一金三拾錢　園田茂八
一金貳拾錢　坂田儀三郎
一金貳拾錢　中石源十
一金貳拾錢　上田用八
一金貳拾五錢　八別當元作
一金八錢　藪田林作
一金拾錢　森下吉兵衞
一金五拾錢　西寺源三郎
一金貳拾錢　前田尉平
一金貳拾五錢　西岡德三郎
一金拾錢　九郎丸儀三次
一金拾錢　佐美三又四郎
一金拾錢　前田安左衞門
一金拾錢　佐美三万喜
一金拾錢　同儀作
一金拾貳錢五厘　芳川利平
一金拾錢　九郎丸彥平
一金拾七錢五厘　森田トヨ
一金三拾錢　田中喜三次
一金五錢　山口勝左衞門
一金五拾錢　西田新三郎
一金拾錢　中川壽作
一金五錢　藪田甚衞門
一金拾錢　九郎丸儀三郎
一金拾錢　中石平八

仝縣宇土郡松合村光曉寺信徒

一金五拾錢　中村源十
一金壹圓　村田彌平
一金五拾錢　坂口藤平
一金壹圓　大宅嘉一郎
一金貳拾錢　渡邊ミキ
一金五拾錢　本田德太郎
一金四圓拾八錢　商人組中
一金五圓三拾錢　漁方組中
一金四圓六拾錢　運賃組中
一金拾八圓貳拾錢　中組中

熊本縣宇土郡松合村光曉寺信徒

一金五拾錢　浦津八兵衞
一金五拾錢　何亦七
一金五拾錢　何某
一金貳圓　浦ノ谷組中
一金壹圓五拾七錢　古屋敷中
一金四錢　何德右衞門
一金四圓三拾六錢五厘　和田組中
一金貳圓七拾七錢　救ノ浦組中
一金三圓五拾六錢壹厘　永尾村中
一金拾圓　西組中
一金三圓六拾六錢六厘　大口村中

仝縣全郡全村全寺信徒（追加）

一金壹圓　大宅嘉一郎
一金壹圓　本田德太郎
一金五拾錢　本松九八郎
一金五拾錢　西岡太平
一金三拾錢　本松万作
一金三拾錢　西崎源太郎
一金三拾錢　西岡市兵衞
一金五拾錢　河野仙藏
一金五拾錢　同鴨次郎
一金五拾錢　西田利三
一金三拾錢　西本鶴平
一金五拾錢　西上助四郎
一金貳拾錢　渡邊ミキ
一金七拾五錢　村田弥平
一金五拾錢　河瀨惣吾
一金貳拾錢　中戸清四郎
一金貳拾錢　中村孫平
一金四拾九錢　女九人同行中
一金五錢　寺村シユ
一金五拾錢　山內伊太郎
一金五拾錢　同次ノ
一金三拾錢　山中助三
一金貳拾錢　坂本喜平
一金貳拾五錢　山口藤四郎
一金拾錢　山崎八三十
一金五錢　山內清左衞門
一金五錢　同五藏

熊本縣宇土郡松合村光曉寺信徒（追加）

一金五錢　田中末吉
一金五錢　山崎勘七
一金五錢　山中傳藏
一金五錢　同金藏
一金五錢　山田藤八
一金拾錢　山口甚作
一金七錢　同乙松
一金五錢　中野豐吉
一金拾五錢　上羽重
一金貳圓五拾九錢貳厘　中組
一金九拾貳錢五厘　浦ノ谷
一金五錢　奥村久三
一金五錢　同平二
一金五拾錢　江口次郎兵衞
一金五錢　戸川彥七
一金五錢　奥村善十
一金壹錢五厘　山內伊三郎
一金壹錢　戸川淺松
一金三錢五厘　山中德兵衞
一金壹錢六厘　戸川甚四郎
一金七錢　同甚左衞門
一金五錢　同ミツ
一金三錢　同藤四郎
一金拾錢　同源四郎
一金三錢　同仙助
一金三拾錢　江川孫七
一金拾錢　川本源藏
一金貳拾錢　田中甚三郎
一金八錢　寺本伊平
一金八錢　同初二
一金五錢　同權七
一金拾錢　同喜三
一金拾五錢　田中助市
一金五錢　江本勘四郎
一金七錢五厘　奥村惣四郎
一金五錢　江川信次
一金六錢　宮本弥七
一金拾五錢　奥村傳次
一金貳錢　同惣九郎

熊本縣宇土郡松合村光曉寺信徒（追加）

一金貳錢五厘　戸川彦次郎
一金貳錢　永井龜太郎
一金五錢　森内次左衞門
一金貳錢　川本久八
一金貳錢　同常吉
一金壹錢　山内常吉
一金五錢　田中長七
一金拾五錢　同佐平
一金五錢　同惣八
一金貳錢五厘　同平七
一金貳錢五厘　同モセ
一金八錢　江川勇吉
一金拾錢　川本長助
一金五錢　江川安之十
一金五錢　川本三郎
一金五錢　江川權六
一金三錢　同万助
一金五錢　寺本嘉八
一金五錢　江川傳四郎
一金四錢　寺本長助
一金四錢　同清左衞門
一金三錢　奥村勝平
一金貳錢　同忠吉
一金五錢　戸川新次郎
一金五錢　江川清四郎
一金七錢　同甚二郎
一金五錢　松崎米吉
一金五錢　寺本茂三郎
一金五錢　戸川清八
一金五錢　同清七
一金五錢　同清十
一金四錢　松浦鉄次
一金壹錢　宮本貞吉
一金壹錢　川本音吉
一金壹錢　戸川次郎平
一金壹錢　宮本辰次
一金貳錢　橋本モヨ
一金五錢　同佐次郎
一金貳錢五厘　桑原艮人

熊本縣宇土郡松合村光曉寺信徒（追加）

一金九錢　戸川彌平
一金五錢　同藤市
一金五錢　川本與太郎
一金三錢　同多左衞門
一金五錢　同幾平
一金五錢　同卯一
一金拾錢　同忠四郎
一金三錢　同吉藏
一金五錢　松浦ハル
一金拾錢　奥村万五
一金五錢　同孫七
一金五錢　寺本サカ
一金五錢　田中清三
一金五錢　山田甚吉
一金五錢　川本吉艮
一金五錢　田中久五郎
一金壹錢　井上末太郎
一金貳錢　西田半次郎
一金四錢　宮本フジ
一金五錢　同鉄次
一金貳錢五厘　田中喜八
一金四圓　光曉寺信徒中

仝縣上益城郡高木村長安寺信徒

一金三錢　芥川ヤク
一金五錢　中山末藏
一金五錢　武本貞吉
一金五錢　永田清左衞門
一金貳錢五厘　宮本源四郎
一金五錢　村井武衞門
一金三錢　武本順五郎
一金貳拾錢　安田甚九郎
一金五錢　西田甚次郎
一金貳錢五錢　高田善次郎
一金貳錢　小牧平藏
一金貳錢　田川德平
一金壹錢五厘　同半三郎
一金五錢　吉住半藏
一金五錢　大塚喚太
一金貳錢　阪口津留

熊本縣上益城郡高木村長安寺信徒

一金五拾錢　味木長平
一金壹圓壹錢四厘　下高野村中
一金五錢　清村茂八郎
一金五錢　守嶋半平
一金拾三錢　大野テヨ　奥田ヤノ　吉村サト　北田キジ　福田ミカ
一金拾貳錢五厘　高田嘉三郎　大住善四郎　高田勝彦
一金拾錢　宮本喜一郎
一金拾錢　高田西彦
一金六錢　森嶋千太郎
一金五錢　森山榮四郎
一金三錢　森塚和一
一金貳錢　田村一彦
一金六錢　吉富甚平
一金壹錢　塚野半八
一金五錢　塚本岩太郎
一金三錢五厘　同新平
一金貳錢　大塚仙七
一金六錢　山本甚五郎
一金五錢　森嶋八太郎
一金貳錢五厘　同建七
一金三錢　大森寅八
一金五錢　山本熊八
一金六錢　同林平
一金拾錢　平井次三郎
一金九拾錢　小甘木村中
一金三錢　武内藤吉郎
一金五錢　宮森半九郎
一金貳錢五厘　古庄トメ
一金九錢　森傳四郎
一金五錢　田上文記
一金五錢　齋藤圓次
一金五錢　麓季彦
一金四錢　木山利七

熊本縣上益城郡高木村長安寺信徒

一金三錢五厘　畑田万作
一金五錢　坂本喜平
一金拾錢　永田茂加
一金貳錢　森永末太郎
一金三錢　中村七平
一金五錢　田上両八
一金三錢　麓武七
一金四錢　宮本彦四郎
一金四錢　木村善平
一金七錢　宮本源三郎
一金拾錢　田中勝平
一金八錢　黒河次平
一金拾錢　安田半次郎
一金五錢　味木喜壽
一金貳拾錢　氏岡休平
一金五拾錢　中村武一郎
一金五拾錢　氏岡仁市郎
一金貳拾五錢　宮本勝平
一金貳拾五錢　同　繁次
一金五錢　吉住折平
一金五錢　同　甚藏
一金拾錢　芥川伊一郎
一金拾錢　宮本彦七
一金五錢　同　伊平
一金拾錢　芥川源吾
一金五錢　守田奇七
一金三拾錢　芥川彦太郎
一金拾錢　吉富壽作
一金三錢　山田為八
一金貳錢　大塚トク
一金七錢　吉富順平
一金三錢　吉澤トツ
一金五錢　宮守庄藏

仝縣山本郡菱形村圓臺寺信徒

一金三拾錢　松尾彦七
一金貳拾五錢　嶋津孫作
一金貳拾五錢　古上幸作
一金貳拾五錢　松尾卆部
一金貳拾錢　清田源吉

熊本縣山本郡菱形村圓臺寺信徒

一金貳拾錢　清田儀三郎
一金拾錢　松尾太郎次
一金五錢　三村安伊
一金五錢　島津万作
一金五錢　同　光次
一金五錢　同　太郎平
一金拾錢　淺井又平
一金五錢　山村甚三郎
一金五錢　内田勝平
一金五錢　中嶋忠三郎
一金五錢　右田九平
一金五錢　同　新平
一金拾五錢　古山永太郎
一金五錢　吉田用七
一金五錢　清田權三郎
一金五錢　同　源三郎
一金拾錢　林田秋太郎
一金三拾錢　松崎半藏
一金拾錢　上村太郎七
一金五錢　林田武七
一金五錢　中山久三郎
一金貳錢　右田作平
一金貳錢　清田榮吉
一金貳錢　山村千代嘉
一金壹錢　楠本休平
一金拾錢　松尾七平
一金貳拾錢　丸山改平
一金六錢　清田仙三郎
一金五錢　同　金三郎
一金九錢　上野善三郎
一金拾錢　月上嘉三郎
一金拾錢　松尾市部
一金拾錢　塚本和七
一金五錢　上野才平
一金拾錢　丸山貞七
一金七錢五厘　松本庄三郎
一金拾五錢　清田辰三
一金七錢五厘　同　甚三郎
一金貳錢五厘　德山安太郎

熊本縣山本郡菱形村圓臺寺信徒

一金貳錢五厘　三村金八
一金貳錢五厘　清田八三
一金貳錢五厘　同　清四郎
一金貳錢　同　重平
一金貳錢五厘　同　サモ
一金貳錢　渡邊惣次郎
一金五錢　清田七三郎
一金五錢　同　新吉
一金貳錢五厘　丸山善作
一金五錢　中木茂七
一金壹錢五厘　藪田十吉
一金五拾錢　清田永三郎
一金貳錢五厘　同　勘七
一金貳錢　高山清作
一金三錢　香嶋惣三郎
一金五錢　松本宇七
一金貳錢五厘　上村宗太郎
一金貳錢　同　久藏
一金貳錢　本田藤三郎
一金貳錢五厘　同　増太郎
一金五錢　上田伊太郎
一金貳錢　清田作太
一金壹錢五厘　同　壽加
一金三錢　上村初次
一金四錢　清田寅吉
一金五拾錢　上村郡次郎
一金拾貳錢五厘　狩野幸三郎
一金五錢　同　文三郎
一金貳錢五厘　同　永七
一金貳錢五厘　同　勝平
一金貳錢五厘　同　藤作
一金拾錢　同　太郎八
一金拾五錢　同　太郎作
一金拾錢　同　善三郎
一金拾貳錢五厘　同　德平
一金拾錢　同　甚三郎
一金五錢　同　甚作
一金拾錢　上村常續
一金貳錢五厘　狩野チモ

熊本縣山本郡菱形村圓臺寺信徒

一金拾錢　清田永吉
一金五錢　同　常七
一金三拾錢　同　利作
一金五錢　同　作平
一金六拾錢　同　平七
一金五錢　同　勘平
一金五錢　同　新八
一金拾錢　同　久七
一金拾錢　同　惣五郎
一金五錢　同　新平
一金五錢　同　惣平
一金拾五錢　同　平三郎
一金貳錢五厘　同　ツノ
一金拾五錢　宮路辰平
一金拾錢　牧野吉平
一金貳拾錢　中田吾平
一金拾錢　後藤健三郎
一金五錢　松田嘉作
一金七錢五厘　福田米造
一金拾錢　中松正人
一金五錢　松本龜次郎
一金三錢　同　新作
一金三錢　中田太三郎
一金貳錢　藤本作太
一金五錢　片山作平
一金五錢　同　德太
一金五錢　林田惣吉
一金五錢　片山長作
一金七錢五厘　村上牧平
一金五錢　藤田仙七
一金三錢五厘　久保田平四郎
一金三錢　內島嘉作
一金三錢　藤本慶四郎
一金三錢　藤田勘三郎
一金三錢　小柳光平
一金三錢　村上銀平
一金貳錢五厘　藤高源太郎
一金貳錢　高本藤四郎
一金貳錢　村上儀平

熊本縣山本郡菱形村圓臺寺信徒

一金貳錢五厘　片山岩吉
一金貳拾錢　前崎勘七
一金拾五錢　同　平三郎
一金拾錢　同　市部
一金拾錢　清田金三郎
一金七錢五厘　同　両平
一金五錢　同　千八
一金五錢　同　萬三郎
一金拾錢　牧野彦次郎
一金貳拾錢　何　オミナ
一金五錢　何　榮三郎
一金貳拾錢　前田藤太郎
一金五錢　前崎角平
一金拾錢　緒方彌八
一金拾錢　何　永五郎
一金貳拾錢　松永安平
一金拾錢　牧野太七
一金七錢五厘　緒方新太郎
一金七錢五厘　同　和平次
一金拾錢　同　文四郎
一金七錢五厘　小山嘉七
一金拾錢　緒方慶七
一金七錢五厘　小山佐七
一金七錢五厘　緒方源七
一金拾錢　小山勘三郎
一金貳拾五錢　緒方作平
一金貳拾錢　同　嘉太郎
一金貳錢五厘　園田貞七
一金拾五錢　中山林七
一金拾錢　清田仙次郎
一金貳拾錢　中山傳三郎
一金拾錢　清田芳平
一金貳拾錢　梅原伊三吉
一金五錢　清田太七
一金拾錢　同　格藏
一金壹錢五厘　西村文平
一金壹錢五厘　同　清太郎
一金壹錢五厘　同　勝三郎
一金壹錢五厘　西川熊次

熊本縣山本郡菱形村圓臺寺信徒

一金壹錢五厘　西川庄作
一金壹錢五厘　同　芳平
一金壹錢五厘　同　利七
一金壹錢五厘　同　福次
一金貳錢五厘　清田清作
一金貳錢五厘　同　太七
一金貳錢五厘　同　平吉
一金貳錢五厘　同　平三郎
一金貳錢五厘　同　文太郎
一金貳錢五厘　同　惣七
一金貳錢五厘　同　太郎作
一金貳錢五厘　同　嘉太郎
一金壹錢　同　末平
一金貳錢五厘　田尻キセ
一金貳錢五厘　同　チノ
一金貳錢五厘　同　リモ
一金壹錢五厘　同　サモ
一金壹錢　同　サキ
一金壹錢　同　知壽
一金壹錢　同　リカ

全縣玉名郡月瀨村光明寺信徒(追加)

一金壹圓　木原政之
一金貳拾五錢　沖藤次郎
一金貳拾錢　辛嶋吉平
一金拾錢　前田峯次
一金七錢五厘　阪本半三郎
一金拾七錢五厘　前田善三郎
一金拾錢　島田嘉七
一金七錢五厘　同　忠平
一金七錢　古山左平
一金五錢　島田源次
一金五錢　同　市平
一金五錢　同　熊平
一金貳錢五厘　古山甚四郎
一金貳錢　同　サミ
一金七錢五厘　田尻大平
一金五錢　大倉彦作
一金六錢　島田榮次郎
一金五錢　高田新吉

熊本縣玉名郡月瀨村光明寺信徒（追加）

一金五錢　川村源吉
一金五錢　田中卯藏
一金四錢　江藤角次郡
一金壹錢五厘　廣瀨敬作
一金壹錢三厘　阪本重平
一金五錢　三池喜三郎
一金貳錢　宮川偵七
一金貳錢　早瀨藤藏
一金貳錢　廣瀨敬作
一金四錢　阪本金藏
一金三錢　前川勝平
一金四錢　前村茂平
一金貳錢五厘　繁田両吉
一金貳錢　谷川彦七
一金拾錢　辛島德藏
一金五錢　星本甚吾
一金五錢　辛島藤七
一金貳錢　沖　權次郎
一金六錢　小山佐平
一金貳錢　阪本金藏
一金五錢　前田峰次
一金貳錢　青本タそ
一金三錢　前田伊太郎
一金五錢　江藤兵作
一金五錢　同　源平
一金三錢　阪本勝平
一金拾錢　辛島龜七
一金九錢　同　忠平
一金壹錢　何　ヤノ
一金五錢　田尻次郎八
一金拾錢　阪本孫一
一金拾貳錢　立野彦四郎
一金四錢　荒木十平
一金貳拾三錢　青木會員
一金貳錢　林田作平
一金拾錢五厘　白上利吉

仝縣玉名郡玉名村光德寺信徒（追加）

一金五錢　宮川清平
一金五錢　米田才平

熊本縣玉名郡玉名村光德寺信徒（追加）

一金五錢　堀尾常喜
一金貳錢　猪古スノ
一金貳錢五厘　小山幸七
一金貳拾錢　德永菊尾
一金貳錢　荒木彦八
一金貳錢　何　シカ
一金貳錢　福田幸平
一金拾錢　荒木久平
一金三錢　島田源吉
一金拾錢　平瀨信藏
一金三錢　荒木久平
一金拾錢　同　卯一郎
一金五錢　猪古茂七
一金拾五錢　森　順藏
一金貳錢　同　スガ
一金拾錢　松村才藏
一金貳錢　島田利七
一金五錢　小山吉藏
一金貳錢五厘　山本源作
一金五錢　小山柳作
一金貳錢五厘　同　友七
一金三錢　同　德平
一金貳錢　同　榮作
一金貳錢五厘　同　幸七
一金貳錢　同　新八
一金貳錢五厘　同　熊次
一金貳錢　同　卯七
一金貳錢五厘　同　久作
一金貳錢　同　榮八
一金貳錢　同　久平
一金三錢　同　政五郎
一金四錢五厘　門徒中
一金拾錢　森　善作
一金拾錢　同　源助
一金四錢　同　淺平
一金五錢　三浦尉吉
一金五錢　石田太三
一金三錢　畠山卯八
一金七錢　岩本龜八

熊本縣玉名郡玉名村光德寺信徒（追加）

一金五錢　一二三順作
一金貳錢　荒瀨又八
一金貳錢五厘　下田幸次郎
一金五錢　同　又四郎
一金三錢　下津含藏
一金拾錢　下田文四郎
一金三錢　稻田孫七
一金三錢　同　順平
一金三錢貳厘　堀尾彦七
一金四錢　井上太七
一金拾錢　平瀨逸次
一金拾錢　同　藤吉
一金拾錢　西島利七
一金拾錢　荒木茂重
一金拾錢　同　又平
一金拾錢　猪岡ムキ
一金六錢　星村市平
一金五錢　荒木國作
一金五錢　同　常作
一金六錢　同　次郎八
一金五錢　同　次郎助
一金五錢　大崎三一郎
一金五錢　増岡甚四郎
一金拾錢　宮川作四郎
一金拾錢　深瀨謙平
一金五錢　柳井幸四郎
一金五錢　池田幸作
一金貳錢　宮本平四郎
一金壹錢　何　清九郎
一金五錢　嶋津直助
一金拾五錢　西木次七
一金拾三錢　永野幸平
一金拾七錢　田代順助
一金拾錢　柿添武三郎
一金拾錢　永野謙太郎
一金拾錢　柿添甚太
一金拾錢　峯田源吾
一金拾錢　白野政七
一金拾錢　同　吉三郎

熊本縣玉名郡玉名村光徳寺信徒(追加)

一金拾錢　永野卯八郎
一金拾錢　井本彦作
一金拾貳錢　宮本又四郎
一金拾錢　柿添伊太郎
一金拾錢　柿本伊平
一金拾錢　永野尉七
一金七錢　中根勝造
一金六錢　同　和作
一金五錢　初音弥四郎
一金七錢　西依卯七郎
一金六錢　島津又七
一金九錢　荒木勝平
一金貳錢　同　卯一郎
一金三錢　同　新造
一金貳錢　同　サジユ
一金貳錢　同　甚吾
一金拾錢　古澤三津馬
一金五錢　佐々木生松
一金四錢五厘　永野松平
一金五錢五厘　橋本虎喜
一金五錢　大森末太郎
一金九錢　柿添善三郎
一金三錢　同　三郎
一金五錢五厘　柿木泰造
一金貳錢五厘　中根峯吉
一金貳錢　前田初平
一金貳錢　永野春造
一金貳錢　馬場甚七
一金壹錢七厘　一瀬甲安
一金壹錢五厘　徳永甚平
一金三錢　永野才作
一金壹錢　柿添次平
一金壹錢　荒牧富太郎
一金五錢　永野亭七
一金壹錢　阪本金平
一金五錢　宮本イキ
一金三錢六厘　同行中
一金貳錢　福嶋幸次郎
一金五錢　同　藤七

熊本縣玉名郡玉名村光徳寺信徒(追加)

一金九錢　宮川安平
一金五錢　猪古才八
一金壹錢　何　テチ
一金三錢五厘　米田ユキ
一金三錢　村上幸七
一金三錢　猪古友喜
一金五錢　相良之勝
一金壹錢　何　新作
一金三錢　有田内
一金貳錢　馬場重平
一金七錢五厘　米田圓八
一金三錢　西嶋清作
一金三錢　仝　格次郎
一金五錢　宮川伊八
一金三錢　西嶋榮八
一金五錢　岡村文吾郎
一金五錢　田邊モト
一金貳錢　上田彦作
一金拾錢　平嶋万平
一金拾錢　同　寅太
一金五錢　同　藤造
一金拾錢　城戸善作
一金三錢五厘　同　彦作
一金八錢　何　善三郎
一金貳錢　后藤卯平
一金貳錢　嶋キク
一金四拾貳錢六厘　富尾上組
一金拾錢　何　五郎
一金壹錢　何　ツ子
一金三錢　森　順造
一金五錢　城戸林七
一金三錢　同　源四郎
一金三錢　同　喜三郎
一金六錢　同　平四郎
一金五錢　平嶋藤平
一金三錢　同　壽平
一金貳拾錢　丸山金作
一金三錢　同　清作
一金拾五錢　同　源八

熊本縣玉名郡玉名村光徳寺信徒(追加)

一金拾錢　森川源次郎
一金五錢　中原孫八
一金拾錢　森川林平
一金拾貳錢五厘　丸山甚平
一金五錢　井上善作
一金五錢　同　忠吉
一金三錢　池田新造
一金三錢　林　源九郎
一金拾五錢　丸山円八
一金三錢　阪本松次
一金三錢　田中四郎
一金三錢　古閑才吉
一金三錢　嶋田源吉
一金七錢五厘　池田藤平
一金五錢　塚本善造
一金拾錢　西嶋源右衞門
一金五錢　何　道源
一金九錢　同行中
一金壹圓九拾五錢五厘　仝縣仝郡仝村光徳寺　同行中
一金三圓八拾八錢九厘　仝縣仝郡八幡村元正寺　同行中
一金貳圓五拾壹錢三厘　仝縣仝郡平井村平山光徳寺　同行中
一金三拾錢　同寺坊守
一金三拾錢　同寺女人同行中
一金拾錢　淺田喜平
一金貳圓　仝縣飽田郡高橋町正福寺　同行中
一金貳圓五錢　仝縣上益城郡早川村西福寺　同行中
一金貳圓三拾貳錢壹厘五毛　仝縣飽田郡松尾村常來寺　同行中
一金貳圓五拾三錢四厘　仝縣仝郡小嶋村光徳寺　同行中

仝縣玉名郡萩原村明泰寺信徒(追加)

一金壹圓五拾錢　萩原組婦人會
一金四拾貳錢　大浦組婦人會
一金拾壹錢六厘五毛　北谷組婦人會

熊本縣玉名郡萩原村明泰寺信徒（追加）

一金拾錢　靖浦組婦人會

一金拾錢六厘　坂田榎原岩倉三組

一金拾錢　梅木谷組婦人會

一金四拾三錢壹厘五毛　中浦組婦人會

仝縣仝郡仝村明蓮寺信徒

一金壹圓　井出宇平次

仝縣仝郡仝村田嶋光德寺信徒

一金貳圓五拾錢　吉谷俊平

一金拾五錢　古市勝平

仝縣飽田郡池田村光永寺信徒（追加）

一金五拾錢　西田伊作

一金貳拾五錢　吉本ヨ子

一金拾五錢　東清吉

一金拾五錢　吉村清次

一金拾錢　稻本チト

一金五錢　池永ワカ

一金拾錢　西浦シノ

一金五錢　中村孫六

一金五錢　内田德平

一金拾錢　境三吾

一金拾錢　池永作次郎

一金拾錢　岡嶋仁平次

一金拾五錢　池田文記

一金拾錢　武藏ミカ

一金五錢　中嶋丈平

一金拾錢　廣嶋タカ

一金七錢　吉村元次

一金五錢　甲斐次平

一金貳拾錢五厘　荒木源藏

一金拾錢　上野九郎次

一金拾錢　中野勝平

一金拾錢　牧野喜三次

一金拾五錢　内田弥平

一金拾錢　稻本ミキ

一金七錢五厘　遠山ヒキ

一金拾錢　本田タキ

一金拾錢　栗田タセ

一金拾錢　德村十平

一金貳拾錢　甲斐德平

熊本縣飽田郡池田村光永寺信徒（追加）

一金拾錢　平井熊喜

一金五錢　吉村クラ

一金拾錢　梶山ヨシ

一金五錢　增田タシ

一金五錢　東マキ

一金拾錢　同スガ

一金拾錢　吉村惣三郎

一金五錢　同トヨ

一金拾錢　上野三作

一金五錢　境エキ

一金拾錢　富永カノ

一金拾錢　田上アヒ

一金五錢　平田カ壽

一金拾錢　富永ジモ

一金拾錢　古田久平

一金拾錢　森田和平

一金五錢　内田フデ

一金貳拾錢　岡本壽ノ

一金拾錢　清原壽キ

一金拾錢　山本ミノ

仝縣合志郡田嶋村光德寺信徒（追加）

一金拾錢　山下吉平

一金五錢　矢野清三郎

一金五錢　川口惣八

一金五錢　岩下甚七

一金五錢　安武良太

一金貳拾錢　岩下善太

一金拾錢　去方

一金拾錢　古市仙太郎

一金拾錢　同幸平

一金五錢　小森田タヨ

一金九錢　泉田辰藏

一金五錢　小森田トモ

一金拾五錢　安武喜八

一金八錢　峯部幸太

一金五錢　古市両七

一金拾錢　同喜三

一金拾錢　小森田喜三

一金拾錢　東伊三

熊本縣合志郡田島村光德寺信徒（追加）

一金貳拾錢　小森田長太郎

一金拾錢　阪田壽平

一金拾錢　安武藤平

一金五錢　澤田内

一金五錢　林傳藏

一金五錢　同百次

一金拾錢　秋吉勸

一金五錢　村川覺太

一金五錢　小森田エ壽

一金拾錢　阪本彌兵

一金六錢　何某

一金五錢　小森田新平

一金拾錢　岩下平太

一金拾錢　角田源平

一金拾錢　竹森藤平

一金拾壹錢　阪口新七

一金五錢　大森壽七

一金五錢　古市キシ

一金五錢　東惣七

一金六錢　岩下喜太郎

一金五錢　井上利三郎

一金拾錢　岩下勸三

一金拾貳錢　古市傳八

一金五錢　岩下作平

一金五錢　植田チ壽

仝縣玉名郡清田村小野

一金拾錢　藤本ソカ

仝縣仝郡江田村西福寺信徒（追加）

一金拾貳錢五厘　坂本勝壽

一金拾貳錢五厘　同登壽

一金拾錢　同勝次

一金拾錢　同久三郎

一金拾錢　同喜平

一金拾錢　坂口貞八

一金拾錢　坂本新作

一金五錢　同平作

一金五錢　同銀三郎

一金三錢　同角平

一金拾錢　荒木龜作

熊本縣玉名郡江田村西福寺信徒（追加）

一金拾錢　荒木　利平
一金拾錢　同　常作
一金拾錢　米田　幸七
一金五錢　同　權太郎
一金五錢　同　万七
一金五錢　林田　彦太郎
一金五錢　荒木　文治
一金五錢　同　サジユ
一金拾錢　西川　次平
一金拾錢　梅田　一郎
一金拾錢　松山　常喜
一金五錢　城戸　作平
一金六錢　西川　林平
一金六錢　松井　吉郎次
一金六錢　同　三八
一金五錢　同　德太郎
一金五錢　梅田　改作
一金四錢　東　マサチ
一金四錢　梅田　德次
一金三錢　前川　金作
一金貳錢五厘　片山　順藏
一金壹錢五厘　前川　作平
一金壹錢　坂井　平藏
一金五錢　西川　慶吉
一金貳錢　前川　才七
一金貳錢　同　卯平
一金壹錢　堤　市太
一金五拾錢　松村　知光院
一金五錢　田上　作郎
一金拾錢　永田　善吉
一金壹錢五厘　田上　茂作
一金三錢　永田　光平
一金七錢五厘　重疊　生平
一金五錢　齋木　甚作
一金貳錢五厘　永田　市三郎
一金貳錢　齋木　勝藏
一金拾錢　松山　團次
一金貳錢五厘　松永　九平次
一金三錢　同　敬藏

熊本縣玉名郡江田村西福寺信徒（追加）

一金拾九錢　木下　乙松
一金拾錢　松永　新八
一金三拾五錢　續　甚三郎
一金六錢　坂本　次七
一金壹錢　齋木　卯平
一金三錢　石山　光平
一金五錢　滿永　卯平
一金三拾錢　石原　孫平
一金三拾錢　木原　甚平
一金貳拾錢　同　甚五郎
一金貳拾五錢　石原　忠平
一金貳拾五錢　木原　甚作
一金拾錢　石原　安平
一金拾錢　木原　藤平
一金貳錢　石原　角次郎
一金五錢　木村　勝平
一金三錢　石原　龜作
一金五錢　高木　文作
一金八錢　同　角七
一金五錢　同　勘次郎
一金貳錢五厘　同　長平
一金五錢　石原　トジ
一金貳錢　高木　芳次郎
一金七錢五厘　石原　榮次郎
一金七錢五厘　高木　友作
一金三錢　同　春平
一金五錢　同　勝三郎
一金貳拾錢　杉原　九郎次
一金貳拾五錢　高峯　喜三郎
一金拾錢　杉原　敬太
一金五錢　同　文平
一金拾五錢　前川　軍平
一金五錢　同　喜平
一金拾錢　木村　利平
一金五錢　前川　一學
一金拾七錢五厘　同　爲七
一金壹錢　高岡　ミジユ
一金七拾五錢　田中　庄三郎
一金貳拾五錢　同　ヒカ

熊本縣玉名郡江田村西福寺信徒（追加）

一金貳拾錢　田中　李郎太
一金拾錢　同　政平
一金拾錢　同　重平
一金拾錢　同　仙太郎
一金拾錢　伊方　久三郎
一金拾錢　杉井　周藏
一金五錢　小林　清九郎
一金五拾錢　同　龜作
一金拾五錢　同　千代造
一金貳拾五錢　同　寬平
一金五錢　同　才作
一金拾錢　同　山三
一金拾五錢　同　次平
一金拾錢　同　太郎作
一金七拾五錢　原　俊藏
一金三拾八錢五厘　緒方　藤次郎
一金貳拾五錢　高峯　眞七
一金五錢　原　善藏
一金拾五錢　原田　祝二
一金拾錢　同　常三
一金五錢　藤本　七郎
一金拾五錢　原　甲
一金拾五錢　高崎　角平
一金拾五錢　同　百藏
一金五錢　同　作太
一金貳錢　原　惣三郎
一金四錢　中滿　伊八
一金五錢　村上　熊喜
一金拾錢　伊方　俊平
一金拾貳錢五厘　原　才平
一金五錢　同　仁三郎
一金三錢　伊方　庄作
一金五錢　同　角造
一金五錢　村上　新九郎
一金貳拾五錢　富永　又平
一金貳拾錢　猿渡　作平
一金貳拾錢　富永　芳平
一金拾五錢　同　傳三郎
一金拾五錢　同　貞平

熊本縣玉名郡清田村小野
一金三錢　猿渡宇吉
一金五錢　平川ツル
仝縣仝郡肥猪村佛照寺信徒（追加）
一金貳拾錢　福山文四郎
一金貳拾錢　同　謙次郎
一金貳拾錢　田中武夫
一金拾五錢　同　光平
一金拾五錢　福山嘉平
一金拾五錢　同　元七
一金拾五錢　同　志惠
一金拾錢　齋田利平
一金拾錢　禿　篤
一金拾錢　福小善平
一金拾錢　松本武久
一金拾錢　安永德四郎
一金拾錢　岡本眞一
一金九錢貳厘　安長彦三
一金八錢　福山甚四郎
一金八錢五厘　大久保常八
一金八錢　福山富藏
一金七錢五厘　同　文八
一金七錢　森本藤作
一金七錢　大久保秀記
一金七錢　福山佐平
一金五錢　福小嘉一郎
一金五錢　同　連
一金五錢　岡本芳平
一金五錢　同　常八
一金五錢　福山敬藏
一金五錢　永松松平
一金五錢　田中文四郎
一金五錢　松本次平
一金五錢　同　順平
一金五錢　同　藤平
一金五錢　福山庄平
一金五錢　同　勝平
一金五錢　岸本類吉
一金四錢六厘　福山惣吉
一金四錢六厘　小野謙四郎

熊本縣玉名郡肥猪村佛照寺信徒（追加）
一金四錢　岡本清七
一金四錢　福田駒藏
一金四錢　松本直
一金三錢　同　市平
一金三錢　福山惣三郎
一金三錢　岡本平藏
一金三錢　同　壽吉
一金三錢　岡本文平
一金三錢　大久保德太郎
一金三錢　安永彦八
一金三錢　福小只平
一金三錢　永松順記
一金貳錢五厘　岡本林平
一金貳錢五厘　才田利七
一金貳錢五厘　福小龜造
一金貳錢貳厘　伊藤勝彦
一金貳錢三厘　安永直八
一金貳錢三厘　福小壽一郎
一金貳錢三厘　安永重馬
一金貳錢三厘　同　辰平
一金貳錢三厘　同　彦四郎
一金貳錢三厘　禿　智平
一金貳錢三厘　安　永基
一金貳錢　大久保壽作
一金貳錢　福小幾平
一金貳錢　同　仁記
一金貳錢　西山城敏
一金貳錢　福山生駒
一金貳錢　同　大三郎
一金貳錢　同　藤次郎
一金貳錢　同　佐平
一金貳錢　同　利平
一金貳錢　同　善三郎
一金貳錢　同　久平
一金貳錢　同　喜平
一金貳錢　大久保新平
一金貳錢　福田惠吾
一金貳錢　禿　源次郎
一金貳錢　安永善四郎

熊本縣玉名郡肥猪村佛照寺信徒（追加）
一金貳錢　岩下藤八
一金壹錢五厘　安永順造
一金壹錢五厘　同　伊八
一金壹錢五厘　同　運造
一金壹錢壹厘　禿　傳吉
一金壹錢壹厘　永松常太郎
一金壹錢　小野辰次郎
一金壹錢　福小清吉
一金壹錢　安永傳四郎
一金壹錢　福田平七
仝縣合志郡原水村聞光寺信徒（追加）
一金壹圓　大島喜平
一金壹圓　秋吉藤吾
一金壹圓　上田多門
一金壹圓　齋藤久宝
一金五拾錢　杉村力之助
一金五拾錢　秋吉彦三郎
一金五拾錢　相馬伊太郎
一金三拾錢　石原儀三次
一金貳拾五錢　齋藤順三郎
一金貳拾錢　宮川久三郎
一金貳拾錢　同　又藏
一金貳拾錢　花房庄三郎
一金貳拾錢　宮本辰平
一金貳拾錢　齋藤傳四郎
一金貳拾錢　堀川永三郎
一金貳拾錢　山本安笑
一金拾錢　上野久七
一金拾錢　大住甚五郎
一金拾錢　松本清三郎
一金拾錢　緒方喜一郎
仝縣合志郡原水村鉄鉋小路
一金拾錢　山隈惟貞
一金拾五錢　大矢貞雄
一金三錢五厘　池田豊次
仝縣玉名郡玉名光德寺
一金五拾錢五厘　信徒中
仝縣山鹿郡三玉村万行寺信徒（追加）
一金貳拾錢　原彦次郎

熊本縣山鹿郡三玉村万行寺信徒（追加）
一金五拾錢　田上爲造
一金五拾錢　同　和平
一金貳拾五錢　酒井柳平
一金貳拾錢　同　久吉
一金五錢　田上寅造
一金五錢　同　加太郎
一金五錢　同　爲七
一金拾錢　池田寛造
一金四拾錢　石貫直平
仝縣山本郡植木町正光寺信徒（追加）
一金五拾錢　松永源三郎
一金拾錢　田内和曾
一金六錢　水上仙七
一金五錢　橋本清九郎
一金貳錢　有田鍵九郎
一金壹錢　同　庄作
一金五錢　同　弥平
一金五錢　同人家内
一金六錢　水上三平
一金五錢　同　佐平
一金六錢　有田徳三郎
一金五錢　同人家内
一金五錢　有田榮次郎
一金三錢　水上武平次
一金五錢　有田惠七
一金貳錢五厘　同　平七
一金五錢　橋本サダ
一金拾錢　同　清平母
仝縣飽田郡上古閑村
一金五錢　西村幸平
一金五錢　同　伍八母
仝縣仝郡和泉村
一金壹圓三錢五厘　德正寺同行中
一金貳圓六拾五錢六厘　金剛寺同行中
一金五錢　西川武七
一金五錢　坂田喜三郎
一金七錢　村上平吉
一金五錢　荒木利平
一金五錢　上村ステ

熊本縣飽田郡和泉村
一金五錢　岩本林七
一金五錢　内田彦右
仝縣飽田郡清水村光照寺信徒（追加）
一金拾錢　丸山次七
一金五錢　平井ヤノ
一金五錢　緒方利平
一金八錢　平井忠次郎
一金五錢　門岡半平
一金五錢　加來澤門
一金五錢　同　勝次
一金拾錢　増田武七
一金拾錢　龜住龍平
一金五錢　平井カノ
一金五錢　中野利雄
一金五錢　近藤カノ
一金五錢　坂崎キ壽
一金五錢　坂本幸平
一金五錢　古相スエ
一金拾錢　徳永マモ
一金五錢　渡邊内
一金五錢　磯谷咲
一金拾錢　田尻清八
一金五錢　森川茂七
一金五錢　門岡サト
一金五錢　平井加平
一金五錢　村上善七
一金五錢　鬼塚源八
一金五錢　緒方ミツ
一金五錢　鬼塚宇門
一金五錢　宮本チノ
一金五錢　鬼塚平四郎
一金五錢　寺本次郎八
一金五錢　村上コト
一金五錢　藤本藤平
一金五錢　平井幸七
一金五錢　宮本和平
一金五錢　木村喜平
一金五錢　宮本多次郎
一金五錢　村上安平

熊本縣飽田郡清水村光照寺信徒（追加）
一金五錢　宮本壽太郎
一金五錢　寺本榮八
一金貳圓九拾五錢五厘　同行中
仝縣仝郡川尻町泰養信徒（追加）
一金三拾錢　城勘三郎
一金五拾錢　浦田佐毛
一金五錢　小山儀作家内
一金五錢　川瀨貞八
一金四錢四厘　坂口彦七
一金拾五錢　宮津三郎
一金五拾錢　富田甚作
一金拾錢　タケチエ　ヒソキセ
一金五錢　馬原源太郎内
一金三錢　テツエノ　ヤチ
一金拾錢　龍野清次郎内
一金五錢　馬原新吉内
一金壹錢八厘　今村桂八内
一金九錢　石島家内
一金五錢　三角家内
一金五錢　富部常吉内
仝縣託麻郡中無田村
一金六拾九錢五厘五毛　中組女同行中
一金貳拾五錢壹厘五毛　川端女同行中
一金五錢　永井吉平
一金五錢　同　茂七
一金四拾四錢　今村女同行中
一金五錢　關三次
一金五錢　木戸利平次
一金五錢　坂田只平
一金五錢　三木都三郎
一金拾錢　龍野熊平内
一金拾錢　倉思仙八内
一金拾錢　瀨戸口政平
一金拾錢　浦田ヨト
一金拾錢　釘宮新太郎
一金三錢　岡仁一郎
一金拾錢　土屋立貞

熊本縣託麻郡中牟田村川端

一金貳錢　正木作太郎
一金拾五錢　岡　恒作
一金五錢　村田武次郎
一金拾錢　永井權藏
一金拾五錢　田井金八
一金拾五錢　川崎寅太郎
一金貳拾五錢　同　彦三郎

仝縣飽田郡今村

一金壹圓四拾錢　女同行中
一金五拾錢　村田武七
一金拾錢　出田遊龜
一金拾錢　吉田辰平
一金拾錢　西浦貞八
一金拾錢　堀　兵七

今村岩左衛門

一金壹圓貳拾貳錢　同　敬七
同　藤平
一金四錢　岩　村內
一金三錢　何　ヤケ
一金貳錢　何　千代吉
一金貳錢五厘　茂　利太
一金貳錢　何　タミ
一金壹錢五厘　何　壽八
一金壹錢五厘　何　伊四郎
一金貳錢　何　武次郎
一金貳錢　門隈庄吉
一金壹錢七厘五毛　村上榮作
一金三拾錢　湯淺カス
一金三錢　北岡清吉
一金五錢　何　タケ
一金五錢　松　加壽
一金拾錢　何　トヨ
一金五錢　岡島ヒサ
一金五錢　同　ウタ
一金五錢　鍋屋加壽
一金四錢　日向屋エミ
一金貳錢　今村ミキ
一金三錢　薩摩屋屋內
一金五錢　川崎屋出店

熊本縣託麻郡中牟田村川端

一金五錢　釘宮タカ
一金五錢　岡　マサ
一金拾錢　榮屋カメ
一金五錢　榊　ケイ
一金貳錢　海部屋アイ
一金四錢　壚物屋タケ
一金五錢　佐野屋屋內
一金五錢　川崎屋カス
一金貳錢　辛島ハル
一金五錢　高　內
一金五錢　角屋ヒロ
一金三錢　同　キイ
一金貳錢　藤岡カノ
一金拾錢　八百屋トキ
一金三錢　小坂內
一金拾錢　齋藤チズ
一金壹錢　前村勝平
一金壹錢　野田幾平
一金貳錢　西　儀三郎
一金貳錢　野田福太郎
一金貳錢　江口卯七
一金貳錢　同　嘉七
一金貳錢　吉田次三郎
一金貳錢五厘　前村初三郎
一金貳錢五厘　田添傳八
一金三錢　中村儀三次
一金三錢　吉田安平
一金三錢　江口半七
一金三錢　馬原嘉平
一金三錢五厘　中村益次
一金七錢五厘　前村儀三次
一金七錢五厘　中村貞平
一金七錢五厘　同　勘作
一金五錢　園村久平
一金五錢　野田幸平
一金五錢　馬原多三郎
一金五錢　同　卯三郎
一金五錢　木下鉄次
一金五錢　田添寅藏

熊本縣託麻郡中牟田村川端

一金五錢　木下龜太郎
一金五錢　西　伊三郎
一金五錢　前村藤次郎
一金五錢　中村小市
一金五錢　木下內
一金拾錢　田添八郎太
一金拾錢　馬原繁太郎
一金拾錢　同　新吉
一金拾錢　同　甚太郎
一金拾五錢　同　健次
一金拾五錢　同　喜平
一金貳拾錢　同　祐次
一金貳拾錢　同　源太郎
一金貳拾錢　園村圓吉
一金貳拾錢　馬原喜八
一金貳拾錢　園村幸吉
一金貳拾錢　木下弥平
一金貳拾錢　園村清
一金拾五錢　西　源八
一金貳拾錢　中村恒作
一金貳圓　井村治八
一金六拾壹錢六厘　瀨戸口勘太郎
一金三拾錢　原田直太郎
一金貳拾五錢　同　伊助
一金貳拾五錢　同　治三郎
一金五錢　同　喜平
一金三拾錢　吉田新藏
一金貳拾五錢　井村甚吉
一金貳拾五錢　高　直平
一金拾五錢　同　仙太
一金拾錢　同　勇八
一金拾七錢五厘　高　伊三郎
一金拾錢　吉田巳之吉
一金拾錢　井村熊吉
一金拾錢　坂口榮八
一金五錢　木戸勘八
一金五錢　本田仁平
一金五錢　林田半八
一金五錢　何　慶八

熊本縣飽田郡今村

一金四錢　何　半次郎
一金三錢　木村　桂太郎
一金三錢　井村　潤藏
一金貳錢　家冨　嘉三郎
一金貳錢　木村　清次郎
一金貳錢　坂田　儀八
一金貳錢　家富　儀三次
一金貳錢　同　伊吉
一金貳錢　同　源七郎
一金貳錢　井村　蓮藏
一金貳錢四厘　原田　武平
一金拾錢　藤本　藤五郎
一金貳錢　何　慶藏
一金五拾錢　岩村　壽作
一金五拾錢　藤森　儀平次
一金拾錢　城勘三郎内
一金三拾錢　井村次八内
一金三拾錢　瀬戸口勘太郎内
一金五錢　内藤内
一金壹錢六厘　浦田ハル
一金壹圓　藤本内
一金五拾錢　湯淺　五郎
一金貳拾錢　高橋　元喜
一金貳拾錢　續　次四郎
一金三拾錢　何　八十八

仝縣仝郡川尻町明善寺信徒（追加）

一金貳圓五拾錢　町女人同行中
一金貳圓七拾錢　町男同行中
一金壹圓五拾錢　護藤村門徒中
一金五拾錢　新村門徒中
一金四拾錢　小山　九内
一金貳拾錢　古賀　壽六
一金拾錢　三角　三郎
一金五錢　渡邊　甚藏
一金五錢　何　利八
一金貳拾錢　川瀬貞八内
一金五拾錢　志柿　知壽
一金拾錢　宇津永　又平
一金八錢　志柿　ミツ

熊本縣飽田郡川尻町明善寺信徒（追加）

一金拾錢　瀬川貞八母
一金五錢　志柿次郎内
一金五錢　方地崎　知茂
一金拾錢　龍野清三郎内
一金五錢　石樞　伍太郎
一金七拾五錢　龍野　佐次郎
一金七拾五錢　同　清三郎
一金五拾錢　石樞　利八
一金貳拾五錢　今井　子之作
一金貳拾錢　石樞　伍太郎
一金拾五錢　牛嶋　チキ
一金貳拾錢　永井　金三郎
一金拾錢　中村　文太郎
一金壹錢　牛丸　角平

仝縣飽田郡力合村大榮寺信徒（追加）

一金壹圓　絹原　直平
一金七拾五錢　池邊　信太郎
一金五拾錢　同　武平太
一金三拾錢　藤城　半平
一金拾錢　堀川　實太
一金五錢　坂本　モツ
一金貳錢四厘　保田　榮松
一金四拾錢　吉武　章治
一金四拾五錢　大森　壽八
一金四拾錢　清川　紋藏
一金七拾五錢　米村　初太郎
一金三拾錢　藤本　半次郎
一金五拾錢　米村　藤三郎
一金七拾錢　同　榮八
一金三拾錢　同　才治郎
一金五錢　池邊　ミス
一金五錢　金森　庄次郎
一金四拾錢　池邊　榮次郎
一金拾錢　池田　伊作
一金拾五錢　中村　宇三郎
一金拾錢　石浦　保太
一金貳拾錢　池邊　壽一郎
一金五拾錢　米村　勝平
一金五拾錢　同　兩八

熊本縣飽田郡力合村大榮寺信徒（追加）

一金拾錢　米村　甚八
一金拾五錢　金野　用八
一金貳拾五錢　石浦　益太

仝縣仝郡仝村今村

一金六拾五錢　女人同行中
一金貳拾五錢　德永　嘉兵
一金貳拾錢　同　權太郎
一金拾錢　竹内　權四郎
一金四拾錢　何　忠次
一金拾錢　何　德松
一金拾錢　何　源八

仝縣仝郡船津村蓮光寺

一金百拾五圓　大友　胎藏

仝縣仝郡中嶋村今新開

一金貳拾五圓　淺山　清喜
一金五圓　右同人弟

仝縣上益城郡小坂村東福寺信徒

一金貳拾貳錢五厘　宮田　半藏
一金五錢　桑田　クニ
一金拾錢　富永　藤平
一金壹圓　岩永　政七
一金三錢　林田　シゲ
一金貳錢五厘　倉岡　ツキ
一金三錢　兒嶋　德三郎
一金五拾錢　清崎　守
一金貳拾錢　同　次郎
一金貳拾錢　日下部　甚藏
一金五錢　同　文藏
一金拾錢　清崎　儀七
一金拾錢　東田　又次郎
一金七拾五錢　岩永　政一
一金拾錢　同　彌次郎
一金拾五錢　川田　七平
一金拾錢　岩永　源三郎
一金拾錢　東田　長藏
一金七錢五錢　清崎　惣次郎
一金拾五錢　岩永　直彦
一金貳拾錢　同　篤藏
一金貳拾錢　成松　勝藏

熊本縣玉名郡江田村西福寺信徒（追加）

一金七錢五厘　石原藤作
一金三錢　富永次平
一金五錢　同　直八
一金五錢　石原福松

仝縣仝郡梅林村

一金貳拾錢　池田豐雄
一金貳拾錢　同　文平
一金拾五錢　前田三頭
一金七錢五厘　酒井次郎吉
一金貳錢　高井新平

仝縣上益城郡小坂村東福寺信徒

一金貳拾錢　成松弥三郎
一金貳拾貳錢　同　林三郎
一金拾錢　光永直一
一金五錢　日下部彦一
一金貳錢五厘　本田カツ
一金五錢　岡山義方
一金拾錢　本田平吉
一金壹圓　宮本武一
一金七錢五厘　藤本菊太郎
一金貳拾錢　同　勝喜
一金三拾五錢　沼野壽作
一金五錢　本田甚八
一金貳錢　倉岡力太郎
一金拾錢　河内ヒノ
一金壹錢　上坂キセ

仝縣合志郡田島村光德寺信徒

一金五拾錢　今村禎平
一金四拾錢　同　甚四郎
一金三拾錢　同　敬四郎
一金五錢　同　平五郎
一金拾錢　同　源平
一金三拾錢　同　源太郎
一金五錢　同　文四郎
一金五錢　同　榮四郎
一金七錢五厘　同　仁太郎
一金三拾錢　芹川俊平
一金貳拾錢　同　貞太
一金貳拾錢　今村忠平

熊本縣合志郡田島村光德寺信徒

一金三拾錢　今村岩八
一金拾錢　戸次文都

仝寺信徒（追加）

一金貳拾五錢　坂口敬八
一金拾錢　秋吉與作
一金五錢　同　壽太郎
一金貳拾錢　同　寅八
一金貳拾錢　同　恒三郎
一金五錢　同　杢平
一金七錢　同　桂太
一金貳拾五錢　同　謙藏
一金貳拾錢　綱岡雪太郎
一金貳拾錢　井田巳之八
一金五錢　秋吉仁藏
一金五錢　同　恒助
一金三錢　坂本杢三郎

仝縣玉名郡川沿村光敎寺信徒

一金六拾錢　米田菊平
一金五拾錢　倉光慶藏
一金五拾錢　同　ウタ
一金貳拾五錢　村上綱平
一金貳拾五錢　米澤ツモ
一金拾錢　同　ヒデ
一金拾錢　同　コマ
一金拾錢　倉光八千代
一金拾錢　井上六藏
一金七錢五厘　同　平八
一金七錢五厘　坂本藤作
一金六錢　山本林藏
一金五錢　同　友八
一金七錢五厘　坂井平藏
一金七錢五厘　山本龜八
一金五錢　同　巳熊
一金貳錢五厘　荒木八十七
一金貳錢五厘　山本小太郎
一金貳錢五厘　倉光惠壽
一金貳錢五厘　永良登壽
一金拾五錢　松村テナ
一金拾錢　田上勝平

熊本縣玉名郡川沿村光敎寺信徒

一金拾七錢　坂井ヤイ
一金拾五錢　高木セイ
一金拾五錢　同　サチ
一金拾錢　平井キノ
一金拾錢　墻山ツモ
一金五錢　中村仁平
一金四錢　井上ナミ
一金五錢　同　ミチ
一金貳拾五錢　木村久三郎
一金拾五錢　青井セヨ
一金拾五錢　坂本フヨ
一金拾錢　戸上ヒデ
一金拾錢　山川壽惠
一金五錢　川上甚四郎
一金五錢　山川サモ
一金五錢　藤崎チエ
一金五錢　瀬上ヨブ
一金五錢　川上ツノ
一金拾五錢　井口素行
一金五拾錢　石原勝三郎
一金七錢　同　百太郎
一金貳拾五錢　坂井ヨシ
一金拾錢　福山文平

仝縣上益城郡白旗村字芝原

一金壹圓五拾錢　岡田儀八郎
一金壹圓　田端直治
一金壹圓　岡田喜八郎
一金壹圓　齋藤善七
一金三拾錢　白石藤四郎

仝縣仝郡仝村字山出

一金壹圓　上村忠平

仝縣仝郡小坂村

一金九拾錢　光永字七
一金壹圓五拾錢　西田彌三郎
一金壹圓　山地利三治
一金壹圓　同　信九郎
一金五拾錢　渡邊宅右衛門
一金壹圓　川添惠七
一金拾五錢　木山才太

熊本縣上益城郡小坂村

一金拾五錢　川添順三
一金拾五錢　木山七平
一金五拾錢　倉岡ミツ
一金壹圓　松岡林治郎
一金三拾錢　赤井末彦
一金五拾錢　川端半三郎
一金五錢　山地八平
一金三拾錢　川地桂作
一金貳拾五錢　清原增太郎
一金七拾錢　同　善九郎
一金貳拾錢　光永林十郎
一金拾錢　清原直平
一金五錢　川地初五郎
一金拾五錢　木山丑松
一金貳拾錢　川内幾平
一金貳拾五錢　同　勘太郎
一金七拾五錢　松永末太郎
一金九拾錢　木戸内彦七
一金壹圓　宮野シゲ
一金七拾五錢　中村利作
一金七拾錢　赤見マサヨ
一金六拾錢　中村俊藏
一金五拾錢　宮崎文喜
一金貳拾錢　宮本九平
一金拾五錢　川地儀右衛門
一金拾錢　渡邊テイ
一金拾五錢　大川藤八
一金貳拾錢　同　太作
一金貳拾五錢　木山倉彦
一金拾錢　清村喜三治
一金貳拾錢　木山元
一金三拾錢　川地謙十
一金貳拾錢　同　爲十
一金拾錢　堀　末吉
一金壹圓　川地長藏
一金壹圓　金田ミツ
一金四拾錢　大塚久平
一金拾錢　清村熊治
一金拾五錢　森田榮十

熊本縣上益城郡小坂村

一金拾錢　外村久治郎
一金三拾五錢　外本長平
一金三拾五錢　清村八平
一金三拾錢　奇妙銀七
一金拾錢　木山岩五郎
一金三拾錢　木下桂十
一金三拾錢　八反田源平
一金拾錢　木山傳八
一金七錢五厘　前田仙吉
一金五拾錢　川地熊藏
一金五拾錢　桂　愿鄕
一金五拾錢　赤見金十郎
一金拾錢　清村幸七
一金四拾錢　大塚子ノ三郎
一金拾五錢　宮脇平十
一金貳拾錢　田中安太
一金貳錢五厘　宮脇半三郎
一金拾錢　村上源治郎
一金七拾五錢　上坂三郎
一金七拾五錢　木村藤八
一金壹圓貳拾錢　清原忠三郎
一金壹圓　森田淺平
一金壹圓　宮本藤吉
一金拾錢　山地チヅ
一金貳拾錢　奥村モキ
一金五拾錢　倉岡三輪一
一金六拾錢　德永伊三治
一金貳拾五錢　西田クグ
一金拾五錢　川地清七
一金拾五錢　渡邊儀右衛門
一金拾五錢　川地傳藏
一金拾五錢　中村愚藏
一金三拾錢　宮本儀三平
一金貳拾錢　木山彦一
一金貳拾錢　甲利權八
一金五錢　北村芳平
一金貳拾五錢　宮本ヒモ
一金貳拾五錢　堀　林八
一金貳拾五錢　渡邊順次郎

熊本縣上益城郡小坂村

一金三拾錢　宮崎茂七
一金拾錢　渡邊吉平
一金貳拾錢　渡邊丈八
一金拾五錢　川添清作
一金拾五錢　渡邊甚藏
一金五拾錢　光永德三郎
一金壹圓　木山平八郎
一金壹圓　宅本善平
一金壹圓貳拾五錢　堀田治平
一金貳拾五錢　川端彦八
一金貳拾五錢　下村藤七
一金拾錢　渡邊又四郎
一金壹圓　八反田利八
一金五拾錢　乘崎忠平
一金壹圓貳拾五錢　奥村健次郎
一金四拾錢　山地伊平
一金五拾錢　同　清記

仝縣合志郡原水村

一金三圓　城　興隆

仝縣山本郡吉松村龜甲

一金貳圓五拾錢　坂田武一郎
一金五拾錢　河村嘉平
一金五拾錢　牧野想三郎
一金貳拾五錢　安武杢太

仝縣玉名郡梅林村

一金貳拾五錢　廣瀨庄藏
一金拾錢　同　惣次郎
一金拾五錢　坂口伊三郎
一金五錢　山下嘉作
一金五錢　坂口長吉
一金五錢　高田寅作
一金五錢　田原正
一金五錢　廣瀨喜七
一金貳錢五厘　同　半平
一金貳錢五厘　牧野幾平
一金貳錢五厘　廣瀨佐五郎
一金貳錢五厘　同　文次郎
一金貳錢　田中勇八
一金貳錢　春野壽作

熊本縣玉名郡梅林村
一金貳錢　廣瀨金八
一金貳錢　同　仁五郎
一金貳錢　山下市平

熊本縣玉名郡梅林村
一金貳錢　山下壽作
一金壹錢　高田淸次郎
一金壹錢　廣瀨彌吉

熊本縣玉名郡梅林村
一金壹錢　森野伍作
一金壹錢　牧野俊平
一金六拾五錢　蓑田區青年會員

第二回合計金千百五拾四圓三拾壹錢六厘五毛

內

既納金九百七拾五圓四錢六厘五毛

未納金百七拾九圓貳拾七錢

総合計金五千九百七拾九圓七拾八錢壹厘

內

総既納金四千九百九拾六圓九拾六錢六厘

總未納金千八百八拾貳圓八拾壹錢五厘

●法之雨第七拾貳編目次

（明治廿六年十二月二十日發行）

◎論　說

○世間と出世間との關係（接前）……寺田　福壽

○宗教要論……中西　牛郎

◎演　說

○氷上燃火（接前）……南條　文雄

○軍人訓教……吉谷　覺壽

◎講　談

○卽身成佛講義（第六席）……小栗栖香頂

○天台傳佛心印記略辨（第二回）……加藤　行海

◎寄　書

○內地雜居問題に就て……無偏　道人

◎文　苑

●天齋先生家系幷行實（木澤成肅）●大法雨記「接前」（南條碩果）●悟道（木邊湖雲）●遊菰野（大賀旭川）●長志八勝（枕流亭主）●哭渡邊嶺也先生外一首（加藤磯山）●秋日散步外一首（筒井春田）●初冬有感外一首（一超散士）●皇國外一首（近藤元一）●源賴政外一首（小坂巖一）●曉擣衣（小坂彌々生）

◎雜　錄

○懷音和上の唯心淨土（六十三翁蓮舶）○塙撿校の逸話　○七州漫遊記「接前」

◎譚　海

○文政年大地震阿房多羅經（接前）

◎雜　錄

●皇子御降誕●開院式●副議長●上奏案●除名●議長●久邇宮殿下●負債償却●不都合●ダ氏來名●ダ氏歸國●購求地●古靈佛●保護會社●群參●改悔文問答●終刋

◎廣告　十數件

本紙定價　一部金五錢　郵稅金五厘

愛知縣名古屋市下茶屋町一番戶

發行所　法之雨發行所

●傳道新誌第六年第拾貳號

目　次　（明治廿六年十二月二十一日發行）

●社　說

◉歲暮の感

●論　說

◉記話一則……抑堂　學人

◉清空一鉢の身慈施無量を能くするか（承前）……朝日　保寧

●說　話

◉香川葆晃師の法話……會員某筆記

◉齋藤聞精師の法話……會員某筆記

◉鎌田淵海師の說話

●蒐　錄

◉物徂徠古事考口授摘要（續）

◉林窓漫筆……烏有　道人

●詞　藻

◉予が名（大島支郎）○詩三首（金谷春樹）○詩一首（鈴木琴浦）○詩三首（菅原三車）○歌發句二首（機外）○發句一首歌一首（故僧音）○漁民追吊歌（川本惠開）

●批　評

◉諸宗必携年忌吊營原論（二卷）……遲羽　道人

●雜　報

◉第三高等中學內眞宗法話會の健兒生れぬ○咄惰眠僧眼を開て此報を讀め○九州に於ける女學校○保險の世界なる哉○地方會員の美擧○樹高ければ風を受くること多し○施療院の設立○北海道開敎の進步○將に逝かんとす○殘喘十日○日本全國の人口統計○粟田青蓮院と本願寺○ダンマパラ氏の演說

●本會報告

●廣告數件

●附錄原人論講義……大學林敎授……熱田　靈知

一部代價五錢（半ケ年）廿五錢（一ケ年）五拾錢（郵稅共）

京都市下京區東中筋花屋町下ル

發行所　傳道新誌社

明治二十四年九月七日
內務省許可

明治二十五年五月四日
遞信省認可

明治二十三年九月二十五日第壹號發行

本社創立紀元第四年總號數第三十七號

九州教育雜誌第拾七號目次

◎省令第十六號と訓令第十二號○讀書

◉社　説（明治廿六年十二月二十五日發行）

◉論　説

◎經と史……………………重野安繹
◎理學の勢力………………山縣悌三郎
◎科學と哲學………………中島力造

◉學　術

◎油と激浪…………………千歲學人
◎學界拾遺…（三）…………逍遙學人
◎文章論…其三……………杉州學人

◉實驗叢談

◎教室の管理力に就て………桑園散士
◎岩手縣尋常師範學校報告書
◎算數學上假定未知數を用ゆるに付て………村上萬太郎

◉雜　錄

◎中島裁之氏支那內地跋涉錄………蟄龍生
◎紀貫之…（二）……………懷古生

◉法　令

○文部省令第十五號○同省令第十六號○同訓令第十二號○同訓令第十三號

◉雜　報

○熊本縣尋常師範學校開校式○文部省令第十三號の要旨○皇子御名命式○各府縣小學校長及教員俸給の平均額○東亞學館の學術講談會○集合試驗

◉雜　題

○小學正教員統計○親隣義塾起る○熊本商業夜學校の既往及現在○新刊書紹介

◉廣告　數件

本誌定價一冊七錢郵稅九厘六冊（半年分）三拾四錢全三錢十二冊（一年分）六拾四錢全六錢

熊本縣熊本市南新坪井町二十三番地
發行所　九州教育雜誌社

◉國教雜誌規則摘要

一本誌は佛教の運動機關として每月二回（國教）を發刊す

一本誌は宗派に偏せす教會に黨せす普く佛教界に獨立して佛徒の積弊を洗滌し佛教の新運動を企圖すへし

一本誌は諸宗教の批評及ひ教法界に現出する時事の問題を討論し每號諸大家の有爲なる論說寄書講義演說等を登錄し其教法關係の點に至りては何人を撰はす投書の自由を許し本社の主旨に妨けなき限りは總て之を揭載すへし

但し原稿は楷書二十七字詰に認め必す住所姓名を詳記すへし

一本誌代金及ひ廣告料は必す前金たるへし若し前金を投せすして御注文あるも本社は之に應せさるものとす

但本縣在住の人にして適當の紹介人あるときは此限りにあらす

一本誌見本を請求する者は郵券五厘切手十枚を送付せは郵送すへし

一本誌代金は可成爲換によりて送金あるへし尤も僻陬の地にして爲換取組不便利なれは五厘郵券切手を代用し一割增の計算にして送付あるへし

一本誌代金及ひ廣告料は左の定價表に依るへし

但本誌購讀者に限り特別を以て廣告料を減することあるへし

雜誌代金

冊數	一冊　一回分	十二冊　半ヶ年分	廿四冊　一ヶ年分
定價	五錢	五十四錢	壹圓
郵稅共	五錢五厘	六十錢	壹圓十貳錢

廣告料

廣告料は行數の多小に拘はらす五號活字二十七字詰一行一回三錢とす但廣告に用ゆる木版等本社に依賴せらるゝときは廣告料の外に相當の代金を請求すべし

明治廿六年十二月廿九日印刷
明治廿六年十二月三十日發行

熊本市安巳橋通町五番地
發行者　武田哲道

熊本縣玉名郡石貫村千百八十一番地
編輯者　森直樹

熊本縣阿蘇郡坂梨村八百六十三番地
印刷者　甲斐方策

熊本市安巳橋通町五番地
發行所　國教雜誌社

熊本市新壹丁目百二番地
印刷所　汲古堂

國教

第三拾號

明治二十七年二月廿八日發行

(毎月二回)

國教第三拾號目次

◉社説

◉歐米社會の觀察（黄白両人種の衝突期と佛耶二大教の決戰代）……八淵蟠龍

◉論説

◉主人の怠慢猾奴の專横　東京　甲斐方策

◉米國文明論……（接續）……東京……C. N. 生

◉萬國宗教大會

◉大會歸朝後第三回報道　八淵蟠龍

◉日蓮宗教義大意……故……新居日薩

◉雜報

◉大婚二十五年御祝典

◉世界に於ける佛陀伽耶恢復の勢燄

◉佛京巴里に於ける眞言宗の法會

◉西都に於ける八淵蟠龍師の光燄

◎眞宗本派大法主の親言◎本派の宿老執行八淵師の談話を聞く◎知恩院千疊敷の大演説◎中村樓及び伏見の演説◎文學寮講堂の大演説◎第三高等中學の佛耶両教青年會◎八淵師同校佛教青年會に臨む

◉八淵師再び東上す

◉中西氏の佛教東漸史

◉佛教西漸の端緒海外傳道の一番乘

◉大谷派老法主の葬儀

◉其葬儀に關する二異評

◉東京各學校佛教青年聯合大會

◉東京眞宗青年會

◉懷疑時代來れり

◉佛界近來の弊風

◉傳道新誌の自惚的反評

◉普通廣告　東温讓君追悼　病氣全快拜告外數件

九州佛教同盟會員
諸君に告く

本年一月十四日本派本山大法主殿より御面謁仰せ付られ拙者宗教大會出席致したるに付優渥なる賞詞を給り尚は貫紗の衣地一疋扇子一對御下賜相成り偏へに同盟會諸氏の光榮に候得ば此段報告候也

明治二十七年三月

在東京　八淵蟠龍

病氣全快拜告

人生の苦痛多しと雖も未だ病氣の苦痛より苦しきもの非ず病氣の苦中種々の苦ありと雖も又た熱病の苦より苦しきものは非ず嗚呼明治二十七年一月三日予が一身上に取りて何等の不幸なる日ぞ頭痛岑々として滿身戰栗し精神鬱悶遂に病床呻吟の人となれり縦令顔は蒼く脉は弱しと雖も此四五年來未だ一回も病床呻吟の苦聲を發し口に苦きの良藥を十日も飲みしとは非る也然るに今回は如何なる身心の不調和か如何に宇宙の邪氣に打たれし乎病床呻吟の苦しき床に煩悶すると實に三十四日八百十六時間餘嗚呼何の因縁かかく腸窒扶斯の魔神に苦しめられしぞ一たび思ふて病床當時の光景に至れば予は實に精神の堂奥よりして實に生命の現世にあらん限り忘るゝ能はざる眞情よりして遠くは照々日星の如き佛陀の冥護に感泣し近くは予の貧を憐み人間同情の涙露を灑ぎ予の難を救はんとて佛徒仁慈の光明を捧げ以て予の斷へなんとする生命を取止めさせられたる先輩諸師の鴻恩に對して咽泣感謝に堪へざる也又予は予の頑鈍を捨てず傳染の病毒も顧みず親友眞誼の眞意を表彰し予を慰撫し予の病魔を驅逐し予をして再び清健活潑の身心を得させしめられたる朋友諸君の厚誼に向つて心海歡喜の波を湛はして謝する者なり而して予は最後に雲の如き天下の教友諸兄に告げて病床呻吟の爲め新年奉祝の賀狀或は答禮を捧呈する能はざりしを謹んで鳴謝し以て諸兄の海容を懇禱す嗚呼仰げば秀麗なる鎭西の山川は笑ふて予を招ぐものゝ如し予たる者豈に奮つて此山川の光を輝さゞる可けんや

熊本市安巳橋通町國教雜誌社内

明治二十七年二月二十八日夜　森　直樹

辱知諸君御中

國教第參拾號

社説

歐米社會の觀察

黄白両人種の衝突期と佛耶二大教の决戰代

八淵蟠龍

西暦紀元一千八百九十三年。卽我大日本明治二十六年五月を以て。北米共和聯邦美紫巖湖畔。市俄高の新都府に開設したる大博覧會は。誠にこれコロンバスが新世界を發見したる四百年の紀念祭にして。抑も又た行く〳〵將さに盡きなんとする。第十九世紀平和的。進歩的。文化的。劇幕の終局を告げたるものなりと謂はざるを得ず。宜なる哉。宇内の眞。宇内の善。宇内の美。宇内の奇。宇内の利。宇内の巧を。此僅々たる數英里四方の博覧場に集めて。以て世界列國の耳目を驚したる現世紀終局の一大活劇なりしと。而して予輩は日本帝國の一臣民。日本佛教の一僧徒。自然の好奇者。人類の觀察者。眞理の批評者。漫遊の旅行者として。端なくも此一大觀場に臨みたり。予輩頑鈍なりと雖も亦た聊か五管の感覺を備へ。愚魯なりと雖も。亦た聊か內管の思想を有す。豈に此一大現象に對して一大感想を惹起する所なしとせんや。

抑も方今の時代は歐亞文化衝突の時代なり。黄白人種競爭の時代なり。東西勢力反撥の時代なり。而して世界文化の大陽は。嘗て煌々煜々たる輝光を以て。東洋を衣被せしめたるにも係はらず。今や黯淡たる夕暉の影を東洋に遺し。炎輪を驅り。大空を蹴り。ウラル山嶺を踰へて西方に進み。歐州の天地に方さに日中の勢を示し。更に大西洋を渡りて益々西進し。米洲の新世界に紅旭曈々の勢を示めし。此恩光に背する黄色人種は事々物々の上に於て。此恩光を頂上に戴く白色人種の爲めに壓倒せられ去らんとするものは果して何んぞや。予輩は以らく。黄白人種勢力の盛衰消長は。人種の優劣に存するにあらずして。思想開發の互に相反對するに存するなりと。予輩不肖なりと雖も先つこの一大命題を分拆細説し。敢て以て賢明なる我邦人士に質さん。

東洋西洋文化の事物は極めて多端にして複雑なりと雖も。總じて之を論するときは。皆一大思想の裡に概括せらるゝものなり。東西文化の進歩は此一大思想の開發なりと謂はざるべからざるなり。而して西洋の思想は客觀的に向ふて進み。東洋の思想は主觀的に向つて進む。之れ卽ち東西文化の方向を異にする所以にして。今や黄白人種互に生存競爭の塲裡にありて。其勢力の進退し消長するも。其故亦た此に外ならざるなり。抑も白色人種の思想が二千年來外界即ち客觀的に向つて開發したるものは。之と各般の事物に徵して知るべきなり。蓋し歐人が我東洋各國民と異なる所は。第一は法律思想の夙に我に先ちて發達したる事是れなり。第二は富の生産を重んずる事是れなり。第三は有形科學の進歩是れなり。第四は實行の腦力に長ずる事是なり。第五は万事自家の主義を擴張するに熱心なる事是なり。是れ歐族文化の他に異なる所以にして。其源底を推究するときは。白色人種の思想は二千年來外界即客觀的に向つて開發すと云ふ。一大源因に歸納すべからずんばある可らず。何を以て之を言ふや。古代より歐人法律の思想は所有權と自由權とを鞏固にすと云ふ主義を以て之が基礎とすることは爭ふ可らざる事實なり。抑も彼等は我東洋人に比較すれば。何を以てか此の如く所有權と自由權とを重んずるや。豈に彼等が外界に於ける土地若くは物件を占領して我有とし。之に由りて內心及び肉欲の快樂と需要とを滿足するの念熾んなるを以ての故に非ずや。彼等唯だそれ外界に於ける土地及び物件を占領して我有とし。之に由りて內心及び肉欲の快樂と需要とを滿足するの念熾んなり。是を以て所有權を重んぜざるを得ざるなり。然れども徒に外界を占領して我有となしたる而已にして。之を使用し若くば之に由りて生ずる各般の交陟をば我意の如くすること能はずんば。何の利益あらん哉。此に於て更に進みて我が行爲として可成的に我意に出でしめ。他の干渉を受けざるを以て目的とする所の自由權を重んぜざるを得ず。是れ所有權を重んずれば亦た從つて自由權を重んぜざるを得ざる所以なり。而して此所有權と自由權とを鞏固にするは。即ち歐米法律の基礎なりと謂はざるを得ざるなり。

夫れ然り白色人種法律思想の我が東洋に先ちて發達したるの源因は。彼等が外界を占領して我有とするの欲望に基きたること此の如し。而して此の如く外界に於ける土地若くは物件を占領して我が有とし。之に由りて內心及び肉欲の快樂と需要とを滿足するの結果は。果して何事をか現出するや。即ち富の生産に外ならざるなり。夫れ富とは何ぞや。豈に土地若くは物件を變化して之に附するに。吾人に快樂と便利とを供すべき性質を以てする者に非ずや。然らば富と所有權とは始終相伴ふものにして。所有權なければ富を生産すること能はず。所有權なければ富を消費すること能はず。之れ亦た白色人種が外界に向ふて獨り思想と開發したるの結果は。富の生産を以て終局の目的とせざる可らざる所以なり。抑も白色人種の思想が古代より内界に向つて發達せずして外界に向つて發達し。外界を占領して我有とするの欲望夙に熾んに。法律の思想之に由りて生長したるものは。人類の歴史に於て二千年以上の事實なりしなり。然り而して此事實は二千年間の久を經て歐洲文化の金字塔を築き立て。今や富の生産を以て之が尖頂とするに至れり。

歐族が欲望を外界に向つて開發する結果は。法律の思想となり。富の生産となること此の如きものあり。更に其智識を外界に向つて開發するの結果は。即ち有形科學の進歩となり。天文。物理。化學。生物等悉く之れ有形の現象に對して觀察經驗の方法を應用し。或は顯微鏡の如きは肉眼の及ばざる所を補ひ。或は驗餘器の如きは天体の光線と分拆し。或は驗溫器の如きは以て熱度を測り。寫眞術は光線と雇ふて畫工となし。蒸氣機關は水火を驅りて馬力に代へ。輕氣球は大空を駕し。電氣は音信を通じて万里を比隣となし。燈火を點じて不夜城と現出し。理學上器械上の發明は因りて以て戰法を一變し。化學上生理の發明は因りて以て醫術を進歩し。凡そ吾人が今日に方りて万有を制服し。自然力を利用するは科學の力にあらざるはなく。吾人が富を生産し交通を便利にするは科學の力にあらざるはなく。吾人が奇巧を逞ふし宇宙の美妙と顯はすは科學の力にあらざはなく。吾人が万有の秘奥を探り天法と明にするも亦た科學の力にあらざるなし。而して富の生産と法律の思想とは彼が如く吾人の欲望に發し。科學の進歩は此の如く吾人の智識に發すと雖も。共に皆思想を外界に向つて開發せしめたるの一大源因に基くものにして。是れ其源因既に同じとす。而して今日に方りて科學の進歩は殆んど吾人の欲望を達せしむるの最大手段となるを以て。其結果も亦た同一の點に歸着するものなりと謂はざるを得ざるなり。盖し權利は占得を以て目的とし。學術は知識を以て目的とし。知識は叉利用を以て目的とす。而して占得知識利用の三個の物は。白色人種が是れ皆外界に向て其思想と欲望とを擴張し。遂に天地万有を擧げて我有に歸せしめんと欲する所以にして。今日歐米文化の淵源は全く玆に存するなり。

白色人種は。先天的に此主義を懷抱して。此世界に現出したる者なり。即ち彼等が自ら信じて以て自己の任務なりとする所の者は。全く外界を占領し天地万物を以て吾有に歸せしむるの目的に外ならず。而して其文化一切の事物。即ち宗教の如き。道德の如き。法律の如き。藝術の如き。兵力の如き。商業の如きは固より此目的を達するの具たるに外ならざるものなりとす。然して外界に於ける天地万物は。或ひは限りあり尽くることありと雖も。彼等の欲望は限りなく尽くることなし。乃ち其勢たる彼我自他の間に衝突を生ぜざるを得ず。此に於て乎白色人種は古代より全力を舉げて之を生存競爭の活劇に用ひ來りしが。今や一の國家と他の國家との間に起る生存競爭は。併呑主義となり。外交談判となり。殖民政略となりて現はれ。各國の平和は恒に危機一髪の彌縫を以て維持せらるゝに過ぎず。又同一國家の間に起る生存競爭は。貧富の不和となり。職業の競爭となり。勞働者の不平となり。治者被治者の軋轢となりて現はれ。表面藹然たる社會は。自ら其中に慘憺たる殺伐の氣象を含むものあり。是れ亦た白色人種が外界を占領し天地萬物を以て吾有に歸せしむる。自然の結果なりと謂はざるを得ざるなり。

故に白色人種が生存競爭の勢力に富めることは。到底他の異色人種の企及する所にあらず。今日に方りて彼等の精神とする所を極説すれば。他の異色人種を生存競爭塲裡に壓倒し去り。遂に天地万物を舉げて吾有とするにあらざれば止らざるなり。亞非利加の黑色人種。亞墨利加本來の銅色人種の如きは。或は白人の爲めに驅逐せられて其土地を失ひ。白人の奴隷となりて其獨立を失ひ。彼等の種族は日に月に衰滅に就かんとするの現況あり。而して歐洲各國の勢力は東洋各國の上に加はり。世界の寶藏と稱せられたる印度が大英の屬國となりしは。遙に既往の事に屬し。安南。暹羅亦た半は其獨立を奪はれしは。更に近日の事に屬し。朝鮮の危急は風前の燈の如し。而して我邦及び支那の前途は果して云何ん。是れ皆白色人種が我が東洋に來りて生存競爭の活劇を試みたるの結果に非るはなし。而して白色人種が此生存競爭の激烈なる勢力は。果して何つくより生ずるやと問はゞ。卽ち彼等の思想を客觀的に開發し。外界を占領し。天地万物を舉げて吾有に歸せんと云ふ。當初の觀念に起因するものなり。

然りと雖も更に他方より之を觀察するときは。白色人種の弱點は其强點の裡に伏し。亡滅の命運は其全盛の生活に寓す。何となれば白色人種が其思想を客觀的に發達し。外界を占領して我有となすの主義は。彼が如く法律思想の發達を促がし。彼が如く富の生産を進め。彼が如く有形科學の進歩を現はし。又之に加ふるに百般の智識と經驗とを實際上に應用するの能力は學理にあれ。宗教にあれ。習慣にあれ。自家の主義を堅擴して失はず。更に之を擴張し他をして我が主義に同化せしむるの熱心とを以てし。其生存競爭の目的を達するに猛厲にして敏鋭なる。復た決して他の人種の企及する所に非ずと雖も。

所謂貧富の不和と云ひ。職業の競爭と云ひ。勞働者の不平と云ひ。治者被治者の軋轢と云ひ。今日彼等にして生活の奴隷となり。肉欲の奴隷となり。富の奴隷となり。利己主義と個人主義とは漸やく跋扈して。社會の全局を支配せんとするの勢あるは。是れその禍機既に隱微の間に潛伏するものにして。歐米各國が今日表面上猶ほ幸にして平和を維持することを得るは。抑又紅爐點雪なりと評し去らざるを得ん哉。

故に今日に方りて白色人種の欲望を抑へて制裁を與へ。競爭を制して平和を輸入するの勢力あるものは。宗教を除ひて外に求むべからず。然り而して千有餘年間白色人種の信仰を支配したる基督敎は。何の故に此勢力なきやと問ふ者あらば。予輩一言以て之が理由を說明せざるべからざるなり。

蓋し基督敎が千有餘年間白色人種の文化を指導し。歐米各國民の精神上道德上に洪大なる感化を與へたるの功蹟は。人類の歷史に銘鏤して磨滅す可らずと雖も。基督敎は敎理上の性質として。白色人種を抑へて制裁を與へ。競爭を制して平和を輸入するの勢力ある者に非ず。何となれば歐米今日の文化は白色人種が外界に向つて其思想を開發したるの結果なれば。今日に方りて若し歐米文化の短處を補ふ可きの宗敎を以て必要ありとせば。其宗敎は內界に向つて彼等の思想を開發せしむべきの宗敎ならざる可らず。然るに基督敎の性質と敎理上より分拆するに。基督敎は吾人の思想を外界に向つて開發せしむるの宗敎にして。吾人の思想を內界に向つて開發せしむるの宗敎にあらず。故に基督敎を以て歐米文化の短處を補ふものは。恰も是れ火を以て火を救ひ。水を以て水を救ふの類にして。偶々以て其勢を助長するに足るも。決して之を救止する能はず。予輩乞ふ又た其理を說明せん。

基督敎は天下諸敎の中にありて。著明なる一種奇異の特性を備ふるものにして。第一其信奉する上帝は客觀的の上帝にして主觀的の上帝にあらず。第二人類を以て宇宙の中心とし。天地万物は全く人類の爲に創造せられたるものにして。人類は一切万物を足下に蹂躙するの權威あるものとし。第三基督敎は其敎を信奉するものを以て上帝の選民とし。其敎を信奉せざるものを以て異邦民とし。之が間に區別の意を設けて愛憎の意を挾む甚だ嚴酷なるものあり。故に基督敎は人類の思想をして外界に向つて開發せしむる勢力あるも。內界に向つて開發せしむるの勢力なし。何となれば其最大眞理とする所。獨り客觀的にあればなり。又た基督敎は白人種が外界を占領して吾有となし。以て彼等が無限の欲望を逞ふせんとするの主義を助長するものなりと謂はざるを得ず。何となれば一切万物と以て獨り人類に服屬するものなりとすればなり。又た基督教は一の國家と他の國家。一の人種と他の人種との生存競爭をして。益々激烈ならしめんとするの傾向あり。何となれば基督教國と異教國との間に區別を設けて。大に其待遇を異にするものあればなり。之を一言するに基督教は其教理上の性質よりして。今日歐米文化の長處を助長するに足るも。其短處を救濟すること能はざるものなり。千有餘年間基督教が白色人種の文化と相提携して進步の途に上り。以て今日に至りたるもの亦偶然ならざるなり。之に反して我佛教の如きは。吾人の思想を内界に向つて開發せしむるを以て。歐米文化の短處を補ふには尤も適切なり。蓋し佛教の主とする所は。心界に於て廣大無限なる境界と開き。吾人の心性をして至美至妙に發達せしめ。凡そ眞理也。福祉也。平和也。輝光也。我が心に充滿せしめ。吾人をして内に自ら滿足して。其外界に向つては。法爾本然の理性を照して能く之を平治するの力あるものなり。之を一言すれば佛教の目的とする所は。吾人をして外界を占領せしむるに在らずして。内界を占領せしむるにあり。抑も内界なるものは無形無質にして限界なきものなり。故に吾人は云何程内界を占領するとも。彼我自他の間に衝突を生せざるなり。唯だ夫れ彼我自他の間に衝突を生せざるを以て。從つて亦た彼我自他の間に競爭を生ずべき道理なし。これ東洋佛教を信奉する各國民が。法律權理の觀念に乏しと雖も道德の感情に富み。有形の進步なしと雖も無形の思想を有し。人類生存の競爭力に於ては薄弱なりと雖も情欲の克制力に於て强大なる所以なり。

我東洋人が佛教眞理の感化に由りて。主觀的に其思想を開發したること此の如し。故に予輩は竊に謂ふ。嚮きに彼れ白色人種文化の大勢を支配するものをして。基督教にあらずして我佛教ならしめば。白色人種の思想は。一方には客觀的に向ふて進み。一方には主觀的に向ふて進み。外には物質的の進步あり。内には精神的の進步あり。有形無形互に相提携し。或は完全圓滿なる眞正文明の域に臻達せしものあらん。而るを客觀的に其思想を開發するの文化に加ふるに。客觀的に其思想を開發するの基督教を以てす。恰も是れ洪水を救ふに洪水を以てし。烈火を救ふに烈火を以てするが如く。白色人種の進步獨り一方に偏し。其物質的の進步と生存競爭的の勢力とは。業に既に其絕頂に達するにも係はらず。危險の方に漸く膨脹して。泰西文化の大勢漸く破壞せんとするが如き疑憂を。有識の士に抱かしむるも亦た宜べなちずや。

然らば今日に方りて。歐米各國が基督教以外に新宗教を求め。

漸く我佛敎の眞理に歸依するの傾向と見はすものは。眞に是れ自然の大勢なりと謂はざるを得ず。之れ予輩が今日を以て世界宗敎一大革命の氣運なりと評する所以にして。而して此宗敎上の一大革命は遂に必ず歐米文化の局面を一變するものあらん。今回市俄高市世界大博覽會に附隨して開設したる宗敎大會は果して焉くより生ぜしの現象なる乎。即ち以て此宗敎革命の大氣運大轉機より生ぜしの現象なりと稱せざるを得ざる也。

抑も佛敎の眞理は中道實相の眞理にして。有見に偏せず亦た空無の見に倚せず。差別中に平等の理躰存し。平等中に差別の事相存す。内外を合して一となし。事理を該して偏せず。故に佛敎は唯識所變と說き。心外無別法と說き。三界唯一心と說き。蓮華藏界と說き。專ら主觀上に於て眞理の大本を立つと雖も。決して有形の事相を捨てず。決して物質の進歩を捨てず。決して國家の存立を捨てず。決して富强の事業を捨てず。之れ古代佛敎の我邦に入りてより以來。高僧碩德踵を接して輩出し。或は土地を拓き。或は技術を進め。或は王法の制定を翼賛し。或は對外の士氣を皷舞し。我國家古代の文明富强は佛敎大に關りて力ある所以なり。故に佛敎をして歐米各國に慈悲光明の感化を及ぼさしめば。必ず現今文化の缺點を補ひ。物質的の文化を進めて精心的の文化となし。有形的の文化を進めて無形的の文化となし競爭的の文化を進めて平和的の文化となし偏執的の文化を進めて中道的の文化となし進んで以て今日我邦の國家を振興し元氣を皷舞し國家的の思想と對外的の思想を奮發するの勢力あらんことは。予輩の信じて疑はざる所なり。然らば今日に方りて歐米文化の缺點を補ふの勢力あるものは佛敎なり。我邦の權威と光榮とを發揚するの勢力あるものも亦た佛敎なり。之れ吾人一個の私見に非ず。世人或は吾人の言を疑ふものあらば。吾人が他日宗敎大會の光景を擧げて諸君に報ずるを俟て察知し給へ。

論說

主人の怠慢猾奴の專橫

東京　甲斐方策

根本的敎理の淺薄卑近なる彼が如き基督敎が。尙ほ今日の世界に生存し得るは。畢竟二個の原由ありて存す。其熱心なる感化矯正力(一)と其奸猾なる敎學附會策(二)と即是なり。吾人今其前者を描き。聊か後者に就て論ずる所あらんとす。蓋し其該敎進撃軍の先鋒たるものなればなり。

熟々泰西の歴史を按ずるに。古往今來彼れ基督敎徒は。其敎理に齟齬したる新理新說に際會する每に。初め力を究めて之を排撃し。若くは反證を擧ぐるに汲々し。到底之に抗すべからざるを見るときは。飜て其敎義を摸擬し。取て自家藥籠中の一物と爲し。九死を一生に保つを以て究竟の策と爲す。彼の猶太的基督敎がパウロヨハ子時代に至りて。幾多當時の科學及哲學の輔助を籍りたるかの如きは更にも云はず。或はアリストートルの論理及び哲學を取りて化躰說（Transubstancia-tion）を組織し。或は地質學及び古生物學の異議に逢ふて創造六日を六期に改め（是にて安息日の意味消滅せり）。最後に進化論の興起するに及んで。一時之を以て不倶載天の仇と爲したりしも。遂に其不利なるを見るや。亦飾辨して曰く上帝萬物を創造す。萬物依つて進化し由りて發達す。進化は上帝管理の方則なり（而して彼等の所謂全智全能なる上帝は何故に無數の歳月を積むで事物を完成するが如き迂策を取るやに至つては遂に解すべからず）と言ひ。又科學者が理智の運行を爲すに當り。想像力の扶助を籍るあるを見て。直ちに之に附會して宇宙は有情有心なる上帝の經營統御するの證と爲さんとするが如き。如何に彼等が詭辨揑造に巧妙なるかを知るに足らん。

顧みて我國に於ける基督敎に觀んか。其入り來りてより玆に三十年。數年前迄專ら新約書神聖說の行なはれたる彼等社會も。一旦懷疑風科學風の吹き渡りたる以來。則彼のユニテリアンの侵入して學校敎會を起し機關雜誌を發兌し。知名なる佛敎者哲學者の論文を掲載して。其度量の濶大然たる形態を示せしより。其初め中心之を快しとせざりしオルソドックス（守舊的基督敎派）も意氣地あるか爲め其名稱こそユ派又は自由と改めざれ其進步の實決して彼に劣らず此時に當り彼等が從來佛敎と指して偶像敎なり。厭世敎なり。消極的寂滅敎なりと罵りたるの謬妄にして憑據無きと。一々佛敎徒の爲に辨駁せらるゝを見て。遂に對立抵抗の不可なるを感じ。亦もや千餘年來該敎の慣手段なる敎學倂呑策を案じ出し。大困窮の極。大快濶を擬し。健氣にも否寧ろ淺慮にも宗敎統一の任に當らんと決心し。オルソドックス派の巨魁横井時雄氏の如きは。先年來時々南條文雄村上專精師等の佛敎者に請ふて。其敎會に於ける佛敎の講演を囑托し。本年は亦織田得能氏に依賴するの計畫ありと云ふが如き。偶ま彼等部內に於て二大問題の一なる。神學改良問題（他は敎會獨立の問題）勃興せるを以て。佛敎幷に哲學に滋養を吸收して一個の新神學（其實僞基督敎）を組織し。以て眞理上。勢力上。佛敎の上に位せんとするの底意なると知るべし。吾人頃日宇宙神敎派の宇宙學院の前を過ぎたるに。大乘基督教なる演題の掲げあるを見たり。是れ實に彼等が野心を蓄ゆるの確證也。（余不幸にして其演說を聞かざりしも察するに佛教に大小二乘の區別ありて小乘は厭世に傾けども大乘は中道教なりと云が如く基督にも亦二類ありて小乘は云々大乘は云々と例の捏造說を述べたるならんか）偖又玆に注意すべきは。方今一般宗教の事情は。世界の上に於てするも。我邦內に於てするも。只大小の差あるのみにて。其方針に至りては些の相違なきとなり。見よ世界に於て基督教の諸派中。ユニテリアンより進步したるもの無かる可し。而してオルソドックス派の多數は其名を避けて其實を慕ひ。古今未曾有なる萬國宗教大會委員長は。オルソドックス派に屬するヘンリー、バーロース氏等に非すや。我邦に於ても基督教の諸派中無論ユニテリアンより進步せるものなし。而してオルソドックス派の多數は其名を避けて其實を慕ひ。雜誌に教會に最も濶大なる運動を爲す者は。オルソドックス派に屬する橫井時雄氏等に非すや。掲げ來れば。共に是れ意氣地の爲に暫く新說を排して。其實は却つて是に凌駕し。先登の名譽を得んと欲するのみ。故に之を評すれば。基督教社會は實に各個ユニテリアン割據競爭の狀態なり。同じ一神教部內に於てすら進步せる他派に向つて可成丈迫害し。遂に超越策を取ると斯の如し。されば況して今回は一神教が進んで凡神教たらんとし。ユニテリアンが變じて佛教たらんとする大切なる過渡期なれば。彼等何ぞ最初より唯々諾々降を敵門に納れんや。數年來傾首。苦心。塗抹。彌縫の計畫を爲したるも。最早此緩法の無益なるを悟り。斷然最後の手段籠絡策を取るに決心し。發して萬國宗教大會と爲り。或は我邦該教徒の瞞着的手段となりたるは瞭然たり。（是れ蓋し實我教の實我教たる所以ならんか）此貴重の時に際し。吾人佛教徒たるもの豈に漫然其成行に放任して可ならんや。道獨不弘。人能弘道とは教學家を作勵するの警語に非すや。世界宗教の眞理は漸々統一の潮流に順ひつゝありと雖。若し此氣運を私し。此勢力を沮むものあらば。之を排除し驅逐せんが爲に。炬眼之に注意し。其行く可き方針を指示し。配合措置其宜しきを制して。成る可く速かに其時期を來らしむるは。佛教徒を除て誰れか此任務に當るの資格あるものあらんや。先般亞米利加に於て開設せる萬國宗教大會は。和氣藹々の間に開閉し。我佛教の如きは大に學士識者の歡迎を受けたりと稱す。然るに今や我邦の基督教徒は鋭意熱心。瞞着的手段を採り。該教と以て宗教界の帝王と爲さんと欲し。言論及び文筆を以て或は哲學上（六合雜誌。宗教）より。或は文學上（三籟。評論等）より。專ら籠絡に從事し居れり。尚又嘗て基督教徒の手に譯されたる「有神哲學」なる書を讀み。『萬物は神を以て因と爲すの果』など〻論じて。創造にも就かず自然にも就かず。一神の如く又凡神の如き。曖昧なる議論を爲せるを見て。益々此事を確めたり。(此事に就ては吾人は本誌廿、廿一、廿二に涉りて意見を述べたり)抑も基督教根本的教理は神の惟一なると是れなり。然るに近世の哲學的及び宗教的進歩は凡神教の眞理なることを證明せり。モルショウ曰く『リービックの賢なる尚は自然を說くと同時に造物主のことを說くを見ては。亦賢なりと稱すべからず。蓋し自然法は必然(Necessity)の最嚴格なるもの造物主を排斥す』と。而して吾人は憐れむ全世界幾億萬の基督教徒。(最頑固なる舊教徒より最急激なるユ教徒に至る迄)一人として這般自家擅着的の妄想に驅られざるものなきことを。夫れ斯の如く創造教と自然教は實に天淵の差異あり。然るに其創造教たる一神教徒にして。小癪にも凡神的の哲學及び宗教を綜合調理せんとす。其能はざるべきは無論のことなるも。此が爲に眞理の紊れんと(縱し一時の現象に過ぎずとするも)豈に輕事ならんや。眞理の紊亂尚は恕すべしとするも。宗教的精神稍完成しつゝある當代に於て。前後矛盾せる曖昧的宗教を捏造し。世人をして一般宗教の眞理に疑を懷かしむるの虞あるに至つては。斷じて緩漫に付すべからず。有意創造と自然本有。神慮統治と因果支配。無差別平等と有差別平等。實我執着と無我解脫。是れ實に佛耶兩教優劣の審判石。統一宗教たる資格有無の試驗案なり。回顧すれば去る廿二年佛界の勇將中西牛郎氏が其著宗教革命論に於て。來る廿世紀の拂曉には佛教が宇內の一統宗たることを論じてより。基督教の主謀者横井時雄氏は。本年春期の六合雜誌に於て『基督教の寬容的精神』を論じて。該教こそ統一教たる可しとの腹意を示せり。然れども二論の是非は最早や多辨を要せず。只上述の提案に由りて容易に判せらる可し。然り勝利の標扇は既に佛教の頭上に向けられたり。佛徒たるもの正に其法輪を廻轉するのみならず進んで統一宗教法輪の運轉者たらざるべからず而るに從來佛徒の無智無力なる。空しく此貴重なる天職を放棄し。みす〱外教徒をして此大任を汚さしめつゝあれり。三思せよ吾人の讀者よ。先主人怠慢にして其家財漸く狡猾なる奴僕の爲に横領せられんとせば。其遺産の相續者たるもの豈に傍觀坐視すべけんや。舊佛教徒の進取的精神に乏しくして宇內の大勢に暗き。此不祥の結果を吾人に遺せり。吾人回天の責務を擔ふ者。豈に奮發勵精以て此統一的教政を整理して。宇內の囑望に應ぜざるべけんや。

米國文明論

東京　G・N・生

第二章　米國人學術宗教文學及技術上の嗜好は一般自由國民の適例たるべからず

世界の茫々たる雄邦小國幾千点なるを知らずと雖も。墨客。技手。詩家。文章家に乏しき未だ米國の如く甚だしき者あるを見ざる也。之れ無きに非ず卓拔傑出の士少なきを云ふ也。歐州の諸大家之を見て曰く是れ自由の本躰なり。是れ共和の眞面目なりと。其說に曰く自由の制度一たび世界万邦の間に蔓延するに至らば。人類の精神は漸く光焔を失して。赫々たる光明社會は再び冥濛暗黑の舊世界に陷るに至らむと。

嗚呼何ぞ其誤謬の甚しきや。清潭の水も汚流を含まば乃ち濁らん。秋江の淸きも雲霧を布かば乃ち暗からん。若し米國文學上の現象を詳らかにせんと欲せば。其汚流と清水とを別たざる可らず。汚流とは何ぞ獨り米國に屬する者是れなり。清水とは何ぞ自由に屬する者是れなり。

米國祖先の宗教を抱いて新世界に移るや。父は之を子に傳へ。子は之を孫に傳へ。子々孫々相受けて相繼ぎ。而して今に至れり。今余之を按ずるに其敎式は純白にして其敎旨は端嚴なり。夫れ端嚴と純白とは外飾の荼毒にして虛裝の讎敵なり。然らば則其尊奉する所の宗敎は自ら彫蟲篆刻の技術に背馳せざるを得ざるなり。自ら詩家文章家の藝園に乖戾せざるを得ざるなり。米國の祖先は舊時の人なり文明の人也。文明の智識を懷ひて往古の時代に居り。而して沃野千里の新世界に移れり。故に米國の祖先は心に隨つて地を擇び意に任せて富を得る一舉手一投足の勞を取るを用ひざる也。

世界各國の歷史如此く廣く如此く長きも。未だ嘗て如此き國情ある者を見ざる也。山下水濱處として富を得るの便あらざるなく。老幼女兒人として富を得るの機を得ざるなし。是を以て富を求むるの情欲は火の原を焚くが如く。益々熾にして益々大なり。夫れ人間の心界中に想像的の樂郊あり。智識的の工業場あるも。一旦米人の富を求むるに及でや。心境寂寞として秋雨の山を洗ふが如く。四方に聲影なし。唯だ心猿意馬の四方に奔走して富を求むるの一色あるを認むるのみ。立て海門を望めば大船巨舶或は去り或は來り。去る者は鴉影漸く低れて後帆之に繼ぎ。來る者は鵬翼俄かに張りて林檣影を接す。若し夫の市上を望めば滿目紅塵を飛ばして車馬織るが如く。各製造場は遠近に起りて高く雲際に連なれり。龍か龍に非ず晴天に雲霧を散ずるものは百丈の烟筒なり。獅か獅に非ず時々中天に吼る者は滊笛の時を報ずる也。而して其之と爲す者は何ぞや。富を求むるの情慾米人の胸中に燃ゆればなり。若し米人をして獨り世界に在らしめば。若し米人をして祖先傳來の自由と智識とに依らしめば。若し米人をして獨り米國固有の心情に依らしめば。事物の進歩は學術を適用するに在るを知らむ。學術の適用は學理を講究するに在るを知らむ。而して万般の技藝は彼我相ひ待つて完全するを知らん。富を追ふの情慾は久しく米人の頭腦に浸潤するも。能く其目的を遂げむと欲せば。暫く其情慾を他道に轉ぜざる可らざることを知らん。

精神上の快樂を求むるは文明人の本躰にして。生來心を此に寄せざる者も。遂に來りて其餘香を追ふ者往々之れ有り。精神上の快樂は仙洞の桃實の如く。愈々食ふて愈々香味を覺ゆ。一たび之を含まば遂に之を忘るべからず。

米人の學術を修るは日用の技術に應用するに過ぎざるなり。肉体の欲を充たすの末技に適用するに過ぎざるなり。此時に當りて歐洲の學者は深く幽玄の源理を探り。粹を拔き美を擇ひ以て社會万事の改良に汲々たり。

歐洲國民中英國人士は米國人士の重なる者にして。英人の性質習慣は能く英米兩國の關係を繋げり。而して詩歌文章の名流。工藝。技術の達士は常に英國人中に續出するを以て。米國人士は自ら之を講究せざるも智識上の秋菓は得て收むべき也。夫れ太西洋の激浪は茫乎として天涯に連るも。之を以て新舊二大陸の區別と爲すを得ず。米國人士は乃ち英國人士にして。英人の進んで以て新世界の森林中に入る者は。卽ち米國人士の一分子なり。而して其來らざる者は書窓に閑日月を樂んで旦暮の衣食に迫らざる者なり。力を精神上に用ひて心界の四聽を開發する者なり。

然らば則ち米國の地位は古今に比類なしと云ふも豈に不可ならんや。凡て米國に起る所の者は皆米人の心力を實業的の方向に導かざる者あらず。米國祖先の敎式は端嚴にして無色なるものなり。米國人士の習俗は商業的の習俗なり。米國の地味は自ら文學技藝の思考を奪ふものなり。米國の地位は歐洲と比隣するを以て。米人自ら文學技藝の大則を講ずる無くして。野蠻に陥ゐるの弊害を救ふに足るも。却て是文學技藝の意向を害するものなり。之れ等數箇の原因は一時に合して米國士人の心情を獨り實業上に導けり。米人の感情。米人の慾望。米人の敎育は皆人心を地面に引かざるなく。其眉目を揚げて天界の上苑を瞻望せしむるものは唯た清淨潔白の信神心あるのみ。然らば則ち自由士人の情勢は國に隨つて異なり。時に因りて全しからず。米人の此くの如くなるを以て自由士人は皆此くの如くなりと爲す能はさるや明けし。社會は平等主義にして財産法は平分法なり。國民は愚蒙にして自由の心なしと爲さんか。專制君主は笑ふて以て奇貨と爲さん。若し國民をして奴僕の地位に安んせしめんと欲せば。其臣民を平等にし無智ならしむるの便なるに若かず。其國民をして奴僕の地位に安んせしむる者は乃ち是れ專制君主の最上利益なり。今自由國民にして此くの如き者あらば。其國民は未だ文學技藝の眞味を知らざるものなり。否な國民の智識未だ其地位に達せざるものなり。抑も長子繼産法は新製の蓄産上に妨害を與ふるものにして。唯だ其功力は父子相傳の遺産を保護するにあり。然れども子孫に至愚を生ずれば之を如何ともする能はず。今國民をして智識なく自由なからしめば。貧者は自暴自棄して富を求むるの思想を失ひ。富者は身貧窶に傾くも之を防ぐの思考なく。唯だ其流るゝ所に隨從せん。而して人類の平等は自ら貧富両社會の中間に起らん。此時に當りて身を文學上の藝園に置かんと欲するも。之れに充つるの時日なく。社會の人類は共に相率ひて無學無文の暗谷に陷ゐり。臣妾奴僕の平等線に彷徨せん。

自由の社會にして此くの如き者あらば。余は之を以て冥暗沮洳の一大土窟と爲さん。一時は日光を窓隙より引くも瞬刻を出でずして復た其舊に復すべし。然りと雖とも簾幔低に下りて暗黒目を奪はゞ。誰か光明を忘れて其暗黒に安んずるものあらんや。誰か窓戸を出で青天白日の明乾坤を求めざる者あらんや。故に社會にして既に門地爵祿の制度を破り。既に自由にして且つ文明なるものあらば。決して如此きの醜態に陷ると勿かるべし。而して其醜態ある所以のものは。未だ自由の眞味を嘗めざればなり。否な未だ其地位に達せざればなり。社會は文明にして自由ならば。人事の變化は常に急速なるを以て。人生の浮沈も亦急速ならざるを得ざるなり。陶朱の富も朝た夕べを卜する克はず。千金の子も常に其定位に安んずる克はず。人生の盛衰如此く測るべからざるが故に社會の人心は常に富を求むるに汲々たり。唯々千差万別人に因りて同しからざる者は富を求むるの方法のみ。夫の目的の如きは万人一色決して異同あることなかるべし。抑も自由社會の立法者は人に特權を與へざるも。天爵は決して之を拒まざるなり。天爵の不平等漸々起れば人爲の財産は漸く不平等なり。蓋し社會の人類は各々智識を奮ふて富を求むればなり。而して技能は人に依りて同じからざれば也。

財産の平分法は富豪の族を起さずと雖も富豪人の起るを拒く能はず。故に平分法の權力も社會を眞箇の平等地に置く能はずと雖も。之を要するに平分法は社會の人類を平等地に導くものなり。而して智識の異同漸々減少し自由の勢力益々盛んなれば。財産の不同は漸くに消滅すべし。

非常の異材自由社會に起らば。天下の財産は自ら其掌中に蝟集すべし。是れ社會の容易に平等ならざる所以なり。是れ自由社會に紛亂を來たす所以なり。然れども智識の分配漸く廣まるに至らば。天下の財産は人類各箇の技能に隨ふて社會の全面に散布せん。故に余嘗て謂らく社會を治めんと欲せば貴賤尊卑を區別し。之れに特權を與へざる可也。社會の人類に同等の教育を與ふる可也。同等の獨立を與ふる可なり。各人を放つて其好む所の地位を取らしむる可なり。余の此方法を講ずるは此方法の完全無玼なるを以てに非らず。唯だ危難少くして便利多きものたれば也。若し當路の君子にして此の方法を取らば。天爵の不平等は自ら消滅して財産も亦平等に趣き。以て多數人士の掌中に移らむ。

故に自由社會は社會全般の人士を豐裕に爲すものたり。昔日の貴族は同臭相引いて一社會と造るも。自由社會は富を以て同類を連合するを得ざる也。蓋し各人の意向は互ひに相同じからざればなり。彼我の關係は厚きを欲せざるにあらざるも。未だ之れに充つるの閑日月を得ざれば也。貴族時代の社會は其同級内に於て小社會を造るを以て其同臭族は甚だ多らざるも。自由社會は皆平等なるを以て同資格の豪家右族に隨て多數ならざるを得ざればなり。抑も人心の求る所の者は只有形上の事物に止まる者に非ず。智識上の芳園も亦人心の向ふ所なり。人心の傾く所の者は唯だ有限的の事物に止らざるなり。有形的の事物に止まらざるなり。又日用的の事物に止らざるなり。一方に傾く所あれば。必ず他方に揚がる所なからざる可らず。他方とは何ぞ無究的の事物是れなり。精神的の事物是なり。艶麗的の事物是れなり。夫れ天園の歡樂も人心の向ふ處なり。而して肉体上の慾望は人心を地面に引くも。一朝其羈約の釋くるに及んでは人心は次第に上天に向ふて前進せり。此時に當りて社會の大數は精神上の生産物と以て樂みと爲せり。貴族時代に於て精神上の事物を求むるものは。大抵ね上流社會にして下流社會は之れに充つるの閑隙なく。又之れを窺ふの能力なきを以て。遂に其餘光を窺ふ克はざりき。然れども社會の一たび平等なるに及んでや。下流社會も亦餘香を精神的の芳園に追ふことを得べし。財産。世襲法。門地。爵祿の制度既に壞れて。人類各箇の勢力漸く平等なるに至らば。財産の大小は獨り智力の大小に關するを見るべし。凡て其智識を練磨し。其見聞を廣むる者は。忽ち群伍を拔ひで巨產を攫集することを得べし。然らば則自由社會に智識の必要なるは燎々たり。時勢此に至て智識の有功なるとは万人の眉上に明かなり。其香味と嘗めざる者も其効力の大なる事を知り。而して多少力を此に用ゆべきに至る。

社會にして文明なり自由ならしめば。其社會に人類彼我の間を區分する者あらざるなり。人類を其定位に捿止する者あらざるなり。人生の浮沈益々神速にして人事の變化益々甚たし。夫れ全國上下の社友は日に親密にして。彼我の往來月に繁多なるを以て社會の人士は皆多種の思想を受けざるを得ざるなり。多種の感情を受けざるを得ざる也。多種の感情と思想は自由社會の特惠物にして。貴族社會に得べからざるもの也。蓋し貴族社會は門地爵祿の制度を以て彼我の通路を杜絶すればなり。彼我の通路を杜絶するを以て社會の潮水は靜止して流動せざれはなり。國民にして多種の感情と思想を受くると爲さん乎。奴僕の卑きも君王の苦樂を以て天界の專有物と爲さゞる可し。貧窶の等輩も富豪の休戚を以て上天の特惠物と爲さゞるべし。村巷の風俗人情は漸く混和して邑驛と類似し。邑驛の風俗人情も亦た混和して都會と類似し。而して都鄙の風俗人情に非常の懸隔あるとなかるべし。人心の向ふ所は唯た有形的の事物に止らざる也。陋巷の拔手も時々眉目を揚げて智識的の上苑を望み。讀史挾書の等輩は益々增加して學者の圈界は漸く擴張し。其勢ひ社會の全面を蔽ふに非れば止まざる可し。唯た其書を讀むに貴族時代の如く仝一の定式を用ひざるのみ。同一の思想を抱かざるのみ。

社會の大數は既に心神の耕作に從事するに至らば。社會は乃ち知らん其耕作中の一二を拔て群伍に超絶せしむれば。是れ名譽。權力及財產の三大力を得るの好手段たるとを。平等國に殖產するの大望は唯た此三大力に向ふて猛進直行せり。是を以て社會の大數は文學技藝と勉めて智識界の智力は益々大なり。社界の人士は皆な競ふて道を此に開き。以て社會の衆目を一身に引かんと欲せり。今米國の狀態を見る亦然り。抑も米人の事業中に屢々不完全なるものあるを見るも。其事業の起る所。雲の如く雨の如く紛乎として數ふべからず。個人の起業は微少なりと雖ども。塵埃積んて山を築き。細流湛へて大海を作す。其全額を擧ぐれば甚た大なり。

或は曰く文學技藝を顧みずと。是れ大に誤れり唯其之れを學ふに其流義あるのみ。而して其事業に得所あるのみ。何ぞ之れを顧みざるの理あらんや。（未完）

萬國宗教大會

大會歸朝後第三回報道（二月一日西京發信）

八淵蟠龍

吾が親愛なる九州佛敎同盟會諸君。及び日本佛敎同盟の愛兄愛姉に敬告す。吾儕は這般九州佛敎同盟會の推薦に依りて。北米合象國市俄高府に開設せし。萬國宗敎公會に出席し。フロント湖畔。アートパレスのコロンビヤン公會堂上に在りて。萬國幾多の諸宗敎が派遣したる代表者。又は博士。學士。紳士。貴女。女學士。女丈夫等と相會し。互に同愛友情の手を握り。諸宗敎が各々その齎し來れる所の眞理を交涉し。學士博士が攜へ來れる所の問題を戰はせり。吾儕薄才淺識なりと雖も。忝くも佛陀の使徒たる公認を戴き。佛陀の使命を奉じてこの中に立ち。日本大乘佛敎の一斑を顯彰し。大ひに有志の厚遇優待を受け。開會十七日間。片時瞬刻も虛日なく。和氣靄々の中に。歡喜の閉會を告げ。眞理の別辭を贈りて該會を辭し。往復壹万四千哩の旅程も。海陸何の障碍もなく。無事に歸朝し。今や東西両京の諸有志と始め。吾が親愛なる同盟諸子に相見へ。相語るの光榮を得たると。寔に彼の宗敎大會が。歷史ありてより以降。未聞の一大鴻業として。大筆特書すると同時に。吾儕は又吾儕の一代中にありて。尤も幸福。尤も愉快。尤も榮光なる。履歷なることを特書せんと欲するなり。又吾九州佛界の同盟員が。對外弘敎の着手始めとして。一鞭千里。先登第一に。彼の萬國宗敎大會に向つて。運動を試みたるは。吾同盟會歷史の上に特書して。普く日本佛敎界に報ずるも。敢て愧ぺからざるの一事なりとす。然れども。吾儕は之を以て吾儕の名譽と爲し。榮光と爲して社會に巧言誇號するとを欲せず。唯同盟會が吾儕を薦めて佛陀の使節たらしめ。彼の愉快なる。幸福なる。光榮なる。好機に臨ましめたる事を喜ぶなり。惟ふに吾儕不肖にして。佛陀の使命を奉じ。彼の數千年來。異敎の下に敎育せられたる人々をして。佛敎の幾分を聽聞せしめ。贊美せしめたるとは。偏に佛陀濟衆の慈念と。諸有志が博愛的弘敎開導の赤心とに發したる。精神の電氣力が。吾儕の言語思想を機關として。彼等の腦中に感動せしめたるものに相違なければ。吾儕は之が機關となり。使節となりて。遠く機緣の熟するを俟つて。濟度の働きを施さんとし給ふ。佛陀慈念の妙敎力と。諸有志が吾儕に齎し贈りたる。精神の熱漿とを以て。アートパレスの公會場裡に注き。佛敎の幾分を發表したるものに外ならざるなり。果して然らは。吾儕は完く佛陀の冥護と諸有志の念力に依りて。僥倖にも這般の光榮と幸福とを辱ふしたるものなれば。吾儕は倍す〳〵佛祖の厚恩を感佩し奉り。師資先輩の教示を遵守し。之れより一層。令法久住。利樂有情の丹心を勵し。進んで四恩に報答すべき經營を務むるより外なきなり。

敬告す吾同盟の諸氏。是れは之れ唯吾儕が丹心に銘したる感覺思想を掲げて。諸兄姉に報ずる而已。豈に敢て斯の簡單なる言を以て。諸兄姉が本教の爲めに注意を贈りたる。囑托を復し。深慮を解んと欲するには非るなり。否な一個の獨斷的巧言を以て。遁辞を虛搆し。諸兄姉の襟を脩め慮を休めて。喜悅の眉を啓かせ。一時の歡心を買はんと欲するには非るなり。

往ひては日本佛教の体面を愧しめず。佛陀の使命を完ふし。歸るには彼れより得る所の。土產の多からんことを望むとは。吾儕が鄕關を出るとき。青年諸子の中より。特に吾儕に寄せたる送別の辞にして。又普通の人情を克く代表したる囑托なれば。吾儕も亦た其の人情を斟酌し。往ひては克く與へ。歸るには克貯へ。諸兄姉に配賦する所の。土產の多からんことを欲し。少か贓ふる所なきにあらずと雖も。吾儕が旅行滯米の日子。僅かに四閱月に過ぎざれば。焉ぞ價値ある土產と配賦し。諸兄姉を裨益すべきの理あらんや。然れども親愛なる諸兄姉が。前途佛教の爲め。彼の幸福なる。榮光なる。愉快なる。宗教大會に向つて。一大希望を囑し。對外運動の着手始めとして。派遣せしめたる精意に對し報答せずして可ならんや。

此れに依て。吾儕は吾儕が知識思想の及ぶ的觀見と以て。認知したる宗教界の前途。社會の景狀。佛教西漸の機運。海外傳道の方策等少か記して以て。諸兄姉の希望と補はんと欲す。

雖然。人を識るも。事を認むるも。總べて己れの知識思想の程度を踰へざるものなれば。吾儕は吾儕の能力知識の程度を以て。認知したるものにして。之を以て卓眼卓識確乎不拔の觀察とは爲す可らず。唯吾儕は吾儕の觀察したる意見を報じて。諸兄子の參考に供し。諸兄子が吾儕に寄せたる。厚意に謝せんと欲する而已。吾儕が親愛なる諸兄姉幸ひに諒せよ。

附記す。吾儕昨年八月四日。横濱を解纜してより。二三回の報道を爲せし以來。斷然通信を中止し。大ひに諸子の怪しむ所となりしも。吾儕は唯その虛影を捉へ。空言に喧ぐの誤聞訛傳なきやを怖れ。濫りに通信の筆を下すことを中止したり。況んや宗教大會の顚末を報ずるに至りては。特に確實ならんことを欲し。ゼ、デイリー、インター、オーシヤン。ジー、シカゴ、レリー・トリビユン、の二新聞は。職として之を報ずることを務めたれば。吾儕は開會の始より。閉會の終に至るまで。此の二新聞を以て報道に代へたり。即ち國教第廿七号以降。譯述掲載しつゝあれり。然れども是れ亦た世界宗教者が。自己信奉の宗教を擴張せんが爲め。十七日間の會議中に在りて。交る〴〵朗讀演述したる。其大意を筆錄報道せしものなれば。或ひは宗教家としては。參考の材料。研究の一端ともなるべき。價値なきにはあらざるも。普通一般の人々に在りては。所謂彼の閣龍大博覧會に。文庫。文臺。硯箱。膳椀等の漆器類。又は振袖。直垂など出品陳列せし如く。巧妙珍奇。一見眼を喜ばしめ。美術品としては。歐米人も之を賞賛すと雖も。工藝上需用の物品としては。更に購求の必要なきが如く。數千頁の大會筆記として。盡く譯述報道せば。一讀諸子を喜ばしむべき價値なきにはあらざるも。或は其必要を缺ぐの感なき克はざれば。吾儕は諸家の演説中。選擇省略して其要論のある所を撮むで。本誌に抄錄することとし。可成的裨益ある價値ある土産の多からんことを欲したり。特に宗教大會に付ては。釋宗演師の萬國宗教大會一覽の著あり。松山緑陰氏の萬國宗教大會議の著あり。大原嘉吉氏の萬國宗教大會議演説集の譯述あり。又吾儕の宗教大會報道の演説は。諸新聞雜誌に登錄せられ。今更に宗教大會の景況。諸大家の演説等。譯述すべき必用もなければ。吾儕特に其勞を費さずと雖も。此等の著書を諸兄に紹介せば足りぬべし。又完全なる宗教大會の編纂に至つては。未た到來せざれば。追て本書到來點撿の上。若し其必用を認ることあらば。そのときを待て譯述するも。更に遲しとはせざるべし。依之吾儕は之れより吾儕の滯米中。探撿觀察したる意見を筆して諸兄に報道し。諸兄の一讀を煩はさんと欲す。然して其報道を分つて二項と爲し。其一を革命大觀とし。其二を滯米漫錄とす。其一は精神界宗教の現狀。革命の眞相より。社會の現況。十九世紀の大勢氣運に至る迄。吾儕の及ぶ的觀察を以て。探撿したる條項を揭げ。其二は滯米中見聞したる。百般の事實を筆錄し。諸兄姉の參考に供せんと欲す。請ふ探撿の粗漏なるを咎むる勿れ。

革命大観

吾儕眼を放つて。世界大博覧會の景狀より。萬國宗教大會の眞相に至る迄。吾儕の及ぶ的察觀力を揮つて。探撿注目すれば。十九世紀物質的文明の大潮流は。滔々として全地球の表に汎濫し。拜金宗となり。華奢軟弱の弊となり。貧富の懸隔となり。彼我の競爭となり。懷疑的不信となり。心意の不穩となり。蕩々たる社會盡く不調和。不平等となり。制度。法律。文學。宗教一として調和の策を講じ克はず。救濟の術と施し克はず。十六世紀の精神界の革命。宗教の改革も。今や歐米の天地を制定し克はず。社會萬般の現象は。進んで二十世紀の曉を俟つて。世界宗教統一の一大革命を演せんとし。十八世紀佛國革命の趨勢は。普く歐米の天地を震盪し。政治。制度。文學。法律。悉く之に由りて革命し。進んで十九世紀物質界の革命となり。尚は進んで二十世紀の社會に入りては。東西両洋人類の革命をも試みんとするものは。歐米現時の景況なり。之を要するに十六世紀精神界の革命は。宗教の羈絆を解脱して。政教の區劃を判斷し。宗教の妄想を喝破して。政權の發達を許り。大ひに社會を進めたりと雖も。其裏面には却つて眞正なる宗教の信仰力を破却し。改革又改革。遂に其底止する所を識らず。斯の如きの宗教。奈ぞ社會を制定支配すべきの宗教たるを得んや。之れ即歐米宗教界に革命の氣運逼迫したる所以なり。又十八世紀社會の革命は。貴族的段階を破りて。人間平等の大權を伸暢し。大ひに個人的の自由と開發したりと雖も。その裏面には却つて國家的觀念をして薄弱ならしめ。傲慢華奢の弊となり。懷疑不信の禍となり。心意不穩の害となり。社會も亦た革命せざる可らざる機運とはなれり。又十九世紀物質界の革命は。大ひに供給の自由を與へて。社會を裨益する所ありと雖も。その裏面には却つて道德界を壞亂し。貧富の懸隔となり。金銀の崇拜となり。彼我の競爭となり。之れ亦た革命せざる可らざる機運とはなれり。果して然れば。二十世紀の活劇場は。斯の如く。三大革命の機運。交もく輻輳し。逼迫して。地球全土を搖動し。或ひは人類の一大革命を演出するやも知るべからず。然り而して此の革命機運を調和し。生命福祉を與へて。平和的安全の樂土を拓かしめ。社會の制裁を補けて。人類完全の域に進ましめ。以て平等的幸福の時代を造らしむるものは。特に精神界宗教の革命に結歸せざるべからず。果して然らば。歐米二十世紀の革命を總合して。革命の中心となるものは。宗教的精神界の革命なり。東西両洋調和の中心となりて。社會を平定統合するものも。亦た宗教的精神界の革命なり。今や二十世紀精神界革命軍の大元帥となりて。世界幾多の諸宗教を制定し。宗教平和の時代を迎ふるの宗教は。夫れ何れの宗教にかある。普ねく社命を統合して。世界人類平和の時代を造らしむべき宗教は。夫れ何れの宗教にかある。之れ吾儕が革命大觀の冒頭を掲げて。諸兄姉に質さんと欲する所なり。

惟みるに。我東洋は保護の時代既に去りて。開國の時代將に來らんとす。然り而して社會の大勢氣運は。遷轉變化。宗教界の革命と訟へ。二十世紀の陣頭には。精神界革命軍の旗を翻し。席巻して戰鬪を試みんと欲す。何ぞ優遊閑日月を貪り。一宗一派の間に躅跡して。閱牆の諍ひを嗜むべきの時ならんや。綾羅金繡を身に裝ひ。高閣深屋の裡に安臥して。門閥貴族の風を學ぶべきの時ならんや。依之吾儕は即ち之れより佛教界の一大準備を計り。內ち建國の策を講じ。外か開國の運に臨み。諸兄と倶に手を携へ。肅々として二十世紀の革命軍に向はんと欲するは。吾儕が切に諸兄姉に希望する所なり。請ふ之れより吾儕が觀察したる。萬國宗教大會の現況及び眞相より。社會の大勢氣運に至る迄。細大認めたる所を筆錄し。吾儕の意見を開陳して諸兄姉の高慮を煩はさんと欲するなり。

萬國宗教大會とは何ぞや

萬國宗教大會は。西歷一千八百九十三年。即ち我明治廿六年九月十一日を以て。北米共和聯邦中。工商業の新都府たる。市俄高の美術舘(アートパレス)に於て開設せられたり。凡そ閣龍世界大博覽會に附屬して。開會したる諸種の大會は。婦人會。新聞雜誌會。醫學會。禁酒會。道德的社會的改良會。音樂會。文學會。教育會。機械會。技術建築會。政法會。雜部會。科學及哲學會。勞働會。宗教會。日曜安息會。衛生會。農業會等の十九會をも開會したりと雖も。特り諸大會の中に。鏘然として卓拔秀絕し。社會の燈臺となり。人類の明星となり。人世の羅針盤となり。德義の保護者となり。精神の生命力となり。現社會に向つて赫灼たる光榮を輝し。將來社會に向つて。偉大の希望を惹起せしめ。尤も廣大なる規模を有し。尤も有力なる聲價を博し。彼の世界博覽會に對映して。燦爛たる眞理の威光を宣揚し。審美の風光を放たしめたるものは。萬國宗教大會なりとす。

然り而して。本會が彼の世界大博覽會に對映して。殊に社會の耳目を開導し。社會の希望を惹起し。諸大會の上に卓然秀拔したるは。之れ何等の理由ありて然るものなる乎。抑も亦た本會は。如何なる因由を以て起りしか。如何なる因緣に由りて斯の如き結果を驗せしかを考究するは。尤も吾儕の一考に值ひするものなりとす。吾儕曩きに宗教大會中に在りて。某學士の語るを聞くに。『中古十六世紀の頃。或一國の君主が。萬國の諸宗教を會同して。比較的に諸教の眞理を討究し。世界宗教統合の策を講ぜんとを企圖せしも。時期未だ熟せずして。其言水泡に歸したり』と。蓋し學士の言。或ひは此宗教大會が。歐州人の思想中に湧起したるとは。遠く十六世紀の古へに淵源せるものと爲せるが如し。夫れ然り。學士の言。果して信なりや否やは。遽に証明すべからずと雖も。又豈に世人の批判するが如き。只米國人の好奇心より。此大會を開設したりと云ふ樣なる。淡薄輕匆なる事には非るべし。凡そ歐米近世紀社會の現象。其由來する所を遡原すれば。吾儕は彼歷史の上に在りて。近世紀初代の人民が。想像希望せし。左の四大思想を以て。之れが淵源由來する所なりと言はんと欲するなり。

一國家の基礎を鞏固ならしむる事
一發明の希望を振起せしむる事
一人類及萬有に對して學術的の視察を爲す事
一智力上良心上の自由を得る事

歐州近世紀文明進步の發達は。悉く此四大思想が現實となりて。活劇塲裡に講究せられたるとは。歷史上。事實上。歷々として顯著なるものなれば。吾儕曩きに吾邦人士に對つて。宗敎大會の報道をなせしとき。歐米社會の觀察を報じて。歐米文化の發達は。客觀的に發達したるものなりと斷定し。然して其客觀的開發の進路は。級一級より登り。步一步より進み。第十六世紀の宗敎的改革となり。第十八世紀の社會的革命となり。第十九世紀の物質的革命となり。未だ以て完全の域に臻達する克はず。社會は競爭衝突。危機逼迫し。終に客觀的發達の一方には。社會の不平等。不完全を訟へ。社會的。物質的進步の裡面には。精神界の開發應同を促し。二十世紀の曉頭には。將に精神界宗敎の一大革命を喚起せんとする機運を招ぎ。今于斯第十九世紀の結幕を告げ。二十世紀の序幕を開き。精神界平和的革命軍の大序を演じたるものは。萬國宗敎大會なりと云ふとを。吾儕は歷史の上に。事實の上に。認めて以て報道したり。

（余が宗敎大會報道の發刊あり參考すべし）

吾儕斯の如く歷史的に觀察し來れば。歐州人の思想が。漸時進んで宗敎的觀察。宗敎的自由。宗敎的勢力。宗敎的統合の一大活識を看破し。現時米國人の新思想。新智識を驅りて。萬國宗敎大會となりて。社會に發現し。精神界革命の宣言を表白するに至る迄には。展轉變化。其由來淵源する所。決して短日月の事にはあらざるべし。夫れ然り。歐州近世紀初代の思想が。漸く發達して。宗敎的自由の觀念を發起せしと彼が如く。宗敎的統合の大計を希望すると彼が如く。實に六百年の星霜を積み。社會の進步開發に從ひ。漸く機運の到る處となり。米人の豪毅濶大なる。社會的。自由的思想を驅りて。閣龍新世界發見四百年紀念祭世界大博覽會と倶に。北米共和聯邦の美紫巖湖畔に顯れ。十九世紀の歲晚。二十世紀の曉頭に立ち。社會人類平和の策を講じ。世界宗敎統合調和の大計を揚言したるものは。萬國宗教大會なれば。本會が閣龍世界大博覧會に對して。社會の耳目を集め。社會の希望を惹き。社會の勢力を持ち。社會の聲價を博したる。亦た故なきにはあらざるなり。

然り而して此宗教大會が。機運時到りて開會の曉きに達したりと雖ども。彼社會的。自由的米國人の博大なる思想を以てせずんば。到底開會の運には到らざるべし。此全地球上。北米合衆國を除ひては。他更に其適當の地はあらざるべし。諸君請ふ試みに思へ。若し此宗教大會を。英京倫敦に開くと計劃せんか。英國の監督教會は激烈に反對すべし。若し此宗教大會を。佛京巴里に開くと計畫せんか。佛國天主教徒は痛く反對すべし。若し此宗教大會を露京聖彼得斯堡に開くと計畫せんか。露國の希臘教徒は擧つて反對すべし。夫れ斯の如く。國民多數の感情が許さゞる反對の地にありては。如何に熱心なる發企人等ありと雖も。必ず目的を達すると克はざるべし。是れ事の如何ともす可らざる所なり。然れば世界は廣し。萬國は多しと雖も。北米合衆國を除ひては。宗教大會を開くべき。別に適當の地はなかるべし。嗚呼地は是れ新世界の新開國。人は是れ自由と平和とを重んじ。時は是れ世界大博覧會開設に際せり。而して其發企人等は。平等に各宗教の眞理を敬し。公平に各宗教の教義を比較し。以て博愛。平和。進歩の一大泉源を開かんとと宣言せり。是れを以て其招聘狀に接したる、世界各國の賢明なる宗教家が。十中の八九は是れ齊聲に此擧を賛成し。支那の頑固なるも。其儒教の代表者を送り。婆羅門教の僻陋なるも。其代表者を送り。回々教の傲慢なるも。亦た其代表者を送るに至れり。是れ社會の機運が既に于斯至らしめたりとは云へ。畢竟新世界の新自由國たる。北米共和國々民の援助に依らざるを得ず。又十九世界の大勢機運を集聚したる。コロンバス世界大博覧會の幇助に依らざるを得ざるとなれば。吾儕は米國々民に對しては。此宗教大會開設の幸福を謝せざる可らざる所なり。

然れども亦た或一方には。十分なる反對を表したるものなしとも謂ふ可らず已に米國の天主教。基督教等諸教會の中よりは。種々の苦情を訴へ。紛議百出し。又之れより一層有力なる反對を唱へたるものを擧れば。即ち土耳其皇帝は。勅令を以て其國教に屬する僧侶信者の此の宗教大會に出席すべからざる旨を告諭し。英國の國立教會カンタ－バリ－の大僧正は。此大會に出席するもの丶性質不定なると。宗教の眞理は諸宗教の大會を以て敢て議決すべきものに非ずと云ふ。二個の理由を以て口實として。斷然招聘を拒絕したり。然れども吾儕は斯る反對者のあるを怪しとはせず。寧ろ反對者の多らざるとを怪むなり。

此の如く宗教大會は。內外多少の反對ありたるにも係らず。該會の委員長バーロース氏等は。千難を排し。萬艱を除き。既に二星霜の久しき。孜々として鞅掌し。終ひに豫期の如く。愈々九月十一日を以て開會の曉に達し。各國各教の代表者を一堂の上に集めて。諸教の眞理を講究せしむべき光榮を迎へたるは。偏に委員長及び發起諸氏の刻苦勉勵せし功勞に出でたるものなれば。吾儕は佛教の爲め。社會の爲め。委員長諸氏に對し。深く感謝せざる可らざる所なり。（未完）

日蓮宗教義大意

左の篇は社友にして當時日蓮宗檀林（福岡縣生葉郡流川村に在り）に入れる森江政喜君の寄贈せらるゝ所昨年萬國宗教大會の開設に際し該宗々務院が文學士辰巳小次郎其他數氏に托し英譯せしめて以てミシガン湖畔雲來霧集の各國人士に配附したる原文則ち是なり吾人が本欄に此文を揭ぐるは該宗の此擧が間接的對外運動の一新現象と認むれば也

明治二十七年二月二十一日　國教編輯者謹識

故　新居日薩

器傾けば水溢る國家隱かならざれば身安からず。故に法華本門の大教は國土常住を明して衆生本有の果報を示し。先づ生前を安んじて更に沒後を扶けしむ。是を以て宗祖大士の言を建るや。立正安國を以て一宗弘化の實績とす。夫れ國は法に依て昌なり。法は人に依て貴し。然れば即ち國家の盛衰は教法の邪正に由るが故に。須らく正法を弘めて國家の清寧を祈求すべきなり。

所謂正法とは何ぞや。法華本門壽量の妙法蓮華經是なり。衆生本有の妙理を明せる本門と云ひ。壽とは功德なり。量とは詮量なり。此妙理に無量の功德を備へたるとを詮量せる經なるが故に本門壽量の法華經と云ふなり。所謂衆生本有の妙理とは佛知所見の實相にして。即ち一切衆生自爾天然の相貌なる者。唯一法界虛融無差にして。全く十方三世の十界の依正色身を以て一人の身相とし。亦た以て一心の常相とし。永く衆生差別の妄見を亡泯せるものなり。抑も此妙理は竪は三世横は十方世界に亘り。上は日月星辰より。下は山河大地草木瓦礫等に至り。其中に命ある貴賤。貧富。正邪。智愚。老少。男女の人類より。禽獸蟲魚の末に至るまで。凡そ森羅の萬象一も殘さず。皆な我が一身の法界なり。一念の三千なりと通達解了し。我一身と法界の萬象と同一不二にして。都て物我の間に於て一點の隔異なく。我れ即ち物。物即ち我れなる是を法界の大我と云ふ。是と法華に明して我實成佛已來甚大久遠と說けり。

夫れ釋尊歲三十の時初めて此の大我を覺悟し。直に衆生に示ささんと欲し。試に華嚴經を說て其一端を示すと雖も。衆生の狹量なる之を體達する能はず。止むを得ず四十餘年。各修各行各成就の差別の方便を說ひて。衆生の機緣を調熟し。歲七十二にして始めて本懷を暢ぶるとを得て。先づ法華開演第一に唯佛與佛乃能究盡諸法實相と說けり。其諸法實相とは。十界の諸法。眞實の相貌と異にして。三界の依正。十界の諸法。

皆な本有無作の三身如來。常住不滅。一體不二なる相を云ふなり。衆生は諸法に於て異相を見。諸佛は諸法に於て同相を見る。迷悟の見由て諸法に同異相を作すと雖も。法は固より同不同の異なし。而して衆生の見る所の異相は衆生妄見にして法の本理に非ず。但だ佛の見る所の諸法の同相卽ち是れ法の本理。亦た是れ眞實相なることを示して諸法實相と說くなり。仍ほ衆生の了せざるを想ふて。更に此の諸法實相の義を釋尊自ら我れ一身に結攝し示して曰く。今此三界皆是我有其中衆生悉是吾子なりと。夫れ山河大地千草萬木皆な我一身なるが故に。三界は皆な是れ我有なりと云ひ。又た十界の衆生は皆な我影像塵形にして。都て我一身の分身散體ならざるなきの理を示して。其中衆生悉是我子と說けるなり。是の如きの妙理は始めて覺悟上より見る所なるが故に今此三界と云ふ今の一字は昨迷今悟の分界を示したるものなり。故に經に如來如實知見三界之相と云へり。斯の如く知見上より論せば始覺の妙理なれども。其妙理の實體は固より本有常住の本覺。三身如來なることを明して。成佛已來甚大久遠と云ふなり。されば丈六四八の釋尊を認めて之を佛陀なりと云へば。衆生妄見の佛界にして佛の眞實相に非ず。所謂眞實相とは十界三千の依正色身。非情。草木。虛空。塵刹。森羅萬象。皆な我一身なり。一念の三千なりと通達覺悟せる。毘盧遮那遍一切處の本覺三身如來を佛陀の眞實相と云ふなり。釋尊既に是の如し。一切衆生も亦た復た是の如し。釋尊より論せば三界の依正皆な釋尊の一體なり。衆生より論せば衆生所有の三界なり。衆生所有の悉是吾子なるべし。佛と衆生と一體不二の妙體にして。均しく遍一切處の無作三身の覺體ならざるはなし。故に經に心佛及衆生是三無差別と說くは。全く此妙理を示すなり。卽ち上來所說の如く。衆生卽佛身なれば。衆生所住の國土も亦た卽ち諸佛所住の實報の妙土なり。決して衆生所住の三界の外に諸佛所住の妙土あるにあらず。故に經に我常在此娑婆世界と云ひ。常在靈鷲山と云ひ。今此三界皆是我有と云ひ。如來如實知見三界之相と云へり。是れ娑婆卽寂光を明せるなり。一の三界娑婆なれども衆生より是を見れば三界無安猶如火宅と說き。佛より之を論せば寂然閑居安處林野と演べ。又た大火所燒時の衆生の三界なれども。佛に於ては我此土安穩天人常住滿と云へり。されば均しく三界にして佛陀衆生の所見を異にするのみ。所居の三界に於て二あるにあらず。今彼の灞橋風雪の如き。詩人に於ては無盡の雅興あれども。俗客には多少の艱難なるべし。一人の風雪にして感覺を異にす。知見一たび開けば。三界の實相卽常住の妙土を見るを得ん。故に經に曰く『若善男子善女人聞我說。壽命長遠深心信解。則見佛常在耆闍崛山。又見此娑婆世界。其他瑠璃坦然平正。閻浮檀金以界八道。寶樹行列諸樓臺現。皆悉寶成。其菩薩衆咸處其中』と說けり。是れ娑婆國土に於て。佛土の圓妙莊嚴を感見するを得るを以て。法華圓聞信解の成績とす。さすれば娑婆妙土の實報を示して。衆生成佛の結果を示し。安心立命の基を立て。一生成佛の本懷を達せしむるを法華の妙宗とす。故に曰く法華本門の大敎は。國土常住を明して衆生本有の果報を示せるなり。　（未完）

雜報

◎大婚二十五年御祝典　大瀛洲裡。幾萬の蒼生。眞に青帝の恩光を謳ふ。三月九日を以て。両陛下御結婚後滿二十五年の大典を執行し賜ふ。御費用一日凡そ八十萬。全國八十歲以上の老男老女は。御祝典の恩波に浴して其盛德に感泣せんとす。嗚呼我悠遠なる皇室未曾有の大典。四恩の厲行者たる我佛徒。誠心實意此一大慶事を奉祝し。兩陛下の天長地久を懇禱す可し。

◎世界に於ける佛陀伽耶恢復の勢燄

現世紀統一的新佛教理想發動の一大現象として。教祖崇奉の大觀念に基き。南北佛教合同の一大連鎖として。分裂睽離の東洋佛教徒を一團となし。萬國佛教傳道の根本道場を釋尊正覺の靈蹟に打ち建てんとするの大抱負を有せるものは。印度の大菩提會なりとす。今該會が如何に廣く全世界に其勢燄を張りつゝあるかは。之を左表に徵せよ。(反省雜誌の外報に依る)

名譽會頭　西藏大ラマ、ロザング、サブダン、グヤチヨ
會長　錫蘭マハスダヴイラ、ブラダナ、ナカヤ、スマンガラ
副會長　緬甸マンダレー、タサナバイング
同　日本東京、釋雲照
同　支那北京ウンホウクン寺、ファンタン
同　錫蘭ヴアスカドウ、スヴチ
同　ヴエガマ、スリ、スマンガラ
會幹兼顧問長　陸軍大佐ヘンリー、スチール、オルコット
總書記　エッチ、ダンマパーラ
司法顧問　高等法院狀師技藝博士法學得業生ナンダ、キシヨウ、ロール
舊事顧問　東加拿太ゼー、デー、メリック、ベグラー
委員　英國倫敦アルベマール街廿二番巴里テックストソサイチー會長博士チー、ダブリユー、リス、ダヴイット
英國　倫敦東部ムーアゲート街廿六番ゼー、エム、バーソン
暹羅　盤谷皇太子チヤンドラダット、チユダター殿下
日本　東京芝公園印度佛蹟興復會書記堀內靜宇
同　京都寺町通四條下ル淨教寺佛蹟事務取扱所書記
錫蘭　コロンボ、マリバン街六十一番大菩提會副書記ジー、ビー、ウイーラセキラ
同　カンデー佛教高等學校總長文學得業生デー、ビー、ジヤビラカ
新嘉坡　暹羅公會員タン、テク、スーン
北緬甸　マンダレー領事、裁判所高等書記官モング、バウ、ソウ
瑞典　ストックホルム東部リンチガタン、廿七番ジヨチス、アルグレン
緬甸　ラングーン領事館街五番大菩提會書記モング、ボウ、ソウ
北緬甸　サガイング、特別副領事官モング、ベイ
同　サイエトミヨー、ユウバサカ會々長モング、ボ、キン

同　アランミウ、佛教同盟會長モング、サ、ギユイ

同　アキヤツプ、アラカン大菩提會書記狀師チヤン、ドウン、アオンク

同　法學得業生兼文學得業生トウン、チヤンコーング、ラ、プルー

同　チタゴン ローザン、佛教扶助會書記クリシユナ、チヤンドラ、チヤウドリコウ

印度　ダー、ヂリング、大菩提會書記ライ、バハダー、通譯長ラマ、ウギエングヤシヨ

同　カルカツタ、チヤンバタラー街五十一番カルカツタ大菩提會書記

米國　合衆國サンタ、クローヅ佛光新聞主筆フヒランジ、ダーサ

同　紐育ブロードウエイ四百六十六番チヤレス、テー、ストラウス

佛國　セイテオス、アンヂリー、パーモントモーレンシー、ブロバガンデブーヂク書記バロン、ハーデー、ヒツケー

印度大菩提會總書記ダンマパーラ氏。昨年東都深川に於て我邦佛教徒に向ひ。佛蹟を回復するは「佛教徒の義務」なるを演ず中に謂へるあり『佛教は死滅する宗教に非ず。日本の佛教は活潑に運動しつゝあり。然るに佛の靈跡を佛教徒自らの手に於て掃除するを得ず。又之が恢復の策を講ずるなくんば。何の面目ありてか佛教徒と云はれん。何の面目ありてか世界に對せん。今日日本の狀態を見るに政事家。法律家等各々外國に行き。大學に入り勉强したる者は。國に歸りては。其道を以て國に對するの義務を盡くしつゝあり。佛教徒にして佛陀に對するの義務を忘れ。佛蹟を度外視して。曾つて國民に對して忸怩の念なき乎。世界の四大宗教中。耶蘇教徒はゼルサレムの舊跡を大切に保護し。マホメツト教徒はメツカの舊跡に。婆羅門徒はブーリーの舊跡に。斷へず參詣をなしつゝあり。已に三大教徒にして。如此なるにも拘らず。佛教徒にして佛陀伽耶の靈跡を他教徒の手に任せて恢復策を講ぜず。恬然耻づる色なきは如何。是の如くにして猶ほ佛教徒と云ふを得べきか』と。我邦佛蹟恢復の唱道者。世界に於ける此勢燄と共に。ダ氏の此言を活動せしめ。該運動に對する冷淡者流を警覺せざる可からず。

◉佛京巴里に於ける眞言宗の法會

萬國宗教大會より凱旋の餘勇を鼓し。太西洋を横斷して歐州大陸巡見の途に上りし。眞言宗の大僧正土宜法龍師は。昨年十一月十三日。巴里巍米博物館長ギメー氏の發起にて。眞言宗の法樂を同館の中央堂。五佛。五菩薩。五大明王。四天王等を安置する寶前に於て擧行したる由なるが。殿内は散華。盛花。立花壇前に供せられ。香。燈。飯。菓は壇上に堆く。幢幡。帳

幔は種々に飾られ。秘密壇の略式に於ては。眞に莊嚴を極め。午前十時土宜師は作相の儀式を相圖として。正服を着せし館員両名に誘はれ。式場に進み。豫て定めの順序に從ひ。都合十九通の儀式を執行して散會したる由。當日隨喜臨席したる人々は曾根全權公使代理一等書記官加藤恒忠。侯爵細川護成。文學士上田萬年等諸氏十餘名の日本人に。佛國大統領代理秘書官某。大藏大臣ポールペートラル。前文部大臣レチン、ブルジョアー。前工部大臣イブギコー。激進黨総理クレマンソー。海軍中將ブーギコ夫人。貴族アント、シホコール氏夫婦。勳賞局長ゼチラルブヘブエリ。太西洋郵船會社長ウー、ゼーヌペレール。巴里府廳長官アメデー、ムナン。佛蘭西大學教授ゼームス、ダルメス、テテール。國會議員モーリスシピール。同マルモタン。同エナール。同アンリーブッセー。同ソットン。經濟學者佛蘭西大學教授ルバッスール。國會議員ジコル、チロニシコ。瑞典諸威國全權公使ジコー氏夫婦及び令孃。文科大學教授アメリノー。文部省美術局長チルージョン。鑛山學校長アットン、ドーラグーピエル。東洋學校教授ドロニー。同レオンプヘール。殖民學校長エモニエ。學士會員ジユラホア氏夫婦。同ベルドロー。同バスツール。佛蘭西大學教授ドランブール等の諸氏を始め新聞記者。學士等無慮二百二十餘名は外國人なりしと。小泉了諦。善連法彥の眞宗二青年が。去る明治二十四年二月二十一日。該館に於て眞宗の報恩講と執行せるや。名聲嘖々巴里の全都に鳴り渡りしに。今や眞言宗の土宜師再び此館に於て。眞言秘密の行儀を修す。想ふに新思奇想燎原の火の如き羅甸民族が。其影響を蒙りて對佛教的感情の熱度を高むる。必ずや吾人豫想の外に出るものあらん。傳燈。密嚴の二誌が愉々快々の色を洩らし。反省雜誌が巴黎に於ける第二回の佛光と叫ぶ。決して誇大にあらず。嗚呼佛國開教の唱道者默雷上人。果して其最初の眞精神を失はずんば。土宜師の此快擧に對し。一鞭長驅佛京を衝き。法雷法雨全歐に灑がんと慣慨せざらんや。

土宜師の記草にかゝる當日の告示文（佛文に譯して參詣人に配附せしもの）及び師が朗讀せし表白文は實に左の如し

佛國巴里麴米博物館御法樂執行に付告示

佛教は元より一味なり。故に其体は差別あるものにあらず然れ共衆生の多き。機根に隨ひ。化導の方自ら差別あり。此を以て。佛世尊の說に大乘小乘の別あり。而して現今其大乘を傳ふるを北方佛教と云ひ。其小乘を傳ふるを南方佛教と云ふ。卽ち南方とは。暹羅。緬甸。錫蘭。及び其他亞細亞洲內南方の各地を指し。北方とは西藏。支那。日本及び其他同洲內北方にある地方と指す。但し如是の區分を爲すも眞理に達すれば全く一味平等なり。

南方の傳は且らく置き。北方大乘に於て亦二種あり。曰く顯教なり。曰く密教なり。而して余が奉ずる眞言宗は即ち密教なり。

眞言宗は原と印度に於て開かれしも。支那に傳り。日本へは聖空海即ち弘法大師。延暦年中に國王の命を受け。支那に渡り聖惠果より傳はりし宗にて。日本京都東寺を一宗の本山とし。末寺壹萬貳千僧侶壹萬餘を有せり。即ち此室に安ずる五如來及び五大明王。五菩薩は東寺講堂の諸尊を縮めて摸せしなり。

眞言宗の法儀に廣式略式あり。而して此廣略二式に於ても亦種々に別る。今此に執行するは。即ち略式中の略式なり。何となれば道場の体裁未だ全く整はず。法器。法具亦た缺げたり。況んや一人の僧にして。之を執行するに於てをや。夫れ佛教の行はるゝや。緣なくんば止む。緣あれば必ず到る處に種子を植ゆるは佛者の本願なり。今此に眞言宗の法儀を行ふ亦此意に外ならず。是れ余が此の御法樂を來詣の諸君に拜せしめ。即ち諸君の淸淨なる心田に佛種子を植へんと欲する所以なり。

諸惡莫作　衆善奉行　自淨其意　是諸佛教

西暦千八百九十三年十一月十三日
日本明治二十六年十一月十三日
大日本國眞言宗沙門土宜法龍
佛國巍米博物館にて識るす

御法樂次第

第一作相打鐘八下　第二入堂　第三普禮（如來妙色身。世間無與等。無比不思議。是故今敬禮）「燒香一禮」　第四着座　第五護身（淨三業。三部三摩耶。被甲）　第六灑淨　第七加指供物　第八驚覺（振鈴して諸衆を驚覺す）　第九伽陀（四智梵語）　第十散花（願此香花雲。遍滿十方界供養一切佛。化佛幷菩薩「金剛頂經文」　第十一對場（南無法界道場三密教主護國遮那尊）　第十二表白（次項にあり）　第十三誦經（理趣經百字偈）　第十四祖師寶號（南無大師遍照金剛三度）　第十五伽陀（四智漢語）　第十六回向方便（祈願文如常）　第十七奉送（奉送の偈を唱へ普禮を作す）　第十八護身　第十九出堂

表白文

謹しみ敬で三世常住淨妙法身。摩訶ヒルサナ如來及び盡空法界の諸大佛陀。諸大菩薩。明王天衆影の諸聖衆に白して曰く。

夫れ法性は無相なり故に凡夫の思議を絶す。然りと雖も絶思議の法性獨り朗然たるものにあらずして必ず緣起の相を起す。而して其緣起するや。必ず思議の作業に因る。是れ誠に無相法中所作の事業ある所以なり。爰に本日南閻浮提歐羅巴洲佛蘭西國巴里都ミゼー、ギメー館に於て。金剛乘の佛子法龍恭しく館長及び館員諸君の催に乘じ。以て六種の供具を陳じ乃ち三密の秘法を擎ぐ。

惟んみるに當館中央堂の大日如來。阿閦如來。寳生如來。阿彌陀如來。不空成就如來を始め。五大菩薩。五大明王及び梵天。帝釋。四大天王の尊像は。原と我が日本國承和十四年淳和天皇より聖空海即ち我が弘法大師に請ひ以て彫刻せられしものにて。現今京都東寺講堂に安置すると。明治十年當館長ギメーが日本田中某をして。縮めて摸像せしめて以て此こに安置するものなり。法性は不可思議なり順逆俱に度す。惟々因緣なきを遺憾とす。經に曰く一たび南無佛

と唱ふるも皆な悉く佛道を成すと。況んや已に此の勝因縁ある之を如何ぞ歡喜し讃歎し以て奬諭せざるを得ん。夫れ巴里の麗都の建築は眞に佉字雜彩の莊嚴を交へ。セイヌ白河の流派は誠に鏡宇無垢の氷相を漲らす。是れ併しながら文物の隆盛。開明の應果にあらざるはなし。然らば則ち來影の佛陀。菩薩。明王天等。此六種の供具と倶に尙くは饗け。以て鎮しなへに愛護を垂れ玉へ敬で白す。

西都に於ける八淵蟠龍師の光燄

普通の宗敎的眼光より望めば。西京は日本佛敎の中心なるべし。特異の理想的觀察より眺むれば。京都は實に舊佛敎腐敗の泉源なり。苟も革新的佛敎の先鋒たらん者は。全國震憾的の大運動をなすと同時に。雷吼電擊。此腐敗の泉源を掃蕩せざる可らず。方今佛界の大鐵柱たる八淵師は。昨年十一月萬國宗敎大會よりの歸途。先づ東京に於て其九州偉人流の大光燄を耀かし。始めて滿都の人士をして其中原的人物の資性を看取せしめ。辛苦經營。靜に大勢駕馭の端緒を整へ。十二月十六日の夜。革新の餘勇に鞭ち。單身長驅風雪を衝ひて西都に進擊せり。師が洛陽の舊都に於ける光燄。果して跼內。鎖國の暗雲を照破せしや。或は暗雲に捲き殺されしやは。以下の數頁を炬眼讀破せよ。

◎本派大法主猊下の親言　眞宗本願寺派勸學社會中。鷄群の獨鶴と目せられたる。博學精識。豪宕卓犖の阿滿得聞師が。一身萬軍に當りて勵聲叱陀せしの結果は。千秋不動の鐵柵も遂に亂軍の中に破れ。派內の迷想者。怯懦漢が。彼は三業安心の骨張者なり。彼は本願寺派內の亂臣賊子なり。彼は大法主樣の御心を惱まし給ふ反逆黨の大將なり等と。躍起狂呼。頻りに毒氣烈しき迫害の流矢を射込んだる。僞忠臣の諂淚も結局何の功を奏せず。積年の迷雲惑霧は難なく公明の光に消へ失せ。畏くも眞宗本派大法主猊下大谷光尊師は。一月十四日午前迫害の流矢と集れる蝟の如き八淵師に面謁を賜ひ。今回師が一個人の資格を以て。米國市俄高宗敎大會に臨席し。眞宗の面目を大會塲裡に轟かし。無事歸朝したる雄動偉績を慰諭せられ。實に左の如き優渥なる親言を給はりたり。

其許儀先般來遙ニ米國ヘ渡航シ。萬國宗教大會ニ出席致サレ。佛教ノ爲メ盡力シ。彼方ニ在リテモ大ニ好都合ニテアリシ由承リ。其上無事歸朝セラレタル段。此方ニ於テモ大慶ニ存ズ。尙ホ委細ノ話ヲ聞度ケレモ。何分祖師忌中勤モセワシケレバ。其内執行共ヨリ繰合ヲ以テ承ルニ付。執行迄謂ヒ向ケ置ク樣ニセヲレヨ。

而して袈裟衣地一反と扇子一對を賞與として賜ふ

◉本派の宿老執行八淵師の談話を聞く　又た同日午後大法主猊下の謁見終りし後ち。同派の樞密院顧問官たる宿老。內閣大臣たる執行諸師は。大法主の高命に奉答せんが爲め。八淵師を別間に延ひてシカゴの事情を聞けり。諸師とは誰々なるぞ。曰く深沈なる執行小田佛乘師。曰く謹厚なる大臣水原慈恩師。曰く濶達なる宿老利井明朗師。曰く温和なる顧問赤松連城師。外二三名の錚々たる役僧是なり。既にして座は整へり。威は正ふされたり。滿座の視線は一種不可思議の點に集注せり。八淵師は謹んで自己が宗敎大會に出席したるの理由。宗敎大會の摸樣。海外傳道の意見等と。凡そ一時間程縷述したり。寂然寥乎の中に談話は終れり。是を聞き取りたる宿老執行諸師。絕對的大面目の鼻。昂然として比叡山頭を衝きしや否や。

◉知恩院千疊敷の大演說　九州佛敎俱樂部員なる菅原苔巖。木山定生。志賀哲太郞。吉津知夫諸氏の勇銳なる發起にて。萬國宗敎大會の臨席者八淵師。及び單身支那四百餘州の探撿者中嶋裁之氏（縣下八代郡鏡町の佛敎青年にして西本願寺文學寮の卒業者）の歡迎會として。一月七日洛東知恩院千疊敷に於て。佛敎大演說會を開きしに。聽衆は千疊敷七分にて。僧侶は至つて少く。十の七八は諸學校生徒を以て滿たす。第一に八淵師は反對迫害の重圍を破りて。萬國宗敎大會に出席したる意志。經歷を滔々演じ來り。進んで宗敎大會の實況を活畫的に報道し去りて。滿場の聽衆を醉はせしめ。次に中嶋氏は强健の軀幹。魁偉の風采。熱烈の聲音。眞個冒險的青年佛徒滿腔の感慨を鼓し來り。或は上海三井物產會社の石炭番人となり。或は賣藥行商となり。或は聾者と目せられ罪人と見做され。或は山賊の厄難に罹り。或は深夜トンヤンレン（東洋鬼）と宿主に嫌はれ逐ひ出されて終夜雨水の中に立ち。或は豕小屋に寢ね。或は粟粥。薩摩芋。糒を食ふて長途の飢を凌ぎ。反省記者の所謂『友なく金なく百三十万方哩の山川を三寸の芒鞋に蹈却し。短亭長亭迢々の路。行き盡す二万清里の行程。十九省四百餘州の中剩す所は僅に雲南。貴州。廣西の三省に過ぎず。風餐宿露の間に辛酸具さに嘗めて將來の事業の爲に產業。宗敎。政治。風俗を見たる』てう。萬里獨行的支那探撿の活歷を一時間餘演說し。支那開敎の感動を滿場に起さしめ。猶ほ次に八淵師再び演壇に上り。物質的文明偏傾の進步は。其極破壞に至るべし。此時に至て之を救ふは。人類の精神を支配する無究の宗敎を以てするにありとの意味を演說し。洛城數千の青年學生に遠征的佛敎の氣燄。革新的佛敎の大光を與へて。二氏西京に於ける九州有志の歡迎會萬歲聲裡に閉會す。

◉中村樓及び伏見の演說　一月十二日洛東中村樓上。京都佛教有志の懇親會あり。集る者一百餘名。八淵師も出席して平素の持論を說けり。十七日には伏見なる阿滿得聞師の發起にて各宗の有志を集め。八淵師を招聘して。師の演說を聽けり。其感化と與へたる薄からざるべし。

◉文學寮講堂の大演說　一月十八日文學寮長武田篤初師。八淵師を招ひで一場の演說を乞ふ。於是乎八淵師は文學寮の講堂に立ち。佛界新理想の火の見たる。同寮學生五百餘名に對し。師が特色の雄大にして偉烈なる一場の演說をなせり。同寮青年文學家の手に成れる反省雜誌は『蟠龍談』と題し流滑輕妙の筆中に諷刺。嘲罵。感嘆の趣味を湛へ。批眼犀利。縱横摸寫。最も面白く。八淵師當日の演說を揭ぐ。吾人該記者に感謝の意を表し。全文を左に轉載し。讀者の讚歎を博せん。

西海の怪物と呼び。佛門の井の角と名け。破壞の人なりと稱し。異安心の徒なりと云ふ。彼れ八淵蟠龍師に向て猜み忌み畏れ嫌ふ一派人士の批評は兎にも角。到底師は俗僧一流の凡骨にあらず。師はシカゴ宗教大會の列席より。歸りて先づ東京に光燄を吐き。今西都の西六條にあり。徐ろに後圖を策し淵底の蟄龍沖天の計となすの傍ら。客に接して常に快談す。

十八日本願寺文學寮に於て六條の學生に對し一演說を開けり。師や朴々たる其容風采揚らず。一見傖夫の如し。然れども一たび口を開けば瀏調の快辨。滔々黃河を決するに似たり。說き起して曰く「世界の大勢より。我國の狀態より。我佛教徒の前途程多望なるものはあらず。此多望なる前途は。心は矢竹に逸るも實行の勇氣なく。徒らに過去の幻影を夢みる老僧輩の如何ともすべきにあらず。唯だ滿場諸君の快腕を要す」と。鼓舞一番。進んで世界博覽會の談話に及び。「彼の美紫巖湖畔百萬の壘壁。二十四哩の長都。新世界各種勢力の中心たるシカゴも。伊れ昔し九十五年前には。荊蕀地に滿ち。米人の捨てゝ顧みざりし所に。佛國舊教の一宣教師が。僅に二十五人の移住人と共に開拓に從事せし結果に非ずや」と。說て米國の實見談に及び。「英佛米の三國世界博覽會の比較をなし。龍動の水晶宮。巴里の長尖塔。シカゴの大輪轉機。各々其國の性情を代表せり」と。說き來るの處。着想何ぞ奇なる。更に宗教大會の起りたる所以を說き。基督教變遷の大勢。基督教派守舊の分子が大會出席を拒みたる所以。米國現時の狀態。海外の宣教は。先づ米國より始むべき所以等を詳說し。佛教の列席者が特に厚遇を受けたるものは。全く世界大勢の然らしむる所なるを述べ。『佛教は次世紀に於ける社會的革命。靈聖界革命に就て。尤も重要なる新勢力とし。世界一統宗教の候補者として。耶佛二教の決戰場に現はれざるべからず。而して其佛教は今如何。南方小乘佛教國に見んか。印度は敗殘の亡國なり。緬甸は英の掌中にあり。安南は佛の脚下にあり。暹羅僅かに餘喘を保ちて。這般の宗教大會にも。國王自ら佛教の代表者として出席せんとしたるも。偶ま佛國艦隊盤谷府を封鎖するの事ありて果さゞるが如き果敢なき狀樣なり北方大乘の佛教に見んか。支那の佛教は山中に隱れ。朝鮮の佛教は等外に畁まる。獨り天下の眼光は此日本の佛教に湊るに非ずや。諸君の手は正しくこれ世界の大達者となり。六大洲を動かすの手に非ずや。此好望の時に際し。何事ぞ諸君は畢生猶ほ巡教師の名を羨み。三家村裡の小天地。一軒の門徒を引つ張り合ひ。イヤ組長ジヤ。イヤ本山ジヤと蝸牛角頭の小競り合ひに日を費やす。今日の僧侶を學ばんとするか』と。喝し來りて年少志老の軟骨青年の腸を抉ぐり。激辭夾辯。疾風枯葉を捲き。急霰敗戸を打つの觀あり。一結更に話頭を轉じて。米國に日本人の畁まれたる事を説き。宗教家の出稼民に伴ふは。國家及び宗教の爲に最大必要なるを痛説し。特に布哇亡國の實狀を述べて。今日同國に宗教家を派遣するの効は。遙かに軍艦に勝る所以。及び布哇に於ける同胞は熊本。山口。廣嶋の三縣人にして。悉く眞宗本願寺派の信徒なるに拘らず。未だ傳道師を派遣せず。却て淨土宗開教會社に先鞭を着けられたるとを述べて終れり。

以て文學寮學生感激の一班を察すべし。吾人は此感激の結果が。冥々の裡に六條青年僧侶の長袖緩帶を警醒すべしと信ず。

◉第三高等中學の佛耶両教青年會　曰く東西両派の四校（大谷派京都尋常中學校。高倉大學寮。本派眞宗大學林。文學寮。曰く同志社學院（普通學校。女學校。巴里斯理科大學。政法大學。神學校等）。曰く第三高等中學校。是れ京都に於ける高等學校の三方割據。而して同志社の耶蘇教。及び東西両派の佛教は。壘を對し戈を交へ。第三高等中學の壁内に戰へり。實に同校佛教青年會の後援は東西両派の眞宗的佛教家にして。基督教青年會の保護は同志社の組合教會的耶教家なり。此佛耶二教の青年會は劃然全校を両分し。其宗教競爭の反動としては。奇体なる無宗教的理學宗の一團を校内に形成するに至れりと。偖て又た耶教青年會には。米國の同教徒より學校近傍の地に會堂を建設して。之を寄附せり。新に同校英語教師として來れる米人ゼンス氏は。其二十年前熊本洋學校學生を感化したる傳道的の熱心を以て。同志社の小崎弘道氏等と謀議し。第三高等中學をして熊本洋學校の覆轍を蹈ましめんと盡瘁し。之を補佐するにゼ氏の舊門下生。多年獨逸留學のカドリック（舊教）熱信者。同校教員吉田作彌氏（熊本京町の人）の嚴粛なる訓練を以てし。會員少しと雖も。其潜勢力に至つては。實に恐るべきものあり。佛教青年會には同校の教員服部卯之吉氏。隱然主領となり。僧侶出身の學生專ら其衝面に立ち。現今會員殆んど百三十名餘。毎月講演に臨んで會員教化の任に方る人々は。赤松連城。齋藤聞精。嶋地默雷。澤柳政太郎（大谷派尋常中學校長）。德永滿之。江村秀山の諸氏にして。其勢力全校を壓せり。吾人は同校兩教の團体が信仰の競爭。德義の磨勵。實働の成績に依り。宗教的敬虔の美德を全國の官立學校に傳播せんとを望む。

◉八淵師同校佛敎青年會に臨む　第三高等中學の同會は。本月四日京都三條檀王院に於て。創立四週年の祝會を開けり。八淵師も亦た招聘に應じて臨席し。萬國宗敎大會の起原。現況。影響より痛論し始め。我國勢時代と鎖國。建國。開會の三段に分ち。開國時代に僧侶の萬國布敎に盡力なきを痛慨したり。同日の演說者は。德永滿之。赤松連城。澤柳政太郎。高田栖岸（朝鮮佛敎の探撿者筑前の眞宗僧）諸氏にて。當日の一奇觀とも云ふべきは。八淵赤松兩師の論旨正反對に出でたるとにて。卽ち八淵師の萬國的佛敎傳道論の次に。博識能辨の赤松師は急遽壇に進み。寸言鋭利　佛敎は能く弘通するにあらず。能く固守するにありとて例の温聲嫋々の中に劍氣を含んで。八淵師の論陣を駁擊したりしかば。滿場の聽衆。覺へず手に汗を握りて。此上如何なる奇觀を惹起せんかと憂ひしに。何の椿事も生せずして散會せりと。定めて面白き事なりしならん歟。

◉八淵師再び東上す　山紫水明の西都滯在既に六十二日。或は迫害の重圍を破りて法主に謁見し。或は來客に接して革新の大義を皷吹し。或は本山内閣諸公に向つて積年の持論を吐露し。或は演壇に立つて幾多血性男兒の骨頭を鞭撻し。或は檄辭を飛ばして江東の子弟を激勵し。或は九州十萬同盟の歡迎委員と議して鎭西風動の大策を企畫し。或は旅館の寒燈に對して『宗敎大會報道』『佛敎開國策』を記草し。宛然戰將の硝煙彈雨中に睥睨したるが如き九州佛界の偉人は。本月十七日。新佛敎の殉難者中西牛郎。鷄林八道の探撿僧高田栖岸。比叡山上鍛練の高田派青年林傳治等。血誓的同盟の諸氏と共に。舊佛敎腐敗中心掃蕩の凱歌を奏し。革新的希望の光明を天の一方に望み。勇風凛々富岳の絶巓を凌ぎ。再び帝國の中原に進軍せり。諸氏乞ふ中原運動先驅の凱歌を唱へよ。吾人徐ろに後殿の大計を立つべし。

◉中西氏の佛敎東漸史　文學寮紛亂後。世途の險波に打たれ。浪華の凄月を望んで。人事の不如意を歎じ。新理想的純潔の著作上。寂として音もなく聲もなかりし牛郎中西氏は。今や宗敎革命論發表頃の凛たる大精神に復し。氏が所謂『畫湖岸邊漁村破窓』時代の師友。蟠龍八淵師と再び手を握りて。最後決戰の大勇猛心を振ひ起し。秘密にして容易に人の窺ふ能はざる精確の材料に依り。東都神田榎本館上。明窓淨机の邊。氏が特色のギツボン（英人羅馬衰頽史の著者）。司馬遷（支那人史記の作者）統合の史筆と走らして。社會學的の眼光と放ち。泰西基督敎の敎會歷史に摸擬し。經營慘憺。佛敎東漸の新史を起稿中なり。歴史的佛敎新講究の聲。海內新佛敎徒の間に囂しき當代。此人にして此新著あらんとす。吾人は深く之を喜び。豫め著者に向つて虎頭猫尾の醜体勿らんとを懇望す。

◉佛敎西漸の端緒海外傳道の一番乘　是れ在紐育なる平井金三氏が八淵師へ贈りし頌辭なり。以て四師の大會臨席が如何に米人を動かせしかを見るべし。其頌辭左の如し。

前略市俄高御發程後。未だ御安否の伺とも致さず。愈無事御歸朝と奉存候。今回日本僧侶諸君の大會御出席。何れも見事の御成功にて。御滯米の當時より御歸朝後の人氣倍々高評を博し。佛敎西漸の端緒海外傳道の一番乘りは。正數諸師の歷史と相成申候。爾來面會の人々。四師の安否を尋ね。傳言せざる者は無之候。此上海外傳道の御奮勵。偏に願上候。拙者も漸くシカゴと辞し。今朝ナヰヤガラ瀑布一覽。唯今ニユヨーク着所々見物旁。二三回の演説を開き。之れより歸途に上り候に付。追て歸朝の上。緩話仕る可く候。不取敢御歸期後の景狀御報道迄申縮候也。

十二月六日夕　在紐育府　平井金三

日本京都本願寺にて　八淵蟠龍殿

大谷派老法主の葬儀

嗚呼明治二十七年一月十五日午後一時大谷派老法主光勝師遷化の報。一たび海內に傳はるや。全國の新聞は先を爭ふて師の傳を掲げ。全國末寺の僧俗は慟哭して京師に馳せ上り。其葬儀に會する者無慮三十萬人。東海。東北。關西の鐵道之か爲に幾十輛の臨時滊車を發し。洛陽の大都之が爲に嗔咽し。平安傍近の野菜之が爲に食ひ盡され。五條の假橋之が爲に其壞崩を來たし。全國の人心之が爲に驚動されたり。吁亦た盛なる哉。吾人は該派が其新殿堂愈々落成し。其大債漸く償却の端緒に就き。將さに興學上。布敎上。鵬程萬里の快擧を試みんとするの今日。浮雲朝露人生の果敢なき。忽ち老法主の遷化に遇ふ。痛悼哀惜の情に堪へず。

◉其葬儀に關する二異評　大谷派老法主の葬儀は。明治年間絕無の盛大莊嚴。明敎新誌記者は之を評して。『宗敎の人心と感動せる一大表顯にして。國民の德義未だ全く地に墮ちざるを證するに足れり』と歎美し。舊普通敎校出身の青年佛徒縱橫生は『舊佛敎のラストパーク』（ラストパークとは最後の輝の意）と題し。國民新聞に投書して。『其儀式の盛大羅馬法王全盛の時の如し。眞宗繁榮（門閥的）の最後の形見なり』と痛罵せり。兩評各々一理あり。然れども今日は外觀上の舊慣積習に安心すべき。桃源時代の佛敎にあらず。吾人は寧ろ此意味に依り詭激なりと雖も。縱橫生が裏面上の革新的炬眼に賛同す。

◉東京各學校佛敎青年聯合大會　春期の該聯合大會は。本月四日。東京の中央神田今川小路玉川亭に於て開かる。午前十時豫定の人員全く來り會す。都合五十六人（帝國大學八人高等中學九人哲學館九人專門學校十二人慶應義塾十一人法學院二人濟生學舍一人無所屬四人)。初めに慶應義塾擔當の釋尊降誕會打合せあり。次に專門學校受持の佛教夏期講習會評議あり。降誕會は昨年よりも一層盛大に擧行するに決し。本年の講習會は東西相合併して。七月十五日より丹波(明教には三河國蒲生郡とあり。今は在京社友の通信に據る何れか眞なるや暫く記して後報を待つ)に於に開くことと定めたり。最後に專門校生柏原文太郎君は。緊急建議と提出し。『從來の聯合青年會と蟬脫進化せしめて。一の意志を有する活動團体則ち倶樂部樣の者と爲したし。此儀は夙に各學校各團体の間に。誰れ云ふとなく起り居たるとなれば。諸君が躊躇なく贊成して。此擧を成就せしめんとを望む』と述べたるに。滿場拍手喝采の聲は湧きたり。無所屬會員の一人。本誌印刷者甲斐方策君は大贊成を大呼し。起つて其理由を演じて曰く。

嘗て之を故鄕なる我熊本に經驗す。該市に佛教青年會の設立あると否とは。各郡青年會の興廢盛衰に大關係あり。何となれば熊本市は東肥十五郡の腦神經なれば也。故に余は九州の僻遇より。全國の中心なる東京に完全なる佛教青年會の設立を望む爰に數年。其感情實に大旱に雲霓を望むより甚し。然るに今此會に臨んで此建議に遇ふ。余は實に欣喜雀躍の至に堪へざるなり。今や我佛教教理上。制度上。布教上。興學上。感化上。文學上に關ずる幾多の疑問と需要とは。簇々として吾人新佛教徒の肩上に推し寄せ。其解釋と供給を求めつゝあれり。此時に當りて完全なる有機的團体を組織し。一週一回若くは每月數度。有志相集りて諸般の問題を討論釋義し。萬丈の光燄を吐ひて世の紛難を解除せば。佛教運動に活氣を添ゆると實に幾何ぞ。吾人は確信す此會にして發達せば。佛教革新的運動の中心は必ず此會ならん。此れ實は眞に日本佛教の新紀元を開くものならん。冀くば諸君が滿腔の同情を捧げて。首尾能く此擧を完全せしめられんとを望む。

と說き終るや。君が熊本の猛烈なる耶軍と折衝し。各宗教八面亂軍の中に立ちたる其感慨は。君が蘇岳噴火的の聲燄よりして。滿場五十五人の腦裡に反射し。一人の異議なく此議は決定し。更に各學校より二名宛の創立委員を撰び。專門學校より柏原文太郎。梶井研磨。大學中學合同の德風會より杉谷泰山。常盤太常。哲學館より伊香間誓還。曲瀨之。慶應義塾より伊澤道暉。牛窪其三男。法學院より北條太洋。無所屬より甲斐方策の十氏當選し。十八日に第一回の創立委員會と開くとゝなし。それより茶菓を喫し。餘興には勇しき劍舞などあり。聯合青年會の萬歲を三呼して散會せしは午后五時頃なりしと。國教記者曰く天下革新の事業多くは青年の猛進突行より成る矣。我佛教革新の大業豈に獨り青年の縱横奮鬪より來らざらんや。嗚呼東京聯合青年會や道遠く任重し。會員諸君勉旃。

◎東京眞宗青年會　是迄西本願寺文學寮の同窓生は。麴町區中六番町なる白蓮會堂に於て。每月集會し居たるが。本年一月より範圍を擴張し規約を改正して。苟くも眞宗部內に屬する人は。宗の東西派の異同を論せず。各月第三日曜に會合して講義法話等を聽聞し。茶菓を喫して懇親の緣を結ぶと云ふ。吾人は總合的に東京佛教青年會が勃興勇飛し。分拆的に各宗青年會が奮起活動し。表裏相携へ總別相應じて。佛界舊來の積弊を破り。速かに革新の美花を開かしめんとを望む。

◎懷疑時代來れり　宗教の經歷に三期あり。第一は獨斷時代第二は懷疑時代。第三は批評時代にして。今我佛敎の如きは既に懷疑時代に入れり。氣運愈々進んで批評時代に到りて。始めて八面玲瓏新光彩を發揮せん(取意)とは「佛敎子」の唱道する所。吾人又實に此論の至理あるに服す。現に近刊の六合雜誌に於ける木村某の大乘起信論評の如き。(其論の深淺當否は兎も角)一例たるに相違なし。吾人は想ふ今後の佛敎は其制度上布敎上に於て一大革新を要するが如く。其研究組織の上に於ても。亦進歩發達するものなりと。

◎佛敎近來の弊風　一方に於て道義頽敗し。倫常湮滅せんとするより。一方に於ては之が救濟の必要を感じ。其深慮の結果として。社會一般大に宗敎要求の現象を呈し。從つて佛敎研究の氣燄益々擧るの時に當り。我佛界に幾多の出版物現はれ。或は通俗講義と云ひ。或は通俗新聞と云ひ。又は大家論集と云ふが如きを發刊して。世の希望に應ずるは大に隨喜すべき事なりと雖も。近頃吾人の愚察する所に據れば。大抵需めに應ずるを名とし。好機に乘じて單に私利我慾を擅にするもの丶如し。何等の陋劣ぞ。今后猶は改むる所なくんば。數年來三四僞居士連の非行と併せて。直言直筆論擊する所あらん。利己者流たるもの少しく反省して可なり。

◎傳道新誌の自惚的反評　鳶あり大空に鳴く。烏あり其後に叫ぶ。鳶烏を嘲りて曰く。汝何ぞ我か黒色を盗むやと。若し此の如き事あらば。誰れか鳶の痴愚なる自惚心を笑はざらんや。新年初刊の傳道新誌が我國敎貳拾九號に反評を加へしが如きは則ち是也。人は固より自重の精神なかるべからず。然れども自重の極自惚となるに至つては最も唾棄すべし。八淵蟠龍師は元より俗臭紛々の虛儀的儀式より云へば。本願寺派の學階を有せざる一個の平僧也。然れども亦た獨自一己の學識を有す。其平素經綸の佛徒移民探撿論と呼號する。豈に何ぞ得業。助敎の俗爵を戴かんが爲に。畢生の腦味噌を費やせる乳臭兒輩の小供戯論を。傳道新誌の古雜誌中より剽竊するが如き事あらんや。傳道記者が嘲笑的に『吾傳道誌上昨廿六年春夏の交或は拓殖移民と佛敎。布哇其他の傳道等の海外布敎案移民探撿論等の吾陳套の論策イカナル果報者にや新佛敎の本家本元開進主義の大隊長(記者の自ら許す艷稱)の機關雜誌昨廿六年十二月の誌上に燦然として光を放ちつ丶ありとは實に國敎記者の烱眼活識新論奇策雄論快談佛門雜誌世界中近來の一偉觀とは云はまし』と反評的復讐の毒矢を放ちたるは。何たる卑劣の反評なるぞ。時間の早晩豈に眞理を輕重するに足らんや。記者が昨年五月の傳道新誌社說「遠征拓殖と佛敎千嶋の開敎布哇其他の傳道」と題する長々しき標題の。本文は僅か二十一行二十五字詰の三頁十五行の短文と。同年十二月本誌貳拾九號八淵師の「大會歸朝後第二回報道」二十行二十七字詰七頁十四行の長論とを。同一論策の如く淺見曲解以て反評的復讐の曲辨に充てたるは。最も皮相の觀察にして。是れ唯雙方の章句中に移民とか探撿とか文字の似たるものあるのみを見て。其雙方論策の精神思想を咀嚼せざる自惚的反評のみ。鳶の痴愚のみ。嫌新的狂舊病者の色眼鏡的妄想のみ。又た記者が三百代言窃盗主義狂亂頃の歷史的負け惜みの惡感情を吹きかけて。同號社說中西牛郎氏の論文「米國市俄高宗敎大會の影響を論ず」の一節を妄難して。『不知佛敎は果して記者の云ふ如く無神論にあらずして有神論なるか吾人怪訝に堪へず併し國敎社一派の御手前自家造の新佛敎新理想中御組織の佛敎ならば吾人の敢て知らざる所』と云へるは。歐米の文字を解せず。泰西哲學上有神無神の二論以外に凡神論あるを知らざる罪のみ。孟浪杜撰の飜譯本に依りて。泰西哲學の眞理眞相を了解せし如く。傲然として妄りに宇宙の大問題を是非せんと欲す。傳道記者の無鐵砲的大膽。驚絕怪絕。

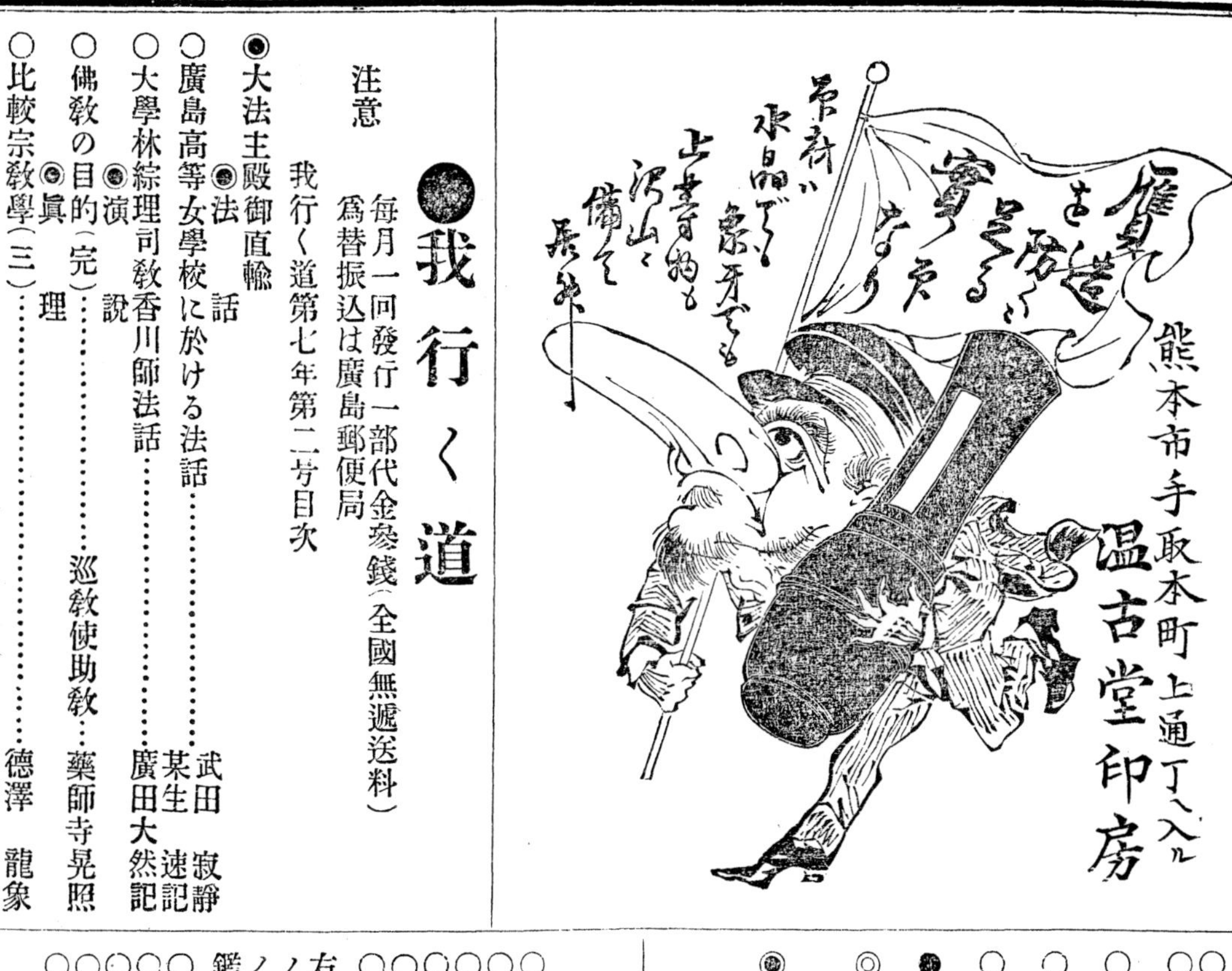

●我行く道

注意　毎月一回發行一部代金參錢（全國無遞送料）
為替振込は廣島郵便局

我行く道第七年第二号目次

◉大法主殿御直輸……武田寂靜
◉法話
○廣島高等女學校に於ける法話……某生速記
○大學林綜理司教香川師法話……廣田大然記
◉演説
○佛教の目的（完）……巡教使助教 薬師寺晃照
◉眞理
○比較宗教學（三）……德澤龍象
◉講義
○十二光明畧和解（其六）……進德教校教授補教 龍川慈雲
○正信偈講話（其七）……進德教校教授助教 高松覺了
◉論説
○廣島高等女學校に望む……在京都 平田隼人
◉史談
○贈司教快樂房惠空師（下）……門人 智達謹識
◉蒐録
○十二因緣循環無窮之圖……藤井玄珠閲 福島大順述
◉本山録事
◉法度◉教示の達示
◉雜報
◎大谷派前御門主の遷化◎藤井玄珠和尚の開筵◎德澤智惠藏師通信◎川上貞信師西藏行◎フ氏の來廣◎第三高等中學校醫學部佛教青年會◎通俗佛教新聞◎進德教校
◉廣告 數十件

發行所　廣島縣沼田郡三篠村進德教校内　我行く道雜誌社

明治二十四年九月七日 内務省許可

明治二十五年五月四日 遞信省認可

明治二十三年九月二十五日第壹號發行

創立紀元第五年總號數第三十八號

拜啓陳れば東温譲子曩きに印度留學の末既に業を卒へ歸途に上らんとする際遽かに病魔に犯され歸國の榮を果さずして終ひに他界の客となり候事は諸君一同御承知の通に候處之に就ひては親子兄弟は勿論佛教界の人々誰も追悼せざる者は無之實に遺憾の至りに候然るに這般印度より同子の遺髪送付し來り候に付き在京熊本學生幷に有志輩協議の上追吊法會を營み同子が多年佛教の爲め熱血を注ぎ腦漿を絞り炎熱習々たる西天に留學せし艱酸の精心に謝し協せて同子の美德を廣く社會に顯さんことを欲し追吊會の序て左の件々を施行せんと議定致し候に付御協贊被成下外々同感の諸氏も倶に御勸誘下され議定の項目に基き吊祭文及ひ義捐金等御惠送被下度此段御依賴に及ひ候也敬白

一追吊法會は四月十一日と相定候

一廣く同感者の吊祭文詩歌等を募集す

但詩文等差出す御方は三月十五日迄に御寄送被下度候

一温譲子の遺稿幷に氏の實傳を編纂し都合に依り寄送の詩歌文章等秀逸の分は撰んで一部となし之を出版して親族朋友及ひ有志者に頒ち永く紀念に供すべく候

一義捐金追吊志等は三月十五日迄に必す御送付被下度候

一義捐金追吊詩文等は總て京都東中筋花屋町下ル九州佛教倶樂部に向け御寄送願上候

明治廿七年二月

發起人總代

合志諦成　中西牛郎　松山松太郎　櫻井義肇　小柳法梁　平山壽海　武下松次郎　寺田永松　吉津知天

●國教雜誌規則摘要

一本誌は佛教の運動機關として毎月二回(國教)を發刊す

一本誌は宗派に偏せす教會に黨せす普く佛教界に獨立して佛徒の積弊を洗滌し佛教の新運動を企圖すへし

一本誌は諸宗教の批評及ひ教法界に現出する時事の問題を討論し毎號諸大家の有爲なる論説寄書講義演説等を登錄し其教法關係の點に至りては何人を撰はす投書の自由を許し本社の主旨に妨けなき限りは總て之を掲載すへし

但し原稿は楷書二十七字詰に認め必す住所姓名を詳記すへし

一本誌代金及ひ廣告料は必す前金たるへし若し前金を投せすして御注文あるも本社は之に應せさるものとす

但本縣在住の人にして適當の紹介人あるときは此限りにあらす

一本誌見本を請求する者は郵券五厘切手十枚を送付せは郵送すへし

一本誌代金は可成爲換によりて送金あるへし尤も僻陬の地にして爲換取組不便利なれは五厘郵券切手を代用し一割増の計算にして送付あるへし

一本誌代金及ひ廣告料は左の定價表に依るへし

但本誌購讀者に限り特別を以て廣告料を減することあるへし

雜誌代金

冊數	一冊 一回分	十二冊 半ヶ年分	廿四冊 一ヶ年分
定價	五錢	五十四錢	壹圓
郵稅共	五錢五厘	六十錢	壹圓十貳錢

廣告料

廣告料は行數の多少に拘はらす五號活字二十七字詰一行一回三錢とす但廣告に用ゆる木版等本社に依賴せらるゝときは廣告料の外に相當の代金を請求すべし

明治廿七年二月廿七日印刷

明治廿七年二月廿八日發行

發行者 熊本市安巳橋通町五番地 武田哲道

編輯者 熊本縣玉名郡石貫村千百八十一番地 森直樹

印刷者 熊本縣阿蘇郡坂梨村八百六十三番地 甲斐方策

發行所 熊本市安巳橋通町五番地 國教雜誌社

印刷所 熊本市新町壹丁目百番地 汲古堂

國教

第三拾壹號

明治二十七年六月十一日發行

(每月二回)

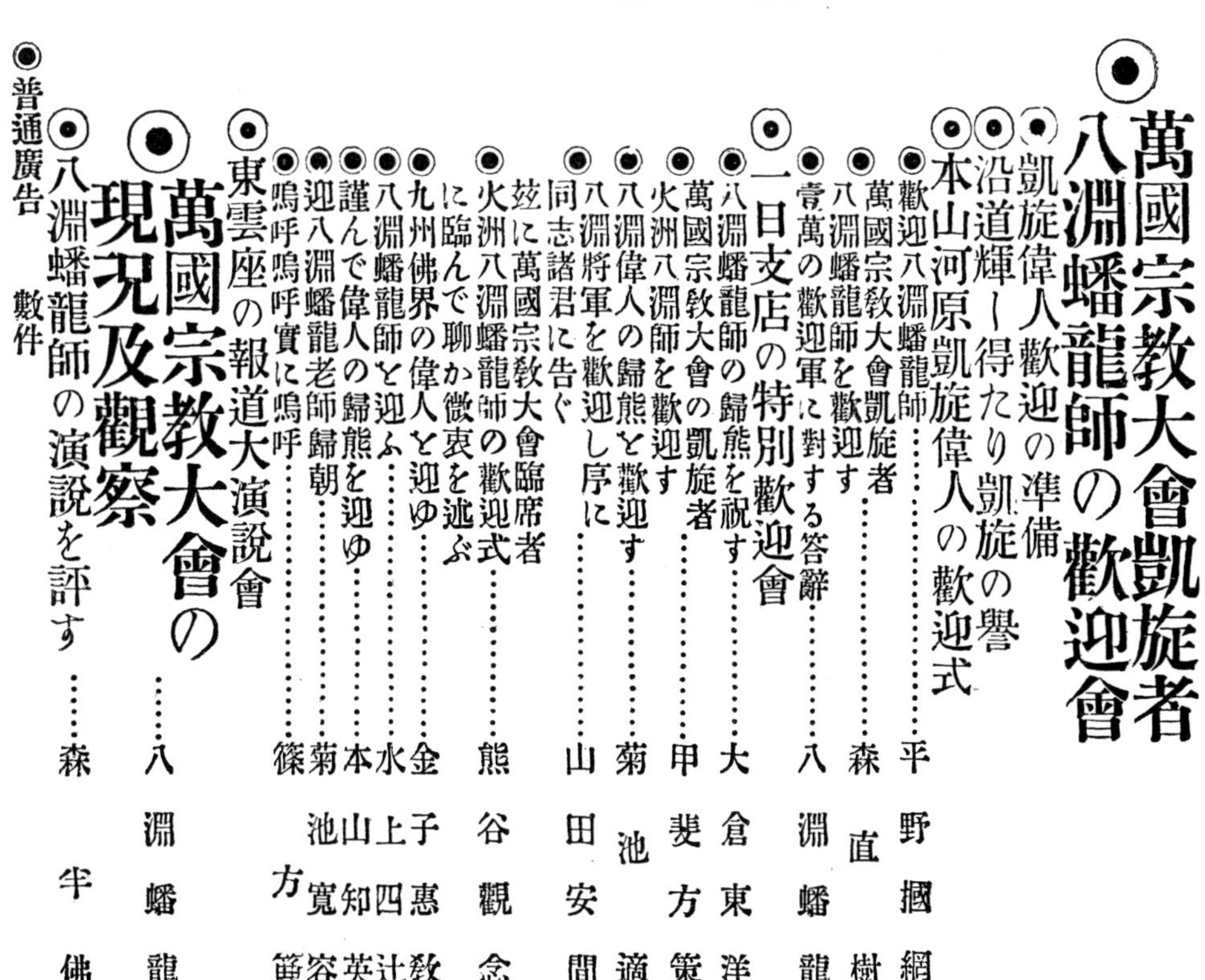

國教第三拾壹號目次

凱旋紀念

◉萬國宗教大會凱旋者八淵蟠龍師の歡迎會
◉凱旋偉人歡迎の準備
◉沿道輝し得たり凱旋の譽
◉本山河原凱旋偉人の歡迎式
◉歡迎八淵蟠龍師……平野摑綱
◉萬國宗敎大會凱旋者八淵蟠龍師を歡迎す……森直樹
◉壹萬の歡迎軍に對する答辭……八淵蟠龍
◉一日支店の特別歡迎會
◉八淵蟠龍師の歸熊を祝す……大倉東洋
萬國宗敎大會の凱旋者
◉火洲八淵師を歡迎す……甲斐方策
◉八淵偉人の歸熊を歡迎す……菊池適
◉八淵將軍を歡迎し序に同志諸君に告ぐ……山田安間
◉茲に萬國宗敎大會臨席者火洲八淵蟠龍師の歡迎式に臨んで聊か微衷を述ぶ……熊谷觀念
◉九州佛界の偉人と迎ゆ……金子惠敎
◉八淵蟠龍師と迎ふ……水上四辻
◉謹んで偉人の歸熊を迎ゆ……本山知英
◉迎八淵蟠龍老師歸朝……菊池寛容
◉嗚呼嗚呼實に嗚呼……篠方策
◉東雲座の報道大演説會
◉萬國宗教大會の現況及觀察……八淵蟠龍
◉八淵蟠龍師の演説を評す……森半佛
◉普通廣告數件

特別社告

一金五圓也

右本社保護金トシテ寄贈セラル依テ茲ニ廣告ス

熊本縣八代郡八代町　嶋宗平君

明治二十七年六月九日　國教雜誌社

第三回佛教青年夏期講習會開設に付謹んで淨財の寄附を高僧信士に乞ふ

來る七月十六日より十四日の間參州蒲郡に於て第三回佛教青年夏期講習會を開設せんと欲す抑佛教青年夏期講習會は同志の青年學生が夏期休暇の間に於て景勝の地に集まり佛門の碩德高老に經綸疏釋の講演を聽聞して耳を佛陀の聖音に澄まし心を醍醐の妙味に養はんが爲に組織したるものにして其第一回は一昨廿五年七月廿日より二週間播州須磨に開き第二回は東西に分ちて一は昨廿六年七月十三日より相州鎌倉に一は同月十五日より勢州二見に各々二週間開設し又名古屋に於ける各學校の同志者は別に尾州大野に數日間開設したり然共此事業は多くの資金を要すれば我々青年學生の獨力を以ては十分に其費を支辨し能はざるが故に第一回は東西兩本願寺及び京都大坂攝津播磨の有志に助けられ第二回は再び東西兩本願寺專修寺及び京都伊勢の有志二見の會に力を添へられ永平寺總持寺淺草本願寺築地本願寺日蓮宗務院並に伯爵井上馨君渡邊國武君其他多くの有志より鎌倉の會に資金を寄附せられたれば東西ともに盛大なることを得たり今や第三回開設の準備を爲すの時に方て佛門の高德外護の有志懇切を盡して我々を策勵せられたれば更に從來の規摸を擴張して一たび分ちたる東西二部を合し名古屋の別會を併せ尚全國の同志青年を集めて大に佛教青年夏期講習會を隆盛にし且將來永遠に維持するの基礎を堅くせんと欲す佛教愛護の高僧信士希くは賛同補助して我々青年學生の微志を達せしめられんことを懇請の至りに堪へざるなり

東京京都諸學校在學佛教青年聯合會

帝國大學　第一高等中學校　東京專門學校　慶應義塾　東京法學院　哲學院
大學寮　大學林　京都醫學校　文學寮　大谷中學校　京都中學校

●會期　七月十六日より二週日間

●會場　三河國寶飯郡蒲郡町海岸　新講堂

●費用　旅宿費用一日金拾貳錢

●申込所　三河國寶飯郡蒲郡町專覺寺内　佛教青年夏期講習會事務所

寄附金の送附及び來會申込等凡て講習會の用件は事務所に宛て申込まる可く候但し來會申込は七月十日限

講師及賛助員

森田悟由氏　文學博士南條文雄氏　釋宗演氏　大内青巒氏　河瀬智宏氏
釋雲照氏　文學博士井上哲次郎氏　龜谷省軒氏　寺田福壽氏　鷄溪日舜氏
渡邊國武氏　大學講師村上專精氏　島田蕃根氏　石上北天氏　奥田貫照氏
小栗栖香頂氏　醫學博士佐藤進氏　里見天海氏　高津柏樹氏　佐竹智應氏
管了法氏　文學士井上圓了氏　西有穆山氏　服部元良氏　松本順乘氏
八淵蟠龍氏　醫學博士片山國嘉氏　多田賢住氏　黑田眞洞氏　築地本願寺
淺草本願寺　文學士薗田宗惠氏

國教第參拾壹號

凱旋紀念

萬國宗教大會凱旋者八淵蟠龍師の歡迎會

眞宗本派本願寺派熊本法住教社に屬する佛教革新軍の猛將勇卒等が發起となり。九州の全嶋に散在せる革新軍と聯合し。玆に始めて一種無形の團体九州佛教同盟會を組織し。萬國宗教大會に向つて代表者派遣の運動を試み。新鮮快活。全國革新軍艶羨の眸を熊本城頭に注がしめしは。早や昨年春の事なりき。然るに今や一週年後の今春。其代表者の凱旋歸熊に遇ひ。熊城の人心爲に大會熱に浮かされ。九州の教界爲に革新の風に靡き。熊本耶蘇教の僧侶信徒爲に肩を縮め。派遣運動頃の佛界反對者も爲めに覺へず歡迎の懽聲を叫び。八淵の名嘖々として擧り。蟠龍の音靄々として聞へ。其餘威の及ぶ所。田舎の老爺老媼として八淵偶像崇拜の病に罹らしめ。熊本の噴火的人氣をして俄躍の狂言に仕組ましむ。嗚呼何ぞそれ盛なる哉。是れ畢竟四月五日。熊本城の東。託摩の原頭。本山河原に執行せられし『萬國宗教大會凱旋者八淵蟠龍師の歡迎會』の盛況偉觀に因づかずんばあらず。吾人は彼れ八淵偉人の歡迎會を以て。近時九州佛界の花なりと信じ。全國革新軍首途の旭と認め。本誌の冐頭殊更に『凱旋紀念』の欄を設け。聊か其盛況の眞を寫し。少く其偉觀の影を撮り。以て天下同志の眼に映ぜしめ。以て日本佛教革新軍第一勝利の紀念となし。將來大世界佛教の面上に其脚痕を刻み付けしめんと欲す。大眼寛裕の讀者よ。乞ふ吾人が意氣の躍れるを笑ふ勿れ。

凱旋偉人歡迎の準備

十萬の九州同盟軍は日夕東天を望んで。偉人の歸熊は今か今かと待ち疲倦れ。歡迎軍の若武者は檄辭を飛ばして偉人に苦情を鳴らし。歡迎の總督。參謀。諸將校は電音織るが如く彼の歸熊を促せり。鷹眼鷲手の偉人は延引延引大延引。待ち焦がれたる歡迎心をして益々燃て立たゝしめたり。而して日月は急流の如く。四月五日偉人歡迎の日に向つて走れり。

時は三月二十日の夕方なり。東京なる偉人より電音來る。曰『二五日東京立ッ熊本着四月五日頃ニナル』と。於是乎。偉人歡迎軍本營の駐在將校は。九州各縣の同盟者の重立ちたる者五百餘名に向け。左の如き歡迎案内の羽檄を飛ばせり。

> 謹啓曩に本會より万國宗教大會に派遣したる八淵蟠龍師は大會場裡實に佛陀の使命を全ふし。歸朝後大に東西兩京の教界を風動し。愈々本月二十五日東京を出發し四月五日全く熊本到着に確定候條我黨佛教對外運動の同盟者は一同銀杏城下熊本停車場に雲集し。日本佛教遠征先登者の凱旋を謳歌可仕候間。何卒我黨同感の僧俗御誘引之上歡迎場

裡に御參列有之度候。此段至急及御報道候也

明治廿七年三月二十日　熊本市安巳橋通町國敎雜誌社內

九州佛教同盟會本部

是と同時に三月二十二日の九州日々。西海道自由。九州自由。熊本の四新聞特別廣告欄内に於て。左の如き檄告は飛舞活動し。一種革新的の反響を鎭西の人心に與へけり。

萬國宗教大會派遣の本會代表者歸熊

萬國宗敎大會臨席ノ凱旋者八淵蟠龍師ハ歸朝後東西両京ノ敎界ヲ風動シ本月二十五日東京ヲ出發シ四月五日全ク鎭西熊城ノ下ニ歸着ス此段九州全島ノ我同盟諸君ニ絕叫大告ス

明治廿七年三月二十日　熊本市安巳橋通町國敎雜誌社內

九州佛教同盟會本部

而して歡迎軍の總督參謀は其本營に詰め切りて內外の掛引をなし。其若武者等は車鏘々馬蕭々。或は菊川の上流に進み。或は小代山麓に立ち。或は緑川の湄に走り。或は合志山本の平野を横ぎり。或は國境を越へて兩筑の同志を說き。或は有明の海を渡りて温泉山下の同盟者を誘ひ。櫛風沐雨。大に歡迎の軍氣を皷舞し。本營よりは晝夜檄文を四方に飛ばして。起てよ。進めよ。來れよの號令を傳へたり。

次に歡迎軍熊本本營の總督大久保含海。玉名郡木葉歡迎軍の參謀廣瀬熊喜の二氏。專ら其衝面に立ち。九州鐵道會社に向ひ。偉人歡迎軍の勢燄を張り。遂に四月三日の熊本四新聞特別廣告欄に。左の如き廣告掲げらる。是に至りて馬丁走卒も亦た偉人歡迎の噂をなすに至る。

八淵師歡迎滊車賃割引

八淵蟠龍師四月五日三番列車歸熊に就ては歡迎者の便利を謀り九鐵會社と特約し同日一日に限り大牟田熊本各驛間滊車賃二割五分割に確定す嗚呼我黨佛敎對外運動の同盟者其雲合霧集の歡迎軍を率ひ來りて熊城の天地を震撼せよ

明治二十七年四月三日　熊本市安巳橋通町國敎雜誌社內

九州佛教同盟會本部

かくて凱旋偉人歡迎の準備全く整ふ。數萬の歡迎軍は異面同

情片唾を呑んで。いざ大擧して熊本に打入り。當日先登第一の月桂冠を戴かんと待ちに待ちて待ち搆へしは。いとゞ勇ましき光景なりき。

沿道輝〻得たり凱旋の譽

四月三日偉人歡迎軍熊本本營に於ては。山本歡迎軍の將帥藤院大了。玉名歡迎軍の將帥受樂院圓。飽田歡迎軍の將帥木尾眞純の三將に特命を傳へ。疾風迅電。門司灣頭に走りて。凱旋偉人を迎へてむ。三將は各々歡迎軍全權大使の印綬を帶び。各々部下の强兵十餘名を從て。其勢都合百有餘名。威風堂々として鐵車に鞭ち。先鋒として門司灣頭に向ふ。是より先き偉人は歡迎軍の若武者藤院大携氏を伴ひ。豫定の如く東都を發して西都に立ち寄り。歸心矢の如く天保山沖を解纜し。東肥詩人の所謂『長風破波一帆還。碧海遙望石馬關。三十六灘行欲盡。天邊忽見鎭西山』を歌ひつゝ四日の曉天。海烟深く馬關の海峽を鎖さす邊。凱歌濤聲相應ずる中。歡迎軍の全權大使と慷然一笑し。鐵車轟々地軸を壓して熊本に向ひ。始に渡瀨の驛に下り。大谷派の革新的青年金子惠教。黄檗の傑僧龍岡英巖諸師の斡旋にて。盛大なる二席の報道演說となし。此地に於て九州の沿道に於ける最初の凱旋の譽を輝し。佛教萬歲。佛教革新軍萬歲聲裡に渡瀨を發し。同日夕大牟田に着す。同地の同盟者山本四五六。坂井眞純。福山正登諸氏は。熱心に歡迎の準備を整へ。諸氏が偉人歡迎に就て。舊佛教の大僧正淵海上人に隨喜の涙を注げる同地二三の佛徒より反對妨害を受けたる。革新的敵愾精神の激せる左の如き戰爭的の大旆は。生氣勃々大空に飜り。

> **歡迎**
> 新佛教主唱之率先者
> 舊佛教打破之先登者
> 對外佛教之魁進者
> **大洲八淵師**

玉名歡迎軍の將帥磨墨體量氏の旗下に屬する五百餘名の歡迎軍は。遠く肥後の國境を蹈み越へ。大牟田停車場頭。偉人萬歲。吾黨の代表者萬歲を轟かせり。折惡しく歡迎式場の前面に於て開設せる。耶蘇教徒の偶然的對抗演說も亦た雲霞の如き偉人歡迎軍佛教萬歲の鯨波に蹂み殺され。それより報道演說の大氣焰となり。有志懇親會の大快景となり。九州の沿道に於ける第二凱旋の譽を大牟田の滿天に輝し。翌五日二番列車にて高瀨停車場に下る。玉名全郡各部落の青年會員婦人會員三千餘名は。當日春雨の霏々たるをも厭はず。六金色の大旆や。偉人歡迎の大白旗や。大旗。小旗。吹き流し雲の如くに推し立て。草鞋。脚半身輕に打裝ち。其狀恰も出陣の兵士の如く。高瀬停車場の近傍に青年男女の黑岩を築き立て。偉人の着高するや否や。三千の歡迎軍は鯨波三聲佛敎萬歲を大呼し。偉人隨行の車十餘輛を前後に取り捲き。當日の歡迎場高瀨延久寺に達す。流石に廣き延久寺十一間四面の大本堂も偉人着寺の頃には。一番上の列車にて熊本より出迎へる飽田郡高橋の歡迎軍。池田より發せる熊本市の歡迎軍。植木より發せる合志。菊池。山本の歡迎軍。木葉より發せる玉名歡迎軍の將師隈部志賓氏統率の歡迎軍五百餘名と。當日早朝雨を衝ひて來會せる小田。内田。南關。坂下。荒尾諸鄉の老壯男女の歡迎軍千五百餘名とを以て滿たされ。其人群雜沓。滿場立錐の地なしの陳言位にては到底形容し盡くす能はず。停車場より偉人の一行を圍繞し來れる三千の青年歡迎軍は。一人も堂内に進む能はず。空しく廣々たる延久寺の庭内に立ち。坊主濕れに濕れて『八淵さんの顏たけなつと見て見ちや―』と呟やく者のみなりき。其盛況以て察すべし。偉人は一時間餘の報道的畧演説をなし。本堂喧咽の歡迎軍が退散して。高瀬發臨時滊車にて熊本の歡迎場に發せし後ち。再たび庭内坊主濕の歡迎軍三千餘名を本堂に進ましめ。迫れる高瀬發滊車の時間を偷み。簡短なる挨拶をなし。反省記者の所謂『朴々たる其容風采擧らず一見傖夫の如し』てふ容貌風采にて。無限なる愛憐の眸を玉名歡迎軍の感情に印し去り。泣くが如く慕ふが如き萬衆の大喝采に送られ。歡迎軍の旗持は法住社十二光の聯隊旗を春雨の中に打振り〳〵。進め〳〵の號令をなしつゝ。偉人の一行は延久寺を立ち出で。滊笛一聲高瀬を跡にすれば。車中車外の見送者。相應じて佛敎萬歲を叫び。

歡迎之泰斗　新佛敎家　八淵蟠龍師

てふ大旗は。當日高瀬出迎の先登者たる高橋歡迎軍の手に依りて。滊車の窓より春雨の中に掲げられ。一層車内の軍氣を勵ませり。

本山河原凱旋偉人の歡迎式

華陵山頭偉人歡迎の煙花數發空に舞ふの中。列車矢の如く。熊本停車場に着す。見渡せば偉人の休憩所たる廣瀨回漕店前より。停車場の構内に掛け。老若男女殆んど壹萬の歡迎軍は今日と晴れと衣飾の出立にて。雲合霧集。天地も爲に震はん計りなり。大旆の六金色や。縮緬の歡迎大旗や。羽二重金巾の進軍大旗や。五色爛斑。輝々麗々として。雲の如く春雨の中に飜り。霞の如く大空に打靡き。其數無量三百何十本。音樂喇々喨々爽々として鳴り。歡聲喧々囂々擾々として起り。壹萬の歡迎軍が一時に呼び叫べる佛教萬歲の鯨波は。實に天を破らん計りなり。而して飽田歡迎軍の將帥廣海集氏。當日歡迎軍の指揮長として。紅顏妙齡の白虎隊長數十名と共に。唐縮緬一尺五寸位紅白練分の指揮旗を手にし。恰も彈雨硝烟の中にあるが如く。縱橫馳騁。雷聲電奔。到着の順序に從ひ。歡迎軍を號令し。「本山河原」「本山河原」と聲も爲に斷へんばかりに連呼せり。

徒步の歡迎軍は隊列整々として春雨の中を進み。大幅羽二重金巾壹丈の大旗。

歡迎　萬國宗敎大會凱旋者　八淵蟠龍師　九州佛教同盟會

萬里蹴波破魔軍　法雷法雨灑萬國　國教雜誌社

は。虎動龍飛の文字。百尺竿頭眞先に推し立てられ。細工町より西唐人町に入り。河原町長六橋を打過ぎ。絡驛又絡驛。陸續又陸續として。本山河原に繰り込めり。高帽鮮服の官吏紳士も。店前に算盤を手にせる番頭丁稚も。路傍に車を引き馬を駐めし車夫馬丁も。娘も。婦も。翁も。婆も。沿道傍觀の者。足を停め目を聳てゝ其盛觀に驚駭せり。續ひて百五十輛の腕車は。偉人を其中央に圍み。車聲鏘々。泥濘の道路を蹴り立て。本山河原の歡迎式場に達す。

五色の凱旋三角旗は三方より高々と富士形に揭げられ。遠く萬人の注目を惹き。桃櫻交叉の挿花は恰好に式場の演壇に飾り付られ。近く全軍の視點を集む。演壇は牀机(置座)と疊み重ねて一段高く築き。式場は繩張をなし歡迎軍の混雜を制す。折しも降り續きたる春雨の濛々衣袂を濕すをも厭はず。第一に歡迎軍熊本本營の參謀長平野擱綱師は。法衣袈裟の裝束にて演壇に立ち。九州佛教同盟會總代として。警拔なる偉人歡迎文を朗讀す。其文に曰く。

歡迎八淵蟠龍師

平野擱綱

天下非常ノ事アルトキハ。則チ非常ノ人ヲ出シ。以テ之ヲ救フ。古昔九十五種の外道競ヒ起テ。而シテ釋尊眞理ノ道將ニ衰滅ニ歸セントス。是ニ於テ龍樹大士出テ、之ヲ排ス亦タ揚墨ノ敎盛ンニシテ。而シテ周公孔子ノ道衰フ。是ニ於テ孟子出テ、之ヲ斥ス。方今耶蘇敎ノ蔓延。殆ンド全地球ヲ歴セントス。其害果シテ如何。是我佛門ノ大害而已ナラン乎。即チ國家安危ノ由テ生ズル所ナリ。支那。印度ノ如キ以テ鑑ミルベシ。古ヨリ正邪並ビ起ラズ。明暗同時ナラズ。眞理ノ道盛ナルトキハ。非眞理ノ教隨テ滅ス。是レ必然ノ理法ナリ。然リ而シテ眞理ノ道ヲシテ隆盛ナラシムル者。其任豈ニ容易ナランヤ。

適々昨明治二十又六年九月某ノ日ヲトシ。米國市俄高府ニ於テ。世界萬國宗教家ヲ一堂ノ上ニ會シ。以テ眞理ノ宗教其是非ヲ決セント欲シ。該委員長某氏ハ數千ノ招聘狀ヲ發セリ。我邦數萬ノ僧侶。進デ之ニ當ルノ勇ナク。之ニ適スルノ人ナク。遂ニ會スル者。僅々四師アル而已。我同盟會ノ推撰スル所。八淵師也者。是其一ニシテ。性豪膽。學博識。心裏ニ眞理ヲ蓄ヘ。活氣六合ニ塞リ。爲法爲國。粉骨碎身ノ實行者ナリ。嗚呼豈ニ適任ナラザランヤ。此行我大法主ノ特命ニ非ズ。本師彌陀佛ノ特命ナリ。政海ニ所謂全權大使ナルモノ乎。

師果シテ能ク耶蘇教暗然ノ邦域ニ入リ。佛教ノ眞理ヲ宣揚シ。佛陀ノ光明ヲ赫々タラシメ。歐米數万ノ人士ニ向ッテ。佛陀ノ法雨ヲ注入セシ者。眞ニ下化衆生ノ任ヲ盡クシ。佛陀ノ使命ヲ全クセシモノナラン。噫豈ニ獨リ佛門ノ大幸而已ナラン哉。亦タ我邦家ノ大幸ナリ。

師本日無事歸熊セリ。欣喜雀躍誰カ之ヲ祝セザラン乎。我輩亦タ幸ニ同盟員ノ末列ヲ辱フス。聊カ蕪辭ヲ陳ベテ祝意ヲ表スト云爾。

次に本社總代森直樹は。双子の羽織。小倉の袴。兵兒帶。紺足袋。宛然是れ御札曆配の藪神官的打裝にて壇に昂立し。高低起伏。怒濤の岸に咽ぶ音調以て朗讀して曰く。

萬國宗教大會凱旋者
八淵蟠龍師を歡迎す

森　直樹

時維れ千紫萬紅。陽春駘蕩の快光既に半を過ぎ。鎮西の山川正に綠雲翠霞の中に笑ふ。明治二十七年四月五日。我九州佛教同盟會總代として。遠く米洲美紫巖湖畔の萬國宗教大會に臨席せられし八淵蟠龍師は。大會堂上佛教遠征の凱歌を奏して實に佛陀の使命を全ふし。歸朝後東西両京の教界を風動して大に革新的佛教の光焔を輝かし。今や全く其米洲自由の新大氣に觸れ。其泰西文明の新潮流に浴したる。猛厲勇健の大翼を振ふて鎮西熊城の上に舞ひ來らる。嗚呼既往に於て此大翼をして鵬程萬里の天に冲せしめ。將來に於て此大翼の下に立つて放光動地の進運を試みんと欲する我黨九州十萬の同士たる者。豈に起つて其大法革新の劔を閃かし。進んで偉人歡迎の大旆を靡かし。奮つて雲合霧集の歡迎軍を率ひ。以て天地に謳歌せざる可けんや。

回顧すれば一昨二十五年の夏。萬國宗教大會開設の警報。一たび我邦佛徒の間に傳はるや。多少革新の旨義を有する。星羅碁布の海内佛教機關は。合同一聲花の如く火の如く雷の如く電の如く。或は佛教西漸の機運來れりと叫び。或は宗教統一の曙光輝けりと呼び。或は大瀛孤嶋の佛教が其鵬翼を揮ふべきの好機起れりと舞ひ。或は東洋亞細亞の寶珠が歐氏米族を光被する此機會にありと躍り。實に佛界の全面『光焔萬丈、萬軍進動』の壯觀を呈せり。嗚呼誰か此壯觀中に顯はれ。此壯觀を二十四哩白都市の閣龍美術舘内に提出し。黄白赤黒なる萬國人心の面上に佛光渴仰の波動を起さしめたるや。

上には各宗本山の徒。恰も雙手を揮つて大濤に抗せんとするが如き。革新の大勢を防遏せんと欲する壓抑あり。下には守舊頑迷の輩。恰も井蛙の天を窺ふが如き。世界的佛教の運動に盲聾たる踢内鎖國の迫害あり。嗚呼此壓抑と鬪ひ。此迫害と戰ひ。精神的の毒矢を蒙る蝟の如く。難なく四角八面の重圍を破り。進んで宗教大會に臨み。大音宣布、響流十方の教勅を煥發したる者は誰ぞや。曰く臨濟宗の釋宗演。曰く眞言宗の土宜法龍。曰く天台宗の蘆津實全。曰く眞宗の八淵蟠龍四師是也。然り而して其臨席運動。上本山管長の權勢を借らず。下堂班。位階の威光に依らずして。其壓抑を受くる最も重く。其迫害を蒙る最も劇く。其艱戰苦鬪の光景も亦た一層悽慘なりし者は。我九州佛教同盟會總代蟠龍八淵師なりき。吾人が本日歡天喜地此總代を迎ゆる。豈に偶然ならんや。

千古未曾有の萬國宗教大會場裡。其身に纏へる玄奥の緇衣。其首に懸けたる燦爛の輪袈裟。其手に持ちたる清秀の日本扇。嚴然肅乎として壇上に立ち。佛陀千載の遺弟子として。日本佛教の代表者として。宗教大會の評議員として。九州佛教徒の總代として。淨土眞宗の英僧として。日本佛教見眞大師の末徒として。熊本法住教社の幹事として。其勇烈の傑資。豪邁の氣宇。雷霆の雄辯。慷慨の精神。靈活の眼光。博大の識見に依りて。大乘佛教の法劍を執り。其法幢を建て。其法雷を震ひ。其法電を曜やかし。其法雨を澎ぎ。其法施を演べ。大乘非佛説の疑難を氷解して以て東北佛教も亦た釋尊の眞説たるを論明し。偶像教の迷謬を彈斥して以て佛陀、法、報、應三身の奥義を顯彰し。小乘的寂滅斷無の誤見を辯破して以て大乘涅槃、常、樂、我、淨の實相を確證し。創造主宰の邪説を排擊して以て佛教因果の大法を詳説し。歐米思想の潮流に向つて東洋佛教眞理の一大新潮流を注ぎ流し。將來其潮流の水色を一變すべき。佛教西漸の先軍に立ち。世界的佛教運動の先障に立ち。日本佛教遠征の先鋒に立ち。其佛教對外策の功勳赫々として。落機山下。ミソシッピー河邊より。煙波浩蕩三千里の太平洋を越て。遥に大東の日帝國に反射し。殆んど將さに我日本舊佛教の積弊舊慣を革新せんとしたる者は。實に是れ我九州佛教同盟會の總代八淵蟠龍師なり。嗚呼吾人が本日仰ひで天に躍り。俯して地に舞ひ。師が凱旋を歡迎するの聲。宛然萬雷の鬪擊するが如く。熊城の天地を震動する豈に天下に對して恥る所あらんや。

嗚呼宇宙人界の萬事。滿足の驕心は退步の暗黑に陷り。不滿足の憤情は進步の光明に達す。是れ古今人事の歷史が證明する所。我黨が本日我黨代表者の萬國宗教大會凱旋を歡迎する。豈に又た其滿足の驕心を斷滅して。其不滿足の憤情を奮興し。益々進步の光明を望んで。前途遥々たる理想の新乾坤に勇進し。最後戰勝の凱歌を唱へざるを得んや。

教祖大聖釋尊の訓誨に曰く。

人隨情欲求於聲名。聲名顯著身已故矣。貪世常名而不學道枉功勞形。譬如燒香雖人聞香香之燼矣。危身之火而在其後。

我同盟會員の全体が。其代表者と共に。前途に向つて誠愼を加ふべきは此釋尊の訓言にあらずや。萬國宗教大會に對する我黨の代表者蟠龍八淵師の歸熊を歡迎すると爾り。仰けば蘇山激怒の噴煙炎々として天を衝き。我黨に向つて萬敵折伏の烽火たるもの丶如し。

次に凱旋偉人八淵師は。其質素にして奥床しき黒色の法衣を着し。其黄金色の光ある爛々の輪袈裟と懸け。其洋行歸の印したる短靴を穿ち。其胸間に銀製の宗教大會評議員證を閃かし。滿腔得意の嬉しき顏を以て。壹萬の歡迎軍が。萬目一線舞ひ立つばかり躍り立つばかりの革新的感情を注ひで。萬人一時に擧げたる大喝采の裡に立ち。嚴々肅々として徐ろに一場の答辭を陳べて曰く。

壹萬の同志諸君。諸君は本日の雨天とも厭はず。九州の全嶋。東西南北より雲合霧集し來りて。淺劣なる衲の爲に斯の如き盛大優渥なる歡迎の式を開かる。衲は此日を以て衲の最も名譽ある。衲の最も輝光ある。衲の最も感謝すべき日なりと信じ。又日本佛教革新軍の曉と報ずる鐘聲となり。東天に輝やける曙光となり。進軍激戰の喇叭手となるべき我九州佛教同盟會が。革新的大運動の紀念日と信じ。聊か諸君の厚意誠情に向つて感謝する所あらん。

曩に諸君が世界宗教の大勢を看破し。佛教西漸の機運を認識し。衲を其總代に推選し。萬國宗教大會代表者派遣の運動を試みらるゝや。反對の徒は舌を爛らし口を焦がし。以て諸君の運動を迫害し。諸君の精神を讒誣し。諸君の目的を阻絶したりしと雖も。佛陀冥護の靈力は遂に迫害者の毒霧を排し。佛教革新の光明は終に反對徒の怨雲を拂ひ。其結局する所は。諸君佛教對外派の勝利に歸し。衲をして大會堂上。世界の各宗教家綺羅星の如き中に立たしめ。衲をして日本佛教萬國傳道の先鞭者たる榮冠を戴かしむるに至れり。是れ諸君の運動が時機に適合したるに依ると雖も。抑も亦た諸君の熱精なる心血傾注の結果ならずんばあらず。

衲は本日此式場に立ち。往を想ひ來を推せば。百感縱橫蝟集し來り。覺へず感謝の聖涙を諸君の心海に濺らさゞるを得ず。

萬國宗教大會の現況及び觀察は如何。衲等大會臨席の結果が如何なる影響を我佛界に與へし乎。又た佛教西漸の機運を如何なる方向に導きしかは。明六日。明後々八日の兩日。報道演説の際詳説する筈なれば。本日此式場に於て喋々するの要を見ず。然れども諸君記臆せよ。萬國宗教大會の現況は。決して彼れ耶蘇教徒狼狽の罵倒たる『茶番狂言』にあらざりしを。決して彼れ瞞内的佛者盲聾の杞憂たる『耶蘇教徒の奸策』にあらざりしと。殊に諸君記臆せよ。衲等日本佛者の臨席は。大聖釋尊の靈光が。將來米水に波動を起し。歐山に氣焔を放つべき。端緒を切り開きしものなるとを。肝に銘じ。膽に刻し。決して忘るゝ勿れ。

明治維新以來。我佛者の歐米に航せし者。少きにあらず。然れども。彼等は飄然たる漫遊者にあらざれば。翩々たる一個の留學生なり。未だ雙肩佛陀の使命を荷ふて。海外傳道の爲め奮進せし者にあらず。換言すれば。彼れ歐米幾億の同胞と佛敎の眞理に感化せんが爲めに赴きし者にはあらずして。彼れ紅毛碧眼の白人種より。學術技藝を傳習せんが爲に渡航せし者なり。一言すれば。彼等に敎ゆるが爲に赴きし者にあらずして。彼等より習うが爲に行きし者なりき

今回衲等の一行は。縱令其臨席者にして。非才。淺學。薄信。弱行。固より其重任に堪ゆるの資格を有せずと雖も。渺々の一身を佛陀に靖献し。十方諸佛の聖使となり。大聖釋尊の忠臣となり。各宗開祖の義僕となり。日本佛敎對外的進擊運動の勇卒となり。以て彼等歐民米族を敎導し。感化し。彼等をして佛陀光明の下に。俯服拜跪せしめんが爲に渡航せしものなり。換言すれば。無始永劫以來。實我的邪神崇拜の迷界に彷徨し。佛陀遺弟の慈眼より看來れば。實に悲むべく憐むべき暗憺悲慘の苦界に墮落せる。肉欲。驕奢。傲慢。娟嫉なる物質文明の暗黑界に耽溺せる。彼等歐米幾億の同胞兄弟姉妹を。其迷界より悟界に導き。其苦界より樂界に救ひ。其暗黑界より光明界に進めんが爲に渡航せしものなり。一言すれば彼等より習はんが爲に赴きしものにあらずして。彼等に敎へんか爲に行きしものなり。

嗚呼滿場の同志諸君。衲は充分此至大至重の任務を全ふしたりとは云はず。然れども幾分此任務を盡したりと云ふ事は諸君の面前は愚か。天下萬衆の面前に公言して憚らざる所なり。滿場の諸君。衲は今回大會臨席の運動を以て我全國佛敎革新軍統一的運動の基礎となし。熱腸義烈なる滿場の我九州佛敎同盟諸君と共に。前途に向ひ奮つて爲す所あるべし。諸君乞ふ佛敎革新の爲に自愛せよ。

壹万の歡迎軍が萬口一時に發せる怒濤の如き。萬雷の如き。鎮火山の噴裂の如き。佛敎萬歲　革新軍萬歲。對外派萬歲。吾黨萬歲。偉人萬歲の聲裡に。八淵偉人は悠然歡迎軍に一禮して壇を下り。玉名歡迎軍の一將城田覺治氏製造の靈雨酒一石樽十本は。混々泉の如くに迸り來りて。歡迎軍の勢を剛し。革新の法雨（春雨の霏々たるを云ふ）益々猛勢を皷する中に。近時九州佛界の花たる『萬國宗敎大會の凱旋者八淵蟠龍師の歡迎會』全く退散す。

熊本三新聞の凱旋偉人歡迎雜報

本誌凱旋紀念の記事に疑を抱くものは。左に掲ぐる翌四月六日熊本三新聞の雜報三項と見よ。蓋し三項は九鼎大呂よりも

重く本誌記事の確實を證明するものとす。如何に熊本社會の鏡面が偉人歡迎の現象を寫せしや。先づ全國地方新聞中の巨人。九州新聞界のタイムスと稱せられし。熊本國權黨の機關九州日々新聞に曰く。

◉八淵蟠龍師歡迎の摸樣　前號所載の如く八淵蟠龍師は昨日高瀨延久寺に於ての演說を濟まし。三番列車にて來熊したるが。高瀨以南の各驛には孰れも歡迎者雲の如く煙火を打揚げて歡迎の意を表するなと。中々の盛況なりき。熊本驛の如きは分けて歡迎者多く。其雜沓實に名狀す可かからず。驛員其取締まりに困却せし摸樣なりき。斯くて同師を載せたる腕車は直ちに本山河原の歡迎場に向ひたるが。其の道筋は善男善女前後を擁し通行にも差支ゆる位ひなりし本山河原の歡迎場は河原に幔幕を張廻ぐらして。三角形の彩旗を竿頭より三方に垂下し。場の中央にはテーブルを置き。其上に花瓶を据へ。咲き亂れたる桃櫻を交錯して活けたるなど。其裝飾中々見事なり。偖て此處には八淵師の來着に先ち。降りしきる雨を物ともせず。雲霞の如き歡迎者ヒシ〳〵詰め掛け居り。九州佛敎同盟會總代平野摑綱氏。國敎雜誌記者森直樹氏場の中央に設けたる演壇に進み。各々歡迎の辭を朗讀したり。暫らく有つて八淵師の車雨を衝ひて來る。師は直ちに腕車を下り。案內者に伴はれて場內に入り。演壇に進んで歡迎者に向つて其芳志を謝し。米國宗敎大會の事に付其大要を述べ。尙ほ詳細は後日報道に及べしとの簡單なる演說をなし。其れより直ちに一日支店の宴會に赴むきたり。

次に九州のタイムスと對抗せる。熊本自由黨の別働機關九州自由新聞に曰く。

◉八淵蟠龍師の歸熊　米國シカゴ府に開會せし世界宗敎大會に列席し。新佛敎の爲めに万丈の氣焰を吐き。歸朝後京坂間に往來して宗敎上の運動に寧日なかりし。當地法住社の幹事八淵蟠龍師は。豫記の如く昨日下り三番列車にて歸着したり。當日は兼て本紙上に記せし如く。九州佛敎同盟會員主として斡旋の勞を取り。縣下の歡迎員數千人は例刻に先立ち。熊本驛に充ち〳〵て今やおそしと待ち兼たり。滊笛嚠喨列車の熊本驛に近くや。花岡山頭より十發の煙火を打揚げ。列車驛に着するや音樂の聲洋々と起り。師は兼て設けある廣瀨回漕店樓上の休憩所へ赴きしに。數千の歡迎員は停車場より一直線に同店まで整列し。折りしも驟雨雷鳴なりし爲め非常の雜沓と極めたり。師は暫時休憩の上。兼て設けある本山河原の歡迎場に臨み。短簡なる一場の挨拶をなし。續ひて演說ある筈なりしも生憎に雨天なりし爲。充分のこと行はれず。兼て用意せし千の字の天を拔ぎ。一同祝酒を傾け。夫れより一日支店へ移りて宴會を開きしに。これ亦た非常の盛會にて一同夜に入りて退散したりといふ。

◉八淵師の服裝と宿所　昨日歸熊したる八淵師は黑色の粗衣をつけ。胸間に一の徽章とかけ。風采依然舊時の蟠龍師にかはることなし。一日支店開宴の後。師は上通町ぬし屋に投宿したり。

次に九州新聞界の古顏。實業的中立主義の熊本新聞に曰く。

◉八淵蟠龍師歸着す　豫定の如く八淵蟠龍師は昨日下り三

番列車にて數千人の出迎人に擁せられ。午後二時頃熊本驛に着せり。着するや花岡山頭に於ては煙火を打揚げ。出迎人は幾千ともなく。細工町以南は引きも切れざりし。師は一應廣瀨回漕店に休憩したる上。直に國教社に赴きたり。

以て三新聞が佛教に對する感情の厚薄如何を察すべし以て三新聞が記事の巧拙。探報の精粗如何を斷ずべし。吾人は當日歡迎軍の一卒として。謹んで三新聞記者諸氏の厚意を感謝す。謝すと同時に三新聞の記事悉く歡迎軍の生命たる旗の如何に及ばざりしは。吾人の大に歎惜する所。

一日支店の特別歡迎會

本山河原の歡迎式場より。車を驅り雨を衝ひて。凱旋偉人の特別歡迎會場。阿彌陀寺町一日亭支店の樓上に來會せるもの。其數都合百八十一名。其人物は九州佛教同盟會の錚々家にあらざれば熊本法住教社の熱心者。國教の唱道する革新的同志にあらざれば。凱旋偉人の血誓的親友。而して何れも意氣天を凌げる。本日歡迎軍一方の旗頭にあらざるはなし。既にして歡迎軍若武者等十有餘名の斡旋に依り。一種奇絶なる左の如き。

萬國宗教大會

法雷轟落機山巓

八淵蟠龍

特別懇親會券

偉人歡迎

法雨漲美槃巖湖畔

臨席之凱旋者

紅色の會券は。左の如き來會者の手に握られ。

○大道憲信 ○大久保含海 ○平野摑綱 ○菊池眞龍
○磨墨體量 ○龜光誓成 ○緒方大圓 ○隈部了宏
○隈部志實 ○三牧實量 ○三牧湛然 ○清住敎念
○田尻 虢 ○廣海 集 ○橘 逸夫 ○石浦僧禪
○川尻了響 ○山隈覺音 ○光永公城 ○岩倉惠念
○蓮澤徹道 ○山來多宜讓 ○梅昭暐曄 ○石浦桃巖
○木庭 充 ○家鄉泰巖 ○藤院大了 ○受樂院圓
○受樂院篤 ○藤院大携 ○佐々木忍鎧 ○木尾眞純
○藤院大誓 ○齋東眞演 ○石浦 甫 ○新道義海
○法尋 道 ○渡邊遊林 ○村上全性 ○寺尾靈妙
○大塚最勝 ○德成大策 ○楠本法道 ○楠本昇道

○德尾諦了 ○藤生聰明 ○迦統慈雲 ○藤生泰赴
○眞守　定 ○大關曉成 ○曉　諦元 ○三牧觀量
○隈部了海 ○岩下謙讓 ○志垣大暢 ○小田到岸
○須藤　亨 ○星子嚴密 ○本山琛映 ○法　曉浮
○齋藤東臨 ○古莊正壽 ○平野粱廣 ○本田實證
○大法諦雲 ○眞野式應 ○林　寂映 ○加藤大心
○寺本寬誓 ○德永　近 ○內田達行 ○寺本徹映
○城　道元 ○本山知英 ○豐後巍鏡 ○橘　猛
○北御門宗正○多田深諦 ○隈部至誠 ○本山貫練
○井上仁誠 ○森山一乘 ○志垣　弘 ○瑞穗慈雲
○月　泰鳳 ○田宮菩巖 ○後田敎覺 ○瀨戸徹道
○金子惠敎 ○龍岡英巖 ○福山正登 ○山本四五六
○福嶋利儀 ○武藤芳雪○山下門右衛門○祇川長九郎
○泉　源了 ○泉　源裕 ○篠　方策 ○德尾貫針
○祇川格次郎○淺山清喜 ○高田勝平 ○本田紋造
○田代理七郎○城田覺治 ○廣瀨熊喜 ○菊池　適
○隈部日圓 ○森　直樹 ○小幡　廣 ○山田安間
○井芹勝海 ○大道光麗 ○橘　由之 ○桃井幻象
○熊谷觀念 ○林田政太郎○奧村健次郎○味木長平
○中村武一郎○原田直太郎○馬原仙三郎○高倉利八
○米村初太郎○德永權太郎○岡本五郎藏○赤星彌五平
○服部巳太郎○蜷川友一郎○渡邊榮一郎○岡本大作
○松岡甚三郎○中原只八 ○寺尾新平 ○重村源次郎
○三浦茂三郎○三浦勝三郎○淺山源四郎○件　健司
○上田三寶 ○濱田　格 ○中川　貢 ○赤星只彥
○明新儀平 ○今村雲峯 ○渡邊實造 ○宮本繁次
○宮本勝平 ○宮本彥七 ○大內傳平 ○相馬光造
○坂井文太郎○植田多聞 ○木村林平 ○前田文平
○土田政治 ○田中惣四郎○本田作平 ○三津本儀七
○有次滿象 ○田代甚四郎○田代彌一郎○田代市太郎
○田代利作 ○板井重藏 ○宮川健太郎○緒方熊二郎
○山隈愼吾 ○山隈和直 ○大塚辰藏 ○中西壽助
○渡邊仁平○須佐野初太郎○大久保德乘○八淵五龍
○川尻二空 ○池田喜一郎○內藤新十郎○岩佐才兵
○浦田爲二郎

歡聲。笑聲。洋々沸くが如き中式場全く整頓す。是に於て乎。藤院大了氏は華麗の洋裝にて壇に進み。始に長崎縣の高德月泰舒師寄贈の歡迎偉人詩を朗吟し。次に長崎縣南高來郡同盟會員總代の歡迎文を朗讀し。次に福岡縣夜須郡甘木町佛敎大道會長橋本勇太郎氏の祝電『八淵師の凱旋歸朝を祝す』を朗讀し。最後に長崎縣北高來郡同盟會員總代大倉東洋氏寄贈の歡迎文と朗讀す。其文に曰く。

八淵蟠龍師の歸態を祝す

大倉東洋

九州佛敎同盟會ハ我邦豪邁ノ傑士佛海博德ノ高僧タル八淵蟠龍師ノ飯態ヲ報セリ忽チ銀杏城下ノ停車塲ニ走リ日本佛敎遠征先登者ノ凱旋ヲ謳歌セント欲スト雖モ山河遠ク相隔タリ加フルニ敎會事務多端タルヲ奈何セン於是蕪辞ヲ呈シテ師ノ飯態ヲ祝セント欲ス

想起ス昨年仲冬ノ候ナリキ。端書一報東肥ヨリ來ル。曰ク八淵蟠龍師ハ八月ヲ以テ萬國宗敎大會遠征ノ途ニ上レリト。吾此報ヲ耳ニシ嘆シテ曰ク。嗚呼是レ古今未曾有ノ壯圖。師ガ雷名ハ忽チ世人ノ耳盈ニ轟キ。日本佛教ニ無雙ノ高僧アルヲ知ラシメン。是レ獨リ師ガ一身ノ名譽ノミナラズ。我邦佛教ノ名聲之ニ依リテ振ヒ。我邦ノ國光亦タ之ニ依テ輝クヤ必セリト。吾聞ク苦境ヲ踏マザレバ至大ノ功勳ヲ奏スル能ハズト。日本佛教ヲ代表シテ萬里ヲ旅スルハ實ニ甚難中ノ甚難。冒險中ノ冒險ナリ。若シ夫レ一歩ヲ過マランカ。歐米人種ガ疑惑セル大乘非佛説ノ妄迷ヲ氷解スル能ハズ。大乘佛教ノ眞理ハ衆機ヲシテ法雨ニ潤ハサシムルヿ能ハズ師ノ任モ亦タ重哉。師ヤ是レ携フル所一箇ノ革嚢ニシテ。期スル所佛教宣揚ノ重任ナリ。而シテ悠然天涯萬里ノ大陸ニ向テ。萬國宗教大會ニ臨マル。其一度公會ニ臨ムヤ。六大洲ニ現存スル諸宗教ノ委員中。獨リ卓然トシテ意氣堂々。滿場嘀采ノ中ニ佛教ノ眞理ヲ宣揚シ。數萬ノ歐米人士ヲシテ忽チ佛陀ノ甘露法水ニ浴スルヲ得セシム。是レ大法西漸ノ氣運ヲ推進スル第一着歩ナリ。師ガ勳績實ニ大ナリト云フ可シ。而シテ吾人ハ師ガ東都ニ皈ルノ報ヲ得ルヤ。欣喜ノ情勃然トシテ胸間ニ湧キ。手舞足踏殆ンド我アルヲ知ラズ。一日千秋首ヲ伸シテ師カ皈熊ヲ待ツ。而シテ今ヤ此ノ風景絶美ナル銀杏城下ニ迎フルヲ得タリ。嗚呼英邁ノ傑士。博德ノ高僧。內外歐米人士ノ迷夢ヲ醒マシ。大法西漸ノ途ヲ開通シ。日本佛教ノ名聲ヲ發揮シ。內佛陀ノ使命ヲ全フシテ佛祖ノ大恩ヲ報ジ。外邪教ノ偏僻ヲ挫ヒテ破邪ノ目的ヲ遂シ。皈朝ノ後ヲ忽チ東西両京ノ教界ヲ風動シ。今ヤ雙肩ノ重任ヲ全シテ故山ニ歸レリ。無情ノ峯轡モ靄然トシテ師ガ來ルヲ迎ヘ。無心ノ江河モ洋然トシテ師カ歸ルヲ祝ス。吾等同盟者ノ歡情果シテ如何ゾヤ。銀杏城下群衆蹈ヲ接シテ立錐ノ地ナク。歡聲一時ニ起ツテ百雷ノ墜ルガ如ク。擧首シテ師ガ來着ヲ歡迎スルナルベシ。而シテ余獨リ盛容ニ接シ。師ガ勇壯ノ氣眉宇ニ溢レ。健然無恙ナルヲ見ル能ハズ遺憾痛傷措ク所ヲ知ラズ。玆ニ唯一片ノ無辭ヲ呈シテ。日本佛教遠征先登者ノ凱旋ヲ祝スト云爾。

次に歡迎軍の若武者小幡廣氏は。短褐破袴。眼光爛々。薩人的音聲を叫び。在東京本誌印刷者甲斐方策氏の寄贈にかゝる。新奇なる左の歡迎文を朗讀す。

萬國宗教大會の凱旋者
火洲八淵師を歡迎す

甲斐方策

嗚呼昨年八月四日。我九州佛教同盟會が經營慘憺。櫛風沐雨の末に派遣したる。萬國宗教大會の臨席者。火州八淵師は歸れり。世界宗教の實勢を通觀して靈眼更に靈を加へたる。火州八淵師は歸れり。大小二乘の教理を説明して佛縁を結び。佛種を播きたる。火州八淵師は歸れり。歐米社會の上に銳敏なる觀察を下し。其缺點と弱點とを看破したる。火州八淵師は歸れり。佛教に對する彼れ泰西人實際の感情を察知して布教の方略を確定したる。火州八淵師は歸れり。歐米物質的文明に一鞭を加へて。精神的文明に向ふの動力を與へたる。火州八淵師は歸れり。十九世紀の暮日を送る入相の鐘となり。二十世紀の曉光を迎ふる天鷄の聲となりたる。世界有形無形諸大會の臨席者。九州佛界の偉人歸れり。其言論。舉動。効績は永く世界の歴史に殘る可し。吾人九州佛教の同盟者たるもの。將に凱歌を奏し。鬨聲を擧げ。以て當初誣妄の言を放ち。迫害の手を伸ばしたる保守的頑迷者流と警醒せざる可んや。

然りと雖も勝て兜の緒を締めよとは遠識ある將士の常に服膺する金言。況んや當代の佛教徒は海の内外。萬種の大任を負擔するものをや。請ふ見よ海外問題には單純なる布教と殖民的布教とあり。海内問題には教理上の革新と制度上の革新とあり。其制度上の革新には亦根本的革新と枝葉的革新とあり。吾人が火州翁に望む所のものは實に根本的革新に在り。依之觀之。師が今回の歸朝は。眞に淵氏の蟠龍が。世界の道德。實業。人情等を達觀して。沖天の準備を終りたるの時なり。されば彼を坂に迎ふるも。軈て亦彼を門に送らざる可らず。今彼を迎へて懽呼するは終局の目的を達したるに非ずして。世界的佛教運動の大基礎確立したると賀するなり。若し夫れ今回の歸朝を以て彼れが能事畢れりと爲すが如きは。火州を知らざるの言なり。九州佛教同盟會を知らざるの言なり。

嗚呼世界の元氣は亞細亞に在り。亞細亞の元氣は日本に在り。日本の元氣は九州に在り。九州は日本を左右し。日本は亞細亞を左右し。亞細亞は世界を左右するとを得可し。政治然り。教育然り。實業亦然り。宗教豈に特り然らざるを得んや。佛教豈に特り然らざると得んや。否余は去月來火州翁と共に。佛教策進の事業は。吾人九州佛教徒に非れば能はざるの事實を確めたり。

嗚呼我が敬愛する火州八淵師が宗教大會より歸着したるは實に昨年十月にあり。爾來數閲月。東西兩都に跨り。佛教の内治外政に關じて萬丈の光燄と發揮したり。數月來東都地大いに震ひしは。蓋し天地も亦偉人の熱誠に感動したるものか。

今や師は師を送りたる數萬の同盟者に迎へられて。九州の山川亦爲めに百層の笑を添ふ。

頃日蘇岳の鳴動するは。想ふに宗教大會の凱旋者たる九州佛界の偉人を歡迎する。天地自然の祝砲にやあらん。之を歡迎の辭と爲す。

次に菊池適氏は。矯捷なる矮軀。質朴なる洋裝。往年石狩河邊。鋤犁を採りて。湖風と戰へる拓殖的氣慨を勵まし。九州佛教同盟會青年總代として。勇壯なる左の歡迎文を朗讀す。

八淵偉人ノ歸熊ヲ歡迎ス

菊池適

萬國宗教大會臨席ノ凱旋者。日本佛教ノ勇將蟠龍八淵師ハ。全國革新軍希望ノ眸ヲ其双肩ニ荷テ。今ヤ全ク我銀杏城下ニ歸着セリ。是ニ於テ乎我九州全嶋ノ同志ハ。本日ヲ以テ熊城ノ東。託麻原頭。遠ク阿蘇ノ噴煙ヲ望ミ。近ク畫湖ノ碧波ニ對スル邊ニ於テ。旌旆天ニ接シ。歡聲地ヲ動シ。法劍日ニ輝キ。法鼓空ニ響ク。歡迎ノ盛會ヲ張リ。蟠龍翁ノ大會凱旋ヲ謳歌シ。其勳勞ヲ表彰スルニ至ル。吾人不肖亦タ此盛會ノ席末ニ列シ。歡喜ノ極。舞ヒ上リ躍リ起ツテ。歡迎ノ大音聲ヲ發ス。

長驅奮進北米ノ新自由國ニ航シ。美紫巖湖畔ノ閣龍美術館内。綺羅燦々晴空ノ星ニ似タル。萬國宗教者列席ノ群ニ入リ。激セズ抗セズ從容トシテ慈悲ノ温風ヲ滿場ニ送リ。屈セズ恐レズ泰然トシテ遺弟ノ念願ヲ白人ニ傾ケ。我邦佛教萬國傳道ノ先鞭ヲ着ケ。歐米思想ノ大海ニ向ッテ佛教眞理ノ一滴ヲ注ギ。此汪洋淼茫タル大海ニ游泳シテ。將來世界宗教大勢ノ傾向ヲ探リ來リタル者ハ。實ニ是レ我黨ノ代表者蟠龍八淵師ニアラズヤ。

吾人ハ八淵師ノ大會凱旋ヲ以テ。日本佛教遠征ノ曙光ト認メ。歸朝後ノ運動ヲ以テ大帝國佛教革新ノ警鐘ト認メ。將來ノ運動ヲ以テ世界佛教傳播史上ニ最大ノ脚痕ヲ印スルモノト信ジ。聊カ精神的大歡迎ノ祝砲ヲ轟シ。一ニハ井蛙管見的頑徒ヲ覺醒スルノ烽火ニ代ヘ。以テ八淵偉人ノ歸熊ヲ歡迎ス。

次に山田安間氏は。恬淡の風采。沈深の資性。靜々壇に進み。温然可愛の音調以て。左の如き婉曲。和樂。優麗なる一種超凡の文体。俗言。雅語縱横自在に活用して。天眞の性情を流露せる類似和文の長章を。九州佛教同盟會の本縣玉名郡青年總代として朗讀せり。其文の趣味津々として餘韻の嫋々たる。宛然清泉の溪間を走るが如く。凉風の炎天に吹くが如く。禽鳥の深山に囀るが如く。野花の田村に笑ふが如く。毎句毎章滿場感嘆の聲鳴りも止まざりし。即ち其文に謂へるあり。

八淵將軍を歡迎し
序に同志諸君に告ぐ

山田安間

去年の夏新緑蓊鬱たるの頃。滿腔の望を以て喜び勇むで將軍出陣の首出を祝したる吾人は。何の幸か陽春三月櫻の花のさしこぼれたる今日。又もや喜び勇むで將軍凱旋の軍歌を歌はざる可らずなりぬ。

吾人は必ずしも將軍が萬里の波濤を蹴破したるを言はざるべし。其の美紫岸湖畔大會堂上。吾佛敎をして九鼎大呂よりも重からしめ。進むで佛陀の妙光を白人の腦裡に照被せしめたるの偉勳を頌揚せざるべし。其炬の如きの烱眼。宇内の大勢を達觀し。社會の眞相を洞看したるを稱せざるべし。其の紛々たる俗論を排して。宗教的移民拓殖の急務を喝破したるの明と勇とを稱せざるべし。左れど試みに問はん。空しく英雄一片の名殘を留めて。新自由國を後に遺し。勇ましくも凱歌を奏し。渺茫たる太平洋心を破りて歸るの時。白扇倒懸東海天と人も咏せし。秀靈なる富士の高峯が。暎日帶雪嬋妍の風姿を以て。ニコリと歡迎を試みし。其時の將軍胸奥の感如何を。

十一月一日歸朝の報は傳へられたり。左れど東の間とても戰馬の足を息むる暇のあらばこそ。東西両京の間に轉戰して。到る處新勝利者の餘勇は試みられたり。蓋し働かんが爲に生れたる將軍は。生來四十幾年未だ世に安逸の娯たることを解せざるなり。其の全帝國を震撼風動したるが如き。之を言ふものこそ却りて愚なれ。

歡迎々々又歡迎。到る處歡迎聲裡に包まれたる將軍を。又もや吾人九州の田舍漢は歡迎を試みんとす。言ふ勿れ田舍の料理は口に合ふまいと。夫れ郷は一種のインスピレーションなり。吾人と將軍との關係。又容易に門外漢の窺知する處にあらず。吾人嘗て夢に將軍に見ゆ。（蓋し歸朝後初めてなり）眼は涙の露を以て濕され。口は吃りて言ふ能はず。あゝ此の涙こそ。此吃りこそ。吾人多くを言はず唯知る人ぞ知る。況んや阿蘇の山は一きは勇ましく。萬丈の光燄を噴ひて。將軍能くも歸りませし。實に逢ひたかつた。天下の英雄は唯使君と我とのみと言ひたげなるに至りては。吾人は實に羨殺妬殺せざらんと欲するも能はざるなり。

吾人素より井底の痴蛙又何をか知らん。左れど暗憺たる黒天。時としては猶は一道の光線。密雲を破りて地上に射來るが如く。世上幾多先輩の高論と社會の實勢とは。間々吾人の盲眼に映じ。聾耳を貫く事なきにあらず。縱橫六大州。上下三千載。未だ嘗て宗敎程至高至大至深至要なるはあらず。天其の高を失ひ。空其の濶を失ひ。海其の深きを失ふ。宗敎は總ての物の根本なり。政治何者ぞ。學術何者ぞ。將又國家何者ぞ。輕重大小固より議すべからず。小は一人一家より。大は國家世界に至るまで。其の消長の根機一に宗敎にありて存す。渾圓球上宗敎の數蓋し少からず。左れど優勝劣敗の自然淘汰を經來りて。詰まる所西の大關耶蘇敎と。東の大關吾佛敎との二となる。見よ宗敎統一の聲は高く天外に叫ばれつゝあるにあらずや。あゝ西の大關勝つか。東の大關勝つか。今後世界の大活劇は。正に此一事に有て存す矣。

回顧すれば三十年前。深く桃源洞裏に安眠して。太平の夢を貪りし我島帝國が。浦賀一發の砲聲に遽然長夢を破りて。目擦り〳〵大世界を眺むるや。何一として驚絶駭絶せざるはなかりき。滊車で御座る。滊船で御座る。電信で御座る。郵便で御座る。鍊瓦屋で御座る。自由で御座る。民權で御座る。立憲の政治で御座る。果は耶蘇敎で御座る。

滔々汩々。一瀉千里の猛勢を以て。泰西文明の潮流は流れ込めり。咎むる勿れ。一部の人士が頑固偏僻の洞窟に引籠りしを。責むるを休めよ。一部の人士が西洋崇拜の魔海に押流されしを。是寧ろ當然の事のみ。爾來我國は文明のレールに登れり。進一進脚步は早まれり。所謂西洋人が評して以て長足の進步となすもの卽是なり。睡眼はサッパリ醒されたり。性根はシッカリ慥になれり。眼と手とは働けり。旣にして洞徹大語曰く西洋恐るゝに足らず。日本男兒宜く世界の覇權を握るべしと。何事ぞ彼れ軟弱の腰拔け。一派進步の何たるを解せず。神州男兒の本領を知らず。漫然相唱和して曰耶蘇敎は文明の宗敎なり。旣に物質的文明に於て彼れ西洋に取りし大和民族は。更に進んで精神的文明に於て彼れに取らざるべからず。西洋流義は先天的に善なり。東洋流義は先天的に悪なりと。耶蘇敎が泰西文明の虎威を頂上に頂ひて。滅多威張りに威張ると。世人の冷評するは。夫れ此邊の意味なるか。道に古今の隔なし。眞理に東西の別なし。今や決して頑僻輕躁の愚論を吐くの時に非ず。漫に裝飾を事として俗流の耳目を眩惑するの時に非ず。西の大關と東の大關とは。宜しく共に赤條々の眞裸となり。花々しく。男らしく。第二十世紀の片屋に於て勝敗を決せざる可らざるなり。吾人は再言す。井底の痴蛙世界の大勢を知らず。然り知らずと雖一時中天に懸りて皎々の明を放ちし耶蘇敎の大月も滿れば欠る世の習にや。何となく衰頹の運に傾き。先見ある識者として。寥々山の端に隱れんとするの悲境を。豫想せしむる至りたるは事實なり。而して佛敎は一たび印度に蹂まれ。再び支那に躪られ。三たび日本に於て正に腐れんとして。皮相の論者をして佛敎の運命も最早是迄なりと放言せしめたるにも係らず。西に南に東に北に。紫山旭山を朶んで万象漸々新なるもの好象を呈しつゝあるは事實なり。是果して何の兆ぞ。井底の痴蛙固より知るべくも非ず。只以上の事實と確知するのみ。

何の幸ぞ。吾人此大有爲の時機に際會し。眞理の義兵となりて。敢て涯分の力を盡すを得んとは。人生の面目豈是に過れることあらんや。吾人が今眞理の義兵と呼ぶもの。單に宗教家をのみ指すに非ず。政治家にせよ。軍人にせよ。農夫にせよ。商賈にせよ。婦人にせよ。小兒にせよ。凡て佛教大旗幟の下に集る人士を包括するものなり。世界は戰塲なり。人類は兵卒なり。あゝ我黨幾億の人士よ。殊に九州十萬の同志よ。進軍の喇叭は吹かれたり。借問す肉躍り骨舞ふの感なきや否や。膽魂の夜泣する氣遣はなきや否や。雖然此戰たるや決して一時の小競合に非ず。最も大なる最も永き戰なり。決して血氣にはやりて討死さへすれば。夫にて濟と云が如き雜作もなき戰に非ざるなり。左れば是が兵卒たるもの又多少其赴を異にする處なかるべからず。

多謝す九州十萬の同志諸君。諸君の熱心なる彼れ八淵をして。吾人同志の代表者として。宗教大會に臨席せしめたるを。多謝す蟠龍君。君が上は佛陀の使命と。下は吾人同志の囑托に能くも答へたるを。左れど聽け爲せども爲せども盡せぬものは吾人々間の職分にぞある。あゝ任は重く道は遠し。這般の擧の如き。僅に其一小部分を盡したるに過ぎざるなり。

諸君其の大畧を了するに至ては。宇内の大勢固より常に掌上に弄せざるべからず。然れども其精微を究むるの點。蠶絲を割ぎ。牛毛を剖つの概なかるべからず。代表者を世界の公堂に立しめたるは。固より吾人同志當行の事なり。左れど山家村裡七十の老媼を對手として。一片の赤心涙と共に道を語るを忽にするが如き事あらば。不肖實に諸君の爲に取らざるなり。口に眞理を唱へ。妙法を理して。其私行の如き措て顧ざるが如きとあらば。不肖實に諸君の爲に取らざるなり。飽くまで妙法を聞くも一の實行なく。職分と重んじ。職分を盡すを知らざるが如き事あらば。不肖實に諸君の爲に取らざるなり。八淵は流石に男なり。然り男なり。決して金箔塗りの偶像に非ず。漫に彼を賞賛し。彼を崇拜して魂を取らるゝが如き事あらば。不肖實に諸君の爲に取らざるなり。八淵何者ぞ。中年の諸君は皆幾多の八淵に非ずや。諸君彼山を見ずや。幾多の峰巒は層々疊々として地盤より漸く上に登れるに非ずや。漸く上りて漸く小。而して最頂上に行合せたるもの。是れ第一峯に非ずや。諸君と八淵との關係又斯の如きのみ。唯諸君は下層。若くば中層に居り。八淵は上層に居るが爲に。何となく高き樣な心地のするものなり。其實頂上に居合ふたる八淵の僥倖のみ。是只中年の諸君に向て云のみ。青年諸君に至ては望更に大に且切なり。繼續者たる青年諸君。八淵位は胴籠として腰に下るが如き人物。諸君の中より續々輩出せざるべからず。否必輩出すべきを信ず。八淵は決して諸君の履の紐だに解き得るものに非ず。請ふ奮勵一番。深く自重自任せよ。要之吾人の眼中唯一佛教あるのみ。將軍も之が爲に行き。之が爲に歸り。吾人も之が爲に將軍を送り。之が爲に將軍を迎ふ。今日の盛大なる歡迎會も之が爲に開かれ。吾人又之が爲に此處に立つ。吾人は決して佛教を以て將軍に私せず。否何人にも私せず。否々世界の人類は永劫無究之が爲に働かざるべからず。是實に人間の職分なり。人間の目的なり。人間の理想なり。歡迎會場に臨んで。敢て肺肝を披陳すると如斯。言辭狂暴幸に恕せよ焉。

第五番に熊谷觀念氏。羽織袴の書生裝。九州佛教同盟會本縣山鹿郡青年總代として。左の如き活氣躍然たる歡迎文を朗讀す。

玆ニ萬國宗教大會臨席者火洲八淵蟠龍師ノ歡迎式ニ臨テ聊カ微衷ヲ述ブ

熊谷觀念

嚮ニ我東洋佛界ノ一大偉人。萬國宗教大會臨席者蟠龍八淵師ガ。天雲萬里横ニ太平洋ノ狂瀾ヲ破リ。怒濤ヲ蹴リテ恙ナク凱旋ノ錦纜ヲ横港ニ繋グヤ。其報ハ忽チ電トナリ疾風トナリテ。海内幾萬佛徒ノ睫眉ニ閃キ。鼓膜ヲ衝動シタリ。於是乎海内幾萬ノ眞正佛教徒ハ。一齊躍起。宛モ太神ノ巖戸ヲ排ヒテ微笑シタルガ如ク。師ノ爲メニ歌ヒ。師ノ爲メニ舞ヒ。師ノ爲メニ感謝シツヽアリ。爾リ而シテ今ヤ師ノ法輪ハ熊城ノ下ニ轉ジ。師ノ法幢ハ花陵ノ絶頂ニ飜ラントス。不肖ノ吾儕モ亦タ豈ニ一片ノ頌意ヲ表セザルヲ得ンヤ。

顧フニ釋師蘆津師土岐師何人ゾ。抑々三師亦タ師ト倶ニ反對迫害ノ壘壁ヲ轟破シ。八面攻擊ノ重圍ヲ擊破シ。彼レルーテルガ所謂『タトヒ惡魔ノ數ハ。ウオムーズ全都ノ瓦ノ如ク多クモ。余ハ進ムデ其ノ地ニ到ル可シ的』眞正信仰ノ熱火ヲ吐ヒテ。勇猛奮進。天雲萬里ノ太洋ヲ横斷シ。長途ヲ踏破シ。快ヨクロツキー山ノ風ニ迎ハレ。ミシガンノ水ニ誘ハレ。宏壯偉觀。鬼ノ巖屋然タルアートパレスノ公會ニ於テ。威儀堂々佛陀勇猛ノ威風ヲ表シ。悲愛澤々佛陀攝取ノ慈悲ヲ彰ハシ。彼レ東ヨリ西ヨリ南ヨリ北ヨリ集リ來リタル世界各宗教ノ信者ニ向ヒ。世界大預言者ノ徒弟タル清信士女ニ對シテ。各自獨特ノ靈唇ヲ發キ。妙舌ヲ轉ジテ。佛陀ノ最高至妙ナル眞理ヲ彼等ノ理性ニ徵シ。彼等ノ情感ニ訴ヘ。以テ彼等ノ腦裡ニ佛陀大慈ノ大圓光明ヲ印象セシメ。以テ彼等ヲシテ慈悲博愛平等正義ノ觀念ヲ惹起セシメ。以テ彼等ヲシテ偏僻論爭ノ暗雲ヲ排除セシメ。以テ彼等ヲシテ反省的ニMillenniumノ時機ニアラザルヿヲ覺知セシメ。以テ彼等ヲシテ慚愧的血涙ヲ絞リ。羨望的苦笑ヲ放タシメタル者。夫レ此ノ數師ニアラズヤ。嗚呼吾儕ハ玆ニ八淵師ノ大功偉動ヲ頌シ。師ノ法輪法幢ヲ歡迎スルト倶ニ。他三師ノ高德ヲ頌シ。三師ノ功勞ニ感謝セザル可ケンヤ。

然リ而シテ今ヤ三師ノ胸中如何。吾儕ノ狹見淺識以テ三師ノ胸中云何ヲ知ル能ハズト雖。八淵師ガ榮光ノ冠冕ハ煌々爛々トシテ社會ノ人心ヲ集注シ來リタルヿ彼レガ如ク。師ガ名望ノ旗幟ハ飄々搖々トシテ社會ノ耳目ヲ聳動シツヽアルヿ彼レガ如ク。眞個ニ名稱普聞ノ活劇ヲ演ジツヽアル時ニ於テ。比較的眼孔ヲ放チテ三師ノ近狀云何ヲ觀察シ來レバ。慶意一轉。愁眉セザラント欲スルモ能ハサル者ナリ。三師固ヨリ活動ナキニアラザル可シ。然レドモ吾儕ハ三師ガ八淵師ト倶ニ最大活動アランヿヲ希望スル者ナリ。三師ノ名望固ヨリ顯赫ナラザルニアラズ。然レドモ吾儕ハ三師ガ八淵師ト倶ニ最大名望ノ擧ガランヿヲ希望スル者ナリ。否當ニ吾儕ノミナランヤ。社會ノ大勢氣運ハ既ニ已ニ希望ノ紅顏ヲ呈シツヽアルニアラズヤ。

見ヨ内ハ頑固卑屈ナル僞佛教徒ガ汚臭極マリタル政教混亂ノ運動ヲ試ミントスルガ如キ。曹洞宗分離非分離騷擾事件ノ餘燄ガ未ダ消ヘ去ラザルガ如キ。某新聞記者ガ御都合的樂天主義ヲ主張セントスルガ如キ。教育宗教衝突ノ結果ハ彼基督教徒ヲシテ激動セシメ。愈々該教徒合從的傳道ノ光燄ヲ吐カシメツヽアルガ如キ。緻密實驗ナル哲學科學ノ猛卒ガ。空漠疎大ナル東洋學術ノ壘壁ヲ擊破セントシツヽアルノ影響ハ。遂ニ我佛教界ノ天地ニ波及シテ。懷疑的氣運ヲ促シ來リタルガ如キ。外ハ佛陀迦耶興復事件ガ將ニ實行セラレントスルガ如キ。這般ノ宗教大會ノ如キ。其ノ他種々錯雜枚擧スルニ遑アラザル諸現象ノ如キ。一トシテ卓眼。活識。勇往。猛決ナル諸師。及ヒ諸師ヲ奉戴シツヽアル佛教信徒ヲシテ。活動力ヲ衝激セザルノ現象ナランヤ。

嗟呼吾儕ハ茲ニ濛々タル阿蘇霧島ノ白烟ト倶ニ。洋々タル玖摩筑後ノ諸川ト倶ニ。喇喨タル濱笛船笛ト倶ニ。青松白沙箱崎ノ雅趣ト倶ニ。耶馬溪ノ風光ト倶ニ。午眠ヲ覺破シ。山壑ニ轟クノ砲聲ト倶ニ。瓦屋櫛比熊都數萬ノ家棟ト倶ニ。突兀雲ヲ抉グノ城櫓。尖立星ヲ衝クノ避雷針ト倶ニ。飜々飄々タル六色佛光ノ旗幟ト倶ニ。歡迎シツヽアル幾萬ノ佛教徒。八淵師ノ爲メニ歌ヒ。師ノ爲ニ舞ヒ。師ノ爲ニ感謝シ。師ノ爲メニ奮ヒ。師ノ爲メニ起ツト倶ニ。釋、蘆津、土岐三師ガ名望ノ旗幟ハ隆々盛々トシテ鳴リ。眞個ニ三師ガ榮光ノ冠冕ハ煌々爛々トシテ輝キ。以テ社會ノ人心ヲ集注シ。以テ社會ノ耳目ヲ聳動シ來ランヿ。吾儕ノ希望ニ堪ヘザル所ナリ。本日八淵偉人歡迎ノ式ニ臨ンデ。聊カ慶意ヲ表スルト同時ニ。他ノ宗教大會臨席ノ諸師將來最大ノ運動ヲ希望スルヿ爾リ。

次に金子惠教氏は。勇氣勃々壇に顯はれ。九州佛教同盟會福岡縣總代として。簡短なる一場の歡迎演説をなして曰く。

滿場の來會諸君。予は昨日渡瀨より八淵師と同道し來れる福岡縣の同盟員金子惠教と申す者なり。本日此式場に列し欣喜の極一言を陳して。八淵師を歡迎するの辭となす。諸君乞ふ予の訥辨を恕せよ。

昨年の春。熊本の同志諸君發起となり。八淵師と其代表者として。北米シカゴの萬國宗教大會に派遣し。一方に於ては佛教對外の基礎を定め。他方にありては佛教革新の實績を擧げんとし。『八淵蟠龍氏を萬國宗教大會に派遣するに就て九州佛教徒に訴ふ』と云へる檄文を九州の全島に飛ばし其同盟者を募るや。予は福岡の故山にありて。彼の檄文を一讀し。佛教革新上に於て奮發興起。滿心の同情を表し。及ばず乍ら瑣少の義金を投じ。偏に大會臨席の好果を祈りたりき。

千百の空言は一個の事實に如かず。天下の萬事評議討論すれば却て難く。斷行果決すれば却て易し。今回我九州佛教同盟會の大運動は。實に此言辭を證明するもの也。予は滿場諸君が。今回の運動を以て雲散霧消せしめず。是を以て其將來運動の鐵鎻となし。北は玄洋の波より南は櫻島の煙に至る迄。九州全島の革新的同志を堅く結び付け。九州を打ち固めて一大團となし。進んで大帝國五畿八道の同志と連衡し。未來の佛教史上に於て。永く九州佛教同盟會の革新的光榮を發揚し給はんことを。千祈萬禱に堪へず。今や吾人同志が領袖と仰げる九州佛界の偉人八淵師歸れり偉人をして偉人の實を全ふせしむるや否やは。懸りて滿場諸君の雙肩にあり。諸君豈に奮勵せざるべけんや。

次に有次滿象氏は。威嚴の体裁を以て凛然登壇し。飽田郡佛教青年會員總代水上四辻氏寄贈の痛烈なる歡迎文を朗讀して曰く。

八淵蟠龍師ヲ迎フ

水上四辻

滿腔ノ熱誠敬虔ヲ以テ唯一神ニ捧ゲタル。彼レ基督ノ信仰今果シテ如何ゾ。搏虎屠龍ノ鉄手。闡微洞跡ノ火眼ヲ以テ。掀天翻地ノ大革新ヲ企テタル。彼レ路錫ノ意氣今果シテ如何ゾ。無遠慮ナル理學ノクルプハ頻リニ亂射ノ砲丸ヲ放チ。無會釋ナル哲學ノアムストロングハ一擧之ヲ其根底ヨリ覆ヘサントス。ソレ西乃ノ靈跡鵾鴂ヲ鳴カシメ。巴里倫敦ノ聖堂雀ヲ羅スルノ日。蓋シ亦將ニ遠キヲ出テサラントス。是レ一神教ガ第十九世紀過渡ノ際ニ當リ。雲ノ如ク湧キ。水ノ如ク生ジ來レル新思想ヲ支配シ能ハズシテ。新宗教勃興スルノ氣運ニアラズシテ何ゾヤ。況ンヤ嘗テ理哲學ノ鋭鋒ヲ以テ一神教ヲ撃破シタルノ結果ハ。機械的開化ノ權勢ニ陷リ。曾テ自由制度ヲ呼號シテ政治上ノ壓抑ヲ掃脱シタルノ結果ハ。財富的勢力ノ權勢ニ陷リ。所謂前門防虎後門狼トハ這般ノ境遇ニシテ。一意器械及ビ金錢ノ二大權勢ノ下ニ蟄息シ。社會愈自然ニ遠カリ。世態愈乾燥ヲ來シ。今ヤ既ニ社會主義。共産主義等ノ惡平等主義ノ行ハル丶ニ至リタルハ。是レ人文ヲ絶滅シ盡シ。天地ヲ一擲シテ壞亂ニ歸セシメズンハ決シテ止マザルナリ。此際ニ處シ。唯德義ノ甘露ヲ以テ人情ヲ涵養シ。德義ノ清泉ヲ以テ機心ヲ洗滌スルノ外アラサルノミ。是レ新宗教勃興ノ氣運ハ。宇内大勢ノ然ラシムル處ニアラズシテ何ゾヤ。

時ナル哉此時ニ當リ。三千餘年東洋ノ一隅ニ至善。至美。絶對眞理ノ大圓光ヲ蘊蓄シタル佛教ハ。雲蒸龍騰一躍宇内ニ雄飛シ。第二十世紀ノ劈頭。一神教ヲ全滅シテ宇内統一宗教タラントス。吾人佛徒タルモノ豈ニ喜バザランド欲スルモ得ベケンヤ。

嗚呼ソレ斯ノ如キ氣運ハ茲ニ二大現象トナリテ吾人佛徒ノ眼前ニ落チ來レリ。二大現象トハ何ゾ。一ハ萬國宗教大會ニシテ。一ハ佛陀迦耶靈跡ノ回復是レナリ。

顧フニ我大和民族ガ。往古ニ於テ屡三韓ヲ征伐シ。中世紀ニ於テ或ハ雞林八道ヲ蹂躙シ。或ハ支那海邊ニ寇シタル如キ。尤モ進取經營ノ氣象熾ンナルニアラズヤ。然リ而シテ德川幕府封鎖ノ爲政ニ逢ヒ。一朝跼内的蠢動ニ齷齪シ。幕府倒レテ茲ニ三十年。對外的新運動ヲ試ミルノ偉男兒。猶寥々乎トシテ聞カサルモノハ何ゾヤ。殊ニ我佛界ニ於テ退嬰姑息ノ空氣ヲ以テ充溢セルモノ。吾人豈ニ憤慨ニ堪ユベケンヤ。

吾人ガ尤モ敬愛シテ措カザル我八淵蟠龍師ハ。吾人鎭西十萬同志ノ代表者トシテ。萬里ノ鯨濤鰐浪ヲ凌ヒデ。米州チカゴニ航シ。其該博ナル學識。其痛快ナル雄辯ハ。フロント湖畔ノ大會堂上。燦爛タル我大乘佛教ノ眞髓彌陀本願敎命ノ光輝ヲシテ。異人種異教徒ノ腦漿ニ向テ照被セシメタリ。當時如何ニ我佛教ガ世界萬教ノ中ニ卓立シテ。如何ナル喝采ト如何ナル光榮トヲ博シ得タルカハ。吾人亦贅筆ヲ勞セザルベシ。吾人ハ茲ニ瘴煙蠻雨ヲ踏破シテ。凱旋ノ聲ヲ擧ケ來リタル。蟠龍師ノ歸朝ニ向テ。滿胸ノ赤誠。滿腔ノ大音ヲ放ツテ祝意ヲ表スルナリ。

今ヤ我東洋ノ佛教ハ。數百年來閉塞シタル法運ノ進路ヲ開キタリ。ソレ風發電奔内ハ跼内蠢動派ヲ鞭韃シ。外ハ海外傳道ニ向ツテ着々其歩武ヲ進ムルハ我對外進取派佛徒ガ將サニ是レヨリ勤ムベキノ大運動ニアラズヤ。況ンヤ佛陀迦耶靈跡ノ回復ハ。我ガ佛徒目下焦眉ノ一大事業ナルヲヤ。彼ノ死セル哲學論ニ熱狂シ。徒ラニ佛教眞理ノ廣大無邊ヲ誇揚シ。徒ラニ微妙深遠ノ玄談ニ沈溺スルガ如キハ。我活ケル對外佛徒ノ本色ニアラザルナリ。智悲圓滿ナル佛世尊ノ眞意ニアラザルナリ。吾人ハ益々剛健猛烈ナル氣象ヲ發揮シ。回天ノ大事業ニ向テ鉄腕ヲ振ハザル可ラス。吾人ハ今マ此蟠龍師凱旋歡迎會場ニ於テ。猶我同志今後ノ覺悟ヲ喚起スルコト如斯爾。

次に本山知英氏は。冷靜なる哲學者的風采を以て。九州佛敎同盟會本縣菊池郡青年總代として。左の史的趣味ある歡迎文を朗讀す。

謹んで偉人の歸熊を迎ふ

本山知英

昔大唐の偉人玄奘三藏法師の渡天入笠我大法を求めらるゝや。其時代四圍社會の有樣は果して如何。顧ふに航海術未だ開けず。言語學未だ發達せず。通商貿易未だ行はれず。鐵道。電信。郵便の技未だ發明せられざるなり。此社會困難なる時代に當つて。萬里長途の壯行を企つるもの。亦た以て千萬の艱難を嘗め。以て一身を犧牲に供するの覺悟なかるべからず。玄奘三藏此際に崛起し。七寸の草鞋を鐵路とし。六尺の錫杖を電信とし。或時は砂漠の颶風中に渴死せんとし。或時は蠻人の毒矢に斃れんとし。萬死の中に一生を賭し。遂に白雪皚々たる雪山の頂に攀ぢ。淼々漫々たる恒河を渡り。以て大聖降臨の聖土に達せらる。嗚呼其間の困難果して如何ぞや。爾來三藏は溽暑苦熱の彼の土に留まる十三年間。大聖釋尊の口授し給へるパリー語幷にサンスクリツトの原語を學修し。一大藏經の蘊奥を窮究し。歸り來りて支那譯の大手腕を揮はれし結果たるや。佛敎益々東漸の機運を開き。我日本の如きも。此機運の大勢に感化せらるゝに至れり。

歷史的の回顧を以て千二百四十九年前。玄奘三藏が東洋佛敎の傳播史上。千古不朽の冠冕を戴き。西域より中華に歸られし雄動偉蹟を追想し。飜りて現時世界交通の摸樣を觀察し來れば。一輪の火船は倏にして千萬里の大濤を破り。一發の電音は瞬間にして六大州を縱橫し。一隻の鐵軌は鐵車轆々として萬邦の遠隔を絶滅し。晨に支那の漠北萬里の長城を望んで秦皇の雄圖を想ふの人は。夕に羅馬の舊都シーザー最後の石頭上に立つて懷古の涙を灑ぐ人となり。今日東京。橫濱。北京。上海にある東洋漫遊の旅客は。明日は桑港。華盛頓。倫敦。巴里。伯林の都府に觀光する人となり。宛然天涯比隣。萬邦一家の光景となれり。果して然らば此世界交通の時代に立てる。我日本佛敎徒たる者。精進勇猛玄奘三藏の活氣活力ある大法擴張の精神を感受し。渡天入笠の舊對外思想を革めて渡米進歐の新對外思想となし西域求法的舊運動を變じて泰西弘敎的新運動となし。佛敎東漸の舊史名を棄てゝ佛敎西漸の新史名を作り出さゞる可らず。

方今世界の思想上に於ける宗敎革命の一大現象として。昨年九月十一日を以て。萬國宗敎大會の盛擧。米國シカゴの新都市に開かる。吾曹は第二傳法の玄奘的運動を該大會に試むべき時機の到達せるを看破し。慨然奮起。九州佛敎同盟會を組織し。九州佛界の偉人八淵師を我代表者として。該大會に臨席せしめんとし。旗幟精明。九州の全嶋を席卷し。虎騰龍驤。天下に向つて對外的佛敎運動の大聲を擧ぐるや。或者は怯懦なる恐怖心の爲に。佛敎者の出席は自ら首を屈して耶蘇の軍門に降伏する者なりと戰き。或者は狹隘なる宗派的惡感情の爲に。吾曹の運動に顔色を失し。颯聲顚語是れ山師的亂動と狂ひ。反對黨の毒餤燎原の火の如く。迫害者の暴言梅雨の雨の如く。其勢容易に當る可らさるの有樣なりしも。吾曹の決心は凝りて金鐵の如く。一難を經る毎に益々堅く。一害に逢ふて愈々激し。遂に反對迫害の關門を打破り。九州佛界の偉人蟠龍八淵翁をして。長風に駕し萬里の波濤を越へしめ。北米新都市の中央ミシガン湖畔アートパレスの公會場裡。眞理の比較場たる宗教的平和戰爭の千軍萬馬中に立たしめ。三千年間我東洋の天地に隱れし幽玄微妙の一大宗教を彰さしめ。彼の邪妄宗教の迷信者をして。完美完全なる我眞理の靈光下に跪かしめ。目出度凱歌を奏せしむるに至れり。嗚呼本日凱旋偉人の歡迎。吾曹に採りて何ぞそれ絶大の愉快なるや。

吾曹の代表者蟠龍八淵師が。櫻洲山人の所謂『金門東去駕孤舟。白浪連天感壯遊。却喜順風吹不絶。煙波深處是皇州』を吟じて。蓬窓に閑臥し夢自ら平なるの中。歸帆恙なく横濱に達するや。新佛教軍歡迎の聲は高く富岳の絶嶺に轟き。廣く大瀛海の濤聲を壓し。横濱阜頭に於ては豪商紳士の歡迎する所となり。東都に於ては第一高等中學の講堂。大學中學の學生他に先鞭して之を歡迎し。軍人。學者。貴顯。貴婦人。有志僧侶の人々は。鹿鳴舘に於て。彌生舘に於て。錦輝舘に於て。大に之を歡迎し。西京に於ては九州佛教倶樂部の同志は知恩院に迎へ。第三高等中學の學生は三條檀王院に招ぎ。西本願寺の學生は之を文學寮に歡迎せり。それ斯の如く。新佛教軍の吾曹代表者凱旋甲冑の輝く所。天下敵なく。其勳績を謳歌せざる者なきに至る。吾曹九州佛教同盟軍の將卒たる者。勝て驕るの安逸心を鞭韃し。益々將來に向つて奮興する所あるべし。

今や我曹の凱旋偉人。孕み得たる滿帆革新の風に乘じ。蓋世の氣。拔山の力。雲霞の如き歡迎軍に擁せられ。全く我銀杏城下の本營に凱旋せらる。我曹歡迎軍の一將。歡喜踊躍。腰間の法劍を拔ひで部下の軍を號令し。法旗を大空に靡かし。謹んで偉人の凱旋歸陣を迎ゆ。

次に本社の森直樹は壇に進み。長崎縣南高來郡嶋原町の九州佛教同盟員菊池寛容氏寄贈の歡迎偉人詩を朗讀して曰く。

迎八淵蟠龍老師歸朝

菊池寛容

火海一蟠龍。蟄居三十歲。風雲投好機。恰有冲天勢。

其二

大洋三萬里。明月一天秋。波浪高如岳。船臻南米州。

其三

偉人膽如斗。單獨試豪遊。博覽蒐宗教。雄談動米州。

其四

跋渉米山水。風情行處探。錦腸多少感。歸後向人談。

其五

俄市傳眞教。洋夷欹耳聞。歸來本願寺。法主賞功勳。

其六

疲骨衣春錦。榮歸熊本城。柳花鶯囀處。緇素遠歡迎。

次に篠方篤氏が。熊本市の九州佛教同盟員として。抑揚的激越なる。一種歎美的奇妙の音聲を振り立てゝ。

嗚呼今日は何等の愉快なる日ぞ。嗚呼今日は何等の喜ばしき日ぞ。嗚呼今日は實に九州佛界偉人の歡迎なるぞ。九州の佛教徒たる者。否な全帝國の佛教徒たる者。嗚呼誰か愉快を感ぜざらん。嗚呼誰か喜ばざらん。嗚呼誰か歡迎の祝歌を謳はざらん。嗚呼嗚呼實に嗚呼。吾人は實に嗚呼と歎美するの外。其言辭を有せず。

と嗚呼盡くしにて。最も簡に。最も鋭に。最も劇に述べ立つるや否や。拍手大に起り。喝采雷の如く。滿場の景氣は餘興演説の快期に進めり。

次に藤院大了氏の華麗にして優美なる情味的滑稽演説。受樂院圓氏の眞摯にして勃窣たる劍舞。藤院大了。木尾眞純両氏の組合即座案出の宗教大會佛耶両教祖勝敗の茶番狂言。城田覺治氏の滿座驅廻り俗謠等ありて。又大に拍手喝采を博せり。

既にして杯盤雨の如く飛び。紅顔花の如く咲き。談音紛然紛々然。吽聲囂然囂々然たるの中。講談師池田喜一郎氏の落語二席ありて。又々喝采沸くが如し。最後に凱旋偉人八淵師は。衣至骭袖至腕。鎮西書生の打裝にて。難有の解釋的答辭を陳し。胸間に閃ける銀製の大會評議員章を歡樂的に説明し終るや。偉人歸依の老信徒。及び歡迎軍の岩武者十有餘名は。躍起快呼。偉人を取り捲き胴上。天車に乘せ。喜び極りて泣かんと欲し。偉人萬歲を絶叫するや否や。百八十一名の來會者一同起つて之に和し。其聲殆んど一日支店の樓宇を震動し。驚天撼地の凱歌聲裡。凱旋偉人の特別歡迎會は。突兀として凱旋紀念の史上に永く其燦然たる記臆の影を殘せり。

東雲座の報道大演説會

凱旋偉人の萬國宗教大會報道大演説會は。翌四月六日并に八日の両日。市内阿彌陀寺町東雲座に開かる。先づ初日には前日本山河原の歡迎式に列したる九州各縣及び縣下各郡の九州佛教同盟會員等は。老若男女我先にと早朝より推し寄せ來り。熊本諸新聞の特別廣告。或は偉人歡迎の勢燄を見聞し來れる軍人。官吏。有志者。學生も亦た續々詰め掛け來り。正午頃には早や五千以上の傍聽者に達し。流石に廣き東雲座も既に滿員を告げ。棧敷。平場。悉く人を以て滿たさる。

凱旋偉人今日を晴れの演壇は。秩序正しく場の正面に搆へられ。淸香馥郁今を盛と咲き染めし提燈櫻花は大小の花瓶に插んで演壇の左右に飾り付られ。左方には各新聞記者席を設け。右方は本誌記者席としたり。注意厚き警官は三々五々場の全面に散在して。嚴重に警誡を加へられたり。

既にして時針開會を報ずるや。九州日々の高木貴山氏。九州自由の吉田武雄氏。西海道自由の莊村愿三氏は其設の椅子に倚り。本誌の編者も亦た其席に着し。會主の人々二十餘名も亦た演壇の後へなる椅子に腰掛けたり。

喇喨たる奏樂滿場聽衆の耳を澄ます中。會主青年の一人受樂院圓氏は。洋裝にて壇に上り。痛快の辨。簡明の辭。活潑の聲を以て開會の趣旨を述べ『九州佛界の偉人。否な日本佛界の偉人八淵師が萬國宗教大會臨席の報道は。是より滿場諸君の聽官に訴へられん。乞ふ諸君靜聽あらんことを』と絶叫して降壇するや。再び場内の清涼剛たる奏樂は響き渡れり。凱旋偉人八淵師は滿場喝采の中に肅然壇に進めり。体裁は昨日の歡迎式場に同じ。異なるは唯だ短靴を脱して靴足袋の紅なるを穿てるのみ。暫くして濁聲の雄辨。從容說き起して曰く。

萬國宗教大會の現況及觀察

八淵蟠龍演說
國教編者筆記

滿場の聽衆諸君。私は歸朝以來。東西両京間日々打續ける報道演說の爲め。大に音聲を勞し。殊に一昨日門司上陸後。渡瀨。大牟田。高瀨の各沿道にて勵聲疾呼したる爲め甚だ聲を枯らして居ますれば。前以て諸君に御斷り置き升。抑も演說は聲に依りて出來るもので。聲の立つと立たぬとは。其演說の巧拙に非常の關係を持つて居る譯であり升。偖て私が本日の演題は。前後二席に分ち。前席に於ては萬國宗教大會の現況を陳べ。後席に於ては私の觀察即ち意見を說く筈であり升。然るに該大會には私より別に熊本より臨席したる者がありまつせん。偶ま臨席したる者は私共の反對に立つ耶蘇教家である。方今の世界は疑問の世の中とも申すもので。懷疑不信の徒が多く。孔子の說でも。釋尊の教でも。神さんでも。佛さんでも。一々懷疑の大波中に漂はすが世の常であり升ければ。私が本日の報道演說でも。證據なしに曉舌（しやべり）たてたらば。忽ち八淵が自分勝手の法螺吹演說にあらざるかと疑ふに至るは勿論の事であり升（笑聲喝采）。そこで私は宗教大會の景況を務めて記載したる。シカゴ刊行の二大新聞ジー、シカゴ、レーリー、トリビユン（市俄高日々新聞）及びジー、レーリー、インダー、チーシヤン（湖邊每日新報）を其證據品として九州佛教同盟會に送りました。而して其新聞記事の要點だけは。既に私共の機關國教に掲げられてあり升。併し每月一回位の雜誌にては中々掲載し盡す事ではありません。されど今や萬國宗教大會記錄の編纂は全く脫稿を告げ。私の手許にも一部送り參りました。諸君が此書に就て見られたならば一目瞭然でありましよう。個樣なる都合にて宗教大會の現況初日の開會より末日の閉會迄を一々述べんと欲れば。私も大會同樣十七日間かゝらずんば一々陳べ盡すとは出來ません（笑聲聞ゆ）故に概括的にヒック、リメテ、ツマミアゲテ、其大体を陳述する積りであり升。

私共の一行が大會臨席を企てし頃には。發起人が元來耶蘇教の奴共計り。それに二三の佛教者が行ひたればとて勝つものか。必ず多數決で以てドシドシ遣り付け。上帝の存在とか何とか歟とか耶蘇有神教の基礎確定論を持ち出し。佛教者を屈伏せしめんと欲するならん。されば結局佛者の敗北に歸するとは鏡にかけて見るが如し。こんな所に越く者はアツタラカ（肥後方言無用の意）金を費やし。馬鹿な事である。佛教の恥曝しであると喧々囂々。私共は一時顏出も出來ぬ樣でありまして。到々本山からも今回の大會臨席は罷めたがよかろうと忠告を受けました。然れども眞理は最後の戰勝者。苟も佛教にして眞理を有せば。如何に異教群中に進みたればとて。決して恐るべきにあらずとの決心を以て斷然反對攻擊の中を切り破りて臨席するに至りました（喝采）。而して愈々日本を發するの前數日。東京佛教の有志者は一同愛宕青松寺に於て。私共一行の爲に盛なる送別會を開き。其席上文學博士井上哲次郎氏。文學士澤柳政太郎氏。藹々大内青巒居士等の人々は。懇切周到なる注意を與へられました。私共は深く其責任の重大なるを覺知し。四人共充分協議を遂げ。飽く迄日本佛教の面目を全ふせんとの精神にて遙々出懸けましたが。實際大會に臨んで見れば。日本に居りて想像的に斷定を下したる事とは。大に間違ふて居りました。今回の閣龍世界大博覽會に就ては。我日本政府に於ても。條約改正を遂げ。國權擴張を爲さんと欲するには。先づ第一着に東海の表に卓立する我大日本の國家を世界に知らしめざるべからず。之を知らしむるには今回の博覽會出品の奬勵保護を加ゆるより急務なるはなしとの主意にて。帝國議會の協賛を經て。六十三万圓の巨額を國庫より支出し。該會出品の補助費とせられました。我政府國會がかく奮發したる該博覽會は。萬國宗教大會が其の一部として開設せらるゝより。私共日本佛教徒にも亦た非常なる激勵心を惹き起させました。偖て私共一行出發の航路は。八月四日橫濱を出發し。太平洋加奈太鐵道會社の滊船に打乘り。バンクバー航路を採り。該港に向け進行致しました。我國より米洲に渡航するに付きまして。桑港とバンクバーの二大航路があり升。此二大航路は互に火花を散らして大競爭を始めて居り升。太平洋加奈太鐵道會社なるものは。バンクバー航路の盟主とも云ふべき大會社にて。每月三回太平洋を橫切りて。香港。上海。橫濱等の東洋各港に向け定期航海を試み。自分が所有にかゝる鐵道の乘客を導きするものであり升。私共の一行は十三晝夜を經て。恙なくバンクバー港に着し。直に加奈太鐵道に乘りて落機山を越へ。フレザー河に沿ふて絶頂の湯壺に達し。それより次第に山を下り。二晝夜鐵道に乘り續けて落機山を離れましたが。其山中の景色は雪嶺皎々として眼に映じ。嶮峨崔嵬。危巖萬疊。眞に漢畫の山水を披くが如く。フレザーの河流に沿ひ。巖石を穿り。溪壑を跨り。滊車の進行するに從ひ。神出鬼沒。嶺々奇景を奏し。連山風光を華め。人をして奇と呼び。快と喜ばしめ。神工か將た鬼作かの思を懷かしめ。詩人も爲に句と爲す能はず。墨客も爲に筆を投ず。寔に是れ兩岸の猿聲啼て住まず。輕舟已に過ぐ萬重山のそれならで。唯だ愉快々々と呼ぶの外仕方がありません（滿場此詩的妙味に涎を垂らす者あり）。それより加奈太の平原に出れば。曠野茫々として際涯なく。東西南北山もなく陵もなく。唯だ野鼠の草間に走れるを望むのみにて。鐵道は眞一文字に此間を通過し。三日三夜を以てシカゴ市に達しました。此平原は元と是れ渺茫たる荒原に過ぎざりしが。一たび鐵道全通してより漸く開拓せられ。今や田畑殆んど其半に及んで居り升。日本邊にては鐵道を敷設するに多く都會の地を擇び。渺茫たる原野の人行少き地方には敢て敷設せんともせざれど。米國などにては鐵道敷設の目的全然相反し。市街もなく都府もなき原野を撰んで之を敷設し。此鐵道を以て原野開拓の便に供し。次第に開拓すれば次第に村落を生じ。村落より市街となり市街より都府となりて居る摸樣であります。日本などのは都府より鐵道を產出すれども。米國にては鐵道が都府を產出するのである。而して此大原を開拓するには。所謂大農法を用ひ。牛馬六七頭にて一の車を牽き。耕夫は僅に一二人の之を監督するのみ。種を蒔くにも車を用ひ之を運轉して種を振り散らし。線香立ちのヅックリ種蒔にて肥料をも加へず。又た之を刈り取る時にも大車を以てし且つ刈り且つ束ねると云ふ大仕掛にて男一人前二十町も作り出し中々此邊の男一人六町所ではありません。（笑聲喝采）

今回の世界博覽會場をシカゴに定むるに就ては。北米合衆國中劇しき競爭起り。ワシントン。ニューヨークの二府は各々百五十萬圓を醵金して諸般の準備を整へ。各々自州に開會せんと競爭を打つ始めましたるに。シカゴも亦た是に劣らばこそ。燥氣返りて二府に倍せる三百萬圓の大金を積み立て。三方烈火の如く競爭を開きましたが。遂に合衆國議會の一大問題となり。國會議員の討議に上り。結局ワシントンは場の位置が片より過ぎる。ニューヨークは場の範圍が狹ま過ぎるとて否定せられ。第十九世紀暮雲の物質的文明の花はシカゴ人士の手に握られ。閣龍新世界發見の四百年祭は閣龍世界大博覽會てふ麗服盛裝を試ろみてミシガン湖畔に歡笑するに至れり。於是乎。九十五年の新都市。工業實業の大都會。二十四哩長都府の人々は。喜ひ勇んで奮ひ立ち。三百里の美紫巖湖畔に百十五町の會場敷地を取り。曰く美術館。曰くイリノイ州館。曰く婦人館。曰く園藝館。曰く運輸館。曰く鑛業館。曰く機械館。曰く事務館。曰く電氣館。曰く農業館。曰く工藝館。曰く漁業館。曰く山林館。曰く乳酪館等。總計十四棟の各陳列館は。其建築の宏大なる規模の雄麗なる實に宇內の人目を眩し。之を塗るに悉く皎々たる白堊を以てす。就中工藝館一名製造技藝館の如きは。其廣さ四丁餘方。恰も日本京都東本願寺の新殿堂四と合したるが如し。而して紅なる白なる青なる黃なる紫なる五色の電燈は煌々として。日輪樣が西にヒヤーラシテ（肥後方言沒入の意）も晝よりも猶ほ明なり。日本人に謂はしむれば。『吉野の花に二見が浦と取り寄せて秋の月を眺めたい』と形容しそうな絶美絶麗の景況に飾り立て。北方の强國魯西亞。東半球の大國支那。太平洋中の樂邦日本の諸邦に向けて。四万枚の案內狀と配り付け。行かねば頭の毛が疼痛くとの艶羨的感情を起さしめしは。流石に亞米利加の花を見せ掛けて。世界の金を取つて取つて取り上げシャハンと欲する亞米利加人の大仕事と察せられました（拍手大喝采滿場百雷の墜ち來るが如し）。

又たシカゴ市は丁度我邦の京都大坂を一ツルベ（肥後方言連絡の意）としたるが如き二十四哩の長都にて。合衆國中第二の都府に位し。世界大都會の第七に位す。試に美紫巖の湖の岸上に立ち。眥を決して蒼々茫々万頃の碧波が天に連りて際涯なきの景を望めば。此邊の嶋原沖を海など〻云へは恥かしき心持が致します（笑聲波を起せり）。次に該市にては公園か澤山あります。そこでシカゴを字して公園市と申します。併し一体該地の風習として。決して日本邊の如く。自分の宅地內に庭園を作り。一握の芝に豆大の石を並べて是は富士山の形ちであるとか。一掬の潴水を泉水となし金魚の二三疋と游がせて是は琵琶湖の小形であるとか云ふて樂む樣な事はなく。必ず一町毎に申合せて公園を作り。貴賤貧富の差別なく。老若男女打集ひて平等均一に樂しむ。故に日本に於ける如く。貧乏者が大盡（師タイジンをリヤウジンと云ふ蓋し肥後の田舍的方言富豪の意）の內に至りて。今日は一寸御庭拜見仕度しなどゝ腰をかゞむ（屈）る樣な事はありません（笑聲）。日本邊に於ては如何で御座りますか。御庭拜見と人の來るあれば。忽ち語氣喜を沸かし。まー此方に御上りなさいと座敷に延き。御隠居然と茶を飲み菓子を食つて左も愉快に一握の芝豆大の石一掬の潴水ヅーヅーナメ（肥後方言小川に居る細小の魚名）の如き金魚を品評しありけるが。暫くすれは茶ではハズマヌ是れ婢是れ娼一杯ッケ（酒を温むる意）んか一肴拵へぬかと杯盤狼籍の有樣となり。遂に酒ばかりでは面白くない三味線以て一曲歌はぬかと云に至る實況ではありませんか（笑聲大喝采）。何たる安閑の事で御座るか。金錢の不經濟。時間の浪費。安逸の魔醉藥。生存競爭劣敗の糸口。是より甚しきものはありません。シカゴ邊にては人民共有の公園なれは。散歩しようが。運動しようが。人々の勝手次第にて。朝早起きして一番掛けに新鮮の空氣を吸ふたる者が其所有權を握りたと云譯で。何と輕便なる愉快なる經濟的なる事ではありませんか（大喝采）。

工藝館内には世界各國の工藝品は一切擧げて此館内に網羅し盡くされ恰も市街の觀あり。此内日本の部は開戸を裝ひ中に日本美術品を陳列せり。此館に於て最も私の愉快を感じたるは。屋上英佛獨等歐洲列國の國旗が五色燦然翻々として大空に飜る中に。旭日の我日本國旗が莊重雄嚴麗らかに輝くを見し時。恰も生命（いのち）を貰ひしが如き國民的眞正の感情。私の胸間に湧き溢れたる事でありました（滿場感嘆の大喝采聞ゆ）。此の工藝館にては佛蘭西の出品物最も聲譽を博し。次には日本と伊太利の出品なるが。其巧妙相伯仲して容易に決すべからざるも。兎に角に日本の美術は佛を除くの外には殆んど敵なしと云ふの評判でありました。私は彼地に於て東京の美術家岡崎雪聲氏と同宿せしに氏は常に私に語りて申します。『日本の美術は今や世界各國に凌駕して尤も人の注目を惹く。今日の敵は唯だ一の佛蘭西あるのみ。之を壓抑して世界美術の王となるは今後日本美術の達せざるべからざる境地なり。余は久しからずして此境地に達するを信ずるものなり』と。是に依りて我日本美術が世界に占めし顯赫の位置を知らるゝであり升。而して我政府六十三萬圓支出の精神の如く。日本より出品したる美術。建築。織物等に依りて。日本國民の天才技能は大に世界に表彰せられ。從來歐米人が日本に對して野蠻なりと迷想し居りたる觀念は充分消散したりと見受けられました（喝采）。談話思はず横道に走り。餘り長くなりまして。諸君の御退屈ならんと察し。是より私が本日演說の目的たる宗教大會の現況に說き入ります（謹聽々々）。

宗教の論戰宗旨の喧嘩は。世界各國何れの國も同じきものと見へ。今回の萬國宗教大會開設に就ては。其始め發起の人々が招待狀を世界各宗教の教會僧侶に發するや。之に反對するもの囂然として起れり。先づ英國々立教監督教會の大僧正某氏は。上帝無限の眞理は人間の得て討議すべきものにあらず。人間にして上帝存在不存在などの議論を試みんと欲するは。恰も腸の中の怪蟲虫の喧嘩するが如しと云へる面白き苦情を以て之を謝絶し。次に土耳其皇帝は勅令を以て。自分が國內の國教（即ちマホメット教）に屬する僧侶信徒は一人たりとも宗教大會に望むべからずと嚴禁し。米國の脚下に於ても羅馬舊教（即天主教）及び新教中のオルソドックス（守舊派）は。力を極め頑固的拒絶を叫んで。『凡そ人間は新奇の事物を好むものなり。是れ大に我耶蘇敎の恐るべき所なり。今回我米國に於て一たび萬國異宗異敎の惡魔を呼び集め。萬國宗敎大會の何んのとナントンックレン(肥後の方言無用奇怪の意)事を企てば。新奇を好む人情として異敎惡魔の眷屬と生ぜざるを保せず。我等の神の譴罰恐るべし。是れ實に由々しき大事なり。上帝の威嚴を汚すものなり。一種變形の基督敎と新造せんとするものなり。是れ誠に咄々怪事なり。耶蘇基督に對する逆臣賊子なり。オゥ天に在します所の神よ。願くは彼等惡魔の眷屬たる宗敎大會の發起人等を誅戮し給へ。アーメン嗚呼實にアーメン』とて大に反對の議論を叩き起し(笑聲崩るゝが如し)喧々囂々紛々擾々として鼎の羮へ返るが如く。宗敎大會委員長バーローズ氏を始め大會發起の人々は。迚も此反對の勢にては折角我々が四海兄弟の親を通じ。萬民同胞の交情を厚ふし。各宗敎特有の眞理を和氣靄然の裡に發表し。宗敎上の智識を交換し。既往宇内の萬邦の史上に於ける各宗敎の感化成績を証明し。現時世界の社會的實際問題と宗敎の關係を解釋し。各宗敎の物質哲學に反對する勢力を一致强固ならしめんと。腹綿絞りて心配腐らして夜の目も祿々と息まずに計畫したる。萬國宗敎大會てう空前未聞の盛擧も纏らざるならんと憤慨し憂慮し失望し。一時は殆んど反對攻擊の重圍中に陷り居りしが。當時大英國の大宰相たりし現世紀秀絕の政治家グラッドスドン氏は。其得意の一本槍的神學論を以て。遙に應援の書を飛ばし『余は一個人に於ける改進せる性情及び思想に向つて一層多く心を留むるなり』と同情を表し。『左れば足下の計畫に於ては余は丹心を以て濶大純粹なる明見の綱領を讃歎するなり』と激賞し。大英オックスフォルド大學敎授東洋梵學の大家マクスミコラー氏も亦た贊成の書を送りて『希臘哲學と基督敎』てふ宗敎、及び哲學史上に大關係を有する論文を寄せ。大英欽定詩宗の候補者大聖釋尊の讃歎者東洋思想の戀想者アーノルド氏も亦た特色の公平温雅なる大會贊成の書を呈せしかば。バーローズ氏を始め發起者等も大分元氣を恢復したとの事であります(喝采轟く)。私共一行が市俄高に乘り込みし頃は。彼れバーローズ氏は避暑を名として數百里外の湖畔に赴き不在なりしも。其實聞く所に據れば世の非難を避けて遠方に逃げ隱れたるやに風說したる位でありました。斯の如き景狀なれば。私共一行が市俄高に到着せし頃の評判は。外々の各種の會議は行はるゝとも。宗敎大會だけは迚も纏る認はない。世界の各宗敎徒も迚も來る者はあるまい。特に目的としたる日本佛敎徒も委員長より特別に指名して招待したる島地默雷。南條文雄の二氏すら事に托して招待を辭したる位なれば。彼等は迚も來らざるべしと斷念して居りし有樣でありました。然るに私共一行が大會に送る土產物として。殊更らに縮刷の大藏經四百冊を整へ。是に次いで東京淨土宗佛敎學會よりの施本英文大乘佛敎大意壹萬卷。京都海外宣敎會よりの施本英文眞宗略說。英文眞宗問答。英文眞宗綱要。英文四十二章經の四書合計一萬二千卷を携へ。シカゴに打ち入りたりとの風聞全市に傳播するや否や。スワ日本佛敎の僧侶が進擊し來たぞ。彼等は釋迦の經典五千卷を携へ來れり。彼等は數萬卷の佛敎施本を持ち運び來れり。彼等は如何なる論戰を試みるにや。彼等は軀幹矮少なりと雖も身躰に似合ぬエライ事をヤルバイ(滿場大喝采)。今後如何なる椿事をか惹き起さん。注目すべきは彼等日本佛者なりと私共一行の評判は忽ち雷の如くシカゴの天地に鳴り渡りました。然るに彼等耶蘇敎徒は既に私共佛徒の來らざるものと斷念しける中に。突然私共が臨席したるが故。彼等は電光石火寢耳に水。恰も夜討に遭ふたる軍勢の如く周章狼狽。耶蘇敎の坊主ドン達はジロリと目と目を見合す計り（八淵師が演じて此に至るや其辨論の巧妙其体裁の恰好は五千の聽衆悉く醉ふたるが如く寂として水を打つたるに似たり）。今迄議論鼎沸の耶蘇敎各派も所謂兄弟牆に鬩ぐも外其侮を禦ぐの譬に洩れず。誰れ計ふとなく。誰れが仲裁するとなく。思想と思想が思ひ合ひ。腦髓と腦髓が感じ合ひ。忽ち一致聯合して宗敎大會を開く事となり。昨日まで激烈なる爭論をなし。睨み合ふたる怒の眼も。今は忽ち愛憐の眸と轉じ。莞爾笑ふて互に手に手を握り合ひ開會の運びに立ち至りしは。我日本佛敎者の列席に與りて力ありとす。是れ私共一行が大會に赴きたる劈頭第一の出來事にて。先づ宗敎大會に就ての最初の紀念であります（大喝釆）。時は九月十一日愈々開會の當日となれり。會場は私共の宿所より四英里半も離れて居れば。迚も徒歩にて悠々出席する能はず。勢車に乘らざるを得ず。偖て此車について日本の所謂辻車見た樣なケーブルカ（地下電車）に乘れば。僅かに五錢位にて濟むと雖も。かくては我々日本佛敎家の品格を墜す譯なれば。七弗を投じて新に美麗なる馬車一輛を傭ひ。私共の一行は之に打乘りて會場に赴きましたが。諸方よりの來會者見物人の雜沓言はん方なく。流石に廣きアートパレスの庭園も人の山を築き。私共の如き始めて此の如き場所に來りたる者に取りては。先づ方角を失ひ。如何にすべきかと思ふ間もあらばこそ。物珍らしき米國の男女は初めて日本の佛敎者と一見し。アレこそ這回議論に出懸けたる日本佛敎者とやら。一世一代の見物ぞ見るべし／＼と云ふ調子にて押し詰めたれば。一歩だに動くことは出來ませず。漸く同大會の幹事に案內せられ會場に至りましたが。會堂は渺茫たる湖水を後へにし。累々たる市街を前にし。層樓巍々として湖畔に聳へ。宏壯偉大の建築一見目を驚かす。而して其會堂は五階より成り二大室に分れ。コロンビヤン會堂は五千人を容れ。ワシントン會堂は三千人を容れ。都合八千人の傍聽者ヒシ／＼と押し懸けたれば。大抵の者は氣を呑まれて進退度を失ふに至るであろうと思ひました。演壇は中央の壇上に飾り。左右には萬國の國旗を縱横に交叉し。之を中心として其左右には世界各國各大宗敎の代表者整然として席を占め。和氣靄々たる瑞雲はコロンビヤンの室內に靆き。赫灼たる眞理の榮光はアートパレスの堂上に輝けり（喝釆）。嗚呼西暦千八百九十三年。即ち我朝明治二十六年の九月十一日こそは。實に我等宗敎家が大筆特書して忘るべからざる佛敎開運の吉祥日であり升。世界平和の泉源が湧き出でたるも此日である。宇內宗敎者が平和的交通の開けたるも此日である。普く人類社會に宗敎の大勢力を示したるも此日である。不完全なる宗敎の虛勢僞飾の衣を剝ぎ採り失墜せしめたるも此日である。歐米の天地に文明の完全なる宗敎が誕生したるも此日である。平和的宗敎界革命軍の戰宣を發したるも此日である。嗚呼實に此日こそは。世界幾十萬人の筆に記され。電信と走らせ。郵便を役し。白雪皚々たる北方諸國より。熱風炎々たる南方各國の端々迄も。釋迦。耶蘇。孔子。マホメット。諸聖の徒弟は悉く思を市俄高の大會に寄せ。幾億萬の人類が一日千秋の思を掛け希望を囑して待ち受けたる。千載一遇の大佳辰。無上幸福の大歡喜日とも云ふべきは。此萬國宗教大會開會の日で有ふと思ひ升(大喝采)。

既にして開會の時刻となれり。エッデー氏は風琴に就き『古百年』てふ幸福の基と目せられし曲を奏するや。會員一同優美なる音調以て一同之に和し唱歌を謠ひ。會長ボンチー氏委員長バーロース氏。パーマー夫人。其他各國各宗の代表者學士博士等。交々起ちて或は歡迎の演說をなし。或は祝辭を朗讀し。盛大なる開會式は歡聲悠々の間に了りました。偖て此際式場の全面に眼を放つて能々觀れば。面白きこと愉快なること何とも斷すに斷し難き面白きことでありました。壇上第一面演壇の左方。第一席に席を占めたるは希臘敎の大僧正にして。黑白赤の法服を襲ね。胸に燦爛たる黃金の十字架を掛け。頭には巍峨たる高帽を戴き。一見畏敬を示すが如く。第二第三の席に在るは。羅馬加特力の代表者。黑の法服裾長く温厚の風体を爲し。第四の席ばメソヂスト敎會僧侶洋服の黑奴人。第五第六第七の席には。銅色人の婆羅門代表者。各頭には一反木綿を巻き立て。一は黃衣一は赤衣一は紫衣なり。右の第一席を眺むれば梭冠に雲鶴の袍を着する者は是れ日本の神道家柴田禮一氏なり。第二席に居士の白衣を纏へる赭髮黑顏の印度人は是れ錫蘭佛敎の代表者ダンマパーラ氏なり。第三席に黑の法衣を着せる者は眞宗の拙僧なり。第四席に紫衣に緋文白の五條を着せる者は天台の蘆津實全師なり。第五席に紫衣に白地金襴の七條を着せる者は眞言の土岐法龍師なり。第六席に紫衣に紅地の七條を着せる者は臨濟の釋宗演師なり。第七第八の席に列せる洋服の黃色人は是れ日本佛敎者の通辨野口善四郎野村洋三二氏なり。後の方には二聯に椅子を駢列し。印度及ひ亞細亞地方より來れる所のマッメット敎徒。ブラマサマジユー敎徒。其他大博士神學博士婦人代表者耶蘇敎各派の重立たる人々整肅として列席し。其實況は彼れシカゴのインター、チーシヤ。シカゴ、トリビユンの二新聞が活畵的に叙記せし如く『ニコー、イングランドの淸敎徒は魯西亞の舊敎徒と手を握り。世界最古の婆羅門敎徒は耶蘇新敎徒と椅子を並べ。白色人種は黃色人種と交り。黑色人種ば赤色人種と混じ。或は冠を戴き。或は長衣を被り。或は袈裟を懸け。或は十字架を横へ。或は剃髮し。或は長髮を垂れ。有髪の人あり。無髯の人あり。言語を異にし。服裝を異にし。人種を異にし。一見すれば堂上集る所の人々。凡ての點に於て皆な悉く異なれり』と云ふの有樣でありまして。眞に人類の博覽會と云ふも誣言とは申されません(大笑大喝采)。

此人類博覽會の中に於て。私共日本佛敎者が僥倖とも云ふべき一大快談があり升。米國は流石に女權擴張の國ほどありて。聽衆の過半は婦人達なりければ。婦女子の人情は婦女子だけのもので。第一眼の着ひたるは。私共日本佛敎家の服裝にて。綾羅金襴華美を裝ひ。一種目立ちし服裝なれば。婦人聽衆の視線は盡く我等日本人に集り。日本宗敎家の服裝は高尙にして華麗なり。優美にして尊嚴なる風采を兼ね備へたりとの。賛美の批評と共に拍手喝采の聲は滿場を震動せん計りにて。先づ私共日本佛敎家が外容の儀式的服裝を以て。劈頭第一の勝利を奏したるの實況であり升(笑聲喝采)。一体亞米利加は絹の產出に乏しき國にて。絹物と云たら特に税高く高價なるものなれば。婦人の服裝でも。男子の洋服の裏にでも。絹の物と用ゆるは大概拾萬弗以上のゼントルマン(紳士)であり升。其上彼國は天皇もなければ皇族もなく。華族もなければ士族もなく。統一平等の平民國にて。今回世界博覧會開會式の祝文に大統領閣下の名稱を用ひたるに。我々人民と同權の大統領に向ひ閣下とは何事ぞ取消さしむべしと沸騰したる位の國柄にてあれば。富者が天皇。富者が華族。人の品位の段階は富より外に等級はなし。故に米國々民が金錢を崇拜するの情は。恰も我邦の封建武士が腰間の両刀に對する感情の如く。金を持たずんは人間の靈魂を失ふたる者とす。而して平民的の其中で高貴の品位を需むれば。骸に五百弗の衣裝を纏ひ。頭に百弗の帽を戴き。足に三十弗の靴を履き。胸に五百弗の時計を懸け。純金の指環腕環を閃つかせ。之れで貴族之れで紳士。尊嚴の威風も備りて人の中にも光榮あり。彼れ歐米人が富と國家の基本として有形文明を進めたも。科學機械を利用して供給の自由を講ずるも。傲慢驕奢に誇るのも。生存競爭となり來るも。各國併呑の大欲心を起すも。總べて富の光榮より爆發するものなれば。彼等米國婦人が私共の外形的風釆に注目し。優麗尊嚴の威風あり。華美高尚にして文明なりと賞賛し。忽ち金錢的の烱眼を放ち。『アノ日本ノ坊主が着トル金襴の衣は千圓ガッ位アローカ』と心に叫びたるも尤なる次第と思はれ升。(大笑聲滿塲崩るゝが如し)。第二日は愈々會議に取懸れり。偖て同會議は私共日本にありし時の想像とは大に違ふて。頗る寛大自由なる組織でありました。我國の國會や縣會見た樣な。世間普通の會議の如く議事日程に就て討議の末。多數と以て取捨と決すると云ふ譯でなく。彼の議事日程は。豫め議すべき項目を網羅して目安を立てたるものなれば。此目安に就て各宗教各々得手に題目を定め論文を造り朗讀演説と為すなり。例へば議事日程に上帝の存在と目安があるから天主教も。基督教も。佛教も。需教も。婆羅門教も。希臘教も。皆な宗教が口々散屏に。上帝は人間の樣な固体の意思感情ある神が居るじやの居らぬじやのと云ふ樣な。甲論乙駁是非を辨論するとにはあらで。天主教や耶蘇教は確と居るものとも論ずべし。ユニテリアンの如きは固体の神は居らぬとも辨ずべし。又た佛教の如きは。別に佛陀の存在と云か。佛陀の身相と云ふ樣な。丸と上帝には關係せぬ佛陀のことと述ぶるも。決して咎むる所はありません。唯だ各宗教が持つ所の特色の眞理を。此議程の目安に依りて開陳するを肝要として。各々演説致すことなれば眞に萬國宗教の一大公會でありました。されば各自其順序に從て思ひ〱の議論を朗讀演説し。十七日間の會議は平和の間に終結致しました。』

私共の一行は成る可く早く自己の意見を提出し。餘暇を以て緩々他の各宗教徒が論旨をも批評すべく。又た名にし負ふ閣龍世界大博覽會とも見物せん積にて。我等日本佛教者の演説は一同早く二日計りに切り上げたしと委員長に請求せしに。委員長中々聞き入れず。今回宗教大會に毎日數千の聽衆が。或は紐育或はボストン其他全國の各地より。遠を辭せずして詰め懸るものは。専ら東洋宗教の嶄新なる議論を聞かんが為なれば。若し公等にして一同早く會場を引上ぐるが如きことありては。彼等は必ずや失望して引き退き大會の景況にも關ずべきことなるゆへ。公等は成るべく時日を引き延ばされんことを望むとの返答なれば。私共一同は止むを得ず委員長の請を容るゝ事となしました。而して野口氏は自分は日本佛教者通辨の責任を有して居れば。第一番に濟ましたしとて。先登第一に『世界の宗教』と題する短簡なる一場の演説をなしたり。第二席は平井金三氏なり。氏の演題は一は『綜合宗教論』他は『日本と基督教の關係』なる二題にて。此二題の原稿は其前日迄に會長委員長にて一覽し。「綜合宗教論」は許可を得たれども「日本と基督教の關係」は演ずるを得ずと命ぜられたり。然れども平井氏は敢て之に服せず。明日は堂々ヤッテ見すべしと云ひ居りしが。果せる哉當日の演壇上に現はれしや否や。直ちに不認可の基督教關係論を演じ始めしに。委員長は傍より平井氏に向ひ。貴君の演せらるゝは。昨日予が制止せし基督教關係論にあらずや。貴君は命令に服せざるかと詰問せしにぞ。平井氏赫として怒り。君は何故に予の演題を許さゞるや。何故に予が言論の自由を妨害せんとするや。君は何人より公會出席者の演説を差止むるの權利を與へられたるやと。口角沫を飛ばし言辭切迫。既に攫かみ合ひに及ばんず氣色なりしかば。滿場八千の傍聽者拳を握り。スワ大事が起りたるぞ。宗教大會は破裂するぞと云はん計りの顔色を顯はし。此時の私共の心配は何にも譬へ難きことでありました。腕力の喧嘩にでもならんか雲衝く大の赤髯男。我等日本人は一と撮みに撮み殺されて仕舞ウバイと恐れました（大笑喝采）。然るに萬事に立廻り如才なき大會書記の一紳士は。平井氏と委員長との間に割り入りて。種々仲裁の勞を執りしに。氣早き委員長なれば程能く治めて。平井氏は希望の如く基督教關係論を演説する事となりました。今其大意を約言すれば。先づ我國天草の亂天主教が大に國民に禍を流してより。耶蘇教と云へば我國民擧つて悪感情を懐き。之が爲め耶蘇教は我日本には中々急に弘まり悪ひ。之れ偏に基督教に對しては氣の毒であると云より說き起し終に近世に及び。我日本は今を距る三十年前。米國の先導と紹介とによりて。始めて文明世界の列に入れり。吾人日本國民は米國が我邦に對するの當初の好誼に向つて感謝する者なり。今や文明の女神が輝光ある旭の羽衣を振り舞はし。翩々として日本の天に翺翔するものは。誰か是れ米國の賜にあらずと云はん哉。然るに今ま我日本の有様を觀るに。我幕政の末路に當り。諸外國の爲に瞞着せられ。不正不理なる條約を締結し。爾來二十餘年の星霜を經て今日に至り。全國幾千万人の精神は一致して一人の精神となり。此不正不理なる條約を改正せんとするも奈何せん。歐米先進の各國は種々の口實を設けて我要求に應せず。之が爲め國家の迷惑國民の苦心する夫れ幾干ぞや。回顧すれば貴國が其始め英政府の下に壓制せられ呻吟せられたる當時の困難如何計りぞ。今ま我國民は是より甚しきものあり。而して貴國より我日本に派遣したる耶蘇教各派の宣教師は。現に此有様を目擊し乍ら。未だ嘗て此有様を貴國に報せざるは。是れ豈に耶蘇教博愛の本旨なるか。是れ豈に耶蘇教の正義なるか。又た貴國人民は近頃支那人を放逐するの序でに。無辜なる我日本人をも驅逐せんと欲し。我日本人の米國學校に入學したるものを。モンゴリヤ人種なりとて盡く之を退學せしめたるが如き。是れ亦た耶蘇教博愛の本旨なるか諸君が信奉する耶蘇教にして果して此の如き者なりとせば。吾人は耶蘇教程我日本に禍害を與ふるものはなしと斷言せんと欲す。又た我日本國民が耶蘇教に對し悪感情を懐けるも無理ならぬことならずやと演ずるや。滿場數千の聽衆は一同にセーム、セーム(即ち愧ぢ入るの意)の聲を發したり。而して平井氏は之より甘く論點を轉じ。併し乍ら吾人は信ず。是れ必ず眞正なる耶蘇教徒の行爲なるべしと云ひ殘して演壇を下るや。滿場一整立ち上り。一同ハンケチを打ち振り。辨士暫くと呼び止め。平井氏が一寸振り返りたる愛憐の顔を望んで。八千の聽衆は醉ふたるが如く無上の贊歎を表しました。是は之れ我日本佛教徒が宗教大會に於て。第二の勝利を奏し基督教徒の膽を寒からしめたる絕大の出來事であり升(大喝釆潮の湧くが如くに起れり)。

是にて前席は終れり。凱旋偉人は暫時休憩せり。五千の聽衆は我を忘れて拍手喝釆せり。奏樂の裡に偉人再たび滿場の大喝釆に迎へらる。

第三席は釋宗演師『佛教の要旨幷に因果法』と云ふ題を以て。普ねく經論に照らし微密に演じたるを以て。佛教の哲理は精確なりとの感想を大に惹き起さしめたり。第四席は土岐法龍師『日本の佛教』と云ふ題にて。大小二乘の教理を槪論し。進んで歷史上より佛教が日本に與へたる文化の効績を示し。同じく聽衆を感動せしめたり。第五席は拙者にて演題は『佛教』。第六席は蘆津實全師にして演題は『佛陀』なりし。(國教記者曰く釋、土岐、蘆津、平井四師の大會演說筆記は國教二十八號に詳載せり讀者乞ふ參看あれ)。孰れも大乘佛教の深奧なる教理を種々の點より說明したれば。聽衆の滿足は一方ならず。歐米多數の人民が千百年間。佛教は野蠻未開の宗教なりと云ふ妄想の夢は。十數日間の宗教大會に由りて全く打破せられたり。而して私共一行の日本佛教者に加ふるに。印度錫蘭佛教の代表者ダンマパーラ居士が。博學にして精確なる佛陀論を以てしたれば。此の世界萬國の各大宗教者を一堂の上に集め。又識見ありて眞理を慕ふこと。恰も鹿の溪水を探るが如き歐米數萬の紳士貴女を一堂の上に集め。又た全世界の注目を一堂の上に集めたる宗教大會に於て。我佛教眞理の一滴は僥に注入せられたりと確信す。是れ我が滿場の諸君に向ひ。我佛教は這回市俄高府の萬國宗教大會に在りて。最大勝利最大光榮を得たりと斷言するを憚らざる所で御座り升(大喝釆)。

偖て如何なる點に於て歐米人が佛教に對する妄想を破りしかと云ふに。第一大乘非佛說の疑難を解きし事。第二悉有佛性の疑難を釋きし事。第三厭世教の迷妄と破りし事。第四涅槃の眞義を明にせし事。第五偶像教の誤見を改めし事。第六佛教は女子と輕蔑すとの頑見を正ふせし事等なりとす是れ私共が自ら佛教西漸の進路を開きし功勳あるを自信する譯であります。(國教記者白す此一段は本日八淵師が演說の中心にして師は最も氣燄を皷し明快痛切如何なる議論を以て如何に破りしかを說かれしと雖も記者筆記の疎漏なる爲め世界宗教の大問題を誤らんとを恐れ遺憾乍ら此に唯だ其大体を示すのみ其詳細は師の訂正を經て後日我誌上に揭ぐべし)。

諸君是は宗教大會の評議員章であり升(師自ら胸間に閃ける銀の章牌を指して)。此表面の英文を譯すれば。『物件にあらずして唯人なり』。『物質にあらずして唯精神なり』と云ふ意味であります。是にて宗教大會の精神如何が察せられます。私共一行は斯の如き大會に於て。可及的佛教の眞理を宣揚し。可及的日本の國光を煥發し。十分に敬意と光榮とを博し。或は大會中又は閉會の後も處々に大會に招待せられ。折に觸れ時に應じて佛敎の眞理を說き。彼邦人士をして大に注意を佛敎に起さしめ。又開會中は會場中の質問室に於て。每日數百千人の群集を引き受け。交る〳〵種々の質問に應じ。現に平井氏の如きは通辨と答辨に責め付けられ。日々晝飯さへ喫せざるとも多かりし程の多忙に迫られたり。之に依て後には我等一言の答解を得たる紳士貴女は。日本僧侶より此の如き答解を得たりと誇りて以て榮とする樣になりました。凡そ新奇を好むは人間の風習とは云へども。是れ畢竟歐米文化の機運が。我佛敎の眞理を歡迎したるの致す所と信じ升。

大會十七日間の議事日程は。上帝の存在。信仰の觀念。宗敎と國家の關係。宗敎と社會の關係。宗敎と家族の關係。宗敎と敎育の關係。宗敎と文學の關係。宗敎と法律の關係。宗敎と婦人の關係等にして。私共は日本の佛敎家として大に感慨を極めたることが澤山ありました中。宗敎と國家の關係に於て。精密に佛耶兩敎の長短を比較したるが如き。宗敎と敎育の關係に於て。人間幼時の宗敎信否が德義上に及ぼせる影響を明にしたるが如き。宗敎と婦人の關係に於て。世界各國婦人が宗敎的信仰の如何を列擧し。猶は我日本の如きも維新前の宗敎的婦人。維新後の宗敎的婦人と明細に區分したるが如きは。最も私共に感慨を起さしめました。殊に宗敎と家族の關係中に於て。彼れ歐米の基督敎が誕生。結婚の二大時期に最も其感化を有するを望んでは。飜つて我邦佛敎が葬式の悲哀なる儀式一方に感化を有して。誕生。結婚の快榮なる儀式に向つて無感化なるを慨し。我日本佛敎をして其感化の勢力を國家の全面に推し及ぼさしめんと欲せば。勢ひ歐米基督敎の如く。家族的の佛敎ともなり。結婚的の佛敎ともなり。職業的の佛敎ともなり。兵事的の佛敎ともなり。宴會的の佛敎ともなり。歲暦的の佛敎ともなり。以て佛敎の儀式を個人家族國家の全局に磅礴せしめざるべからずとの感想を發しました(大喝采)。而して最も兵事的佛敎の感慨を生じました。歐米各國の軍隊に於ては。監督。醫士。宗敎の三を以て軍隊の基礎を固む。監督なければ何を以てか軍紀を整肅ならしめん。醫士なければ何を以てか負傷者を救助せん。宗敎なければ何を以てか軍人の精神を堅確ならしめん。抑も亦た歐米各國の軍隊に於ては。精神的訓練。技術的訓練の二種とし。精神的訓練は信敎愛國の感情。及び紀律服從の義務を以て之が主義とす。特に我北鄰なる露國の如きは。鷲旗の進む所は卽ち是れ十字架の進む所。而して露兵の强勁なるは。決して機械技藝の上にのみ存せざるを知る。幸にして我帝國の陸海軍人は。萬世一系の皇統を戴き。忠君愛國の精神に渥しと雖も。若し更に之に注入するに我佛敎の感化を以てするときは。一朝干戈起らんか彼れマホメット信仰の土耳其兵がクリミヤ戰爭艱戰苦鬪の中に魯の强兵を敗りしが如く。我邦石山戰爭の本願寺兵が孤城に據り信長の大軍を擊破したるが如く。沈々悠々の心。彈雨硝烟の裡に立ち。徐ろに銃を握りて靜かに安心立命の彼岸に瞑目すべき。至大至剛の軍隊となるは疑ふべからざるの事實であり升。嗚呼我陸海軍人は鮮血を絞りて國家を保護する職分にあらずや。我帝國の旭旗をして最も權威あらしめ。最も光榮あらしめ。最も生命あらしむる職分にあらずや。嗟呼眞個に我大日本國民の血となりて灑ぎ。劍となりて閃き。花となりて輝く所の帝國軍人に向つては。必ず宗敎的訓練を施さゞるべからず。殊に佛敎の活きたる眞理を以て。殊に佛教の活きたる信仰を以て。最も壯烈に。最も活潑に。最も明快に。佛教的訓練を試みざるべからず。咄々僧侶兵役免除の請願。何たる卑屈無氣力なる消極的軟弱の擧動なるぞ。方今宇內生存競爭の大勢は斷じて佛教として斯の如き軟弱の擧動を取らしむべからず日本佛教の活力を殺ぎ。日本國家の元氣を害し。日本國民の精神を毒する僧侶兵役免除の請願より甚だしきはなし。苟も我邦の佛教徒にして眞正信仰の活力を有し。佛教革新の大義を有し。國家陶鑄の希望を有し。國民作斸の熱火を有するあらば。先づ第一着に陸海軍人に向つて。其感化の全力を注がざるべからずと確信致し升（滿塲大拍手大喝采）。

長江大河の滾々滔々流れて盡きざるが如く。前後二席殆んど五時間に渡りしも。五千の聽衆一人として欠伸する者なく妄評する者なく。唯だ驚天動地の拍手喝采塲外に溢れ。唯だ快感的の笑聲滿塲の鯨波を起すのみなりき。九州日日新聞の森半佛氏が批評的の健腕を揮ひ。二日間の紙上長大の論文（別項に揭ぐ）。嘖々として凱旋偉人の雄辨美辭術を讚歎せしも亦た宜なる哉。

八日の『日本佛教對外策』は次號に揭ぐべし

左は九州日日新聞四月十、十一の兩日紙上に揭ぐる所。起草者半佛居士の承諾を得て玆に轉載す。嗚呼我黨の凱旋偉人は決して一席何圓の演說興業家にあらず。然れども單に雄辨の點のみよりしても。社會の耳目より欽仰歎美を受くる彼が如し。讀者左の敏眼精批に對して。誤まりて偉人を演說興業家視する勿れ。

八淵蟠龍師の演說を評す

森　半　佛

八淵蟠龍師が颯爽たる雄辨の名は、天下既に之を聞く。必しも、吾人の呶々を待たざるなり然かれども、師の辨舌は何故に斯く痛快犀利なる乎。其談論は何が故に感慨興起人をして我を忘れしむる乎。其演說は何が故に到處に喝采を博し、會塲は何時も拍手と歡聲とを以つて滿たさるゝ乎、乞ふ吾人をして少しく其所以を論究せしめよ。

蓋し、師の舌頭には左の長所有て存する者の如し。

一、極めて高尙なる理論を、極めて卑近通俗なる言語を以て演述する事

一、一塲の演說、恰も大家の文章を讀むか如く抑揚、頓挫、波瀾、照應の妙致、井然として備る事

一、歸納、演繹の法を巧に用ふる事

一、滑稽の卑陋に流かれずして、一種の雅味を帶びる事

一、其言語、其の擧動の生意氣ならざる事

高尙なる理論を高尙なる漢語を以て演述するは易すし。然れども是の如は唯だに漢學先生か論語孟子を講ずる如く。幾分か學識有る者にあらずんば了解咀嚼する能はず、公衆を一堂に會して演說する時は、學者も。紳士も。素町人も。士百姓も。猫も。杓子も。瓢箪も聽衆の中に在りと思はざる可からず、此際文字なき儕輩のみを相手にして、彼等の喝采を買はんと欲し、通俗卑近の事をのみ演說せば。文字あり智識有る學者紳士の倦厭を招くを如何せん。然らば有識の者を相手として、高尙幽玄なる道理を語たらん乎。大聲の俚耳に入らざるを如何せん。甲を取らむ乎、乙を捨てさ

る可らず。乙に就かん乎、甲を去らさる可からず。取捨去就。何れに從はん。唯た一法有り。其理論を高尚にして有識の耳に供し、其言語を卑近にして無學の聽を牽かんのみ、是れ豈に万全の策にあらずや。八淵師能く此訣を知る。故に師の演說は學者も聽くべし。町人も聽く可し。猫も、杓子も聽く事を得可し。師の演說の萬人に喜はれて、一たび壇に上れば拍手喝采潮の如く湧き來るもの豈に偶然ならむや。

世間多少の演說家。蓋し必ず此妙訣を知る、然れども之を巧みに應用する事に至つては頗る難しとす。是れ師をして演壇に大名を擅にせしむる所以乎。

快辨滔々たる者は多し、然かれども其述ぶる處にして蕪雜法無くんば未だ人をして聳聽せしむるに足らず、法とは何ぞ、抑揚。頓挫。波瀾。照應等の諸法是れ也。言語を文字に顯はす處の文章既に是等の諸法あり。其文章の元素たる言語にして豈に法無かる可けんや。今夫れ演說は言語の精且巧なる者也。其法を要する文章と何ぞ異ならむ。世間雄辨風を生ずる者有り、然れども其說く處にして唯だ、水の流るゝが如く、風の走る如き者ならしめば、未だ人を動すに足らざるなり。今ま師の演說は抑揚。頓挫。波瀾。照應の妙。恰も大家の文章を讀むが如き者有り、其人をして隨感隨聽。我を忘れて手の舞ひ足の蹈むところを知らざらしむる者豈に之に因らずや。

師の演說に於て吾人が尤も敬服する所の者は材料の多き事是也。夥多の材料を縱橫無盡、自由自在に將ち來つて、誇張に失せず、散漫に失せず、以つて其論旨に歸納し盡くす事是れ也。一たび口を開けば、千百の事物、紛糾錯雜、雲の如く湧き、泉の如く出で來る。聽衆は一時唯だ事物の多端なるに驚き、呆然自失する者の如し。然れども。師が一たび千百の材料を一緒に綜合し、以つて其論旨に契合せしむるに至つてや、恰も百川の海に朝するが如きもの有り。是に於てか、先きの迷へる者初めて明かに。先きの疑かふ者初めて悟り、雲霧を披いて、晴天を見るの感有らんとす。是れ畢竟師の演說が歸納、演繹の論理法を巧みに應用する所以にあらずして何ぞ。天下の論客此法を得るにあらずんば、談論雲の如く、千百の材料を三寸の舌頭に翻弄し去るも、論旨散漫、其要を約すれば、何物を論じ、何事を議せしやを知らさるが如き者有り。世間の演說者流此惡弊極て多し、師の雄辨、天下に敵無きも亦た宜へならずや。

滑稽は。聽衆の倦怠を醫するに於ての最大利器なり。故に聽衆をして倦まざらしめんと欲せは、固たくるしき理論の間際には、必ず人の頤を解く可き滑稽を投せざるべからず。然り、滑稽此の如く必要なり。然れども之を濫用すれば、其弊又云ふ可からざる者あり。何となれば、滑稽は動もすれば演說の品格を損し、熱情の發表を妨ぐる事有ればなり。世間腐る如き演說使ひの中には、一意專心、聽客の喝采を買はんと欲し。演去演來、唯だ卑陋なる滑稽を用ひ、恰かも落語家のおどけ話に似たる如き者を演ずる有り、此の如きは聽衆を喜ばす事は之れ有らむ。聽衆を動かす事は未だし。抑も滑稽を用ひて、聽衆を喜ばし、併せて聽衆を動かさむと欲せば、唯だ之を適宜に應用すると、其用ふる所の滑稽をして卑陋ならざらしむるに在るのみ。試みに彼の戲劇を見よ、悲哀の幕重なる時には、必ず其間に、歡天喜地の面白ろき幕を挾さみ、以て絕えず觀客をして倦まざらしむる事を勉むるにあらずや。演說に滑稽を用ふる亦た此の如き而已。要は唯應さに固たくるしき理論の間に、點々挿入す可きのみ。決して之を屢用、重用、複用し聽く者をして馴れしむ可からざる也。且つ夫れ滑稽の卑陋を避くる、極て難し。何となれば、卑猥なる事は片言寸辞も人の頤を解くに足れど、高尚優雅なる事を説て、人の笑を買ふは頗ぶる難たければなり。今師の演説を聽くに、口を衝いて出づる處の滑稽、雅味掬すべき者有て敢て其品格を損せず。應用其處を得て人をして馴れしめず。是れ豈に半文演説家の企て及ぶ處ならむや。

演説家は得て生意氣に流がれ易すき者なり。生意氣とは何ぞ、氣取る事是れ也。彼の目を張り肩を怒らし。腕を扼し。髯を撚げ。卓を叩き壇を蹈み。諸君よ諸君よと絶叫する者。何ぞ夫れ壯士俳優に似て野拙なるや。吾人は常に之を見る毎に嘔吐せんと欲す。今師の風丯を見るに。宛然一個の味噌摺坊主なり。其言語は往々故郷の御船訛りを用ひ。於てを「ウエーテ」と云ふ。天眞にして飾らず、人に向つて城府と設けず。胸襟を開らいて諄々として語る。爺も婆も、乳母嬶妙珍迄も。八淵さん〱と云ふて赤子の慈母を慕ふが如き者は。職として是れ之に因る而已。

明治二十四年九月七日
內務省許可

明治二十五年五月四日
遞信省認可

明治二十三年九月二十五日第壹號發行

◎國教雜誌規則摘要

一本誌は佛教の運動機關として每月二回（國教）を發刊す

一本誌は宗派に偏せす教會に黨せす普く佛教界に獨立して佛徒の積弊を洗滌し佛教の新運動を企圖すへし

一本誌は諸宗教の批評及ひ教法界に現出する時事の問題を討論し每號諸大家の有爲なる論說寄書講義演說等を登錄し其教法關係の點に至りては何人を撰はす投書の自由を許し本社の主旨に妨けなき限りは總て之を揭載すへし

但し原稿は楷書二十七字詰に認め必す住所姓名を詳記すへし

一本誌代金及ひ廣告料は必す前金たるへし若し前金を投せすして御注文あるも本社は之に應せさるものとす

但本縣在住の人にして適當の紹介人あるときは此限りにあらす

一本誌見本を請求する者は郵券五厘切手十枚を送付せは郵送すへし

一本誌代金は可成爲換によりて送金あるへし尤も僻陬の地にして爲換取組不便利なれは五厘郵劵切手を代用し一割增の計算にして送付あるへし

一本誌代金及ひ廣告料は左の定價表に依るへし

但本誌購讀者に限り特別を以て廣告料を減することあるへし

雜誌代金

册數	定價	郵稅共
一册　一回分	五錢	五錢五厘
十二册　半ヶ年分	五十四錢	六十錢
廿四册　一ヶ年分	壹圓	壹圓十貳錢

廣告料

廣告料は行數の多小に拘はらす五號活字二十七字詰一行一回三錢とす但廣告に用ゆる木版等本社に依賴せらるゝときは廣告料の外に相當の代金を請求すべし

明治廿七年六月十日印刷
明治廿七年六月十一日發行

發行者　武田哲道
熊本市安巳橋通町五番地

編輯者　森直樹
熊本縣玉名郡石貫村千百八十一番地

印刷者　甲斐方策
熊本縣阿蘇郡坂梨村八百六十三番地

發行所　國教雜誌社
熊本市安巳橋通町五番地

印刷所　汲古堂
熊本市新壹丁目百二番地

明治二十四年七月十五日發行

中西牛郎主筆

九州佛教軍

第壹號

發行所　九州佛教倶樂部

九州佛教軍

第壹號

目錄

祝詞

會說

●九州佛教俱樂部之趣意書

論說

●上佛教各宗管長書……筑紫生

●佛教研究者に告ぐ……武田篤初

●僧侶の氣象を論じ併せて之を高潔ならしむる方法を示す……前田慧雲

法話

●九州俱樂部例月法話會に於て……齋藤聞精

寄書

●支那宗教一班……井手三郎

●歐洲行日誌……普連法彥

●國民之友第百十八號浮田和民氏の人生の目的を評す……安田格

苑錄

●訪中僧居士席上賦呈……曉翠軒主人

●念佛唱和篇……七十一翁　西秋谷

●同次韻……松島南溟

●念佛篇……白香山

●余將由上海赴漢口賦七言古一篇以告別於馮氏……井手素行

●燕京逃懷寄情友某……同

●孤鞋子……紫東生

本部報告

廣告

稟告

(一)本誌は本會の機關雜誌として發刊す

(二)本誌は本會の規則に準據し我佛教を擴張するが爲め社會の要件を報道し會員互に其氣脈を通し其意見を討究する等の機關とす

(三)本誌ハ諸宗教の批評及ひ教法界に現出する問題を討論し而して其教法と關係ある點に至つては文學哲理經濟衞生教育等の論說雜報をも掲載すへし

(四)本誌は事務の都合により當分無定期發刊とし購讀申込者一千名以上に滿るを期し發刊す

(五)本誌購讀を申込んと欲する者は住所姓名を記し本誌代價の金額を添へて申込むべし

(六)本誌維持金義捐金の金高及ひ其姓名は請取の順序により掲載すべし

(七)本誌は前金にあらざれば一切遞送を見合す、郵劵代用を以て購讀を申込ものは一割增とす、見本御望の方は五厘郵劵拾枚送付あるべし、廣告は御注文あるとも前金收受せざる内は掲載せず、雜誌代金及廣告料到達するとさは雜誌遞送と廣告掲載を以て其證として別に受領證書を出さず

(八)郵便爲替を以て御送金の節は爲替劵面拂渡局の欄に京都西六條爲替取扱所と記し受取人宿所氏名は京都市下京區油小路御前通上ル佛具屋町九州佛教俱樂部本部と御記入ありたし

祝詞

九州佛教軍の發刊を祝す

佐々木抑堂

十圍の大木、其枝條分敷し、陰緑四隣を蔽ふて、千秋青々の色を改めざる所以の者は、其根の土中に蟠據するもの常に能く滋養を吸収して、之が供給を絶たざればなり千里の長江、浩瀚流轉して、万古竭涸せざる所以の者は其亦源の重巒疊嶂の裡に在る者、四時雲氣蒸發して、涓々の流を斷たざればなり、若し夫瓶中の花美麗なりと雖終に實を結ぶに至らず、行潦の水、漲溢すと雖、一朝にして乾く、本有ると本無きとの異なる此の如し、何ぞ唯木水耳ならん、世界の事物此理を以て推及す可らざる者無し、世間凡百の事業を観るに、其本厚き者は其命運從て長久に、其本薄き者は其命運從て短促す、故に智者は其末運を知らんと欲して、務めて其基本を察し、有道者は其德を養ふて敢て物力を盡さず、陽明言はずや天道不翕聚則不能發散况人乎花之千葉者無實爲其華美太發露耳と世の事業を剏めんと欲する者深く是等の理を察せざる可んや、曩きに九州佛教倶樂部の組織あるや、派內の僧俗其擧の盛なるに駭き、刮目して其事業を見んと欲す、既にして寂然聞くなく、漠然見るべき者、茲に半年餘人皆之を疑ふ、九州人士豈今日に在て、故らに兒戯を演せんや、况んや佛教倶樂部の名を冠するに於てをや、果せる哉、本日忽ち雜誌發刊の快報を聞く、然ば則ち半年の寂漠は徒らに寂漠たるに非らずして、力を其根本に用ひたるのみ、只世人其外に着眼して其內を察せば、其之を疑ふや固より宜なり、然と雖倶樂部の前途當さに爲すべき事業少からず、今や纔かに其一に着手せり、是に於てか益々內に顧み其根本を養はずして、急に其外を美にするが如きは、倶樂部員の決して爲さゞる所にして、余も亦之を願はざるなり、只望む所は將來の爲めに大に其實力を蓄ひ、緩急に臨んで餘裕あらしめんと、是れ今日諸員の當さに盡すべき要務也、吾曹謹んで以みるに、九州は我邦　皇基の發する所、源遠く流長し、三千年間其風俗は時勢と共に機變したるも、彼の清淑の氣の存する所、忠愛國に許すの人士亦た多く輩出せり、今若し豪傑の士出で丶、之を照育するに佛陀の靈光を以てし、之を扶植するに眞宗の正義を以てせば、清淑の氣鬱乎たるもの散じて人間に磅礴し德義の芳全土に馥郁せん、而後順風に乘じて、一呼せば義聲の聞ゆる所、同感の徒東西に應じ南北に和して、數百里を隔つと雖、則を取り志を通ずるや誰か得て之を禦がん、此の如んば護國扶宗の擧何を求めて得ざらん、何を爲して成ざらん、猶根深き木の長し易く源遠き水の涸れ難が如く、九州倶樂部の勢力將に佛教と共に遐代に傳らんとす、豈盛ならずや、豈快からずや、而して今回雜誌の刊行適さに其端緒なるときは、則ち吾曹區々の心預しめ之が前途を祝せざるを得んや

祝詞

藤岡法眞

拜啓今般九州佛教軍と稱する九州佛教倶樂部の機關雜誌御發行相成候由吾輩は双手を擧げて新佛教軍の萬歲を祝し上候時節柄一層の御奮發ありて佛教の光鋩をして滿天下の乾坤を遍照せしめんことを希望候也匆々頓首九州佛教倶樂部御中

九州佛教軍の首途を祝す

眞宗傳道會員總代　牧野大蓮　敬白

九州佛教軍は京都に於ける、九州團體の編成に係れり、惟ふに九州の地勢たる豪宕奇拔、其人士雄壯活潑、而して眞理を崇ふや深く、國家を愛するや切なり、其國家を愛するの至情は、發して政治的運動となり、眞理を崇ふの丹誠は凝て宗教的運動となれり、其形を以すれば兩者相似ざる者ありと雖、其心を以てすれば、所謂道を左右に取て其原に逢ふに外ならざる也、故に其政治的運動は啻國家の爲にするのみならず、兼て至情を眞理に盡す所以なり、其宗教的運動も亦何ぞ眞理の爲にするのみならんや、將に以て丹誠を國家に致さんとするなり、余嚢に九州倶樂部の設あるを聞き、竊に想らく將に爲すあらんとすと、而して今や其一着手として、九州佛教軍の發刊あるを見る、豈祝せざるべけんや、蓋九州佛教軍は其稟る所は靈精至醇の氣、其養ふ所は雄壯奇拔の風、其れ必ず勇敢能く事に耐へん、且左手に眞理の旗幟を翻し、右

手に彌陀の利劍を執り、其兵は神出鬼沒、其法は則ち靈實擒縱、向ふ所何ぞ前あらんや、豫め其凱戰に望ありと謂べし、苟も自ら國家を愛し、眞理を崇ふを知る者、誰か其首途を祝せざらんや、雖然功を急げば失計多く、足を擧るの高たれ顚躓を速く所以なり、故に曠日彌久萬全の策是九州佛教軍に望まざるを得ず、謹で祝し且其盛運を祈る

祝詞

佐々木諦成

遙かに、九州佛教軍の發刊を祝し、併せて九州佛教俱樂部諸賢の萬福を祈る、本團も是より一層の活氣を添ゆるならん、希くは九州佛教徒の木鐸たるの任を盡して、以て佛教擴張の先鋒軍たらんことを、余は茲に肅んで九州佛教軍が遠征の軍上途を壽んのみ、

祝詞

佐々木雲嶺

拜啓愈々九州佛教軍御發刊の運びに相成候由大慶の至りに奉存候九州佛教俱樂部も始めて天下に向て運動を試みる端緒を開れ候得者一層御盡力之程奉願候吾輩ハ法の爲め貴誌の萬歲を祝し併せて益々筆硯の健全ならんことを奉祈候頓首九州佛教俱樂部御中

祝詞

松島善海

昨年九州俱樂部を組織せし、以來着々歩を進め、今也佛教雜誌を發刊するの盛運に達す、由是予亦謹で本團佛教雜誌の刊行を祝し、併て國運隆盛雜誌發行の無窮ならんことを祈る

九州佛教軍の發途を祝す

伊勢　標善會記者　藤　敬證

九州佛教軍何の爲に興るや、其基礎若し堅固ならざれば、其結果顯彰するに足らず、社會の結合國家の組織も人心の統一强固ならざれば、其勁力四海を風靡するに足らざるは人皆之を知れり、九州佛教軍よ、公等が憑むところの城壁は何ぞや、惟是地方的の親愛心か、或は他に亦有りや無しや、若し其れ公等が居城とするところ、山岳の

偉江河の大なる、風色の佳絕奇勝に富める、加之氣候和煦土地豐饒に、玄海響灘の激浪、支那朝鮮の波濤恒に其海濱に迫れり、其間に居住する生人は、亦一種特異の性情を發達せしめたることならん、此性情にして混雜紊亂の患なく、所謂古今生人の靈智と賴む、純精誠實の意志を以て、爾自個の統一を計らんには、是れ即ち公等が憑むべき、堅固の城壁ならん、之に加ふるに、能く環宇の大勢に應ぜべき、機敏の要兵を以てせば公等が動力は、東蜻蜓全州に響き西支那朝鮮に振はん、

公等は能く純精誠實の意志を解せり、蓋し純精誠實の意志は、人類本然の靈智なれば、何人か其光明の外に出るものあらん、然れども境遇の千種萬様なる、事情の複雜繁密なる、或は山兵樹影の障、雲霧雨雪の碍ありて、眞理の光明が隱微にして見難きこと多し、然も公等は能く機敏に其影暗を照すべき燈炬を持せり、何ぞや謂く名詮自生九州佛教軍公等が頂ける主將は、余が舊知已なり、否な曾て余を眞理の光明土に、導きし大導師なり、否な是れ完全圓滿の靈智を代標する佛陀なり、是れ眞理の明鏡なれば、何ぞ公等が影暗の道途を照さゞることあらん純精誠實の意志は、人類本然の靈智は、佛陀發揮の完全法門を以て、始て能く遍く生類の精神を統括し得べし、今公等之を以て城壁となし、亦之を主將と頂く、余其軍の必ず利あるべきを豫知す、佛陀の光明は平等に生類の肺肝を照せり、日本人たるの是非と九州人たるの利害を照すものにあらず、然るに公等現今の當務目下の本領は日本人として、九州人として、進軍の最中にあり、公等が國外物の感化によりて、發育せられたる特種の性情能力を利用して、目下の當務を盡くすに於て、如何に、佛教の眞理と係るべき、嗚呼公等の軍略余之を知れり、彼が本を窮めずして唯是瞬間の當務に汲々たるもの、元力を養ふことを知らずして、唯是虛喝進軍を叱咤するの將師何ぞ其軍に利を得るの理あらん、公等の圖るところは余之を知れり、本を養ひ、末を勸め、本末一致所謂眞俗不二の妙旨に叶ひ、倫理的社會的教育的の人事をして、其本根を備へしめ、九州人士が特種の能力を利用して、社會に對する、目下重大の任務を盡すに於て、其本根を

全ふせしめ、以て社會人心の統一を强固にし、其軍威を四境に輝さんとの意趣ならん、知らず、其能く實効を擧ぐるや否や以て祝詞となす、

祝詞

松山松太郎

機關雜誌の團体に於るは猶は武器の軍隊に於るが如し大に其運動を活潑ならしむるべし九州佛教軍の發刊ハ九州佛教俱樂部に最も鋭利なる武器を與へたるなり今後活潑の運動斯くして待べし吾輩は九州佛教軍の首途を祝し併せて其隆盛を祈る

祝詞

北豐産士　手島春治

天下の事、合すれば成り、散ずれば敗る、團結の功亦大なりと謂ふべし、曩に九州出身の人士相謀て、九州俱樂部を西京に設け、大に九州の佛教徒を糾合し、專ら佛教主義に據て國利民福を增進せんとせり、其基本既に固し於是乎進で機關雜誌を發行し普く彼我の情を通じ、併せて後進の趨向する所を確定せんとす、其機方に熟し、其法已に定まる、豈に國家の爲に賀せざるを得んや、此頃部員某來りて余に祝詞の起草を命ぜ、余素より淺薄復發すべきの言なし、聊歎喜の情を表し、以て祝詞に代ふるのみ、

祝詞

相浦完亘

九州佛教軍の發行を祝して曰く、九州俱樂部の精神と目的とを天下に發揮せよ、此精神と目的とを貫かんと欲せば、請ふ務て其の身體を壯健にして命脈を長ふせざる可らず、

電報

在印度　ヒガシオンジヨウ

ハルカニ　ハツカンヲ　シクス

同　カワカミテイシン

ツヽシンデ　ハツコウヲガス

同　在上海　ナカシマサイシ

ハツコウヲシクス

祝詞

源達源

九州佛教倶樂部に於て、本月十五日を期し機關雜誌「九州佛教軍」發刊あるに就き讙喜の至りに堪へず、將來愈よ九州佛教者の氣焰を煥發し、宇内の眞理と天下の實益とをして振進せしめんことを冀ふ、

祝詞

立花治道

遙に九州佛教倶樂部の機關雜誌「九州佛教軍」の發刊を祝し併せて將來の盛運を祈る

祝詞

秦法勵

拜啓今般九州佛教倶樂部に於て「九州佛教軍」てふ雜誌御發刊の由承り祝賀の至に堪へず今後益々擴張ありて愛國護法の實を上奏せられ度候九州佛教倶樂部御中

祝詞

大在芳達

遙に九州佛教倶樂部の機關たる九州佛教軍の發刊を恭賀し併而會員諸兄の萬歳を祈る

設備未た完からざるに早く既に機關雜誌の必要を促がし時機大に切迫し來り匆𠖱忙極稿を蒐めて之を印刷に附したれば雜報等を編輯するに遑あらず雜誌の体裁を爲さず粗漏杜撰の處多きは實に慚愧の情に堪へず背汗淋漓將さに其爲す所を知らざらんとす第二號は充分の整備を爲し畢世の力を盡し奮勉之に從事し看客各位の高評を仰がんとす看客各位幸ひに之を諒し第二號に於て九州佛教軍が萬丈の氣焰を吐くを見られよ是れ吾輩の今日看客各位に向て冀望する所なり

編輯員誌

九州佛教軍第壹號

明治廿四年七月十五日

會説

九州佛教倶樂部之趣意書

大凡そ遠大なる事業を計畫せんと欲せば、必らず多數人の團体を組織し其基礎を鞏固にせざるべからず。如何に氣宇濶大神機妙算の士と雖ども、二三人士の團結豈に遠大なる事業をなしうべけんや。方今我佛教徒の運動を觀るに、各地方到る處として佛教團体の組織あらざるはなく、其團体の發生する恰も春草の一雨毎に萌芽するが如く日一日より增加し、其中或は目覺しき運動を爲す者なきにあらずと雖ども。如何せん彼も一時、是も一時、其運動も一時の運動にして一たび困難に遭遇するや一跌復起ず、其狀猶ほ一火消へて一火燃へ、一波去りて一波來るが如し、倒すも容易なれば、起すも容易なり。團体を起すは遠大なる規模あるに非らず、唯だ一時の風潮に煽舞され一人呼び二人應じ團体を組織せるが故に、二三回の演説會。五六號の雜誌には熱心盡力するも始め無れば固より終りなし、其熱心も一時の熱心にして永遠の熱心にあらず、遂に二三月經るも演説會なく、雜誌發刊なく、何時の間にか立消て仕舞ふもの滿天下十中の七八は皆な是なり、一地方小團体敗滅尚ほ可なり。然れども堂々たる大團体の機關新聞。雜誌或は大團体其物にして一跌復起ずして、佛教徒の失敗を天下に吹聽するに到りては、實に切齒扼腕慷慨痛歎に堪へざる所なり、彼外教徒が佛教腐敗せり彼取りて代るべしと宣言する所以固より怪しむに足らず。若し今にして止まざらん乎、其積弊の極如何なる害毒を佛教に流すや未だ知るべからず、是れ我々が深く將來佛教の形勢を憂慮し、此弊風を矯正せんと欲して、茲に九州佛教俱樂部を創立せし第一の趣意なり、

今や佛教徒が奮然蹶起して、天下に呼號すべきの氣運到達せり、看よ紛々たる東方問題、內地雜居、帝國議會、南洋問題、國家的新基督教等の諸問題は恰も狂瀾怒濤の如く洶湧として、將さに日本命運の岸濱に打寄せんとす、此時に方りて眞理の大光明を發揮し高尙絕大なる理想を日本國民の腦底に現映せしめ、万世一系の皇室を奉戴し、外に對しては其統一を保ち、內に向つては其自由を活動せしめ、永く大和民族をして神聖、尊嚴。榮光を保たしむる者は、我佛教に非ずして何ぞや、然れども數百年來習慣の積勢、其着眼する所は區々たる一宗。一派の興敗。一地方の盛衰に止まる鎖國的の佛教にして。此世界に蔓延する佛教信徒を合して一大家族となす萬國的の佛教にあらず、况んや停滯。腐敗、頑固、執拗、迷妄、卑屈の惡分子は今猶ほ飛舞跳梁して天下に其餘威を逞ふするに於てをや是れ我々が深く將來佛教の形勢を憂慮し、此惡弊を蕩掃せ

んと欲して、玆に九州佛教倶樂部を創立せし第二の趣意なり、

九州人は勇敢にして質朴、感情的の精神に富み野蠻的の氣象あるは、天下の共に認識する所なり、此等勇敢質朴の九州人相ひ合同して一大團体を組織し、鋭意熱心野蠻的の精神を以て文明的の事業に應用せば、天下何事か成らざらん、我々九州佛教徒が一大團体を組織し其基礎を鞏固にし、慈悲と平和と純潔と生命とを以て其機能とし、傳道、教育、殖産、開拓等其他社會百般の各事業を佛教主義に應用して、一は國利民福の增進を計り國家隆盛の一助に供し、一は天下佛教徒の睡眠を警醒する曉鐘となさば或は又佛陀報恩の萬分一となるべし、我々九州佛教徒たる者豈に雙手を振つて此事業に盡力せざる可けんや、然れども九州佛教倶樂部は單に九州佛教徒の團結を計る而已に止らず、九州佛教徒の團結鞏固なれば進んで、山陽山陰の佛教徒と聯合し、四國五畿より東海、東山、北陸に進入して北海道を合同し、滿天下八道の佛教徒を以て一大團体を組織せんと欲する者にして、我九州佛教倶樂部は則ち天下佛教徒の大團結を計畫する其第一着手なりと云はざる可らず、是我々が深く將來佛教の形勢を憂慮し、佛教遠征軍の先驅を以て自から任し、玆に九州佛教倶樂部を創立せし第三の趣意なり、嗚呼仁に富み義に勇む九州護國扶宗の有志各位、本團の趣意を賛成し振つて本團に加

盟し、此計畫を完成する所あらしめんと希望に堪へざるなり

論説

上佛教各宗管長書

筑紫生

草莽の頑夫ハ筑紫の狂生再拜頓首、謹で書を我大日本帝國佛教各宗の管長閣下に奉す、生性頑鈍時事に通曉するの識なく、社會を經綸するの才なし、然れども嘗て釋尊佛陀の遺典を誦し浩然大息して曰く、嗚呼世界の宗教多しと雖ども、宇宙至大の眞理は我佛教の範圍の表に出る能はず、吾儕の由りて以て轉迷開悟し、由りて以て安心立命すべきもの豈に復た佛教の外に求む可けんや、況んや眼睟を轉じて我邦現時の大勢を察するに、之を内にしては、歐洲文化の大風は飄蕩として我立國の基礎を殆んど其根本より拔き去らんとし、餘勢の激する所天孫祖宗より一氣相傳ふる所の血脈を絶ち、我黒眸を變じて綠眼となし、我漆髮を染めて紅毛となし以て我が人種を改良するにあらざれば不可なりと極論し、之を外にして、生存競爭の激潮は駸々として、我三府五港より浸蕩して千古無缺の金甌を嚙み我血液を吮ひ、我筋骨を拔き、漸を以て之を斃さんとす、此時に方りて我大日本帝國の恃んで以て、國脈を維ぎ以て國性を保つもの、我王室と我佛教とを措いて又た何をかあらん哉、吾儕嘗て之を識者にく聞、方今武を八紘に震ひ、威を四表に輝し、世界第一の強國と稱せられたる露西亞帝國が、始めて西歐文化の列國と交通を開くや、其形勢毫も現時の日本國民と異ならざるものありき、質朴獷悍なるスラボニック民族は西歐の文化を以て最上無比の理想とし、欽羨垂涎爭ふて之を摸擬し、之を師倣し、其極や遂に内を卑み外を尊み已を棄て、他に從ふの風習を生じ、義烈ウラヂミルの大勳偉業は、之を白雲青山の裡に埋沒し、只西歐の流麗なる文學、優美なる服裝、精緻なる技術、宏大なる建築の其眼中に映ずるあるのみ、斯に於て露西亞國民が西歐崇拜の主義は殆んど其極点に達し、其國粹を損し、其國性を傷け、國家の命脈をして一線の微よりも危ふからしめたり、然

れども幸にして露國には世襲の王室あり、正統の希臘教會あり、此二者に由りて其國民の歸嚮を定め其國家の統一を保ち、露西亞國家と云ふ觀念を維持し殆廢して復た存し、危して復た安きを得たり、噫我邦今日の現狀豈に昔日の露西亞と異なるあらん乎、望む所のものは管長閣下が法陣を張り、法旗を樹て、法劍を揮ひ、内は正法を顯はし外は外教を攘ひ、以て我國民の歸嚮を定め我國家の統一を保ち、夫の露西亞帝國の希臘教會の如く新に我國家の基礎を築きて雄偉の觀を東海に示し、何如なる西歐文化の激潮銀波を蹴起して來る、何如なる外國崇拜の怒風、黑塵を捲上げて來るも之れを蹴返し、之れを拂ひ返して、以て大日本帝國の命脈を繫ぐあらんのみ、然らば則ち今日の日本は安んぞ變じて、他日の露西亞たらざるを知らんや、誠に斯の如くなれば王室は長へに日本の嚴父となり、佛教は永く日本の慈母となり、天長く地久く以て大我日本帝國の獨立昌盛を千萬年の後に維持することを得べきのみ、伏して惟るに管長閣下は之を遠くしては、釋尊佛陀の法燈を三千年の後に揭げ、之を近くしては、其祖師の妙法を今日に護持するの大責任、大職分に當らせ給ひ、其高風盛德は誠に此れ法門の干城、國家の慈母三千九百萬が同胞の倶に仰ひで欽仰尊慕する所なれば、苟くも事佛教の盛衰消長に關係するに至りては、寢食の頃も之を懷に忘れず、遠く思ひ深く慮り佛教を以て獨り日本の統一を保ち、日本の命脈を繫ぐの大計長策を懷抱せらるゝは固とより措ひて論を俟たざる而已ならず、必ず將さに我佛教を全地球に傳播し、世界十億の生靈を率ひて佛陀の足下に跪拜せしむるの活手段あらせるゝとは吾輩の敢て疑はざる所なり、然るに余輩熟らく〱現時我邦宗教の大勢を察し來れば誠に慷慨流涕長大息の至りに勝へざるものあり、夫れ何ぞや余輩今日に於て我佛教と基督教とを比較して之を論ずるに、昔日に比して基督教の勢は次第に縮退し、佛教の勢は日をふて長進するが如きの外觀なきにあらず、於是淺薄なる佛教信徒は揚々得色を顯して曰く、基督教敢て畏るゝに足らず我佛教は夫れ振はんと、嗚呼基督教豈に果して畏るゝに足らざるものあらんや、嗚呼佛教豈に果して振ふものならんや、誠に是れ庸愚の見のみ、兒童の察のみ、余輩ハ則ち憂へて以爲らく苟も現狀の如くして改むる所なくんば、基督教は數年の後全勝を制して佛教は全く敗滅を招かんのみ、此れ余輩が之を現時の事實に徵し之れを將來の必勢に考へ、彼我の勢を比較し、彼此の情を審にし、然る後ちに始めて斷言したるものにして、妄りに驚世絕俗の談を試みて以て管長閣下の清聽を瀆さんと欲するものにあらるなり、願くば閣下耳を傾けて余輩の陳述する所を諒察し玉はんことを、愚者の言も決して一得なきにあらざるべし、抑も今日に方りて基督教と佛教とは我帝國に於て地歩を占め以て互に眞理の勝敗を爭ひ、彼强ければ則ち我弱く、我進めば則ち彼退く、此れ其勢たる決して兩立す可きにあらざるなり、然らば今日我邦に於て耶佛二教の盛衰消長を判斷せんと欲せば、果して如何なる現象を執りて之れを觀察す可き歟、曰く兩教が教育、文學、社會、政治に於けるの勢力影響是れなり、此數現象を比較して、佛教の占むる所の勢力、基督教よりも强ければ將來佛教の勢は以て基督教を壓倒すべし、之に反して基督教が有する所の勢力、佛教に超過すれば佛教は則ち劣敗の地に立たざるを得ぞ、然らば基督教强き乎、佛教强き乎、請ふ進んで之を論ぜん、苟くも眼を塞ぎ耳を掩ふて以て、時勢の外に隱遁するものにあらざるよりは、基督教が我邦教育上に占むる所の勢力を拒むものは非ざるべし、請ふ眼を開ひて基督教會の教育を看よ、仙臺には東華學校あり、東京には明治學院あり、西京には同志社學院あり、皆な普通教育の最高程度に位し、就中明治學院同志社學院の如きは其學徒少くとも五六百名に下らぞ、全國俊秀の子弟にして宗教を信じ若くば學資に乏きものは爭ふて之に入り、其教師等は非常の熱心を以て福音を誨へ、避暑休業には或は夏期學校を開き、或は之を各地方に派遣し、其布教に熱心なるや決して佛教の及ぶ所にあらぞ、其課程の高き亦た決して佛教の及ぶ所にあらぞ、而して海內督教の學校は決して此三校に限らぞ、希臘教會には則ち駿河臺神學校を有し、羅馬教會には則ち長崎神學校を有し、一致教會には則ち加伯利學校を有し、其外基督教の保護に係る學校を擧くれば指屈するに勝へず、亦た此等の學校を卒業し歐米各國に留學して、學士卒業生の稱號を得、歸朝して全國公私の學校に踞るものは余輩の知る所を以するも既に數十百人の多きに達せり、故に如し基督教徒が首唱して高等中學以下の公立學校に係るものを全廢するの議を帝國議會に提出して、復た外山正一氏の如く熱心にして有力なる反對者なく、多數の賛成を以て議決せられたらんには、我邦教育の大權は一朝忽ち基督教徒の掌握に落るに至らんとは、識者の擧つて杞憂する所なり、顧みて佛各派の教育を察すれば、東西両本願寺のみ獨り普通學校を有する而已にして、其他は純然たる僧侶の教育に止り、固とより以て世間に其影響を及ぼすに足らず、之を加ふるに基督教徒の先達は皆な教育に熱心なるも佛教の先達は殆んど其教育に熱心なるものを見ず、故に單に教育を以て之を論ずるときは我佛教は、既に教育の戰場に於て基督教に一着を輸したる者と云はざるを得ず、況んや今日佛教が教育に於て練る所の學術、養ふ所の思想は果して基督教の精兵鋭軍に當るに足るや否や、此れ余輩の大に疑ふ所なり、然らば兩教が文學に於けるの勢力、影響は果して如何ん、佛教界中南條氏の梵學、井上氏の哲學、島地、赤松、渥美、藤島、村上、釋、前田、大內、徳永、諸氏の雄弁能文は固とより一騎當千の驍將ならん、然れども佛教界中果して徳富氏の國民之友ある乎、果して巖本氏の女學雜誌ある乎、果して横井氏の基督教新聞ある乎、果して小崎氏の六合雜誌ある乎、果して同志社青年の文學會雜誌ある乎、果して植村氏の日本評論ある乎、我佛教界中豈に敢て之れと抗衡するものあらんや、顧ふに現時基督教の陣頭に顯はれ攻守共に無比の勇將たるものは僅々數輩に過ぎず、然れども彼が中には實に無數の伏兵あり、然らば文學に於ける兩教の勢力影響は孰れか强、孰れか弱、孰れか鋭、孰れか鈍、此れ亦た烱然として火を覩るが如し、進んで社會改良の事業に於ける勢力影響は何如ん、棄兒、乞丐、民貧の孩提を集めて之を養育し、之を教育し以て百年永遠の計を爲すものは基督教なり、女子教育の議を主張し我邦女子の活氣を喚起したるものは基督教なり、堂々天下に先ちて廢娼の說を首唱し社會の一大問題を提起したるものは基督教あり、而して佛教は未だ之に對すべき價値ある事業あるを見ず、然らば政治に於ける兩教の勢力影響は如何ん、彼れ學識あり才能あり愛嬌あり改進黨中第一流の名士にして、而かも基督教徒なる島田三郎は衆議院委員長たり、中島信行は衆議院議長たり、日本佛教の中心と稱する京都より撰擧したる二名の代議士は皆な基督教徒なり、此に由りて之を觀れば我政治壇上に於ては基督教既に見事に佛教を壓倒し蹂躙したりと云はざるを得ず、斯の時に方りて大内青巒氏の如き豪傑の士、挺出して佛教の爲めに尊皇奉佛の議を主張すと雖ども、佛教各宗は一致團結して之を賛成するの勇氣なく、其自ら政界に奔走する所のものは自家身上の撰擧權、若くば公認教の類に過ぎず、而して一人として國利民福の爲めに言を立るものなし、嗚呼豈に眞に慨歎す可きにあらずや、夫れ我邦の教育に文學に社會に政治に耶佛二教の優劣强弱を比較すれば此の如し、自今十年の事誠に憂ふ可く恐る可きものあり、而して佛教の今日猶は能く其地位を維持し、以て基督教の横流を制するを得るものは、蓋し

三つあり、何ぞや一に曰く愚夫愚婦習慣の信、二に曰く保守的反動の大勢、三に曰く西洋哲學の援兵是れなり、若し此三者なかりせば我佛教は早く既に耶教の爲めに撲滅せられたるならん、然らば此三者は今日佛教が恃んで以て金城鉄壁とする所のものなり、然れども金城も時ありて頽れ、鉄壁も時ありて敗る、況んや偶然一時の境遇、豈に久く恃むに足らんや、蓋し各宗本山が今日衰頽の裡に立ちて堂々、巍々たる殿堂を築きて、海内の眼を驚かし、其法主猶は錦衣玉食の榮光を保つことを得るものは職に愚夫愚婦習慣の信なり、若し此習慣の信を廢せば、各宗本山の糧道は必ず絶へん、此時に方りて佛教が哲理に合すと大呼絶叫するも何の裨益あらん、然るに文化の進む所、教育の達する所、今日の愚夫愚婦は必ず他日の愚夫愚婦にあらず、苟も今日に及んで其教理を闡明し、其教師を養成し道理上實際上より確然不抜なる佛教の眞理を說明すること能はずんば、豈に能く海内の智識あり思慮ある人民を率ひて佛教に歸せしむることを得んや、故に愚夫愚婦習慣の信は現時佛教の一大基礎たりと雖ども、此基

礎は決して永く恃むべきにあらず、抑も保守的反動の大勢は外國崇拜の狂病に對する良劑にして、其力至大至剛能く基督敎の進路を遮るの勢力ある現象を呈するに至りては、余輩の大に賀する所なりと雖ども佛敎は決して之を以て喜悅す可きにあらず、亦た決して之を以て滿足す可きにあらず、國粹主義は能く基督敎の進路を遮るの勢力ありと雖ども、佛敎を起すの勢力あるものにあらず、佛敎は只佛敎自巳の力に由りて起さゞる可らず、外物の力によりて起す可らず、故に今の時に方りて保守的反動の大勢に依賴して、佛敎苟も安眠惰睡し活氣を失するが如きことあらば、此れ佛敎を斃すものは基督敎にあらずして、却つて此保守的反動の大勢にありと云はざるを得ず、然らば佛敎の爲めに利ありて害なきものは、夫れ惟だ哲學に在る歟、此れ亦た然らず、夫れ歐洲哲學にして佛敎の眞理に吻合する所あるは、方今三尺の童子と雖とも、共に灼知する所なり、然れども是れ哲學の一面を觀て他の一面を觀ざるものなり、哲學の一面は誠に能く佛敎と吻合す、此吻合するの一面は則ち佛敎の援兵となるものなり、然れども他の一面は則ち大に佛敎に反對するの事實を隱すものなり、今や世人は只佛敎の哲學に合するを以て頻に之を贊成すと雖ども、如し一旦佛敎に反對するの他の一面顯露するに至りては、此輩も亦た焉んぞ佛敎に對することなきを保せんや、奈何となれば哲學によりて佛敎を贊成するものは、亦た哲學によりて佛敎に反對せざるを得ず、之を要するに愚夫愚婦習慣の信と云ひ、保守的反動の大勢と云ひ、西洋哲學の援兵と云ひ、決して永く佛敎の依賴す可きものにあらず、佛者もし此三者を以て基礎とせば、佛敎今日の基礎なるものは其危殆なること水泡浮雲啻のみならず、而して佛敎の一大勁敵たる基督敎の潜勢力を觀察すれば、其怖る可く憂ふ可き彼が如き者あり、此に由りて之を觀れば我佛敎各宗管長閣下は、速に宇内の大勢を洞觀し百年の後を深慮あらせられ以て振古未曾有の英斷を施し、海內諸宗の連合を圖り同心合躰し千載の積弊を破り萬古の活眼を開き、敎育に布敎に確乎不拔の方針を定め、政治に社會に驚天動地の運動を試み給ふの決心なくんば自今十年の後日本佛敎の前途誠に言ふ可らざるものあらん、顧ふに日本各宗を合すれば其信徒は殆んど日本國民三分の二を占め、其僧侶の數は十萬に近く其資力猶は毎歳百萬以上に達す可く、近時有力なる外護も亦た尠らず、苟くも內自ら振發奮勵して佛教恢復の事業に粉骨薺身せられなば、何を欲してか成らざらん、何を企てゝか成らざらん、此れ佛者今日の患は能はざるにあらざるなり為さゞるなり、而して苟も一日の安を偷み千載の大計を遺るゝあらば、佛教の敗滅に就かんこと當さに遠きにあらざるべし、余輩の管長閣下に希望を屬するや甚だ大なり、故に其之を言ふや亦た甚だ切なり、管長閣下夫れ今日の時勢を以て將た何等の時勢とする乎、閣下の聰明を壅蔽し阿諛逢迎するものは、決して佛教の忠臣義士にあらず、尊嚴を冒瀆し惶懼止むとなしと死罪々々

佛教研究者に告ぐ

武田篤初

佛教を研究せんと欲せば、當時印度に流行する所の學術を研究するを以て先務とせざる可らず、何となれば當時の事情に明かならざれば、佛の應機、說法の妙趣を詳悉すること能はざればなり、吾嘗て之を聞くに印度に四韋陀六論なるものあり、其書嘗て傳へて東上に至らず（韋陀華に智論と翻す即ち婆羅門所作の邪論なり）、依て止むことを得ず、諸經に散說する所の外道の說を揭げ、以て當時印度に流行する所の學說の一斑を示し、古今佛者の未だ說かざる所の秘蘊を發し世の冥業を警誡せんと欲す、それ三界（欲界色界無色界）六道（地獄餓鬼畜生脩羅人天）。の說たる、佛者の常及涅槃、談ずる所にして、隨ふて佛の發明せし如きの感想を起さしむ、然れども諸經に散說する所の外道の說を見るに、佛已前既に該說の印度に流行し、世人の疑ひだも引起さゞることを發見せり、其證は提婆菩薩釋楞伽經中外道小乘涅槃論を見るに韋陀論師の說を擧て云此外道論說從那羅延天臍中生大蓮華從蓮華生梵天祖公一切有命無命物從梵天口中生一切大地即是修福德戒場於中一切草章及猪羊驢馬等殺害供養梵天得生彼處名為涅槃、又摩醯首羅論師の說を擧て云此外道師說果是那羅延所作梵天是因所謂梵天那羅延乃至自在天是生滅因一切從自在天生從自在天滅名為涅槃又女人眷屬論師の說を擧て云此外道師說摩醯首羅作女人諸天人龍鳥及一切穀子蛇蝎蚊虻等如是知者名為涅槃華嚴經隨疏演義鈔に云塗灰即外道名謂此外道計欲界第六自在天能生萬物、又圍陀論師の說を擧て云那羅延天能生四姓謂口生婆羅門兩臂生刹

利兩脛生毘舍兩脚生首陀　梵語婆羅門華に淨行と翻す、刹利梵語具さに刹帝利と云ふ、華に田主と翻す、即ち王種なり、梵語毘舍華に商賈と翻す、梵語首陀華に農人と翻す)、又云自在天者即色究竟天三千世界之主也此塗灰外道幷諸婆羅門共執自在天是萬物之因謂此天有四德一體實二徧三常四能生諸法又計此天有三身一者法身謂體常周徧量同虛空能生萬物二受用身謂在色天之上三變化身謂隨形六道敎化衆生(色究竟天は色界の第十八天なり)、陀羅尼集經に富蘭那迦葉の計を擧て云其人起邪見謂一切法斷滅無君臣父子忠孝之道名爲色空外道以色破欲界有以空破色界有大涅槃經に牛狗外道の計を擧て云謂外道修行自謂前世從牛狗中來即持牛狗戒齕草噉汚唯望生天、又俱舍論等には非想非非想處(天の名)を以て外道の定とす、以上の諸說に據るに、六道又は欲界色界及無色界より涅槃に至る迄、佛已前に於て諸外道種々に之が說を立てしこと明白なりとぞや、且つ其所說の荒唐不經なる今日より之を見れば捧腹絶倒に堪へざるもの甚多し、如是智識を以て推度せし所の三界及涅槃は、恐くハ想蘊の妄想に過ぎざるべし凡そ時代に就て人類の智識を判斷するには、該時代の事情を詳悉するに非ざれば、其判斷の適當を得ること難しと雖も、奈何せん當時外道の書は佛者の爲めに擯斥せられ、遂て東土に傳はらざれば、僅かに經文の散說に就て想像を起すより外に道あることなし、故に予は諸經に散說する外道計より推して、印度當時の時情は妄想の陰霧中に在りと假定せざるを得ぞ、是れ釋迦文佛の慈悲を加へて玉冠を脫し龍衣を服し、以て此妄想を撥破せし所以なるか右の次第なるを以て、佛は說法するに四種の悉檀を用ゆ大智度に云有四種悉檀一者世界悉檀二者爲人悉檀三者對治悉檀四者第一義悉檀法華文句に云一世界悉檀世即隔別之義界即分界也蓋由衆生根器淺薄故佛隨其所欲樂開爲之次第分別而說令生歡喜是名世界悉檀二爲人悉檀謂佛欲說法必先觀衆生機器之大小宿種之淺深然後稱其機宜而爲說之令生正信增長善根故名爲人悉檀三對治悉檀謂如衆生貪欲多者敎觀不淨瞋恚多者敎修慈心愚癡多者敎觀因緣爲對此等諸病說此法藥徧施衆生故名對治悉檀四第一義悉檀第一義即理也謂佛知衆生善根已熟即爲說法令其得悟聖道是名第一義悉檀此法則を以て之を考ふに、三界六道の形狀及位置の如さは恐くハ世間悉檀を用ひて說かれしものか然らざれば其所說恠々奇々論理に合せざる所多さを奈何せん。是れ更に五依の法則を說かれし所以なん、大方等大集經陀羅尼自在王菩薩品に云復有五種所謂五依一者依義不依於字二者依智不依於識三者依了義經不依不了義經四者依法不依於人五者依出世不依於世染ぞるに此法則を示せし所以は、文字なり、識なり、不了義なり、人なり、世なり皆是等第一義諦にあらぞして、或は世間悉檀、或は爲人悉檀たれば若し之に依て、義なり、智なり、了義なり、法なり出世なりを解釋することを知らざれば、大誤謬に陷るを以て之を訓誡せしめのなり、予先きに佛教を研究せんと欲するものは、當時印度に流行する所の學術を研究せざる可からずとするものは、佛所說の藏經を閱讀するに當り、此文句身は恐くは世間悉檀なり彼文句身ハ恐くは爲人悉檀ならんと判定するの知識ありて、字に依らず、不義了によらずして、佛陀發明する所の眞理に依り、金石を淘汰して以て佛教の眞面目を顯さんと欲する爲めなり、若し經說は一字も遺さず悉皆信仰すべしと云はゞ、倶舍論隨眠品の頌に說三世有故許說一切有とある如きは、常見の甚しきものにして外道の見解と相去ること遠からず、又諸受陰尽如燈火滅種々風止名爲涅槃とある如きは、斷見の甚しきものにして、亦外道の見解と相去ること遠からず、猶是等を以て信仰すへしとするや、苟も眼光を大乘に注ぎしものは誰れか之を信ぜん、

それ當時印度の風俗を見るに、外道說盛に行はれ、大涅槃經に據て之を見るに或は不談飲食長忍飢虛(自餓外道)、或は寒入深淵忍受凍苦(投淵外道)、或は常自裸形不拘寒暑露地而坐、或は(自坐外道)、或は於屍林家間以爲住處寂默不語(寂默外道)等の苦行をなし、以て樂果を得んと欲するにあらずや、如是妄想中に浮沈する所の人類にして、肉眼を以て見る能はざる所の諸天及地獄等を的知するとは、是猶菽麥辨知すること能はざる呆漢にして、天象を談し地質を說くが如し、天象地質其物は存在するにもせよ、其所說の荒唐妄誕なること推して知る可し、然れとも如是呆漢に對して萬象の眞理を說き、之をして眞實に了解せしむることを得べきか、其必ず得べからざるあり、故に如是呆漢に知識を授けんと欲せば、先つ其彼れが知る處に隨ふて之れを說かざる可からず、是れ佛の小乘經を最初に說き且つ多分に世間悉檀爲人悉檀を用ひし所以にして、亦已むを得ざるの慈悲心に出でしものか、故に予は幽界なしと言ふものにあらざれども、世上に說く如き幽界の形狀及位置は斷じて、印度古代の妄說にして黃葉止啼の方便說たるに過ぎずとす、

然りと雖も、佛は專ら方便のみを說きて、少しも眞實を說かざるやと云ふに、曰く然らず、何んとなれば方便は眞實が爲めの方便なれば、苟しく眞實を授くべき機會を得れば直ちに之を說く但し其說たる大乘に比すれば稍淺說するものゝ如し、今印度の古說を一掃して、釋迦文佛の新說と稱して然る可きものを擧れば、其目僅かに三に過ぎず、此三法たる實は佛の新說にあらずして諸法法爾として如是なるものなり、但佛能く之を發揮せしのみ、其三法とは何ぞ、釋論云諸小乘經若有無常無我涅槃三印印定其說卽是佛說若無此印之卽是魔說、是れ佛說非佛說を判定するの尺度にして、佛者に取ては金科玉條も啻ならず、請ふ畧して之を弁ぜん、析玄記に云無常有二種一者刹那無常梵語刹那華言一念而言無常者謂此一念之心生住異滅四相遷流不停是名刹那無常二者一期無常謂衆生受身雖壽命長短不等皆名一期而言無常者謂諸衆生一期受報之

身亦爲生住異滅四相遷流終歸滅尽是名一期無常、法藏の般若心經略疏に云人空卽我空也亦曰生空謂凡夫妄計五蘊是我强立主宰引生煩惱造種々業佛爲破此計故説五蘊無我二乘悟之入無我是名人空靈芝云結惑已尽苦依身在名有餘涅槃化火焚身身智倶亡名無餘涅槃、それ無常を以て常見を破し、無我を以て我見を破し、涅槃は其歸着處たり、唯此三法印のみ當時印度に流行する外道計と異なり、蓋し教導の順序然らざるを得ざるものなり、案ずるに三法印は常見を破するに、力を用ひて斷見に陷るを省みざるもの、如しと雖も、凡夫無始刧來の執着は、斷見に非ずして常見に在るを以て、先つ之を破せしものか然れとも無我を説くにれ、必す其因故（因明の詞）を定めざる可からす、是に於て因果の元則を示す、此中に無量の妙趣を含蓄するを以て、獨り斷見に陷らざるのみならず、遂に中道實相に入るの門となる、是れ佛の應機説法に巧なる處なり、增一阿含經に云彼假號レ法者此起則起（彼起）此滅則滅（彼滅）要下前有レ對然後乃有上（後有）猶レ如下鑽レ木求レ火以二前有一レ對然後火生上火亦不二從レ木出一亦不離木若有人勢レ木求之亦不能得皆由二因緣合會一然後有レ火此六情起病亦如是皆由二緣會一於レ中起病此六入起時起亦不レ見レ來滅時則滅亦不レ見レ滅此微妙究竟の手段を以て、漸々に其機を調熟し、以て眞空妙有の眞理を宣説して、驚かざるに至らしめたり、然るに世の佛者印度當時の事情を推究せず、應機の説法を組織哲學の如く看做し、或は論を造り、或は註を下し、四悉檀を混同し、五依を分別せず、一盲衆盲を引れ以て万象の眞理を説明せんと欲す、嗚呼其難ひ哉否決して爲し能はざるとなり、

僧侶の氣象を論じ併せて之を高潔ならしむる方法を示す

前田慧雲

我眞宗の僧侶は妻子を帶し魚肉を啖ひ萬事世俗に和同すと雖肩に解脱幢相の袈裟を纏ひ口に菩提種子の眞言を誦れ而して其職は出世眞諦の法門を司どるに在るものなれば須く其心を高潔廉直にし其行を清素高尚にし以て一般世人の敬慕を引かざるべからざるなり然るに近來世道の地に墜つると共に僧風頓に頽廢して黄金以て位階を買ひ紫衣錦服鄕都官の嘲を受て恬として耻ることを知らざるに至る其俗人を相去ること果して幾何ぞや澆季の常態とは云ひ乍ら亦慨嘆の至に堪へざるなり

庖丁の牛を解く眼に全牛を見ず子昂の馬を畫く其身化して馬となる皆是身心を其技中に投じて技外無心なる者と謂ふべし其技の妙に詣る亦宜ならずや事兩岐ありと雖理に二致なし僧侶の佛法に於けるも固に又宜く如此ならざる可らざるなり善導和尚の口に佛身を現する是其好典型ならずや若し然ること能はずして人、法の如くならず法、

人と伴はず人法相乖て而して法獨り孤立するときは其法如何に極善甚妙と雖豈能く感化の功を擧げんや果して然らば今日僧侶たるものは世道の頽瀾を挽回するを以て自ら任ずる程には至らずともセメテ其心を廉潔にし其行を高尚にして少しく俗人に超出したるの處なかるべからざるなり余嘗て謂ふ演暢院法霖明敎院僧鎔が其德望一世を風靡して今日に至るまで猶人をして景慕巳む能はざらしむるは盖し其一は平素目に女子を視ず口に葷腥を啖はず(眞宗道德新編外編第一章廉正の節)他の一は一生鷄卵蚌蛤を喰はざる(全第二十上章)に由るなりと

然らば如何して今日の僧侶の氣象を高尚廉潔ならしむべきや曰く現今の僧侶檀徒の間に行はるゝ信施授受の法を改正するは其最も行はれ易き方便ならんと信ずるなり今請ふ詳に之を述べん現今各宗間に行はるゝ信施授受の法を觀るに檀徒は信施を以て直に僧侶の手に授け僧侶は亦直に之を信徒の手より受く其甚しきに至てハ檀徒は其施す所の財の多寡に因て僧侶に向て其禮誦の種類を注文し僧侶ハ又檀徒信施の多寡に應じて其禮誦を詳畧す而して僧侶と檀徒の心を推すに共に信施を以て禮誦の勞に向て拂ふ賃銀となせり是を以て世間一般に僧侶を以て葬祭業と看做し或は錦衣の乞食と罵て恰も饑寒窟の王と同視するに至る是又自然の勢なり

乞食豈能く人の敬慕を受けんや縱ひ其衣は錦繡なりと雖既に乞食とまで輕侮せられたれば其人にして他を感化せんと欲するは猶木に緣て魚を求むより難し然るに僧侶は元來世俗の乞食にして饑寒窟の人民と伍を爲すものなりやと云へば決して然るにあらず人天の大導師罪惡の救濟主なり其人天の大導師たる所以は紫衣錦服に在らずして其心の光明皎潔なるに在るなり故に僧侶にして苟も其心廉潔にして其行高尚なれば身に糞掃衣を纏ひ居ると雖人天爭て之を崇敬して峭壁萬仭不可攀の想を起すなり然る後に王侯も感化し得べく貧人も救濟し得べし嗚呼僧侶其人の乞食たると人天の大導師たるとハ一に其心の如何に由る僧侶たる者豈猛省せざるべけんや

抑人の品位氣象を卑下ならしむるものは貨財より甚しきは莫し目一たび金銀に觸るときは心に忽ち貪慾を生じ心に貪慾を生ずるときは形忽ち鄙倍を現す故に未だ聖人君子たらざるものは勉めて自ら手に金銀を捉ることを禁せざるべからず佛の不手捉金銀寶戒を制し玉ふは眞に所以ある哉然らば則現今の信施授受法を改良して僧侶をして一切手に信施を受けしめざる制を設くるハ其氣象を高潔廉直ならしむるの第一方便ならん淨眞先輩は平素習ゝ自ら檀徒の信施を開緘せしことなしと云ふ(眞宗道德新編外編第一章淸廉の節)古賢の心を用ゆる又深哉

信施授受法は如何之を改良すべき乎曰く各寺の本堂佛前に淸素なる噠嚫函を置て檀徒が佛事を修せんとする時は先づ本堂に詣して信施を佛前に供して慇懃に禮拜して然る後に之を右の函中に投じて其由を寺族に告て僧侶の禮

誦を請ふべし又僧侶は預め誦經の規則を定め置て（父母の佛事には大經を誦し妻子の忌日には小經を讀むの類）信施の多寡を商量せず施主の貧富を平等視して定規に準して慇懃に讀誦すべし此の方法は無德不學の僧侶に在ては或は自ら之を實行し能はざるべしと雖本山本寺より一般の寺院及檀徒に向て諭達書を發して從來の弊風を改めざるべからざる旨を懇示するあらば決して實行し難きの恐れなきものと余窃に信じて疑はざるなり

法話

九州倶樂部例月法話會に於て

齋藤聞精

筆記者　九州倶樂部筆記係

今日は倶樂部の、法話會でありまして、實私は、初め招待を、受けましたけれど、差支がありまして、參ることは出來ませぬ、今日始めて、出ましたが、當時は御法より申しますれば、末法濁世でありまして、佛の敎法も、次第に衰べき時なれども、實に妙なものにて、此の頃は隨分、佛敎の進行する兆候があります、先日も佛蘭西より、歸りた人の、話を聞きますに、彼の國も、餘程學術は進み、上流社會や、新聞雜誌に從事する人は、多く佛敎に歸して、をりまして、誠に早か、朝日の昇る勢にて、東洋の佛敎が、弘りますとか、實に眞理のあるものは、次第に價値が顯れるものです、夫でまあ、此の時に當りて、我々佛敎信者が、精神を起して、渡航でも致しまして、佛敎の振興を、計りましたなれば、增々盛になることであろうと考へます、其の盛にする方法に付ては、唯今迄は哲學の元理に、合するとか、理學の眞相に合するとか、色々と、理論に奔りて、學者社會の輕蔑を防ぎ、又た外敎徒をも、度々困まらせましたが、今日では實際でなければ、價値なきことゝなりました、此れもつい、此の間だ、東京より來た友人より、聞ますに、東京でも、理論より實際を、貴ぶことゝなりまして、學者社會の輿論には、眞の僧侶と仰ぐべき人は、唯だ二人の外にはなき。中に。一人の行海上人は、既に逝かれて、唯だ殘るは、雲照律師一人であると申します、然るに學者が、上流社會なども、十善戒を受るとか、五戒を授かるとか、言へば皆な、雲照律師より授かる摸樣で、余には此人を尊でをりまする、併し此人は別に弁論家でもなく、文章を書かせましても、左程上手と云ふ程にも行はませぬけれど、唯だ戒を堅く守りまして、大學抔で、書籍の講義でも致しまする時は、小僧に香を薫べさせ、久しく沈默して、講義を始むる前にも、眞言陀羅尼を稱へて、靜かに講義でも、致す樣な實際を守れる人にで、ありますゆへ、實際の感化があります、唯だ學術もなく、能義もなく、辨論計りを養て、演說などにて、一時の喝采を、博しましても、決して實際の感覺を與ることはありません夫で先づ、此の倶樂部員、私共を始めとして佛敎の實際にある樣、着手せねばなりません、ところで、眞宗の實際はといへば、眞俗二諦の外は、ありません、先づ、眞諦と申しますは、自力の計ひを捨て、彌陀の願力を信じて、往生することよと、安心立命したのです、又た俗諦は世間の世渡り、互の交際と云ふことだけは、誰れも心得て居りますが、兎角注意が足らぬと、いけません、動もすると、眞諦は佛の願力に任せて、往生は濟みますゆへ、俗諦の方へ世間普通の人と同樣に、世渡りをしてよひ、吾れとても、常沒の凡夫ゆへにとても、修行も出來ぬ、飾るとも、出來ませぬけれど往生は御蔭樣にて、濟みますと心得て居るものか、御座ります此れも別段惡でもなく、誤て居るでもなく、凡夫の儘で助けて、頂く眞宗なれども、此處は餘程注意せねばなりますまい、私が考へでは、世間仕る諦に二ありと思ひますが、當流の俗諦は、眞諦を助け眞諦も又た俗諦を助けて、車の兩輪鳥の双翼のようなもので、互に密接の關係を持ちまして、且くも缺くべからざるものであります、爾るに蓮如樣は、御一代記に當流には世間義わるしと仰せられました、此の世間義と、當流の俗諦とは別な物とせねばなりますまい、一方は是非とも缺くべからざるもので、一方は世間義わるしと、御嫌ひなさるゝゆへ、蓮如樣は通常の世間義と、一つになさるゝ思ゐるでは、ありますまい、ソーしまするど、同じ世間を渡りても、二つあることと考へられます、爾るに有る信徒や、僧侶方の、中にも、往生は願力の不思議にて濟みますけれども、今日の世渡りハ、凡夫の儘でよひ、世間普通の行ひで、充分ぢやと、思ふ人がありますゆへに、世間俗諦と眞諦との間が、隔りまして、眞諦は世間に働はしませぬ、世間の世渡は佛法には關係せぬようになりまして、つひ眞諦と、性質を異にするようになりますから、相資とは云はれません、彼二尊方の中には、俗人もあり又た僧侶もありましようが、各々職業を勉めまして、學問するのも商業するのも、皆な俗諦と申すものであります、若しも眞諦と、別つものになりますと、世間の仕事は我慢や、名聞利欲に陷りまして、つねに煩惱が起りまして、何事をするにも、佛法の香ひは少しもないようにありまして、遂には我々達は、竊盜中邪婬は致はせぬ、時には酒をのみ、藝者を呼で騒でも、事によりては虚言つくも、構ひはせぬと申すようになります此れが蓮如樣の御嫌ひなさる丶、世間義惡しであります、此れらは俗諦の欠けたる片輪ものでありますから、先づ未來の安心に任せられたる上からは、世間普通の人とは、餘程異ねばなりません、眞宗では本願の信ずる時を、娑婆の終り臨終と思への御教化でありまして、信じた時より即得往生の人であります、西山や鎭西抔とては、命終の後でなければ、許されぬとなれども、御開山はかりは現生にて信じた時、即得往生の大なるに預かり、一期の間は、光明攝取の中に住みまして、近門が大會衆門の、此の世に取り出して、淨土の眷屬であると、仰せられました、左ーしますれば、商業する儘學問する儘が、淨土の清淨衆ですから、若しも今宵命が終りましたれば、速かに无上覺を證らせ玉ふとよと、信ずるのが信心欣解でありましよう、斯樣の結搆な、決心出來た人と、普通の人とは一樣には行れませんと思ひまして、何事を仕ますのも、法の爲めぢやと、思て働くのが眞宗の俗諦であります、何事も法の爲めぞと思ひますれば、速かに口の爲めと云ふ觀念が、出て來まするから御開山は世の中安穩なれがしとも仰せられました、此れが眞俗相資の有樣でしよう、先日も一寸と法華玄義で見ましたが、二乘と菩薩と凡夫との區別が擧てあり、ましたが、凡夫は重擔と申しました、世間の重荷な荷が凡夫、此の重擔を捨て顧りみぬのか、二乘此の重擔の一度びは捨て丶、利他の爲め佛法の爲めに、再び荷が菩薩であると、天台では申します、聖道門の話と今とは違ひますけれども、少しは似合た處があろうと考られます重荷を捨てることの出來ぬか、蓮師の世間義わるしと申すのでありましよう、菩薩になりますと、未來解脱に志しますゆへ、一度は世間を捨てますけれども、我れさへ証れば世間は何うでもよひと、云ふ樣の心でありませんから、人をも助け、我れも証られと世間を、擔が荷であります、當流の俗諦が、粗ぼ此なものであります、そこで顯名鈔の中にも此の世は假りの宿と思ひ、堅く執着することなり、未來は永生の樂果ゆへに、身も財も惜むなよと御敎化あられました、今の世は假の宿と申すが世間を捨たのです、故に蓮如樣は、佛法を受とせよと、仰しありまして、佛法が私等の主人ゆへに、世間のことは皆な客でありますから、幾分か世間義が捨てます、左りながら、世間義は御客ゆへに、粗忽にしては決して濟みませんよ、全体佛法を信じた人は、心の居る處が、淨土に住み遊み、无量光无邊光の光明放つ佛けであることを思ひ出し、生てる間は、報恩の爲めに盡力して、世中も安穩なれかし、佛法も弘れがしと願悟して、行ひますれば、眞正の俗諦門が守れますから、御聖敎にも孝子の父母に皈するが如く、忠臣の君后に皈するが如くせよとも、又た水一口飲む迄も佛法の爲めと思へよとも仰せられました、此樣に眞俗二諦の立派に實行しますると、佛法の感化が盛になりまして、世界に眞理は光明を放つてありましよ　、又た自身一人より申しても、此に心を置きますと、世渡に心配もなく、御念佛申すにも、何となく味が出來して實に結構であります若しも此の心がありますと、朝から晩迄、邪見不埒に流れますから、他人より見ますと、佛法の香もないように思はれます、此くなりましては、（セイロン）か（シヤムフハイ）に、行はれたる、小乘敎にも、芬り果をすまする此れも御領解の、不足より起るものでありますけれども兎角敎へよにも注意にも、よりますから、今日は實際世界ぢやと思ひまして、二諦弁行したるものであります。

寄書

支那宗教一班

肥後山人　井手素行章

現今支那に行はるゝ宗教は其の種類頗多く儒あり佛あり道士あり回々あり喇嘛あり且近時外來の耶蘇新舊二教之に加り各教と幷立の勢あり而して儒佛道の三教よりは各支派岐流を生じ儒には大成門教を生じ佛には白蓮紅燈在理在園等の數教派を生じ道には金丹瑤池上乘清淨及び癸封離封八封等の諸教門を生ぜ是等諸門各派の宗義は重に奸猾悪智の輩が挾で以て郷愚を誘惑し無賴の徒黨を籠絡するの利器と爲すに過ぎぞ是以て正道日に暗く眞理月に沈み道德は變じて譌善となり禮儀は壊れて虚飾となり孔孟倫理の教は其名存して其實行れぞ殆んど告朔の餼羊と一般也佛教の如きも大刹巨閣は到處に巍立すと雖ども之を望見して唯昔時の盛を想像する迄にて寺院の徒弟と稱するものを見れば雅片を吃し博奕に耽り大和尚と稱するものは只管坐禪養靜の修行のみを爲して宛も偶像と一樣にて世人を感化し進で以て宗教の擴張を計畫する如き其れ幾人かある蓋し邦家積弱の餘人心自ら薄弱に流れ儒佛の如き幽玄高妙公明正大の道は既に彫謝し去て專ら祈禱の妙用を示し神仙の利益を談する道士教の如きは頗る盛に行れ之に次で彼三教の支派たる淺近陋劣なるもの跋扈を極めて人心を害し陋俗を流すに至るは自然の勢也外教に至ては能く力を布教に致し今也宣教徒の足跡は十八省は言に及ばず朔漠の廣原青海の深山到らざる所なしと雖ども其目的の萬一を達する能はぞと云ふ支那各教の現狀を總括すれば是の如し因て思ふ一國人民の嗜好崇尚は國家の盛衰進歩の度に伴隨して其の趣きを異にするものなるや知るべし支那文化の度は古に進で今に退き風俗民心の腐敗は蓋し今日より甚しきは非ざるべし國勢の不振内治の弊害亦た此時より甚きは無るべし於是乎國人の嗜好崇尚全く一變するものゝ如し何ぞや宗教と謂ひ德義と謂ひ名譽と謂ひ凡そ一國人民の最も尊崇すきもの其の價値を失ひ貨財と謂ひ黃金と謂ひ之に代て其の貴重を得たれば也古來該國民の德義品行を支配せし孔孟の道今何くに在る乎漢代梁時に行はれたる佛教今何くに在る乎之を要するに今也支那人民の最も貴重する所のものは黃金也貨財也故に之が爲めには死す可く生く可く官爵も購へく罪科も免るべく交際も熟すべし黃金の向ふ所廉耻なく名譽なく德義も宗教もなし宜哉彼等畢世の欲望は營利の一点に注て身心の快樂は雅片に勝れるものなき也人心の卑野に走る是の如し之に由て之を推せば關帝を祀て武運長久を祈り藥王を拜して病魔を避け財神を祝て富を得るに孜々汲々として孔孟學理の蘊奥佛教經典の妙味之を舍て顧るに遑あらざるは亦以て深く怪むに足らざる也今支那各教の現狀を敍せんとするに當て言此に及び姑く該國人民

の宗教心の程度を探り以て茲に冠らしむ以下請ふ逐次に之を叙せん

儒　教

支那に在て從來國教として人心を支配し目下尙中人以上若くば多數人民の尊崇する所のものは儒教なりとす余初め上海に航し轉じて湖北武漢の地に遊び各府州縣城內に於て必ず文廟なるものを建て盛に孔聖を祀るを視其後又江南より山東に到り孔孟の墓廟に謁す孟子の廟は鄒縣城の南門外大路の左傍に在り此地は春秋の邾國鄒邑にして卽ち孟子の生所也廟壇は平地より高きこと五六尺可り東西凡そ三百步南北五百步周回牆壁を廻らし構內四重の門を建て正殿には孟子の大像を安じ左右門弟子を從祀す廟殿規摸宏大結構壯麗老杉古檜森立盤茂晝猶は暗く人をして覺へず崇敬を起さしむ孔子の廟は曲阜縣城內に在て鄒縣城を距る七里餘此地は古魯國の都にて卽ち孔子の舊里たり廟の景狀は孟廟に彷彿たるも其境域の廣濶南北凡そ一千五百步東西八百步且廟殿樓門の構造は其の壯大美麗なる人をして一驚を吃せしむ進で大成門を入れば大成殿あり蓋ふに黃瓦を以てし內に聖像を安置し左右十哲の像を列す殿前門の左右前後數十坐の碑亭を立て羅ねたり就中宋の眞宗十二の贊碑の如きは最も見事なり廟外壁の東邊に挨接して聖府あり卽ち孔子の舊宅にして孔氏の子孫連綿歷朝の優待を受け今日に至て尙繁榮を極めたり縣城の背後孔林あり卽孔子の墳墓の地にして樹木森々牆壁の內を蔽ふ孔子沒時三千の門弟三年の喪を服し其後各々自國の奇樹奇木を持來て植栽せしを以て土人は多くは樹名を知らずと云ふ夫れ此の二聖哲者は支那全國人民の道德の淵源とも謂ふ可きものにて是の如く廟殿の盛大なるハ該國人民が崇敬の意を表彰せしものとして觀るも不可なき也從來該國人民が孔孟を仰ぐ是の如し然而儒門一流の境域よりは常に活潑有爲の人物を出す能ハず固陋卑屈の空氣を以て漲らせたるものは抑も何故ぞや豈に其の源因なくして可ならん哉甲曰く儒者の教は篤信而好古と曰ひ言必稱堯舜と曰ひ都て探古僻に陷り後を顧みて前に進む能はざるの傾あり故に傑出の士を出す能はざるは儒教其物の含有する性質の結果なりと乙曰く否らず何となれば儒の貴ぶ所は實踐躬行に在り故曰く人能弘道々之不弘人と曰ひ其人存則其政擧其人亡其政息と曰ふ且つ溫故知新は儒者の精神なり後世誤て精神を捨て皮相を摸し虛儀虛禮一も觀るに足らず是以て其道漸々活機を失ひ以て今日の衰微を見るに至る然らば儒の振はざるは後世學者の罪にして決して儒教其物の罪に非ざるなりと此等の議論は一理無きに非ずと雖ども支那百万の書生を愚にし施て人心を腐敗せしめたるの一大源因は豈に是等の邊に在らん哉余は之を該國歷代の政略に探り其原因を發明するとを得たり何ぞや他なし學政の受弊是なり其れ該國の學政は歷代に行れし科擧の政策にして卽人材登庸の法なり其の階級は成童より秀才に秀才より擧人に擧人より進士に進

士より大學士に郷試縣府試會試殿試等順次數場の考試を經て上進するものにて學人よりは其の資格に應じて知縣知府道台等の官に就き又はその候補者となることを得るの仕掛にて頗る観る可きものありと雖ども其の大弊害と謂ふ可きものは他にあらず彼の幾百万の少壮子弟の思想を局束して之が發達を妨ぐるに在り何ぞや四書の文を誦し五經の義を記し文は八股とか詩は何体とか甚だ八かましく且經典の講法は務めて古人の糟粕陳套を襲ひ詩文の題は死題を出して活題を掲げず是以て毎に有用の思想を吐く能はず加之教課の書は唯自國の古典のみを用い西洋の學術技藝未だ一も之を取らず故に彼の讀書人なるものを見れば上は政府の優遇を受け下は衆民の崇敬を受くるにも係らず所謂自國あるを知て外國あるを知らざるの徒滔々たる十八省皆是也抑も此の科學の法が該國に弊習を流せしは其源已に舊遠にして元明の間に在ても具眼の士は往々攻撃を試みたることあり彼の張敬夫の如き敬齋の如き皆な然らざるなし在昔猶然り況や今日に於てをや人或は疑ふものあらん輓今支那人材に乏しといへ李鴻章張之洞の如き卓識高才の人物ありて何爲ぞ傍觀坐視其弊を救はざる乎と其れ然り二氏の如き豈に安然傍觀する者ならん哉李張二氏と故の曾紀澤氏の如きは早くより此弊を一洗せんと欲する者なり其は李氏の天津各學校（武備學堂水師學堂同文館電報學堂）の設立又は各自の言論及び著書に就て其意の存する所を知ることを得而して此等數氏が今に及て彼の學政の根幹に向ひ政府に對して常に言に離かるものは何故ぞ或は敢て言ふ政府が措て省みざるものは何故ぞ他なし是れ即ち支那歴代の人主が慣用し來れる人を愚にするの手段にして物に余の政略に出づると謂しは此に在矣儒教の腐敗せし一大原因も亦此に基矣是所謂嗜好に投ぞる奸雄の術策にして該國民心の尊奉する所のものを借て陰に子孫万世の私計を施したるものにて言はゞ人を愚にするの術を上手に行ふたるものなり彼の秦皇が書を火き儒を坑にして天下を愚にせんと企てしものと豈に同日の論ならんや所謂清朝が人才を沈めしもの果して幾百年人物を殺せしもの果して幾万人政略の毒害此に至て極れり若し清帝に向て人を殺すに刃と政とを以てする異ることと有りやと言はゞ清帝又將に何を以て答んとするか必ぞ言を左右に託するを知る今是の如く陳べ去れば人又難するもの有ん曰く子の言ふ所は儒教の境域を出でゝ重に政略の邊に論及するものゝ如し否れは或は儒教なるものは獨立の精神を有せぞ政界より左右せらるゝの嫌なからんや此問は該國儒學者の尤も難題にて近世儒學の弱点蓋し此に在り宜なる哉多年政略に縮せられ習慣に膠せられたる人士が一世の表に卓立し儒の眞面目を開て此問に應答する能はざると然も余は以爲く昔時羅馬帝が自己の位地を固くする爲め教權を利用し成吉汗（ジンギースカン）が中央亞細亞を一統する爲め佛教の一派を利用したる如き事跡は歴史上多く見る所なれば是の形跡を以て其の教の本体を傷くるは固より無理の

となり唯だ其の教理を明嚼し獨立の精神を存するや否を探ぐるこそ緊要なれ況や人能く道を弘む其の獨立と否とは之を奉する者の信仰の厚薄に因る且つ夫儒の貴ぶ所は列聖の定められたる天地の大道にして所謂斯道なるものなり斯道の信仰を得て活動するときは獨立し之に反すれば獨立する能はず今也政略によつて其の活機を失ふ活機を失ふが故に其の信仰厚からず信仰厚からざるが故に獨立する能はざるのみ要するに儒教の現狀は精神なき儡夫の如く經世の用に充つ可らず之が復活を計らんと欲せば先づ精神を注入して從て其身体の活動を望まざる可らず以上は余の儒教全体の現狀に就ての觀察にして茲に又一奇談と思はるゝは近時儒教より生ぜる大成門と名くる一派の宗教あり大成門とは蓋し孔子大成至聖の稱あるを取て名く此教徒は平素大學中庸の理を捏証して神怪を談じ甚に至ては孔孟及び歴代の聖賢を飛鼎坐化と同視し守靜養內のみを維れ事とすと云ふ之が守靜の法は靜室內に於て緩歩三回両足を盤曲して坐し身体直にして倚らず目を瞑するを垂簾下視と曰ひ目を瞑するを廻光返照と曰ひ目を瞑するを反視內所と曰ふ瞑するときは鼻準を視る總て臍腹より下て膝下に至る一寸三分少腹の內前三致名て丹田と曰ひ氣根と曰ひ北斗と曰ひ龍宮と曰ひ玄關と曰ふ白紅の光舍利子より生じ丹田より生ぜ因て目を以て之を視耳を以て之を聽き心以て之を明にし神以て之を守り且つ氣息を數て之を養ふ口訣し唇閉ち齒關ぢ舌舐り上腭後を生ぜるを待て運轉し以て之を需む其手訣へ或は両掌を双合し或は一拳一掌一意一念にし或は膝に伏せ或は左大指曲て其勢復して無名指の下を按し右大指曲て左大指の尖を按す之を子午訣と稱す或は掌を曲握して太極圖訣と曰ひ觀音訣と曰ふ之れを總ふるに眼耳鼻舌身意及四肢百骸をして一時に并び超て一所に集め之を守る之を文火亨一煉守一把一執一の候と謂ふ少腹の精氣既に滿て騰り熱すると燒くが如きを待て或は白光星の如きを現するあり或は一響の精氣下竅に滿ち急に粗氣を下し以て纏て回るを逆流總舟と曰ふ之を名て武火煆煉の候と謂ふ纏て回らす之れを走舟と爲す其の逆回するや必ず上昇して胸際に至る再び意を注で之を降し又上らしむ下つて往く能はざれば潜行して尾閭穴に入り髓道より逆上し夾脊玉枕を經て頭頂に至り海白の前に會し下行して鼻竅を經て而して咽に入り腹に至る之を觀山根と謂ふ尾閭を繞り關津を過ぎ鵲橋を渡り重樓を下る其間凡そ一小週天三百六十廻轉と爲す之を大成門靜坐の式とす其の工夫の等栫は總て上中下三段に別つと云ふ又此徒は白光を現して紅色に變ぜるの幻術あり以て愚民を誘ふの方便となす而して平生唱道する所の言は論語の朝に道を聞て夕に死すとも可なりの句を引き即ち我道なりと謂ひ又北辰其所に居て衆星の之に拱ふが如しの句を指て道体を形容する等凡て是の如き奇々怪々の言論行爲枚擧に遑あらず然而して此一派の徒は男女室に居り道を講じ衣冠禮貌更に尋常に異なる所な

く道佛より生じたる諸門各派の習襲を絶ち衣冠禮式を異にするよりは稍や人情に近しと雖ども其教本体の精神を謬るに至ては一なりと云ふ因に記す是の一奇談は余の嘗て漢口に在るとき彼地紳士が藏する所の秘書を譯せしものに係る以下記する所の道佛より生ぜる諸門各派の附記も此に同じと云爾

歐州行日誌

善連法彦

明治廿三年十一月十六日旅僧は初て崑崙湖灣内に於て我旭旗の風に飜へるを見たり光陰流るゝが如しと云へども三年已に一千日旅僧が身は聖跡の虫に血を吸ひ去られ一枚の衣は椰子深林の霞に染められ朝夕に起きては木の葉に書ける經を讀み夕に寐ては最愛の親族を夢むと云へども歷緣對境すべて印度流に化し去らんとする旅僧が眼光も今度は勇氣勃々たる軍艦の寄港せらるゝに逢ひ大に愉快を感じたり始めて悟れり友あり遠方より來るの語を言短アー意長ひ哉

而して此軍艦は即金剛比叡にして土耳其帝國に趣くの途次石炭を搭載せんが爲め寄港したるものなり翌十七日朝靈を浸して遠路を馳せ來る印度の民楞迦の人をの〳〵同敎を奉ずる絶東の軍人と我軍艦より放つ旗光を拜せんとて態々蝟集せるもの无慮數百人に及べり

此二艦の着したるを初て發見せしは神智協會事務員馬都灣吐蛇氏なり氏は直に會員及び我等に報導せり釋興然氏は初に木蘭の黄服せる數輩の梵僧を兩艦に紹介し軍人をして其禮節進退の規矩あるに驚かしめたり

予が兩艦を訪ひたるときは兩艦の主員は幹泥王城に趣き佛牙寺に巡禮せる留守中なりしが茶菓の饗應を辭け種々なる質問に應答せり

談楞迦の敎徒が日本天皇の天長節に逢へば年々盛大なる祝筵を張るの事に及べば艦員一同机を叩て驚嘆す爾來我軍人と楞迦人と情好益す密なり彼は珍草奇木の標本と異常なる木實杯を送り我等よりは日本の菓子杯を贈與せり相互の訪問織るが如くなりし地方の新聞ハ前後特別の欄を設けて我軍艦に關する事項を掲示せり今度我　天皇の仁慈にして條約未結の國家をもかく迄丁重に思召され无告の窮兵を撫養せらるゝ恩旨は无類の出來事。東洋に於て未聞の事柄なりと協賛せる論旨を各發表せり

我專任の大使は比叡艦長田中綱常氏にして後檣に專任旗を揭たり船体は共に「コンポジット」と稱ふる鉄骨木皮の製にして明治廿一年頃英國のプールと云へる處に於て築造せるものなり毎艦二千二百五十噸にして馬力は比叡が二千二百七十馬力金剛が二千〇三十五馬力共に毎時十三海里を馳行すべくして六七年前迄は比叡も金剛も評判よき軍艦なりしが今日となりてハ機械は不整頓速力は緩漫構造は舊制殆んど外國へ乘出すはちと不面目と云に至れ

るなり

我等は楞迦滯留中に一の誓願を結べり即ち此近海を航行せる郵船中に一人か二人かの日本人のあらざるとなし何故なれば此崑崙湄は東より來り西歐洲に入るの船北カルカタ府より來り南濠州に行くの船必ず寄港して石炭を搭載すべき極要の地なれば一船として此地を經過せざるものなし而して乘客は遠洋の航行中に已に新前已に如此待構へ居るとも知らぬ軍人が五百人余りも一度に寄港せしとなれば是非共予等は此好機を失はずして如願布教の綱を張るべしと懇望し遂に兩艦長に其旨を通せり少々議論もありて一入困難なりしと云へども燒るが如き熱心遂に異説を消滅し十九日午後五時より兩艦に於て説法することゝなれり

時至れば甲板上に副艦長出でゝ艦橋に上り來り臨時招集の喇叭を吹か令む正面に於て演檀を作くり水指水呑等を陳列す水兵士官一同着席す謐として聲なし滿艦无人の境の如し是みな一令の下に整はれたる式法なり副長先づ紹介の演説をなし各員一同靜坐靜聽感銘すべきを傳達せらる此日比叡艦にては予と川上氏也金剛艦にては小泉朝倉の兩氏なり諸員は凡三十分間宛の説教无事に聽聞し了り一同歡喜の聲を揚げ拍手の音は響ひて實に艦内に轟きたり夫より一同食堂に案内せられ日本僧すべて日本食の饗應を受く一切の器具術の紋章を用ひ數年來味ひ得ざりし日本食の美味味噌醬油の料理實に感服せり

軍人日ふ海軍に於ては已に慣例として無宗教の制なりしに今日は大胆なる君等が爲に舊慣を打破せられ君等によりて初て海軍部内に宗教の初種を蒔けり誰れか是が培養を謀るものぞ實に君等が開教の功偉大なりと云へども此儘にして置ときは其功果敢て望む可らず遺憾々々と此等の私語に鼓舞せられ遂に我等は一同引取り其夜通宵會議を開くとと相成たり其會議の結果として予と小泉と兩名兩艦に分乘するの運びに至りし也已下予は南條文雄師が印度紀行に倣ひて日誌として東韻より順路して數十首の巴調を得たり

鉄骨雙艦來自東、日章旗影映波紅、全忠兵士行何事
遠向稲都傳聖衷、

友人自笑兵曹の視さるゝ文章を讀み予も亦此の行の小歷史として一篇を賦す

日出之邦金甌无缺數千年
列聖德風海外傳、土國君主慕我國、特使貢物送兵船
兵船凌浪紀燈下、夜闇既會禁風旋、忽爾艦休觸暗礁
半千士卒沈深淵、救助百方雖盡力、海神怒狂惡因緣
死屍粉散難收得、生者僅得七十員、療病贖籍無不至
義勇國民友愛圓、鳳龍吐氣護送艦、倫旨一發向西天
天外屹立楞迦山、一朝初認旭旗鮮、旅僧先在此邊地
呼舟正見尙武硏、三衣一鉢投檣下、堂々説來宗教玄
軍人皆言喜无限、異鄉此會情綿々、又聞明朝欲解纜
軍歌聲商破水烟、烟霞深處爲操練、航路一直向西遷

友人櫻見逸士の韻を次して一絶を得たり

辨去辨來非敢雄、中心貫實已覺通、軍人似識盛衰理
生死亦知教化功　（已下次號）

國民の友第拾八號浮田和民氏の人生の目的を評す

安田格

夫れ綠色の眼鏡を着して天地を觀れば天地悉く綠ならざるはなし赤色の眼鏡を着して萬物を視れば萬物悉く赤からざるはなし眼鏡を着するもの焉んぞ能く天地萬物の正色を論ずるに足らん人の愛惡に於けるも又た然り其愛戀する所ろに僻すれば其醜惡を見ず其憎惡する所ろに僻すれば其善美を見ず愛惡に僻するもの焉んぞ能く男女の美醜を評するに足らん苟くも天地萬物の正色を觀んと欲すれば先づ其眼鏡を撤去せざるべからず男女の美醜を知らんと欲すれば先づ其僻見を排除せざるべからず其眼鏡を撤去せず其僻見を排除せずして漫りに之を評し之を論ずるは是れ蓋し皂白を轉倒し善惡を混亂する所以なり」

余や國民の友第百十八號浮田和民氏の人生の目的なる一文を讀んで實に此感なき能はず彼れは本と人生の目的なる大問題に關して汎神教と有神教の優劣を論ぜられたれども實は單に汎神有神に非ずして耶佛二教の優劣を評せるものなりと謂ふ可し而して彼れ等が娓々數千言を費やして、滔々汎神教の厭世教に陷り易き所以と厭世教の眞理に背戾し世道を殘害する所以とを論ぜられたるは實に感服の外なしと雖も其直ちに佛教を以て厭世趣寂主義と認め耶蘇教を以て安土樂天主義と定め以て其優劣を論評するに至つては僻見も又た甚だしと謂はざるべからず蓋し彼れが基督教を愛戀するや恰かも愛女の如く佛教を嫌忌するや恰かも老婆の如きを以て其佛教を論ずるや草卒揣摩務めて瑕瑾を搆造し其基督教を評するや牽強彌縫務めて美觀を表彰せり若し夫れ彼をして果して公然道理の城塞に據り實踐の旗幟を建て以て眞理の戰場に戰はしめば我輩も又た大に論難する所あるべしと雖も如何せん彼れが論評する所ろの大概彼れの妄想臆斷にして毫も根據を有せず從つて論難を試むるの價値を有せず依つて我輩は聊か彼れが佛教に對するの謬見と基督教に對するの迷執とを論辨して以て批評に代へんとするものなり

彼れが意に曰く世の无常を觀し痛苦を厭ふは大概ね汎神教に基く汎神教は大概厭世主義と伴ふ一切衆生悉有佛性と云ふは是れ佛教の汎神教にして其厭世教なる所以は容易に之を證明することを得べし蓋し佛教に於ては凡て現世界を虛妄なりとし獨り眞如界を眞實とするを以て一個人も苦樂も共に悉く虛妄ならざるを得ず一已人既に虛妄ならば是れに屬する權利義務自由善惡邪正の念も亦眞實なることを能はず苟くも人間既に一已人なり道德又た其根據を失はゞ人間豈に何の價値かある人生又た何の目的かある

夫れ世界は苦樂の調和に由つて始めて價値を有するものなり世界若し苦痛なからんか人間の美德將た何れにか在る釋尊の難行耶蘇の十字架父母の慈愛子弟の孝順若し夫れ一点の苦痛なくんば毫も價直あるものに非す苦痛の德夫れ惟た此の如し然るに佛教家は世界を地極と見做し人身を火宅に比し唯管苦痛を厭ふて寂滅涅槃の快樂を求めんとす厭世主義に非ずして何ぞや抑も天地には常道あり萬物には常性あり苟くも其道に倚り其性に循ふときは世界の中亦た快樂あり況んや情慾ハ道理の赴むく所ろに走り私愛と他愛と手綱相亂れず自己の中心と天帝の中心と平均を維持するときは此世は即ち安樂國土なるをや何ぞ地獄と稱するを得ん何ぞ火宅と稱するを得ん蓋し人世を達觀するは容易の業に非す是を以て或は厭世主義あり或は快樂主義あり或は智識主義ありと雖も皆な偏僻の見にして正理に非ず獨り基督に至つては乃ち曰く「畑は此世界なり」「我父は農父なり」「我父は常に動き賜へり我れも亦た動くなり」と以て作業主義を取れり此れ豈に眞理の極に非ずや夫れ人苟くも此眞理を体し土に安し天を樂めば天下往くところとして可ならざるはなし世の哲學者は幸福を以て人生の目的とし或は完全を以て生涯の目的となすと雖とも其幸福完全は人意を以て直接に得べきに非す之を得るには品格を要し品格を得るには道德を要す品格道德を得るには勞力を要す譬へば食物を食ふは人力にあり其快樂は自然に發す之を直接に得んとするも得べからず富貴利達は外部の幸福なり固より偶然に出づるものなり之れなきも幸福の人たるを妨げず老子曰知足者富と畢竟眞正の幸福は品格に基するものなりと覺悟せざるべからず(ポープ)曰く道德は人間唯一の幸福なり又曰く人生終極の目的は神の愛と人の愛とにありと

彼れが論ずる所ろ大概此の如し要するに佛教は厭世主義にして絶望的なるを以て人生の目的を達せしむるに足らず基督教ハ安土樂天主義にして有望的なるを以て人生の目的を以て滿たすに足る而して其所謂人生の目的なるものは佛教は未來の幸福なりと言と雖も幸福へ直接に人意を以て得べきに非ず人は唯た勞力を厭はずして神を愛し人を愛し以て品格を得るに在り其幸福に至つてハ天帝に非ずんば與ふること能はず故に人生の目的は品格を得るにありと此れ即ち彼れが論点なり故に我輩は些々たる一言辭一命題を可否することなく專はら此四点に於て論辯する所ろあらんとす

抑も彼れが佛教を認めて厭世趣寂主義となしたるは如何なる證據ありて然るや是れ唯だ一己の臆斷にして毫も根據なきものなり而して彼れが此の如き誤謬を生じたれは佛教に所謂轉迷開悟の何物たるやを領解せざるに是れ由る彼れは現世界と眞如界とを恰かも哲學者の所謂現象と本体との如く思へども決して然らず二世界の間には假有界なるものありて因果の理法一貫し三者融通の媒介となる是故に現世界は虛妄の法なりと雖も因果の理法に虛妄

なりぞ之れに由つて自己あり他人あり善惡邪正あり生死苦樂あり理非條然として毫末も紛亂せず又た何ぞ虚妄と稱するを得ん佛教に云ふ虚妄なる文字ハ未だ佛教を知らざるものゝ到底了解する能はざるものなり一己人豈に價値なからんや道德豈に貴重せざる可けんや蓋し佛教は因果理法の範囲内に於て進化開發を說くものなり故に現世界は猶ほ小學の如く眞如界ハ猶は大學の如し大學に進むには必ず小學よりす、小學は是れ基点なり、小學を厭苦して之を捨てば、到底大學に進むと能はざらん然れとも又た大學に至らんには、小學を卒業せざるを得ず、卒業するハ、決して厭苦するものと全一の論に非ざるなり現世の眞如に於けるも又た之れと同じ、現世を厭苦して灰身滅智すれば、到底眞如に達すると能はず、然れども又た現世を進化せざれば到底眞如に達すると能ハざるなり蓋し夫れ現世と自己とは是れ原因なり未來と佛果とは是れ結果なり原因なければ結果あるの理なし誰れか又た現世を厭苦するものあらんや誰れか又た自己を輕賤するものあらんや自己を愛重すると厚し是を以て勞苦を忍びて進化を謀るに非ずや又た他人を愛憐すると深し是を以て勞苦を耐へて德化を施こすに非ずや苟くも勞苦を厭はゞ自覺覺他一切成す能はざらん是れ豈に佛教の教ゆる所ならんや抑も佛教に所謂苦痛なるものハ斯の如き勞苦を指すものに非ず但だ痛苦ならざるものを痛苦なりと迷執し以て痛苦を感ずるにより其原因たる迷情を指して痛苦と謂ふなり然り而して苦痛の本体たる迷情を一掃すれば天下の事悉く快樂ならざるはなし卽ち知る苦痛は是れ自己に在り決して世界に在らず又た何ぞ世界を稱して地獄なりと謂はんや而して自己の迷悟を脫却すれば是れ自己を愛戀すればなり又た何ぞ自己を稱して火宅なりと謂はんや其地獄と云ふは是れ迷情によりて起りたる苦痛のみ決して無罪なる世界の謂に非ず其火宅と云ふも是れ痛苦を起すの迷情を謂ふて決して愛憐すべき自己の謂ひに非ず是れ蓋し明瞭にして見易の道理なり然るを彼徒漫りに佛教を呼んで厭世寂滅主義とす臆斷に非ずして何ぞや

彼れ又た基督教を安土樂天主義なりと誇稱すと雖も、我毫毛も其價直を見ざるなり、蓋し彼れハ佛教は一切世間の苦樂を痛苦なりとし、只管解脫を計るものなるか故に厭世的なり、退步的なりと誣告しながら、世間の富貴利達は唯た外面的の幸福なり暫時の幸福なり足るを知り天を樂しめば痛苦も決して痛苦にあらずして却つて幸福となると論結せしは又た宗教家の止むを得ざる所なるべしと雖も實に前後撞着の甚たしきものと謂ふべし、蓋し夫れ世間とは何ぞや尋常苦樂の境界に非ずや然るに彼れが如く痛苦も一方より見れば痛苦に非ず幸福も決して眞實の幸福に非ずと云へど是れ既てに世間を標準として論したるものに非ず厭世主義に非ずして何ぞや且又た安土樂天主義によれば痛苦も去り之れによらざれば幸福も來らずと言はゞ世の文明は毫も進步すると能はざらん何とな

れば世人が刻苦勉勵して智力を硏究學術を盛にするは成丈け世間の痛苦を去り世間の幸福を増さんと欲すればなり若夫れ足を知る是れ富ならば誰れか又た自已の勞力を費やして以て貧苦を去ることを之れ務めんや若し夫れ天を樂しむ是れ幸ならば誰か又た自已の智力を働らかして以て幸福を得ることを之れ務めんや噫是れ退步主義に非ずして何ぞや是れに由つて之を觀れば彼れが所謂安土樂天主義は佛教及び世間の脫苦得樂主義と全たく相反し厭世歸天を目的とする安堵的退步主義なりと謂ふべし然るを彼れ佛教を目して厭世教と云ひ自教を稱して安土教と云ふ轉倒も又た甚だしからずや抑も宇宙の理法を本として考ふるに苦痛は苦痛にして決して非苦痛と見るを得ず幸福は幸福にして決して非幸福と見るを得ず誰れか又た自已か實驗的に感得したる幸福を天帝の賜與なりと妄信し想像的の幸福に滿足して實際的の苦痛を忘却するものあらんや嗚呼基督教は實に人間より自主自由の大權利を剝奪して以て專制的の天帝の掌中に置かんとするものなり是れ彼教が野蠻時代に勢力を得て開明時代に信用を失ふ所以に非ずや此の如き安土樂天主義は吾輩否な文明の人民に對しては毫も價値を見ざるなり

佛教に至つては決して此の如き者にあらず轉迷開悟を主義とし脫苦得樂を目的とするが故に一切の運動は悉く因果の法則に從がひ自已の勞力により世界を初級として漸次に進化開發を謀る者なり決して基督教の如く妄想の沙丁に建設したる虛影世界を標準として實驗的因果世界に眞妄を論じ苦樂を談するものに非ず其論ずる所は悉く實踐的なり其談する所ろは皆な理想的なり是を以て自身は是れ小學の生徒に比すべく世界は是れ小學校に喩ふべし小學の課程を實踐せざれば理想的の大學に入るを得ず世界の科目を卒業せざれば決して涅槃の妙境に達するを得ず然れども其之を卒業すれば是れ厭苦するものと異なること固より論を竢たざるべし何となれば夫れ小學大學なるものは是れ生徒の資格に應じて其名稱を得たるものに非ずや故に小學と雖も小學の生徒を養成せずして大學の生徒を養成せば是れ只だ大學のみ大學と雖も大學の生徒を養成せずして小學の生徒を養成せば是れ只だ小學のみなればなり人間の世界に於けるも又た然り現世界は是れ人間が住すればこそ人間界なり畜生のみ住すれば是れ畜生界なり佛陀のみ住すれば是れ涅槃界なり而して吾人が靈魂は常に因果の理法によりて進化し退化するものなるが故に世界は實に吾人が程度に從つて其各相を變ずるものなり是を以て苟くも涅槃界に達せんと欲せば單に現世界のみならず實に夥多の世界を解脫せざるを得ざるなり然れども之を解脫すれば世界其物を苦とするに非ずして世界に苦を生ずる其原因たる迷情を苦しむに外ならざるが故に此迷情さへ解脫すれば世界は實に八面玲瓏の極樂界ならざるを得ず何んぞ又た煩はしく無罪なる世界を厭苦せんや何ぞ又た有力なる自已を厭苦せんや但だ此迷情や

實に吾人が心眼を遮蔽して迷途に蹌踉せしむるの眼病あるにより之を全癒して以て世界の本色を樂まんと欲するのみ豈に又た他あらんや蓋し夫れ一たびは目を開た一たびは目を閉ぢ以て熟ら自身と世界との關係を考一考せよ世界は實に苦樂を離れたる一塊に非ずや自身は實に苦樂を受くるの實体に非ずや然らば則ち苦樂の原因は明かに自身が内心にありと謂ふべし而して自身に在るものを自由に操縱すると能はず是れ之を迷情と云へり故に一たび此迷情を切斷せば苦樂の原因實に我掌中にあり苦を脱するに於て何かあらん樂を得るに於て何かあらん是れ蓋し自証証他大聖釋尊の敎へたまう所ろにして理想上より實驗上より出來得べきの事實なりとす然るに彼れ基督敎徒は常に外界にのみ心を注ぎ退いて深く自身の何物たるや果して何かなる價値あるやを究明せざるを以て常に苦樂を客觀に置きて而かも眼を現在の一時に留めて喋喋論談し輕淺なる批評を佛敎に下して曰く世界は苦樂の調和によりて成立するものなり若し夫れ苦痛を亡滅せは快樂又た何れの處に生存せんやと嗚呼何ぞ思はざるの甚しきや彼等は靈魂不滅を主張するに非ずや然らば則ち苦樂を感ずるも又た此世にのみ限ぎるに非ず天堂には快樂あるべく地極には地極の苦痛あるべし苦樂の待對豈に此世にのみ限らんや佛敎も亦た然り下は地極より上は佛果に至る迄苦樂の標準一にして足らず何ぞ亦た標準の滅亡を憂へんや抑も苦樂は相對なるが故に苦滅すれば樂も又た滅すべしと云ふは是れ蓋し一世を說く儒敎の說なり豈に一世を說く基督敎の敎ゆる所ろならんや況んや三世を談する佛敎の論ずる所ろならんや抑も人間界の苦痛を脱したるは是れ人界を脱して一層高等の動物となりたる證據なり既に此の位置に達し顧みて人界の快樂を見ば快樂も快樂に非ずして却つて苦痛に異ならず然れども人界を本位として以て畜生と比較せば畜生の快樂は實に人界の苦痛に及ばざるべし要するに吾人は靈魂の情態によりて畜生ともなり佛陀ともなることを得るを以て苦樂の標準は實に無限なりと謂はざるべからず故に苦痛を脱くも現世に限るにあらず永久に脱くとを得るなり快樂を得るも此世に限ぎるにあらず永久に之を得るなり此を以て橫に人間一世の小目的を論ずれば貧賤疾病等の苦痛を脱して富貴健全等の快樂を得るにあり竪に靈魂歸着の大目的を談ずれば九迷界の苦痛を脱して一法界の快樂を得るにあり然り而して目的に大小の差ありと雖も共に脱苦得樂に外ならず終極全一の点に歸するものなり是れ之を佛敎に說く所ろの人生終極の目的とす豈に公明正大ならずや豈に圓滿完美ならずや嗚呼此の目的たるや人間と動物とを問はず學術家と哲學家とを論せず佛敎家と基督敎徒とを擇ばず共に有する所ならずや假令ひ然らずと論ずと雖も彼等が知らず識らずの間之れに向つて進行しつゝあると恰かも水の低きに就くが如し是れ豈に自証眞理に非ずや

然るに彼れ基督徒は哲學及び佛敎の通轍を歩むを屑しと

せず強いて人情世風に合せんと欲し勞苦を以て人生終極の目的とし作業を以て人生最上の主義となせり妄想も亦た甚だしと謂ふべし蓋し彼れ曰く幸福を得るには品格を要し品格を得るには勞力を要す而して幸福は直ちに人意を得べきに非ず譬へば食物を食ふが如し食ふは是れ人力なり之に由つて生ずる快樂は是れ自然なりと而して其所謂ゆる自然とは是れ天帝の意力と云ふとを含めり故に幸福は天意に在り人力の裡にあらず人間は唯だ祖先以來遺傳の罪惡を贖はんが爲めに稼穡艱難自から愛し爛頭焦髪他を愛し懺戒後悔神を愛し終身勞苦して以て上帝の命令を竢つの外なしと是れ蓋し彼れが勞苦を以て人間生涯の目的なりと結論せる所以にして基督教の眞面目を描き出せるものと云ふべし而して彼れが明白に斯くと論斷せずして殊に讀者の感情に訴たへ闇々裡に彼教の神髓を注入せんとしたるは實に感ずべく亦た笑ふべし抑も勞苦を以て人生終極の目的とするが如きは彼教を迷信するものゝ外誰れも許さざる所ろにして理論上より論定する事も得ず亦た實際上より證明することをも得ず唯た一片の感情に訴ふるの外なきものなり豈に又た悲しからずや蓋し彼をして斯の如く論定せしめし所以の者は大に三種の原因あり即ち天帝は實在なりと迷信し贖罪は眞說なりと迷信し人情に應合すべしと迷信したるなり嗚呼原因既に斯の如し結果焉んぞ亦た虚妄を免れんや是故に彼等が自から愛するは是れ自から害ふなり他を愛するは他を害ふなり神を愛するは神を怨むなり一片の迷信よりして其害廣く天下に及ぶ豈に亦た痛ましからずや嗚呼此の迷信を打破し以て人間否な靈魂終極の最大目的を洞觀せしめ無道理界中に天帝の壓制を免かれしめ進んで因果界裡に自由の運動を成さしむるは佛教の眞理を措いて他に求むべからず是れ蓋し余輩が彼れが說くところを駁擊せずして以て佛教の眞理を證明したる所以なり嗚呼佛陀無上の智光絶大の慈火願くば灑いで彼れが迷信を融解せよ

苑録

訪半僧居士席上賦呈

晩翠軒主人

温其如玉道容裕、齡過古稀眼尙明、一架琴書供老樂、半階花竹養幽情、曾聞嘉遯避名路、果見高人隱市城、遊彼帝京非我願、蓮華界裏好託生、

念佛唱和篇

予生平有疑于有無之見一日參照雲老師質爲師授其宗祖遺訓二句曰既信不思議莫雜一私智予聞之恍然有悟讚嘆之餘作一偈博老師一喝

七十一翁　西　秋谷

苦海乘慈筏。唯心信不疑。不思議三字。芥子包須彌。

秋谷翁作念佛一偈寄贈家君予偶閲六要鈔載白香山詩翁與香山同齡而歸佛予有深感乃錄其詩且和翁詩韻寄呈　松島南溟

宗意歸三字。先生信不疑。何須脫儒服。衣鉢學沙彌。

念佛篇

白香山

余年七十一。不復事吟哦。看經費眼力。修福畏奔波。無以度心眼。一聲阿彌陀。行也阿彌陀。坐也阿彌陀。縱然忙似鑽。不廢阿彌陀。日暮而途遠。余生已蹉跎。普勸法界衆。同念阿彌陀。達人應笑我。多劫阿彌陀。達又作麼生。不達又如何。日暮清淨心。但念阿彌陀。

(已下次號)

余將由上海赴漢口賦七言古一篇以告別於馮氏

井手素行

大國本是多奇事、非遊其國焉知奇、禹域原來稱大國、偉跡壯觀世所推、去歲落葉來此地、今年夏木薫風吹、萍蹤羈恨相合短、追隨五月茲告離、臨別令我一篇賦、膚學莫奈不成詩、胸中但有寸心在、且舉禿筆記所思、君不見往昔唐虞三代世、治化世教及四陲、又不見春秋七國戰亂日、武備元氣盛一時、嗚呼如今治化勝古否、元氣比昔得不衰、君不聞外教之勢若潮進、欲汚孔孟立教基、又不聞法獅魯鷲逞爪牙、獅是南謀鷲北窺、東洋鎖沈果至此、大國不振小國衰、文弱武愚不足語、明道振武又有誰、志士拍案徒攢額、壯者横文空抱悲、嗚呼孔子不興孟不出、大廈將傾誰支危、孫呉骨朽諸葛逝、立策誰復振六師、東洋輔車相依處、一其心力禦外夷、今日微衷向誰訴、平生懷抱獨自知、自尊自大何足恃、唯有寛胸幸容之、賦終擱筆試吟咏、促行晩風吹書帷、先生慇懃送門外、言盡詞斷情如絲、投袂奮然上程去、暮雅落日歩遲々、

燕京述懷寄法友某

井手素行

名利輕於一羽輕、狂豪依舊客燕京、道尊洙泗學猶粗、心仰眞如理未精、鐵馬願驅山北虎、寶刀快擲海南鯨、何時

能破頑冥夢、共語風流物外情

孤煢子

紫東生

人世感慨多し、觀し來る浮世の事、總て是れ幻の如く虚の如し、蓋し孤煢子の如き者、其最もなるものならん、身は是れ天涯万里異鄕の一孤客、家に親なく、謀るに友なく、茫々たる天地間、唯顏色憔悴形容枯槁せる孤煢の一身ある而已、細雨蕭條、杜鵑血に啼くの夜、會ま其身上を懷想すれば、意匠悲涼纏綿覺へず涙下る、人世涙なからんとするも得べけんや

昨日の淵は、今日の瀨と、
　移りて流るゝ、飛鳥川、
有爲轉變の輪廻經、
　無常敢果なきは、人の身ぞ、
故鄕々々と思ひしも、
　今はかへりて涙の種、
我が戀ひしたふ、父母は、
　黃泉の客となりたまひ、
あとに殘るは、夕陽さす
　片山里の菩提寺に、
こけむす石碑の、唯二つ
　思へばつらき孤煢子はど、
はかない者がある者か、
　塒はなれし杜鵑、
乳ぶさを探ぐる、
　まだ泣くより外に、
仕事なき二年兒が、
　無常の嵐に、父母を、
吹きをとされて、唯、獨り
　ア丶、無殘、
鹽辛き他人の家に、人となり
　くらしき日月を、十五年
涙に送りて、仕舞けり、

※　※　※　※　※　※　※　※　※　※
※　※　※　※　※　※　※　※　※　※

アヽ、我身若し兄弟姉妹、
一人なりせ、ありもせば、
互に問ひつ、問はれつヽ、
杖柱にも、ならんのに、
我身は、筑紫の捨小舟、
行へ定めぬ不知火の、
沖に漂よふ悲しさは、
如何なる宿世の因果ぞや、
幾よへぬらん濱千鳥、
父母戀ひしと啼さけぶ、
うらみぞ積る筑紫潟、
浦の苫屋の烟火の、
燃ゆる思を誰れ獨り、
山の井の、
深き心につるべして、
汲取る人のなき者かと、
昨日はなげき、今日また、
人を恨みのます鏡、

涙片手に暮すとき、
フト、した事が立志縁、
エヽ、我身も一個の大丈夫、
腐れし心を鬼にせよ、
うもれ木の、
深山のおくに老ひ朽て、
花を此の世に咲かせぬは、
咲かせぬ者の罪ぞかし、
葉末の露も、玉と散る、
屍となりて、居られる歟、
草葉のかげの父母に、
孝を盡くすは此事ぞ、
心を決して、獨り旅、
西の都へ上りけり、

※　※　※　※　※　※　※　※　※

※　※　※　※　※　※　※　※　※

過ぎ去りて今日、
僅かに昨日と數ふれど、

昨日ぞ今日の昔なれ、
　貴とき日月を五年間、
　夢にくらして、
仕舞ひしものを、
エヽ、情なし思ひしとは、
　いすかの嘴とくひ違ひ、
みな泡沫になりけるを、
　アヽ、無殘や行路難、
　エヽ、恨んでせんなき、
　　世のありさま、
アヽ、アヽ、アヽ、
　實に浮世は夢なれや
　悲むも夢、歡ぶも夢、
吉野の櫻、竜田の楓
　夢とさめては跡もなし、
盛りの花と人の身は、
　明日をも知らぬ夜半の風、
仇野の露、鳥邊山の煙、

　絶ゆる時なき無常車、
エヽ、口惜しや、
　無始の迷の深ければ
　腐れに心を捕はれて、
世を味氣なく、
　　身をはかなみ、
有漏路を迷ふ、此の孤犖子、
　殺してしまへ、此の惡魔、
夢か幻か蜻蛉の
　　悲むも五十年、
　　歡ぶも五十年、
此の世は夢のかりの宿、
　大事は未來の「ハラダイス」、
救ひたまへや阿彌陀尊、
　大悲大慈の手を以て、
見へさせたまへ無限の光、
　導きたまへ蓮華國、

※　※　※　※　※　※　※　※

長からぬ夏の夜ハ、
積る限のかず〳〵に、
早やまぬくの鐘の聲、
夜はほの〳〵と明け渡る

本部報告

九州佛教倶樂部規則

第一章　名稱位置目的事業

第一條　本部ハ九州佛敎倶樂部ト名ケ本部ヲ京都ニ置ク但當分ノ内西六條油小路花屋町下ル佛具屋町ニ假本部ヲ置ク

第二條　本部ノ目的ハ九州佛敎徒ノ團結ヲ謀リ佛敎主義ヲ以テ社會各般ノ事業ヲ應用シ國利民福ノ增進ヲ計ルニアリ

第三條　本部ハ前條ノ目的ヲ達センガ爲ニ左ノ事項ヲ擧行ス

（一）本部ハ毎月一回高德博識者又ハ宗敎有識者ヲ招聘シ法話、演說等ヲ本部ニ開筵スル者トス

（二）本部ハ同感ノ有志相會シテ毎週若クハ臨時講義法話演說會ヲ開ク（會員便宜ノ場處ニ於テ開會スルコトアリ）

但シ會員外ノ者ヲシテ參觀ヲ請フ時ハ掛員ノ承諾ヲ得ベシ

（三）講義、法話、演說ノ筆記若クハ小冊子又ハ報告書等ヲ頒布スルコトアリ

（四）內地及海外ニ通信者ヲ置キ汎ク內外宗敎ノ事情ヲ報道スルコトアルベシ

（五）本部ノ思想ヲ發表シ各地方團体ノ氣脈ヲ通ズル爲メ機關雜誌ヲ發行ス

（六）會員ノ親睦ヲ計ランガ爲メ毎年春秋二季ニ大懇親會ヲ催ス

（七）本部建築、傳道、敎育、殖產、開墾等ノ各事業ハ事務ノ順序ヲ逐テ着手スベシ

第四條　九州ヨリ上京シタル學生及信徒等ハ悉ク本部ノ認定宿ニ寄宿セシメ懇切ニ監督或ハ接待ヲナスベシ

但シ總組長、組長或ハ正員ノ添書ヲ携ヘル者ニ限ル

第五條　九州ヨリ上京スルモノヽ便益ヲ計リ大阪、馬關ニ出張所ヲ置ク

第二章　會　員

第六條　本部會員ヲ分テ左ノ三類トス

（一）正　員　（二）特別員　（三）贊成員

但シ正員ハ九州出身ノ者ニ限ル

第七條　正員ハ本部ヲ維持スルノ責任ヲ有シ本則第十二條ニ定メタル本部役員ト成リ且ツ本部議事ノ議員タルノ權利ヲ有ス

第八條　特別員ハ本部ノ主義ヲ贊成シ名譽員トナルベキ

モノトス

第九條　賛成員ハ本部ノ主義ヲ賛成シ應分ノ保護ヲ爲シテ本部ノ隆盛ヲ佐クルモノトス

第十條　入部ノ時ハ自ラ其住所姓名ヲ記シ實印ヲ押シ本部ヘ通知スベシ係員ハ之ヲ本簿ニ登録シテ永ク本部ニ保存ス

但シ移住ノ際本部係員ニ通知シ死亡ノ際ハ親族知友ヨリ通知スベシ

第十一條　本部會員ハ力メテ親睦ヲ主トシ同心協力シテ本部ノ隆盛ヲ計ルベシ

第三章　役員

第十二條　本部ハ左ノ役員ヲ置テ一切ノ事務ヲ整理ス

部長　一人

會計係、正副各一人

各部主任　若干人　但シ部數ニヨリテ之ヲ定ム

常議員　十名以内

第十四條　部長ハ常議員中ニ於テ互撰シ會計係及各部主任ハ通常會若クハ臨時會ニ於テ正員中ヨリ之ヲ撰擧スルモノトス

第十五條　本部ノ役員ハ總テ無俸給タルベシ

但シ係員ニ於テ書記小使ヲ必要トスルトキハ臨時會ノ決議ヲ經テ之ヲ雇入ルヽコトヲ得

第十六條　九州各縣ノ諸務ヲ監理シ互ニ氣脈ヲ通ズル爲メ地方幹事、勸募係、通信員等ヲ置ク

但シ本部ヨリ指摘スベシ

第四章　部費

第十七條　本部ノ維持費ハ正員、賛成員ノ寄附金及九州各縣ヨリ募集シタル金員ヲ以テ之ヲ支辨ス

但シ書籍、雜誌等ヲ發行シテ本部ノ維持費ニ充ルコトアルベシ

第十八條　正員ハ本部維持ノ爲メ臨時多少ノ寄附金ヲ納メ賛成員ハ臨時應分ノ補助金ヲ爲ス者トス

但シ在京ノ正員ニ限リ毎月貳錢宛徴收スベシ

第五章　議事

第十九條　本部ノ議事ハ總會、通常會、臨時會ノ三類トス其類別ハ左ノ如シ

(一)　總會ハ毎年一回之ヲ開キ正員集會シテ本部事業ノ重大ナル運動ヲ議定スルモノトス

(二)　通常會ハ毎年二回以上正員集會シテ本部進路ノ方針ヲ議スルモノトス

(三)　臨時會ハ部長ノ意見又ハ常議員三名以上正員二十名以上ノ要求アル時ニ於テ之ヲ開ク

第六章　除名

第二十條　部員ニシテ本部ノ躰面ヲ汚瀆スルノ行爲アル時ハ臨時會ノ決議ヲ經テ除名スベシ

●本部發起者　（イロハ順）

岩切法電　岩尾昌弘

池野三郎　秦法勵
東光了範　大神瑞章
大在芳達　合志諦成
金守初熊　立花紹道
中西牛郎　長末晋太郎
村上碩次郎　熊谷宏遠
松島善海　松本熊四郎
藤岡法眞　神代洞通
手島春治　相浦完長
佐々木雲嶺　源達源

●本部役割左の如し

會長	相浦完長
常議員	井手三郎
	池野三郎
	中西牛郎
	村上碩次郎
	松嶋善海
	神代洞通
	手嶋春次
	源達源

（イロハ順）

常務主任	竹馬光彦
會計主任	熊谷宏遠
主筆	中西牛郎
編輯員	金守初熊

●本部會員氏名

住所	氏名
在京	相浦完長
熊本縣肥後國託摩郡神水村	中西牛郎
熊本縣肥後國飽田郡奥古閑村	藤岡法眞
福岡縣筑前國粕屋郡須惠村專能寺	秦法勵
長崎縣肥前國北高來郡諫早浦町	立花紹道
宮崎縣日向國都ノ城証護寺	佐々木雲嶺
在京	手嶋春治
福岡縣筑前國志摩郡櫻井村	神代洞通
佐賀縣肥前國藤津郡嬉野村	熊谷香遠
宮崎縣日向國北那珂郡廣瀬村下田嶋	岩切法電
熊本縣肥後國下益城郡隈之庄町	合志諦成
熊本縣肥後國下益城郡荒砂村	源達源
	大在芳達
熊本縣託摩郡健軍村字神水	金守初熊
在京	池野三郎
熊本縣肥后國熊本市武部	岩尾昌弘
福岡縣福岡市極樂寺町	長末晋太郎
在京	村上碩次郎
在京	松嶋善海
在京	原口針水
在京	大神瑞章
在京	東光了範
熊本縣肥後國託摩郡神水村	松本熊四郎
在京	吉丸徹太郎
熊本縣肥后國飽田郡中嶋村	井牛三郎
熊本縣肥后國玉名郡高瀬町	西居法專
同縣同國菊池郡隈府町	秋吉千代丸
同縣同國上益城郡津森村字田原	志賀哲太郎
同縣同國八代郡八代町	山田安路
同縣同國宇土郡中村	積道壽
同縣同國玉名郡高瀬大字保田木村	松本智恩
同縣同國飽田郡走潟村	福成頓成
同縣同國下益城郡赤見村	東熊二郎
同縣同國託摩郡部田村	永田德丸

佐賀縣肥前國佐賀郡本々森村　築波善行
佐賀縣肥前國佐賀郡光法村　光山慈敎
佐賀縣肥前國佐賀市下今宿町　光永純城
同縣同國佐賀郡高木瀨村　石井苦慶
同縣同國神崎郡境原村　脩山辰麿
同縣同國神崎郡小松村　香室治
同縣同國同郡姉川村　西山是二
同縣同國同郡蛭牟田村　平尾光丸
在京　田中民三郎
佐賀縣肥前國佐賀郡名尾村　管原晃融
佐賀縣肥前國三根郡江見津村　緒方精亮
同縣同國杵嶋郡牛谷村　西玉名
同縣同國佐賀郡脩理田村　橋尾肇
同縣同國同郡兵庫村　傍示心了
同縣同國基肆郡園部村　野上青雲
同縣同國杵嶋郡武雄町　藤雄能勸
佐賀縣肥前國杵嶋郡橘村　平城慈雲
長崎縣肥前國長崎市八幡町　加藤乘立
佐賀縣肥前國杵嶋郡武雄町　郡執圭
長崎縣肥前國南高來郡山田村　八淵實意
熊本縣肥後國八代郡八代町　林精明
同縣同國玉名郡八嘉村　西行博泉
同縣同國八代郡植柳村　川上淸二
同縣同國葦北郡佐敷村　吉津知天
同縣同國宇土郡宇土町　中村誠信
同縣同國八代郡鏡町　中鴫裁之
同縣同國熊本市古桶屋町　菊城道了
同縣同國飽田郡奥古閑村　藤岡松樹
同縣同國下益城郡清水村　護城綱雄
同縣同國八代郡鏡町　寺田永松
同縣同國玉名郡石貫村　北田慈眼
同縣同國宇土郡宇土町　菊川等壽
同縣同國益城郡中山村字撥留　佐々木光丸
同縣同國玉名郡石貫村大字富尾　森直樹
同縣同國下益城郡於上村　東熊次郎
同縣同國飽田郡川尻町　堀尾昌晃

熊本縣肥後國宇土郡中村　長塚慶太郎
同縣同國玉名郡花簇村　隈部證雲
同縣同國同郡長洲町　西住定
同縣同國宇土郡宇土町　源國丸
同縣同國葦北郡佐敷村大字斗石村　島本海壽
同縣同國天草郡深海村　尾上南鎧
同縣同國宇土郡綱田村　本多實正
同縣同國玉名郡仕田村　豐後誠鏡
同縣同國下益城郡西砥用村　長谷川慧雲
同縣同國葦北郡日奈久村　西山參位
同縣同國八代郡鏡町　村嶋忠吾
福岡縣豐前國企救郡車鄕村大字大積　大沼善隆
福岡縣筑前國早良郡羽戸村　井上繁
福岡縣筑後國三池郡四ヶ村　新田千代丸
福岡縣筑前國博多市下祇園町　笠達道
同縣同國早良郡樋井川村片江　大久保一枝
福岡縣筑后三潴村古賀村　蒲池殿乘
同　吉野默然
福岡縣筑后國山門郡沖端村　吉弘鶴惠
福岡縣豐前國上毛郡三毛門村　田中謙次
福岡縣筑後國三潴郡大川町　水野智誠
同　日賀荒太郎
福岡縣筑后國三池郡嘉納村　小柳存
福岡縣筑后國三潴郡大川町　新田秀丸
福岡縣豐前國築城郡下深野村　戸順覺然
福岡縣豐前國企救郡柳湘村　前田定信
同縣筑前國早良郡樋井片江　安田格
同縣筑后國山門郡東室永村　內田圓壽
福岡縣筑后國三池郡開村　龜井利丸
福岡縣筑前國早良郡入部村　笠政壽
大分縣豐前國下毛郡城井村戸原　臺蓮城
同縣同國宇佐郡麻生村　管原覺月
同縣豐前國宇佐郡麻生村　麻生爲三郎
大分縣豐前國宇佐郡南院內村　楳谷覺幻
同縣同國大分郡東植田村大字高瀨　三原珍丸
大分縣日田郡東有田村大字羽田　高尾覺成

大分縣豐后國速見郡豐岡村　掬月玄智
福岡縣筑后國山門郡竹海村　木下紐龍
福岡縣筑后國山門郡沖端村　吉弘最常
福岡縣豐前國企救郡曾根村　生田和七郎
同　岡虎保
佐賀縣肥前國杵島郡朝日村字中野　谷川學
熊本縣肥後國八代郡千丁村　大松大賢
大分縣豐前國宇佐郡寃生村　藤岡暦一
熊本縣肥后國熊本市細工二丁目　隈部大泉
大分縣豐后國北海部郡津組字津久見　巖常圓
福岡縣筑后國三池郡三池町　高木丹成
同縣豐前國築城郡椎田村　淺邊覺
大分縣豐前國宇佐郡四日市村　中園新一
長崎縣肥前國南高木郡安中村　安居院十四丸
熊本縣肥后國玉名郡木葉村　德成大策
同阿蘇郡坂梨村　港源平
同縣同國玉名郡坂下村　林泰成
熊本縣合志郡西合志村大字野々島　三牧廣常
大分縣豐前國宇佐郡麻生村　麻生道戒
熊本縣肥后國山鹿郡廣村　隈部日圓
熊本縣肥后國宇土郡宇土町　竹馬光彦
佐賀縣肥前國基肆郡基山村　調住
佐賀縣肥前國本庄町　伊丹文右衞門
同縣同國同郡浮杯津　福島僧曙
佐賀縣肥前國藤津郡鹽尾村　植松叢林
同縣同國佐賀郡名尾村　菅原玄融
熊本縣肥後國熊本市坪井町堀端　森山智英
同縣同國下益城郡於上村大字赤見　伊津野法雨
同縣同國同郡松橋町　照山西靈
同縣同國玉名郡八嘉村　西行德量
同縣同國同郡西合志村大字合生　工藤左一
同縣同國合志郡西合生村大字黑松　平田一十
佐賀縣肥前國養父郡麓村大字宿　楠善英
熊本縣熊本市細工町　青木達達
熊本縣肥後國熊本市千反畑　野毛智城
熊本縣肥後國熊本市堀端町　佐々木德成

長崎縣肥前國西彼杵郡脇岬村　重雲
熊本縣肥後國宇土郡綱水村正蓮寺　藤村大信
佐賀縣肥前國佐賀郡高木　石井香章
同縣同國本松淵郡呼子村　清水繇
宮崎縣日向國西諸縣郡小林村　岩崎千代丸
同縣同國西臼杵郡上野村　吉村成覺
熊本縣肥後國上益城郡御嶽村字入佐　高宗濟顯
同縣同國八代郡鏡村　吉住安太郎
大分縣豐前國下毛郡三保村字福山　黑川靈瑞
熊本縣肥後國八代郡宮地村觀妙寺住職　久保維一
同縣同國熊本市明圓寺町明圓寺住職　岩男大成
福岡縣筑前國嘉麻郡笠松村　井上叩端
熊本縣肥後國下益城郡松橋町　東弘毅
同縣同國八代郡鏡町　菊池謙讓
同縣同國同郡同町　谷口滿
福岡縣筑前國怡土郡周船寺村字千里　山崎辰雄
熊本縣肥後國上益城郡甲佐町　田上爲吉
宮崎縣日向國北那珂郡廣瀬村下田島　岩切幸宇
熊本縣合志郡大津町　古莊正壽
佐賀縣肥前國基肆郡基山村字園部　水田盛農助
福岡縣肥前國粕尾郡山田村　岡嵜隆次郎
熊本縣宇土郡綠川村字新開　山本遷一
同縣天草郡牛深村　靜禪安
同縣同郡御嶋村　森乘蓮
福岡縣筑後國三潴郡久間田村大字間　井ノ口鶴村
熊本縣飽田郡春日村　井上大八
長崎縣北高來郡小長井村　楠原主税

（已下次出）

●本部創立費寄附金芳名

一金三圓　原口針水
仝　藤岡法眞
仝　合志諦成
仝　秦法勵
仝　立花紹道
仝　岩切法電
仝　佐々木雲嶺

一金三圓　中西牛郎
仝　手嶋春治
仝　相浦完長
一金壹圓　名和宗灑
一金五拾錢　池野三郎
仝　熊谷宏遠
仝　源達源
仝　東光龍範
仝　村上碩次郎
仝　安國清
仝　吉丸徹太郎
仝　金森初熊
一金壹圓　中尾久太郎
一金五拾錢　神代洞通
仝　長末晋太郎

本雜誌發行費義捐者芳名は事務の都合により第二號以下に掲載す

廣告

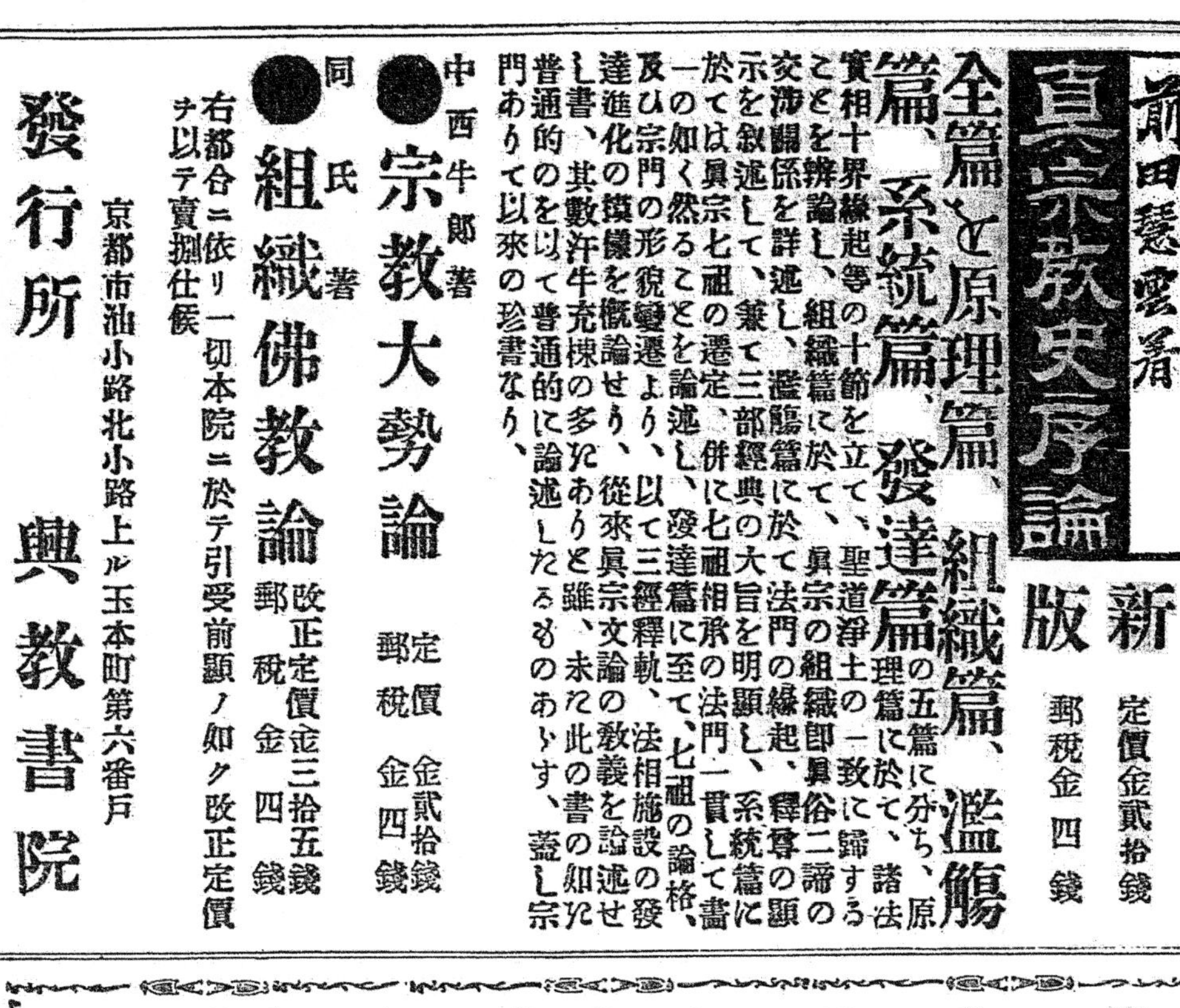

傳道會雜誌 第四年第七號（明治廿四年七月廿一日發行）

目次

◎會說 精神の統一
◎說話
- 佛教は平和を以て行はる 司教 赤松連城師
- 三德之辨 江村秀山師
- 心識所在の說 司教 小山憲榮師
- 釋門警誡（承前） 理綱院法霖師

◎講義
- 法華經題名講義（承前） 大學林講師 齋藤聞精
- 唯識大意講義（承前） 大學林教授 提山暢堂
- 原人論講義（承前） 仝 熱田靈知

◎寄書
- 近頃外教衰へて佛教盛なりと云ふは皮相か實際か 靈河秀嶽

◎萬錄
- 大法句經勸誡の偈●續本朝往生傳序●歌●哭故文學博士中村敬宇翁二律●和歌數首

◎雜報
- 西倫通信（承前）●佛陀伽耶の靈跡●熱心なる盡力者●擴張者の囑托●教育上の意見●山口師範學校に又佛教の種子を蒔く●中越𨳝道會●大學林卒業者●安居會に望む●共潤會に答ふ

◎本會報告 ◎本會廣告
◎廣告 數件

發行所 眞宗傳道會
京都市西洞院通七條上ル

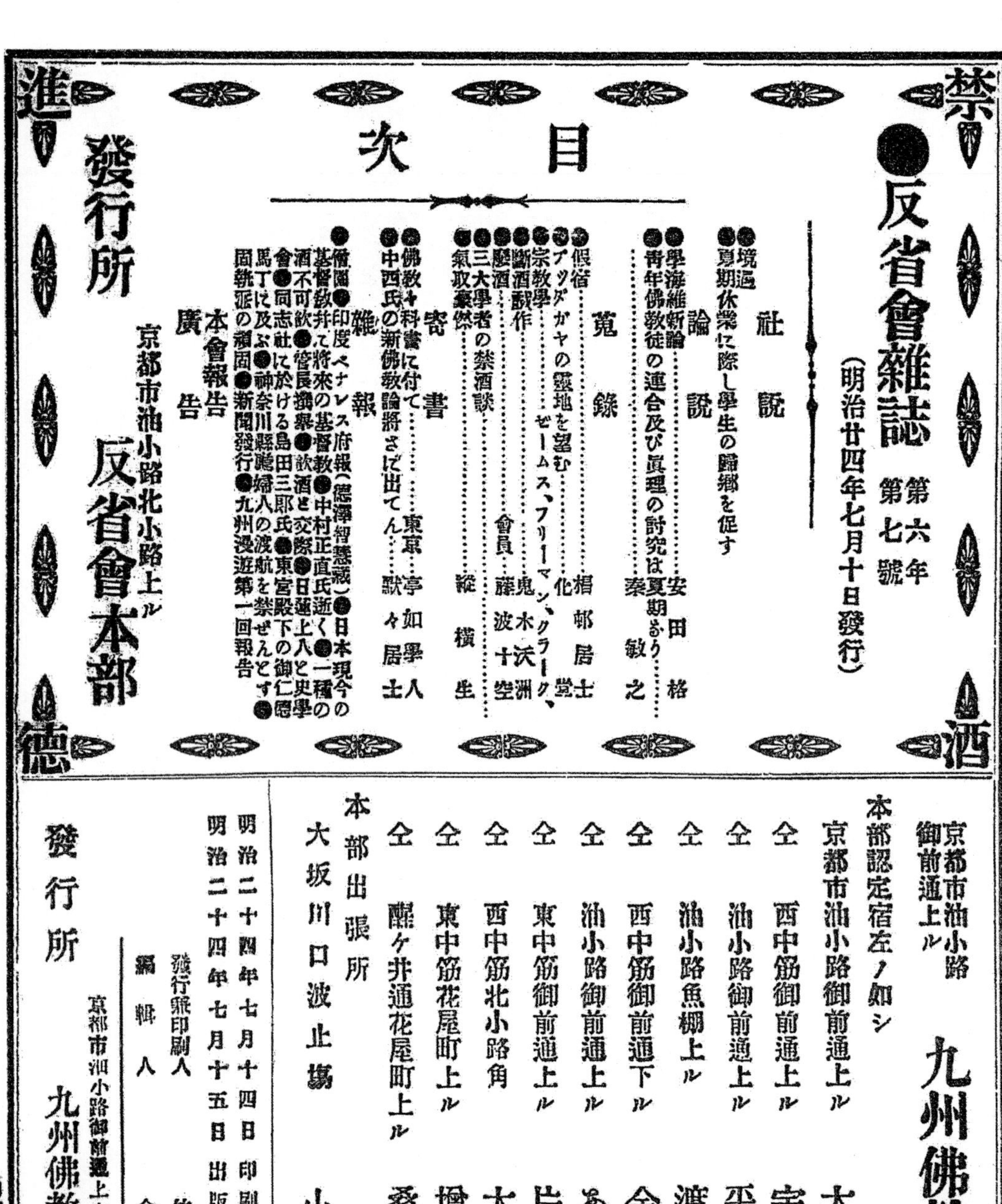

禁酒進德

●反省會雜誌 第六年第七號（明治廿四年七月十日發行）

目次

社説

●境遇

●夏期休業に際し學生の歸鄕を促す

論説

●學海維新論……安田格

●青年佛教徒の連合及び眞理の討究は夏期なり……秦敏之

蒐録

●假偕……相部居士

●ブッダガヤの靈地を望む……化堂

●宗教學……ゼームス、フリーマン、クラーク、

●斷酒戲作……鬼木沃洲

●壓酒……會員 藤波十空

●三大學者の禁酒談

●氣取豪傑……縱横生

寄書

●佛教と科學に付て……東京 亭如學人

●中西氏の新佛教論將さに出てん……獃々居士

雜報

●僧園●印度ベナレス府報（德澤智慧藏）●日本現今の基督教幷て將來の基督教●中村正直氏逝く●一種の酒不可飲●管長撰擧●飲酒と交際●日蓮上人と史學會●同志社に於ける島田三郎氏●東宮殿下の御仁恩馬丁に及ぶ●神奈川縣廳婦人の渡航を禁ぜんとす●固執派の頑固●新聞發行●九州漫遊第一回報告

本會報告

廣告

發行所 京都市油小路北小路上ル 反省會本部

京都市油小路御前通上ル 九州佛教倶樂部

本部認定宿左ノ如シ

京都市油小路御前通上ル 大黑屋彌兵衞

仝 西中筋御前通上ル 宇佐見直八

仝 油小路御前通上ル 平井三郎

仝 油小路魚棚上ル 渡邊なつ

仝 西中筋御前通下ル 金屋孫兵衞

仝 油小路御前通上ル あこ屋源四郎

仝 東中筋御前通上ル 片山義助

仝 西中筋北小路角 大島屋幸七

仝 東中筋花屋町上ル 增井清七

仝 醒ケ井通花屋町上ル 桑名屋源兵衞

本部出張所

大坂川口波止場 小川平助

明治二十四年七月十四日印刷
明治二十四年七月十五日出版

發行兼印刷人 竹馬光彥
編輯人 金守初熊

發行所 京都市油小路御前通上ル佛具屋町 九州佛教倶樂部假本部

（印刷、京都開明新報社印刷部）

編集復刻版 雑誌『国教』と九州真宗（全3巻・別冊1）

2016年7月15日発行

揃定価（本体75、000円＋税）

編・解題者　中西直樹

発行者　細田哲史

発行所　不二出版
東京都文京区向丘1-2-12
TEL 03（3812）4433

印刷所　富士リプロ

製本所　青木製本

乱丁・落丁はお取り替えいたします。

第3巻　ISBN978-4-8350-7884-7
全4冊　分売不可　セットコードISBN978-4-8350-7881-6